1 MONTH OF
FREE
READING

at

www.ForgottenBooks.com

By purchasing this book you are
eligible for one month membership to
ForgottenBooks.com, giving you
unlimited access to our entire
collection of over 1,000,000 titles via
our web site and mobile apps.

To claim your free month visit:

www.forgottenbooks.com/free453616

ISBN 978-0-656-93330-3
PIBN 10453616

For support please visit www.forgottenbooks.com

Polytechnisches Journal.

Herausgegeben

von

Dr. Johann Gottfried Dingler

und

Dr. Emil Maximilian Dingler.

———

Hundertundzweiundzwanzigster Band.

Jahrgang 1851.

Mit sechs Tafeln Abbildungen.

———

Stuttgart.

Verlag der J. G. Cotta'schen Buchhandlung.

Inhalt des hundertundzweiundzwanzigsten Bandes.

Erstes Heft.

4 *

Miscellen.

Drittes Heft.

Miscellen.

Viertes Heft.

Miscellen.

Inhalt

Fünftes Heft.

Miscellen.

Ueber den Dampfregulator; eine Vorrichtung zum Regeln der Spannung von Dämpfen, um vor dem Betriebe der Maſchine damit Kochungen verrichten zu können. S. 395. Reiſe ohne Schweißung für die Räder der Locomotiven und Eiſenbahnwagen; von den HHrn. Petin und Gaudet, Eiſenhüttenbeſitzer zu Rive = de = Gier. 396. Ueber die Zufälle, welche die Arbeiter bei der Bereitung von chromſaurem Kali ausgeſetzt ſind. 398. Reade's Eiſencyanjobid oder auflösliches Berlinerblau. 398. Chloroform bei mikrographiſchen Unterſuchungen angewandt. 399. Reagens um den Zucker in den thieriſchen Flüſſigkeiten zu entdecken. 399. Ueber ein orientaliſches Verfahren die Trauben aufzubewahren; von Hrn. Landerer. 399. Ueber die Bereitung des Roſenöls im Orient; von Landerer. 400.

Sechstes Heft.

Miscellen.

I.

Mittheilungen aus meinem Leben und Wirken als Maschinenbauer; von **Dr. Ernst Alban** in Plau.

Mit Abbildungen auf Tab. I.

J. Ueber zweckmäßige Schiebersteuerungen für meine Hochdruckdampfmaschinen höhern Drucks, mit Aufhebung des Dampfdruckes auf die obere Fläche der Schieber, um ihre große Reibung auf der Grundfläche der Steuerungs= büchse möglichst zu beseitigen.

Bei dem Bau mehrerer meiner Maschinen von mehr als gewöhn= licher Stärke, in welchen die Dampfschieber von größerer Ausdehnung sind, habe ich den Uebelstand recht schmerzlich fühlen müssen, den der Druck der Dämpfe von höherer Elasticität auf die obere Schieberfläche verursacht. Es werden durch diesen Druck die unteren Flächen der Schieber mit solcher Gewalt auf diejenigen Grundflächen, auf welchen sie sich bewegen, niedergepreßt, daß eine Reibung entsteht, die nur mit beden= tender Anwendung von Kraft überwunden werden kann, und die Schieber= und Grundflächen mit großer Abnutzung und baldiger Zer= störung bedroht, vorzüglich wenn die Metalle, von denen sie gearbeitet sind, von weichen Compositionen genommen werden, und das Fett nicht gehörig zu ihnen gelangen kann. Wenn nun gleich die Erfahrung er= geben hat, daß diese Abnutzung in viel minderm Grade stattfinde als man vermuthen sollte, und meine früher in meinem bekannten Werke über Hochdruckmaschinen gegebenen Gründe [1] diese Erscheinung wohl

---

[1] In diesem meinem Werke habe ich S. 384 den Druck der Dämpfe auf die Schieber weniger bedeutend angenommen, als ich später bei größern Maschinen er=

genügend erklären dürften, so ist mir doch immer das Gefühl geblieben, als müßten meine Maschinen auch nothwendiger Weise von diesem Uebelstande bei ihrer Steuerung ganz befreit werden, wenn sie jeden Zweifel gegen ihren praktischen Werth und ihren längern Bestand lösen sollen. Da mir jetzt schon seit längerer Zeit die Ueberzeugung gekommen ist, daß Metallkolben, selbst gußeiserne, bei dem mildern Drucke ihrer Segmente und Ringe gegen die Cylinderwände, mit fast unbemerkbarer Abnutzung lange Zeit arbeiten, und der Befund ergeben hat, daß ihre reibenden Flächen sowie die Cylinderwände nach jahrelanger Arbeit der Maschine eine auffallend schöne Politur annehmen, so ist der Schluß, daß dasselbe bei den reibenden Flächen der Schieber und der Grundfläche der Steuerungsbüchsen stattfinden werde, wenn sie mit einem eben so sanften Drucke während der Bewegung der erstern auf letztere nieder- gehalten werden, gewiß nicht gewagt. Ich habe in dieser Ueberzeugung daher in neuester Zeit viel Nachdenken darauf verwendet, hier zu einem günstigen Ziele zu gelangen, und mehrere Vorrichtungen erdacht, die günstigere Resultate als sicher in Aussicht stellen. Eine dieser Vorrich- tungen habe ich schon bei meiner Marinemaschine beschrieben, hier will ich etwas tiefer in den Gegenstand eingehen.

Man ist, wie ich bei Beschreibung meiner Marinemaschine eben- falls schon angedeutet habe, von mehreren Seiten schon dahin gekom- men, das Bedürfniß einer gehörigen Abhülfe bei Maschinen mit we- niger hohem Drucke zu fühlen, und hat verschiedene Vorrichtungen ver-

---

fahren habe, und meine Gründe dafür gegeben. Daß er bei kleinern Maschinen keine besondere Berücksichtigung verdiene, gebe ich noch immer zu, aber bei Maschinen über 20 Pferdekräfte, und vielleicht noch bei kleineren, wird ein Apparat, wie ich ihn später beschreiben werde, doch sehr wünschenswerth, vorzüglich wenn er, wie dieser, so wenig Umstände und Kosten bei der Anfertigung verursacht.

Bei der Revallenser Maschine, wo ich die Grundlage der Schieberbüchse von halbirtem Gußeisen und den Schieber von härterem Rothguß (4½ Thle. Kupfer, 1 Theil Zinn) genommen hatte als ich sonst wohl gethan, wurde sehr leicht ein unangenehmes Knurren des Schiebers bemerkbar, wenn die Spannung der Dämpfe über 8 Atmosphären ging. Zwar hat sich dieß später fast ganz verloren, hat aber dennoch gleich den Entschluß bei mir zur Reife gebracht, dem Uebelstande radical abzuhelfen, zumal der Kolben, dessen Ringe von derselben Rothgußmischung wie die des Schiebers waren, niemals Symptome einer größern Reibung und Abnutzung gezeigt und dieses unangenehme Knurren hat hören lassen, weil seine Ringe mit mil- derm Drucke gegen die Cylinderwände angedrückt wurden. Daß ich früher das er- wähnte Knurren meiner Hochdruckmaschinenschieber nicht so bemerkt habe, schreibe ich dreierlei Ursachen zu, und zwar einmal dem Umstande, daß meine Maschinen nur höchst selten den Druck von 8 Atmosphären zu überschreiten nöthig haben, zweitens meiner frühern Anwendung weicherer Rothgußmischungen zu den Schiebern, und drittens, weil ich noch wenige größere Maschinen gebaut hatte, an welchen dieser Uebelstand wegen der nothwendigen Größe der Schieberfläche mehr hervortritt.

sucht, und, wie ich glaube mit Glück. Zu diesen rechne ich die Vorrichtungen von Crampton und Penn, deren Beschreibung ich, wenigstens
was die letztere betrifft, bereits in meiner Abhandlung über meine
Marinemaschinen oberflächlich und zwar in einer Note gegeben habe.
Die andere Vorrichtung und ihre specielle Einrichtung ist noch wenig
bekannt geworden, und ich muß deßhalb mein Urtheil darüber so lange
zurückhalten, bis eine nähere Beschreibung und Abbildung derselben in
irgend einer Zeitschrift erscheint. In den Nachrichten, die ich bis jetzt
darüber habe auffinden können, ist ihre Einrichtung nur sehr leicht und
unvollständig angedeutet. [2]

Die ganze Anforderung, die hier zu machen ist, um den vorliegenden Zweck vollständig zu erreichen, ist einfach die, daß man die obere
Fläche der Schieber dampfdicht gegen den Schieberbüchsendeckel oder eine
besondere Platte reiben läßt, die gehörig firirt ist, um dem Dampfdrucke nicht nachgeben zu können. Wie sich von selbst versteht, muß
die obere Fläche der Schieber, wenn sie nicht selbst gegen den Deckel
oder eine besondere Platte reibt, mit diesem in einer solchen Weise innig
verbunden seyn, daß sie mit demselben als aus einem einzigen Stücke
bestehend betrachtet werden kann, da aber, wo ihr eine gewisse Elasticität gegeben wird, um ihren Anschluß und Druck gegen die obere firirte
Deckplatte gleichmäßiger und sicherer herzustellen, ist dahin zu sehen, daß
diese Elasticität auf eine Weise hergestellt werde, die der dampfdichten
Verbindung der obern reibenden Schieberfläche mit dem Schieberkörper
durchaus keinen Eintrag thut, also keinen Dampf zwischen ersterer und
diesem Schieberkörper irgendwo einzubringen erlaubt.

Um die obere reibende Fläche elastisch zu machen, muß sie natürlich
von dem Körper des Schiebers getrennt bestehen. Sie mit diesem völlig
dampfdicht und zugleich elastisch zu verbinden, darin liegt eine Aufgabe,
die nicht so leicht zu lösen ist, als man im ersten Augenblicke glauben
sollte. Die Dichtung durch elastische Metallringe, wie Crampton, zu
besorgen, und durch diese zugleich diejenigen Federn zu decken, welche
die obere Fläche gegen die Deckplatte andrücken, hat manche und große
Schwierigkeiten, erfordert wenigstens sehr künstliche und schwer anzu-
fertigende Apparate. Für Liederungen von Hanf und Flachs ist der
Raum etwas beschränkt, auch verlieren diese leicht an Elasticität, und
erzeugen bei gehörigem dampfdichten Zusammenpressen wieder einen nicht

---

[2] Man sehe dieses Journal Bd. CIV S. 394 und Bd. CVI S. 410; ferner
Eisenbahnzeitung 1847, Nr. 40.

unbedeutenden Druck gegen die obere Fläche und durch diese gegen die Deckplatte, die Reibung zwischen beiden wird also wieder stärker als zu wünschen ist.[3]   Hätte man ein Material, welches Dampfdichtheit mit gehöriger Elasticität verbindet, und diese Eigenschaften auch in der höhern Temperatur der von mir angewendeten Dämpfe bewahrt, so wäre hier ein sehr leichtes und sicheres Auskunftsmittel gefunden. Vulcanisirter Kautschuk dürfte hier gewiß am besten dem Zwecke entsprechen, wenn man ganz sicher wäre, daß er die hier empfehlenden Eigenschaften in höherer Temperatur und bei der Einwirkung hochdrückender Dämpfe

---

[3] Diesem Fehler sind auch diejenigen Einrichtungen unterworfen, von welchen ich in Fig. 11 und 12 eine in einem kleinern Maaßstabe abgebildet habe. Hier reibt die obere Schieberplatte entweder unmittelbar gegen eine Liederung, die in dem Steuerungsbüchsendeckel auf die in Fig. 11 bezeichnete und durch dieselbe verständliche Weise eingerichtet, und durch einen viereckigen Stopfpfropfen von einer Größe, die der untern auf der Grundfläche der Steuerungsbüchse reibenden Schieberfläche entspricht, niedergedrückt wird, oder gegen eine besondere Platte (Fig. 12, a), deren obere Fläche durch die Liederung der Einwirkung der Dämpfe und ihrem Drucke entzogen wird. Daß hier durch die Liederung, die in einer großen Masse des zu derselben verwandten Materials besteht und viel Fläche decken soll, ein großer Druck entweder unmittelbar oder mittelbar auf den Schieber hervorgebracht werde, ist ersichtlich, und es steht sehr zur Frage, ob dieser Druck viel geringer eingerichtet werden könne als der der Dämpfe, wenn sie unmittelbar auf die Schieberfläche einwirken, zumal die Liederung, wenn sie gehörig dicht werden soll, durch ihre Schrauben stark an den Schieber angezwängt werden muß.

Diese Einrichtung hat aber auch noch den großen Nachtheil, daß die obere Schieberfläche nicht genau immer gedeckt erscheint in derselben Ausdehnung und in derselben Stellung, worin die untere Fläche auf der Steuerungsbüchsengrundfläche aufliegt. Die Deckung verharrt nämlich immer an derselben Stelle, während des Schiebers untere Fläche in Bewegung ist, und immer ihren Platz verändert. Aus diesem Grunde wird die obere Fläche bei dieser Bewegung an denjenigen Stellen immer frei und der Einwirkung der Dämpfe dargeboten, wo der Schieber auf der einen oder andern Seite aus seiner mittlern Stellung, der allein der Stellung der obern fixirten Deckung entsprechenden, tritt.

Vergleicht man Fig. 11 und 12, in deren ersten der Schieber in der mittlern Stellung steht, in deren andern er aber in seine äußerste linke Stellung getreten ist, so wird man gleich verstehen, was ich hier meine. Bei b, Fig. 12, ist nämlich der über die Deckung hinausgeschobene Theil der obern Schieberplatte dem freien Drucke der Dämpfe ausgesetzt. Das nämliche wird bei seiner Stellung rechts der Fall seyn.

Daß bei so bewandten Umständen die Aufhebung des Dampfdrucks auf den Schieber keine ganz vollkommene, gehörig gleichmäßige genannt werden könne, und daß der Schieber bei der oft veränderten theilweisen, und zwar einseitigen Wirkung der Dämpfe darauf leiden müsse, leuchtet in die Augen.

Besser als diese Einrichtung erscheint diejenige zur Aufhebung des Dampfdrucks auf den Schieber, die in diesem Journale Bd. CX S. 410 beschrieben und abgebildet ist, jedoch hat sie auch manche große Schattenseiten und zwar folgende:

1) daß sie, wenn der Zug des Kolbens auf den Schieber in den beiden äußersten Ständen desselben nicht in zu schiefer Richtung erfolgen soll, dieser Kolben etwas ferner als in der Zeichnung vom Schieber operiren muß, und daher der auf der Schieberbüchse stehende Cylinder für den Kolben sehr hoch ausfällt, was bei meiner Normalmaschine sehr hinderlich für den Stand des Gouverneurs seyn würde;

2) daß sie in ihrer Anlage und Erhaltung, namentlich in Absicht auf den Kolben, manche Schwierigkeiten herbeiführt;

3) daß meine Abschlußsteuerung dabei nicht füglich angewandt werden kann.

bewahrt. Ich habe indessen manche Ursache, dieses einigermaßen zu bezweifeln, wenigstens bin ich darüber bisher noch immer nicht ganz ins Reine gekommen. Ein Stück desselben, welches ich längere Zeit, ungefähr 14 Tage lang, in Hochdruckdampf von 6 bis 7 Atmosphären Druck, und zwar hängend im Dampfraume meines Kessels ausgesetzt hatte, zeigte sich nach dem Erkalten völlig unelastisch, sehr hart und brüchig, auch erschien seine Textur ganz verändert. Dagegen fand ich Dichtungen an den Herzkammern meiner Kessel von eben diesem Material nach sechswöchentlichem täglichem Gebrauche des Kessels theilweise noch schön erhalten und völlig elastisch, während theilweise das Gegentheil stattfand. Die sich so verschieden verhaltenden Stellen der Dichtungen waren alle von demselben vulcanisirten Kautschuk angefertigt. Vielleicht daß der angewandte Kautschuk von keiner guten Gattung war. Ich hoffe in der Folge hier nähere Aufschlüsse geben zu können. Die Sache ist von solcher Wichtigkeit, daß deßhalb angestellte genauere und umfassendere Versuche sich wohl der Mühe und der geringen dadurch entstehenden Kosten verlohnen möchten. Sollten dabei irgend günstige Resultate erreicht werden, so hätten wir an diesem vulcanisirten Kautschuk für Dampfmaschinen ein Material, dessen Vortheile unberechenbar wären. Er dichtet sehr vollkommen, ohne daß er sehr zusammengeschroben zu werden braucht. Behielte er bei geringem Zusammenpressen seine Elasticität, so ließe er nichts zu wünschen übrig. Ich wende nun schon seit längerer Zeit an den Kesseln der Dampfmaschine meines Etablissements auf Hrn. Bialon's in Berlin Empfehlung Dichtungen von diesem Material an, und bin sehr wohl damit zufrieden. Bei jedesmaliger Abnahme der Herzthüren geht aber die Dichtung verloren und muß durch eine neue ersetzt werden, wodurch für die Länge der Zeit erhebliche Kosten entstehen, da vulcanisirter Kautschuk noch immer einen ziemlich hohen Preis hat. Dieserhalb ist mir die Bleidichtung in derjenigen Weise angeordnet, wie sie an dem Revallenser Kessel besteht, doch lieber, indem sie immer vollkommen dicht schließt, und selten erneuert zu werden braucht, auch eine endliche Erneuerung derselben nur sehr unerhebliche Kosten verursacht. [4]

---

[4] Ich habe diese Dichtung, die ich in diesem Journale Bd. CXV S. 407 beschrieben und abgebildet habe, ganz ausgezeichnet gefunden, sowie Bleidichtungen überhaupt immer die am meisten zu empfehlenden für sehr hohen Druck sind, wenn sie construirt werden, wie ich es vorschreibe. Die Revallenser Dichtung der Kesselthüren war zu jeder Zeit, vom ersten Anschrauben an bis zuletzt, immer dampf- und wasserdicht, selbst bei sehr hohem Drucke, und verlor durch öfteres Abnehmen und Wiederanschrauben durchaus nichts von ihrer Dichtheit.

Ich will nun die verschiedenen Wege, die ich verfolgt habe, um in den Schiebersteuerungen den Druck der Dämpfe auf die Schieber abzuhalten, näher angeben.

Da ich die von mir beabsichtigte Einrichtung einer Dichtung von vulcanisirtem Kautschuk, um den doppelten Zweck, eine dampfdichte und zugleich elastische Verbindung zwischen der abgesondert bestehenden obern reibenden Fläche der Schieber und dem Körper desselben selbst zu erreichen, schon früher in meiner Abhandlung über meine Marinemaschine beschrieben habe, so will ich hier nicht wieder darauf eingehen, sondern nur bemerken, daß man für diese Liederung, wenn die Furche oder der Falz tiefer ist, und die erhabene Rippe der obern Platte verhältnißmäßig tief in sie eingreift, statt vulcanisirten Kautschuks sehr lose gesponnene Flachs- oder Hanfstränge, auch allenfalls Streifen von gutem feinem und weichem Filz nehmen kann. Letzterer dürfte noch den Vortheil einer längern Dauerhaftigkeit und größern Elasticität an sich tragen, wenn gleich nicht geläugnet werden kann, daß er, um gehörig dampfdicht zu werden, eines festern Zusammenschraubens bedarf, als Flachs und Hanf, und daß dadurch der Druck und mit ihm die Reibung der auf einander arbeitenden Flächen vermehrt werden müßte. Eine wichtige Verbesserung dieser Vorrichtung würde es auch noch seyn, wenn die obere Fläche des Schiebers nicht unmittelbar an dem Deckel der Steuerungsbüchse riebe, sondern gegen eine besondere Platte, die verstellbar an den Deckel befestigt würde. Durch Verstellung dieser Platte könnte man immer leicht nachhelfen, wenn die untere und obere reibende Fläche der Schieber und die untere Reibungsfläche des Deckels oder der eben erwähnten verstellbaren Platte nach und nach sich abnutzte, wenngleich derselbe Zweck auch allenfalls durch Einlegen von mehr vulcanisirtem Kautschuk, Flachs, Hanf oder Filz zu erreichen seyn möchte. Auf welche Weise diese Platte bei meiner Marinemaschine sowohl als bei meinen Normallandmaschinen leicht und bequem verstellbar gemacht werden könne, werden wir später erfahren, wenn diejenige Vorrichtung näher beschrieben wird, die ich in Erwägung, daß die Anwendung der Liederungen von vulcanisirtem Kautschuk, Flachs, Hanf oder Filz zur dampfdichten und elastischen Verbindung der obern reibenden Fläche der Schieber mit dem Körper derselben noch immer mißlich seyn und manche Schwierigkeiten und Unsicherheiten in ihrem Gefolge haben möchte, besonders für den mir in dieser Abhandlung gestellten Zweck empfehlen möchte.

An dieser Vorrichtung ist die obere reibende Fläche der Schieber nicht besonders vorhanden, sondern die Decke, die den Canal für den

Abschlußschieber deckt, gibt zugleich diese obere reibende Fläche ab. Es wird dadurch viel Mühe, Zeit und Kosten bei der Anfertigung des Schiebers gespart. Diese Fläche wird daher auch nicht elastisch gegen die obere verstellbare Platte gedrückt, ein Umstand, welcher durch die Möglichkeit, die obere Platte zu jeder Zeit und unter allen Umständen immer sehr genau gegen dieselbe stellen zu können, gewiß vollkommen aufgewogen und hinreichend ersetzt werden dürfte, zumal alle Theile, Schieber, Platten und Steuerungsbüchse von einem und demselben Metalle, von Gußeisen [5] sind, sich also alle auch durch die hohe Temperatur der wirkenden Dämpfe in völlig gleichem Grade ausdehnen, und daher die ihnen gegebene Stellung gegen einander bewahren. Um nun aber die obere Platte von dem Deckel der Steuerungsbüchse ganz unabhängig zu machen, ist dieselbe nicht am Deckel, sondern an der Grundfläche der Büchse verstellbar befestigt. Auf welche Weise, um allen hier zu machenden Forderungen zu genügen? — das soll nun in einigen Worten gezeigt, und durch Abbildungen erläutert werden.

Man vergleiche hier die beiliegende Tafel Fig. 3, die einen senkrechten Querdurchschnitt der Steuerungsbüchse, und Fig. 1, die eine Ansicht der Grundfläche der Steuerungsbüchse meiner Normallandmaschine von oben, nach Hinwegnahme der obern Platte und der Schieber angesehen, darstellt.

In Fig. 1 ist a die Wand der Steuerungsbüchse, b und c sind die beiden, Segmente darstellenden, erhaben aufliegenden Stücke, zwischen deren innern Rändern die Führung für die Schieber gebildet wird. Diese Stücke b und c werden, wie von früher [6] her bekannt ist, auf die Grundfläche der Büchse durch vier Schrauben d, d, d, d festgeschraubt. Hier bilden diese Schrauben zugleich vier Stützen, welche die obere verstellbare Reibungsplatte für die obere Schieberfläche tragen. Sie haben, damit diese Stützen recht fest stehen, auch sehr starke Gewinde. Die Form der Stützen sieht man ganz deutlich in Fig. 2, wo eine derselben besonders dargestellt ist. Sie sitzen unten mit einem stärkern Bunde e auf. f ist ihr unterer mit Gewinde versehener Zapfen, der die Stelle

---

[5] Ich werde meine Schieber nämlich jetzt auch von Gußeisen bauen, da die Versuche mit gußeisernen Ringen zu den elastischen Metallkolben so erfreuliche, in jeder Weise zufriedenstellende Resultate gegeben haben, auch Hr. Bialon in Berlin an seiner nach meinem Principe gebauten Maschine von gußeisernen Schiebern einen sehr vortheilhaften Gebrauch gemacht hat.

[6] Man vergleiche hier die Steuerungen meiner neuesten Normallandmaschinen in diesem Journale Bd. CXIII S. 321 ff.

der frühern einfachen Schraube zum Festschrauben der Stücke b und c an die Grundfläche der Steuerungsbüchse vertritt. An ihren obern Enden sind die Stützen auch mit einem Gewinde g von geringer Steigung [7] versehen, auf welchem die Muttern sich drehen, wodurch die obere Platte a, Fig. 3, gestellt wird. Diese Muttern sind in einer ganz eigenen Weise construirt, die einer nähern Beschreibung bedarf.

Man vergleiche hier Fig. 4, die einen Theil der obern Platte mit den Stellmuttern in vergrößertem Maaßstabe darstellt. Die Muttern sind bestimmt, nicht allein die Platte nieder-, sondern sie auch wieder aufzuschrauben, wenn sie zu niedrig gestellt wäre. Sie bestehen aus einem Cylinder a, der mit einem mütterlichen Gewinde versehen ist, um auf das väterliche Gewinde der Stützen auf- und niedergeschraubt werden zu können. Der Cylinder a dreht sich möglichst genau in einem Loche der Platte b, Fig. 3, a. Damit er nicht durch dasselbe falle, dient bei A das Bund c; das Herausdringen desselben verhindert aber ein anderes Bund d, welches mit dem untern Theile des Cylinders ein Stück ausmacht, und in der Platte völlig versenkt sich dreht. Das Bund d wird auf den Cylinder auf folgende Weise befestigt. Man dreht den Cylinder für das Bund dahin, wo dasselbe mit seinem untern Rande auf demselben aufsitzen soll, etwas schwächer, steckt das Bund mit einem genau passenden Loche darauf, und vernietet es recht fest auf den Cylinder. Diese Procedur muß aber vorgenommen werden, während die Mutter in richtiger Weise in ihr Loch der Platte eingesetzt ist. Ist die bewegliche Verbindung zwischen Muttern und Platte ganz genau ausgeführt, so wird die Platte jeder Bewegung der Muttern, sowohl nach oben als unten folgen müssen, indem das untere Bund ihr Weichen nach oben, das obere nach unten verhindert. Werden nun diese Muttern über ihren obern Bünden mit irgend einer Vorrichtung versehen, woran man die Muttern drehen kann, und die vier Muttern werden auf ihren Stützen niedergeschraubt, so ist ersichtlich, daß die Platte genau jeder Bewegung derselben, sowohl nach oben als unten, folgen muß, und auf diese Weise genau gegen die Schieberfläche gestellt werden kann, um an dieser gehörig dampfdicht zu reiben, ohne in ihrer Bewegung durch zu starken Druck gegen dieselbe gehemmt zu werden. Das Bund c ist höher wie das Bund d und enthält eine viereckige Vertiefung e, in welche der Schlüssel Fig. 6, der kleiner gezeichnet ist,

---

[7] Die Steigung des Gewindes muß aus der Ursache möglichst fein seyn, um beim Stellen der Platte recht genau verfahren zu können.

mit dem viereckigen untern Zapfen paßt, wenn die Mutter gedreht werden soll. Auf der Mutter B ist diese Vorkehrung nicht getroffen.

Um nun diese Muttern auf eine leichte, zweckmäßige und möglichst genaue Weise stellen zu können, ohne daß man nöthig hat die Steuerungsbüchse zu öffnen, schlage ich mehrere verschiedene Vorrichtungen vor, unter denen man wählen kann.

Die erste ist bei A in Fig. 5 vorgestellt. Sie besteht aus vier Stöpseln, wie der einfach hier abgebildete, unten mit dampfdicht eingeschliffenen conischen Flächen, wie an Kegelventilen, versehen. Sie liegen gerade über den Stellmuttern für die obere Platte, und haben die Oeffnungen im Deckel der Steuerungsbüchse, die durch sie verschlossen werden, einen solchen Durchmesser, daß der Schlüssel Fig. 6 zum Stellen der Muttern durch sie geführt werden kann. Um die Stöpsel, wenn sie in die zu schließenden Oeffnungen eingesetzt sind, gehörig dampfdicht und sicher angedrückt zu erhalten, dient eine Vorrichtung, wie ich sie in Fig. 5 abgebildet habe. Sie schließt zwei Oeffnungen durch ihre Stöpsel vermittelst einer einzigen Schraube. Es ist nämlich im Deckel zwischen beiden Stöpseln eine starke Schraube a befestigt, die, um größere Festigkeit und Dampfdichtheit an der Stelle, wo sie am Deckel haftet, zu erzielen, mit Mennigkitt eingeschroben und unten vernietet wird. Ueber diese Schraube wird mit einem Mittelloch die Zwinge b geschoben, und so gestellt, daß ihre beiden Schenkel mit ihren zwei Körnern über den kegelförmigen Spitzen der Stöpsel zu liegen kommen, und über diese greifen, dann eine Mutter c oberhalb der Zwinge auf die Schraube gesetzt und angezogen. Auf diese Weise werden beide Stöpsel mit. gleich starkem Drucke auf ihre Oeffnungen im Deckel in derjenigen Stärke niedergehalten, daß der Dampf der Steuerungsbüchse sie nicht zu lüften vermag, und bei denselben entweichen kann. Sind die Stöpsel mit einem vier- oder sechseckigen Schraubenkopfe, wie in der angeführten Figur, versehen, und die Schraubenköpfe drehen sich mit ihrer kegelförmigen Spitze genau in den körnerartigen Vertiefungen der Zwinge, so können die Stöpsel während ihres Schlusses der Oeffnungen im Deckel sehr füglich mit einem Schraubenschlüssel gedreht werden, ohne daß die Zwinge sich verschieben, und Dampf aus der Steuerungsbüchse entwischen kann. Ist nun jeder Stöpsel gleich an seinem untern Ende mit einem Schraubenschlüssel d wie in Fig. 5 bei B versehen, so können die Stellmuttern in Umdrehung gesetzt werden, ohne daß man die Stöpsel abnimmt. Diese Einrichtung hat neben der größern Bequemlichkeit noch den Nutzen, daß die Stöpsel mit ihrem untern Schraubenschlüssel nach dem Nachschrauben der Stellmuttern schon mehr firirt erscheinen, als gewöhnliche Muttern, indem ihre conische Reibungsfläche mit ziemlicher Kraft von der Zwinge in die gleichartige Vertiefung der Oeffnung im Deckel eingedrückt erhalten wird, und so eine Reibung in derselben erzeugt, die gegen das Zurückdrehen der Stöpsel nach dem Stellen derselben gehörige Gewähr leistet. Um eine Bewegung der Stöpsel beim Drehen derselben aber zu erleichtern, und eine Beschädigung der beiden conischen auf einander reibenden Flächen derselben und der Oeffnung im Deckel zu verhüten, wird es bei einer solchen Einrichtung unerläßlich seyn, daß man die Zwinge vermittelst der Schraube nur in dem Maaße auf die Stöpsel niederdrückt, daß diese Bewegung einigermaßen frei bleibt, ohne daß doch Dampf bei den Stöpseln entwischt. Durch Versuche wird man hier bald den richtigen Grad des Druckes auf die Stöpsel finden.

Die zweite Einrichtung ist complicirter, aber noch bequemer. Sie ist in Fig. 7 von oben, nach weggenommenem Deckel, vorgestellt. Bei derselben hat jede Stellmutter über der Platte a ein kleines Rad b mit schief gestellten Zähnen, in welches eine kleine an einer Spindel c angebrachte Schnecke d eingreift. Die Spindel enthält zwei Schnecken für zwei und zwei Muttern, so daß bei einer Drehung derselben zwei Muttern in Rück- und Vorwärtsbewegung gesetzt werden können. Die Spindel dreht sich bei e in einem Loche, welches sich in dem an der Büchsenwand angeschrobenen Stücke f befindet, in der entgegengesetzten Wand der Büchse aber in einem Canale g, der die Büchsenwand durchbohrt. Sie hat hier, und zwar bei h, einen conischen Ansatz, der in der äußern conisch ausgedrehten Oeffnung des Canals dampfdicht eingeschmirgelt ist. Außerhalb desselben befindet sich aber ein vier- oder sechseckiger Zapfen i, an welchem die Spindel vermittelst eines Schraubenschlüssels gefaßt und umgedreht werden kann. Die Einrichtung ist hier ganz der der Stöpsel ähnlich. Ueber beide vier- oder sechseckige Schraubenköpfe der Spindel legt sich auch eine Zwinge, die ebenso wie die oben angegebene eingerichtet ist, und ihren Zweck in derselben Weise wie jene erfüllt. Beide Spindeln können hier also dampfdicht gedreht werden, ohne daß man ihre Zwinge vorher löst. Die beiden Spindeln c und c in Fig. 7 müssen die Schneckengänge ihrer Schnecken verschieden stehen haben, d. h. das Gewinde beider Schnecken der einen Spindel muß gegen das der beiden Schnecken der andern gehalten, ein verkehrtes seyn.

Jede Spindel muß an der Stelle, wo sie sich in dem Canale der Steuerungsbüchse dreht, einen so großen Durchmesser haben, daß die

Schnecken durch denſelben gebracht werden können; ohne dieſe Einrichtung wären die Spindeln nämlich gar nicht in die Steuerungsbüchſe
einzuſetzen. Iſt für zwei und zwei Muttern eine Spindel angebracht,
ſo werden ſie, wie in Fig. 7 bezeichnet iſt, zu liegen kommen. Man
hat alſo nur zwei Spindeln zu drehen, um die Stellmuttern innerhalb
der Steuerungsbüchſe in dem Grade zu ſtellen, daß die Platte mit gehörigem Druck an den Schieber anliegt, und dieſer ſich eben ſo wie an
ſeiner Grundfläche, mit ſeiner obern Reibungsfläche gegen die Platte
dampfdicht reibt.

Bei dieſer Einrichtung waltet eine große Sicherheit ob, daß man
zwei und zwei Stellmuttern, und zwar die Muttern Einer Seite immer
möglichſt gleich viel anziehe. Dieſe Sicherheit iſt aber auch bei der
erſten Einrichtung für die Bewegung der vier Stellmuttern der Platte a
ſehr wohl zu erreichen, wenn man bei dem Anziehen dieſer Muttern
durch die Stöpſel ſehr genau darauf achtet, daß man alle Stöpſel immer
genau um gleichviel dreht. Man könnte ſie, um dieſen Zweck möglichſt
genau und dabei bequem erfüllen zu können, an dem unter dem ſechs-
eckigen Schraubenkopfe befindlichen Bunde mit einem kleinen Zeiger, und
den Steuerungsdeckel um die durch den Stöpſel verſchloſſene Oeffnung
herum mit einem Zifferblatt verſehen, welches 12 bis 16 Eintheilungen
enthält. Bei dem Stellen der Stöpſel hätte man dann nur dahin zu
ſehen, daß an allen vier immer der Zeiger um gleichviel Striche vorwärts rückt.

Da dieſes Nachſtellen der Platte (a) nur dann vorkommen wird,
wenn die reibenden Flächen am Schieber und der Grundfläche der
Steuerungsbüchſe, ſowie an ihr ſelbſt ſich abnutzen, ſo wird man, wenn
man keinen tüchtigen und zuverläſſigen Maſchinenmeiſter für dieſes mit
großer Genauigkeit und Präciſion auszuführende Geſchäft haben ſollte,
immer doch leicht ein Subject gewinnen können, etwa einen Uhrmacher,
dem man daſſelbe mit aller Sicherheit anvertrauen kann. Unläugbar
ſteht aber zu erwarten, daß in dem Falle, wenn auf die Stellung der
obern Platte a zu jeder Zeit die gehörige Aufmerkſamkeit und Genauigkeit verwandt iſt, man den durch dieſelbe beabſichtigten Zweck zu jeder
Zeit erreichen werde, und daß ſie in dieſem Falle mehr Zuverläſſigkeit
und Sicherheit gewähre, als die oben angeregten Mittel zur Aufhebung
des ſchädlichen Dampfdrucks von der obern Schieberfläche.

Um das Stellen der obern Platte durch ein recht gleichmäßiges
Anſchrauben aller ihrer Stellſchrauben noch bequemer und leichter und
genauer ausführbar für den Maſchinenwärter zu machen, und ſelbſt

unerfahrnere nnd weniger genaue und zuverläſſige Subjecte dazu verwenden zu können, kann ich auch noch die in Fig. 3 im ſenkrechten
Durchſchſchnitte und in Fig. 8 von oben dargeſtellte Vorrichtung empfehlen, die, genau bei Licht beſehen, als die vollkommenſte und ſicherſte
gelten dürfte. Alle vier Stellmuttern haben hier nämlich ſtatt des
obern Bundes kleine Sternräder b, die in ein großes, in der Mitte der
Platte a auf einem in dieſer firirten ſtarken Zapfen drehbares Sternrad c eingreifen. Wird nun eine der Stellmuttern durch ihren Stöpſel
gedreht, ſo wirkt ſie durch ihr Sternrad auf das Mittelrad ein, und
dieſes dreht dann die Sternräder aller drei andern Stellmuttern nicht
allein nach einer und derſelben Richtung um, ſondern auch genau in
gleich großen Bogen. Bei dieſer Einrichtung iſt nur ein einziger Stöpſel
nöthig, der übrigens ganz auf die oben angegebene Weiſe eingerichtet
iſt, und durch eine einzige Stellzwinge, die ich in Fig. 9 dargeſtellt
habe, und zu deren Erläuterung ich nichts hinzuzufügen nöthig haben
dürfte[8], niedergedrückt erhalten wird. Damit die Zähne der vier kleinen
Sternräder und das größere Mittelrad recht genau ausfallen, und recht
fleißig ineinandergreifen, dürfte es nöthig ſeyn, ſie in einer Maſchine,
welche die Zähne ausfräſet, vollenden zu laſſen, es möchte ſonſt eine
ſchädliche Ungleichheit im Anziehen der Stellmuttern hervortreten, die
unter allen Umſtänden vermieden werden muß, wenn die Vorrichtung
genau ihren Zweck erfüllen ſoll.[9]

Wollte man gegen dieſe beſchriebene Conſtruction einer Steuerung
mit Aufhebung des Dampfdruckes auf die obere Schieberfläche einwenden, daß die Entfernung der obern Platte a von der Grundfläche der
Steuerungsbüchſe und die Höhe der Schieber bei verſchiedenen Tempera-
ren, welche eine verſchiedene Ausdehnung der Metalle veranlaſſen, aus denen
die beſondern Theile dieſer Einrichtung beſtehen, nicht immer ganz die-

---

[8] Beſſer wird es ſeyn, das Mittelrad c durch ein eigenes Getriebe Fig. 3, s,
Fig. 8, e, Fig. 9, a, von kleinerem Durchmeſſer als die andern vier b, b, b, b in
Bewegung zu ſetzen. Man hat dabei den doppelten Vortheil: 1) daß man mit dem
Stöpſel des Getriebes in die Mittellinie des Deckels tritt, wo bei nöthigem Drehen
deſſelben am beſten anzukommen iſt; 2) daß man durch ein kleineres Getriebe die
Stellung der vier andern bei beſtimmten Drehungsbogen des Stöpſels feiner reguliren
kann.

[9] Ich muß hier noch bemerken, daß die obere Deckplatte a ſowie die Grundfläche der Steuerungsbüchſe, wie in Fig. 3 bei b und c zu ſehen iſt, Abſätze haben
muß, über welche die obere Schieberfläche ſich noch ein wenig hinausſchiebt. Durch
dieſe Maßregel wird gerade wie an der Grundfläche der Steuerungsbüchſe das An-
ſchleifen eines Satzes verhindert und etwa vorhandener Schmutz über den Abſatz weg-
geſchoben, wo er aus dem Bereiche der Reibungsflächen tritt.

selbe sey, so erlaube ich mir bemerklich zu machen, daß bei den Metallkolben zwischen Körper und Ringen oder Segmenten derselben die nämlichen Umstände obwalten, und daß man hier doch ungewöhnliche, ja
fast kaum zu erwartende günstige Resultate erhält. Sind hier doch auch
alle Theile von Eisen, und vorzugsweise von Gußeisen, sie werden also
alle so ziemlich gleichen Gesetzen bei der Ausdehnung durch höhere Temperaturen unterliegen. Bei regelmäßigem Gange der Dampfmaschine
und dem Erstreben einer möglichst gesetzlich gleichen Spannung der
Dämpfe im Kessel, werden die Temperaturunterschiede in diesen Theilen
und ihre verschiedene dadurch bedingte Ausdehnung aber auch so er-
staunlich unbedeutend seyn, daß sie durchaus nicht in Betracht kommen
können. Sollte der Schieber in kaltem Zustande der Maschine auch
etwas williger und lockerer zwischen der obern Platte und der Grundfläche der Steuerungsbüchse arbeiten, so wird sich dieser Uebelstand immer
sogleich nach dem Anwärmen der Maschine heben, und dann erst wieder
eintreten, wenn die Maschine wieder von neuem erkaltet. Sind doch
auch schon genug Steuerungen, namentlich bei Locomotiven, vorgeschlagen und ausgeführt, wo die Schieber wegen Verfolgung anderer Zwecke
als der hier vorliegenden, zwischen zwei Platten arbeiten, gegen deren
beide Flächen sie dampfdicht reiben sollen, und sind hier sogar alle Vorrichtungen zum Nachstellen der Platten doch mehr oder weniger ganz
vergessen, und das von Engländern, diesen Helden in der Mechanik,
und namentlich im Dampfmaschinenbau. Wäre diese Einrichtung völlig
unpraktisch und bisher unversucht geblieben wegen ihrer gänzlichen Un-
zulässigkeit, würde man sie so oft wieder vorschlagen? — Ich für meinen Theil werde ohne Bedenken meine erste neu zu erbauende größere
Dampfmaschine mit der eben beschriebenen Schiebervorrichtung versehen,
und es fällt mir gar nicht ein, daß sie erfolglos, ihrem Zwecke un-
entsprechend ausfallen könne, zumal ich alle möglicherweise noch gegen
dieselbe zu machenden Einwürfe durch zweckmäßige Apparate so gut als
ganz beseitigt habe. Ist aber ihr glücklicher Erfolg gewiß, so darf ich
dreist behaupten, daß dann von meinen Hochdruckmaschinen auch die
letzte Schattenseite entfernt worden ist, und sie nun unzweifelhaft in
dem vortheilhaftesten Lichte dastehen.

Ein sehr großer Vortheil dieser Vorrichtung zur Aufhebung des
Dampfdrucks von der obern Schieberfläche ist der, daß man meinen
neuern Expansionsapparat anwenden kann, den ich in diesem Journale
Bd. CXIII S. 327 ff. beschrieben und abgebildet und an den meisten
meiner Maschinen als einen ganz vorzüglich zweckmäßigen, genau arbeitenden und bequemen kennen und achten gelernt habe. Die dort den

obern Steuerungsbüchsendeckel durchbohrende Welle Fig. 3, d, kann hier nämlich die Platte a durchbringen, und gewinnt in derselben eine Leitung und eine Sicherung ihrer Stellung mehr, zumal wenn die Platte a in den innern Raum der Seitenwände der Steuerungsbüchse gut und fleißig eingepaßt ist, um jeder Seitenbewegung [10] vollkommen enthoben zu seyn, und nur eine Bewegung auf und nieder möglich zu machen. Da unter der Platte a die obere reibende Fläche des Schiebers liegt, es aber nöthig ist, daß die Welle d auch diese durchbohre, um in denjenigen Canal [11] des Schiebers einzutreten, wo der Abschlußschieber arbeitet, der Schieber mit dieser obern Fläche sich aber immer hin und her bewegt, so muß die Decke des Canals einen Schlitz für den Durchgang der Welle d enthalten, der lang genug ist, um dem Schieber troß dieser Welle die nöthige Bewegung zu gestatten. Die Einrichtung der Curven an dem untern Theile der Welle, um den Abschlußschieber in verschiedenen Momenten zu arretiren, ist ganz die in der oben angeführten Stelle dieses Journals beschriebene. Man sieht hier bei d den Stiel oder die so eben genannte Welle. Sie durchbohrt bei i die Platte a und bei k die obere Deckplatte e des Schiebercanals f für den Abschlußschieber g. Die bei h und auf beiden Seiten desselben bleibenden unschraffirten Stellen dieser Deckplatte b deuten den oben berührten Schlitz für die Welle b an. Bei l sieht man denjenigen Theil der Welle, der die beiden Curven trägt, und bei m ihren Durchgang durch den Deckel n der Steuerungsbüchse, wo ihre Bewegung durch eine Stopfbüchse oder durche inen Conus, wie ich ihn bei den Stöpseln beschrieben und abgebildet habe, dicht gemacht wird. Dieser Conus ist indessen in dem untern Theile der Durchbohrung des Deckels angebracht, und in eine conische Vertiefung eingeschmirgelt, um das Herausdrängen des Stiels aus der Büchse durch die Dämpfe zu verhüten. Zur Bewegung der Welle d habe ich in neuester Zeit einen elastischen Hebel o, an seinem äußersten Ende mit einem Handgriffe p versehen, genommen, wie ich ihn bei Gelegenheit der Beschreibung meiner Maschine für

---

[10] Diese Sicherung der Platte gegen alle Seitenbewegung ist auch schon aus dem Grunde sehr zu empfehlen, als ohne dieselbe die Stützen Fig. 2 der Platte allein den von der Reibung der obern Fläche des sich bewegenden Schiebers gegen die Platte ausgehenden Antrieb zu dieser Bewegung zu verhindern hätten, was ihnen vielleicht zu viel zugemuthet seyn würde, wenn man sie nicht ungewöhnlich stark machen wollte, wozu aber der Raum fehlen dürfte.

[11] Diesen Abschlußschiebercanal und seine Form und die Art und Weise, wie der Körper des Wechselschiebers mit seiner Decke verbunden ist, ersieht man aus der früher gegebenen Beschreibung meiner Marinemaschine.

Kornmühlen in diesem Journale Bd. CVIII S. 165 angegeben habe. Um diesen Hebel in den gegebenen Stellungen zu firiren, dienen einige auf dem ringförmigen erhabenen Vorsprunge q des Deckels n der Steuerungsbüchse angebrachte Kerben, in welche ein an dem Hebel sitzender Zahn r einschnappt. Diese Einrichtung ist äußerst bequem, und man kann zu jeder Zeit während des Ganges der Maschine nach Belieben darauf einwirken, und dem Dampfcylinder nach den Umständen jede beliebige Dampffüllung geben. [12]

Ich muß hier noch bemerken, daß an meiner frühern bei meiner Marinemaschine beschriebenen, sowie bei der Crampton'schen und Penn'schen Anordnung, diese Einrichtung der Steuerung für den Abschluß nicht gut hätte bleiben können. Ob dieser Uebelstand so leicht zu beseitigen seyn würde, ist die große Frage. Zwar habe ich ihn bei meiner Marinemaschine durch andere zweckmäßige Maßregeln ersetzt, die indessen bei den Landmaschinen nicht in allen Fällen Anwendung finden können.

Man wird während des Lesens dieser Zeilen, und vielleicht auch schon früher, bemerkt haben, daß der Druck der Dämpfe auf den Abschlußschieber bei allen diesen Einrichtungen nicht wohlthätig balancirt ist. Ich habe das aus dem Grunde für unnöthig erachtet, weil dieser Schieber nur mit kleinen Flächen auf dem Wechselschieber reibt, folglich keinen großen Druck von oben auf diese Flächen erleidet. Bis jetzt habe ich diese Reibung auch noch immer unbedeutend gefunden [13], was durch die sehr wenig, ja kaum zu bemerkende Abnutzung der reibenden Flächen am Abschlußschieber und der obern Fläche des Wechselschiebers bestätigt werden dürfte. In Fig. 3 sieht man bei g den Abschlußschieber auf seiner Fläche. Man wird gleich bei genauer Betrachtung desselben und

---

[12] Den Vortheil dieser Einrichtung habe ich in Reval besonders schätzen gelernt. Da hier nämlich der Widerstand der Nutzlast oft in dem Maaße erhöht wurde, daß die Kraft der Maschine bei Drittel-Füllung des Dampfcylinders kaum hinreichte, so konnte man in diesem Falle schnell und bequem durch Stellung der Abschlußsteuerung auf halbe Cylinderfüllung helfen. Der Vortheil blieb derselbe, wenn die Maschine einen geringern als den regelmäßigen Widerstand in der Nutzlast fand. Wir stellten dann die Maschine leicht auf 1/4 Cylinderfüllung.

[13] Man wird sich vielleicht aus meiner Abhandlung über meine Dampfmahlmühle erinnern, daß ich bei derselben den Abschlußschieber mit einer eigenen Druckfeder versehen mußte, um ihm nur so viel Reibung auf der Fläche des Wechselschiebers zu geben, daß eine geregelte Arretirung desselben auf diesem möglich, und das unregelmäßige Hin- und Herirren auf demselben verhindert wurde. Zugleich dürfte dem Leser noch im Andenken seyn, daß ich später diesen künstlichen Druck der Feder auf den Abschlußschieber bei allen Steuerungen dieser Art habe beibehalten müssen, um für den Abschluß richtige und zuverlässige Resultate zu erhalten.

der Fläche des Wechselschiebers finden, daß auf letzterer nur so viel reibende Fläche um die Dampföffnungen im Wechselschieber gelassen ist, als unumgänglich nothwendig erscheint, um diesen nicht von denselben abgleiten zu machen.

Ich bin fest überzeugt, daß bei dieser letzten Vorrichtung zur Paralyſirung des Dampfdrucks auf die Schieber eine sehr geringe Abnutzung der reibenden Flächen stattfinden werde, und zwar aus dem Grunde, weil man den Druck dieser reibenden Flächen auf eine sehr genaue Weise reguliren kann, und zwar so genau, daß er den der Ringe eines elastischen Metallkolbens gegen die Cylinderwände nicht übersteigt, und dennoch auf einen dampfdichten Gang der Flächen auf einander rechnen läßt. Da meine neuen Dampfkolben von Gußeisen, mit Ringen von demselben Metalle, so außerordentlich günstige Resultate in meinen Maschinen für höhern Druck geben, so stehe ich nicht länger an, auch zu den Schiebern das Gußeisen für vortheilhafter als die von mir früher empfohlenen Metallmischungen (Rothgußmischungen) bringend zu empfehlen, zumal bei ihnen zugleich jede Gefahr einer etwanigen galvanischen Einwirkung der reibenden Flächen auf einander gründlich gehoben wird, über deren Bestehen ich in meiner neuesten Praxis, wie ich schon früher in diesem Journale bemerkt habe, aus manchen triftigen Gründen zweifelhaft und bedenklich geworben bin. Ich bekenne das hier freimüthig; denn das offene Bekenntniß seiner frühern Irrthümer ist Pflicht eines jeden rechtlichen Mannes, zumal eines Mannes des Fortschrittes, dem es nicht allein um Füllung seines Säckels, sondern um Beförderung der Kunst und Wissenschaft zu thun ist. Ich bekenne hier ferner offen und unumwunden, daß ich über die Sauberkeit solcher reibenden Flächen von gußeisernen Kolben in meinen Dampfmaschinen von höherm Dampfdrucke und der ihm entsprechenden Temperatur nach längerm Gebrauche in das höchste Erstaunen versetzt wurde, und daß ich früher solche zufriedenstellenden Erfolge fast für unmöglich erachtet habe.

––·––·––

Ich hätte diese Abhandlung über meine neue Schiebervorrichtungen eigentlich so lange zurückhalten sollen, bis ich praktische Versuche zur Prüfung der betreffenden Einrichtungen hätte anstellen, und den mehrern oder mindern Werth derselben oder ihre günstigen oder ungünstigen Resultate dem Leser hätte vor Augen führen können. Bin ich hier von dem gewöhnlichen von mir sonst immer befolgten Wege abgewichen, so geschah es theils aus einem gewissen Drange, meinen Verbeßerungen der Hochdruckmaschine mit höherm Drucke immer mehr Vollendung zu geben, bevor in dem begonnenen höhern Alter meine körperlichen und geistigen Kräfte mehr schwinden, theils in dem lebhaften Wunsche, sie meinen Collegen recht bald zur Prüfung vorzulegen, theils endlich in der festen Ueberzeugung, daß die hier gemachten Vorschläge zu Verbesserungen der Schieber wirklich vollen praktischen Werth haben, und, ins Leben eingeführt, diejenigen Erfolge haben werden, die bei einer so wichtigen Angelegenheit als diese höchst wünschenswerth erscheinen. Welche Gründe und Erfahrungen bei dieser Ueberzeugung für mich maaßgebend geworden sind, will ich nun noch meinem Leser in wenigen Zeilen vor Augen führen.

Es ist durch meine lange Praxis als Maschinenbauer, in welcher ich Gelegenheit hatte eine nicht ganz unbedeutende Anzahl von meinen Hochdruckmaschinen mit höherm Dampfdrucke zu errichten, und während ihrer längern oder kürzern Arbeitszeit zu beobachten, vollkommen bestätigt worden, daß die gewöhnlichen Schiebervorrichtungen für einen Druck von 8 Atmosphären alles leisten, was man billigerweise von ihnen verlangen kann, und was man an den Maschinen mit niederem Drucke von ihnen gewohnt ist, obgleich sie bei erstern Maschinen einem verhältnißmäßig viel höhern Drucke auf ihrer obern Fläche ausgesetzt sind, also eine viel größere Reibung und eine viel höhere Temperatur erleiden, als bei letzteren.

Daß hier freilich auf eine richtige Wahl der Metalle, von denen Schieber und Steuerungsbüchsengrundfläche construirt sind, viel ankomme, ist klar, doch ist die Ueberzeugung bei mir immer mehr zur Geltung gekommen, daß nicht allein ohne Gefahr, sondern sogar zum größten Vortheile, beide reibende Flächen von Gußeisen genommen werden können, und zwar nicht allein beide von gleichem Gußeisen der Härte und Dichtheit nach, sondern auch von Guß von verschiedener Härte, wobei die Schieber von weicherm mildern Eisen bei härteren Steuerungsbüchsengrundflächen mehr zu empfehlen seyn dürften, als die umgekehrte Maaßregel. Es arbeiten von meinen Dampfmaschinen und unter ihnen größere, in meiner nächsten Nähe, an welchen jeder vorfallende Fehler, jede Unvollkommenheit, jede, selbst die geringste, Abnutzung einzelner Theile mir direct zu Ohren kommt, weil ich die Reparaturen derselben zu besorgen habe, aber an allen, selbst den größern, haben die Schieber immer noch sehr wenige Nachhülfe vernothwendigt

und eine höchst befriedigende Ausdauer und eine sehr geringe Abnutzung
gezeigt. War eine solche Nachhülfe nöthig, so betraf sie meistens nur
ein neues Einschleifen der Flächen auf einander, eine Arbeit von nicht
langer Dauer, die füglich an einem Feiertage verrichtet und vollendet
werden kann.

Wenn ich unter den verschiedenen Schiebersteuerungen mit Auf=
hebung des Dampfdrucks auf die obere Schieberfläche nach meiner Ueber=
zeugung die letztere als die vorzüglichere empfehle, so bin ich hierbei
durchaus nicht blind gegen die etwanig dagegen sprechenden Gründe.
Sie haben mir sämmtlich immer klar vorgeschwebt, und ich glaube kaum
einen derselben unberücksichtigt gelassen zu haben. Bevor ich hier noch
einmal auf einen der wichtigsten Einwürfe, und zwar auf den einzig
vielleicht wirklich begründeten zurückkomme, und zu dem einfachen
Mittel übergehe, welches ich empfehle, d. h. beim Angehen der
Maschine die ganze Vorrichtung in eine Temperatur zu versetzen,
die ihre einzelnen Organe hinsichtlich ihrer Ausdehnungsverhältnisse
gleich in eine Verfassung zu einander stellt, die auf ein genaues,
zuverlässiges, hinsichtlich der Reibung und Dampfdichtheit möglichst
gleiches Resultat vom Angehen der Maschine an bis zu ihrem Still=
stande rechnen läßt, will ich noch dem Leser vor Augen zu führen
suchen, welche wichtigen Vortheile die Einrichtung darbiete, um troß
der bereits angeführten bedenklich scheinenden Umstände beharrlich an
ihr festzuhalten, und sie allen andern vorzuziehen.

Diese Vortheile sind unstreitig folgende:

1) Gewiß hebt diese Vorrichtung vor allen übrigen hier in dieser
Abhandlung und schon früher genannten, jener Umstand auf eine
vortheilhafte Höhe, daß sie so einfach, solide, sicher und zuverlässig
erscheint und in ihrer wesentlichen Einrichtung nur wenig Nach=
hülfe beim Gange der Maschine bedarf. Sie ist allen jenen Zu=
fälligkeiten, Veränderlichkeiten und Undauerhaftigkeiten enthoben,
die mit der Wirkung von Federn, Liederungen und andern solchen
immer mehr künstlichen und complicirten, und dabei doch von so
manchen zufälligen Umständen abhängigen Organen verbunden ist,
über deren Zustand man auch nicht einmal in allen Fällen immer
genau Rechenschaft erhalten kann. Sind die beiden Reibungs=
flächen, zwischen denen der Schieber gleitet, einmal richtig gestellt,
so verbleiben sie in diesem Zustande, sie werden durch die feste
sichere Stellung der Stellschrauben in dieser Lage erhalten, sind

dabei von keinem Material abhängig, welches leicht zerſtörbar iſt,
und deſſen regelmäßige Wirkung nach der Zerſtörung immer mehr
oder weniger geſchwächt, in den meiſten Fällen ganz aufgehoben
wird, wie z. B. von keinem vulcaniſirten Kautſchuk, Flachs, Hanf
und Filz, die unter der ſteten, vereinten Wirkung von Feuchtigkeit
und hoher Temperatur oder Schmutz ꝛc. mürbe werden, verfaulen,
ihre Textur verändern, und dadurch ihre Haltbarkeit und Dampf=
dichtheit verlieren, oder auch im Gegentheil, wie durch Schmutz
und die zähern Beſtandtheile in der Schmiere, z. B. das im Talge
enthaltene Zellgewebe, hart, ſteif und unelaſtiſch werden.

2) Man kann beiden Schieberflächen, der untern und obern, eine
gleiche Größe geben, und braucht bei Beſtimmung dieſer Größe an
jeder Fläche nicht die Veränderlichkeit des Drucks und Gegendrucks der
Dämpfe bei dem verſchiedenen Oeffnen und Schließen der Dampf=
wege im Schieber und der Grundplatte ängſtlich zu berechnen, da
es hier auf ſolche Kleinigkeiten bei der Feſtigkeit und ſichern
Stellung der Reibungsflächen wenig ankommt. Der Druck der
reibenden Flächen iſt ſo beſtimmt, ſo unnachgiebig, daß nie ein
Abbrängen der reibenden Schieberflächen von der Grundfläche der
Steuerungsbüchſe oder der obern Platte möglich, überhaupt eine
ſolche Nachgiebigkeit, die hier einen namhaften Dampfverluſt her=
beiführen könnte, undenkbar werden muß. Dieſes iſt bei Liede=
rungen nicht der Fall. Dieſe ſchieben ſich nach und nach mehr
zuſammen, verlieren an wohlthätiger Spannung, und ſchraubt man
ſie, um ihren Druck und ihre Dampfdichtheit wieder zu ver=
mehren, immer mehr nach, ſo werden ſie hart und unelaſtiſch, und
drängen den Schieber zu ſtark gegen ſeine reibenden Flächen, wo=
durch man das wieder hervorruft, was man doch gerade verhin=
dern will, ich meine eine zu ſtarke Reibung.

3) Man hat den Grad der Reibung der Flächen auf einander ganz
genau in ſeiner Gewalt, ſelbſt während des Ganges der Maſchine,
und kann ihn genau nach der geſetzlichen Temperatur des Appa=
rates und der daraus reſultirenden mehrern oder mindern Aus=
dehnung der Metalle, woraus die Steuerungsapparate beſtehen,
reguliren. Bei gehöriger Adjuſtirung des Drucks der reibenden
Flächen auf einander wird derſelbe immer nicht ſo ſtark ſeyn kön=
nen, wie bei Anwendung von vulcaniſirtem Kautſchuk, Hanf ꝛc.
als Liederungen, von denen jede, um gehörig dampfdicht zu wer=
den, in einem nicht unbedeutenden Grade zuſammengepreßt ſeyn

muß, wenn sie einen gehörig dampfdichten Anschluß verbürgen
soll. Diesen ganzen Druck haben aber dann auch die sich auf einander reibenden Flächen auszuhalten.

4) Die Reibungsflächen sind hier größer, als bei der Crampton'-
schen und Penn'schen Einrichtung, wodurch der Druck auf mehrere Punkte vertheilt, und so die Abnutzung der reibenden Flächen
vermindert wird. Die Sache verhält sich hier unstreitig anders,
als bei allen Vorrichtungen mit Liederungen. Was die Anwendung größerer Reibungsflächen bei diesen bedenklich macht, da ein
gewisser Druck, von den Liederungen selbst hervorgerufen, nicht
weggebracht werden kann, wird hier, wo dieser auf ein Minimum
heruntergesetzt werden kann, völlig zulässig, ja wünschenswerth.

Führen wir uns nun zuletzt alle Vorgänge vor, die bei der Ingangsetzung der Maschine in Absicht auf diese Steuerung eintreten, so
wird sich, wenn alle Reibungen richtig regulirt, d. h. die Deckplatte in
dem Grade auf den Wechselschieber niedergeschraubt ist, daß der Schieber fleißig und ohne große Reibung zwischen seinen beiden reibenden
Flächen arbeitet, vielleicht bei Anwärmung der Maschine später ein
kleiner Unterschied in diesen Reibungsverhältnissen einschleichen, indem
die Stützen und Stellmuttern aus geschmiedetem Eisen und die übrigen
Theile aus Gußeisen bestehen, also sich ein wenig verschieden ausdehnen. Dieser Unterschied dürfte aber nur immer äußerst gering sey, da die
Stützen nur kurz sind, und bei geringen Längen, Unterschiede in der
Ausdehnung, durch eine höhere Temperatur hervorgerufen, nur wenig
merklich werden.

Wäre aber dennoch ein namhafter Unterschied vorhanden, so könnte
man die Stellung der obern Deckplatte so reguliren, daß bei gesetzlicher
Temperatur der Maschine gerade ein richtiger Druck des Schiebers
gegen die reibenden Flächen der Grund- und Deckplatte stattfände, und
zwar ein Druck, der theils einen gehörig dampfdichten Gang der reibenden Flächen auf einander, theils eine möglichst geringe Reibung
derselben an einander verbürgt. Sollte sich dabei finden, daß beim
ersten Anwärmen der Maschine der Anschluß des Schiebers an die
Deckplatte nicht so stark wäre, um gehörige Dampfdichtheit bei der
Arbeit des Schiebers auf derselben zu verbürgen, und nun Dampf
zwischen beide treten, so dürfte dann oben angedeutetes Mittel auf
jeden Fall Hülfe verschaffen.

Es besteht in folgendem:

Man eröffnet den Dämpfen, wenn sie im Keſſel gehörig Spannung erreicht haben, einen Weg durch die Schieberbüchſe. Dieſe wird dann vor dem Angehen der Maſchine durch die Dämpfe auf die geſetzliche Temperatur gebracht, und so derjenige Ausdehnungszuſtand für die Schieberorgane und die Steuerungsbüchſe hergeſtellt werden können, der einen fleißigen und dampfdichten Gang des Schiebers und der reibenden Flächen, zwiſchen denen er gleitet, ſogleich beim Angehen der Maſchine verbürgt. Iſt die Maſchine erſt im Gange, so ſind die Veränderungen und Schwankungen in der Temperatur, denen die Steuerungsorgane ausgeſetzt ſind, so unbedeutend, daß ſie gewiß keinerlei Nachtheil hinſichtlich jener Reibungen bringen, den regelmäßigen Gang der Steuerung nicht ſtören, und die geſetzliche Erfüllung des Zwecks der Deckplatte unmöglich hindern können.

Um den Dämpfen nun einen Durchgang durch die Steuerungsbüchſe zu verſchaffen, verſieht man die Grundfläche dieſer nach der Seite des Schwingzapfens für die Erhauſtion hin, mit einer Oeffnung, die in den Erhauſtionscanal jenes Schwingzapfens führt, und ſchmirgelt in dieſelbe einen kleinen Hahn ein, der einen in ſeiner Seitenwand beginnenden und in ſeiner Grundfläche ausmündenden Canal enthält. Der Stiel dieſes Hahns geht oben durch den Deckel der Steuerungsbüchſe und zwar durch eine kleine Stopfbüchſe, und iſt oberhalb dieſer mit einem Schlüſſel zum Drehen des Hahns verſehen. Dieſer Hahn iſt ganz so gebaut, wie diejenigen es ſind, die bei den Niederdruckmaſchinen das Fett in den Dampfcylinder laſſen. Dreht man die Seitenöffnung des Hahns vor eine Aushöhlung in der Grundplatte, so ſtrömen die Dämpfe der Büchſe durch dieſen in das Erhauſtionsrohr. Zufluß von Dampf erhält die Büchſe durch den gewöhnlichen Zuführungsweg.

In Fig. 10 ſieht man bei a den Hahn, wie er in der Grundplatte der Steuerungsbüchſe angebracht iſt. b iſt der Verbindungscanal zwiſchen ihm und dem Erhauſtionsrohr d. c iſt die Zutrittöffnung der Dämpfe zu ihm, von der Büchſe aus. Der durch den Hahn führende Canal braucht nur von kleinem Durchmeſſer zu ſeyn, da es wünſchenswerth erſcheint, nur so viel Dämpfe aus der Büchſe in das Erhauſtionsrohr überſtrömen zu laſſen, als erforderlich iſt, um den Druck und die Temperatur dieſer Dämpfe in derſelben so ziemlich auf dem Grade zu erhalten, den ſie nachher beim regelmäßigen Gange der Maſchine annehmen und conſtant behalten. Es wird vollkommen ge nügen, wenn dieser Hahncanal nur den achten oder gar zehnten Theil des Durchmessers des Zuführungscanals der Dämpfe in die Büchse hat. [14]

II.

Bemerkungen über das Zerspringen gewisser Dampfapparate; vom Bergwerksingenieur Meugy.

Aus den Annales des mines, 1851, Bd. XIX S. 419.

Mit Abbildungen auf Tab. I.

Man wendet in der Industrie Apparate von verschiedenartiger Form an, in welchen man den Dampf zur Hervorbringung verschiedener Wirkungen circuliren läßt; wir erwähnen beispielsweise die kupfernen Kessel mit doppeltem Boden, welche in den Zuckerfabriken gebraucht werden, die Trocknen-Cylinder, die sogenannten retours-d'eau zum Speisen der Dampfkessel mit Condensationswasser, die Dampfbehälter 2c. Obgleich diese Apparate nicht denselben Ursachen der Zerstörung ausgesetzt sind, wie die Kessel auf welche die Flammen und die heißen Gase der Oefen unmittelbar einwirken, so beanspruchen sie dennoch gewisse Vorsichtsmaaßregeln zur Vermeidung von Unfällen; in der That sind die meisten derselben verschlossen oder können nach Belieben von dem Arbeiter, der ihren Betrieb leitet, verschlossen und längere oder kürzere Zeit in Verbindung mit den Kesseln gesetzt werden, welche den Dampf erzeugen; sie müssen daher, je nach den verschiedenen Fällen, wie letztere mit einer Druckpumpe probirt werden oder mit Ventilen versehen seyn, die mit einem bestimmten Gewicht belastet sind; zuweilen ist es auch zweckmäßig, die flachen Böden mit denen sie oft versehen sind, mit Armaturen zu verstärken. Alle diese Maaßregeln haben aber

---

[14] Diese Vorrichtung hat auch noch den großen Nutzen, daß das Erhaustionsrohr vor dem Angehenlassen der Maschine gehörig erwärmt wird, und nun bei wirklicher Ingangsetzung derselben nicht so viel Dämpfe verdichtet, wodurch leicht eine zu große Menge Wasser sich in demselben anhäuft und dem schnellen Ausblasen der Dämpfe längere Zeit ein nicht unbedeutendes Hinderniß in den Weg stellt.

keinen andern Zweck, als dieſen Apparaten eine ſolche Einrichtung zu geben, daß ſie einer Spannung widerſtehen können, welche derjenigen wofür der Generator geſtempelt iſt, gleich oder geringer als dieſelbe iſt; ſie würden aber zur Verhinderung von Brüchen nicht hinreichen, wenn die Urſachen derſelben nicht gleichförmig und ununterbrochen, ſondern augenblicklich wie eine Feder wirkten, die ſich plötzlich ausdehnt.

In mehreren Fabriken des franzöſiſchen Nord-Departements, welche mit Dampfmaſchinen verſehen ſind, haben ſich ziemlich häufig Unfälle ereignet, die weder einem zu hohen Dampfdruck, noch einem Fehler der Conſtruction zugeſchrieben werden können. So vergeht faſt kein Jahr, wo die Zuckerfabriken nicht der Schauplatz von Ereigniſſen dieſer Art wären; und daß dieſe Vorfälle kein Aufſehen erregen, ja oft gänzlich unbekannt bleiben, kommt daher, weil ſie keine nachtheiligen Folgen haben und nur leichte Verwundungen veranlaſſen. Jedoch iſt dieß nicht immer der Fall; erſt vor wenigen Jahren wurde in einer Papierfabrik des Departements der Seine und Marne durch das Zerſpringen eines Trocknen-Cylinders ein Mann getödtet und ein anderer ſchwer verwundet. Ein ähnlicher Unfall ereignete ſich in einer Weberei im Seine-Departement.

Die Gewerbtreibenden ſind im höchſten Grade dabei intereſſirt, daß geeignete Maaßregeln gegen dieſe Unfälle ergriffen werden, welche ihnen überdieß Zeitverluſt und Koſten durch die Betriebseinſtellung und Reparaturen veranlaſſen.

Ehe wir aber weiter gehen, wollen wir eine kurze Ueberſicht von den Dampfapparaten geben, welche — außer den Generatoren — in dem Nord-Departement gebräuchlich ſind.

1. Die Trocknen-Cylinder (Fig. 13), welche in den Färbereien und Kattundruckereien angewendet werden. Sie ſind gewöhnlich aus Kupfer verfertigt und haben gußeiſerne Böden. Zuweilen ſind ſie mit einem keinen atmoſphäriſchen Ventil verſehen, welches ſich von außen nach innen öffnet und den Zweck hat Zuſammendrückungen des Cylinders zu verhindern, wenn ſich eine Luftleere durch die Condenſation des Dampfes bildet. Dieſer gelangt mittelſt einer durch den Boden gehenden Röhre in den Cylinder und entweicht durch eine andere, welche an dem andern Boden angebracht iſt. Dieſe Röhren ſind mit Hähnen verſehen, welche der Arbeiter zu ſeiner Verfügung hat und womit das Ein- und das Ausſtrömen des Dampfes regulirt wird. Es kann daher vorkommen, daß derartige Cylinder Dampf von der-

selben Spannung wie der Kessel enthalten, wenn man nämlich den Ausströmungs-Hahn verschließt, wenigstens wenn nicht ein Ventil auf dem Wege vom Generator zu dem Cylinder, die Spannung welche in dem Innern des letztern entstehen kann, beschränkt.

2. Die Wasser-Vorwärmer (retours-d'eau), Fig. 14, dienen zum Speisen der Generatoren in den Färbereien, Spiritusbrennereien und in vielen andern Gewerbszweigen, wo man keine Triebkraft und doch Kessel mit Dampf von gewisser Spannung hat. Sie dienen ferner zum Sammeln des Wassers, welches von den verdichteten Dämpfen herrührt, die zu irgend einem heizenden Zweck gedient haben, und welches man wieder in den Generator zurückführen will. Die Construction dieser Cylinder ist dieselbe wie diejenige der Dampfkessel; sie stehen mit letztern durch zwei Röhren in Verbindung, von denen die eine von ihrem obern Theile bis zu dem Dampfbehälter führt, während die andere bis zum Boden des Generators reicht und von dem Boden des Vorwärmers ausgeht. Um den Generator zu speisen, braucht man bloß die an den Röhren befindlichen Hähne zu öffnen, und da das in dem Cylinder eingeschlossene Wasser alsdann einen gleichen Druck von dem darüber und darunter befindlichen Dampf erhält, so fließt es durch sein eigenes Gewicht aus. Man ersieht daraus, daß die Vorwärmer zu gewissen Zeiten und nur dann mit den Kesseln in Verbindung gesetzt werden, wenn man letztere speisen will; während der Dauer dieser Operation, mag sie noch so kurz seyn, umschließt der Cylinder Dampf, dessen Spannung gleich derjenigen im Generator ist.

3. Die kupfernen Kessel mit doppelten Böden, welche man hauptsächlich in den Runkelrübenzuckerfabriken anwendet, haben die Kessel mit Schlangenröhren ersetzt, die zwar eine größere Heizoberfläche hatten, sich aber nur schwer reinigen ließen. Es gibt zwei Arten dieser Kessel mit doppelten Böden, je nachdem letztere beide nach einer Seite, oder nach entgegengesetzten Seiten gebogen sind. Die erstern welche man Kuppelkessel genannt hat, in Fig. 15a. im Durchschnitt dargestellt, sind die gefährlichsten, weil der Dampf auf den convexen Theil ihrer Oberfläche drückt und der Widerstand entweder gänzlich aufhört oder doch sehr vermindert wird, sobald diese Oberfläche die geringste Veränderung erleidet.

Die zweite Art, die sogenannten Linsenkessel (Fig. 15b), bei denen beide Böden ihre concaven Flächen der Einwirkung des Dampfs darbieten, haben diese Nachtheile nicht, dennoch findet man die Kuppelkeffel noch häufig und man gibt ihnen sogar oft den Vorzug, weil ihr räumlicher Inhalt, mit der Heizoberfläche zunimmt; während dieß bei den Linfenkeffeln der entgegengefezte Fall ist.

Der untere Boden besteht aus Gußeisen, ist 30 Millim. (13 Linien) stark und mit dem oberen kupfernen Boden durch einen starken eingeschraubten Stehbolzen verbunden. Die Dicke des Kupferblechs ist jezt weit stärker als es noch vor einigen Jahren der Fall war, weil die Fabrikanten es für zweckmäßig erachteten ihm eine Dicke von 10 Millim. (4½ Linien) zu geben. Die doppelten Böden sind mit zwei Röhren verbunden, nämlich einer durch welche der Dampf einströmt, dann einer durch welche er ausströmt, oder durch welche das Waffer abgeführt wird, endlich mit einer dritten kleinen Röhre, die nach außen führt und mit einem kleinen Hahn (Lufthahn) versehen ist. Der Betrieb eines solchen Keffels besteht daher darin, daß man zuvörderst den Lufthahn öffnet, dann denjenigen Hahn durch welchen die Dämpfe einströmen, und zulezt den Waffer- und hierauf den Lufthahn verschließt.

Lezterer hebt die mehr oder minder vollkommene Luftleere auf, welche in dem doppelten Boden im Augenblick des Einströmens von Dampf existiren kann; da nun das Waffer, welches sich nach und nach auf dem doppelten Boden verdichtet, oben und unten einem gleichen Druck ausgesezt ist, so muß es in den Keffel zurücklaufen. Man sieht, daß derartige Zuckersiedekeffel wie die vorhergehenden Apparate Dampf von derselben Spannung enthalten können, welche im Generator stattfindet, und daß sie daher sehr fest eingerichtet seyn müssen, um den höchsten Druck ertragen zu können, auf welchen sie nach der französischen Vorschrift gestempelt sind.

Wir wollen jezt annehmen, daß die fraglichen Apparate während einer gewiffen Zeit zu wirken aufhören, und daß man sie von neuem mit dem Generator in Verbindung sezt. In diesem Augenblicke, d. h. beim Beginn des Betriebes, entstehen meistens die Unfälle. Solche Keffel mit doppelten Böden zersprangen zuweilen deßhalb, weil der Arbeiter den Lufthahn zu öffnen vergeffen hatte; es ist aber auch schon der Fall gewesen, daß sie einige Augenblicke, nachdem sie in Betrieb gesezt waren, zersprangen oder die Form verloren, ohne daß irgend eine Fahrläffigkeit begangen worden war.

Die Ursache dieser Unfälle ist leicht aufzufinden. Die Dampfhähne werden mittelst Schlüffeln gedreht, weche Hebel bilden; oft sind

dieſe Hähne ſehr dicht eingezwängt, damit kein Dampf durch ſie entweicht, und der Arbeiter muß daher oft ſeine ganze Kraft anwenden
um ſie zu öffnen; ſobald aber die Abhäſion überwunden iſt, gibt der
Hahn plötzlich nach; der Dampf ſtrömt nun mit Gewalt ein und veranlaßt durch eine unmittelbare Zunahme der Spannung in dem Apparat ähnliche Wirkungen wie ſie durch einen Stoß erfolgen, und weche
nur durch die Reibung des Dampfs an den Röhren vermindert werden können.

Dieſe Wirkungen müſſen um ſo fühlbarer ſeyn, je mehr der
Druck in dem Generator von demjenigen in dem Apparat, in welchem
der Dampf circulirt, verſchieden iſt, und ſie würden folglich am ſtärk-
ſten ſeyn, wenn der Dampf in einen Raum eindringt, in welchem die
Condenſation Veranlaſſung zu einer mehr oder weniger vollkommenen
Luftleere gegeben hat. Jedenfalls muß ein wahrer Dampfhammer
entſtehen, wenn man den Hahn, welcher den Generator mit dem zu heizenden Appardt verbindet, plötzlich öffnet; wenn nun auch die durch
die plötzliche Spannungsveränderung erzeugte Wirkung nicht unmittelbar einen Bruch oder eine Formveränderung der Oberflächen auf weche
der Dampf drückt, hervorbringt, ſo leidet doch offenbar darunter die
Feſtigkeit des Metalles aus welchem dieſe Flächen beſtehen.

Um dieſes plötzliche Oeffnen der Hähne zu vermeiden, hat man
verſucht denſelben eine ſolche Einrichtung zu geben, daß ſie nur nach
und nach geöffnet werden, wozu man einen gezahnten Quadranten
mit einer endloſen Schraube anwandte, welche Einrichtung in Fig. 16
abgebildet iſt.

Auf meinen Rath wurden ſolche Hähne in einer Zucker-
fabrik zu Lille eingeführt und eine zweijährige Erfahrung ſpricht ſehr
zu ihren Gunſten. Ich habe es daher für zweckmäßig gehalten, dieſe
einfache Vorrichtung zu veröffentlichen, um andere Fabriken zu ihrer
Annahme zu veranlaſſen.

III.

Pulvermacher's elektromagnetische Kraftmaschine.

Aus dem Mechanics' Magazine, 1850, Nr. 1415.

Mit Abbildungen auf Tab. I.

Bei dieser Maschine, welche am 15. Decbr. 1849 in England patentirt wurde, ist eine einzige galvanische Batterie mit einem Systeme von zahlreichen ringförmigen Elektromagneten verbunden. Fig. 17 stellt die Haupttheile dieser Maschine in der äußeren Ansicht dar. Fig. 18 ist eine Separatansicht der in dem inneren Cylinder der Maschine mit einander vereinigten Elektromagnete; Fig. 19 ein Durchschnitt von Fig. 17; Fig. 20, ein Grundriß zweier Ringe, zeigt ihre relative Lage zu einander.

Die Elektromagnete bestehen aus einer doppelten Reihe gezahnter oder eingekerbter Ringe A, A und B, B aus weichem Eisen, von denen das eine System innerhalb des andern angeordnet ist. Die äußeren Ringe A sind an ihrer inneren Kante, die inneren an ihrer äußeren Kante gezahnt. Die Zahl und Stellung der Zähne ist, wie Fig. 20 zeigt, bei beiden Systemen correspondirend. S, S sind Säulen, durch welche die festen Theile der Maschine mit einander und mit der Bodenplatte Z verbunden sind. W, W ist die Hauptwelle, deren Lager sich in den Büchsen L^1, L^1 befinden, weche in den an die Säulen S, S befestigten Gestellen K, K angebracht sind. Die Säulen S, S tragen zwei starke Metallplatten O, O, zwischen welchen das ganze System der äußeren Ringe A, A festgehalten wird. Jeder Ring ist von seinem benachbarten Ring durch einen vollkommen gleich gestalteten Ring aus Messing, Gutta-percha oder einem sonstigen nicht magnetischen Material getrennt.

Die inneren Ringe B, B sind auf ähnliche Weise verbunden, und werden mittelst zweier starker Metallscheiben O^1, O^1 und Bolzen S^1, S^1 znsammengehalten. Beide Ringsysteme werden nach erfolgter Befestigung in ihrer Lage möglichst genau cylindrisch abgedreht, und zwar die äußeren Ringe an ihren inneren Kanten, so daß der innere Cylinder frei in dem äußeren sich drehen läßt, zwar nahe an demselben, jedoch ohne ihn zu berühren. Die Büchsen der Quergestelle K, K sind mit

Schrauben S², S², Fig. 19, und Muttern M¹, M¹ versehen, mit deren
Hülfe der innere aus den Ringen B, B zusammengesetzte Cylinder der
Länge nach abjustirt werden kann, so daß seine Ringe den Ringen des
äußeren Cylinders genau gegenüber zu liegen kommen, wie Fig. 19
zeigt.

Die Zähne A, A und B, B beider Ringsysteme sind mit isolirtem
Kupferdraht d, d umwickelt, und zwar laufen die Drahtwindungen in
einer solchen Richtung, daß der sie durchlaufende galvanische Strom genöthigt ist, den durch die Pfeile in Fig. 18 angedeuteten Weg zu nehmen, oder mit andern Worten, daß der galvanische Strom, welcher
durch die beiden Drahtsysteme in irgend einer der von den Zähnen gebildeten Rinnen hinabgeht, die nämliche Richtung hat. In Folge dieser
Anordnung können die Ströme nicht störend auf einander einwirken.

Um diesen Zweck zu erreichen sind, wie Fig. 20 zeigt, die Drähte
von dem Boden eines Zahns nach dem oberen Theil des anderen gekreuzt, und auf diese Kreuzung der Drähte muß besondere Aufmerksamkeit verwendet werden, da die Richtung des Stromes so beschaffen
seyn muß, daß während er in allen Zähnen einer Zahnreihe Nord-
polarität hervorruft, in der nächsten Reihe Südpolarität entsteht.

In der That sind sämmtliche Zahnreihen, sowohl an der äußeren
Seite des inneren Cylinders, als auch an der inneren Seite des äußeren Cylinders in ebenso viele Reihen von Elektromagneten verwandelt,
und jede Reihe ist mit einer von der benachbarten Reihe verschiedenen
Polarität behaftet. Die auf diese Weise in dem Elektromagneten des
inneren oder beweglichen Cylinders erzeugte Polarität bleibt stets die
nämliche, wogegen die Polarität des äußeren oder festen Cylinders
stufenweise durch die Rotation der Maschine verändert wird, indem
diese auf ein Instrument, den „Polwechsler" wirkt. Letzterer ist so eingerichtet, daß ein Paar in die galvanische Kette eingeschaltete Metallwalzen über eine Graphitscheibe hingleiten und dadurch die Richtung
des Stroms abwechselnd umkehren.

IV.

Die hydro-elektrischen Volta'schen Ketten und Batterien zum medicinischen Gebrauch, von dem Mechaniker Pulvermacher in Wien. [15]

Aus dem Génie industriel par Mr. Armengaud, 1851, Nr. 6.

Mit Abbildungen auf Tab. I.

Zusammensetzung der hydro-elektrischen Volta'schen Ketten. — Sie gründen sich auf das Princip der leitfähigen und abwechselnden Verbindung positiver und negativer Metalle, mittelst metallener und feuchter Leiter, nach Art einer Volta'schen Säule, so daß diese Metalle einen ganzen Körper bilden.

Diese Ketten sind also nach einem anderen Princip construirt als die galvanischen Ketten. Letztere wirken nämlich nur durch die zwei letzten Glieder der Kette; welche eine einzige Batterie ohne feuchten Leiter bildet; sie geben folglich keine Elektricität, wenn sie nicht in Berührung mit der Haut sind; die hydro-elektrischen Volta'schen Ketten hingegen bilden durch die kleine Entfernung der Elektromotoren unter einander ebenso viele besondere Batterien als Glieder oder Elemente vorhanden sind, und ihre Stärke kann nach Belieben vergrößert, oder verringert werden. Die feuchten Leiter geben die Elektricität, welche durch die Vereinigung aller Glieder der Ketten zu einer einzigen Volta'schen Säule vergrößert wird.

Fig. 21 bis 29 stellen mehrere Theile dar, aus denen eine Kette zusammengesetzt ist; es sind die positiven und negativen Elemente, deren Form als platt angenommen ist; ein Stück der Kette ist aus Fig. 21 und 22 ersichtlich.

b ist ein Ring aus gewalztem Metall von etwas conischer Form, oval und gelöthet; er ist so platt, daß er einem Buchfutteral ohne Boden gleicht. In demselben wurden die Löcher l angebracht, um die Ringe, welche die Kette bilden, an einander hängen zu können. Fig. 23 zeigt ein Stück aus gewalztem Metall a, welches, nachdem es ein-

---

[15] Patentirt in Frankreich am 16. Febr. 1850 für fünfzehn Jahre.

mal oder zweimal mit Kattun oder Wollenzeug umwickelt worden ist, in den platten Ring b gesteckt wird, so daß das außerhalb auf der anderen Seite befindliche Oehrchen in Folge der conischen Form der zwei Theile befestigt ist.

Die vereinigten Theile a und b bestehen aus positiven und negativen Metallen, welche abwechselnd so angeordnet sind, daß für die Hälfte der Glieder womit eine Kette zusammengesetzt wird, die Theile a aus positivem Metall und die Theile b aus negativem Metall bestehen, während für die andere Hälfte der Glieder a negatives und b positives Metall ist.

Der positive Theil a eines Gliedes wird abwechselnd mit dem negativen Theil b des anderen Gliedes durch keine Ringe oder Oehrchen o und die Löcher l verbunden und umgekehrt, so daß b abwechselnd positiv und negativ ist.

Nachdem die so zusammengesetzte Kette in eine verdünnte Säure oder in eine Auflösung von irgend einem sauren Salz getaucht wurde, so daß der Kattun oder die Wolle mit derselben vollständig getränkt ist, so werden alle Wirkungen ganz dieselben seyn, wie bei einer hydro-elektrischen Volta'schen Kette; im Verhältniß der Oberfläche und der Anzahl der Elemente, denn alle positiven und negativen Metalle sind mit einander in abwechselnder Berührung vermittelst feuchter und metallener Leiter.

Es versteht sich, daß die Beschaffenheit der verdünnten Säure oder der Salzlösung auf den Effect von Einfluß ist, so daß man einen stärkeren oder geringeren hervorbringen kann. Anstatt der platten Form kann man die cylindrische Form anwenden.

Die zweite Haupteinrichtung dieser Volta'schen Ketten ist folgende. Das lange Ende e eines Metalldrahts welcher eine Schleife s (Fig. 24) bildet, wird über das kurze Ende e in Form von Spiralen (Fig. 25) gedreht, aber zwischen diesen Spiralen muß so viel Raum bleiben, daß man einen anderen Draht g (Fig. 26) schraubenförmig durchwinden kann.

Von diesen zwei in einander gesteckten Spiralen wird die eine abwechselnd von positivem Metall gemacht und die andere von negativem Metall, wie es oben erklärt wurde. Die Schleife s der ersten Spirale dient als erstes Oehrchen, und die letzte Spirale, welche parallel zur Achse angebracht ist, dient als zweites Oehrchen um eine Kette mit den so angeordneten Gliedern zu bilden. Die Zusammensetzung geschießt aber so, daß jedes positive Oehrchen eines Gliedes mit dem negativen Oehrchen des anderen benachbarten Gliedes verbunden wird, wie man aus Fig. 27 ersieht. Der Kattun ꝛc. womit man das Metall umhüllt hat, dient nicht bloß um die metallische Berührung der einem Gliede angehörenden positiven und negativen Spiralen zu verhindern, sondern auch um in Folge seiner Capillarität die verdünnte Säure aufzunehmen, in welche man die Kette taucht. Man stellt so einen Elektricität erregenden Contact her, dessen Wirkung gleich der für die erste Combination angegebenen ist.

Kleine Batterien. — Der Erfinder construirt nach demselben Princip für physikalische, physiologische und medicinische Anwendungen hydro-elektrische Volta'sche Ketten in Form sehr kleiner tragbarer Batterien.

Eine solche ist in Fig. 28 und 29 abgebildet; sie besteht aus einer metallenen Büchse a, deren obere Ränder nach innen umgebogen sind, damit die in ihr enthaltene Flüssigkeit bei dem Entleeren nicht gänzlich entweichen kann; b ist ein Rahmen aus einer isolirenden Substanz z. B. Bein; er ist mit Nuthen versehen, welche mittelst Scharnieren an der Büchse befestigt sind. Auf jeder isolirenden Seitenfläche des Rahmens b sind metallene vergoldete Spitzen c eingesetzt, welche die Stücke der Ketten tragen; das Ende dieser Spitzen ist mit einem Einschnitt versehen, damit die Ketten d nicht gleiten und sich losmachen können; überdieß setzen diese elastischen Spitzen durch ihre Spannung den Ketten einen Widerstand entgegen. Die Ketten d sind so an den Spitzen c angebracht, daß der positive Draht jedes Gliedes in Rapport mit dem negativen Pol des folgenden ist. f, f' sind zwei Klemmschrauben, die eine dient um den Leitungsdraht eines Pols zu befestigen, während die zweite an ihrem Ende eine kleine metallene Zange g hat. Die erste Schraube f befindet sich also mit einem Pol des Apparats in Verbindung, während die zweite f', nämlich diejenige welche sich mit der Zange g endigt, mit dem anderen Pol in Rapport ist. Je nachdem man diese Zange an dem einen oder anderen Glied der Batterie anbringt, wird man mehr oder weniger Intensität haben, so daß man die Stärke derselben nach Belieben wählen kann.

Um den Apparat in Thätigkeit zu setzen, braucht man nur soviel erregende Flüssigkeit, z. B. Essig in die Büchse zu gießen, daß die ganze Batterie damit getränkt wird; hierauf zieht man den Apparat aus der Flüssigkeit und erhält ihn durch den Aufhalter h in der in Fig. 28 gezeichneten Lage.

Für gewisse Anwendungen wickelt Hr. Pulvermacher die Ketten (aus Messing- und Zinkdraht) auf eine Spule von isolirender Substanz (Holz), indem er einen Streifen von Gutta-percha zwischen den Oberflächen anbringt um die Hauptkette zu isoliren, oder er bringt die Ketten in ein Futteral, welches aus Blättern von Elfenbein oder Gutta-percha zusammengesetzt ist.

Unterbrechende Apparate. — Mittelst des Apparats, welchen Hr. Pulvermacher angenommen hat, um den elektrischen Strom zu unterbrechen, und den er entweder von Hand oder mittelst eines Federhauses in Gang erhält, kann man nach Belieben die Dauer der Berührung und der Unterbrechung abändern, so daß man Zusammenziehungen der Muskeln mit viel weniger Schmerz hervorzubringen im Stande ist, als mit Hülfe der schon bekannten Apparate. Bei diesem System dient die Kraft, womit die Geschwindigkeit der Bewegung regulirt wird, zu gleicher Zeit zum Schließen der elektrischen Kette, wogegen bei den andern Apparaten die ganze regulirende Kraft verloren geht. Dieß gewährt den Vortheil, daß man mit einem kleinen Räderwerk während einer hinreichend langen Zeit Unterbrechungen bewirken kann, welche rasch auf einander folgen.

V.

Galvanischer Apparat mit doppeltem Strom für medicinische Zwecke; von Dr. Duchenne.

Aus dem Civil Engineer and Architect's Journal, Mai 1851, S. 304.

Mit einer Abbildung auf Tab. I.

Die Physik hatte bisher noch keine Aufschlüsse gegeben über den Unterschied, welchen inducirte Ströme je nach der Verschiedenheit ihres Ursprunges darbieten. Durch die Bemühungen des Dr. Duchenne sind wir jetzt über ihre unterscheidenden Merkmale vom physiologischen Standpunkt aus unterrichtet. Nach ihm besitzt der direct von der galvanischen Batterie hergeleitete galvanische Strom eigenthümliche Merkmale; durch Lebensorgane geleitet, erzeugt er eine Empfindung von Wärme, welche bei Anwendung inducirter Ströme nicht beobachtet wird; am empfindlichsten zeigt sich diese Erscheinung an der Haut, wo sie von der einfachen Röthung bis zu tiefen und schmerzlichen Wunden sich steigern kann. Die chemische Wirkung des Stroms ist kräftig; deßhalb sollte er vorzugsweise da angewendet werden, wo es sich darum handelt, Blut in einer Arterie zu coaguliren, um irgend ein krankhaftes Erzeugniß zu zerstören oder die Beschaffenheit der Absonderungen an geschworenen Theilen zu ändern. Auf die Retina des Auges äußert er eine besondere Wirkung. An den Gesichtsmuskeln applicirt, wirkt er gewaltsam auf die Sehorgane, indem er Lichtblitze hervorbringt, welche eine sehr bedeutende Intensität annehmen können; dieses Phänomen äußert sich bei Strömen, weche kaum stark genug sind, um bei gesundem Zustande die Gesichtsmuskeln zusammenzuziehen; daher die Unmöglichkeit, sie bei gewissen Arten von Lähmung an diesem Körpertheil anzubringen.

Die inducirten Ströme haben Eigenschaften, welche sie von andern Strömen unterscheiden; sie sind nothwendigerweise intermittirend, ihre chemische Wirkung ist schwach, und durch die Organe geleitet, äußern sie keinen wärmenden Einfluß. Sie sind somit nur anwendbar, wenn es nöthig ist, mit großer Intensität zu wirken, ohne eine Störung der Organe zu verursachen. Daher der Vortheil eines Apparates, bei welchem der directe Batteriestrom durch inducirte Ströme ersetzt wird. Diese sind daher auch zum Elektrisiren der Gesichtsmuskeln um so mehr vorzuziehen, als sie nur sehr schwach auf die Netzhaut des Auges wirken. Dr. Duchenne hat ferner nachgewiesen, daß inducirte Ströme ihrem Ursprunge gemäß verschiedene Eigenschaften besitzen. Der inducirte Strom der ersten Ordnung welcher in einem von dem Batteriestrom durchströmten Cylinder in dem Moment entsteht, wo der Strom unterbrochen oder wiederhergestellt wird, erzeugt eine starke Zusammenziehung der Muskeln, ohne jedoch auf die Empfindlichkeit der Haut einen Einfluß zu äußern. Das nämliche Resultat zeigt sich bei Anwendung eines inducirten Stroms, welcher in einem Inductionscylinder unter dem Einflusse eines Magnets erzeugt wird. Der inducirte Strom der zweiten Ordnung, welcher in einem zweiten Cylinder unter dem Einfluß des Stroms der ersten Ordnung entwickelt wird, charakterisirt sich durch eine ganz besondere Einwirkung auf die Sensibilität der Haut, und zwar in einem solchen Grade, daß er bei Personen, deren Haut sehr reizbar ist, nie angewendet werden sollte.

Nachdem Dr. Duchenne in seiner Untersuchung über das Wesen und die Wirkungen galvanischer Ströme so weit vorgeschritten war, sah er ein, daß es bei der Anwendung der Elektricität für medicinische

Zwecke wesentlich nöthig sey, die Stärke der Ströme nach der Empfindlichkeit des zu behandelnden Individuums genau ermitteln und reguliren zu können, weil sonst der Operirende Gefahr laufen würde von
ihnen einen rohen und unwirksamen Gebrauch zu machen; ferner die
Zeitintervalle zwischen den Strömen nach dem Zustande des Patienten
einzurichten, indem kräftige Ströme, wenn sie allzurasch auf einander
folgen, unerträglich, ja wegen der Angst die sie einflößen, gefährlich
werden können, während Ströme von gleicher Kraft, aber bei Beobachtung der gehörigen Zwischenpausen, erträglich sind.   Der galvanische
Apparat sollte daher so construirt seyn, daß der Arzt im Stande ist,
verschiedene Ströme anzuwenden, weche kräftig genug sind, um die
tiefer gelegenen Muskeln zu durchbringen, die er aber zugleich zu
mäßigen im Stande ist.   Der Arzt sollte ferner continuirliche und intermittirende Ströme zu seiner Disposition haben, und die Intervalle
der letzteren nach Belieben reguliren können; ferner sollte der Apparat
während des Gebrauchs seine Aufmerksamkeit nicht allzusehr in Anspruch nehmen.

Fig. 34 stellt Duchenne's galvanischen Apparat in perspectivischer Ansicht dar. A ist eine Schieblade mit der Batterie, welche, ähn-
lich der Bunsen'schen, aus Kohlen- und Zinkplatten besteht.   Die
Kohlenplatte B ist flach, ihre Mitte ausgehöhlt und mit gepulverten
Koks gefüllt.   Die Zinkplatte G mit ihren rechtwinkelig aufgebogenen
Rändern dient der Kohlenplatte B als eine Art Behälter.   Die Seiten
und der Boden der Schieblade sind durch Glas und Firniß gegen den
Einfluß der Feuchtigkeit und des aus der Batterie entwickelten Gases
geschützt.   Zwei mit der Kohle und dem Zink im Contact befindliche
Kupferstreifen D und E communiciren mit Platten, die in diejenige Ab-
theilung eingesetzt sind, welche die obere von der unteren Schieblade
trennen.

Der Kupferdraht, welcher den Strom der ersten Ordnung fortleitet, ist mit Seide übersponnen und spiralförmig um einen Cylinder
von weichem Eisen gewunden.   Die Enden dieses Drahtes stehen mit
den Federn H, I und den beiden Knöpfen J, wovon jedoch nur einer in
der Abbildung sichtbar ist, in Communication.   Der gleichfalls mit
Seide übersponnene Draht, welcher den Strom der zweiten Ordnung
fortleitet, ist um den ersten Draht gewickelt und mit den beiden Knöpfen
K verbunden, von denen jedoch nur der eine sichtbar ist.

Der Graduator L der beiden Ströme ist an einen kupfernen Cylinder befestigt, welchen er veranlaßt sich dem die Drähte enthaltenden

Cylinder zu nähern oder von ihm zu entfernen; er ist in 90 Milli=
meter getheilt. Der Apparat, welcher den Zweck hat, die Intensität
des Stromes oder den Grad der Magnetisirung des weichen Eisens zu
messen, besteht aus einem in der oberen Schieblade N enthaltenen Com=
paß M, dessen Blatt in vier Theile zu 90° getheilt ist. Der Commu=
tator besteht aus einem beweglichen Stück weichen Eisens T und einer
Platinschraube S, gegen welche das erstere vermittelst einer Feder V an=
gedrückt wird. Ein Rad O mit vier Zähnen ist in dem unteren Theile
der Schieblade N gelagert und wird durch Umdrehung der Kurbel P
in Rotation gesetzt, wodurch die Zähne der Reihe nach mit der Feder
Q in Berührung kommen. Wenn die Schiebladen geschlossen sind, so
geht der Batteriestrom längs eines mit den Knöpfen der Feder Q ver=
bunden Drahtes, dann durch das Rad, so oft nämlich einer der
Zähne mit der Feder Q in Berührung kommt, endlich durch einen
zweiten gleichfalls mit den beiden Knöpfen verbundenen Draht nach
der Schraube S.

Die Behandlung des Apparates ist nun folgende. Wenn die Kohle
frisch ist, so wird sie mit Salpetersäure getränkt, welche man langsam
in die Centralöffnung gießt. Die Säure wird von den in der Höh=
lung enthaltenen gepulverten Koks rasch absorbirt und vermöge der
Capillarattraction in die Poren der Kohle eingesaugt. Zur Erhaltung
der Kraft der Kohle träufelt man von Zeit zu Zeit Tropfen von Sal=
petersäure in die Centralöffnung. Die Kohlenplatte wird nun in den
Zinkbehälter eingesetzt, in welchen man vorher einen oder zwei Eßlöffel
voll einer Kochsalzlösung gegossen hat, um die Zinkoberfläche anzufeuch=
ten und die Berührung zwischen ihr und der Kohle zu verhüten. Die
Kupferplatte E kommt auf die Kohle zu liegen.

Um sich von der Kraft des ursprünglichen Stroms zu überzeugen,
zieht man die obere Schieblade heraus und stellt den Apparat so, daß
die Compaßnadel quer zum Apparat steht. Mit Hülfe der Feder U
drückt man das weiche Eisen des Commutators T gegen die Schraube S,
und unterbricht die Ströme, indem man die Streifen H und I rechts
oder links dreht. Die Nadel weicht alsdann je nach der Kraft des
Stromes aus der Richtung des magnetischen Meridians ab.

Soll der Strom intermittirend werden, so hebt man mit Hülfe des
Zahnrades O den Streifen H in die Höhe und befestigt das weiche
Eisen des Commutators T auf die oben beschriebene Weise; sodann
setzt man die Kurbel P je nach Umständen in mehr oder minder rasche
Umdrehung.

Sollten die Unterbrechungen durch den Commutator erfolgen, so müssen der Contactstreifen und die Feder niedergehalten werden, worauf das weiche Eisen zwischen der Schraube S und dem Magnet des Cylinders oscillirt. Je intensiver der Strom ist, desto rascher und brillanter ist die Wirksamkeit des Commutators. Bei schwächer werdendem Strome wird die Schraube S dem weichen Eisen mehr genähert.

Wenn der Graduator ganz in den Apparat hineingeschoben ist, so befinden sich die inducirten Ströme in dem Minimum ihrer Intensität. Um daher diese zu vermehren, braucht man nur den Graduator nach Millimetern oder Centimetern aus dem Apparat herauszuziehen.

Um die Batterie nicht unnöthig zu schwächen, öffnet man, wenn der Apparat nicht gebraucht wird, die Kette, indem man den Contactstreifen in die Höhe hebt. Mit einer und derselben Lösung bleibt der Apparat zwölf Stunden lang wirksam. Nach geschehenem Gebrauch werden die Kohlen- und Zinkplatten sorgfältig gereinigt, getrocknet und mit zwischengelegtem Wachstaffet in die Schieblade gelegt. Wird der Apparat nur selten gebraucht, so ist es rathsam Kohle und Zink nicht mit einander in Berührung zu lassen. Bei Benützung eines Stromes der zweiten Ordnung bringt man die Leitungsdrähte mit den Knöpfen K in Verbindung; für den Strom der ersten Ordnung dienen die Knöpfe J.

Die an den freien Enden dieser Drähte befestigten Erreger haben je nach dem Körpertheile, welcher dem galvanischen Strome ausgesetzt werden soll, die Form von Bürsten, Platten oder Metallcylindern.

VI.

Ueber Froment's elektrischen Telegraphen mit Claviatur; Bericht von Hrn. Pouillet.

Aus dem Bulletin de la Société d'Encouragement, Juni 1851, S. 319.

Der elektrische Telegraph des Hrn. Froment (rue Ménilmontant No. 5 in Paris) hat eine geradlinige Claviatur (oder Tastatur) wie ein kleines vieroctaviges Clavier und unterscheidet sich von den bisherigen Telegraphen mit Claviatur durch eine Reihe sinnreicher Anordnungen.

Bekanntlich hat man dem elektrischen Telegraphen verschiedene Formen gegeben, unter welchen man noch lange die besten herauszusuchen haben wird. Gewisse Apparate geben auf die größten Entfernungen mit der Schnelligkeit des Gedankens 1000 bis 1200 Zeichen in der Minute; andere vermögen in derselben Zeit nur 200 bis 300 fortzupflanzen; deßhalb sind aber letztere nicht in jeder Hinsicht den erstern nachzusetzen, denn man hat eine Menge von Umständen zu berücksichtigen: ob die Apparate leicht zu reguliren und in Uebereinstimmung mit einander zu halten sind; ob sie ihren Dienst verläßlich verrichten; welche Fehler begangen werden können; ob mehr oder weniger lange Vorbereitungen nöthig sind, um die Depeschen den Apparaten zu übergeben.

Die mittelst Elektromagneten wirkenden Telegraphen scheinen ihrer Natur nach minder schnell arbeiten zu können, als diejenigen, welche entweder durch chemische Reaction oder durch die Bewegung einer einfachen Magnetnadel wirken, weil bei jenen die zu bewegenden Massen größer sind und die Bewegung nur durch eine Reihe von Zersetzungen und Wiederzusammensetzungen der magnetischen Flüssigkeiten in den Schenkeln des Elektromagneten und in dem Contactstücke bewerkstelligt wird.

Alle Zifferblatt-Telegraphen wirken durch Elektromagnete; die Hin- und Herbewegung des Contactstückes verwandelt sich bei denselben in eine rotirende Bewegung und ertheilt dem Zeiger den regelmäßigen, ruckweisen Gang, mittelst dessen er nacheinander alle Zeichen des Zifferblattes durchläuft, sich einen Augenblick, höchstens $\frac{1}{6}$ oder $\frac{1}{5}$ Secunde, dem Zeichen gegenüber aufhaltend, welches er dem die Depesche empfangenden Beobachter zeigen soll. Demzufolge werden die Zifferblatt-Telegraphen wahrscheinlich nie zu jenen gehören, welche die größte Anzahl Zeichen in einer gegebenen Zeit fortzupflanzen vermögen; außerdem findet bei ihnen noch eine Verzögerung dadurch statt, daß der Zeiger einen ganzen Kreis zu durchlaufen hat, um in seine vorige Stellung zurückzukommen, woraus folgt, daß er, um von einem Zeichen zum nächstfolgenden der Depesche überzugehen, durchschnittlich einen halben Kreis durchlaufen und das Contactstück eine Anzahl Schwingungen machen muß, weche der halben Anzahl der dem ganzen Kreis entsprechenden Schwingungen gleich ist.

Ungeachtet dieses anscheinenden Fehlers dürften aber die Zifferblatt-Telegraphen doch in Gebrauch bleiben, und zwar wegen ihrer Einfachheit und Sicherheit.

Froment's neue Erfindung ist auf alle Zifferblatt=Telegraphen anwendbar. Der Apparat besteht, wie gesagt, aus einer kleinen, horizontalen und geradlinigen Claviatur; über dem Claviaturkasten aber befindet sich ein kleines Gehäuse ähnlich dem einer Penbeluhr, welches ein Schlagwerk, einen Elektromagneten, ein vertical stehendes Zifferblatt und einen Zeiger enthält, der alle telegraphischen Zeichen des Zifferblatts zu durchlaufen bestimmt ist. Diese Zeichen befinden sich in derselben Ordnung auch auf den Tasten der Claviatur.

Wenn der Zeiger in Ruhe und der Apparat regulirt ist und man will irgend ein Zeichen geben, so braucht man nur den Finger auf die betreffende Taste zu legen und der Zeiger des Zifferblatts setzt sich in Bewegung und bleibt diesem Zeichen gegenüber stehen, als wolle er es dem Operator zeigen. Will man nach diesem Zeichen ein zweites geben, so legt man den Finger auf die entsprechende Taste und der sogleich wieder in Bewegung kommende Zeiger gibt dieses zweite Zeichen, eben so ein drittes, viertes u. s. w.

Es versteht sich, daß der Beamte, welcher die Depesche in irgend einer Entfernung, von einigen Meilen oder einigen Hundert Meilen, empfängt, einen ähnlichen Apparat vor sich hat; derselbe hat aber nichts zu thun, als den Zeiger seines Zifferblatts anzusehen (dessen Gang stets übereinstimmt mit demjenigen des Zeigers am Zifferblatt des Absenders der Depesche), und die abgelesenen Zeichen im Gedächtniß zu behalten oder gleich bei ihrer Erscheinung niederzuschreiben. Erst wenn auch er das Wort nehmen will, legt er den Finger auf die Tasten seiner Claviatur.

Die Uebereinstimmung der beiden Zeichenaufnehmer (récepteurs) oder Zifferblätter, auf der die Depesche absendenden und auf der sie empfangenden Station wird wie gewöhnlich hergestellt; doch kann ich hinzufügen, daß Froment's Mechanismen von der Art sind, daß die Uebereinstimmung, einmal hergestellt, kaum mehr gestört werden kann.

Die Beförderung oder Uebertragung einer Depesche wird also bewerkstelligt wie die Ausführung eines Musikstücks auf einem Tasten=Instrument; doch darf das nicht wie auf dem Klavier geschehen, wo die Taste nur einen Augenblick angeschlagen zu werden braucht, um den Ton hervorzubringen; sondern man verfährt wie auf der Orgel oder dem Harmonium, bei welchen der Ton mehr oder weniger lange Zeit fortdauert. Man muß den Finger so lange auf die Taste des Apparats auflegen, bis der Zeiger am entsprechenden Zeichen anlangte; denn derselbe rückt nicht mit einem Sprung von dem Punkte wo er ist auf den=

jenigen, wohin er kommen soll, sondern er gelangt dahin nur allmäh=
lich, indem er so viele Stöße erhält als er Zeichen zu überspringen hat,
und es ist eine gewiſſe Zeit erforderlich, damit er alle dieſe Stöße nach=
einander empfange, welche ihm durch eben so viele Schwingungen des
Elektromagneten ertheilt werden. Dieſer Umſtand macht es bei dieſem
Apparat zur nothwendigen Bedingung, daß der Operirende den Augen=
blick mit Sicherheit erkenne, wo er von einer Taſte zur andern über=
gehen kann; denn wenn er den Finger zu spät aufhebt, so geht un=
nütz Zeit verloren, hebt er ihn zu früh, so wird das Zeichen, welches
er geben wollte, verfehlt; es bleibt nämlich aus und erscheint nicht in
der Depeſche. Dieſe Dauer des Niederbrückens, welche der Muſiker auf
der Orgel 2c. durch sein Ohr so richtig zu bemeſſen weiß, kann der
Telegraphiſt durch ein doppeltes Kennzeichen bemeſſen, durch einen Ton
der aufhört und einen Ton welcher entſteht in dem Augenblick wo das
Zeichen erfolgt; ferner kann er auf den Zeiger seines Zifferblatts sehen,
ob derselbe nämlich mit der Taſte übereinſtimmt.

Man könnte indeß befürchten, daß die Uebereinſtimmung der Cla=
viatur mit dem Zeiger des Zifferblatts auf zarten, schwer in Ordnung
zu erhaltenden Vorrichtungen beruhe und folglich die Einführung der
Claviatur eine Zugabe sey, deren Uebelſtände ihre Vortheile überwiegen.
Ich antworte hierauf, daß man mit der Hand so oft man will von
einem Ende der Claviatur bis zum andern über die Taſten fahren und
dabei mehrere Taſten oder bloß eine niederbrücken kann, ohne daß da=
durch die geringſte Störung in der Uebereinſtimmung der Claviatur mit
dem Zeiger des Zifferblatts entſteht. Die Claviatur, wie sie Fro=
ment einführt, gewährt viele Vortheile und hat keine Nachtheile. Den
Beweis und den Grund davon wird man in der Beschaffenheit des
ganzen Mechanismus finden, welchen ich zu veranschaulichen suchen will.

Eine horizontale Welle aus Stahl, von der Länge der Claviatur
und von 5—6 Millimeter Durchmesser, dreht sich um sich selbst mit=
telſt eines Uhrwerks, deſſen Geschwindigkeit durch einen kleinen Wind=
fang nach Belieben regulirt werden kann; sie trägt an ihrem einen
Ende ein Rad mit elektrischem Commutator, wie ihn Froment seit
langer Zeit conſtruirt, und am andern Ende ein Schiebrad, welches so
viele Zähne hat als auf der Claviatur oder auf dem Zifferblatt Zeichen
sind. Die Umdrehung dieser Welle setzt den Apparat in Thätigkeit,
und während sie eine Umdrehung macht, macht der Zeiger des Ziffer=
blatts einen Umgang; dazu genügt es, daß das Commutator=Rad so
viele Zähne hat, als Zeichen vorhanden sind, denn da ein Zahn und

ein nicht leitender Zwischenraum (Intervall) im Elektromagneten eine doppelte Schwingung des Contactstückes hervorbringt, so wird der Zeiger von einem Zeichen zum folgenden übergehen. Wenn also die stählerne Welle eine gleichförmige Rotationsbewegung hat, so vollbringt der Zeiger des Zifferblatts eben so viele Umdrehungen als sie selbst, und es ist sehr leicht diese Geschwindigkeit der Welle so zu reguliren, daß sie die Gränze der Schwingungen, welche der Elektromagnet hervorzubringen vermag, erreicht, aber nicht überschreitet. Die vollkommene Gleichförmigkeit der Umdrehung, welche das Uhrwerk bewirkt, liefert das Mittel, sich dieser Gränze, so weit man will zu nähern; dadurch hat der Froment'sche Apparat den großen Vortheil, daß er hinsichtlich der Geschwindigkeit alles leistet, was bei den Systemen mit Elektromagneten zu erreichen möglich ist.

Es ist nun zu erklären, wie jede Taste ihren doppelten Dienst verrichtet: 1) der Stahlwelle die Freiheit zu geben sich umzudrehen, 2) sie zu rechter Zeit anzuhalten, damit der Zeiger des Zifferblatts das Zeichen der Taste angibt.

Das Sperrrad der Welle wird durch einen Sperrkegel angehalten, welcher sich hebt, wenn man auf eine Verlängerung drückt, womit sie an ihrer Drehungsachse versehen ist. Ein dünner, aber steifer, mit der Stahlwelle paralleler Metallstreifen, welcher durch einen schwachen Druck parallel mit sich selbst herabgeht, dient um diesen Sperrkegel zu heben. Jede Taste drückt, wenn sie niedergeht, auf diesen Streifen so stark, daß er auf den Sperrkegel wirkt. Auf diese Weise verrichtet jede Taste ihre erste Function. Man mag den Finger auf die erste oder die letzte, oder sonst eine Taste oder auf mehrere zugleich legen, so geht der Metallstreifen hinab, hebt den Sperrkegel und die Stahlwelle setzt sich in Bewegung, indem sie fast augenblicklich, wegen ihrer relativ geringen Masse, die normale Geschwindigkeit annimmt, für welche das Uhrwerk regulirt ist.

Damit nun aber die Bewegung in dem Augenblick anhält, wo man das der Taste angehörende Zeichen geben will, ist die Stahlwelle mit eben so vielen Armen versehen, als Tasten vorhanden sind; diese Arme, 2 Centimeter lange Stahldrähte, sind senkrecht in die Welle in gleichen Entfernungen von einander eingesetzt, und ihre Einsatzpunkte bilden eine Schraubenlinie, deren Gang gleich der Länge der Claviatur ist. Zugleich ist jede Taste unten mit einem Zahn versehen, gegen welchen, wenn die Taste niedergedrückt wird, der entsprechende Arm stößt. Dieser Stoß setzt den Telegraphist in Kenntniß, daß er den

Finger aufheben und zu einem anderen Zeichen übergehen kann; in demselben Augenblick hört auch das Surren des Uhrwerks auf, mittelst dessen der Telegraphist die Geschwindigkeit und gewissermaßen den Rhythmus und das Zeitmaaß seiner Verrichtung regulirt.

Sobald die Taste frei wird, geht sie wieder in die Höhe; der Metallstreifen hebt sich mittelst einer Feder von selbst wieder empor und der Sperrkegel greift wieder in das Sperrrad, um der Bewegung Einhalt zu thun, bis eine andere Taste niedergedrückt wird. Der neue Mechanismus ist höchst verläſſig und einfach.

VII.

Der neue Buchstaben = Schreibtelegraph des Mechanikus Matth. Hipp aus Reutlingen (Württemberg).

Bei dem amerikanischen Buchstaben = Schreibtelegraphen, deſſen im polytechn. Journal Bd. CXX S. 103 Erwähnung geschah, findet der nicht zu beseitigende Uebelstand statt, daß alles was telegraphirt werden soll, vorher auf ein die Elektricität leitendes Papier geschrieben werden muß. In vielen Fällen kommt es aber vor, daß die Zeit, während welcher geschrieben und die Tinte getrocknet wird, wenn sie auch nur etwa 10 Minuten beträgt, so erheblich ist (z. B. bei dem Eisenbahnverkehr), daß der Hauptzweck der augenblicklichen Mittheilung verfehlt ist. Dieser und einige andere Umstände veranlaßten Hrn. Hipp darauf zu denken, einen Telegraphen zu construiren, der im Besitz aller wesentlichen Vortheile der Schreibtelegraphen ist, deren Nachtheile aber ausschließt, welcher also die leichte Handhabung des Zeichen = Telegraphen mit der Geschwindigkeit des Morse'schen und der bequemen Lesbarkeit des Schreib= oder Druck = Telegraphen verbindet. Diesen Anforderungen entspricht — wie den Lesern des polytechn. Journals durch eine Notiz in Bd. CXXI S. 234 bekannt ist — ein neuer von Hipp erfundener Schreibtelegraph, auf welchem durch Anschlagen von Tasten, die mit den einzelnen Buchstaben bezeichnet sind, telegraphirt, und gleichzeitig auf der andern Station von einer Feder mit gewöhnlicher Tinte und den Buchstaben des lateinischen Alphabets auf gewöhnliches Papier, das um eine Walze gelegt ist, geschrieben wird.

Auf die Erfindung dieses neuen Schreibtelegraphen leitete Hrn. Hipp eine eigenthümliche Entdeckung; er ermittelte nämlich eine Figur, welche in einem Zug von einem Schreibstift gemacht werden kann, und in der das lateinische Schreibe-Alphabet inbegriffen ist; diese fand er in der Form *efa*; in derselben sind alle kleinen Buchstaben des lateinischen Alphabets mit Ausnahme von x und y enthalten, mit der Abänderung, daß das m seinen letzten Strich vorn hat, das r nur gleich einer rasch geschriebenen 2 ist, und bloß das lange s gebraucht wird.

Sein Apparat besteht in der Hauptsache aus zwei Theilen, von denen der eine die Depesche schreibt, während der andere das hierzu erforderliche Oeffnen und Schließen der elektrischen Kette vermittelt. Der die Depesche schreibende Theil besteht aus zwei auf einer und derselben Achse befindlichen excentrischen Scheiben, welche durch ein Gewicht in Rotation versetzt werden, das zu gleicher Zeit einen mit Papier umwickelten Cylinder unter einem sich bewegenden Schreibstift langsam dreht. Die Bewegung des Schreibstifts hängt von der Bewegung der Scheiben ab, indem durch deren verschieden geformte Erhöhungen ein Doppelhebel so bewegt wird, daß der Endpunkt desselben immerfort die oben angeführte Figur auf dem Papier beschreibt, so lange nicht durch Unterbrechung des Stroms und Abfallen der Armatur eine Feder frei gemacht wird, welche den Schreibstift vom Papier abhebt. Dieser Schreibstift ist ein kleiner Heber, dessen eines Ende in einen Tintenbehälter geht; das Ausströmen der Tinte wird aber durch die Capillarität der feinen Röhre so zurückgehalten, daß es nur dann erfolgt, wenn die Spitze mit dem Papier wirklich in Berührung ist.

Den zweiten Theil der Hipp'schen Maschine bildet der Unterbrechungs-Apparat, welcher veranlaßt, daß der galvanische Strom stets während derjenigen Zeit unterbrochen wird, wo der Schreibstift seinen Zug nur in der Luft und nicht auf dem Papier machen soll. Es ist nämlich ein System von Tasten, welche den zu schreibenden Buchstaben entsprechen, mit einer Walze in Verbindung gebracht, so daß der Druck auf eine Taste einen Hebel nach der Walze zu sich neigen macht, auf der sich eine Reihe von excentrischen Scheiben befindet. Diese Walze hat Aehnlichkeit mit derjenigen einer Drehorgel, nur ist sie nicht mit Stiften versehen, weil der Schreibstift nicht bloß einen Punkt machen oder nur einen Moment auf dem Papier aufliegen soll; sondern sie ist mit längern vorstehenden Erhöhungen versehen, welche den Schreibstift gerade so längere Zeit mit dem Papier in Berührung erhalten, wie die

Drahtbügel einer Drehorgel = Walze die Klappe einer Pfeife so lange
geöffnet erhalten, bis diese Walze sich um einen der Erhöhung ent=
sprechenden Winkel gedreht hat. Von der Länge dieser Erhöhungen hängt
die Größe desjenigen Theils der ganzen das Alphabet enthaltenden
Figur ab, welchen man auf dem Papier abbilden will, und von der
Stellung (Verdrehung) der Erhöhungen ist es alsdann wieder abhängig,
ob der erste, zweite, dritte ꝛc. Theil der ganzen Schreibfigur, nämlich
der Buchstabe a, b, c ꝛc., durch Tinte auf dem Papier bezeichnet wird.
Ueberdieß greift eine Feder bei jedem Zug in die 60 Zähne eines Re=
gulatorrades und regulirt ganz unabhängig durch die Größe ihrer Span=
nung die Bewegung vollkommen, was bei dem Apparat durchaus nöthig
ist. [16]

Bei den Versuchen welchen wir beiwohnten, hat der Hipp'sche
Telegraph 130 Buchstaben in der Minute mit gewöhnlicher Tinte auf
seines Papier deutlich niedergeschrieben; diese Anzahl läßt sich aber nicht
unbedeutend steigern, und überdieß kann man durch gleichzeitiges Nie=
derdrücken zweier Tasten sehr verschiedene Zeichen hervorbringen, denen
man eine besondere Bedeutung beilegt. Es ist also bei diesem Apparat
eine Uebersetzung der gewöhnlichen Schrift in die telegraphische Zeichen=
sprache und umgekehrt gar nicht nothwendig, wodurch offenbar die
Möglichkeit von Fehlern sehr verringert wird, da solche nur im Original
in Folge Anschlagens einer unrichtigen Taste vorkommen können. Auch
gestattet das lateinische Alphabet die Abfassung der Depeschen in jeder
europäischen Sprache.

Wir stellen im Folgenden die Vortheile zusammen, welche der neue
Schreibtelegrah — anderen bekannten Telegraphen gegenüber — in sich
vereinigt:

1) Die Construction desselben ist einfacher als die aller bis jetzt
bekannt gewordenen Telegraphen, welche zum Zweck hatten, mittelst einer
für Jedermann lesbaren Schrift zu telegraphiren.

2) Jeder einigermaßen gebildete Mann kann in weniger als einem
Tag sich diejenigen Fertigkeiten aneignen, welche zur Handhabung des

---

[16] Denselben Regulator wendet Hr. Hipp bei seinem, im polytechn. Journal
Bd. CXIV S. 255 beschriebenen Chronoskop an, einem Uhrwerk, welches $\frac{1}{1000}$
Theil einer Secunde angibt und in Verbindung mit einer galvanischen Batterie und
sehr einfachen Nebenapparaten es möglich macht, die Bewegungszeit frei fallender
Körper, selbst wenn der Fallraum nur einige Linien beträgt, sowie die Geschwin=
digkeit der Projectile mit der größten Zuverlässigkeit zu bestimmen. — Mit einem
solchen Chronoskop, welches gegenwärtig für Hrn. Wheatstone angefertigt wird,
beabsichtigt derselbe seine Versuche über die Geschwindigkeit der Elektricität zu wie=
derholen.

Telegraphen erforderlich sind, indem man nur auf diejenige Taste zu drücken nöthig hat, die mit dem betreffenden Buchstaben bezeichnet ist.

3) Verglichen mit den bis jetzt bekannten und in Anwendung gebrachten Telegraphen, übertrifft er diese an Geschwindigkeit, indem je nach Umständen 120 bis 160 Buchstaben in der Minute in der Schrift des kleinen lateinischen Alphabets telegraphirt werden können.

4) Die Richtigkeit des folgenden Buchstabens hängt nie von dem vorangegangenen ab, auch rückt das Papier nie weiter vor, als für den betreffenden Buchstaben bestimmt ist, so daß, ob langsam oder schnell telegraphirt wird, die Zwischenräume sich stets gleich bleiben; auch hat man die Größe derselben zwischen Worten und Sätzen ganz in seiner Gewalt. Es kann eine Depesche gleichzeitig so vielfach geschrieben werden als Telegraphen in der Kette eingeschaltet sind.

5) Es ist durchaus nicht nöthig, daß beim Beginn einer Depesche jemand bei der Hand ist, um das Werk in Gang zu setzen, indem die Auslösung desselben von selbst stattfindet. Ein Sachverständiger reicht hin, um eine Menge Telegraphen zu beaufsichtigen.

6) Die pecuniären Vortheile betreffend, wird nicht nur durch größere Geschwindigkeit der Mittheilung an Zeit gewonnen, sondern auch noch dadurch, daß eine Depesche nicht, wie es gegenwärtig bei den besten Telegraphen der Fall ist, abgeschrieben zu werden braucht, sondern im Original selbst den betreffenden Behörden oder Privaten übergeben werden kann. Da folglich alle Abschrebereien wegfallen, so wird das ganze Telegraphenwesen vereinfacht und weniger kostspielig gemacht.

7) Wenn man die gewöhnliche Schreibtinte durch die autographische ersetzt, so kann man die von dem Apparat auf glattes Papier geschriebenen Depeschen mittelst des Druckes auf Stein übertragen und dann die Schrift leicht und schnell vervielfältigen. (Wir legen ein mit dem Apparat geschriebenes Alphabet in lithographischem Ueberdruck bei.)

8) Die Bewahrung des Geheimnisses betreffend, ist einleuchtend, daß in wichtigen Fällen die Depesche nicht nur ohne Vermittlung des Telegraphisten von hohen Personen unmittelbar selbst abgegeben, sondern auch unmittelbar in Empfang genommen werden kann.

9) Endlich gewährt dieser Telegraph den Vortheil, daß wenn z. B. zwischen zwei Hauptstationen mehrere Zwischenstationen sich befinden, es ganz in der Gewalt der Telegraphisten der Hauptstationen liegt, bei Absendung der telegraphischen Depesche die Zwischenstationen zu umgehen oder nicht, in der Art daß letztere nicht angerufen zu werden brauchen, und solche auch gar nichts erfahren, wenn bloß zwischen den Haupt-

Aus Dingler's polytechn. Journal.

Bd. CXXII Seite 44.

stationen correspondirt werden will, ohne daß dadurch der Möglichkeit Eintrag gethan wird, zu jeder Zeit mit allen Stationen gleichzeitig und gegenseitig in Verbindung zu treten.

Die Rückhaltslosigkeit, mit welcher Hr. Hipp den Sachverständigen seine so sinnreiche und so wichtige Erfindung mittheilt, berechtigt zu der Erwartung, daß er auch die wohlverdiente Anerkennung finden und daß Behörden und Privaten bei Einführung seines Telegraphen ihn für die auf dessen Construction und Vollendung verwendete Zeit und Kosten entschädigen werden.

Augsburg, den 8. Oct. 1851.   E. Dingler.

VIII.

Ueber die Bestimmung der Leuchtkraft des Steinkohlengases und den verhältnißmäßigen Werth der Steinkohlen für den Beleuchtungszweck; von Dr. Andrew Fyfe, Prof. der Chemie zu Aberdeen.

Aus dem Journal of Gaslighting, 1851 Nr. 28.

In einer frühern Abhandlung (polytechn. Journal Bd. CXI S. 31 und 124) veröffentlichte ich meine Versuche über die Leuchtkraft der Gase aus verschiedenen Steinkohlensorten und über den Werth dieser Kohlen für den Beleuchtungszweck. Ich bediente mich bei denselben ausschließlich der Chlorprobe, und wählte das aus der gemeinen englischen Backkohle gewonnene Newcastle-Gas zur Vergleichung, weil das Gas aus dieser Kohle in Quantität und Qualität den Gasen aus anderen Steinkohlen nachsteht. Die auf diese Weise erhaltenen Resultate waren:

Steinkohlen.	Kubikfuß Gas von 1 Tonne.	Dauer des Brennens 5 Zolllanger Strahl.	Verdichtung durch Chlor.	Werth des Gases.	Werth der Steinkohle.
englische Backkohle	8,000	40′	4,3	1,00	1,0
englische Parrotkohle	9,500	42′	7,6	1,85	2,2
schottische Parrotkohle	9,500	60′	15,0	5,22	6,2

Seitdem hatte ich vielfache Gelegenheit, andere Steinkohlenarten aus England und Schottland zu untersuchen und den Werth ihrer Gase nicht nur mittelst der Chlorprobe, sondern auch mittelst des Bunsen'schen Photometers (polytechn. Journal Bd. CXI S. 185) zu prüfen.

In die Chlorprobe setze ich, obwohl sie nur selten angewandt wird, noch immer dasselbe Vertrauen wie bisher, jene Fälle ausgenommen, wo das Gas reich an ölbildendem Kohlenwasserstoff ist. Bei der Photometer=Probe ergaben solche Gase keine so hohe Leucht= kraft wie mit der Chlorprobe; dieß ist aber nicht ein Mangel der Chlor= probe, sondern daran ist Schuld, daß wir das geeignete Verfahren noch nicht kennen, um diese Gase so zu verbrennen, daß sie so viel Licht geben, als es bei zweckmäßiger Verbrennung der Fall wäre. Durch die Chlorprobe erfahren wir es also, wenn ein Leuchtgas reich an öl= bildendem Gas ist, wo es dann mit Vortheil ärmern Gasen beigemischt werden kann.

Hinsichtlich der Steinkohlensorten, auf welche sich meine neueren Versuche beziehen, sind folgendes die Resultate, wie sie mittelst der Chlorprobe erhalten wurden.

Steinkohlen.	Kubikfuß Gas per Tonne.	Dauer des Brennens. Höllig. Strahl.	Verdichtung durch Chlor.	Werth des Gases.	Werth der Steinkohle.
englische Backkohle, Pelton	9,746	50′	6,5	1,00	1,00
englische Parrotkohle, Wigan . . .	10,500	42	7,6	0,97	1,04
„ „ Ramsay	9,746	63	12,5	2,40	2,40
Midlothian, durchschnittlich . . .	10,000	60	13,0	2,40	2,46
Lesmahago, deßgl. . . .	10,176	70	17,5	3,77	3,93
Wemyß, deßgl. . . .	10,000	75	19,5	4,44	4,61
Kirkneß, deßgl. . . .	9,620	80	20,7	5,08	4,51
Boghead, deßgl. . . .	14,800	88	27,0	7,30	11,00

Einige dieser Steinkohlengase wurden nachher mit dem Bunsen'= schen Photometer geprüft; ehe ich aber die Resultate hiervon mittheile, muß ich die Methoden besprechen, welche man jetzt beim Gebrauch des Photometers anwendet, und welche alle, mit Ausnahme einer einzigen, nach meiner Meinung trüglich sind.

Beim Gebrauch des Photometers muß man offenbar eine gleich= förmige Lichtquelle haben, mit welcher das Gaslicht verglichen werden kann, über welche Lichtquelle man sich allgemein vereinigen sollte. Um eine solche zu ermitteln, habe ich zahlreiche Versuche angestellt mit Oelen, Talg und andern Substanzen, deren Verbrennung ich auf mehrfache

Weise bewerkstelligte; aber ich erhielt mit denselben keine befriedigende Resultate; ich mußte also zu Kerzen meine Zuflucht nehmen, und wählte Wallrath= und Wachskerzen, als die am gleichsten fortbrennenden. Es ergaben sich bei diesen Versuchen Schwierigkeiten, welche mich zur Ermittelung der Leuchtkraft dieser Kerzen veranlaßten. Einige waren der Meinung, daß das Licht, welches die Kerzen geben, größtentheils von ihrer Dicke abhänge, daß je dicker die Kerze, desto stärker das Licht sey. Dieß ist aber nicht der Fall. Andere nahmen an, daß, welche Dicke die Kerze auch haben möge, das Licht immer im Verhältniß stehe zur Consumtion; je größer diese, desto stärker sey das Licht. Auch dieses ist unrichtig, wie aus folgenden Versuchen hervorgeht.

Ich benutzte zu diesen Versuchen die verschiedenen Wachs= und Wallrathkerzen, welche gewöhnlich verkauft werden. Die Lichtquelle, mit welcher ich sie verglich, war die eines kleinen Gasstrahls, der unter gleichem Druck stätig brennend, also bei derselben Flammenlänge erhalten wurde, wodurch eine stets gleiche Lichtmenge erzielt wurde. Jeder Versuch dauerte eine Stunde. Der Gewichtsverlust wurde alle zehn Minuten notirt, wodurch man den Betrag der Consumtion und den Gesammtverlust per Stunde erfuhr. In den Tabellen ist sowohl das **relative Licht von der Kerze,** als das **relative Licht durch Verbrennung von 100 Gran jeder Kerze** angegeben. Das Licht des Gasstrahls ist überall als 1 angenommen.

Wachs, 8 aufs Pfd., 0,8 Zoll Durchmesser.		Wachs, 6 aufs Pfd., 0,85 Zoll Durchmesser.		Wachs, 3 aufs Pfund, 1 Zoll.		Wachs, 4 aufs Pfund, 0,9 Zoll.		Wachs, Kutschenlicht. 1,25 Zoll.	
2ʰ	Verlust	6ʰ	Verlust	1ʰ 40'	Verlust	1ʰ 20'	Verlust	7ʰ	Verlust
2,10'	20 Gr.	6,10'	18 Gr.	50	20 Gr.	30	27 Gr.	10'	28 Gr.
20	26	20	20	2	24	40'	29	20	30
30	25	30	26	2 10	25	50	26	30	28
40	23	40	22	20	22	2	24	40	28
50	26	50	16	30	24	10	26	50	29
60	25	60	21	40	21	20	26	60	35
60'	145 Gr.	60'	123 Gr.	60'	136 Gr.	60'	158 Gr.	60'	178 Gr.
Licht d. Kerze 1,39		Kerze 0,89		Kerze 1,08		Kerze 1,38		Kerze 1,10	
Licht v.100 G.0,95		100 Gr. 0,73		100 Gr. 0,80		100 Gr. 0,88		100 Gr. 0,62	

Bei diesen Versuchen waren die Kerzen von 6 aufs Pfd. und die Kutschenlichter sehr unstätig im Brennen und folglich auch im Licht, welches sie gaben. Die von 8 und von 4' aufs Pfd. brannten viel stätiger. Die von 8 aufs Pfd. waren bei weitem die besten, nicht nur hinsichtlich der Lichtmenge, sondern auch hinsichtlich der Gleichheit des Lichts den ganzen Versuch hindurch.

Wallrath, 8 aufs Pfd.		Wallrath, 6 aufs Pfd.		Wallrath, 4 aufs Pfd.		Wallrath, 2 aufs Pfd.	
0,8 Zoll Durchmesser.		0,85 Zoll Durchm.		0,9 Zoll.		1,15 Zoll.	
5ʰ	Verlust	5ʰ 20′	Verlust	6ʰ	Verlust	7ʰ 5′	Verlust
10′	27 Gr.	30	24 Gr.	10′	30 Gr.	15	30 Gr.
20	23	40	24	20	28	25	27
30	23	50	22	30	29	35	33
40	22	6 0	24	40	25	45	35
50	23	10	27	50	25	55	35
60	22	20	26	60	25	8 5	34
60′	140 Gr.	60′	147	60′	162	60′	194
Licht der Kerze	1,17	Kerze	1,44	Kerze	1,26	Kerze	1,47
Licht von 100 Gr.	0,84	100 Gr.	0,98	100 Gr.	0,78	100 Gr.	0,77

Bei diesen Versuchen gaben die Achter ein stätiges Licht, aber im Verhältniß der Consumtion war das Licht schwach. Bei den Vierern und Zweiern war das Licht nicht nur schwach, sondern auch unstätig. Die Sechser waren bei weitem die besten; sie verhielten sich nahezu wie die Wachs-Achter, sowohl hinsichtlich der Lichtmenge als der Stätigkeit des Lichts.

Allgemeine Resultate. — Das Licht verglichen mit dem Gasstrahl = 1, mit Weglassung des Kutschenlichts:

Licht der Kerzen.		Licht von 100 Gran.	Relatives Licht.
Wachs 6 aufs Pfund	0,89	0,73	1,00
Wallrath, 2 „ . . .	1,47	0,77	1,05
Wallrath, 4 „ . . .	1,26	0,78	1,06
Wachs, 3 „ . . .	1,08	0,80	1,09
Wallrath, 8 „ . . .	1,17	0,84	1,14
Wachs, 8 „ . . .	1,39	0,95	1,30
Wallrath, 6 „ . . .	1,44	0,98	1,33

Unterschied zwischen zwei Lichtern, deren eines man brennen ließ, ohne es zu putzen, das andere aber von Zeit zu Zeit putzte.

Nicht geputzte Kerze 6ʰ 0′, Licht = 1.		Geputzte Kerze, Licht	=1,00
	10	Kerze, das Licht an langem Docht	1,22
	20	umgebogener Docht	1,32
	30	desgl.	1,10
	40	so eben geputzt	1,00

Dieſe Verſuche beſtätigen, was ich oben ſagte: daß nicht-nur das Licht verſchiedener Kerzen verſchieden iſt, ſondern auch daß es nicht immer im Verhältniß ſteht mit der Conſumtion der brennbaren Materie. Viel hängt vom Dochte ab. Daraus erhellt, daß wir uns, um eine möglichſt gleichförmige Lichtquelle zu haben, an eine Kerzenart halten müſſen, welche, vorausgehenden Verſuchen zufolge, nicht nur gleichmäßig fortbrennt, ſondern auch im Verhältniß zur Conſumtion das größte Licht ausgibt. Ich habe geſagt daß ich von Wachs den Achtern, von Wallrath den Sechsern den Vorzug gebe. Bei Beſtimmung der Leuchtkraft der Gaſe kann man dieſelbe mit derjenigen von Kerzen vergleichen, oder was ich vorziehen würde, mit dem Licht welches durch Verbrennung einer gewiſſen Anzahl von Granen Wachs oder Wallrath erzeugt wird. Der letztere Weg iſt der wiſſenſchaftlichere; dem erſtern werden die Ingenieure wahrſcheinlich den Vorzug geben, weil er den Conſumenten verſtändlicher iſt. Hat man eine Kerzenart als Normallicht gewählt, ſo iſt zunächſt das Verfahren in Betracht zu ziehen, welches ſich zur Beſtimmung des Gaslichts im Vergleich mit dem Kerzenlicht am beſten eignet. Es wurden hiefür von Mehreren verſchiedene Methoden empfohlen, die mir aber alle, mit Ausnahme einer einzigen, unrichtig erſcheinen.

Einige ſchlugen vor, das Gas in der Art verbrennen zu laſſen, daß es daſſelbe Licht von ſich gibt wie die Kerze, und dann die Menge des verbrauchten Gaſes zu beſtimmen. Ich brauche kaum zu ſagen, daß dieſe Methode ſehr trügeriſch iſt. Da nur eine kleine Menge Gas hierzu erforderlich iſt, ſo wird dieſe nicht zweckmäßig verzehrt; wenn man daher ſtatt einer einzigen Kerze mehrere zu gleicher Zeit anwendet, und ſoviel Gas verbrennt als ebenſoviel Licht liefert, ſo iſt das für dieſelbe Conſumtion ſich ergebende Licht viel größer; dagegen iſt die Anwendung mehrerer Kerzen wieder aus dem Grunde verwerflich, weil ſie zu nahe beiſammen ſtehen, wodurch ſie abſchmelzen. Ein zweites Verfahren beſteht darin, ein Gas mit einem andern zu vergleichen, entweder indem man ſie gleiches Licht gehen läßt und dann die Conſumtion mißt, oder indem man gleiche Mengen Gas verbrennen läßt und dann das dabei erzeugte Licht beſtimmt. Auch dieſe Methode halte ich für ſehr trügeriſch. Da man ſich ihrer bei ſtreitenden Parteien oft bedient, ſo will ich ihre Unrichtigkeit genügend nachweiſen, indem ich die Reſultate zahlreicher auf dieſe Weiſe angeſtellter Verſuche im Detail mittheile.

Die erste Reihe von Versuchen wurde mit den Gasen der Pelton= und Wigan=Kohle angestellt. Die verwendeten Brenner waren ein Londoner zweiringiger Fischschwanzbrenner, ein gewöhnlicher breiter Fledermausflügel, ein Londoner Argand'scher Brenner mit einem Knopf zum Ausbreiten der Flamme, und ein Aberdeener Argand'scher Brenner von gleicher Construction. Diese ließ man nach Umständen verschiedene Quantitäten Gas verzehren. Die Brenner befanden sich acht Fuß weit auseinander. Der Bunsen'sche Schirm wurde manchmal in die Mitte, manchmal einem Brenner näher als dem andern gestellt, je nach dem Lichte.

1. — Pelton=Gas, Londoner Argand. Br.   Photometer   Pelton=Gas, Fledermausflügel
      4,5 Kubiff. per Stunde   in der Mitte   3 Kubiff. per Stunde
      3 : 4,5 = 100 : 150   P. 100   P. 150.

Daraus ersieht man den Unterschied in der Leuchtkraft desselben Gases, je nach der Art des Brenners und der consumirten Gasmenge.

2. — Pelton=Gas, Londoner Argand. Br.   Wigan = Gas, Fischschwanzbrenner
      6,5 Kubikfuß.   3 Kubikfuß
      60,5 Zoll   zum Photometer   35,5 Zoll
      Quadr. v. 35,5 : Quadr. v. 60,5 = 100 : 290 | 6,5 : 3 = 290 : 133.
      Für gleichen Gasverbrauch ergibt sich Wigan 100, Pelton 133.

3. — Pelton, Aberdeener Argand. Br., 5,2 Kubik.   Wigan=Kohle, Fischschwanz, 3 Fuß
      58 Zoll   zum Photometer   38 Zoll
      Quadr. v. 38 : Quadr. v. 58 = 100 : 232 | 5,2 : 3 = 232 : 133 — W. 100, P. 133.

4. — P., Fischschwanzbrenner, 3 Fuß   W., Fischschwanzbr., 3 Fuß
                  Photometer in der Mitte.

Beim zweiten und dritten Versuch wurde das Wigan=Gas nicht gehörig verzehrt. Beim vierten Versuch gab das Wigan=Gas ein stärkeres Licht als im Vergleich mit dem Pelton=Gas bei den andern Versuchen.

5. — P., Aberd. Argand., 5,3 Fuß   W., Lond. Arg., 6 Fuß
      43 Zoll   zum Photometer   53 Zoll
      Quadr. v. 43 : Quadr. v. 53 = 100 : 151 | 6 : 5,3 = 151 : 133 — P. 100, W. 133.

Hierbei wurde das Wigan=Gas vortheilhaft consumirt.

6. — P., Lond. Arg., 6,5 Fuß   Wig., Aberd. Arg., 5 Fuß
      49,2 Zoll   zum Photometer   46,8 Zoll
      Quadr. v. 46,8 : Quadr. v. 49,2 = 100 : 110 | 6,5 : 5 = 105 : 91 |
                  91 : 100 = 100 : 110

Hier, meine ich, verbrannten beide Gase vortheilhaft. In diesem Falle hat man P. 100 : W. 110.

7. — P., Lond. Arg., 6 Fuß   W., Aberd. Arg. 5 Fuß
      45 Zoll   zum Photometer   51 Zoll
      Quadr. v. 45 : Quadr. v. 51 = 100 : 128 | 5 : 6 = 128 : 153 — P. 100, W. 153.

Hier wurde das Pelton-Gas nicht so vortheilhaft verbrannt als im vorigen Versuche; das Gas betrug für den Londoner Argand'schen Brenner zu wenig.

Nimmt man nun die Leuchtkraft des Pelton-Gases = 100 an, so verhält sich nach den vorhergehenden Versuchen das Wigan-Gas dazu wie 75 — 100 — 110 und 153, ein Beweis, daß bei diesem Verfahren die Resultate durchaus kein Vertrauen verdienen, da man nicht sagen kann, in welchem einzelnen Versuch beide Gase zweckmäßig consumirt wurden.

Zu demselben Schluß führt die folgende Reihe von Versuchen. Das dabei befolgte Verfahren war dasselbe, nur wurde statt des Wigan-Gases das aus Ramsay's Newcastler Parrot-Kohle erzeugte Gas angewandt.

1. — Pelton-Gas, Fledermausfl.   Photometer   Ramsay-Gas, Fischschwanzbr.
    4 Fuß per Stunde   in der Mitte   3 Fuß
        3 : 4 = 100 : 133 — Pelton 100, Ramsay 133.

2. — P., Fledermausfl.   Photometer   R., Fischschwanzbr.
    3,7 Fuß   in der Mitte   2,5 Fuß
       2,5 : 3,7 = 100 : 148 — P. 100, R. 148.

3. — P., Fledermausfl., 6 Fuß   R., Fischschwanzbr., 3 Fuß
    53 Zoll   zum Photometer   43 Zoll
   Quadr. v. 43 : Quadr. v. 53 = 100 : 151 | 6 : 3 = 151 : 75,5 —
       75,5 : 100 = 100 : 133,4.

4. — P., Fischschwanzbr., 3 Fuß   R., Fledermausfl., 3,6 Fuß
    31,75 Zoll   zum Photometer   64,25 Zoll
   Quadr. v. 31,75 : 64,25 = 100 : 409 | 3,6 : 3 = 409 : 340 — P. 100, R. 340.

In den ersten dreien dieser Versuche schien das Ramsay-Gas vortheilhaft verbrannt worden zu seyn. Im ersten und dritten Versuch verbrannte auch das Pelton-Gas zweckmäßig, im zweiten aber unstreitig nicht; es schien von ihm zu wenig angewandt worden zu seyn. Im vierten Versuch verbrannte das Ramsay-Gas zweckmäßig, das Pelton-Gas aber nicht. Der Fischschwanz scheint für letzteres kein guter Brenner zu seyn.

5. — Pelton, Lond. Arg., 7,6 Fuß   Ramsay, Aberd. Arg., 4,5 Fuß
    50,25 Zoll   zum Photometer   45,75 Zoll.
   Quadr. v. 45,75 : Quadr. v. 50,25 = 100 : 120,7 | 7,6 : 4,5 = 120,7 : 71,4
      71,4 : 100 = 100 : 140 | P. 100, R. 140.

6. — P., Lond. Arg., 6,7 Fuß   R., Aberd. Arg., 4,2 Fuß
    Photometer in der Mitte — 4,2 : 6,7 = 100 : 160 — P. 100, R. 160.

7. — P, Lond. Arg., 6,4 Fuß   R., Aberd. Arg., 3,8 Fuß
    Photometer in der Mitte — 3,2 : 6,4 = 100 : 168 — P. 100, R. 168.

4 *

8. — P., Lonb. Arg., 5,8 Fuß   R., Aberb. Arg., 3,5 Fuß
     Photometer in der Mitte — 3,5 : 5,8 = 100 : 165 — P. 100, R. 165.

9. — P., Aberb. Arg., 6 Fuß   R., Lonb. Arg., 5,8 Fuß
       45 Zoll   zum Photometer   51 Zoll
   Quabr. v. 45 : Quabr. v. 51 = 100 : 128 | 5,8 : 6 = 128 : 132 — P. 100, R. 132.

10. — P., Aberb. Arg., 6 Fuß   R., Lonb. Arg., 5,1 Fuß
      Photometer in der Mitte — 5,1 : 6 = 100 : 127 — P. 100, R. 127.

11. — P., Aberb. Arg., 5,6 Fuß   R., 4,4 Fuß
      Photometer in der Mitte — 4,4 : 5,6 = 100 : 127 — P. 100, R. 127.

12. — P., Aberb. Arg., 5,6 Fuß   R., Fischschwanz, 3 Fuß
        52 Zoll   zum Photometer   44 Zoll
   Quabr. v. 44 : Quabr. v. 52 = 120 : 139 | 5,6 : 3 = 139 : 74,4 |
            74,4 : 100 = 100 : 134 — P. 100, R. 134.

Bei diesen letzten Versuchen wechselt, wenn man die Leuchtkraft des Pelton-Gases wieder = 100 annimmt, diejenige des Ramsay-Gases von 127 bis 168, ein weiterer Beweis der Ungenauigkeit der angewandten Methode.

Das andere Verfahren die Leuchtkraft zu prüfen, welches, wenn dieß durch einen Photometer geschehen soll, nach meiner Meinung das einzige verläßige ist, besteht darin, das Licht des Gases mit demjenigen des Normallichts zu vergleichen, indem man verschiedene Brenner anwendet und verschiedene Gasmengen consumirt, um die vortheilhafteste Consumtion zu erzielen. Die Durchschnittszahl der besten Resultate kann dann als die Leuchtkraft betrachtet werden, im Vergleich mit dem Licht einer der angewandten Kerzen, oder mit dem Licht welches durch Verbrennung einer Anzahl von Granen Wachs in derselben Zeit erzeugt wird. Folgendes sind die Resultate der mit den Gasen, welche zu den vorhergehenden Versuchen dienten, angestellten Versuche. Alle diese Versuche hatten den Zweck zu zeigen, wie nothwendig es ist, nicht nur verschiedene Brenner zu versuchen, sondern auch verschiedene Mengen desselben Gases in demselben Brenner zu consumiren. Die angewandten Brenner waren der erwähnte Londoner und Aberdeener Argand'sche. Die Kerze war eine Wallrathkerze, wovon 6 aufs Pfund gehen, und die per Stunde 140 Gran verbrennt.

Steinkohlen.	Brenner. Fuß per Stunde.	Licht von Kerzen per Fuß.	Licht von Granen Wallrath. [17]
Pelton	Londoner Arganb'scher . . . 7,0	2,3	328,0
	7,5	3,1	434,0
	Aberbeener Arganb'scher . . . 5,5	3,09	432,6
	5,5	3,18	445,2
	5,5	3,79	530,6
	5,5	3,5	490,0
	6,0	3,4	476
	Mittel der sechs besten Resultate	3,4	468,0
Wigan	Londoner Arganb'scher . . . 6,0	2,52	352,8
	6,0	2,66	372,4
	Aberbeener Arganb'scher . . . 5,0	3,28	459,2
		4,36	610,4
	Durchschnittsz. der zwei besten Resultate	3,82	534,8
Ramsay	Londoner Arganb'scher . . . 6,0	4,1	574,0
	Aberbeener Arganb'scher . . . 3,8	3,3	462,0
	4,7	5,0	700,0
	4,7	5,1	714,0
	Durchschnittszahl der besten Resultate	5,05	707,0

Ich habe ähnliche Versuche auch mit andern Steinkohlengasen angestellt, mit Anwendung derselben Brenner und derselben Kerzen. Folgende Tabelle enthält die Resultate hinsichtlich der Leuchtkraft der Gase, und da das Ergebniß der Kohlen an Gas aufgeführt ist, ersieht man daraus auch den relativen Werth der Steinkohlen für den Beleuchtungszweck.

Die drei obenerwähnten Gase sind mit eingeschlossen. Der Werth der übrigen Zersetzungsproducte der Kohlen ist nicht mit in Rechnung gezogen.

---

[17] Diese Columne will sagen, daß ein Fuß Gas, der in einer Stunde verbrennt, das Licht von so vielen Granen Wallrath, welche in derselben Zeit consumirt werden, von sich gibt.

Steinkohlen.	Gas per Tonne.	1 Fuß = Kerzen	1 Fuß = Granen Wallraths.	Werth der Gase.	Werth der Stein-kohlen.
englische Backkohle, Pelton	9,746	3,4	468	100	100
Wigan Parrot	10,500	3,8	435	114	122,8
Newcastle detto Ramsay's	9,746	5,05	707	151	151
durchschnittliche von Lesmahago . . .	10.176	75	1050	224	233,8
Boghead Parrot	14,800	77	1078	230	349

Ehe ich diese Bemerkungen schließe, möchte ich Denjenigen, welche sich mit ähnlichen Untersuchungen beschäftigen, noch einmal die absolute Nothwendigkeit vorstellen, wenn sie die Leuchtkraft eines Steinkohlen= gases zu ermitteln wünschen, mehrerlei Brenner anzuwenden, um den für das fragliche Gas geeigneten zu ermitteln, sowie auch denselben mit verschiedenen Gasmengen anzuwenden, um die vortheilhafteste Con= sumtion zu finden. Ist dieß geschehen, so vergleiche man das mit dem Brenner erhaltene Licht mit demjenigen, welches die gewählte Normal= kerze gibt, deren stündliche Consumtion man vorher ermittelte, so daß das Licht des Gasbrenners mit demjenigen einer gewissen Anzahl von Granen Wachs oder Wallrath verglichen werden kann.

Man könnte gegen dieses Verfahren einwenden, daß, weil man sich der Argand'schen Brenner sehr selten bedient, die Consumenten, welche Fledermausflügel= oder Fischschwanzbrenner anwenden, von dem Gas das Licht nicht erhalten, welches es, wie ihnen gesagt wird, lie= fern soll. Es wäre daher vielleicht gut, Fledermausflügel=Brenner an= zuwenden, sofern die Ingenieurs sich darüber zu vereinigen beliebten; oder, was besser ist, man gebe die Leuchtkraft eines Gases bei seiner Verbrennung mittelst verschiedener Brenner an, z. B. des Strahls mit fünfzölliger Flamme, des Fischschwanzes, des Fledermausflügel= und des Argand'schen Brenners, so würde der Consument, den Werth des Gases kennend, finden, daß er wirklich die nach der Art des Brenners fest= gesetzte Lichtmenge erhält.

IX.

Ueber die verschiedene chemische Beschaffenheit des Wassers an der Oberfläche des Oceans und in der Tiefe desselben, bezüglich seiner Wirkung auf die Metalle; von Aug. Hayes, Münzwardein im Staate Massachusetts.

Aus der Chemical Gazette, 1851, Nr. 205.

Wenn man die vom Ocean bedeckte Fläche im Vergleich mit irgend einer großen Landoberfläche betrachtet, so muß man vermuthen, daß die Vertheilung der salzigen Substanzen in seiner ganzen Masse nicht gleichförmig seyn kann. Jene Theile des Oceanwassers nämlich, welche in unmittelbarer Berührung mit Salzlagern und vielen sich zersetzenden Gesteinen sind, werden jeden Augenblick mehr auflösliche Materien aufnehmen als die übrigen Theile; und da noch auflösliche Theile zurückbleiben, wird das Gleichgewicht der Vertheilung gestört. Bekanntlich gibt es örtliche Verschiedenheiten, und sie werden mit großer Wahrscheinlichkeit dem Einfluß der Verdampfung und den unteren und oberen Strömungen zugeschrieben. Doch mußte der Glaube, daß das Wasser des Oceans während des Verlaufs der großen geologischen Zeitabschnitte, den gegenwärtigen oder sogar einen großen Gehalt an Salz hatte, in dem Grade weichen, als die mit der Zersetzung der Gebirgsarten verbundenen Thatsachen aufmerksam studirt wurden.

Uebrigens betreffen die hier von mir zu besprechenden Erscheinungen nur entfernt den Punkt der ungleichen Vertheilung, sondern sie beziehen sich mehr auf die Art als die Menge der salzigen Theile.

Die Oceanmasse welche an ihrer Oberfläche dem unsere Atmosphäre bildenden Gasgemisch ausgesetzt ist, absorbirt beide Bestandtheile desselben, und zwar den Sauerstoff in größerer Menge. Die Winde begünstigen diese Wirkung sehr, daher das Wasser nach Stürmen mehr Luft enthält.

Wenn man zu derselben Zeit Wasser von der Oberfläche des Oceans und nur 100 bis 200 Fuß unter dieser Oberfläche nimmt und analysirt, so wird man constant in der Probe von der Oberfläche mehr Sauerstoff finden.

Versuche, welche an Stellen von der gemäßigten bis zur und innerhalb der heißen Zone angestellt wurden, stimmten hierin überein. Einen

anderen Beweis dafür liefern die Beobachtungen, welche über die Zer=
fressung des Kupferbeschlags der Schiffe angestellt wurden. Es be=
stehen zwar kleine Ungleichheiten bei den dazu verwendeten Kupfer=
sorten; wenn man aber viele Fälle zusammenfaßt und die Zeit der
Beobachtung eine beträchtliche ist, so ist dieser Einfluß kaum wahrzu=
nehmen. Bekanntlich wird der Kupferbeschlag an jenen Theilen der
überzogenen Oberfläche am schnellsten zerfressen, welche von Wasser be=
rührt werden das in Folge seiner Wallung am meisten Luft aufgelöst enthält.
Auch weiß man, daß von Luft befreites Seewasser viele Jahre mit
Kupfer in Berührung seyn kann, ohne auf dasselbe zu wirken, welches
Verhalten aber aufhört, wenn man dasselbe Wasser Luft aufnehmen
läßt. Einige versuchten diese Zerfressung des Kupfers an den Stellen,
wo das Wasser am meisten Luft aufgelöst enthält, durch mechanische
Principien zu erklären; sie nahmen an, daß an diesen Stellen eine größere
Reibung zwischen der sich bewegenden Fläche und dem Wasser stattfinde. Nicht
selten kommen aber Schiffe von großen Reisen mit noch lesbaren,
mit Kreide angeschriebenen Nummern der Bleche zurück
und es findet selten eine starke Zerfressung an jenen Theilen des ku=
pfernen Beschlags statt, welche wirklich der größten Reibung ausge=
setzt sind.

Wenn wir annehmen, daß der (freie) Sauerstoff des Seewassers
beinahe gänzlich von der in demselben aufgelösten Luft herrührt, dann
sollte die Oberfläche unter den obwaltenden Umständen von demselben
am meisten enthalten; die organisirten Wesen des Oceans, welche die=
sen aufgelösten Sauerstoff consumiren, würden nämlich die unten be=
findliche Quantität beständig vermindern und so eine Ungleichheit im
Gehalt daran veranlassen.

Die Reactionen welche beim Zerfressen des Kupfers durch das
Wasser an der Oberfläche des Oceans stattfinden, erscheinen, in allen
ihren Einzelnheiten betrachtet, sehr complicirt. Ohne in dieselben näher
einzugehen, bemerke ich nur, daß die Oxydation und Corrosion des
Kupfers in Folge der Zersetzung der salzsauren Salze bei Gegenwart
von Sauerstoff und Metall stattfindet.

Ich hatte vor mehreren Jahren Gelegenheit Kupferproben zu un=
tersuchen, welche sich eine Zeitlang auf dem Grunde des Meeres be=
funden hatten; an diesen war sogleich eine entgegengesetzte Art von
Wirkung zu erkennen; die Beobachtungen wurden so sehr vervielfältigt,
daß ich glaube, die Resultate werden sich in allen Fällen beim Sondi=

ren gleich bleiben. Kupfer und Bronze und selbst Messing fand ich dick überzogen mit Schwefelkupfer, welches oft krystallinische Schichten bildete, die von constanter chemischer Zusammensetzung waren und ganz frei von Chlor und Sauerstoff, den zerfressenden Agentien an der Oberfläche des Meerwassers. Proben von Kupfer und Bronze aus dem thonigen Schlamm in verschiedenen Tiefen, und in einem Fall aus reinem Sand unter einer starken Strömung, zeigten dicke Schichten von Schwefelkupfer oder Schwefelkupfer und Schwefelzinn.

Das spanische Schiff San Pedro de Alcantaro wurde im Jahr 1815 an der Küste von Cumana in die Luft gesprengt, wobei zahlreiche Geldstücke zerstreut wurden und untersanken. Ein großer Theil der Silberdollars wurde im vergangenen Jahr von Nordamerikanern aus einer Tiefe von 50 und 80 Fuß heraufgeholt. Die Münze war im Schlamm gelegen und manchmal mit einer 6 — 12 Zoll dicken Korallenschicht überzogen.

Zwei Stücke, im Jahr 1810 und 1812 geprägt, wurden zur Analyse verwendet. Das Gewicht solcher noch wenig abgeführten Dollars beträgt nahezu 412 Gran. Nachdem die Münze von 1810 von ihrem Ueberzug befreit war, wog sie 330 Gran, folglich wären 82 Gr. der Substanz des Dollars in Schwefelmetall verwandelt worden. Die andere Münze wog 356,82 Gr., hatte also 55,18 Gr. verloren. In 35 Jahren wurden also im einen Fall von 100 Theilen der Münze nahezu 20 Theile, im andern Falle 13,39 Th., im Mittel 16,52 Theile zerstört.

Die Krusten waren deutlich krystallisirt und ihre Zusammensetzung wurde sorgfältig bestimmt. Wasser entzog ihnen Spuren von Chlornatrium und Chlormagnesium nebst schwefelsaurem Kalk. Essigsäure löste eine Verbindung von Chlor, kohlensauerm Kalk und Kupferoxyd, in sehr geringer Menge auf.

Mit Salpetersäure angesäuertes Wasser machte nach einigen Tagen die Kruste von einer Münze los und dieser Probe bediente man sich zur Bestimmung sowohl des Schwefels (in Form von Schwefelsäure), als der Basen; dabei ergab sich, daß der Kruste sehr geringe Mengen von Chlornatrium und Chlormagnesium nebst schwefelsaurem und kohlensaurem Kalk anhingen, während der reine Theil derselben aus Schwefelkupfer mit Schwefelsilber und Schwefelgold bestund; selbst die bloße Spur von Gold in dem Silber war vom Schwefel vererzt worden.

Eine ähnliche Beobachtung machte ich bei einer Legirung von 1 Theil Silber mit 500 Thln. Kupfer, welche als Schiffsbeschlag diente; beide Metalle hatten sich mit Chlor und Sauerstoff verbunden und wurden rasch und in reichem Maaße durch das Wasser an der Oberfläche der See abgelöst, wie dieß mit einem einfachen Metalle der Fall gewesen wäre.

Bis jetzt hatte ich keine Gelegenheit meine Untersuchungen über Kupfer und andere Metalle aus großen Wassertiefen fortzusetzen; indem ich aber die Aufmerksamkeit der Chemiker darauf lenke, sehe ich den Resultaten jener entgegen, welche sich hierzu in günstigerer Lage befinden.

Hinsichtlich der Ursachen wodurch der Schwefel aus den schwefelsauren Salzen reducirt wird und sich mit den Metallen am Grunde des Meeres verbindet, kam ich zu dem Schluß, daß die vom Lande herkommenden Wasser einen sehr großen Einfluß darauf haben. Diese Wasser sind niemals frei von in Zersetzung begriffener organischer Materie. Diese Materie von der Erdoberfläche oder von Felsen beim Durchsickern der Schichten aufgelöst, nimmt einen Zustand an, in welchem sie den Sauerstoff stark anzieht. Wasser, welche diese Materie aufgelöst enthalten, zersetzen, wenn auch nur theilweise der atmosphärischen Luft ausgesetzt, schwefelsauren Kalk und schwefelsaures Natron sehr bald.

Die Linie, wo sich das Salzwasser des Meeres und die unterirdischen Wasserströme begegnen, ist die Stelle, wo nach Beobachtungen die größte chemische Wirkung stattfindet. Gewöhnliche Zersetzungen der schwefelsauren Salze durch organische Materie im Meerwasser finden wohl kaum statt. Die Erscheinungen treten aber sogleich deutlich auf, wenn Landwasser sich beimischen können, und das Wasser aus tiefen Brunnen in der Nähe des Meeres zeigt eine auffallendere chemische Wirkung als das Regenwasser. Die Zersetzung der schwefelsauren Salze erfolgt bei Gegenwart von Kohlensäure, und kohlensaure Salze der alkalischen Erden sind die Producte der Veränderung.

X.

Ueber die Wirkung des Seewassers auf silberhaltiges Ku= pfer als Beschlag der Schiffe; von Aug. Hayes.

Aus der Chemical Gazette, 1851, Nr. 208.

Schon vor vielen Jahren fand ich bei einigen Analysen von Ku= pferbeschlag, welcher der Einwirkung des Seewassers lange widerstanden hatte, einen Zehntausendtheil Silber in solchem Kupfer. Es schien, daß selbst dieser kleine Antheil Silber das chemische Verhalten des Me= talls merklich veränderte und daß dasselbe dadurch zum Schiffsbeschlag verbessert wurde.

Solches Kupfer kommt im Handel häufig vor und wird aus den silberhaltigen Kupfererzen Chili's gewonnen, welche nicht mit Vortheil entsilbert werden können.

Als vor etwa fünf Jahren das silberhaltige Gediegenkupfer vom Obersee (in Amerika) zum erstenmal von der Revere = Kupfer = Compagnie gar gemacht und gewalzt wurde, bot sich Gelegenheit dar, diesen Gegen= stand genau zu untersuchen; die Ergebnisse liegen seit Kurzem vor.

Die Beobachtungen betrafen vier vollständige Beschläge großer Kauffahrteyschiffe; das Metall derselben war von gleicher Zusammen= setzung, wie sich beim Probiren der Abschnitzel vieler Blechtafeln ergab. 2000 Theile der Legirung enthielten 4 Theile, also die Tonne (20 Centner) 4 Pfd. reinen Silbers.

Bei genauer Untersuchung erwies sich dieses Metall als reines Kupfer, durch dessen ganze Masse eine Legirung von Silber und Ku= pfer gleichmäßig vertheilt ist, so daß das Ganze ein Metallgemisch bildet, worin ein Theil des Kupfers mit dem Silber wirklich verbunden, der andere größere Theil des Kupfers aber mit dieser Legirung nur ge= mischt ist.

Man hielt es für wahrscheinlich, daß die Silberlegirung die Po= ren des Kupfers verschließe, und dadurch auf mechanische Weise zur Dauerhaftigkeit beitrage; wenn jedoch eine Corrosion erfolge, so müsse in Uebereinstimmung mit beobachteten Fällen die Silberlegirung als ne=

gatives Element wirken und bloß das Kupfer entfernt werden. Wie unrichtig diese Annahmen sind, wird man aus dem Detail der Resultate ersehen.

Die „Chicora" wurde am 9. Januar 1847 mit solchem Kupfer beschlagen und erforderte 7392 Pfd. Metall, welches durch Bronzenägel befestigt wurde. Sie wurde im Handel nach China verwendet, und ihr Beschlag nutzte sich so schnell ab, daß er schon im März 1849 abgenommen werden mußte, wo nur 2628 Pfund zurückgeblieben waren. In diesem Falle waren die Blechtafeln nach den gewöhnlichen Operationen durch kaltes Walzen verdichtet worden.

Die „Semapore" wurde am 18. Jan. 1847 mit solchem Kupfer beschlagen und erforderte 8447 Pfd. „kalt gewalztes Metall," welches durch Bronzenägel befestigt wurde. Dieses Schiff segelte nach China und zurück über das Cap der guten Hoffnung, dann in das stille Meer und zurück über das Cap Horn, und mußte im März 1850 neu beschlagen werden. Das Gewicht des zurückgebliebenen Kupfers wurde nicht ermittelt.

Der „Hamilton" wurde am 22 Oct. 1847 mit solchem Kupfer beschlagen und erforderte 7706 Pfd. Metall, welches durch Bronzenägel befestigt wurde. Die verwendeten Blechtafeln befanden sich in dem gewöhnlichen Zustand, waren also nach dem Walzen ausgeglüht worden. Dieses Schiff wurde im Handel nach Indien verwendet und sein Beschlag war im August 1849 abgenutzt. Das zurückgebliebene Kupfer wog 3086 Pfd.

Die „Carthago" wurde am 26. Nov. 1847 mit solchem Kupfer beschlagen und erforderte 8727 Pfd. kalt gewalzten Metalls, welches mittelst Bronzenägeln befestigt wurde. Sie diente im Handel nach Indien und der Beschlag war im August 1849 zerstört. Das zurückgebliebene Kupfer wog 5810 Pfd.

Lassen wir den Fall des „Semapore" weg, wo die Corrosion nicht quantitativ bestimmt werden kann, so haben wir den Metallverlust nach Procenten und nach der Zeit der Dauer wie folgt:

Die Chicora	verlor in 27 Monaten	. .	64,45 Proc.
Der Hamilton	„ in 23 „	. .	59,95 „
Die Carthago	„ in 21 „	. .	33,45 „

Nimmt man dasselbe Verhältniß der Corrosion, die Zeit aber zu 27 Monaten für jedes Schiff an, so verlor

die Chicora . . . . 64,45 Procente
der Hamilton . . . . 70,38 „
der Carthago . . . . 38,00 „

Bei dem „Hamilton" und der „Carthago" sehen wir den Einfluß der verschiedenen Fabricationsmethoden auf die Dauerhaftigkeit des Kupferblechs. Durch das kalte Walzen werden die Oberflächen des Blechs sehr compact und sie verhalten sich in jeder zerfressenden Flüssigkeit negativ zu dem Metall, welches sich zwischen den Oberflächen derselben Blechtafeln befindet. Solches Kupfer verhält sich auch in sauren Flüssigkeiten immer stark negativ zu ausgeglühtem Kupfer, bis die gehärteten Oberflächen entfernt sind, wo dann dieses Verhalten aufhört. Der „Hamilton" zeigt die größte Wirksamkeit des Seewassers auf die ausgeglühte Legirung, während bei der „Carthago" der schützende Einfluß der gehärteten Oberfläche beinahe so lange dauerte, bis ihr Beschlag abgenutzt war.

Diese Beobachtungen zeigen, daß eine derartige Legirung schnell zerfressen wird und zum Schiffsbeschlag ganz untauglich ist.

Die durchschnittliche Dauer des Kupferbeschlags ist jetzt etwas geringer als früher, weil die Schiffe schneller segeln müssen. Wenn man 100 Kauffahrteyschiffe annimmt, welche in verschiedenen Meeren segeln, so ist die durchschnittliche Dauer bei amerikanischen Schiffe jetzt drei Jahre.

Ueber die Art der Zerfressung der Legirung bei ihrer Berührung mit Seewasser und Luft, geben uns diese Versuche bestimmten Aufschluß. Es wurde einerseits ein Theil des zurückgebliebenen Blechs analysirt und andererseits ein Kupferzain vom Zusammenschmelzen einer großen Quantität solchen Blechs, wobei sich ergab, daß nur ebensoviel Silber im Blech zurückblieb, als sich vorher in der Legirung befand. Die Silberlegirung beschleunigte sonach, indem sie in der Metallmasse die negative Rolle spielte, deren Zerstörung, während ihre Beschaffenheit und ihr Verhalten derart waren, daß sie sich bei der Corrosion des Kupfers ausschied.

XI.

Ueber die Zusammensetzung und Eigenschaften zweier Legirungen von Zinn und Blei; von J. J. Pohl.

Aus den Sitzungsberichten der kaif. Akademie der Wissenschaften in Wien, Jahrgang 1850, S. 402.

Man hat in neuerer Zeit die Eigenschaft der Metalllegirungen weit genauer zu erforschen gesucht als früher, wo man sich meist damit begnügte, zwei oder mehrere Metalle zusammenzuschmelzen, die Farbe des erhaltenen Regulus anzugeben und dessen Dichte zu bestimmen. Der Grund einer genaueren Ermittlung der Eigenschaften von Legirungen, liegt wohl theils in dem Fortschreiten der Wissenschaft, theils in dem der Industrie, welche, um den Bedürfnissen des Luxus zu genügen, immer Neues und Ueberraschendes zu liefern bemüht ist. Es waren besonders französische Chemiker, welche die Metalllegirungen zu ihrem Studium machten, und die neueste Arbeit hierüber ist, so viel mir bekannt, jene von A. Guettier [18], welcher verschiedene Legirungen von Zinn und Zink; Zinn und Blei; Zinn, Zink und Blei; Zink und Blei; Kupfer und Zinn u. s. w. und einige Eigenschaften derselben näher untersuchte.

Leider umfaßt diese Arbeit verhältnißmäßig wenige Legirungen und erörtert auch bei weitem nicht alle wichtigeren physikalischen und chemischen Eigenschaften derselben. Ich erlaube mir daher im Folgenden die Resultate einiger Versuche mitzutheilen, welche ursprünglich zu einem anderen Zweck bestimmt, jetzt dazu dienen werden, einige Lücken in der Arbeit Guettier's auszufüllen. Beide untersuchte Legirungen dürften, wenn sie auch nicht von besonders schönem Aussehen und bemerkenswerthen Eigenschaften sind, doch manche nützliche Anwendung, wie zu Metallbädern, als Schnellloth, zu Polirscheiben, zum Abklatschen von Münzen u. s. w. zulassen.

Legirung Nro. 1. Zur Darstellung dieser Legirung wurden auf 1 Gewichtstheil Zinn 24 Theile Blei genommen, das Blei zuerst in einem Thontiegel geschmolzen, die auf dem Metalle schwimmenden Unreinigkeiten mit der gebildeten Orydschicht weggenommen und dann das Zinn eingetragen. Die geschmolzene Masse wurde mit einem trocknen

---

18 Polytechn. Journal Bd. CXIV S. 128. 196. 279.

Holzstabe gut umgerührt und während des Umrührens in eine gewöhn=
liche Lapisform ausgegossen.

Ich habe von dieser Legirung zwei Analysen gemacht, und zu jeder
von verschiedenen Stangen und Theilen derselben Stückchen abgezwickt,
um ein gehöriges Mittel zu erhalten, da, wie bekannt, bei Legirungen
von Zinn und Blei, selbst bei der größten Sorgfalt während der Be=
reitung, doch immer das zuletzt Ausgegossene und die unteren Enden
der Stangen etwas bleireicher sind, als der erste Guß und die oberen
Theile der Gußstücke.

Nach dieser Untersuchung enthält die Legirung im Mittel 29,74
Gewichtstheile Zinn auf 70,26 Gewichtstheile Blei. Diese Legirung
kommt also in ihrer Zusammensetzung dem sogenannten starken
Schnelllothe nahe, weches aus 1 Theil Zinn und 2 Theilen Blei
besteht, während die hier in Rede stehende auf 1 Theil Zinn 2,333
Theile Blei enthält. Ihr specifisches Gewicht beträgt 9,64 und ihr
Schmelzpunkt liegt bei 235,9° Celf.; für den Erstarrungspunkt kann
keine genaue Temperatur angegeben werden, da die Legirung vor dem
eigentlichen Festwerden sich längere Zeit in einem breiartigen Zustande
befindet, in welchem sie sich mit einem Messer leicht zu Stücken schnei=
den läßt, die ein mattgraues Aussehen haben.

Die Legirung ist übrigens zwischen 170 und 190° Celf. sehr
spröde, so daß sie durch einen Schlag mit dem Hammer leicht zerspringt,
bricht jedoch bei gewöhnlicher Temperatur erst nach drei= bis fünf=
maligem Biegen, wobei kein Knistern wahrzunehmen ist, und läßt sich
unter dem Hammer ziemlich gut zu einer dünnen Folie strecken, deren
Ränder nicht sehr stark ausgezackt sind, und welche gut rauscht. Die
Farbe ist ähnlich der des Zinns, zieht aber mehr ins Bläuliche hin=
über; die Verbindung erhält sehr leicht durch bloßes Reiben mit einem
Tuche Politur, welche auf einen sehr hohen Grad gebracht werden
kann, und läuft an der Luft liegen gelassen ebenso langsam wie Mes=
sing an; ist dieß erfolgt, so reicht bloßes Abreiben mit einem Tuche
hin, den früheren Glanz wieder herzustellen, wobei sich derselbe Geruch
zeigt, welchen Zinn beim Reiben darbietet, nur in viel schwächerem
Grade. Die Legirung färbt auf Papier ab, nimmt durch den Finger=
nagel Eindrücke an, und besitzt ungefähr die Härte 1,5 nach der Härte=
scale von Mohs. Der Bruch ist körnig und von mattgrauer Farbe.
Das Feilen geht leicht von statten, wobei die Feilspäne nur sehr wenig
an der Feile abhäriren; in eine vorher gehörig erwärmte Gußform
eingegossen, füllt die Legirung alle Höhlungen derselben zwar scharf
aus, zieht aber nur schwach ein.

Eine halbe Stunde mit verdünnter Essigsäure gekocht, wird der Glanz der Legirung nur wenig matter und die Farbe dunkler, nach darauffolgendem 24stündigen Stehen ist jedoch in der Flüssigkeit kein Blei und nur eine Spur Zinn zu entdecken. Nach viertelstündigem Kochen mit concentrirter Kochsalzlösung und dreitägigem Stehenlassen bei gewöhnlicher Temperatur, löst sich ebenfalls gar kein Blei und nur eine Spur Zinn auf. Beim Kochen und 24stündiger Berührung mit verdünnter Schwefelsäure wird weder Zinn noch Blei aufgelöst, nur die Oberfläche der Legirung ist mit einem sehr dünnen weißlichen Anfluge bedeckt. Durch längeres Kochen mit einer verdünnten Lösung von Schwefelantimon-Schwefelkalium, welche mit etwas Kochsalz versetzt ist, bekömmt die Legirung an der Oberfläche eine sehr schöne dunkelschwarzbraune Färbung, welche beim Reiben erst dann verschwindet, wenn bereits eine bedeutende Abnutzung der Metallverbindung stattgefunden hat. Wird die Legirung im geschmolzenen Zustande an der Luft nahe bis zur Rothgluth erhitzt, so oxydirt sich dieselbe sehr schnell, besonders wenn dafür Sorge getragen wird, die an der Oberfläche derselben gebildete Oxydschicht öfters auf die Seite zu schieben und so der Luft ungehindert Zutritt zu dem geschmolzenen Metall zu verschaffen.

Legirung Nro. 2. Die Bereitung dieser Legirung wurde auf ähnliche Art wie die vorhergehende vorgenommen, nur war das Verhältniß der genommenen Substanzen ein anderes, da zu 1 Gewichtstheil Zinn 1,25 Gewichtstheile Blei verwendet wurden. Diese Legirung enthält im Mittel 44,36 Procent Zinn und 55,64 Procent Blei. Das specifische Gewicht derselben ist 9,27 und der Schmelzpunkt im Mittel 181,2° Cels., der mittlere Erstarrungspunkt 178° Cels.

Die Legirung ist zwischen 150 und 178° Cels. spröde, aber unterhalb diesem Temperaturintervall biegsam, ohne dabei zu knistern; bricht jedoch selbst bei gewöhnlicher Temperatur schon beim zweiten Male Biegen ab und zeigt einen körnigen matt bleigrauen Bruch. Die Farbe ist jener der vorerwähnten Legirung ähnlich, aber etwas weißer. Durch bloßes Reiben mit einem Tuche nimmt sie eine schöne Politur an und zeigt dabei im stärkeren Grade als die Legirung Nr. 1 den Geruch nach Zinn, der Glanz erhält sich übrigens an der Luft. Auf Papier färbt sie nur sehr wenig ab, nimmt vom Fingernagel nur Spuren von Eindrücken an und zeigt eine Härte von beiläufig 1,9 der Mohs'schen Härtescala. Unter dem Hammer läßt sich die Legirung schwieriger als die Nr. 1 strecken, bekömmt dabei stark ausgezackte Ränder, rauscht jedoch als Folie ziemlich gut. Auch das Feilen geht weniger schnell als bei der vorigen Legirung von statten, die Feilspäne abhäriren übrigens nur wenig an der Feile. Beim Gießen zieht die Legirung recht gut ein.

Nach halbstündigem Kochen mit verdünnter Essigsäure und darauffolgendem Stehen während 30 Stunden wird kein Blei und nur eine Spur Zinn gelöst. Mit Kochsalzlösung gekocht und zwei Tage damit in Berührung gelassen, wird weder Zinn noch Blei in wägbarer Menge aufgelöst und dasselbe Verhalten findet bei längerer Berührung mit verdünnter Schwefelsäure statt. Längere Zeit mit verdünnter Schwefel-antimon-Schwefelkaliumlösung unter Zusatz von etwas Kochsalz gekocht, wird zwar die Farbe der Legirung dunkler, aber nicht so intensiv wie bei der vorigen Legirung, auch spielt dieselbe mehr ins Rothbraune und der dünne färbende Ueberzug kann durch schwaches Reiben leicht entfernt werden.

Bis ungefähr 230° Celf. erhitzt, kann die Legirung ziemlich lange Zeit der Luft ausgesetzt werden, ohne ihre blanke Oberfläche zu verlieren, erst bei 290° Celf. läuft sie violett, bei 310° gelb an, und erhitzt man noch stärker, so beginnt eine ziemlich rasche Oxydation derselben, welche durch Umrühren sehr befördert wird.

XII.

Ofen zum Schmelzen der Erze und zur Roheisenproduction, welchen sich Matthew Hodgkinson am 2. Nov. 1850 in England patentiren ließ.

Aus dem London Journal of arts, Juli 1851, S. 63.

Mit Abbildungen auf Tab I.

Der Patentträger beabsichtigt durch diesen Schmelzofen, welcher auch als Hohofen zur Roheisenproduction dient, Brennmaterial zu ersparen und überdieß das Gebläse zu entbehren, welches sonst die Formen mit Wind speist. Der Ofen ist in Fig. 30 im Längendurchschnitt abgebildet; Fig. 31 zeigt denselben im Querdurchschnitt nach der Linie 1,2 von Fig. 30 und von der rechten Seite her gesehen; Fig. 32 im

Querdurchschnitt nach der Linie 3,4 von Fig. 30 und von der linken Seite her gesehen.

Die mit dem Brennmaterial gemengten Erze kommen auf den geneigten Boden a, a Fig. 30; dieser Boden ist von der Esse oder Austrittsöffnung um ungefähr 45° abwärts gegen den Tiegel geneigt, welcher das geschmolzene Metall aufnimmt; die Seiten der Kammer sind so gekrümmt wie man aus Fig. 31 und 32 ersieht. In diese Kammer, welche beiläufig zehn Fuß hoch seyn kann, bringt man die Beschickung von Erz und Brennmaterial durch die an ihrer Decke befindlichen Oeffnungen b, b. Am unteren Theil der Kammer ist eine lange enge Oeffnung c, c, beiläufig zwei Fuß hoch und nur einen Fuß weit, welche mit einem darunter befindlichen Canal d, d communicirt. Die Beschickung von Erz und Brennmaterial, welche durch die Oeffnungen b, b in die Kammer a, a gestürzt wurde, fällt auf den geneigten Boden und nachdem sie in Brand versetzt wurde, wird sie am unteren Theil bald weißglühend, worauf Metall und Schlacken durch die lange enge Oeffnung c, c in den Canal d, d gelangen, wo sie durch den starken Strom heißen Windes aus den Löchern f, f (der äußeren Feuerstelle) weiter verflüssigt werden, so daß sie endlich in den Tiegel e, e fließen, aus welchem sie in gewöhnlicher Art abgestochen werden. Der Zug aus der äußeren Feuerstelle wird durch die Esse am andern Ende des Ofens bewirkt.

Als Vortheile dieser Ofenconstruction bezeichnet der Patentträger, daß die Beschickung, weil sie keine so hohe Schicht bilde, lockerer bleibe als in einem Hohofen, und deßhalb schon durch die Esse allein, ohne Hülfe eines Gebläses, ein hinreichender Zug zur Erzeugung der nöthigen Hitze hervorgebracht werde, ferner daß der durch die Speiseöffnungen b, b eintretende Wind zuerst mit den kältesten und dann mit zunehmend heißeren Antheilen der Beschickung in Berührung komme, wodurch im Vergleich mit den Hohöfen an Brennmaterial erspart werden muß.

In gewissen Fällen ist der äußere Herd entbehrlich und man läßt bloß durch die Löcher g von der Seite her Luft zu.

Der Patentträger wendet bisweilen auch einen Ofen Fig. 33 an, bei welchem die lange enge Oeffnung und der Canal oder die Kammer d, d nicht vorhanden sind. In diesem Falle kann der unter einem Winkel von 45° geneigte Boden A, A im Querschnitt flach oder schwach concav seyn; am unteren Ende desselben ist ebenfalls ein Herd angebracht, von welchem die Hitze und die Verbrennungsproducte durch eine verengte Ausmündung h, h in das Innere des Reductionsofens ge-

langen. Erz und Brennmaterial werden in die Kammer a, a durch die
Trichter oder Oeffnungen i, i an deren Decke gestürzt, was in manchen
Fällen nur durch die oberste Oeffnung geschieht, indem man die übri-
gen zum Einlassen von Wind in das Innere des Ofens verwendet.
Es versteht sich, daß die Kammer a, a an ihrem unteren Theil (wie
in Fig. 30) mit Windlöchern versehen seyn muß, um dem schmelzenden
Metall heiße oder kalte Luft zuzuführen.

XIII.

Ueber die Darstellung des Saftgrüns; von R. zum Hagen.

Aus Böttger's polytechnischem Notizblatt, 1851, Nr. 11.

Das Saftgrün wird aus dem Safte der Beeren des gemeinen
Wegborns (Rhamnus catharticus), die unter dem Namen Kreuzdornbeeren bekannt sind, dargestellt; indessen geschieht dieses auf
vielfache Art, wodurch denn sehr oft statt einer schönen grünen Farbe,
eine grüngelbe, schmutziggelbe, graugelbe Farbe u. s. w. entsteht. Eine
grüngelbe oder gelbgrüne rührt gemeiniglich daher, wenn zur Bereitung
des Saftgrüns die vollkommen reifen Kreuzdornbeeren in Anwendung
genommen werden; schmutzig-gelb und graugelb-grünlich u. s. w. wird
dasselbe durch die Anwendung solcher Beeren, die schon ihre vollkommene
Reife überlebt haben. Meistentheils fällt das Saftgrün so aus, daß
es beim Auftragen mit dem Pinsel als Malerfarbe deckt, welches gemeiniglich durch einen Zusatz von kohlensaurer Magnesia bewirkt wird.
Oft aber auch ist es der Fall, daß das Saftgrün beständig feucht und
als eine klebrige und schmierige Masse erscheint, welches dadurch entsteht, wenn man, um dem Safte eine grüne Farbe zu ertheilen, kohlensaures Kali (Potasche) angewendet hat.

Endlich nun kommt das sogenannte Saftgrün im Handel von mehr
oder weniger brauner oder grünbrauner Farbe vor, die wohl immer
durch ein Anbrennen der Masse, wenn man dieselbe bei einem heftigen
Feuer eindickt, hervorgebracht wird.

Alle die hier einzeln aufgeführten Eigenschaften der verschiedenen
Arten des Saftgrüns fallen nun öfters in einem höheren oder min-
deren Grade zusammen, wodurch sodann das Saftgrün immer um so

5 *

schlechter erscheinen muß; so z. B. kommt oft eine Masse unter dem Namen „Saftgrün" vor, die gelb und zu gleicher Zeit deckend ist, wenn nämlich bei dem Safte vollkommen reifer Kreuzdornbeeren zum Hervorbringen der grünen Farbe Magnesia angewandt wurde. Wird dem Safte der reifen Kreuzdornbeeren Potasche zugesetzt, so fällt das Saftgrün beständig feucht und beim Auftragen mit dem Pinsel zugleich gelb aus u. s. w.; außerdem werden die abweichenden Eigenschaften des Saftgrüns häufig durch das quantitative Verhältniß der zu seiner Bereitung erforderlichen Substanzen hervorgebracht.

Da ich nun Gelegenheit gehabt habe, mehrere Zubereitungsmethoden des Saftgrüns kennen zu lernen und Versuche hierüber anzustellen, so habe ich diese nicht unbenutzt vorübergehen lassen und will nun hier einige Erörterungen über die Darstellung der schönsten Arten des Saftgrüns geben.

Um also ein schönes Saftgrün zu bereiten, d. h. wenn dasselbe eine wirklich grüne Farbe haben und auf keine Weise deckend seyn soll, so wende man immer solche Kreuzdornbeeren an, die noch nicht zu ihrer vollkommenen Reife gelangt sind, deren Saft mithin auch noch nicht völlig blau erscheint, sondern aus dieser Farbe noch immer ins Grüne fällt; zweitens wende man sowohl beim Auskochen der Beeren selbst, als auch beim Eindicken des ausgekochten und ausgepreßten Saftes keine zu starke Wärme, immer aber zuerst Kohlenfeuer, und danach das sogenannte Wasserbad an; drittens nehme man zum Hervorbringen der grünen Farbe des Saftgrüns immer Alaun, weil gerade hierdurch das schönste Grün entsteht, das Saftgrün eine gute und bleibende Consistenz erhält und beim Auftragen mit dem Pinsel nicht deckend wird. Dieß sind drei Hauptregeln, die bei Bereitung des Saftgrüns streng zu beobachten sind. Da es jedoch nöthig ist, auch ein quantitatives Verhältniß zu bestimmen, so mag folgende Vorschrift als Muster dienen. Man nehme eine beliebige Quantität noch nicht völlig reifer Kreuzdornbeeren, koche dieselben mit etwas wenigem Wasser über nicht zu starkem Kohlenfeuer und in einem kupfernen blankgescheuerten Kessel, während man dabei fast beständig umrührt, zu einer breiartigen Masse, worauf man die Flüssigkeit auspreßt und mit dem Rückstande dieselbe Operation wiederholt.

Die erhaltenen Flüssigkeiten, welche nunmehr den sämmtlichen Saft der Kreuzdornbeeren enthalten, werden in den von neuem gesäuberten Kessel zurückgegossen und bei gelindem Feuer bis zur starken Extractconsistenz abgedampft; doch gebrauche man die Vorsicht, die Flüssigkeit, bevor sie aufs Feuer gebracht wird, durch ruhiges Stehen und nach=

heriges Durchseihen durch Flanell erst gehörig zu klären. Hat der
Saft die Extractconsistenz erreicht, so mittele man das Gewicht des
eingedickten Saftes aus (welches am leichtesten geschehen kann, wenn
man vor der Arbeit das Gewicht des Kessels, durch alleiniges Wägen
desselben, zu erfahren gesucht hat); ist das Gewicht des eingedickten
Saftes gefunden, so nehme man für jedes Pfund desselben (das Pfund
zu 32 Loth gerechnet) eine Unze Alaun, löse diesen in einer hinreichenden Quantität Wassers auf und füge danach unter beständigem Umrühren die Alaunauflösung der eingedickten Masse zu, mische beide darauf gehörig unter einander und dampfe nun, aber im Wasserbade, von
neuem wieder so weit ab, wie sich dieses, ohne den Arbeitsgeräthen zu
schaden, thun läßt. Ist dieses geschehen, so fülle man das fertige Saftgrün aus dem Abdampfgeschirr in Kalbsblasen, in welchen man es in
trockener Luft völlig austrocknen läßt.

Ein nach dieser Vorschrift dargestelltes Saftgrün sieht in Masse
betrachtet schwarz aus, erscheint aber, gegen das Licht gehalten, an den
Kanten schön grün; als Malerfarbe mit dem Pinsel aufgetragen, deckt
es nicht im mindesten, bleibt beständig durchsichtig, trocknet sehr schnell
nach dem Auftragen und bietet danach ein sehr schönes Laubgrün dar;
in Stücken der Luft ausgesetzt, wird es nicht feucht und verhält sich
überhaupt so, daß es in keiner Hinsicht Unbequemlichkeiten verursacht
und nichts zu wünschen übrig läßt. Durch den Alaunzusatz zum Saftgrün kann dasselbe in den schönsten Schattirungen dargestellt werden,
indem man die Menge des Alauns insofern abändert, als dadurch verschiedene grüne Farben erzeugt werden können; soll aber die Schatti-
rung des Saftgrüns bis ins Gelbe hervorgebracht werden, so hat man
stufenweise die mehr und mehr reifern Beeren des Wegdorns zur Bereitung desselben anzuwenden.

Da nun der Alaun ein Mittel an die Hand gibt, die schönsten
Arten des Saftgrüns darzustellen, so werden alle die übrigen Substanzen, welche man sonst wohl hierzu anzuwenden pflegt, als Magnesia, Potasche, Kreide u. dergl. m., zur Bereitung desselben vollkommen entbehrlich, so daß ihre Anwendung hierbei selbst abzurathen ist,
indem das dadurch erzeugte Präparat immer, bald in dieser, bald in
jener Hinsicht, nur sehr mangelhaft ausfällt, wie dieses durch mannich-
fache Versuche hinlänglich erwiesen ist.

XIV.

Tinten zum Zeichnen der Wäsche; von J. Guiller in Paris. [19]
Aus dem Journal de Chimie médicale, Juli 1851, S. 439.

Die bisherigen Tinten zum Zeichnen der Wäsche erreichten ihren
Zweck nur unvollkommen; man erhielt entweder nur gelbliche Züge, oder
dieselben, wenn auch schwärzer, verschwanden nach mehrmaligem Waschen
zum Theil, wo nicht ganz. Bei andern Compositionen, welche getheilt
waren, mußten zwei Operationen vorgenommen werden, was sehr umständlich und zeitraubend war. Diese Uebelstände sind bei meinen Tinten
vermieden.

Formel 1.

Salpetersaures Silber	11 Gramme
destillirtes Wasser	85 "
arabisches Gummi	20 "
einfach-kohlensaures Natron . .	22 "
Aetzammoniak	20 "

Man löst das kohlensaure Natron (calcinirte Soda) im vorgeschriebenen Wasser auf; dann in dieser Auflösung das in einem Marmormörser befindliche arabische Gummi, durch allmähliches Zugießen derselben und Umrühren. Andererseits wird der Silbersalpeter im Ammoniak aufgelöst, hierauf beide Auflösungen mit einander vermischt und
in einem Kolben erwärmt. Die anfangs schmutziggraue und halb ge-
ronnene Mischung wird nun sehr klar und nimmt eine braune Farbe
an. Wenn sie den Siedepunkt erreicht hat, wird sie sehr dunkel und
von klarer Consistenz, so daß sie leicht aus der Feder fließt. Beim Kochen
verflüchtigt sich so viel Ammoniak, daß der Geruch nach demselben sehr
gemildert wird.

Formel 2.

Salpetersaures Silber	5 Gramme
Wasser	12 "
Gummi	5 "
einfach-kohlensaures Natron . .	7 "
Ammoniak	10 "

Das Vermischen geschieht wie bei Nr. 1. Das Ganze wird in
einem Kolben so lange abgedampft, bis die Flüssigkeit eine sehr dunkel-
braune Farbe hat, was eintritt, wenn die Flüssigkeit ungefähr 5 Proc.
ihres Volums verloren hat. Längeres Abdampfen wird einen Niederschlag hervorrufen, weil sich zu viel Ammoniak verflüchtigen würde. —

---

[19] Patentirt in Frankreich am 6. Febr. 1844 für fünf Jahre.

Die Flüssigkeit ist zu dieser Zeit zum Zeichnen ganz vortrefflich, die damit geschriebenen Buchstaben sind schwarz; diese Tinte eignet sich besonders zum Stempeln.

Formel 3.

Salpetersaures Silber	17	Gramme
Wasser	85	„
Gummi	20	„
einfach-kohlensaures Natron	22	„
Ammoniak	42	„
Kupfervitriol	33	„

Man löst zuerst die 22 Theile (calcinirte) Soda in 25 Theilen Wasser auf, und die 17 Silbersalpeter in den 42 Ammoniak. Hierauf bringt man in einen Marmormörser die 20 Theile Gummi mit den 60 Theilen Wasser, welche zurückblieben; man rührt das Ganze mit dem Pistill um und gießt die Sodalösung hinein, dann schüttet man das Ganze in die Silberlösung. Endlich setzt man die 33 Theile Kupfervitriol-Auflösung hinzu. — Die größere Menge von Ammoniak in dieser Vorschrift erklärt sich durch den vorhandenen Kupfervitriol, welchen es auflösen muß. — Diese Composition unterscheidet sich von den andern dunkelbraunen durch ihre blaue Farbe.

Es versteht sich, daß die Verhältnisse der Substanzen in den drei Vorschriften abgeändert werden können, je nachdem man eine mehr oder weniger dicke Tinte haben will, je nach dem Zweck, zu welchem sie bestimmt ist, und dem Stoff, auf welchen sie aufgetragen werden soll. Während das in diesen Tinten befindliche Ammoniak einerseits auflösend wirkt und eine Merktinte gibt, weche keine Vorbereitung der Wäsche erheischt, erhält andererseits die Flüssigkeit durch die Verdampfung eines Theils des Ammoniaks eine dunkle Farbe, so daß man die Buchstaben sogleich schwarz sieht. Die gekochte Flüssigkeit endlich ist dünner und bringt daher besser ein, ohne jedoch auszufließen.

Man bedient sich dieser Tinten entweder mit der Feder oder dem Stempel auf gewöhnliche Weise, d. h. man fährt mit dem Bügeleisen über die gezeichneten Buchstaben, damit sie besser in den Zeug eindringen.

Miscellen.

Die Semmering-Locomotiven.

Ueber das Ergebniß der Versuche, welche auf einem Theil der Bahn über den Semmering mit den für den Preis concurrirenden Locomotiven angestellt wurden (man vergl. die Preis-Ausschreibung im polyt. Journal Bd. CXVI S. 162), enthält die Allg. Ztg. mehrere von der Station Peyerbach datirte Berichte, welchen wir Folgendes entnehmen.

Die Commission hatte es bei Beurtheilung der Preisfrage mit vier Maschinen zu thun, nämlich 1) mit der Locomotive „Vindobona" aus der k. k. privilegirten Ma=schinenfabrik der Wien-Gloggnitzer Eisenbahn-Gesellschaft in Wien; 2) mit der Loco=motive „W. Neustadt" aus der Fabrik des Hrn. Wenzel Gunther zu W. Neu=stadt; 3) mit der Locomotive „Bavaria" aus dem Eisenwerk Hirschau des Hrn. H. A. v. Maffei in München; 4) mit der Locomotive „Seraing" aus den Eisen=werken der Gesellschaft John Cockerill in Belgien. Gemäß §. 9 des Programms mußte jede dieser vier Locomotiven die Proben über den größeren oder geringeren Grad der Beweglichkeit in den Curven durchmachen, bevor sie zur Preisconcurrenz zugelassen werden durften.

Am 13. August wurde mit der Locomotive Bavaria begonnen. Auf einem Ge=fälle von 1 : 40 in Curven von nur 100 Klaftern Radius legte diese Maschine 5 Meilen in einer Stunde zurück, ohne Belastung. Auf ein gegebenes Zeichen hielt die Maschine in dieser angenommenen Geschwindigkeit plötzlich inne, ohne weiter als 18 Klafter nach dem Bremsen fortzugleiten. Das Programm erlaubt bei einer Schnelligkeit von 4 Meilen per Stunde 80 Klafter W. M.

14. August. Die Locomotive Seraing lief auf derselben Strecke mit 5½ Mei=len Geschwindigkeit per Stunde, und bremste vollkommen auf einer Länge von 40 Klaftern.

15. August. Die Locomotive Neustadt lief mit einer Geschwindigkeit von 5 Mei=len per Stunde, und bremste bei einer Länge von 30 Klaftern.

17. August. Die Maschine Vindobona lief mit 4 Meilen Geschwindigkeit per Stunde, und bremste auf 70 Klaftern Länge.

Diese Proben glücklich überstanden, schritt die Commission zur zweiten Vorprobe gemäß §. 10 des Programms (Vgl. Eisenb.-Ztg. 1850, Nr. 17), nämlich der Bela=stung der Locomotive mit 2500 Centnern auf den starken Steigungen von 1:40 mit Schnelligkeiten von nicht unter 1½ Meilen per Stunde. Auch hier machte die Loco=motive Bavaria den Anfang. Mit einer Last von 2640 Centnern durchlief sie die stärksten Steigungen von 1 : 40 mit einer durchschnittlichen Geschwindigkeit von 2.44 Meilen per Stunde. Die Locomotive Seraing durchlief dieselben Strecken mit 2523 Ctrn. mit einer durchschnittlichen Geschwindigkeit von 1.88 Meile per Stunde. Die Maschine Vindobona mit einer Belastung von 2500 Ctrn. lief mit 1.5 Meile Ge=schwindigkeit. Die Maschine Neustadt lief mit 2500 Ctrn. in einer Geschwindigkeit von ebenfalls 1.5 Meile per Stunde. Alle Maschinen, mit Ausnahme der Locomotive Vindobona, störten den Oberbau nicht im geringsten. Letztere jedoch verursachte eine bedeutende Depression auf die Schienen. Alle vier Maschinen wurden nach diesen überstandenen Vorproben zur Concurrenz um den ausgesetzten Preis von 20,000 Stück Ducaten zugelassen.

In Folge der Sitzung der Commission vom 19. Aug. legte die Locomotive Ba=varia am 20. und 21. August die folgenden wohlgelungenen Hauptproben in Bezug auf Schnelligkeit, Brennmaterial-Verbrauch und Belastung ab. Probestrecke zwischen Station Peyerbach und Eichberg: Länge der Strecke 3200 W. Klafter, festgesetzte Schnelligkeit zwischen 1½ und 2½ Meilen per Stunde; Steigungen zwischen 1 : 40 und 1 : 100; Curven von 100 Klaftern Radius. Gewicht der Bavaria 861 Centner.

Aus dem Vergleich der 12 gelungenen Fahrten ersieht man leicht die große Re=gelmäßigkeit im Gange der Maschine, sowie besonders in dem Brennmaterial-Ver=brauch. Merkwürdig ist es, daß bei der Mehrbelastung von beinahe 400 Centnern der Verbrauch an Holz und die Geschwindigkeit in Meilen dieselben wie am Tag vor=her geblieben sind. Es sind diese schönen Resultate den außerordentlich gelungenen Proportionen der Maschine, sowie der umsichtsvollen Behandlung derselben durch den Führer Kleinheinz zuzuschreiben.

Jeder Locomotive war die Anzahl von 20 Preisprobefahrten gestattet, worunter 12 als gelungene sich herausstellen müssen. Eine gelungene Fahrt ist die zu nennen, welche mit einer Minimalbelastung von 2500 W. Ctrn. nicht unter 1½ Meilen Ge=schwindigkeit für eine Stunde und nicht über 2½ Meilen für die Stunde auf irgend einem Punkt der Bahnstrecke im Aufwärtsfahren, und 2 Meilen für die Stunde im Abwärtsfahren erzielt wird. Der Concurrent kann von diesen 20 Fahrten die ge=lungensten und günstigsten zur Herausstellung der Leistungsfähigkeit seiner Locomotive selbst auswählen. Wenn ihm 12 Fahrten nacheinander vollkommen gelingen, ist er von den übrigen 8 entbunden.

Abfahrt.	Fahrten-Nummer.	Witterung.	Dauer der Fahrt von Peyerbach nach Eichberg aufwärts.	Durchschn. Geschwindigkeit per Stunde.	Dampfspannung per Quadratzoll.	Expansion.	Holzverbrauch in Bündel zu 50 Pfd. [20]	Dauer der Rückfahrt von Eichberg bis Peyerbach.	Angehängte Last in Cntr. Wiener Gewicht.
20. August				Meil.					
Uhr Min.	I.	warm u. trocken	24 Min.	1.88	98-95 Pf.	35 %	37B.	24Min	3060.2
9 23	II.	—	21 —	2.14	95-90 —	50 —	29—	24 —	3072 9
10 42	III.	—	20 —	2.3	95-93 —	50 —	34—	24 —	3072
12 15	IV.	windig	21 — 23 Sec.	2 1	95-90 —	bei 1/2 Hub	28—	24 —	3075.3
1 32	V.	—	19 Min. 30 Sec.	2.4	98 —	bei 1/3 Hub	34—	23Min. 4 Sec.	3093
2 44	VI.	—	19 Min.	2.44	98-95 —	wie die vorige	32—	24Min.	3093,6
21. August									
Uhr Min.									
8 16	VII.	günstig. warm	22 Min. 5 Sec.	2	95 —	bei 1/2 Hub	33—	14Min. 20 Sec.	3392
9 31	VIII.	Eine Undichtigkeit der Stopfbüchsen des Schieberkastens machte diese Fahrt zur mißlungenen.							3383
11 15	IX.	günstig warm	22 Min. 31 Sec.	2	98 Pfd. —	bei 1/2 Hub	34B.	21Min. 40 Sec.	3393
12 40	X.	—	20 Min. 5 Sec	2.2	98 —	dto.	34—	21Min. 39 Sec.	3387.6
1 55	XI.	—	21 Min. 51 Sec.	2.1	93-98 —	dto.	34—	24Min. 45 Sec.	3387
3 18	XII.	—	22 Min. 9 Sec.	2	wie bei XI.	dto.	34—	25Min. 29 Sec.	3392
	XIII.	—	22 Min. 50 Sec.	2	90-85 —	dto.	31—	—	3402

Da die Maschine Bavaria 12 wohlgelungene Fahrten nach einander zu Stande gebracht hatte, wurden die Proben für diese Maschine einstweilen als geschlossen erklärt. Jedoch auf die Bitte der Sectionsräthe v. Ghega und von Schmid, und um den schon vollendeten Probefahrten die Krone aufzusetzen, sollte der Bavaria eine noch größere Leistung auferlegt werden. Hr. Ingenieur Joseph Hall zögerte keinen Augenblick, die Belastung auf 4000 Ctr. W. G. zu bestimmen.

Am 22. August, um 11 Uhr Vormittags, bei günstiger Witterung ging die Maschine in Begleitung oben genannter Herren, der ganzen Commission, vieler in- und ausländischen Fachmänner, mit dieser oben genannten Last von 4000 Ctr. von Peyerbach an aufwärts. Die Dampfspannung betrug beim Abfahren 98 Pfd. Die Strecke von Peyerbach bis Eichberg, 3200 Klafter, wurde ohne den geringsten Anstand in 28 Minuten zurückgelegt. Die mittlere Geschwindigkeit betrug 1 9/10 Meilen per Stunde. Brennmaterial-Consumtion für die Hin- und Rückfahrt 44½ Bündel Holz zu 50 Pfd. Die Dampfspannung erhielt sich zwischen 98 Pfd. und 85 Pfd., und bei der Ankunft in Eichberg stand sie wieder 93 Pfd.

Am 23. August machte die Locomotive Seraing von der Gesellschaft Cockerill zwei Probefahrten, an weiteren Fahrten wurde sie an diesem Tage durch das Rinnen der Siederöhren verhindert. Am 26. und 27. August legte die Locomotive Seraing

---

[20] Die Klafter Holz wiegt 16.7 Cntr. Die Holzconsumtion bezieht sich auf die Hin- und Rückfahrt.

bie weiteren 10 Fahrten zurück, bie von der Commission als gelungen angenommen wurden. Die Fahrten Nr. III. und IV. mit Belastungen von über 2500 Cntr. stell= ten sich als nicht sehr vortheilhafte in Bezug auf Zeit und Brennmaterial heraus, weßhalb bei den späteren Fahrten die Minimal=Belastung von 2500 Cntr. wieder angenommen wurde. Eine Uebersicht der von dieser Maschine gemachten 12 Probe= fahrten enthält die nachstehende Tabelle:

Abfahrt.	Fahrten = Nummer.	Dauer der Fahrt von Peyerbach nach Gich=berg aufwärts.	Durchschn. Geschwin=digkeit per Stunde.	Dampffpannung per Quadratzoll.	Holzverbrauch in Bündel zu 50 Pfd.	Dauer der Rückfahrt von Gichberg bis Peyerbach.	Angehängte Last in Cntr. Wiener Gewicht.
			Meil.				
23. August							
Uhr Min.							
8 47	I.	23Min. 10Sec.	2	84—66Pfd.	35 B.	25Min.	2545
—	II.	25 — 21 —	1.87	83—66 —	36 —	23 — 33Sec.	2545
26. August							
Uhr Min.							
8 10	III.	27Min. 40Sec.	1.72	72-67½Pfd.	37 B.	23Min.	2718.6
9 37	IV.	28 — 15 —	1.7	80—65 —	41, —	25¾Min.	2718.6
11 33	V.	24 — 8 —	1.92	73—51 —	35 —	22Min. 50 Sec.	2526
12 56	VI.	22 — 11 —	2.1	75—73 —	39 —	21½ Min.	2509
2 16	VII.	21 — 50 —	2.2	67—65 —	37 —	23 —	2518
3 31	VIII.	23 — 2 —	2	75—61 —	35 —	22⅓	2514
27. August							
Uhr Min.							
12 10	IX.	23 — 25 —	2	74—60 —	35 —	25 —	2538
2 12	X.	22 — 48 —	2.1	74—60 —	36 —	23 —	2507
3 31	XI.	23 — — —	2	71—55 —	36 —	24 —	2507
4 56	XII.	23 — — —	2	65—55 —	34 —	23 —	2560

Die Maschine Seraing vollendete mit Nr. XII. ihre Probefahrten, warf aber immer noch viel Wasser aus dem hintern Kamin aus, ein Nachtheil der langen Kessel, besonders bei der großen Wasser=Nieveauveränderung auf Steigungen von 1 : 40. Vergleicht man diese letzten zwölf Fahrten der Maschine Seraing mit den vorher= gehenden der Maschine Bavaria, so ist leicht zu ersehen, daß letztere bei weitem gün= stigere, constantere Resultate im Effect geliefert hat. Bei fast gleicher, eher größerer Geschwindigkeit der Maschine Bavaria förderte dieselbe bei den sechs letzten Probe= fahrten eine nahe an 900 Centner größere Last. Und trotz dieser Mehrlast war die Brennmaterial=Consumtion dennoch eine jedesmal geringere, als bei der Maschine Seraing. Den größten Effect leistete die Bavaria bei einer Belastung von 3400 Ctr. mit einer durchschnittlichen Schnelligkeit von 2⁴/₁₀ Meilen für die Stunde, mit einem Holzverbrauch von nicht ganz 1 Klafter durchschnittlich für die Hin= und Rückfahrt (6400 Klftr.) zusammen genommen. Die Maschine Seraing förderte hingegen mit einem durchschnittlich ähnlichen Brennmaterialverbrauch und mit einer durchschnitt= lichen Schnelligkeit von 2¹/₁₀ Meilen nur zwischen 2500 und 2700 Ctr. Last.

Die Locomotive „Neustadt" von Günther in Wiener Neustadt machte am 25 Aug. ihre ersten drei Probefahrten, eine vierte Probefahrt am 28. Aug.; auf letzterer wurde ein starkes Schleifen der Räder bemerkt, weßhalb die Fahrten nicht fortgesetzt werden konnten. Am 2. September fanden sodann weitere fünf Fahrten statt, die zehnte aber wurde des ungünstigen Wetters wegen eingestellt. Die Locomotive Neustadt zeichnete sich hiebei im Verhältniß zur Locomotive Seraing der Gesellschaft Cockerill, was den Consum an Brennmaterial betrifft, sehr vortheilhaft aus, und war die Aussicht zum Sieg über die letztere Maschine bedeutend nahe gerückt. Sie hielt den Dampf auf eine sehr constante Art; auch hatte das Schleifen der Räder ebenfalls bedeutend nachgelassen. Endlich wurden am 3 Sept. zwei und am 4 Sept. drei Probefahrten mit der Locomotive Neustadt vorgenommen. Das Resultat der einzelnen Fahrten enthält die folgende Zusammenstellung:

Abfahrt.	Nummer der Fahrt.	Dauer der Fahrt bis Eichberg.	Mittlere Geschwindigkeit per Stunde.	Dampfspannung in Pfd. per Quadratz.	Holzverbrauch in Bündel zu 50 Pfd.	Dauer der Rückfahrt.	Belastung in Wiener Centner.
25. August			Meil.				
Uhr Min.							
10 24	I.	21	21	95Pfd.	21	21	2740
12 26	II.	29Min. 25Sec.	1.57	100—90—	36 B.	23 Min.	2740
2 33	III.	30 — 10 —	1.5	101—90—	44 —	22 —	2740
28. August							
Uhr Min.							
8 24	IV.	32 — 16 —	1.5	98—76—	39 —	25 —	2500
2. Septbr.							
Uhr Min.							
8 4	V.	22 — 40 —	2.2	110—85—	31 —	20½ —	2523
9 16	VI.	24 — 12 —	2.0	100—90—	30 —	23 —	2523
10 32	VII.	25 — 42 —	1.9	100—78—	32 —	21¼ —	2520
11 52	VIII.	25 — 44 —	1.9	98—85—	33 —	24 —	2540
1 24	IX.	25 — — —	1.9	98—86—	33 —	22 —	2540
3. Septbr.	X.	—	1.93	—	30 —	—	2533
—	XI.	—	2.20	—	30 —	—	2536
4. Septbr.	XII.	21 — 40 —	2.25	—	26 —	—	2545
—	XIII.	23 — 7 —	2.1	—	25 —	—	2552
—	XIV.	25 — 4 —	1.95	—	25 —	—	2552

Wenn man aus den bis hier mitgetheilten Probefahrten der drei Maschinen Bavaria, Neustadt und Seraing die auf ein Bündel Holz von 50 Pfund entfallende, in mittlerer Geschwindigkeit fortgeschaffte Last auszieht, so ergeben sich für die Bavaria 228 Ctr. Brutto, für die Neustadt 141 Ctr. Brutto, für die Seraing 152 Ctr. Brutto.

---

21 Nach Zurücklegung eines Wegs von 2300 Klaftern blieb die Maschine stecken. Die Fahrt wurde daher für nicht gelungen erklärt.

Neustadt und Seraing stehen sich also im Effecte beinahe gleich, jedoch hat Neustadt noch drei Fahrten vor Seraing voraus. Die Bavaria steht einzig in ihrer Bedeutung da.

Hierauf haben am 5., 6., 10. und 11. Sept. weitere Probefahrten mit den Maschinen „Bavaria", „Seraing" und „Neustadt" stattgefunden. Wir stellen die Ergebnisse in Nachfolgendem zusammen.

1) Fahrten der Locomotive „Seraing" am 5. Sept. auf der Strecke von Peyerbach nach Eichberg:

Nr. der Fahrt.	Belastung.	Geschwindigkeit.	Holzverbrauch.
1.	2541 Cntr.	2.03 M.	1600 Pfd.
2.	2541 —	2.03 —	1650 —
3.	2538 —	2.05 —	1650 —
4.	2538 —	2.32 —	1650 —
5.	2533 —	2.13 —	1550 —

Der Holzverbrauch versteht sich, wie früher, für die Fahrt auf= und abwärts.

2) Fahrten der Locomotive „Neustadt" am 6. Sept.:

Nr.	Belastung.	Geschwindigkeit.	Holzverbrauch.
1.	2526 Cntr.	2.29 M.	1250 Pfd.
2.	2534 —	2.01 —	1350 —
3.	2540 —	1.93 —	1550 —

3) Fahrten der Locomotive „Bavaria" am 10. und 11. Sept. bei ungünstigem Wetter:

Nr.	Belastung.	Geschindigkeit.	Dampfspannung.	Holzverbrauch.
1.	3403 Cntr.	2.28 M.	100—95 Pfd.	1500 Pfd.
2. [22]	3403 —	1.30 —		
3.	2579 —	2.30 —	100—95 —	1100 —
4.	2548 —	2.09 —	100—95 —	1150 —
5.	2569 —	2.60 —	100—95 —	1250 —
6.	2576 —	2 50 —	100—95 —	1300 —

Wie nunmehr bekannt, hat die „Bavaria" den ersten, die „Neustadt" den zweiten, die „Seraing" den dritten und die „Vindobona" den vierten Preis erhalten.

Kurze Darstellung der an den preußischen Telegraphenlinien mit unterirdischen Leitungen bis jetzt gemachten Erfahrungen; von Werner Siemens. Berlin, 1851.

Unter diesem Titel liegt uns eine Broschüre vor, welche ein besonderes Interesse deßhalb in Anspruch nimmt, weil der Verfasser, bekannt als der Urheber und eifrige Vertheidiger der unterirdischen Telegraphenleitungen, die damit in Preußen bis jetzt gemachten Erfahrungen ausführlich bespricht, die an den Tag gekommenen Mängel mit Angabe ihrer Ursachen hervorhebt und Mittel für ihre Beseitigung in Vorschlag bringt.

Bekanntlich sind in neuerer Zeit bei den unterirdischen Telegraphenleitungen in Preußen häufige und bedeutende Störungen eingetreten und haben über die Zuverlässigkeit der Isolirung der Drähte mittelst einer Umhüllung mit Gutta-percha großen Zweifel erregt, selbst da, wo man früher mit vollster Zuversicht die Gutta-percha-Drähte in den Boden legte.

Der Verfasser sucht nun nachzuweisen, wie die schlechten Resultate, welche die ersten unterirdischen Leitungen gegeben haben, nur Folge der bei ihrer Anlage begangenen Fehler sind, die theils in der durch die damaligen Zeitverhältnisse gebotenen Uebereilung, theils in dem gänzlichen Mangel an Erfahrungen über die Eigen-

---

[22] Bei mit Schnee vermischtem feinem Staubregen und heftigem Seitenwind.

schaften des zur Verwendung kommenden Materials, und ungenügender Sorgfalt bei der Auswahl und Verarbeitung desselben ihren Grund haben.

Es sey jetzt aber der Zeitpunkt eingetreten, wo man auf der Grundlage wirklich gemachter Erfahrungen weiter bauen kann und ein bestimmtes und wohlbegründetes Urtheil darüber zu fällen im Stande ist: ob der neu eingeschlagene Weg überhaupt zu dem gewünschten Ziele führen wird, oder ob er als verfehlt zu betrachten und ganz zu verlassen ist.

Die Fragen, von deren Beantwortung diese Entscheidung nur abhängen kann, sind folgende:

1) Erhält sich die gute, unverfälschte und nicht verdorbene Gutta=percha im Erd= boden unverändert, oder unterliegt sie einer, wenn auch langsamen Um= wandlung?

Aus der Beschaffenheit, in welcher sich die meisten der seit mehreren Jahren im Boden liegenden Drähte dermalen befinden, und aus dem Umstande daß Verände= rungen nur da eingetreten sind, wo sich Mängel in dem Material oder in der Fabri= cation nachweisen lassen, lasse sich — nach der Ansicht des Verfassers — mit Sicher= heit folgern, daß die Gutta=percha, wenn unverfälscht und nicht vor oder bei der Fabrication verdorben, sich in hinlänglicher Tiefe des Erdbodens ganz unverändert erhält und daher zu unterirdischen Leitungen vollständig geeignet ist.

2) Ist die Technik der Drahtfabrication und die Kenntniß des Materials so weit vorgeschritten, daß jetzt nur Drähte zur Verwendung kommen, welche nicht die Ursache baldigen Verderbens in sich tragen?

Hier meint der Verfasser, daß bereits die an den neueren Telegraphenlinien ge= machten Erfahrungen diese Frage bejahen. Die im Frühjahr 1849 angelegten Linien Breslau=Oderberg, Berlin=Hamburg, Köln=Aachen mit unterirdischer Leitung seyen in fast unausgesetzt gutem Betriebe geblieben. Es sey noch kein Fall constatirt, daß auf diesen neueren, im dritten Jahre bestehenden Linien eine Veränderung der Gutta= percha oder auch nur eine vorübergehende Dienstunterbrechung in Folge schlechter Fabrication der Drähte vorgekommen wäre, womit jedoch nicht behauptet werden soll, daß auf diesen neueren Linien durchaus keine Fabricationsfehler vorkommen. Das Vorkommen solcher Fehler würde sich nur durch eine sehr strenge, gründliche und mit Benutzung aller Hülfsmittel der Wissenschaft durchgeführte Controlirung der Fabrication selbst und des zur Verwendung kommenden Materials vermeiden lassen, es werde aber eine jährlich wiederholte gründliche Revision der unterirdischen Lei= tungen, bei welcher alle vorhandenen Isolationsfehler beseitigt werden, jedenfalls nöthig seyn, und es müsse die Technik der Drahtfabrication für hinlänglich ausgebil= det erklärt werden, wenn auch noch hin und wieder Fehler derselben vorkommen. Die Erfahrung habe auch gezeigt, daß die unvulcanisirte Gutta=percha im feuchten Boden nicht wie im Seewasser nach und nach in ein weniger gut isolirendes Hydrat umgewandelt wird. Die etwas geringere Härte und das etwas schnellere Spröde= werden der ungeschwefelten Gutta=percha in freier Luft seyen zwar noch bleibende Nachtheile derselben, dagegen lasse die Schwefelung die Verwendung schlechter und wasserhaltiger Masse weniger gut erkennen. Die Anwendung ungeschwefelter, gut entwässerter Gutta=percha sey daher rathsamer, indem sie die Gefahr der Verwen= dung schlechter Drähte noch weiter vermindert.

3) Sind die unterirdischen Drähte gegen äußere Beschädigungen hinlänglich zu sichern?

Die bei den neueren Telegraphenanlagen angewendete Tiefe von 3 Fuß sichert die Drähte nach allen bisherigen Erfahrungen nicht nur vollständig gegen zufällige Beschädigung bei Ausführung der gewöhnlichen Eisenbahnarbeiten und gegen Be= nagung durch Thiere, sondern entzieht sie auch gänzlich dem Zutritt der atmosphäri= schen Luft und beseitigt daher die Möglichkeit einer allmählichen Verharzung der Gutta=percha. An solchen Orten, wo der Draht durch besondere Verhältnisse einer Beschädigung aus irgend welchem Grunde ausgesetzt, oder wo die Tiefe von $2\frac{1}{2}$ — 3 Fuß nicht zu erreichen ist, kann derselbe leicht durch Thonrinnen, oder wo es nöthig, durch eiserne Röhren geschützt werden.

Der günstigen Beantwortung der gestellten entscheidenden Fragen ungeachtet empfiehlt der Verfasser die neuerdings angewendete Ueberziehung der isolirten Drähte mit Bleiröhren. Durch die Ueberziehung mit Blei werde die Gutta=percha gänz=

lich dem Zutritt sowohl der Feuchtigkeit wie der Luft entzogen. Da das Blei den Draht dicht umgibt und die etwa noch vorhandenen Zwischenräume durch Talg ausgefüllt sind, so werde die Feuchtigkeit auch in dem Falle sich nicht zwischen der Guttapercha und dem Blei durch Capillarkraft verbreiten können, wenn die Bleiröhre irgendwie beschädigt seyn sollte. Der Bleiüberzug verhindere ferner die leichte Beschädigung des isolirenden Gutta-percha-Ueberzuges auf dem Transport und beim Einlegen, und mache stattgefundene Beschädigungen leichter erkennbar.

Die mit der Anwendung des Bleies in Verbindung stehende Vergrößerung der den unterirdischen Leitungen eigenthümlichen Ladungserscheinungen ist nach bereits vorliegenden Erfahrungen nicht so beträchtlich, daß sie nicht durch die Wahl und Einrichtung der telegraphischen Apparate unschädlich zu machen wäre. Endlich ist auch die Kostenvermehrung durch die Ueberziehung der isolirten Drähte mit Bleiröhren nicht so bedeutend, wie es auf den ersten Blick scheint. Da der isolirende Ueberzug allen äußeren Einwirkungen entzogen ist, so kann er ohne Gefahr beträchtlich schwächer gemacht werden. Die Ersparung an Gutta-percha ersetzt dann den größten Theil der Kosten des Bleiüberzuges. Außerdem erlaubt der mit Bleiröhren zu erzielende höhere Grad von Isolation die Anwendung schwächerer Drähte für lange Linien.

Der Verfasser geht hierauf auf eine Erörterung der relativen Vor- und Nachtheile der oberirdischen und unterirdischen Leitungen über, und findet die überwiegenden Vorzüge auf Seiten der letztern. Er schließt seine Schrift mit Folgendem:

„Der Zweck dieser Blätter war: zu zeigen daß die ungünstigen Resultate, welche die ersten, in Preußen angelegten, unterirdischen Leitungen gegeben haben, nicht Folge des angenommenen Systems, sondern der, meist durch Mangel an Erfahrung und ungünstige Verhältnisse herbeigeführten Fehler bei der Anlage und späteren Verwaltung waren. Diese Fehler sind bei den neueren Anlagen großen Theils vermieden und werden sich bei späteren durch richtige Benutzung der gewonnenen Erfahrungen und der Fortschritte der Technik gänzlich beseitigen lassen. Es ist aber zu beklagen, daß durch diese ungünstigen Resultate ein sehr allgemeines und unbegründetes Vourtheil gegen das System unterirdischer Leitungen überhaupt hervorgerufen ist. Ueber den wahren Werth desselben kann nur eine genaue, von wissenschaftlichen und sachkundigen Männern angestellte, vergleichende Analyse der bisherigen Resultate endgültig entscheiden. Es würde daher gerade jetzt von hoher Wichtigkeit und großem praktischem Nutzen seyn, wenn die Regierung den schon einmal betretenen Weg wieder einschlüge und das gutachtliche Urtheil einer wissenschaftlichen Commission über die jetzt vorliegenden Resultate und die zu ergreifenden Maßregeln, sowie über diejenigen organischen Einrichtungen der Verwaltung, die zur steten Erhaltung der Dienstfähigkeit der Leitungen und des ganzen Instituts durchaus nothwendig sind, einholte."

Bei der großen Wichtigkeit des Gegenstandes, besonders für Preußen, wo das System der unterirdischen Leitungen bis jetzt fast ausschließlich in Anwendung war, darf man annehmen, daß der Vorschlag des Hrn. Siemens eine günstige Aufnahme bei der Regierung finden und dazu dienen werde, ein entscheidendes Urtheil über die fernere Zulässigkeit der unterirdischen Telegraphenleitungen herbeizuführen. (Eisenbahn-Zeitung 1851, Nr. 39.)

Verfahren künstlichen Kampher vom natürlichen zu unterscheiden.

Durch die Anwendung polarisirten Lichts läßt sich die kleinste Menge natürlichen Kamphers von dem künstlichen Kampher (der festen Verbindung von Salzsäure mit Terpenthinöl) unterscheiden. Wenn man kleine Stückchen von jedem besonders auf Glasschieber bringt und jeden mit einem Tropfen Alkohol versetzt, so lösen sie sich auf und krystallisiren schnell. Ueberwacht man die Krystallisation des natürlichen Kamphers mittelst des Mikroskops und polarisirten Lichts, so sieht man eine ausgezeichnet schöne Entfaltung von gefärbten Krystallen, während bei dem Kunstproduct nichts der Art beobachtet wird. W. Bailey. (Silliman's Journal, Mai 1851.)

Morphiumbereitung aus einem bisher weggeworfenen Gegenstande.

Wenn man die zur Oelgewinnung ausgeschlagenen Kapseln des bei uns gebauten Mohns ganz so behandelt, wie die Lehrbücher angeben bei der Bereitung des Morphiums aus dem theuern Opium, so erhält man ein sehr schönes und billiges Morphium, und ganz wenig Narcotin. (Gemeinn. Wochenschr. des polyt. Vereins zu Würzburg, 1851 S. 222.)

Künstliches Leder.

In Abington im Staate Massachusetts wurde eine Mühle zum Mahlen und Pulvern der Lederabschnitzel oder Abfälle von Schustern und Sattlern errichtet. Diese Abschnitzel werden in ein gröbliches Pulver wie Schnupftabak verwandelt, und dieses Pulver wird dann mit gewissen Gummiarten und anderen Substanzen gemischt, welche ihm eine solche Cohäsion geben, daß die ganze Masse geschmolzenem Leder ähnlich wird. Dieser Teig trocknet bald so weit aus, daß man ihn auf die gewünschte Dicke, z. B. 1 Millimeter, zu einem haltbaren und wasserdichten Blatt auswalzen kann. D'Aubreville. (Moniteur industriel, 1851 Nr. 1594.)

Streichriemensalbe.

Die meisten Salben sind zu weich und bleiben deßhalb an den Messern hängen. Schubert bedient sich seit zwei Jahren nachstehender Salbe: Man schmelzt etwas Gutta = percha und knetet das gleiche Gewicht gelöschten Kalk darunter, der zuvor durch ein sehr feines Sieb geschlagen wurde. Diese Masse streicht man mit einem heißen eisernen Spatel oder Messer dünn, aber gleich auf das Leder oder auf ein dazu passendes Stück weiches Holz, z. B. Lindenholz, erwärmt dann den Ueberzug etwas und reibt feinstes Pulver von Schieferstein oder Blutstein oberflächlich ein. Man könnte auch allenfalls einen Theil des Kalks durch Blutstein ersetzen. Die Masse schärft gut und läßt die Messer vollkommen rein. (Gemeinnütz. Wochenschr. d. polyt. Vereins zu Würzburg, 1851 S. 152.)

Ueber die neue Krankheit des Weizens.

In Folgendem theilt H. Vilmorin dasjenige mit, was man über diese, an vielen Orten (in Frankreich) zugleich vorgekommene Krankheit weiß. Wo ich die Krankheit beobachten konnte, sagt er, beschränkt sie sich meistentheils auf einzelne Strecken. Man bemerkt an einigen Streifen, welche am Rande des Feldes liegen, etwas darniederliegende Halme von weißlicher Farbe. Die Aehre ist mager; die Blüthe bildet sich langsamer, als auf den danebenstehenden Halmen, oder doch sehr unvollkommen. Da wo die Krankheit etwas stärker auftritt, legt sich der Halm ganz um, ohne daß Winde oder Regen ihn niedergeschlagen hätten. Wenn man einen Büschel solcher niederliegender Halme ausreißt, so bemerkt man, daß das Stroh zwischen dem zweiten und dritten Knoten aussieht, wie brandig, und an dieser Stelle einen starken Umbug hat. Oeffnet man das Stroh an dieser krankhaften Stelle, so findet man das Innere des Halms mit weißen, baumwollartigen verwickelten Fasern besetzt, welche unstreitig ein Schwammgewebe (Mycelium), das erste Alter aller Pilze, sind. Der Theil des Halms, auf welchem sich diese Schmarotzerpflanze befindet, verliert seine gewöhnliche Consistenz, wird bald spröde und sieht endlich wie eine todte Materie aus, die keinen Saft mehr hindurchläßt, der Aehre und den Körnern also ihre Nahrung entzieht. — Entwickelt sich das Uebel erst nach der Blüthe, wie dieß im heurigen Jahre fast überall der Fall war, und greift es nicht zu schnell um sich, so können die Körner durch den in den Blättern und in dem obern Theil des Halmes enthaltenen Saft noch ziemliche Nahrung finden; doch ist anzunehmen, daß der angegriffenen Pflanze beträchtlich weniger Nahrung zufließt. Nur die zuerst befallenen Theile kommen gar nicht zur Blüthe und bei ihnen fehlt das Korn ganz, was aber in diesem Jahre seltene Ausnahmen sind. Man sollte daher, ohne sich wegen des Uebels, welches schwerlich von Bedeutung seyn wird, zu beängstigen, sorgfältig die Phasen seiner Entwickelung beobachten, um es, wenn es im nächsten Jahre wieder erscheint, bekämpfen zu können. (Moniteur industriel, 1851, Nr. 1568.)

Gypsen des Mistes, besonders in Pferchen.

Wo Gyps wohlfeil zu haben ist, sollte man den Dünger, sobald er aus den Ställen kommt, sogleich damit bestreuen, um das bei der Zersetzung des Düngers sich entwickelnde Ammoniak zu binden und ihm so jenen Bestandtheil, auf welchem seine fruchtbarmachende Kraft größtentheils beruht, zu erhalten. Ein Landwirth im französischen Departement Puy=de=Dôme bestreut täglich die Pferche, wo seine Schafe übernachteten, mit Gyps, wodurch er die Ernte bedeutend verbessert; es ist dieses Verfahren auch leichter ausführbar, als das Eingraben des Mistes unter die Erde. Der Boden sollte bei dessen Anwendung nicht zu kalkig, sondern mehr Thonboden seyn, auch nicht zu trocken, vielmehr feucht, und überdieß muß die Pferche dichter oder längere Zeit von den Thieren bewohnt werden als gewöhnlich. (Moniteur industriel, 1851 Nr. 1562.)

Der Feldsalat als Futtergewächs.

Der Feld= oder Ackersalat (Valeriana olitoria) ist als ein Futtergewächs zu empfehlen, welches frühzeitig heranwächst, also zu gebrauchen ist, wenn das trockene Futter schon ausgeht und das neue noch nicht hinlänglich entwickelt seyn kann. Diese Pflanze ist sehr nahrhaft, namentlich für das Rindvieh, das sie fett macht, gelinde abführt und dessen Milch an Güte und Menge davon zunimmt. Sie wächst gerne in jedem Boden, im sandigen wie im festesten. Man säet sie im August oder der ersten Hälfte September's in ein Haber= oder Gersten=Stoppelfeld, welches keiner andern Zubereitung bedarf, als kreuzweise geegget zu werden, ehe man den Samen dünn säet. Der Same bleibt 5—6 Jahre keimfähig; doch muß er beim Säen wenigstens schon ein Jahr alt seyn, weil der einjährige nicht so gut und später aufgeht als älterer. Die Pflanze wird noch grün von Ende April bis zu ihrer Reife, Ende Juni, vom Vieh gefressen. Sie entwickelt zahlreiche Stengel und Blätter und wird 8 bis 11 Zoll hoch. Sie läßt sich mit der Hand leicht ausreißen, was man thut, wenn die Stengel gelb werden; man legt sie an einem gedeckten Ort in Haufen, drischt und schüttelt sie 10—12 Tage darauf aus, um die Samen zu gewinnen. Die trockenen Stengel sind auch noch ein gutes Futter. Nach ihrem Anbau läßt sich die Brache anwenden, weil man das Feld noch auf alle mögliche Weise bestellen kann; man kann dann aber auch eine andere schnell heranwachsende Pflanze bauen. (Moniteur industriel, 1851 Nr. 1562.)

Augsburg, Buchdruckerei der J. G. Cotta'schen Buchhandlung.

Polytechnisches Journal.

Zweiunddreißigster Jahrgang.

Zwanzigstes Heft.

XV.

Ueber die Construction der Dampfkessel; von W. Fairbairn, Civilingenieur und Mitglied der Gesellschaft der Wissenschaften zu London.

Aus dem Civil Engineer's and Architect's Journal, Mai 1851, S. 266.

Die Veränderungen der Dampfmaschine, seit ihrer ersten Einführung durch Watt — vor drei Viertel-Jahrhunderten — waren sehr zahlreich und verschiedenartig; und obgleich die Fortschritte in ihrer Anwendung und Verbesserung eben so rasch als wunderbar waren, so sind wir doch noch unentschieden, welche Art ihrer Construction die beste sey. Die richtige Anwendung wissenschaftlicher Grundsätze und die stufenweis steigende Vollkommenheit unserer Maschinenbauwerkstätten, haben uns zu jener Vollkommenheit geführt, welche den Mechanismus der heutigen Dampfmaschine charakterisirt. Die Dampfmaschine selbst kann als eine verhältnißmäßig vollkommene Maschine angesehen werden, und ich werde daher meine Bemerkungen fast ausschließlich auf den so wichtigen und nothwendigen Gehülfen derselben, den Kessel, beschränken, welcher die Quelle der Kraft ist. Selbst bei diesem eröffnet sich aber ein weites Feld der Untersuchung, und auf den ersten Schritten derselben werden wir verwirrt durch die endlose Verschiedenheit von Constructionsformen, welche in verschiedenen Perioden von den Maschinenbaumeistern angenommen, aber unglücklicherweise nicht mit der aufmerksamen Kritik wie die Dampfmaschine selbst behandelt wurden. Es ist dieß eine sonderbare und sehr zu bedauernde Thatsache, denn da der Kessel die Quelle der Triebkraft ist, so gehört er zu den wichtigsten Theilen der ganzen Maschine. Von seinen Verhältnissen und seiner Einrichtung hängt die Oekonomie und Regelmäßigkeit des Betriebes der Dampfmaschine, sowie von seiner Stärke und guten Anfertigung das Leben und

Eigenthum der Personen ab, welche mit ihm in Berührung kommen. Da man die Dampfmaschine als ein hauptsächliches Beförderungsmittel der allgemeinen Wohlfahrt und der Civilisation der Welt betrachten muß, da sie mit den täglichen Beschäftigungen der Menschen innig verbunden ist, so sind die Sicherheit und Wirksamkeit eines jeden Theiles und besonders diejenige des Kessels, Gegenstände allgemeiner Wichtigkeit.

Ich werde daher die Dampfkessel in Beziehung auf ihre Construction, ihren Betrieb, ihre Festigkeit und Sicherheit und ihre Wohlfeilheit betrachten.

1. Was die Construction anbetrifft, so muß ich etwas weiter in Details eingehen; ich muß von der Form und von andern Dingen reden, welche für den praktischen Maschinenbauer von Wichtigkeit sind, da es hierbei sich darum handelt, die größte Stärke mit dem wenigsten Material zu erzielen. Bei Kesseln ist dieß um so nothwendiger, weil jede Zunahme der Stärke des Blechs die Durchlassung der Wärme vermindert und dadurch sowohl die Niete als die Kesselplatten auf derjenigen Seite wo das Feuer einwirkt, der Beschädigung aussetzt.

Man hat im Allgemeinen angenommen, daß das Auswalzen der Kesselbleche den Tafeln eine größere Festigkeit in der Richtung ihrer Länge als in der Breitenrichtung ertheile. Dieß ist aber durchaus nicht richtig, denn eine Reihe von Versuchen, welche ich vor einigen Jahren angestellt habe, lieferte mir den Beweis, daß kein Unterschied in der Festigkeit des Kesselblechs stattfindet, mag man es nun in der Richtung des Fadens, oder in einer Querrichtung zu zerreißen suchen. Fünf verschiedene Sorten von englischen Kesselblechen gaben folgende Resultate:

Art des Eisenblechs.	Mittleres zerreißendes Gewicht in Tonnen nach der Richtung des Fadens oder Nervs.	Mittleres zerreißendes Gewicht in Tonnen quer auf die Richtung des Fadens.
Yorkshire-Bleche	25,77	27,49
„ „	22,76	26,37
Derbyshire-Bleche	21,68	18,65
Shropshire-Bleche	22,82	22,00
Stafforbshire-Bleche	19,56	21,01
Durchschnitt	22,51	23,10

Hieraus folgt, daß man bei der Conſtruction der Keſſel die Blech=
tafeln in jeder Richtung, wie ſie der Keſſelſchmied für nöthig findet,
mit vollkommener Sicherheit anwenden kann. Nächſt der Feſtigkeit der
Blechtafeln kommt die Vernietung in Betracht, nämlich die beſten und
ſicherſten Mittel um die Tafeln mit einander zu verbinden. Nichttech=
niker und ſelbſt manche Keſſelſchmiede könnten auf den erſten Blick glau=
ben, es ſeyen die vernieteten Theile die ſtärkern Punkte des Keſſels;
wenn man aber bedenkt, daß an den Kanten der Blechtafeln Löcher ge=
ſtoßen ſind, ſo wird man bald einſehen, daß an den Verbindungskanten
zweier Blechtafeln weit ſchwächere Stellen vorkommen, als da wo ſie
maſſiv ſind.

Es wurde dieß vor einigen Jahren durch eine Reihe von Verſuchen
nachgewieſen, indem man die Feſtigkeiten verſchiedener Arten von Ver=
nietungen dadurch probirte, daß man ſie unmittelbar auseinanderriß.
Die durch dieſe Verſuche erlangten Reſultate ſind in Beziehung auf
die relative Feſtigkeit der vernieteten Verbindungen und der maſſiven
Bleche ganz folgerecht. Bei zwei verſchiedenen Arten von Vernietun=
gen, der doppelten und der einfachen, verhielt ſich deren Feſtigkeit zur
Feſtigkeit der Blechtafeln wie die Zahlen 100, 70, 56.

Nimmt man die Feſtigkeit der vollen Tafel an zu 100
ſo verhält ſich die Feſtigkeit doppelt vernieteter Verbindungen mit
    Berückſichtigung der Oberflächen der Tafeln wie . . . 70
und die Feſtigkeit einer einfach vernieteten Verbindung wie . . 56

Dieſe Verhältniſſe der relativen Feſtigkeiten der Bleche und ihrer
Verbindungen können in der Praxis als Normen angenommen wer=
den, wenn es ſich um die Anfertigung von Gefäßen handelt, welche
dampf= und waſſerdicht ſeyn, und einem inneren Druck von 10 — 100
Pfund auf 1 Quadratzoll ausgeſetzt werden ſollen.

Bei der Conſtruction von Keſſeln, welche einem ſtarken innern
Drucke ausgeſetzt werden ſollen, iſt es zweckmäßig, die Form und das
Material ſo zu wählen, daß die größte Feſtigkeit in der Richtung der
höchſten Belaſtung befindlich iſt; um dieß auszuführen, muß in Betracht
gezogen werden, ob dieſelbe Anordnung für alle Durchmeſſer erforderlich
iſt; oder ob die Form und Lage der Blechtafeln verändert werden müſſen.
Nun beſitzen wir treffliche Berechnungen von Prof. Johnſon am
Franklin=Inſtitut in Nordamerika, die ſich auf die Feſtigkeit cylindri=
ſcher Keſſel beziehen (polytechn. Journal, 1833, Bd. XLVIII S. 81),
und aus denen wir das Nachſtehende auszugsweiſe mittheilen:

6 *

a) Um die Kraft kennen zu lernen, welche einen cylindrischen Kessel in der Längenrichtung zu zersprengen sucht, oder mit andern Worten, welche die Köpfe oder Endstücke von den gekrümmten Seiten. abreißen will, haben wir nur die wirklichen Oberflächen der Endstücke zu nehmen und ihre Oberflächen=Einheiten mit den Kraft=Einheiten zu multipliciren, die auf eine solche Oberflächen=Einheit einwirken; dieß gibt die ganze zerreißende Kraft in. jener Richtung.

Um dieser Kraft entgegenzuwirken, müssen wir die Festigkeit von so vielen der Länge nach laufenden Stäben kennen, als lineare Einheiten in der Peripherie des Cylinders vorhanden sind. Die vereinigte Festigkeit dieser Stäbe bildet die Summe der Widerstand leistenden Kraft, und in dem Augenblick wo die Zerreißung stattfinden soll, müssen die zerreißende und die widerstehende Kraft offenbar einander gleich seyn.

b) Um die Kraft zu bestimmen, welche den Cylinder längs der gekrümmten Seite, oder vielmehr längs der gekrümmten Seiten zu zerreißen sucht, müssen wir den Druck betrachten, welcher durch die ganze Breite des Cylinders auf jede lineare Einheit des Durchmessers wirkt. Daher wird der ganze Betrag von Kraft, welche den Cylinder dadurch in Hälften zu theilen sucht, daß sie ihn längs zweier Linien an entgegengesetzten Seiten trennt, dadurch dargestellt werden, daß man den Durchmesser mit derjenigen Kraft multiplicirt, die auf jede Einheit der Oberfläche einwirkt, und dieses Product mit der Länge des Cylinders. Aber auch ohne die Länge zu berücksichtigen, können wir die Kraft betrachten, welche erforderlich ist, um ein einziges Band in der angenommenen Richtung und von einer linearen Einheit in der Breite zu zerreißen; denn offenbar macht es keinen Unterschied in Beziehung auf die leichte oder schwierige Trennung der Seiten, ob der Cylinder lang oder kurz ist. Die in dieser Richtung wirkende zerreißende Kraft wird daher durch den Durchmesser multiplicirt mit dem Druck auf die Oberflächen=Einheit dargestellt. Die in derselben Richtung vorhandene widerstehende Kraft ist nur die Festigkeit der beiden entgegengesetzten Seiten des angenommenen Bandes. Hier muß daher im Augenblick des Bruchs die zerreißende Kraft der Festigkeit ebenfalls genau gleich seyn.

Hr. Johnson zeigt nun, daß wenn der Durchmesser größer wird, das Product des Durchmessers mit der Kraft oder dem Druck auf die Oberflächen=Einheit, in demselben Verhältniß zunehmen müsse. Ich werde diese Wahrheit zu beweisen suchen; ebenso daß, wenn der Durchmesser irgend eines cylindrischen Gefäßes zunimmt, die Metallstärke genau in demselben Verhältniß zunehmen muß, während der Druck oder die zerreißende Kraft dieselbe bleibt. Es muß ferner berücksichtigt werden, daß wenn der Durchmesser des Kessels zunimmt, die Oberfläche der Endstücke ebenfalls größer wird, und zwar nicht im Verhältniß des Durchmessers, sondern im Verhältniß des Quadrates von dem Durchmesser. Man sieht daher, daß die Kraft, anstatt daß sie verdoppelt wird, wie dieß der Fall in der Richtung des Durchmessers und der Peripherie ist, sie an den Enden vervierfacht wird; oder mit andern Worten, ein doppelt so weiter Cylinder hat den vierfachen Druck in der Längenrichtung zu ertragen.

Die Widerstand leistende Kraft oder die Metallstärke eines cylindrischen Kessels braucht jedoch nicht in demselben Verhältnisse zuzunehmen wie der Umfang des Kreises, sondern nur in dem Verhältnisse des Durchmessers; folglich steigt die Metallstärke in demselben Verhältniß mit dem Durchmesser. Daraus ersieht man, daß das Bestreben die Enden cylindrischer Kessel abzureißen, in dieser Richtung nicht größer ist als in jeder andern; wir dürfen daher auch mit vollkommener Sicherheit folgern, da, wie wir gesehen haben, die Tendenz zu Brüchen nach beiden Richtungen in dem Verhältniß des Durchmessers steigt, daß eine Abweichung von diesem Gesetz in Beziehung auf die Blechstärke, die Stärke des Kessels nicht erhöhen würde.

Ich wurde auf diese Untersuchungen durch den Umstand geführt, daß Hr. Johnson dabei offenbar voraussetzt, es gäbe keine Verbindungen bei den Blechtafeln, und daß die Festigkeit des Eisens = 6000 Pfd., d. h. über 26 Tonnen auf den Quadratzoll betrage. Nun haben wir aber aus den Resultaten der oben angeführten Versuche ersehen, daß gewöhnliche Kesselbleche nicht mehr als 23 Tonnen auf 1 Quadratzoll tragen können, und da fast ein Drittel von dem Material zur Aufnahme der Niete ausgestoßen wird, so müssen wir die Festigkeit noch mehr vermindern, und 15 Tonnen oder etwa 34,000 Pfd. auf den Quadratzoll als die Festigkeit des Materials oder als den Druck annehmen, bei welchem der Kessel zerspringen würde.

In Beziehung auf die oben angegebene Zahl müssen wir bemerken, daß nach den Versuchen die Festigkeit der vernieteten Verbindungen der Kessel ungefähr die Hälfte von der Festigkeit des Blechs selbst beträgt; berücksichtigt man aber, daß sich die Fugen gegenseitig kreuzen, so kann man die Festigkeit vernieteter Bleche oder den zerreißenden Druck eines cylindrischen Kessels füglich zu 34,000 Pfd. annehmen.

Dieß muß also in der Praxis als die größte Festigkeit zusammengenieteter Kesselbleche angesehen werden, und wir wollen nun den Ge-

genstand weiter verfolgen und untersuchen, unter welchem Druck ein
Kessel mit Sicherheit betrieben werden kann.

Es ist nachgewiesen worden, daß die Stärke cylindrischer Kessel,
in der Richtung ihrer Peripherie genommen, sich wie ihre Durchmesser
verhält; in der Richtung der Enden hingegen, im Verhältniß des Qua-
drats der Durchmesser steht. Wir werden jedoch sehen, daß der Druck
nicht in jeder Richtung genau derselbe ist, und daß das Material in
der Längenrichtung weniger auszuhalten hat als auf der Peripherie.
Wir wollen z. B. annehmen, daß von zwei Kesseln der eine 3, der
andere 6 Fuß im Durchmesser hat, und daß jeder auf den Quadratzoll
einen Druck von 40 Pfd. zu ertragen hat. In diesem Falle verhält sich
offenbar die Oberfläche oder die Anzahl der Quadratzolle der Enden des
3füßigen Kessels zu der Oberfläche der Enden des 6füßigen Kessels wie
1 : 4, und durch eine gewöhnliche Rechnung wird man finden, daß
die Kanten von den Blechen, welche den cylindrischen Theil des 3füßi-
gen Kessels bilden (bei 40 Pfd. auf den Quadratzoll), einen Druck von
40,712 Pfd., d. h. etwa 18 Tonnen, auszuhalten haben; während die
Blechtafeln des 6füßigen Kessels einen Druck von 162,848 Pfd. oder
72 Tonnen auszuhalten haben, d. h. das Vierfache von dem was der
Kessel mit nur dem halben Durchmesser zu ertragen hat; da sich nun
die Peripherien nur wie 2 : 1 verhalten, so ist der Druck auf die cylindrischen Bleche des großen Kessels nothwendig der doppelte. Dieß ist
aber nicht der Fall bei den übrigen Theilen des Kessels, weil die Peripherie eines Cylinders nur in dem Verhältnisse des Durchmessers zunimmt, und folglich der Druck, anstatt in dem Verhältniß des Qua-
drats des Durchmessers zuzunehmen, wie wir bei den Enden des Kessels
nachgewiesen haben, bloß verdoppelt wird, indem die Peripherie des
6füßigen Kessels nur die doppelte von derjenigen des 3füßigen ist.

Zur weiteren Erläuterung wollen wir annehmen, daß die beiden
erwähnten cylindrischen Kessel in eine Reihe von Reifen oder Bändern
von 1 Zoll Breite getheilt seyen. Betrachten wir nun ein solches Band
des 3füßigen Kessels, so finden wir, daß es bei einem Druck von 40

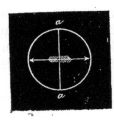

Pfd. auf den Quadratzoll einen Druck von 1440
Pfd. zu ertragen hat, der auf jede Seite einer Linie wirkt, welche durch die Achse eines Cylinders
von 36 Zoll Durchmesser und 1 Zoll Höhe gezogen ist, und welche Linie den Durchmesser des Kreises
bildet. Nun veranlaßt diese Kraft einen Druck auf die
Punkte a, a in der Richtung der Pfeile der nebenstehenden Figur des 3füßigen Kreises von 720 Pfd.;

und nehmen wir an, daß der Druck ſo lange ſteige, bis die Kraft gleich der Feſtigkeit des Eiſens bei a, a wird, ſo iſt klar, daß bei dieſem Zuſtande des Gleichgewichts der beiden Kräfte das geringſte Uebergewicht auf der Seite des innern Drucks einen Bruch oder eine Zerreißung veranlaſſen würde. Wenn daher das Blech, aus welchem der Keſſel beſteht, ¼ Zoll dick iſt, und ſeine größte Feſtigkeit 34000 Pfund auf 1 Quadratzoll beträgt, ſo erhalteu wir $\frac{34000}{36.2} = 472$ Pfund auf 1 Quadratzoll, als den zerreißenden Druck des Keſſels. Da ſich nun die Kräfte in dieſer Richtung nicht wie die Quadrate, ſondern einfach wie die Durchmeſſer verhalten, ſo iſt klar, daß bei 40 Pfd. Druck auf den Quadratzoll, bei einem Bande von 1 Zoll Breite (oder dieſem Theil

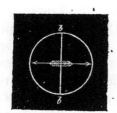

eines Cylinders von 6 Fuß Durchmeſſer) an den Punkten b, b genau die doppelte Kraft von derjenigen angreifen wird, welche au den Punkten a, a bei einem Keſſel-Durchmeſſer von 3 Fuß einwirkte. Nehmen wir nun an, daß die Metallſtärke ¼ Zoll wie bei dem 3füßigen Keſſel betrage, ſo folgt, daß wenn die Kräfte bei demſelben Druck in dem weiten Cylinder verdoppelt werden, auch die Blechdicke verdoppelt werden muß, um denſelben Druck mit gleicher Sicherheit ertragen zu können; oder, was auf daſſelbe herauskommt, der 6füßige Keſſel muß mit der Hälfte des Dampfdrucks betrieben werden, um dieſelbe Sicherheit zu gewähren, die mit dem 3füßigen Keſſel bei doppeltem Druck erreicht wird. Aus dieſen Thatſachen geht alſo deutlich hervor, daß Keſſel mit größern Dimenſionen auch eine größere Stärke im Verhältniß ihres Durchmeſſers haben müſſen; oder mit anderen Worten: es müſſen die Bleche eines 6füßigen Keſſels die doppelte Dicke von denen eines 3füßigen haben; und ſo fort in dem Verhältniſſe, in welchem der Durchmeſſer ſteigt.

Die relative Kraft, welche auf Cylinder von verſchiedenem Durchmeſſer einwirkt, wird noch anſchaulicher, wenn wir ſie auf den äquivalenten Druck per Quadratzoll reduciren, wie derſelbe auf die Enden und auf die Peripherie des Keſſels einwirkt. Bei dem 3füßigen Keſſel, welcher mit einem Druck von 40 Pfd. betrieben wird, haben wir eine Kraft von 720 Pfd. auf 1 Zoll Breite des Blechs; und ¼ Zoll Stärke des Blechs ergibt 720.4 = 2880 Pfd. als die Kraft per Quadratzoll an jedem Punkt der Peripherie des Keſſels.

Wenn wir dieß nun mit der wirklichen Feſtigkeit der vernieteten Blechtafeln ſelbſt vergleichen, welche, wie wir oben annahmen, 34000

Pfd. auf 1 Quadratzoll beträgt, so ergibt sich für den Druck, welcher auf die Peripherie = Festigkeit wirkt, das Verhältniß von 2880 zu 34000, d. h. fast 1 : 12, oder 472 auf den Quadratzoll als die äußerste Festigkeit der zusammengenieteten Blechtafeln.

Diese Deductionen scheinen in Beziehung auf den Widerstand cylindrischer Kessel, gegen eine Kraft, die von der Achse in allen Richtungen gegen die Peripherie ausströmt, ganz richtig zu seyn; dieselbe Folgerung läßt sich aber keineswegs auf die Enden des Kessels anwenden, oder technisch ausgedrückt auf das Winkeleisen und die Vernietung, da wo die Enden mit der Peripherie verbunden sind. Um dieß zu beweisen, wollen wir den 3füßigen Kessel betrachten, bei welchem wir 113 Zoll auf der Peripherie haben; diese kreisförmige Verbindungslinie hat bei 40 Pfd. per Quadratzoll einem Druck von 18 Tonnen zu widerstehen, welcher gleich ist einer Kraft von 360 Pfd., die der Länge nach auf jedem Zoll der Peripherie wirkt. Wendet man nun dieselbe Kraft auf einen 6füßigen Kessel an mit einer Peripherie oder Verbindungslinie von 226 Zoll, so findet man, daß sie genau der vierfachen Kraft oder 72 Tonnen ausgesetzt ist; jedoch müssen wir berücksichtigen, daß die Peripherie verdoppelt ist, und folglich die einwirkende Belastung nicht in einem vierfachen, sondern nur in einem doppelten Verhältniß, oder als eine Kraft von 720 Pfd. der Länge nach wie vorher auf jeden Zoll der Kesselperipherie wirkt. Diese Thatsachen führen uns zu der Folgerung, daß die Festigkeit der cylindrischen Kessel, in der Krümmungslinie genommen, in geradem Verhältniß zu ihrem Durchmesser steht, und auf die Enden oder Durchschnittsflächen angewendet, sich wie die Quadrate der Durchmesser verhält; daß daher alle Arten cylindrischer Röhren, welche denselben Druck auszuhalten haben, in der Richtung ihrer Peripherien nur im Verhältniß ihrer Durchmesser stärker gemacht werden müssen, aber in der Richtung der Enden wie die Quadrate ihrer Durchmesser.

Wenn wir also die gegenseitige Festigkeit der Blechtafeln betrachten, welche cylindrische Kessel bilden, die einem innern Druck ausgesetzt sind, so finden wir das abweichende Verhalten, daß die Festigkeit in der Längenrichtung der Blechtafeln die doppelte von derjenigen in der Richtung der Curven ist. Dieß geht aus einer Vergleichung der beiden Kräfte hervor, wobei wir gezeigt haben, daß die Enden des 3füßigen Kessels bei einem innern Druck von 40 Pfd. in der Längenrichtung auf jeden Zoll des ¼ Zoll starken Blechs 360 Pfd. tragen, während die gleich dicken Tafeln in der krummlinigen Richtung nur einen Druck von 720

Pfd. auszuhalten haben. Dieser Unterschied der Belastung ist eine
nicht leicht zu überwindende Schwierigkeit, und alles was sich in diesem
Falle thun läßt, besteht darin, die Fugen sich zweckmäßig kreuzen zu
lassen, sowie in der Güte der Arbeit und in der Vertheilung des Ma=
terials. Zur Erreichung dieser Zwecke dient hierbei nachstehende Ta=
belle, welche die verhältnißmäßige Festigkeit cylindrischer Kessel von 3
bis 8 Fuß Durchmesser enthält.

Tabelle gleicher Festigkeiten bei cylindrischen Kesseln von 3 bis
8 Fuß Durchmesser, welche die respective Metallstärke eines jeden
bei einem Druck von 450 Pfd. auf den Quadratzoll angibt.

Kessel=Durchmesser.		Zerreißender Druck — gleich der äußersten Festigkeit der vernieteten Verbindungen — wie sie aus Versuchen abgeleitet ist; 34,000 Pfd. auf den Quadratz.	Dicke der Bleche in Decimaltheilen eines Zolles.
Fuß.	Zoll.		
3	0		0,250
3	6		0,291
4	0		0,333
4	6		0,376
5	0		0,416
5	6	450 Pfund.	0,458
6	0		0,500
6	6		0,541
7	0		0,583
7	6		0,625
8	0		0,666

Kessel von einfacher Form und ohne innere Züge sind bloß einer
Art von Belastung ausgesetzt, aber diejenigen mit inneren Zügen sind
derselben Spannkraft ausgesetzt, welche die einfache Form erleidet, und
überdieß der Zusammendrückung, welche das Material der innern Züge
durchzubiegen oder zu zerbrechen sucht. Bei dem cylindrischen Kessel mit
runden Zügen divergiren die Kräfte von der innern Achse nach dem
äußern Mantel, und sie convergiren nach jedem besonderen Zug hin, den
der Kessel umschließt.

Diese beiden Kräfte äußern in einem Dampfkessel eine ununterbro=
chene Wirksamkeit; das Bestreben der einen geht dahin, die äußern

Blechtafeln und die Enden zu zerreißen, und das Bestreben der andern
die Form zu zerstören und das Material in den mittlern Raum der
Züge zu drängen. Diese beiden Kräfte wirken sehr verschieden auf die
Widerstand leistenden Kräfte des Kessels, welcher in der Richtung seines
äußern Mantels einer Spannung Widerstand leisten muß, die in jeder
Richtung von innen nach außen wirkt; die innern Züge dagegen, welche
wie ein Bogen wirken, setzen jeder Zusammendrückung bedeutenden
Widerstand entgegen. Es würde eben so belehrend als interessant seyn,
die Beschaffenheit dieser Kräfte auseinanderzusetzen und das Gesetz
zu bestimmen, durch welches Gefäße dieser Art in ihrer Form erhalten
werden. Es kann dieß jedoch nur durch Versuche geschehen, und da
dieselben nach einem bedeutenden Maaßstabe und mit großer Genauig=
keit ausgeführt werden müßten, um zu genügenden Resultaten zu ge=
langen, so müssen wir diese Idee jetzt aufgeben, und uns mit den
schon bekannten Erfahrungen begnügen. In der Folge werde ich Ge=
legenheit haben, diesem Gegenstande meine Aufmerksamkeit zu widmen;
er ist von großer Wichtigkeit, und eine Reihe gut geleiteter Versuche
würde ohne allen Zweifel werthvolle Resultate für die Construction der
Kessel und ihre relative Widerstandsfähigkeit gegen die vereinigten Kräfte
der Spannung und des Drucks geben.

Nach dem Stande unserer jetzigen Kenntnisse müssen wir uns mit
der Thatsache begnügen, daß der Widerstand cylindrischer Canäle gegen
die Zusammendrückung in directem Verhältnisse ihrer Durchmesser steht.
Wir müssen daher folgern, daß ein röhrenförmiger Canal von 18 Zoll
Durchmesser den doppelten Druck eines 3füßigen aushalten wird.

Um die Belastung eines Hochdruckkessels von 30 Fuß Länge und
6 Fuß Durchmesser, und mit zwei centralen Canälen, jeder von 2 Fuß
3 Zoll Durchmesser, welcher Kessel mit einem Druck von 50 Pfd. auf
den Quadratzoll betrieben wird, zu finden, haben wir nur die Anzahl
der Quadratfuße seiner Oberfläche, 1030, welche dem Druck ausgesetzt
sind, mit 3,21 zu multipliciren, und wir erhalten als Kraft 3319
Tonnen, die ein Kessel von diesen Dimensionen zu ertragen hat. Um
den Gegenstand etwas weiter zu verfolgen, wollen wir annehmen, daß
der Druck 450 Pfd. auf den Quadratzoll betrage, bei welchem erst ein
gut angefertigter Kessel zerreißen kann, und wir finden dann, daß in
einem 30 Fuß langen und 6 Fuß weiten Kessel die ungeheure Kraft
von beinahe 30,000 Tonnen eingeschlossen ist, und doch ist dieß noch
unbedeutend im Vergleich mit der Locomotive und einigen Schiffsdampf=
kesseln, welche wegen der Anzahl der Röhren dem Druck eine weit größere

Oberfläche darbieten. Locomotivkeſſel werden gewöhnlich mit einem Druck von 80 bis 100 Pfd. auf den Quadratzoll betrieben, daher ein ſolcher Keſſel ſich auf den Schienen mit einer eingeſchloſſenen Kraft von faſt 60,000 Tonnen bewegt, welche Kraft bei beſchleunigter Geſchwindigkeit eher ſteigt als ſich vermindert.

In einem feſtſtehenden Keſſel, welcher Dampf von gegebenem Druck einſchließt, ſind die Kräfte offenbar im vollkommenen Gleichgewicht, und da die Belaſtung dieſelbe in allen Richtungen iſt, ſo findet gar kein Streben nach Bewegung ſtatt. Angenommen jedoch, dieſes Gleichge- wicht ſey durch angehäuften Druck geſtört worden, ſo erfolgt dennoch ein Bruch; wenn nämlich die Kräfte nach einer Richtung aufgehört haben, während die andern in einer entgegengeſetzten Richtung thätig blieben, ſo muß der Keſſel aus ſeiner Lage mit einer Kraft verrückt werden, die gleich derjenigen iſt, welche ſich durch die Oeffnung des Bruchs entladet. Die Richtung der Bewegung muß von der Lage des zerriſſenen Theils abhängen; liegt er in der Linie des Schwerpunkts, ſo muß die Bewegung in jener Richtung erfolgen; liegt er außerhalb dieſer Linie, ſo würde eine ſchiefe oder drehende Bewegung um den Schwerpunkt das Reſultat ſeyn.

Wir kommen nun zu länglich viereckigen Formen, oder zu den flachen Oberflächen, welche nicht ſo gut darauf berechnet ſind dem Druck zu widerſtehen. Als Beiſpiel führen wir den Feuerkaſten der Locomotiv- keſſel an, ferner die Seitenwände und Canäle der Schiffsdampfkeſſel (welche letztere nach und nach durch die röhrenförmigen Keſſel verdrängt worden ſind), endlich die platten Enden cylindriſcher Keſſel, und an- dere von ſchwächerer Conſtruction.

Die Locomotivkeſſel werden häufig auf einen Druck von 120 Pfd. per Quadratz. geſteigert und beim Aufwärtsfahren ſtarker Steigungen habe ich ſelbſt beobachtet, daß der Druck manchmal 200 Pfd. auf den Zoll betrug. Bei der Conſtruction dieſer Keſſel, welche mit einem ſo außer- ordentlichen arbeitenden Druck betrieben werden, iſt die größte Sorgfalt des Maſchinenbauers erforderlich, welcher ſich vollkommen zu überzeugen hat, daß die flachen Oberflächen des Feuerkaſtens dieſem Drucke zu widerſtehen vermögen, und damit jeder Theil des Keſſels in ſeiner Widerſtandskraft ſo berechnet wird, daß wenn ein Theil auf dem Punkte iſt zu zerreißen, jeder andere Theil auf dem Punkte iſt derſelben gleich- förmigen Kraft nachzugeben. Dieß iſt eine wichtige Betrachtung für den Maſchinenbau im Allgemeinen, weil alles Material, welches für die Sicherheit eines Theiles von einem Keſſel, der einem gleichförmigen

Drucke ausgeſetzt iſt, angewendet wird, während ein anderer Theil
ſchwach bleibt, rein weggeworfenes Material iſt. Sowohl bei feſt=
ſtehenden, als bei den ſich bewegenden Locomotiv= und Schiffsdampfkeſſeln
iſt ein ſolches Material abſolut nachtheilig, wenigſtens inſofern als die
Theile in einem Mißverhältniß zu einander ſtehen, wozu noch kommt,
daß das Gewicht des unnöthigen Materials größere Koſten veranlaßt.
Eine Kenntniß der Feſtigkeit der angewendeten Materialien, umſichtige
Sorgfalt und ein geübtes richtiges Urtheil bei der Vertheilung des
Materials, gehören daher zu den Haupterforderniſſen des praktiſchen
Maſchinenbauers. Unſere beſchränkten Kenntniſſe und mangelhaften
Grundſätze der Conſtruction erweiſen ſich auffallend durch die vielen
Mißgriffe, welche fortwährend gemacht werden, was wir offen geſtehen
müſſen.

　　Hinſichtlich der Frage die uns hier unmittelbar beſchäftigt, iſt es
jedoch weſentlich denjenigen Theilen die erforderliche Sicherheit zu er=
theilen, welche außerdem das Publicum und die Maſchinenwärter in
die größten Gefahren verſetzen würden.

　　Der größere Theil des Feuerkaſtens der Locomotivkeſſel hat, wie
ſchon bemerkt, eine länglich viereckige Form, und zur Erſparung von
Wärme ſowie um Platz für den Ofen zu gewinnen, wird es noth=
wendig, eine äußere und innere Wand zu haben; die den Ofen um=
faſſende Wand beſteht gewöhnlich aus Kupferblech, deſſen einzelne Platten
durch Niete mit einander verbunden ſind, und die äußere Wand, welche
den Feuerkaſten umgibt, beſteht aus Eiſenblech, deſſen Tafeln ebenfalls
durch Niete mit einander verbunden ſind. Nun würden dieſe Blech=
platten an und für ſich, wenn ſie nicht durch Stehbolzen geſtützt wären,
den Druck gar nicht ertragen können. Schon durch $\frac{1}{10}$ des Drucks würde
nämlich der kupferne Feuerkaſten eingedrückt und der eiſerne Mantel
herausgedrückt werden, und bei jedem Wechſel der Kraft würden dieſe
zwei flachen Wände rück= und vorwärts bewegt, und dadurch ſehr leicht
zerriſſen werden. Um dieß zu verhindern und den großen ebenen Flächen
den größten Grad der Feſtigkeit, wie den andern Theilen des Keſſels
zu geben, bringt man ſchmiedeiſerne oder kupferne Stehbolzen von 1 Zoll
Stärke an; zuerſt werden ſie in die eiſernen und kupfernen Wände zu
beiden Seiten eingeſchraubt, um dieſe Stellen waſſer= und dampfdicht
zu machen, und dann werden ſie an der äußern und innern Wand feſt
vernietet. Dieſe Stehbolzen ſind etwa 6 Zoll von einander entfernt,
bilden eine Reihe von Quadraten, und jeder widerſteht einer Belaſtung
von ungefähr 15 Tonnen ehe er zerbricht.

Wir wollen nun annehmen, daß der größte von dem Keſſel zu ertragende Druck 200 Pfd. auf den Quadratzoll betrage, ſo haben wir $6 \times 6 \times 200 = 7200$ Pfd. oder $3\frac{1}{4}$ Tonnen als die Belaſtung (Kraft) auf ein Quadrat von 36 Zoll; da nun dieſe Quadrate von vier Steh= bolzen getragen werden, von denen ein jeder die Feſtigkeit von 15 Ton= nen hat, ſo erhalten wir $15 \times 4 = 60$ Tonnen als die Widerſtand lei= ſtende Feſtigkeit der Stehbolzen; der Druck iſt aber nicht unter allen vier vertheilt, ſondern jeder Stehbolzen hat dieſen Druck zu tragen, daher das Verhältniß der Feſtigkeit zu dem Druck faſt wie $4\frac{1}{2}$ zu 1 und folglich ein ſehr günſtiges iſt.

Wir haben von den Seitenwänden geredet, allein der Deckel des Feuerkaſtens und die Enden müſſen auch geſchützt werden; nun iſt der äußere Deckel des Keſſels, von welchem die Stehbolzen ausgehen müſſen, gewöhnlich rund, daher man es für zweckmäßiger und vortheilhafter fand, dieſe Theile durch eine Reihe ſtarker ſchmiedeiſerner Stäbe zu ſichern, an denen der Deckel des Feuerkaſtens hängt und die ein Ein= drücken deſſelben verhindern. Ich brauche nicht in Berechnungen über dieſe Theile einzugehen, indem ſie, wenn ſie mit dem Dom des Keſſels verbunden, ſtark genug ſind, einem Druck von 300 bis 400 Pfd. auf den Quadratzoll zu widerſtehen. Im Allgemeinen genommen iſt dieß übrigens der ſchwächſte Theil des Keſſels, wahrſcheinlich jedoch mit Aus= nahme der flachen Enden über den Röhren des Rauchkaſtens, wenn dieſelben nicht gehörig durch Stehbolzen geſichert ſind.

Bei den flachen Enden cylindriſcher Keſſel und bei denen für Schiffe laſſen ſich dieſelben Conſtructionsregeln anwenden, und das richtige Verhältniß der Theile muß hier wie bei den Locomotivkeſſeln berückſich= tigt werden. Meines Erachtens ſollten alle Keſſel für Fabriken und Dampfſchiffe für die äußerſte Belaſtung von 400 bis 500 Pfd. auf den Quadratzoll hergeſtellt werden, und Locomotivkeſſel, welche eine noch bedeutendere Leiſtung aushalten müſſen, auf eine äußerſte Belaſtung von 600 bis 700 Pfd. per Quadratzoll conſtruirt werden.

Ich habe bloß noch zu bemerken, daß innere Canäle, wie diejenigen weche den Ofen im Innern des Keſſels enthalten, ſoviel als möglich eine cylindriſche Form haben ſollten; und da der Widerſtand des Eiſen= blechs gegen das Zuſammendrücken etwa nur halb ſo groß als derjenige gegen das Zerreißen iſt, ſo darf der Canal in keinem Falle einen grö= ßeren als die Hälfte des Keſſeldurchmeſſers haben, wobei gleich ſtarkes Blech angewendet werden muß, wenn man eine vollkommene Sicherheit haben will. In der That iſt die Zuſammendrückbarkeit ſo verſchieden von der Zerreißbarkeit, daß ich rathen möchte, dem Durchmeſſer der innern

Canäle das Verhältniß von 1:2½ anstatt von 1:2 gegen den Durch-messer des Kessels zu geben.

Von den übrigen Kesselformen, den sogenannten Kofferkesseln, den halbkugelförmigen u. s. w. sage ich nichts, da sie in Beziehung auf den Widerstand schlecht sind, und es Pflicht jedes Maschinenbauers ist, ihre weitere Einführung zu verhindern.

XVI.

Eddy's gußeisernes Eisenbahnrad.

Aus dem Civil Engineer and Architect's Journal, August 1851, S. 411.

Mit Abbildungen auf Tab. II.

Von diesem Rad, welches auf der Londoner Industrie-Aus-stellung zu sehen war, stellt Fig. 11 die innere Ansicht mit der con-veren Scheibe, Fig. 14 die äußere Scheibe mit ihrer wellenförmigen Oberfläche dar. Fig. 12 ist ein Verticaldurchschnitt durch die Mitte eines Rades, welches auf der einen Seite mit einer gewölbten, auf der andern Seite mit einer wellenförmigen Fläche versehen ist. Fig. 13 ist der Durchschnitt eines Rades mit zwei wellenförmigen Scheiben. In sämmtlichen Figuren bezeichnen gleiche Buchstaben die entsprechenden Theile. a ist der Radkranz; b die Nabe, durch welche die Achse geht; d, d die vordere Wellenscheibe; x, x sind Löcher in der einen Scheibe, um beim Gießen den Kern befestigen und ihn nachher wieder heraus-nehmen zu können. e, e und d, d, Fig. 12, sind die wellenförmigen und conveven Scheiben, welche die Radspeichen vertreten.

Räder mit conveven oder concaven Seiten können beim Abkühlen sich verziehen oder gar bersten, wogegen die in Rede stehenden Räder während der Abkühlung der Zusammenziehung des Metalles begegnen. Daher können diese Räder auch in einem Stück gegossen werden. Die Scheiben widerstehen mit großer Kraft dem Seiten- und Verticaldruck, ohne daß die Gefahr eines Bruches zu befürchten wäre. Die Kosten übersteigen nicht ⅔ der Kosten eines gewöhnlichen Rades. Der Patent-träger verwendet zur Anfertigung seiner Räder das durch einen Zusatz von hämmerbarem Brucheisen nach Stirling's Methode verbesserte Gußeisen.

XVII.

Maschine zum Bohren von Löchern zum Sprengen mit Pulver, angewandt in den Steinbrüchen des Hrn. Gowans zu Redhall bei Edinburgh.

Aus dem Civil Engineer and Architect's Journal, Juni 1851; S. 313.

Mit Abbildungen auf Tab. II.

In den ganz in der Nähe von Edinburgh liegenden Steinbrüchen von Redhall, welche den trefflichen grauen und gelblichen feinkörnigen Sandstein zu den Bauten in der Stadt liefern, wendet man zum Bohren 26 Fuß tiefer und 5 Zoll weiter Löcher (die man mit Pulver besetzt, dasselbe explodiren läßt und dadurch ganze Bänke des Gesteins lockert) eine Bohrmaschine an, welche wir hier kurz beschreiben wollen. Löcher von solcher Tiefe und Weite gestatten eine starke Besetzung, welche beim Wegthun das Gestein nicht, wie gewöhnlich beim Bohren und Schießen, zersprengt, sondern — wie schon bemerkt — nur größere Massen auflockert, und von den untern Bänken so ablöst, daß man sehr große Blöcke leichter gewinnen kann.

Es sind mehrere solche Bohrmaschinen im Betriebe gewesen, die jedoch dem Zweck nicht entsprachen, bis man bei der vorliegenden stehen blieb, welche nun schon viele Monate im Betriebe ist und die besten Resultate gegeben hat. Dieser Erfolg rührt hauptsächlich von einer sehr sinnreichen Vorrichtung her, welche der senkrechten Stange, woran das Bohrwerkzeug befestigt ist, sowohl eine horizontale kreisförmige, als auch eine senkrechte Bewegung gibt. Es geschieht dieß durch einen Hals an dem Bohrgestänge und durch Frictionsrollen an dem Hebedaumen, der durch seine Drehung das Gestänge einige Zolle senkrecht hebt und ihm zu gleicher Zeit eine Drehung um $\frac{1}{4}$ der Peripherie mittelst der Rollen gibt, welche auf die untere Seite des Halses einwirken. Dadurch wird verhindert, daß die Schneide des Bohrmeißels stets auf denselben Punkt des Bohrloches trifft.

Eine Beschreibung der Fig. 22 bis 24 wird das Gesagte näher erläutern.

Fig. 22 ist eine Seitenansicht der ganzen Bohrmaschine; Fig. 23 ist ein horizontaler Durchschnitt des Halses; Fig. 24 ist eine Ansicht des Bohrwerkzeuges von unten. — Die Figuren 23 und 24 haben die vierfache Größe von Fig. 22.

Der Bohrer besteht aus einer eisernen Stange von 2 Zoll Durchmesser und 20 bis 30 Fuß Länge, welche unten mit einem stählernen Bohrwerkzeuge g, von der Form eines Z versehen ist. Die Stange wird in einer senkrechten Richtung durch vier Leitrollen h erhalten, die man wegnimmt, wenn das Gestänge aus seinem Gerüst herausgenommen werden soll. Winde und Seil dienen dazu, das Gestänge emporzuheben, wenn das Bohrloch ausgelöffelt oder von dem Bohrschmande gereinigt werden soll. Die Maschinerie besteht aus einer Welle a mit einer Kurbel und einem Schwungrad b an dem einen Ende, und mit einem Hebebaumen c an dem andern Ende. Letzterer ist mit Frictionsrollen d versehen, welche gegen die untere Seite des Halses e, an der Stange f treten, dieselbe heben und sie dann fallen lassen. Der Hals e wird, wie sein Durchschnitt Fig. 23 zeigt, an der Stange f mittelst Druckschrauben befestigt, welche stählerne, mit Hieben versehene Enden haben. Diese greifen in die eiserne Stange ein und verhindern eine Verschiebung des Halses durch den Hebebaumen. Das Gerüst steht auf Rollen (die in der Zeichnung nicht angegeben worden sind), um es leicht fortschaffen zu können.

XVIII.

Ueber das Wassertrommelgebläse; von Prof. H. Buff.

Aus den Annalen der Chemie und Pharmacie, Septemberheft 1851, S. 299.

Mit Abbildungen auf Tab. II.

An manchen Orten benutzt man zum Betriebe von Schmiedefeuern eine Art Luftverdichtungsapparat, welcher den Namen Wassertrommel führt. Derselbe besteht aus einem Wasserbehälter, aus dem sich die Flüssigkeit durch eine Oeffnung von geringer Weite in ein etwas weiteres, senkrecht stehendes Rohr ergießt. In der Wand dieses Rohrs sind nahe an der oberen Einmündung einige Löcher angebracht, durch welche Luft eindringt, die mit dem herabfallenden Wasser nach unten gerissen wird, an dem unteren Ende des Rohrs hervorquillt und dort gesammelt werden kann.

In dem **LXXX.** Band von Poggendorff's Annalen S. 32 hat Magnus die Theorie dieses Apparates zu erläutern versucht.

Um zunächſt den Vorgang des Hinabbringens der Luft näher beobach=
ten zu können, verfertigte er ſich ein Waſſertrommelgebläſe in kleinem
Maaßſtabe aus Glas. Daſſelbe beſtand im Weſentlichen aus einem
Waſſerbehälter N, Fig. 16, aus welchem ein kurzes cylindriſches Aus=
gußrohr a, b in ein weiteres Glasrohr c, g führte, das oben offen war,
unten aber unter Waſſer tauchte. Durch den bei b austretenden Waſſer=
ſtrahl wurde nun eine bedeutende Menge Luft mitgeriſſen. Die Luft=
blaſen bildeten ſich da, wo der herabfallende Strahl die Oberfläche f
des Waſſers im Rohre traf, und hier wurden ſie von dem Waſſer ganz
umſchloſſen und mit demſelbrn fortbewegt. Magnus iſt nun der
Meinung, daß hier derſelbe Vorgang ſtattfindet, wie beim Eingießen
von Flüſſigkeit in Waſſer, wobei gleichfalls Luftblaſen mit hinabgeführt
werden. Dieſe letztere Erſcheinung iſt von Magnus ſelbſt, und ſpäter
ausführlicher von Tyndall unterſucht worden. Es ergibt ſich aus
ihren Arbeiten, daß die Blaſenbildung beim Eingießen vom Waſſer in
ein Behälter weſentlich darauf beruht, einmal, daß an der Einfalls=
ſtelle eine abwärtsgehende und ringsum eine aufſteigende Bewegung
eingeleitet wird, und daß zweitens die Urſache dieſer rotirenden Bewe=
gung nicht ſtetig, ſondern mit Unterbrechungen fortwirkt. Die hier=
durch an der Einfallsſtelle ſich bildenden Vertiefungen werden dann
abwechſelnd mit der herabfallenden Flüſſigkeit und mit Luft an=
gefüllt.

So entſtehen Blaſen, wenn der Spiegel des Waſſers von dem unteren,
bereits in Tröpfen aufgelösten Theil eines ausfließenden Strahls (alſo
ſtoßweiſe) getroffen wird; ſie treten aber nicht auf, wenn die flüſſige
Oberfläche den oberen, zuſammenhängenden und glatten Theil des aus
einer coniſchen oder in dünner Wand angebrachten kreisrunden Oeff=
nung ausfließenden Strahls ſchneidet. Dagegen bildet der aus einem
cylindriſchen Rohr austretende Strahl, der unter der elektriſchen Be=
leuchtung eine Reihe ſtark ausgeprägter Anſchwellungen und Zuſam=
menziehungen zeigt, die ſich bis nahe zur Oeffnung fortſetzten, faſt im=
mer Luftblaſen, ſelbſt dann, wenn er unmittelbar nach ſeinem Austritt
in ein Waſſerbecken fällt.

Es iſt allerdings wahrſcheinlich, daß dieſe Urſache der Blaſen=
bildung in freiem Waſſer bei dem von Magnus conſtruirten Ap=
parate mit im Spiele war; denn ſein Fallrohr hatte, verglichen mit
dem cylindriſchen Mundſtücke a, b, eine beträchtliche Weite und der Luft
war von oben ein faſt freier Zutritt geſtattet. Wäre indeſſen die von
Magnus ausgeſprochene Meinung ganz richtig, ſo müßte der Vor=

gang bei zunehmender Breite. des einfallenden Strahls endlich auf=
hören.

Dieß ist jedoch nicht der Fall; ja durch passend angebrachte Seiten=
öffnungen des Fallrohrs kann die Luft selbst dann noch eingesogen wer=
den, wenn sich dieses Rohr unmittelbar und ohne Verengerung in den
Behälter öffnet, so daß es sich beim Abschluß der Luftöffnungen ganz
mit Wasser anfüllen muß.

In die Seitenwand eines weiten Glasgefäßes N, Fig. 17, wurde
ein Loch (bei c) gebohrt und in dasselbe mittelst eines Korks ein cy=
lindrisches, rechtwinkelig gebogenes Glasrohr wasserdicht eingesetzt, doch
so, daß sich der eine Schenkel b, o um den andern c, b wie um eine
Achse drehen ließ. War nun dieses Gefäß mit Wasser gefüllt, die
Oeffnung o aber mit dem Finger zugehalten, so stieg die Flüssigkeit
in einem engen, bis zur Mündung c eingetauchten Glasrohr a, c über
den Spiegel des Behälters empor. Sie sank aber alsbald wieder,
wenn man den Finger von der Oeffnung o entfernte und den Ausfluß
gestattete. Stellte man o durch Drehung auf gleiche Höhe mit c, so
sank das Wasser im Rohre a, c bis zum Ende c herunter. Gab man o
die geringste Neigung unter c, so traten Luftblasen aus dem Rohr a, c
hervor und wurden mit in den Abflußcanal gerissen. Je tiefer man o
senkte, um so lebhafter zeigte sich diese Blasenbildung, und bald ent=
stand ein ununterbrochener Strom von Luft, der sich, gemengt mit
Wasser, durch das Rohr c, b, o ergoß. — Wurde das enge Rohr a, c
entfernt, so daß keine Luft mehr zuströmen konnte, so zeigte sich eine
mit der Senkung des Punktes o zunehmende Ausflußgeschwindigkeit des
Wassers.

Es ist klar, daß diese Geschwindigkeitszunahme davon herrührte,
weil die senkrechte Wassersäule b, o sich der Druckhöhe c, d im Behälter
zufügte. Eine derartige Vermehrung der bewegenden Kraft, vermöge
welcher das Wasser in die Mündung c mit einer größeren, als der
von der Druckhöhe d, c allein abhängigen Geschwindigkeit eintreten
mußte, konnte aber nur durch Vermittelung des Luftdrucks zu Stande
kommen. Die senkrechte Wassersäule b, o hielt nämlich einem Theile
des von unten wirkenden Luftdrucks das Gleichgewicht, so daß derselbe
nicht mit seiner ganzen Stärke gegen die Mündung c (von außen)
pressen konnte. Der Druck des Wassers im Behälter mußte also durch
einen eben so großen Theil des von oben wirkenden Luftdrucks ver=
mehrt werden.

Dieses Uebergewicht der Luftpressung von der einen Seite her erklärt nun leicht das Einströmen von Luft bei dem vorerwähnten Versuche. Wenn man, anstatt die Röhre a, c gegen die Mündung c zu
halten, d am oberen Theile des cylindrischen Rohrs c, b, o ein kleines
Loch anbringt, so strömt die Luft durch dieses ein. Man hat dann den
Vorgang wie bei dem Wassertrommelgebläse.

Die Gewalt, mit der die Luft in das Rohr gesogen wird, bestimmt
sich durch die Höhe der unter dem Luftloche schwebenden Wassersäule,
und muß sich also vermindern, je näher dem unteren Ende des Fallrohrs die Seitenöffnung angebracht wird. Bei einer gewissen Tiefe
bringt keine Luft mehr ein, und bei noch tiefer liegenden Oeffnungen
wird Wasser ausgetrieben. Die Erklärung liegt nahe.

Wenn eine Flüssigkeit mit beträchtlicher Geschwindigkeit durch ein
Rohr strömt, so wird immer ein Theil der bewegenden Kraft durch die
hydraulische Reibung verzehrt. Der zur Ausgleichung dieses Wider-
standes verwendete Theil der schwebenden Wassersäule b, o, Fig. 17,
kann nicht zugleich eine saugende Kraft ausüben. Gesetzt, die Höhe
dieses Theils betrage in einem gewissen Falle die Hälfte der senkrechten
Druckhöhe b, o, so kann eine unterhalb der Mitte des Fallrohrs angebrachte Seitenöffnung keine Luft mehr aufnehmen, es muß vielmehr
Wasser ausströmen.

Die hydraulische Reibung vermehrt sich bekanntlich wie das Quadrat der Geschwindigkeit. Ist das Fallrohr weiter als seine Einmündung, so muß das Wasser darin langsamer fließen, der hydraulische
Widerstand vermindert sich daher, die saugende Kraft der schwebenden
Wassersäule wächst. Aus diesem Grunde ist es vortheilhaft, den Ueber-
gang des Wassers aus dem Behälter in das Fallrohr durch ein conisch
sich erweiterndes Mundstück zu vermitteln. Bei einer solchen Anordnung ist die Gewalt, womit die Luft auf das Wasser drückt, so bedeutend, daß sie (3 bis 4 Fuß Höhe des Fallrohrs vorausgesetzt) eine
Wasserschicht von einigen Zoll Höhe im Behälter zu durchbrechen vermag, um dann gleichzeitig mit dem Wasser in die conische Oeffnung
einzubringen.

In eine Seitenöffnung n, Fig. 18, des Fallrohrs wurde eine
engere gebogene Glasröhre eingekittet, die bei e unter Wasser tauchte.
Während Wasser durch das Fallrohr strömte und dieses ganz anfüllte,
ohne daß man jedoch der Luft den Zutritt gestattete, erhob sich eine

flüffige Säule in der Seitenröhre e, d. · Ihre Höhe, die immer gegen
die der schwebenden Wafferfäule im Fallrohr zurückblieb, bezeichnet die jedesmalige Größe der faugenden Kraft, sie nimmt ab,
wenn man Luft eindringen läßt, und verschwindet, wenn die Luft
ganz freien Zutritt hat. Dem letzten Falle nähert sich die Einrichtung
Fig. 16, welche Magnus beschrieben hat. Sie ist nicht die vortheilhafteste, um einen starken Luftstrom zu erhalten. Es leuchtet ein, daß
die Luftblasen in Folge ihrer geringeren Dichtigkeit ein Streben gewinnen, im Waffer aufzusteigen. Diefer Auftrieb macht, daß wenn
ihre Bewegung abwärts nur von der des Waffers abhängt, sie lang-
famer niedergehen müssen als diefes. Sie fammeln sich dabei allmählich zu dicken Blafen, welche endlich die ganze Breite des Rohrs einnehmen und dadurch der faugenden Kraft ein bedeutendes Hinderniß
entgegenfetzen.

Es ist daher von Wichtigkeit, daß die Luft nicht bloß
durch die Bewegung des Waffers mitgeriffen, sondern durch starke
Preffung in das Fallrohr getrieben wird, so daß ihre anfängliche Geschwindigkeit die des Waffers bedeutend, oder doch jedenfalls so weit
übertrifft, als erforderlich ist, um den Einfluß des Auftriebs auszugleichen.

Diefer Bedingung wird auf die einfachste und vollftändigfte Weise genügt, wenn man die Luft nur durch die obere Einmündung a zugleich mit dem
Waffer in das Fallrohr gelangen läßt. Bei richtiger Wahl und
Stellung des Rohrs a, b, Fig. 18, durch welches die Luft zuftrömt, zer-
theilt sich dieselbe sogleich in zahllofe kleine Bläschen, welche der nieder-
gehenden Flüffigkeit ganz das Ansehen eines weißen Schaumes
geben.

Ihre anfängliche Dichtigkeit ist geringer als die atmofphärische, nimmt
aber nach unten allmählich zu, bis die aus der Ausmündung des Fallrohrs hervorquellende Luft die vom Wafferdruck im unteren Behälter
abhängige Dichtigkeit angenommen hat.

XIX.

Guest's und Chrimes' Feuerhähne zum Schutz der Londoner Industrie-Ausstellung gegen Feuersgefahr.

Aus dem Civil Engineer and Architect's Journal, Aug. 1851, S. 410.

Mit Abbildungen auf Tab. II.

Zum Schutze der Industrie-Ausstellung gegen Feuersgefahr wurden an verschiedenen Stellen des Gebäudes Feuerhähne von eigenthümlicher Construction, aus der Fabrik der HHrn. Guest und Chrimes zu Rotherham, vertheilt. Sie bestehen aus zwei Theilen: der untere Theil ist einer der zweizölligen Feuerhähne von Bateman und Moore (beschrieben im polytechn. Journal Bd. CXVII S. 259) mit einer soliden Kugel A, Fig. 20, aus Gutta-percha oder einer andern elastischen Substanz von geringerem specifischem Gewichte als das Wasser; diese Kugel wurde durch den Druck des Wassers in der Hauptröhre geschlossen gehalten. Der obere Theil der Hauptröhre ist eine kupferne Standröhre mit zwei Schraubenmündungen zum Anschrauben eines Schlauchs. Das untere Ende dieser Standröhre ist mit Schraubenwindungen versehen, an deren Ende sich ein Hals mit einer Lederscheibe befindet. Diese Schraube läuft in einer Mutter, welche mit hervorragenden Stiften versehen ist, die unter zwei an dem oberen Theil des Feuerhahns angebrachte Theile von der Gestalt eines umgekehrten L treten.

Einer dieser letzteren Theile ist in dem vergrößerten Durchschnitte Fig. 21 des Ventils sichtbar. Auf diese Weise wird durch Niederschrauben der Standröhre auf den oberen Theil des Feuerhahns eine wasserdichte Verbindung hervorgebracht. Die Standröhre endigt sich in zwei divergirende Gußröhren, welche mit Schraubenwindungen versehen sind, um Schläuche daran befestigen zu können. Mit Hülfe der drehbaren Stopfbüchse bei C kann man den Gußröhren jede Richtung geben. Braucht man nur das eine Gußrohr, so verschließt man das andere mit einem Schraubendeckel. Durch eine oben an der Standröhre angebrachte Stopfbüchse tritt eine Spindel, welche oben mit einer Handhabe und unten mit Schraubengängen versehen ist. Diese Schraubengänge laufen in einer Mutter, welche in der Mitte eines am unteren Ende des Standrohres befindlichen Steges angebracht ist,

Wird nun die Spindel durch Umdrehung der Handhabe niedergeschraubt, so stößt ihr unteres Ende das Ventil **A** auf, so daß nun das Wasser die Standröhre hinaufströmt. Die Standröhre ist in wenigen Secunden befestigt, und durch das allmähliche Oeffnen und Schließen des Hahns wird jede Erschütterung vermieden.

XX.

Apparat zum Geradrichten und Abplatten des gehärteten Stahls, welchen sich John Silvester zu West Bromwich in Staffordshire am 17. Julius 1850 patentiren ließ.

Aus dem London Journal of arts, Febr. 1851, S. 108.

Mit Abbildungen auf Tab. II.

Der Patentträger leitet seine Specification mit der Bemerkung ein, daß manche stählerne Artikel, z. B. Sägeblätter, dadurch verdorben werden, daß sie sich beim Härten verziehen, wodurch es nothwendig wird, sie entweder in die gehörige Gestalt zu hämmern, oder sie noch einmal zu glühen und zu härten; öfters sind sie jedoch so beschädigt, daß sie auf die Seite geworfen werden. Die Erfindung besteht in der Wiederherstellung solcher Artikel, indem man sie vor oder während des Härtens zwischen Formen preßt.

Fig. 7 stellt die hiezu dienliche Maschine im Endaufriß, Fig. 8, im Verticaldurchschnitt und Fig. 9 im Grundriß dar. **A** ist ein metallenes Gestell, welches an die Fundamentplatte **B** befestigt ist. Letztere enthält außerdem zwei Schienen, auf welchen die Räder **D, D** des Wagens **E** laufen. Dieser Wagen enthält zwei Formen **F, F**, zwischen welche die gerade zu richtenden oder abzuplattenden Stahlplatten gelegt werden. Der Wagen wird sodann unter die Schraube **G** bewegt, welche in einer in dem Gestell **A** befindlichen Schraubenmutter läuft. Unter die untere Form wird eine Stange **H** gelegt, um die Achsen des Wagens von dem gegen die Formen gerichteten Druck zu befreien; sodann wird mit Hülfe des Haubrades **I** die Schraube **G** gedreht, bis die obere Form einen gleichförmigen Druck gegen den zwischen ihr und der unteren Form befindlichen Artikel ausübt. Man verbindet nun die Formen durch Klampen fest mit einander, beseitigt den Druck der Schraube G und zieht die Stange H heraus. Hierauf schiebt man den Wagen E längs der Schienen C in den Ofen, um die Platte bis zu der zum Anlassen erforderlichen Temperatur zu erwärmen. Das Gestell H² besitzt einen Hals, welcher oben an der Schraube G auf einer Schulter ruht, und aus zwei Schenkeln, welche an ihren unteren Enden mit Hülfe von Schraubenbolzen mit zwei Hervorragungen der oberen Form verbunden werden können.

Wenn daher die Schraube G durch Umkehrung der Bewegung des Handrades I in die Höhe geschraubt wird, so hebt sie das Gestell H² und mit ihm die obere Form. Anstatt den Wagen mit den anzulassenden Artikeln in den Ofen zu rollen, kann man auch die Formen vorher bis zu einem solchen Grad erhitzen, daß der Stahl auf die gehörige Temperatur gebracht wird. In diesem Falle hebt man die obere Form mit Hülfe des Gestells H², bringt den Artikel hinein und läßt vermittelst der Schraube und des Handrades den gehörigen Druck auf ihn einwirken.

Fig. 10 zeigt ein paar Formen zum Geraberichten, Abplatten und Anlassen dünner Stahlplatten, bei denen das Gewicht der oberen Form hinreicht, um ohne Anwendung einer Schraube oder andern Presse den nöthigen Druck hervorzubringen. Die obere Form a ist nämlich mit dem einen Ende eines um c drehbaren Hebels b verbunden. Man erhitzt entweder diese Formen bevor die Stahlplatte zwischen sie gelegt wird, oder man erhitzt das Ganze in einem Ofen.

XXI.

Blaylock's Zeigerwerk für Thurmuhren mit vier Zifferblättern.

Aus dem Practical Mechanic's Journal, Sept. 1851 S. 130.

Mit einer Abbildung auf Tab. II.

Unserer früheren Beschreibung von Blaylock's sich selbst regulirendem Apparat zur Beleuchtung der Zifferblätter von Thurmuhren (im zweiten Septemberheft des polytechn. Journals Bd. CXXI S. 417) laffen wir jetzt die Beschreibung seiner Vorrichtung zur Bewegung des Stunden- und Minutenzeigers einer Thurmuhr mit vier Zifferblättern folgen, welche auf der Londoner Industrie-Ausstellung zu sehen war.

Fig. 15 stellt den Apparat im vierten Theil der wirklichen Größe im Durchschnitte dar. In beiden Systemen der Winkelräder muß das treibende Rad ein wenig größer seyn als die vier getriebenen Räder; so daß die letzteren einander nicht hindern.

In unserer Figur sind sie im Verhältniß von 6 zu 5 gezeichnet. Wenn die Achse des Uhrwerks, wie dieses gewöhnlich der Fall ist, genau in einer Stunde eine Umdrehung macht, so kann jedes der Winkelräderpaare dazu angewendet werden, die Achse mit der senkrechten Welle zu verbinden, wobei das größere Rad des Paares an den Fuß der senkrechten Welle festgekeilt ist. Die vier Minutenzeiger bewegen sich alsdann offenbar mit der nämlichen Geschwindigkeit, wie die Hauptachse des Uhrwerkes, und wenn das Product aus den Quotienten des Getriebes A dividirt in das Rad B und des Getriebes C in das Rad D gleich 12 ist, so werden sich die vier Stundenzeiger mit der geeigneten Geschwindigkeit bewegen.

XXII.

Black's patentirte Maschine zum Zusammenfalten des Papiers.

Aus dem Mechanics' Magazine, 1851 Nr. 1461.

Mit Abbildungen auf Tab. II.

Diese Maschine hat auf der Londoner Industrie-Ausstellung die Aufmerksamkeit in hohem Grade auf sich gezogen und durch ihre Einfachheit und Wirksamkeit Bewunderung erregt. Fig. 1 stellt die Maschine im Frontaufriß, Fig. 2 in der Endansicht und Fig. 3 im Grundrisse dar.

A, A ist ein Kasten, welcher das Maschinengestell, B eine Metallplatte, welche das Ende des Kastens bildet und als Basis dient, auf welcher die beweglichen Theile der Maschine befestigt sind. C ist die in den Trägern D, D gelagerte Hauptwelle, welche, in Rotation gesetzt, den verschiedenen faltenden Schienen und Walzen Bewegung ertheilt. E ist die erste Faltschiene, deren Achse in den Trägern F gelagert ist. Fig. 4 stellt diese Schiene mit ihren Verbindungen in einer besonderen Ansicht dar. Auf den Trägern F, F sind zwei Spiralringe G, G befestigt, welche um die Achse des Falters gewunden und so angeordnet sind, daß sie das Bestreben äußern, die Schiene in der Fig. 1, 2 und 3 dargestellten Lage zu erhalten. Auf der Hauptwelle ist, gerade dem Falter E gegenüber, ein Arm H befestigt, so daß derselbe bei erfolgender Rotation der Welle gegen den kürzen Arm J dieses Falters stößt und den letztern veranlaßt, plötzlich die in Fig. 2 durch Punktirungen angedeutete Lage anzunehmen. Das äußere Ende des kurzen Armes J ist mit einer Frictionsrolle versehen, damit die beiden Arme H und J frei über einander hinweggleiten können. Die eben beschriebene Bewegung der Faltschiene E erzeugt die erste Falte oder Verdoppelung des Papierblattes und zwar mit Hülfe folgender weiterer Anordnungen.

In dem oberen Theile des Kastens A befindet sich unmittelbar unter der Schiene E ein langer Schlitz K, K, welcher sich mittelst angebrachter Scheidewände bis zum Boden des Kastens hinab erstreckt, und eine Kammer von gleicher Länge und Tiefe wie der Kasten A, aber nur von $\frac{1}{4}$ Zoll Breite bildet. Das zu faltende Papier wird aus freier Hand auf die obere Fläche des Kastendeckels und unter die Faltschiene E gelegt, so daß die Linie, in welcher der Bogen zu falten ist, gerade unter die Schiene und folglich über den Schlitz K, K zu liegen kommt.

In dieser Lage wird das Blatt, bis zu dem Moment wo die Faltschiene sich niederbewegt, durch zwei mit Spitzen versehene Instrumente L, L festgehalten, welche ungefähr $\frac{1}{16}$ Zoll über die obere Fläche des Kastens hervorragen, und auf welche der Bogen durch die Finger des Arbeiters leicht aufgedrückt wird. Diese Instrumente sind mit Hebeln M, M verbunden, deren Drehungsachsen an den Seiten des Kastens sich befinden. Die äußeren oder freien Enden dieser Hebel sind mit Gegengewichten N, N versehen, wodurch sie auf die Hauptwelle niedergedrückt und mithin die Spitzen L, L von dem Papier entfernt gehalten werden.

Angenommen nun, ein Bogen befinde sich in der beschriebenen Lage, und die Welle werde in Umdrehung gesetzt, so kommen in dem Moment wo der sich niederbewegende Falter E das Papier erfaßt, zwei unmittelbar unter den Enden der Hebel M, M an der Welle befestigte Daumen O, O gegen diese Enden, und befreien das Papier von dem

Halt der Spitzen L, L. Die Faltschiene drückt sofort den Bogen in zwei Blätter gefaltet in die schmale Kammer des Kastens hinab. Sobald nun der Arm H der Hauptwelle außer den Bereich des Arms J an dem Ende der Faltschiene E gelangt, springt die letztere in Folge der Wirkung der Spiralfedern G, G in ihre vorherige Lage zurück und läßt den Bogen in der erwähnten schmalen Kammer. Die erste Faltung des Bogens ist nun fertig; die Daumen O, O sind an den Enden der Hebel M, M vorübergegangen, und die Gegengewichte haben die Instrumente L, L zur Aufnahme eines neuen Bogens wieder gehoben. P ist ein elastischer Aufhälter, welcher den durch das rasche Emporschnellen der Faltschiene erzeugten Stoß auffängt. Die Faltschiene ist zu beiden Seiten glatt, ihre faltende Kante ist jedoch sägenförmig, so daß der Papierbogen weder der Länge nach, noch seitwärts abgleiten kann.

Der Papierbogen befindet sich also jetzt einmal zusammengefaltet in der schmalen Kammer. R, R sind ein paar gleich große in einander greifende Winkelräder, wovon das eine auf der Hauptwelle und das andere auf einer senkrechten Achse Q festgekeilt ist, so daß sich beide Achsen gleichzeitig bewegen müssen. R^2 ist eine Stange mit parallelen Seiten, welche in Lagern S, S gleitet und durch ein Gelenk T mit einer zweiten Faltschiene U, Fig. 3, verbunden ist. Fig. 5 gibt eine besondere Ansicht dieser Schiene und der unmittelbar mit ihr in Verbindung stehenden Theile. An die senkrechte Spindel Q ist ein Arm V befestigt, welcher, wenn die Spindel rotirt, mit dem an die Stange R^2 befestigten Arm W in Berührung kommt, und diese Stange von der rechten nach der linken Seite der Maschine bewegt. Die Stange R^2 selbst bewegt die Faltschiene um einen Viertelskreis rechts. Diese Bewegung der zweiten Faltschiene führt das Blatt aus der oben beschriebenen Kammer in eine zweite ähnliche, seitwärts von der ersteren angebrachte Kammer. Sobald aber der Arm V den Arm W losläßt, werden die Stange R^2 und die Faltschiene durch die Spiralfedern X, X wieder in ihre vorherige Lage zurückgeschnellt. Somit befindet sich der Bogen jetzt zweifach zusammengelegt in der zweiten Kammer, deren Seiten rechtwinkelig zu der ersteren und parallel zu der oberen Fläche des Kastens A stehen.

Fig. 6 gibt eine besondere Ansicht des dritten Falters a, welcher durch ein Gelenk c mit einer prismatischen Stange d verbunden ist, welche innerhalb der Lage e, e auf- und niedergleitet. Ein an die Hauptwelle C befestigter Arm f kommt bei erfolgender Rotation dieser Welle gegen den an die Stange d befestigten Arm g und hebt diese

Stange, welche wieder durch Vermittelung des Gelenkes c den Falter a durch einen Viertelskreis abwärts bewegt, wodurch der in der zweiten Kammer bereits doppelt gefaltete Bogen in eine dritte seitwärts von der zweiten Kammer befindliche schmale Kammer getrieben wird. Die Bewegung der dritten Faltschiene bringt das nunmehr dreifach, d. h. in acht Blätter zusammengelegte Papier in den Bereich des ersten von zwei Walzenpaaren h, h¹, welche vermittelst der Winkelräder i, i in beständiger Rotation erhalten werden. Diese Winkelräder sind von verschiedener Größe, damit in Folge der dadurch erhöhten Geschwindigkeit der Walzen die Maschine um so rascher von den durch sie geleiteten Bogen befreit werde.

Die erste Walze h¹, an deren Achse das Winkelrad befestigt ist, theilt die Bewegung den übrigen Walzen einfach vermöge der Reibung ihrer Oberflächen mit. Die beiden äußeren Walzen sind mit Tuch überzogen und werden mit Hülfe der Regulirungsschrauben k, k stark gegen einander gedrückt, während das innere Walzenpaar sich nicht berührt.

In Folge dieser Anordnung ergreift das innere Walzenpaar den zusammengefalteten Bogen, ohne die Faltschiene mit zu erfassen, und führt ihn dem äußern Walzenpaare zu, wo er je nach Erforderniß mehr oder weniger gepreßt wird. Sobald endlich der Arm f den Arm g frei läßt, werden die prismatische Stange d und die Faltschiene a durch das Gegengewicht d¹ wieder in ihre ursprüngliche Lage zurückgeführt.

Während dieser verschiedenen Operationen des Faltens legt der Arbeiter einen neuen Bogen auf, und so geht die Arbeit in ununterbrochener Weise vor sich. Die Maschine liefert mit einem einzigen Arbeiter 1000 bis 2000 Bogen. Sämmtliche Theile, welche die Bewegungen der ersten und zweiten Faltschiene hervorbringen, sind fest, und bedürfen, nachdem sie einmal gehörig angeordnet sind, selten oder nie einer Abjustirung; die dritte Faltschiene dagegen und die Theile woburch sie unmittelbar in Bewegung gesetzt wird, sind mit einer beweglichen Platte l verbunden, welche vermittelst einer Schraube und Kurbel zwischen zwei Führungen m, m verschoben werden kann, so daß sich die Faltschiene, die Walzen u. s. w. nach der rechten und linken Seite hin bewegen lassen.

XXIII.

Neuer Verdrängungsapparat zum Auslaugen pulverförmiger Substanzen mittelst auflösender Flüssigkeiten; von Edmond Robiquet.

Aus dem Journal de Pharmacie, Septbr. 1851, S. 168.

Mit einer Abbildung auf Tab. II.

Ich habe in der Construction des Verdrängungsapparats eine Abänderung gemacht, wodurch dessen Anwendung viel bequemer wird.

Der Apparat Fig. 19 besteht wie gewöhnlich aus einem sehr verlängerten Scheidetrichter B, welcher oben mit einem eingeschliffenen Stöpsel A versehen ist, und aus einer Flasche C.

Der Körper m, n, o, p des Stöpsels ist hohl; in seine äußere Oberfläche ist ein Loch von 2 Millimeter Durchmesser gebohrt; eine ähnliche Oeffnung ist an der unteren Oberfläche des Stöpsels bei e am Hals und an der Oeffnung des Scheidetrichters bei d und h, endlich am Hals der Flasche bei g angebracht.

Das Spiel des Apparats ist nun leicht zu verstehen; wenn man die Oeffnungen f und d einander gegenüber anbringt, so communicirt die äußere Luft mit der in dem Scheidetrichter enthaltenen Luft (weil der Stöpsel hohl und bei e durchbohrt ist).

Dieselbe Communication wird stattfinden, wenn die Oeffnung h mit der Oeffnung g zusammenfällt.

Will man hingegen den Durchgang der atmosphärischen Luft verhindern und den Apparat luftdicht schließen, so muß man den Stöpsel und den Scheidetrichter drehen, bis die Oeffnungen nicht mehr correspondiren.

Mittelst dieser so einfachen Abänderung kann man den Druck der äußeren Luft und das Auslaufen der auslaugenden Flüssigkeit nach Belieben reguliren.

Schließlich muß ich noch eine zu ergreifende Vorsichtsmaßregel angeben, um zu verhindern daß ein Theil der Flüssigkeit welche sich aus dem Scheidetrichter in die Flasche begibt, durch die Oeffnung g entweichen kann, wenn sich letztere der Oeffnung h gegenüber befindet. Dazu genügt es, am Boden des Scheidetrichters einen baumwollenen

Pfropf anzubringen, welcher sich in eine Spitze endigt. Um diese Spitze wickelt man einen kleinen Platindraht (oder in dessen Ermangelung einen Seidenfaden), dessen Ende man gegen denjenigen Theil der Oeffnung richtet, welcher sich der Oeffnung h gerade gegenüber befindet. Auf diese Weise verfolgt die Flüssigkeit den Weg, welcher ihr durch den Draht gewissermaßen angezeigt wird, und sie kann nie zur Flasche hinauslaufen.

XXIV.

Analysen einiger Zwickauer Steinkohlen; von Ludwig Brückner.

Aus dem Journal für praktische Chemie, 1851, Nr. 15.

Da die nachstehenden im Laboratorium des Hrn. Prof. Erdmann angestellten Analysen den Zweck hatten, den technischen Werth der untersuchten Kohlen zu bestimmen, so wurden dazu einige größere, mehrere Pfund schwere Stücke, welche von Hrn. Fikentscher zu Zwickau so ausgewählt waren, daß sie möglichst die mittlere Qualität jeder der angewandten Sorten repräsentirten, in ein gleichartiges, feines Pulver verwandelt und von diesem die zur Analyse bestimmte Menge genommen.

Die untersuchten Kohlen sind: 1) Rußkohle vom Bürgerschacht; 2) Pechkohle vom Bürgerschacht; 3) Pechkohle vom Auroraschacht.

I. Aschenbestimmungen.

Sämmtliche hierzu verwendete Kohlen wurden bei 100° C. getrocknet, gewogen und in einer Muffel bei Rothglühhitze eingeäschert.

1. Rußkohle vom Bürgerschacht.

a) 2,2365 Grm. Kohle lieferten 0,0245 Grm. Asche = 1,09 Proc.
b) 1,941   „   „   „   0,021   „   „   = 1,08   „

Die Asche stellte ein schmutzig-rosenrothes, etwas zusammengesintertes Pulver dar.

2. Pechkohle vom Bürgerschacht.

a) 1,601 Grm. Kohle lieferten 0,027   Grm. Asche = 1,68 Proc.

b) 1,8745   „   „   „   0,0315   „   „   = 1,68   „

Die Asche war ein schmutzig-weißes, etwas zusammengebackenes Pulver.

3. Pechkohle vom Auroraschacht.

a) 1,624 Grm. Kohle gaben 0,1015 Grm. Asche = 6,25 Proc.

b) 2,2355   „   „   „   0,1405   „   „   = 6,28   „

II. Qualitative Untersuchung der Aschen.

Rußkohle vom Bürgerschacht. Wasser löste kaum eine Spur. Die Asche wurde mit Salzsäure gekocht, ein Theil derselben löste sich mit gelber Farbe; ein anderer Theil blieb als ein schmutzig-weißes Pulver zurück, was vor dem Löthrohr unschmelzbar war und sich auch in der Phosphorsalzperle nicht löste. Es war demnach wesentlich Kieselsäure.

Der in der Säure gelöste Theil wurde mit Ammoniak und Schwefelammonium gefällt, der Niederschlag in Salzsäure unter Zusatz von Salpetersäure gelöst und mit Kali gekocht. Es schied sich Eisenoxyd aus; aus der Flüssigkeit konnte durch Neutralisiren mit Salzsäure, Uebersättigen mit Ammoniak, Thonerde gefällt werden. — Die von dem durch Schwefelammonium erzeugten Niederschlage abfiltrirte Flüssigkeit gab mit oxalsaurem Ammoniak Spuren von Kalk und mit phosphorsaurem Natron Spuren von Magnesia. — Von Säuren konnte nur noch Schwefelsäure nachgewiesen werden.

Die Aschen der Pechkohle aus dem Bürgerschacht und der Pechkohle vom Auroraschacht enthielten dieselben Bestandtheile mit Ausnahme der Spuren von Magnesia, welche in ihnen nicht wahrgenommen werden konnten.

Die Bestandtheile der Aschen waren demnach: Eisenoxyd, Thonerde, Kalk, Talkerde, Schwefelsäure und Kieselerde.

III. Quantitative Bestimmung des Schwefelgehaltes.

Die bei der qualitativen Untersuchung aufgefundene Schwefelsäure hatte sich jedenfalls nur durch Oxydation des in der Kohle feinvertheilten und auch in kleinen Aederchen sichtbaren Schwefelkieses erzeugt.

Zur Schwefelbestimmung wurden die Kohlen bei 100° C. getrocknet, gewogen und durch vorsichtiges Erhitzen mit Salpetersäure unter öfterem Zusatz von kleinen Mengen chlorsauren Kali's oxydirt, so, daß die Kohle ihre schwarze Farbe verlor und in eine rothbraune Masse sich verwandelte. Diese wurde mit Wasser ausgelangt und die Lösung mit Chlorbarium gefällt. Der mit siedendem Wasser ausgewaschene schwefelsaure Baryt wurde geglüht und gewogen. In dem ausgelaugten Rückstande der Kohle konnte nach dem Schmelzen mit Soda auf der Kohle keine Spur von Schwefel nachgewiesen werden.

1. Rußkohle aus dem Bürgerschacht.

2,788 Grm. Kohle lieferten 0,076 Grm. schwefelsauren Baryt = 0,37 Proc. Schwefel.

2. Pechkohle aus dem Bürgerschacht.

0,586 Grm. Kohle lieferten 0,017 Grm. schwefelsauren Baryt = 0,40 Procent Schwefel.

3. Pechkohle aus dem Auroraschacht.

0,916 Grm. Kohle lieferten 0,032 Grm. schwefelsauren Baryt = 0,48 Procent Schwefel.

IV. Quantitative Bestimmung des Kohlenstoffs und des Wasserstoffs.

Die bei 100° getrockneten Kohlen wurden in dem Marchand-Erdmann'schen Verbrennungsapparate der Elementaranalyse unterworfen.

1. Rußkohle aus dem Bürgerschacht.

a) 0,406 Grm. Kohle lieferten 1,2207 Grm. Kohlensäure = 82,00 Proc. C.

     „   „   „   „   0,215   „   Wasser   =   5,88   „   H.

b) 0,375   „   „   „   1,1265   „   Kohlensäure = 81,92   „   C.

     „   „   „   „   0,1685   „   Wasser   =   4,88   „   H.

c) 0,200   „   „   „   0,604   „   Kohlensäure = 82,36   „   C.

     „   „   „   „   0,093   „   Wasser   =   5,15   „   H.

Das Mittel dieser Analysen gibt: 82,10 Proc. C. und 5,34 Proc. H.

2. Pechkohle aus dem Bürgerschacht.

a) 0,390 Grm. Kohle lieferten 1,144 Grm. Kohlensäure = 80,00 Proc. C.

     „   „   „   „   0,1915   „   Wasser   =   5,45   „   H.

b) 0,3395 „   „   „   0,994   „   Kohlensäure = 79,85   „   C.

     „   „   „   „   0,165   „   Wasser   =   5,40   „   H.

c)[23] 0,260 „   „   „   0,724   „   Kohlensäure = 80,00   „   C.

     „   „   „   „   0,129   „   Wasser   =   5,54   „   H.

Das Mittel gibt 80,00 Proc. C. und 5,50 Proc. H.

3. Pechkohle aus dem Auroraschacht.

a) 0,4055 Grm. Kohle lieferten 1,097 Grm. Kohlensäure = 73,79 Proc. C.

     „   „   „   0,174   „   Wasser   =   4,76   „   H.

b) 0,366   „   „   „   0,992   „   Kohlensäure = 73,91   „   C.

     „   „   „   „   0,1525   „   Wasser   =   4,63   „   H.

Das Mittel gibt 73,85 Proc. C. und 4,70 Proc. H.

V. Bestimmung des Stickstoffgehaltes der Kohlen.

Die Bestimmung geschah im Varrentrapp=Will'schen Apparate durch Glühen mit Natronkalk.

1. Rußkohle aus dem Bürgerschacht.

a) 2,264 Grm. Kohle gaben 0,234 Grm. Platinsalmiak = 0,65 Procent N.

b) 1,8105 Grm. Kohle gaben 0,188 Grm. Platinsalmiak = 0,65 Proc. N.

---

23) Von Hrn. Halse, stud. chem. aus London, analysirt.

2. Pechkohle aus dem Bürgerschacht.

1,9145 Grm. Kohle lieferten 0,2715 Grm. Platinsalmiak = 0,88 Proc. N.

3. Pechkohle vom Auroraschacht.

a) 1,912 Grm. Kohle lieferten 0,183 Grm. Platinsalmiak = 0,60 Proc. N.

b) 2,118 Grm. Kohle lieferten 0,2035 Grm. Platinsalmiak = 0,60 Proc. N.

In 100 Theilen der bei 100° C. getrockneten Kohle sind demnach enthalten:

Rußkohle vom Bürgerschacht.		Pechkohle vom Bürgerschacht.		Pechkohle vom Auroraschacht.	
82,10	Kohlenstoff	80,00	Kohlenstoff	73,85	Kohlenstoff
5,34	Wasserstoff	5,50	Wasserstoff	4,70	Wasserstoff
0,65	Stickstoff	0,88	Stickstoff	0,60	Stickstoff
0,37	Schwefel	0,40	Schwefel	0,48	Schwefel
1,09	Asche	1,68	Asche	6,27	Asche
10,45	Sauerstoff	11,54	Sauerstoff	14,10	Sauerstoff
100,00		100,00		100,00	

Der Brennwerth der Kohlen ergibt sich aus obigen Resultaten unter der, bekanntlich der Berthier'schen Methode der Brennwerthsbestimmung zu Grunde liegenden Voraussetzung, daß der Sauerstoff bei seiner Verbindung mit Kohlenstoff oder Wasserstoff gleiche Wärmemengen liefert, wie folgt:

1. Rußkohle. 1 Gewichtstheil reiner Kohlenstoff erfordert bei der Verbrennung zu Kohlensäure 2,66 Gewichtstheile Sauerstoff, folglich erfordern die in der Rußkohle enthaltenen 82,1 Kohlenstoff 218,4 Gewichtstheile Sauerstoff. Die in der Kohle enthaltenen 5,34 Wasserstoff nehmen 5,34 × 8 = 42,72 Sauerstoff auf. Die brennbaren Elemente von 100 Rußkohle fordern demnach 261,1 Sauerstoff zur Verbrennung. Die Kohle selbst enthält 10,4 Sauerstoff, welche von der obigen Menge in Abrechnung zu bringen sind, wonach die Kohle bei der Verbrennung 250,7 Sauerstoff aufnimmt. Wenn nun ein Gewichtstheil Sauerstoff bei seiner Verbindung mit Kohlenstoff oder Wasserstoff 2,931 Gewichtstheile Wasser von 0° auf 100° erhitzen kann, so werden die zur Verbrennung von 100 Rußkohle erforderlichen 250,7

Sauerstoff 7348 Waffer auf 100° erhitzen, oder die Kohle wird 7348 Wärmeeinheiten liefern.

2. **Pechkohle vom Bürgerschacht** gibt nach vorhergehender Weise berechnet 7189 Wärmeeinheiten.

3. **Pechkohle vom Aurorafchacht** liefert 6442 Wärmeeinheiten.

Für praktische Zwecke ist noch zu bemerken, daß die lufttrockene Rußkohle bei 100° C. getrocknet 8 Proc.

„   Pechkohle vom Bürgerschacht bei 100° getrocknet 8 Proc.,

„   „   „ Aurorafchacht „   „   „   „ 6 „

am Gewicht verlor.

XXV.

Ueber White's Kohlenwafferstoff= oder Harz=Waffer=Gas; von Dr. A. Fyfe, Professor der Chemie am Kings= College zu Aberdeen.

Aus dem Journal of Gas lighting, 1850, Nr. 18.

Es ist wohl bekannt, daß wenn man Waffer über rothglühendes Eisen (bei ausgeschloffener Luft) leitet, dasselbe zersetzt wird; es bildet sich Eisenoryd, und es entwickelt sich Wasserstoffgas, deffen Reinheit von der Art des angewandten Eisens abhängt. Wäre das Eisen rein und blank, so erhielte man reinen Wafferstoff; dieß ist aber in der Wirklichkeit selten der Fall, weil das Eisen nicht nur fremde Bestandtheile enthält, sondern auch durch die Hände und Werkzeuge der Arbeiter in den Werkstätten, aus welchen man es in Form von Feil= oder Dreh= ſpänen bezieht, noch beschmutzt wird. Daher rührt es auch, daß das ſpecifiſche Gewicht des Gaſes, welches es liefert, viel größer ist als dasjenige des reinen Wafferstoffgaſes, und die Flamme deffelben ein anderes Ansehen hat. Das Licht, welches dieses Gas liefert, ist sehr schwach.

Wird Waffer bei der Rothglühhitze (bei ausgeschloffener Luft) über Kohle, gleichviel ob Kohks oder Holzkohle, geleitet, so erfolgt Zersetzung, und es entweicht eine gasförmige Flüffigkeit, über deren Natur bisher verfchiedene Anfichten beftanden. Sie wurde zu einer Zeit betrachtet und fogar in chemifchen Werken befchrieben als ein Gemifch verfchiede= ner Gasarten, deren hauptfächlichfte das leichte Kohlenwafferftoffgas ift, beffer bekannt unter den Namen Sumpfgas, Grubengas, Berg= fchwaden. Neuere Verfuche haben aber dargethan, daß diefes Gas keinen · Kohlenwafferftoff enthält, oder nur eine unbedeutende Menge. In einer von mir im Jahr 1837 veröffentlichten Abhandlung „über die Anwendung des Wafferdampfes zur Erfparung an Brennmaterial" (polytechn. Journal Bd. LXVI S. 143) habe ich gezeigt, daß das auf diefe · Weife erzeugte Gas ein Gemifch von Wafferftoff, Kohlenoryd und Kohlenfäure ift, deren Verhältniffe je nach der angewandten Wärme und andern Umftänden wandelbar find. Ich fand bei jenen Verfuchen, daß die Kohlenfäure 18 Procent betrug; nach Abfcheidung derfelben hatte der Rückftand ein fpecififches Gewicht von 470 und beftund aus einem Gemifch von Wafferftoff und Kohlenoryd in ungefähr gleichen Verhältniffen. Beim Verbrennen lieferte das Gas Kohlenfäure und Waffer und ein fehr fchwaches Licht. Da das Gas nach Abfcheidung der Kohlenfäure 470 fpecif. Gewicht hatte, fo mußte es vor deren Ent= fernung ein fpec. Gewicht von nahezn 660 gehabt haben.

Die Richtigkeit diefer Refultate angenommen, fo ift klar, daß wenn Waffer mit Eifen und Kohle in einem und demfelben Gefäße bei Rothglühhitze zufammengebracht wird, das fich entwicelnde Gas entweder Wafferftoffgas allein ift, falls fich nämlich aller Sauerftoff mit dem Eifen verbindet, oder ein Gemifch von Wafferftoff mit Kohlen= oryd und Kohlenfäure; die Verhältniffe find verfchieden, je nach der freien Oberfläche der Kohle und des Eifens, und je nach der Leichtig= keit womit der Wafferdampf mit dem einen oder andern in Berührung kommen kann. Natürlich ift auch das fpecififche Gewicht des Gafes nach diefen Umftänden verfchieden.

Ich habe fchon gefagt, daß fowohl das Kohlenoryd als der Waffer= ftoff mit fehr fchwacher Flamme brennen und fehr wenig Licht geben; die Flamme des Gasgemifches muß natürlich je nach den Verhält= niffen beider ein verfchiedenes Ausfehen haben.

Folgender Verfuch wurde in der Abficht angeftellt, die Leuchtkraft des nach White's Verfahren (jedoch nicht genau mit dem von ihm benützten Apparat) aus Waffer bereiteten Gafes kennen zu lernen. Die Retorte wurde mit Holzkohle und Brucheifen gefüllt, welche, nachdem die Thür der Retorte gut verfchloffen worden war, gehörig erhitzt wnr=

ben. Man ließ nun Wasser einfließen, dessen Zutritt durch einen Sperr=
hahn regulirt wurde. Das erzeugte Gas wurde auf gewöhnliche Art
gemessen. Von 7½ Pfund Wasser wurden 59½ Kubikfuß Gas ent=
bunden, dessen spec. Gewicht 574 betrug. Kalkwasser absorbirte 16,5
Procent, wornach die Kohlensäure ⅙ des Volums beträgt. Wäre das
spec. Gewicht nach Absonderung der Kohlensäure bestimmt worden, so
hätte man dasselbe sehr nahezu wie oben zwischen 470 und 500 ge=
funden. Das Gas verbrannte mit sehr schwacher, bläulicher Flamme
und lieferte dabei Kohlensäure und Wasser. Bei einer 5 Zoll langen
Flamme aus einem Strahlbrenner mit ⅓₃ Zoll weiter Oeffnung be=
trug die Consumtion in 32 Minuten und 30 Secunden 1 Kubikfuß,
was für die Stunde 1,84 Kubikfuß ausmacht.

Die nächste Reihe von Versuchen wurde mit Harz in der Absicht
angestellt, die Quantität und Qualität des durch Zersetzung desselben
in verschiedenen Hitzegraden entstehenden Gases zu ermitteln. Das
Harz wurde vorsichtig geschmolzen und in das Reservoir gegossen, wel=
ches mit der Retorte in Verbindung stand, die vorher auf denselben
Hitzegrad gebracht wurde, wie er für die Steinkohlengas=Erzeugung er=
forderlich ist.

Mittelst einer geeigneten Vorrichtung wurde das Harz warm und
hinreichend flüssig erhalten, um leicht auslaufen zu können. 6 Pfd. 4
Loth gaben 61 Fuß Gas, also nahezu 10 Fuß das Pfund. Das Gas
hatte ein spec. Gewicht von 640. Kalkwasser zeigte 10 Procent Kohlen=
säure an. Mit einem Strahlbrenner von ⅓₃ Zoll Durchmesser und
bei einer 5 Zoll langen Flamme brannte es 50 Minuten lang, was
1,2 Fuß per Stunde beträgt. Nach der Photometerprobe gab der Strahl
das Licht von 2,2 Kerzen per Fuß. Der Argand'sche Brenner mit 56
Löchern welcher 5 Fuß in der Stunde verzehrte, gab das Licht von
2,45 Kerzen per Fuß.

Da dieses Gas ein spec. Gewicht von 640 hat, so würde ein
Kubikfuß desselben 343 Gran wiegen. Das Gas wog daher zusammen
nahezu 3 Pfund; folglich ging die Hälfte des angewandten Harzes
durch die Ablagerung von Kohle in der Retorte und durch das Ueber=
destilliren flüchtigen Oels verloren.

————

Ich komme nun zur Betrachtung der Qualität des Harz=Wasser=
Gases, oder, wie es sehr uneigentlich genannt wird, des Kohlenwasser=
stoffgases (hydro-carbon gas) und seines Werthes als Beleuchtungs=
mittel. Dieses Gas wird durch die Zersetzung von Wasser und Harz

in getrennten Retorten erzeugt; das Harz wird durch Wärme, das Waffer durch Wärme mit Beihülfe von Kohle und Eifen zerfetzt. Das so gewonnene Gas ift lediglich ein Gemifch von Harzgas — d. i. einem in feiner Zufammenfetzung dem Steinkohlengas ähnlichen Gas — und von Wafferftoff, mit wandelbaren Mengen von Kohlenoryd und Kohlenfäure, je nachdem das Waffer zerfetzt wird.

Ich bedaure, die Refultate der Gasfabrication mittelft des unter der Oberleitung des Hrn. White errichteten Apparats nicht geben zu können, wozu ich alle Hoffnung hatte. Bei den verfchiedenen Verfuchen, welche ich machte, um die Güte des mit diefem Apparate bereiteten Gafes zu ermitteln, traten mehrere Umftände ein, welche mich nicht zur Wahrheit gelangen ließen. Bei dem erften Verfuch fand ich das Gas von hoher Leuchtkraft, fpäter aber wurde mir verfichert, daß dem Harz Talg zugefetzt worden war; in welchem Verhältniß habe ich nicht erfahren. Bei meinem nächften Befuch der Anftalt wurde das Gas mit Anwendung beider Retorten, einer für das Harz, der andern für das Waffer bereitet; fpäter wurde aber entdeckt, daß die Wafferretorte nicht in Thätigkeit war, das gefammelte Gas folglich nur durch Zerfetzung des Harzes, oder eines Gemenges von Harz und Talg, entftanden war.

Ich halte dieß jedoch nicht für fehr wichtig; ich habe die Qualität des Harzgafes, des Gafes aus dem Harz- und Talg-Gemenge, und des Waffergafes, eines jeden befonders, ermittelt, und da diefe nach White's Verfahren in befondern Retorten erzeugt werden, fo müffen wir das in den Gafometer übergegangene Gas als ein bloßes Gemifch derfelben betrachten, deffen Zufammenfetzung je nach den Mengen der angewandten Materialien und je nach der Gefchwindigkeit womit fich die eine oder andere Subftanz zerfetzte, verfchieden ift.

Auf diefe Weife können wir zur Kenntniß der Güte des fogenannten Kohlenwafferftoffgafes und der Koften deffelben zum Beleuchtungszweck im Vergleich mit andern Lichtquellen, z. B. mit dem Steinkohlengas, gelangen.

Da das Harz zufammengefetzt ift aus 10C, 7H und 1O, fo ift das Höchfte, was es an ölbildendem Gafe liefern kann, 49, und an leichtem Kohlenwafferftoff ungefähr 28 von 75 Harz; alfo beiläufig 64 Procent des erftern und 37 Procent des letztern. Aber das Harz liefert nie bloß ölbildendes Gas; das Gas ift, abgefehen vom Kohlenoryd und der Kohlenfäure, ein Gemifch von ölbildendem Gas und leichtem Kohlenwafferftoff, mit vielleicht einer kleinen Beimifchung ungebundenen Wasserstoffgases. Das Gas wechselt, wenn es ungefähr 6 Proc. Kohlensäure enthält, im specifischen Gewicht von 570 bis 660. Seine Verdichtung durch Chlor fand ich nie über 8 Proc. betragend, wonach also die Zusammensetzung dem spec. Gewicht entspricht; denn ein Gas, welches aus 8 ölbildendem und 92 leichtem Kohlenwasserstoff besteht, würde ein specifisches Gewicht von etwas über 600 haben.

Ohne Zweifel wird ein von Kohlensäure freies Harzgas beiläufig dieses spec. Gewicht zeigen. Das spec. Gewicht des nach White's Verfahren erzeugten Wassergases fand ich zu 574. Denken wir uns dasselbe mit seinem gleichen Volum Harzgas vermischt, so muß sein spec. Gewicht 580, oder zwischen dieser Zahl und 600 seyn, die Kohlensäure als nicht vorhanden vorausgesetzt. Nimmt man aber den Kohlensäuregehalt zu 6 Proc. an, so wäre sein spec. Gew. 630.

Ich muß gestehen, daß ich dieß nicht in Einklang zu bringen vermag mit der Behauptung des Hrn. White, daß das aus Harz und Wasser bereitete Gas ein specifisches Gewicht von 924 habe und 12½ Proc. ölbildendes Gas enthalte. Ein Gas, welches 12½ Proc. ölbildenden Kohlenwasserstoff enthält und im übrigen aus Wassergas oder leichtem Kohlenwasserstoff besteht, würde nicht über 650 spec. Gewicht haben. Sein Gas muß folglich entweder viel mehr ölbildendes Gas enthalten haben — in der That fast ganz aus solchem bestanden seyn — oder es mußte eine sehr große Beimischung von Kohlensäure und Kohlenoxyd haben.

Bei meinen Versuchen zeigte das Harzgas nicht über 8 Proc. ölbildendes Gas. Das hohe specifische Gewicht seines Gases mußte daher von Kohlensäure oder Kohlenoxyd, vielleicht von beiden herrühren; von diesen aber ist das letztere für den Leuchtzweck werthlos, das erste schädlich.

Hinsichtlich der Leuchtkraft muß ich bemerken, daß ich aus Harz allein niemals ein Gas mit mehr als 8 Proc. ölbildendem Gase erhielt. Hr. White behauptet durch sein verbessertes Verfahren aus Harz und Wasser ein Gas mit 12½ Proc. ölbildenden Gase zu erhalten. Wie ist es aber möglich, daß er durch Zusatz von Harzgas zu einem andern Gas von geringerem spec. Gewicht und geringerer Leuchtkraft, ein Gas von höherer Leuchtkraft und höherem spec. Gewicht erhält? Für mich ist dieß ein Räthsel.

Daß White's Gas, wenn man dessen spec. Gewicht berücksichtigt, eine große Beimischung von Kohlensäure haben muß, ist gewiß. Er fagt, daß jetzt nur wenig kohlige Ablagerung in der Retorte sey, in Folge seiner eigenthümlichen Vorrichtung und dem Zulassen des Wasser= stoffs und Kohlenoxyds.

Da nun bei dem Verfahren der Wasserzersetzung in der Retorte sich Eisenoxyd bildet, so wird offenbar nicht aller Sauerstoff des Wassers durch seine Verbindung mit Kohlenstoff in Kohlenoxyd verwandelt; demnach sollte das spec. Gewicht des aus dem Wasser entwickelten Gases unter 522 seyn, welches dasjenige einer Mischung gleicher Volume Kohlenoxyd und Wasserstoff ist; wir wollen aber annehmen, daß dasselbe nicht viel ge= ringer sey und daß keine Kohlensäure gebildet werde, dann müßte man mit Harz und Wasser ein Gas von 924 spec. Gewicht erhalten, wel= ches beiläufig 87 Proc. ölbildendes Gas nebst gleichen Volumen Wasser= stoff und Kohlenoxyd enthielte.

Nimmt man an, daß White's Gas eine Mischung von ölbilden= dem Gase, Kohlensäure und Wassergas sey, welches letztere gleiche Vo= lume Kohlenoxyd und Wasserstoff enthält, daß ferner das Wassergas ein spec. Gewicht von 522 habe und daß das ölbildende Gas $12\frac{1}{2}$ Proc. betrage, so müßte es, um ein spec. Gewicht von 924 zu haben, aus nahezu 12,5 ölbildendem Gas, 52 Wassergas und 35 Kohlensäure bestehen. Wenn man die Kohlensäure aus diesem Gase absorbirt, so würde sein spec. Gewicht etwas über 600 betragen, welches höchst wahr= scheinlich das wirkliche spec. Gewicht des aus Harz und Wasser be= reiteten brennbaren Gases ist.

Die Leuchtkraft des Harz=Wasser=Gases soll nach White um 26,5 Proc. größer als diejenige des Gases aus Manchester=Cannelkohle und um 20,5 Procent größer als diejenige des Gases aus Salford=Cannel= kohle seyn.

Nach der Probe mit Chlor sollte, abgesehen von der Brenndauer, die Leuchtkraft des White'schen Gases, welches 12,5 ölbildendes Gas enthält, 64 Proc. (anstatt 26,5 und 20,5 Proc.) mehr als bei den von ihm erwähnten Steinkohlengasen betragen. Berücksichtigen wir auch die Brenndauer, so müßte der Werth desselben noch viel größer seyn.

Das spec. Gewicht des Manchester Gases war zur Zeit, wo ich es prüfte, 451. Die respective Brenndauer verhält sich bei gleichen Brennern, wie die Quadratwurzeln der specif. Gewichte. Würde also auch die Brenndauer berücksichtigt, so müßte die Leuchtkraft des White'= schen Gases wenigstens 90 Mal größer seyn als diejenige des Manche= ster Gases.

Daraus geht hervor, daß White's Gas entweder ein ganz eigen=
thümliches Leuchtgas seyn muß, oder daß bei der Ermittelung seiner
Quantität und Güte große Fehler begangen worden seyn müffen.

Sey dem wie ihm wolle, so muß ich, bis Hr. White sein Ver=
fahren, die Quantität und Qualität seines Gases zu ermitteln, genauer
beschreibt, bei den Schlüffen beharren, welche durch meine Versuche ge=
rechtfertigt find, daß nämlich die Quantität und Qualität des Gases
nach deffen gehöriger Reinigung viel geringer seyn müffen, als Hr.
White angibt, daß höchst wahrscheinlich die Menge des aus Harz
gewonnenen Gases in der Praxis nicht über 8 — 9 Kubikfuß vom
Pfund, oder beiläufig 1000 Kubikfuß vom Centner beträgt; daß das
spec. Gewicht dieses Gases nach seiner Reinigung nicht viel über 600
betrage; die Verdichtung durch Chlor nicht über 8 bis 9 Proc.; und
ein Kubikfuß des Gases nicht mehr Licht gebe als $2\frac{1}{2}$ — 3 Kerzen.
Ift dem so, so wird, wenn dieses Gas mit ungefähr dem gleichen Vo=
lum Waffergafes vermischt wird, allerdings die Quantität deffelben
vermehrt, jedoch zum großen Nachtheil seiner Leuchtkraft. Die=
jenige des Waffergafes kann für nichts oder beinahe nichts ange=
fehen werden; folglich fteht die Verminderung der Leuchtkraft des Harz=
gafes in geradem Verhältniß mit der Beimischung von Waffergas.

Z u f a tz.

Ueber White's Verfahren bei seiner Gasbereitung enthält das
Journal of Gas lighting, 1851 No. 26, folgende Beschreibung, welche
ihm vom Patentträger felbst mitgetheilt wurde:

„Der Apparat besteht aus zwei horizontalen D Retorten, von de=
nen jede beiläufig 6 Fuß lang ift und 14 Zoll im Durchmeffer hat;
ferner aus zwei verticalen L Retorten, von denen jede 7 Fuß lang ift
und 9 Zoll im Durchmeffer hat.   Diefelben find in einem Ofen an=
gebracht, welcher innerlich 4 Fuß 3 Zoll Breite und 6 Fuß 6 Zoll
Höhe hat; er ift fo conftruirt, daß er mit verhältnißmäßig wenig Brenn=
material auf die erforderliche Hitze gebracht werden kann.   Das Gas
wird aus Harz und Waffer erzeugt; das Harz wird mit dem bei einer
früheren Operation zurückgebliebenen Oel gemischt und geschmolzen, und
zwar in einem außerhalb des Gashaufes angebrachten Keffel, und ge=
langt dann in flüffigem Zuftand durch einen Heber in die D Retorte,
worin es zerfetzt wird.   Das Waffer gelangt durch einen Heber aus
einem kleinen Refervoir in die L Retorte, an deren oberem Theil es

eintritt und wird darin zersetzt, indem es bei hoher Temperatur über Holzkohle und Brucheisen zieht. Das so erzeugte Gas tritt durch ein Verbindungsrohr in die D Retorte, und indem es durch deren Kammer zieht, verbindet es sich mit dem aus dem Harz erzeugten Gase zu permanentem Kohlenwafferstoffgas. Im Uebrigen ist der Apparat mit dem für Steinkohlengas gebräuchlichen übereinstimmend, nur genügen kleinere Reinigungs- und Waschapparate. Diejenigen Antheile von Harz und Oel, welche auf ihrem Wege durch die Retorten nicht zersetzt werden, verwandeln sich in Dampf, welcher auf seinem Zuge durch eine cylindrische Vorlage und einen Condensator verdichtet wird und das erwähnte rückständige Oel liefert."

Dieselben Gründe, mit welchen Dr. Fyfe die Angaben über die Leuchtkraft des Harz-Waffer-Gases von White bekämpft, wurden früher gegen das Schieferöl-Waffer-Gas von Sellique geltend gemacht und seitdem nicht genügend widerlegt. Durch die nachfolgende meisterhafte Untersuchung des neuen Leuchtgases von Dr. Frankland werden wir jedoch über den Vorgang bei dessen Erzeugung und über seine Natur genügend aufgeklärt.

Die Redaction.

XXVI.

Ueber die Bereitung, Zusammensetzung und Leuchtkraft von White's patentirtem Kohlenwafferstoffgas; Bericht von Dr. Frankland, Professor der Chemie am Owen's College in Manchester.

Aus dem Journal of Gas lighting, 1851, Nr. 30.

Die hier zu beschreibenden Versuche wurden in der zu der Fabrik der HHrn. G. Clarke und Comp. in Manchester gehörigen Gasanstalt durchgeführt. Diese Gasanstalt enthält zwei White'sche Harzgas-Retorten und zwei seiner Waffergas-Retorten der größten Art, welche sämmtlich vier Monate lang vorher in Gebrauch waren. Die Wafferretorten entladen sich in die Harzretorten, und letztere in eine cylindrische Vorlage, aus welcher das Gas allmählich durch einen Refrigerator und Kalkmilch-Reinigungsapparat in den Gasometer über-

tritt, der von gewöhnlicher Construction ist, und 20,000 Kubikfuß faßt.
Das Volum des erzeugten Gases wurde mittelst eines, zwischen dem
letzten Reinigungsapparat und dem Gasometer angebrachten Gasmessers
gemessen.

Ein Kessel zum Schmelzen des Harzes und eine Oelcisterne zum
Sammeln des in der Vorlage und in dem Refrigerator während des
Processes sich verdichtenden rückständigen Oels vervollständigen den
Apparat, welcher ganz meiner Aufsicht unterstellt wurde, sowie mir
auch jede Erleichterung gegeben war, um Gewicht und Maaß sowohl
der angewandten Materialien als der Producte genau zu ermitteln.

Jeden Tag wurde vor Beginn der Versuche der kubische Inhalt
des Gasometers sorgfältig bestimmt und eine Probe des darin enthaltenen Gases zur Analyse herausgenommen; hierauf wurden die Holz-
kohlenretorten gefüllt, das Harz in dem Oel von einer frühern Operation geschmolzen — wozu auf 112 Pfd. Harz 7½ Gallons genommen wurden — worauf dann, nachdem vorher der Rauminhalt der
Wasser= und Oelbehältnisse genau gemessen worden war, zum Proceß
der Gasbereitung geschritten wurde.

Es war von Wichtigkeit, die Temperatur zu bestimmen, bei welcher das Gas durch den Gasmesser strich, weil, wenn es nicht hinlänglich abgekühlt war, die Angaben des Instruments sehr unrichtig seyn
konnten.

Ich fand jedoch, daß das vor seinem Eintreten in den Gasmesser
durch die Röhren strömende Gas in dem Refrigerator so vollkommen
abgekühlt worden war, daß seine Temperatur 60° Fahr. (12½° R.) nie
überstieg, oft sogar geringer war, was eine hinreichende Gewähr für
die Richtigkeit der abgelesenen Zahlen darbot.   Die Leuchtkraft der
Gase wurde durch die Schattenprobe gemessen und durch die Menge
des Gases per Stunde, welche äquivalent ist dem Lichte einer Sechser=
Compositionskerze, ausgedrückt.   Die Gasproben zur Analyse wurden,
um der guten Vermischung und einer richtigen Probe sicher zu seyn,
erst am folgenden Morgen aus dem Gasometer genommen.   Die
Analysen dieser Proben wurden sehr sorgfältig und jedesmal über
Quecksilber angestellt; das ölbildende Gas wurde durch Absorption
mittelst stark rauchender Schwefelsäure bestimmt, die einzige Methode
wornach dieses Gas genau bestimmt werden kann; die Kohlensäure wurde
durch eine Aetzkalikugel und die übrigen Gase durch Detonation mit
einem Ueberschuß von Sauerstoff im Eudiometer bestimmt.

Die Preise der verschiedenen zur Bereitung des Gases dienenden Artikel sind die in Manchester notirten, und der Werth des rückständigen Oels ist nach dem Preise angesetzt, welchen die Patentträger, gewöhnlich außer der Fracht, dafür bezahlen.

Folgendes sind die Resultate der dreitägigen Versuche:

Erster Tag.

	Cntr.	Pfd
Harz, welches angewandt wurde	$2^1/_4$	$17^1/_2$
Steinkohlen	$1^1/_2$	0
Holzkohlen	0	10
Kalk	0	20
Waffer	0	73
erzeugtes rückständiges Oel	10,7 Gallons	
erzeugtes Gas	3340 Kubikfuß	
„ von 112 Pfd. Harz	1388 „	

Durchschnittliche Geschwindigkeit der Bereitung, 930 Kubikfuß in der Stunde.

Das Gas im Gasometer am Anfang des Versuchs, 8520 Kubikfuß, bestand aus:

	wirklicher Betrag.	Zusammensetzung in 100 Raumtheilen.
ölbildendem Gas	844,3 Kubikfuß	9,91
leichtem Kohlenwafferstoff	3244,5 „	38,08
Wafferstoff	2553,4 „	29,97
Kohlenoxyd	1025,8 „	12,04
Kohlensäure	852,0 „	10,00
	8520,0	100,00

Gas im Gasometer nach dem Hinzukommen des Gases vom ersten Tag:

	wirklicher Betrag.	Zusammensetzung in 100 Raumtheilen.
ölbildendes Gas	1103,0 Kubikfuß	9,30
leichter Kohlenwafferstoff	3832,1 „	32,31
Wafferstoff	3868,7 „	32,62
Kohlenoxyd	1993,6 „	16,81
Kohlensäure	1062,6 „	8,96
	11860,0	100,00

Daher bestand das am ersten Tag erzeugte Gas aus:

	wirklicher Betrag.	Zusammensetzung in 100 Raumtheilen.
ölbildendem Gas	258,7 Kubikfuß	7,75
leichtem Kohlenwafferstoff	587,5 „	17,58
Wafferstoff	1315,3 „	39,38
Kohlenoxyd	967,9 „	28,98
Kohlensäure	210,6 „	6,31
	3340,0 „	100,00

Oder

Wassergas	2493,8	Kubikfuß
Harzgas	846,2	„
	3340,0	

Erzeugungskosten.

	Shill.	Pence
Harz, 2¼ Cntr. 17½ Pfd., zu 3 Shill. 6 Pence per Cntr.	8	5
Steinkohlen, 1½ Cntr., zu 6 Shill. per Tonne . .	0	5¼
Holzkohlen, 10 Pfd., zu 5 Pence per Bushel von 20 Pfd.	0	2½
Kalk	0	1
	9	1¾

Abzuziehen 10,6 Gallons rückständiges				
Oel, zu 7 Pence	6 Shill.	2 Pence		
„ Faß	0	5	6	7
			2	6¾

Daher die Kosten von 1000 Kubikfuß = 9¼ Pence.

Zweiter Tag.

	Cntr.	Pfd.
Harz	2¼	18
Steinkohlen	1½	0
Holzkohlen	0	12
Kalk	0	20
Wasser	0	77
erzeugtes rückständiges Oel . .	7,8 Gallons	
erzeugtes Gas	3800 Kubikfuß	
„ per Cntr. (112 Pfd.) Harz .	1576 „	
durchschnittliche Geschwindigkeit der Gas=		
bereitung	1000 „ per Stunde.	

Gas im Gasometer am Anfang des Versuchs:

	wirklicher Betrag.	
ölbildendes Gas	955,9	Kubikfuß
leichter Kohlenwasserstoff . .	3321,2	„
Wasserstoff	3353,0	„
Kohlenoxyd	1727,9	„
Kohlensäure	921,0	„
	10279,0	

Gas im Gasometer nach dem Hinzukommen des Gases vom zweiten Tag:

	wirklicher Betrag.		Zusammensetzung in 100 Raumtheilen.
ölbildendes Gas . . .	1224,9	Kubikfuß	8,70
leichter Kohlenwasserstoff . .	4848,8	„	34,44
Wasserstoff	4627,8	„	32,87
Kohlenoxyd	2047,0	„	14,54
Kohlensäure	1330,5	„	9,45
Stickstoff	Spur		
	14079,0		100,00

Daher bestand das am zweiten Tag erzeugte Gas aus:

	wirklicher Betrag.	Zusammensetzung in 100 Raumtheilen.
ölbildendem Gas . . .	269,0 Kubikfuß	7,08
leichtem Kohlenwafferstoff . .	1527,7 „	40,20
Wasserstoff	1274,8 „	33,54
Kohlenoryd	319,2 „	8,40
Kohlensäure	409,5 „	10,78
Stickfto	Spur	
	3800,2	100,00

Oder

Waffergas	2003,5 Kubikfuß	
Harzgas	1796,7 „	
	3800,2	

Erzeugungskosten.

Harz, 2¼ Cntr. 18 Pfd., zu 3 Shill. 6 Pence . . .	8	5¼
Steinkohlen, 1½ Cntr., zu 6 Shill. per Tonne . .	0	5¼
Holzkohlen, 12 Pfd.	0	3
Kalt	0	1
	9	2½

Abzuziehen 7,8 Gallons Oel, zu 7 Pence .	4 Sh. 6½ P.		
„ Faß	0 5		
		4	11½
		4	3

Daher kosten 1000 Kubikfuß = 13½ Pence.

Dritter Tag.

Bei den Versuchen an diesem und den zwei folgenden Tagen suchte man eine große Menge Gas auf Kosten des rückständigen Oels zu erhalten; dieses Verfahren erwies sich aber, wie zu erwarten war, nicht als vortheilhaft:

	Cntr.	Pfd.
Harz	2	17
Steinkohlen	1½	0
Holzkohlen	0	12
Kalt	¼	0
Waffer	0	85
erzeugtes rückständiges Oel . . .	4,5 Gallons	
erzeugtes Gas	4157 Kubikfuß	
„ per Cntr (112 Pfd.) Harz .	1932	„

Gas im Gasometer am Anfang des Versuchs:

ölbildendes Gas	1091,1	Kubikfuß
leichter Kohlenwafferstoff . .	4319,5	„
Wafferstoff	4122,6	„
Kohlenoryd	1823,6	„
Kohlenfäure	1185,2	„
	12542,0	

Gas im Gasometer nach dem Hinzukommen des Gases vom dritten Tage:

	wirklicher Betrag	Zusammensetzung in 100 Raumtheilen.
ölbildendes Gas . . .	1396,8 Kubikfuß	8,38
leichter Kohlenwafferstoff . .	5215,4 „	31,29
Wafferstoff	6098,8 „	36,59
Kohlenoryd	2576,9 „	15,46
Kohlenfäure	1380,1 „	8,28
Stickstoff	Spur	Spur
	16668,0	100,00

Daher bestand das am dritten Tag erzeugte Gas aus:

	wirklicher Betrag.	Zusammensetzung in 100 Raumtheilen.
ölbildendem Gas . . .	305,7 Kubikfuß	7,41
leichtem Kohlenwafferstoff . .	895,9 „	21,71
Wafferstoff	1976,2 „	47,90
Kohlenoryd	753,3 „	18,26
Kohlenfäure	194,9 „	4,72
Stickstoff	Spur	Spur
	4126,0	100,00

Oder

Waffergas	2286,2	Kubikfuß
Harzgas	1839,8	„
	4126,0	

Erzeugungskosten.

Harz, 2 Cntr. 17 Pfd., zu 3 Shill. 6 Pence . . .	7	6¼
Steinkohlen, 1½ Cntr., zu 6 Shill. per Tonne . . .	0	5¼
Holzkohlen, 12 Pfd.	0	3
Kalk, ¼ Cntr.	0	1½
	8	0
Abzuziehen 4,5 Gallons Oel, zu 7 Pence 2 7½		
„ Faß 0 5		
	3	½
	5	3½

Folglich kosten 1000 Kubikfuß = 15¼ Pence.

Die Verſuche wurden noch zwei Tage fortgeſetzt, aber das erzeugte Gas nicht analytiſch unterſucht. Man erhielt folgende Reſultate:

Vierter Tag.

	Cntr.	Pfd.
Harz	2	0
Steinkohlen	1½	0
Holzkohlen	0	10
Kalk	¼	0
Waſſer	0	68
erzeugtes rückſtändiges Oel . . .	4,5 Gallons	
erzeugtes Gas	3378 Kubikfuß	
„ per 112 Pfd. Harz .	1689 Kubikfuß.	

Erzeugungskoſten.

Harz, 2 Cntr., zu 3 Shill. 6 Pence	7	0
Steinkohlen, 1½ Cntr., zu 6 Shill per Tonne . .	0	5¼
Holzkohlen, 10 Pfd.	0	2½
Kalk, ¼ Cntr.	0	1½
	7	9¼
Abzuziehen 4,5 Gallons rückſtändiges Oel,		
zu 7 Pence 2 7½		
„ Faß 0 5		
	3	½
	5	8¾

Daher koſten 1000 Kubikfuß = 16½ Pence.

Fünfter Tag.

	Cntr.	Pfd.
Harz	2¼	4
Steinkohlen	1½	0
Holzkohlen	0	11
Kalk	0	20
Waſſer	0	77½
erzeugtes rückſtändiges Oel . .	6,8 Gallons	
erzeugtes Gas	3688 Kubikfuß	
„ per Cntr. (112 Pfd) Harz	1613 Kubikfuß.	

Erzeugungskoſten.

Harz, 2¼ Cntr. 4 Pfd., zu 3 Shill. 6 Pence . .	8	0
Steinkohlen, 1½ Cntr., zu 6 Shill. per Tonne . .	0	5¼
Holzkohlen, 11 Pfd.	0	2¾
Kalk . . .	0	1
	8	9

Abzuziehen 6,8 Gallons rückständiges Oel,

        zu 7 Pence 3   11½

   „   Faß 0   5

                                     4   4½

                                     4   4½

Folglich kosten 1000 Kubikfuß = 14¼ Pence.

Die vorstehenden analytischen Resultate liefern uns eine genügende Erklärung sowohl der in den Wasser- als der in den Harzgasretorten vorgehenden Processe. In den Wasserretorten finden zwei verschiedene Zersetzungen statt; nämlich erstens die Zersetzung des Wasserdampfs durch Holzkohle, wobei gleiche Volume Wasserstoff- und Kohlenoxydgas entstehen; und zweitens die Zersetzung des Wasserdampfs durch Holzkohle unter Bildung von zwei Volumen Wasserstoff und einem Volumen Kohlensäure.

Dieses Gemisch von Wasserstoff, Kohlenoxyd und Kohlensäure geht mit einem großen Ueberschuß von Wasserdampf in die Harzretorte über, wo es sich mit dem Dampfe des sich zersetzenden Harzes vermischend, zweimal die ganze Länge der rothglühenden Retorte durchzieht. Es ist kein Zweifel, daß der größte Theil des Wassergases durch die Zersetzung dieses Dampfüberschusses in der Harzretorte erzeugt wird, weil das Gewicht Holzkohle, welches zur Bildung des, bei jedem der obigen Versuchen erzeugten Volums Wassergas erforderlich ist, über zweimal so groß ist, als das aus der Wasserretorte verschwundene. Dieser Umstand macht uns die Vortheile einleuchtend, welche der Durchgang dieses mit Dampf vermischten Gases durch die Harzretorte gewährt; die rußartige Materie, welche sich sonst in dieser Retorte anhäufen und sie an ihrem Austrittsrohr verstopfen würde, wie dieß bekanntlich der Fall ist, wenn man Harz allein anwendet, wird in permanentes brennbares Gas verwandelt, welches, obgleich keine Leuchtkraft besitzend, in nachfolgender Weise schätzbare Dienste leistet.

Man hat behauptet, daß der Wasserstoff des Wassergases in Verbindung tritt mit den in der Harzretorte gebildeten kohlenstoffhaltigen Substanzen und Kohlenwasserstoffgase erzeugt, welche große Leuchtkraft besitzen; diese Ansicht rührt von der Thatsache her, daß wenn die Vermischung des Harz- und Wassergases nicht in der Harzretorte geschieht, sondern im Gegentheil die zwei Gase getrennt in den Gasometer geleitet werden, das erhaltene Gas in Qualität und Quantität viel geringer ausfallen wird. Vorstehende Versuche liefern jedoch für diese Ansicht

keine Begründung, sondern beweisen vielmehr, daß gar kein Theil des
Wasserstoffs vom Wassergas irgend eine chemische Verbindung eingeht,
denn, wie erwähnt, wenn Dampf auf Holzkohle bei hoher Temperatur
wirkt, erzeugt jeder Kubikfuß des entstandenen Kohlenoxyds ein gleiches
Volum Wasserstoff, während jeder Kubikfuß gebildeter Kohlensäure zwei
Kubikfuß Wasserstoff frei macht; wenn daher das Volum des im Kohlenwasserstoffgas enthaltenen Wasserstoffs gleich ist dem Volum des Kohlenoxyds plus dem doppelten Volum der Kohlensäure, so haben wir den
vollsten Beweis, daß kein Wasserstoff eine Verbindung einging, und
dieß hat sich durch die Versuche des ersten und zweiten Tages herausgestellt; denn das am ersten Tag erzeugte Gas enthielt:

Wasserstoff	. . . . . .	39,38 Proc.
Kohlenoxyd	. . . . .	28,98 —
Kohlensäure	. . . . .	6,31 —

Also Wasserstoff: Kohlenoxyd $+ 2$ Kohlensäure $= 39,38 : 41,60.$

Das am zweiten Tag erzeugte Gas enthielt:

Wasserstoff	. . . . . .	33,54 Proc.
Kohlenoxyd	. . . . .	8,40 —
Kohlensäure	. . . . .	10,78 —

Also Wasserstoff: Kohlenoxyd $+ 2$ Kohlensäure $= 33,54 : 29,96.$

Am dritten Tag wurde ein großer Ueberschuß von Wasserstoff erzeugt, ohne Zweifel in Folge der Zersetzung des leichten Kohlenwasser-
stoffs durch die viel größere Hitze, welche an diesem Tag angewandt
wurde.

Obwohl aber hiermit dargethan ist, daß das Wassergas auf keine
Weise eine chemische Verbindung eingeht mit den Bestandtheilen des
Harzgases, sehe ich doch nicht ein, daß deßwegen sein Werth bei diesem
Proceß geringer wäre. Ich habe schon seinen Nutzen durch die Aufnahme einer großen Menge Rußsubstanz und deren Verwandlung in
permanentes Gas nachgewiesen, welche Substanz außerdem die Harzretorten und ihre Austrittsröhren verstopfen würde; aber selbst dieß ist
von sehr untergeordnetem Belang im Vergleich mit dem Dienst, welchen
es dadurch leistet, daß es die durch die Zersetzung des Harzes erzeugten
permanenten Leuchtgase rasch aus der rothglühenden Retorte fortreißt
und sich mit den verschiedenen flüchtigen Kohlenwasserstoffen sättigt, von
welchen die Leuchtkraft aller Gase so sehr abhängt und die außerdem
großentheils mit dem Theer und dem Wasser in den Condensatoren
zurückbleiben würden. Es ist wohl bekannt, wie schnell das ölbildende

Gas und alle reichen Kohlenwasserstoffe in Kohle und Gase von geringer
oder keiner Leuchtkraft zersetzt werden, wenn sie mit den Wänden einer
rothglühenden Retorte in Berührung sind, und aus diesem Grunde kann
der Werth des Wassergases, insofern es sie rasch von diesem zerstörenden Einflusse entfernt und sie in permanenter Gasform erhält, gar nicht
zu hoch angeschlagen werden; es wurde dieses Princip auch wirklich
von den Steinkohlengasfabrikanten nicht gänzlich vernachlässigt, indem
einige Compagnien Saugapparate an ihren Retorten anbrachten, die aber
im Vergleich mit dem Wassergas ihren Dienst nur sehr unvollkommen
verrichten.

Die Erzeugung von Kohlensäure freien Wassergases ist ein Problem
von großer Wichtigkeit, welches bezüglich des neuen Leuchtgases alle
Aufmerksamkeit verdient. Die relative Menge der entstehenden Kohlensäure wechselt ohne Zweifel je nach dem Hitzegrad, bei welchem die Zersetzung stattfindet, und wahrscheinlich auch je nach der Schnelligkeit,
womit das Wasser in die Retorten eingelassen wird, so bedeutend (von
10,78 bis 4,72 Proc.), daß es durch veränderte Umstände nicht unmöglich wäre, das Leuchtgas ganz frei von Kohlensäure zu erhalten;
die Menge derselben scheint in dem Maaße abzunehmen, als die Temperatur zunimmt, doch konnte ich bisher die Bildung der Kohlensäure
nicht ganz verhüten; es ist daher nothwendig, ein wirksames Mittel zu
besitzen, sie aus dem Gasgemisch zu entfernen, ehe dasselbe in den
Gasometer gelangt, weil die Kohlensäure nicht nur als vollkommen un-
verbrennlich ganz unnütz ist, sondern auch einen entschieden nachtheiligen Einfluß auf die Verbrennung des Leuchtgases hat, indem sie die
Flamme abkühlt und dadurch deren Leuchtkraft sehr verringert. Kalkhydrat, sowohl in feuchtem als trockenem Zustand, ist für die Entfernung dieser Kohlensäure ganz unwirksam, weil der zuerst gebildete kohlensaure Kalk die weitere Berührung zwischen dem Gas und dem reinigenden Agens verhindert. Ich empfehle daher das Aetznatron, durch
Vermischen von gebranntem Kalk mit einer Auflösung von Soda bereitet, als ein sehr wirksames und wohlfeiles Reinigungsmittel, wenn
es folgendermaßen angewendet wird: — Man löse 1 Cntr. Soda in
nicht weniger als 120 Gallons (1200 Pfd.) Wasser (in diesem Verhältniß auch für kleinere Mengen) auf, setze 70 oder 80 Pfd. gebrannten
Kalk zu, menge das Ganze wohl durcheinander und bringe es dann in
den Reinigungsapparat, worin es von Zeit zu Zeit gut umgerührt
werden muß; nachdem etwa 8000 Kubikfuß Gas hindurchpassirt sind,
läßt man die Mischung auslaufen und in einem passenden Gefäß sich
setzen, aus welchem dann die über dem Bodensatz von kohlensaurem Kalk

stehende klare Flüssigkeit in den Behälter gepumpt werden muß, welcher den Reinigungsapparat speist, in welchem Behälter ihr dann wieder eben so viel Kalk zugesetzt wird wie vorher. Es geht hierbei wenig oder kein Natron verloren, weil es lediglich den Dienst eines Ueberträgers der Kohlensäure vom Gas auf den Kalk verrichtet. Der Bodensatz von kohlensaurem Kalk kann zwischen jeder Operation beseitigt werden. Die Kosten der Reinigung nach dieser Methode würden höchstens ¾ Pence per 1000 Kubikfuß betragen.

Folgender Versuch wurde mit dem in besagter Weise gefüllten Reinigungs-Apparat angestellt, jedoch nur 75 Pfd. Soda angewandt:

Sechster Tag.

	Cntr.	Pfd.
Harz	2	7
Steinkohle	1½	0
Holzkohle	0	10
Kalk 2c.	¼	0
Waffer	½	6½
rückständiges Oel	8,75 Gallons	
Gas	3090 Kubikfuß	
„ auf 112 Pfd. Harz	1520	„

Erzeugungskosten des Gases.

		Shill.	Pence
Harz . . 2 Cntr. 7 Pfd. à 3 Shill. 6 Pence		7	2½
Steinkohle . 1½ „ 0 „ à 6 „ per Tonne		0	5¼
Holzkohle . 0 „ 10 „		0	2½
Reinigung		0	2
		8	0¼

	Shill.	Pence
Abzuziehen 8,75 Gall. Oel à 7 Pence	5	1¼
„ Faß	0	5
	5	6¼
	2	6

Folglich kosten 1000 Kubikfuß = 9½ Pence.

In 100 Raumtheilen ist das Gas zusammengesetzt aus:

ölbildendem Gas	8,22
leichtem Kohlenwafferstoff	31,09
Wafferstoff	42,06
Kohlenoxyd	15,04
Kohlensäure	3,59
	100,00

9 *

Es iſt daher klar, daß, während die Kohlenſäure durch dieſes Verfahren, wenn genug Aetznatron angewandt und das Gas mit einer
großen Oberfläche deſſelben in Berührung gebracht wird, leicht vollſtändig entfernt werden kann, die Qualität des Gaſes bei ſeinem Durchgang durch die Flüſſigkeit nicht im Geringſten leidet, wie dieß der größere Procentgehalt an ölbildendem Gas in obiger Analyſe beweiſt.

Aus folgender Tabelle erſieht man die Menge und Zuſammenſetzung
des bei den Verſuchen des erſten, zweiten, dritten und ſechsten Tages
erhaltenen Gaſes, nach ſeiner eben beſchriebenen vollkommenen Reinigung.

	1ſter Tag.	2ter Tag.	3ter Tag.	6ter Tag.	Durch-ſchnitt.
Volum des aus 1 Entr. Harz erzeugten Gaſes in Kubikfußen	1300	1406	1841	1465	1503
Zuſammenſetzung des Gaſes in 100 Raumtheilen:					
ölbildendes Gas	8,27	7,94	7,78	8,53	8,13
leichter Kohlenwaſſerſtoff	18,76	45,06	22,79	32,25	29,71
Waſſerſtoff	42,03	37,59	50,27	43,62	43,38
Kohlenoxyd	30,93	9,41	19,16	15,60	18,78
	100,00	100,00	100,00	100,00	100,00

Um einen praktiſchen Vergleich zwiſchen dem theilweiſe gereinigten
Kohlenwaſſerſtoffgas und dem Mancheſter Steinkohlengas, wie es der Stadt
geliefert wird, anzuſtellen, wurde letzteres von einem Hauſe in der Nähe der
Fabrik der HHrn. Clarke in das für die Prüfung der Leuchtkraft von
Gaſen beſonders beſtimmte Local geleitet. Mittelſt einer einfachen Vor-
richtung konnte jedes Gas durch einen Gasmeſſer geleitet werden, welcher,
eine Minute lang beobachtet, ihre Conſumtion per Stunde anzeigte.
Es wurde immer dafür geſorgt, das eine Gas vollſtändig aus dem Gas-
meſſer zu verdrängen, ehe man die Leuchtkraft des andern beſtimmte.
Folgendes waren die erhaltenen Reſultate:

Erster Versuch.

Druck der Gase, 7/8 Zoll.

Consumtion per Stunde, äquivalent dem Licht einer Sechser-Compositions-Kerze.

Manchester Steinkohlengas.

7½ Zehntel eines Kubikfußes.

Kohlenwasserstoffgas.

7¼ Zehntel eines Kubikfußes.

Zweiter Versuch.

Druck der Gase, 1 Zoll.

Consumtion in der Stunde, äquivalent dem Licht einer Sechser-Compositions-Kerze.

Manchester Steinkohlengas.

8 Zehntel eines Kubikfußes.

Kohlenwasserstoffgas.

7¾ Zehntel eines Kubikfußes.

Diese Methode den relativen Werth der zwei Gase zu bestimmen, schien mir indeß nicht ganz fehlerfrei zu seyn, weil einige der in dem Steinkohlengas enthaltenen leichtern Kohlenwasserstoffe bei ihrem Durchgang durch die sehr lange kalte Röhrenleitung zwischen der Gasanstalt und dem zu beleuchtenden Zimmer möglicherweise condensirt werden konnten; ein Umstand, der das Kohlenwasserstoffgas, welches eine viel kürzere Röhre zu durchlaufen hatte, in Vortheil gesetzt hätte. Ich verschaffte mir daher eine Probe des Steinkohlengases aus der unmittelbaren Nachbarschaft der Gasanstalt an der St. Georges-Road Station und unterzog sie der Analyse. Sie lieferte mir folgende Zahlen, welche ich mit der durchschnittlichen Zusammensetzung des Kohlenwasserstoffgases vor und nach seiner Reinigung zusammenstellte.

	Manchester Steinkohlengas.	Kohlenwasserstoffgas vor der Reinigung.	Kohlenwasserstoffgas nach der Reinigung.
ölbildendes Gas	5,50	7,41	8,13
leichter Kohlenwasserstoff	40,12	26,50	29,71
Wasserstoff	45,74	40,27	43,38
Kohlenoxyd	8,23	18,55	18,78
Kohlensäure	0,41	7,27	—
Stickstoff	Spur	Spur	Spur
	100,00	100,00	100,00

Da die Leuchtkraft des Steinkohlen= ſowohl als des Harzgaſes beinahe ausſchließlich von der Menge ihrer durch rauchende Schwefel= ſäure condenſirbaren Beſtandtheile abhängt, welche faſt in allen Gas= Analyſen unter der etwas ungeeigneten Benennung „ölbildendes Gas" erſcheinen, ſo geht der Vorrang des Kohlenwaſſerſtoffgaſes über das Mancheſter Steinkohlengas aus obiger Vergleichung genugſam hervor; es fragt ſich aber noch, von welcher Beſchaffenheit die Subſtanzen ſind, welche das ölbildende Gas in jeder Probe bilden, und die Beantwortung dieſer Frage war daher nöthig, um endgültig über die relative Güte der beiden Gaſe ſich ausſprechen zu können.

Die Leuchtkraft der in obiger Analyſe unter der Benennung „öl= bildendes Gas" zuſammengruppirten Kohlenwaſſerſtoffe hängt direct von dem Gewicht des in einem gegebenen Volum enthaltenen Kohlenſtoffs ab; durch Ermittelung der Kohlenſäure=Mengen, welche dieſer Antheil der zwei Gaſe bei der Detonation mit überſchüſſigem Sauerſtoff liefert, läßt ſich folglich ihr relativer Werth leicht berechnen. Meine Verſuche führten zu folgendem Verhältniß:

Leuchtkraft gleicher Volume der ölbildenden Gaſe.

Das ölbildende Gas des Mancheſter Steinkohlengaſes verhält ſich:
ölbildenden Gas des Kohlenwaſſerſtoffs = 3,62 : 2,8.

Die ölbildenden Beſtandtheile im Mancheſter Steinkohlengas haben ſonach einen höheren Werth als daſſelbe Volum des im Kohlenwaſſer= ſtoffgas enthaltenen ölbildenden Gaſes, was alſo bei Berechnung des relativen Werths der beiden Gaſe berückſichtigt werden muß.

Obiger Proportion gemäß iſt der wahre Werth der 5,5 Procente ölbildenden Gaſes 7,11; daher ſtellt ſich die Leuchtkraft des durchſchnitt= lichen Kohlenwaſſerſtoffgaſes zum Mancheſter Steinkohlengas wie folgt:

I. Relative Leuchtkraft des ungereinigten Kohlenwaſſerſtoff= gaſes und Mancheſter Steinkohlengaſes:

Kohlenwaſſerſtoffgas.	Mancheſter Steinkohlengas.
7,41	7,11
oder　100	95,90

II. Relative Leuchtkraft des gereinigten Kohlenwaſſerſtoffgaſes und Mancheſter Steinkohlengaſes:

Kohlenwaſſerſtoffgas.	Mancheſter Steinkohlengas.
8	7,11
oder　100	88,90

welche Zahlen die durch die früheren Versuche über die Leuchtkraft der beiden Gase erhaltenen Resultate genau bestätigen.

Obige Thatsachen beweisen, daß 1000 Kubikfuß Kohlenwasserstoffgas vor der Reinigung gleich sind 1042 Kubikfuß des Manchester Steinkohlengases, und 1000 Kubikfuß Kohlenwasserstoffgas nach der Reinigung äquivalent sind 1125 Kubikfuß des Manchester Kohlengases; ferner daß bei den gegenwärtigen Marktpreisen der für jenes erforderlichen und dabei erzeugten Artikel 1000 Kubikfuß durchschnittlichen Kohlenwasserstoffgases vor der Reinigung, abgesehen von Zinsen, Steuern, Miethe und Abnutzung der Apparate, zu den Kosten von 9¼ Pence bis 1 Shill. 1½ Pence je nach der Betriebsart erzeugt werden können, während 1000 Kubikfuß desselben Gases in gereinigtem Zustande auf 10¼ Pence bis 1 Shill. 2¼ Pence zu stehen kommen.

Zwischen ungereinigtem Steinkohlengas und ungereinigtem Kohlenwasserstoffgas muß jedoch ein Unterschied gemacht werden; das erstere enthält viele schädliche Bestandtheile, welche es ganz unanwendbar machen; das letztere hingegen hat keinen schädlichen Bestandtheil, nur ist seine Leuchtkraft durch die Gegenwart von Kohlensäure vermindert.

Auch ergibt sich, daß eine mäßige Hitze geeigneter ist, um gutes Kohlenwasserstoffgas ökonomisch zu gewinnen, als eine stärkere, welche, obschon sie viel mehr Gas erzeugt, dieß auf Kosten des Harzöles thut, wovon man viel weniger erhält, wodurch dann das Gas viel höher zu stehen kommt, während auch seine Güte darunter etwas leidet. Dieß ist aus den Versuchen des 1sten, 2ten und 6ten Tages zu ersehen, an welchen eine mäßigere Hitze angewandt wurde, als am 3ten, 4ten und 5ten Tag, wo die Hitze viel höher war; obgleich die Ausbeute an Gas beträchtlich geringer war als an den letztern Tagen, war es doch an Qualität etwas besser, und da das Ergebniß an Oel viel größer war, verminderten sich die Kosten des Gases in diesem Verhältniß.

Es scheint mir ein Irrthum zu seyn, daß man glaubt für das Kohlenwasserstoffgas sey eine andere Form der Brenner erforderlich als für Steinkohlengas, denn ich konnte keinen Unterschied in der Leuchtkraft jenes Gases finden, wenn Steinkohlengasbrenner anstatt der gewöhnlich für Kohlenwasserstoffgas angewandten Brenner verwendet wurden; möglich wäre es indessen, daß, wenn das Gas viel Kohlensäure enthält, ein weiterer Brenner erforderlich ist. Eine sorgfältige Bestimmung der specifischen Gewichte des Kohlenwasserstoff- und Manchester Steinkohlengases, welche ich hier beifüge, zeigt, daß sie in dieser Hin-

ficht nicht wesentlich differiren und bestätigt also meine Meinung, daß,
wenn das Gas gehörig bereitet ist, keine anderen Brenner dafür er=
forderlich sind.

Specifisches Gewicht.

Kohlenwafferstoffgas vor der Reinigung 0,65886.
               nach   „   0,59133.   Manchest. Steinkohleng. 0,52364

Schließlich bemerke ich, daß das neue Kohlenwafferstoffgas wegen
der Reinheit seiner Zusammensetzung und da es frei von allen Stoffen
ist, welche während seiner Verbrennung den Möbeln, Waaren 2c. nach=
theilige Verbindungen erzeugen können, große Vorzüge vor dem Stein=
kohlengas besitzt, das stets mehr oder weniger Schwefelkohlenstoff ent=
hält, eine flüchtige Substanz, von welcher man es durch die Reinigungs=
methoden weder ganz noch theilweise zu befreien vermag und die
während der Verbrennung des Gases schweflige Säure erzeugt, jene
Verbindung, welcher wahrscheinlich alles durch Steinkohlengas hervor=
gebrachte Unheil zuzuschreiben ist. Der Geruch des Kohlenwafferstoff=
gases ist hinlänglich stark, um, wenn es irgendwo anstritt, es anzu=
zeigen, und bei weitem kein so widriger, wie derjenige des Steinkohlen=
gases, für manche Personen sogar ein angenehmer, während das Ver=
fahren das neue Leuchtgas zu bereiten so einfach ist, daß es jeder ver=
ständige Mensch gleich auf das erstemal auszuführen vermag. [24]

    Manchester, 23. Juni 1851.

---

[24] Man arbeitet also in England ernstlich darauf hin, das Steinkohlengas,
welches niemals vom Schwefelkohlenstoff vollständig gereinigt werden kann, und daher
bei seiner Verbrennung stets die den gefärbten Zeugen, den Pflanzen 2c. so nach=
theilige schweflige Säure bilden muß, durch ein anderes Leuchtgas zu ersetzen.
White hat zu diesem Zweck das Princip des Selligue'schen Wassergases auf die
Harzgasbereitung angewandt; in Deutschland wurde das Problem durch Petten=
kofer's Holzgas (polytechn. Journal Bd. CXXI S. 141) auf eine für alle holz=
reichen Gegenden ökonomischere Weise gelöst.

                                A. d. Red.

XXVII.

Beobachtungen über den Kalk und über zwei neue Verbindungen desselben mit Eisenoryd und mit Chromoryd; von J. Pelouze.

Aus den Comptes rendus, Juli 1851, Nr. 3.

Ich untersuchte ein erdiges Eisenerz, welches eine beträchtliche Menge Kalk enthielt; ich hatte eine Auflösung desselben in Salzsäure bereitet und dieselbe mit Aetzkali versetzt; ich hatte einen gelblich-weißen Niederschlag erhalten, welcher anfangs nichts Besonderes zeigte, aber nach einigen Stunden vollkommen weiß wurde und dann bei längerem Verweilen an der Luft eine rothe Farbe annahm. Dieses Verhalten nahm meine Aufmerksamkeit in Anspruch, und nach einigen unfruchtbaren Versuchen, die Ursache des so eben besprochenen Verhaltens zu entdecken, erkannte ich endlich, daß man es einer wirklichen Verbindung von Kalk und Eisenoryd zuzuschreiben habe, deren Eristenz bisher der Kenntniß der Chemiker entgangen war. Ich konnte diese Verbindung nach Belieben hervorbringen, indem ich Mischungen von Kalk- und Eisenorydsalzen nach gewissen atomistischen Verhältnissen geradezu durch eine Lösung von Aetzkali fällte.

Löst man eine Gewichtsmenge Eisenchlorid, welche 1 Aequivalent entspricht, in Wasser auf, und setzt 4 Aequivalente Chlorcalcium zu, so entsteht auf Zusatz von überschüssigem Kali ein chamois-farbiger Niederschlag, welcher nach einigen Stunden vollkommen weiß wird und sich in diesem Zustand unbestimmte Zeit hindurch erhält, falls man ihn der Einwirkung der Luft entzieht. Der Niederschlag, welcher auf die entgegengesetzte Weise — indem man das Gemenge von Kalk- und Eisenorydsalz zu überschüssigem Kali setzt — entsteht, zeigt dieselbe Farbe und wird gleichfalls nach einiger Zeit weiß. Wird dieser Niederschlag mit ausgekochtem Wasser und dann mit Wasser, welches Zucker gelöst enthält, gewaschen, so gibt er nur Kali ab, und in dem Waschwasser bringt oralsaures Ammoniak nur eine unwägbare Trübung hervor. Aber wenn der Niederschlag statt in der angegebenen Weise so dargestellt wurde, daß die Lösung mehr als 4 Aequivalente Kalksalz auf 1 Aequivalent Eisenorydsalz enthielt, so entzieht ihm zuckerhaltiges Wasser sehr erhebliche Mengen Kalk. Dieser Umstand erklärt sich durch die Zusammensetzung der neuen Verbindung, welche auf 1 Aequivalent Eisenoxyd 4 Aequivalente Kalk enthält.

Die Erscheinungen von Färbung und Entfärbung, welche diese Verbindung im Augenblick ihrer Bildung zeigt, erklären sich leicht. Ein, wenn auch sehr kleiner Theil Eisenoxydhydrat schlägt sich nieder, ohne mit dem Kalk verbunden zu seyn; daher die Chamoisfarbe, welche die Verbindung zeigt und welche verschwindet, wenn später eine vollständige Verbindung der beiden Basen eintritt. Was die ziegelrothe Farbe betrifft, welche die Verbindung in Berührung mit der Luft annimmt, so beruht dieselbe auf der Einwirkung der Kohlensäure, welche sich mit dem Kalk verbindet und das Eisenoxyd abscheidet; auch findet man, daß nach hinlänglicher Einwirkung der Luft aller Kalk zu kohlensaurem geworden ist.

Der Eisenoxyd-Kalk ist ein leichtes amorphes Pulver von vollkommen weißer Farbe, obgleich er 42 Proc. Eisenoxyd enthält; er ist unlöslich in reinem und in zuckerhaltigem Wasser; bei dem Kochen mit Wasser, welches Kohlensäure oder ein lösliches kohlensaures Salz enthält, zersetzt er sich unter ziegelrother Färbung, das Eisenoxyd wird frei und mengt sich dem in kohlensaures Salz verwandelten Kalk bei. Der Eisenoxyd-Kalk kann mit Aetzkali gekocht werden, ohne daß er eine Veränderung erleidet, wie man daraus ersieht, daß er dabei vollkommen weiß bleibt. Alle Säuren, selbst die schwächsten, zersetzen den Eisenoxyd-Kalk und vereinigen sich mit seinen beiden Bestandtheilen.

Die Zusammensetzung des Eisenoxyd-Kalks läßt sich auf mehrerlei Art feststellen. Löst man ihn in Salzsäure, so erhält man eine gelbe Lösung, aus welcher durch Ammoniak alles Eisen als Eisenoxydhydrat ausgefällt wird, welches man glüht; die filtrirte Flüssigkeit, mit dem Waschwasser vereinigt, gibt mit oxalsaurem Ammoniak einen Niederschlag von oxalsaurem Kalk, welchen man in schwefelsauren verwandelt. Die Analyse von Eisenoxyd-Kalk, welcher mit überschüssigem Kalksalz dargestellt und gewaschen war, ergab so stets auf 1 Aequivalent Eisenoxyd 4 Aequivalente Kalk. Es ist wahrscheinlich, daß die Verbindung auch Wasser chemisch gebunden enthält, aber da es so zu sagen unmöglich ist, sie ohne theilweise Zersetzung vollständig zu trocknen, so begnügte ich mich, das Verhältniß der beiden darin enthaltenen Oxyde zu bestimmen.

Andererseits erhält man durch Fällen einer Lösung, welche auf 1 Aequivalent Eisenchlorid 4 Aequivalente Chlorcalcium enthält, einen Niederschlag, welcher nach einigen Stunden vollkommen weiß wird, während der Niederschlag aus einer Löfung, welche auf 1 Aequivalent Eifenorhd 3, 3½ oder 3¾ Aequivalente Chlorcalcium enthält, gefärbt bleibt, wenn man ihn felbft mehrere Monate hindurch fich felbft überläßt. Diefe leßtere Beobachtung reichte fchon für fich allein hin, um zu zeigen, daß der Eifenorhd⸗Kalk, als wafferfrei betrachtet, aus 1 Aeq. Eifenorhd und 4 Aeq. Kalk zufammengefeßt ift.

Abgefehen von feiner großen Unbeftändigkeit ift der Eifenorhd⸗Kalk dadurch bemerkenswerth, daß er eine faft fchneeweiße Farbe befißt, obgleich er faft zur Hälfte aus Eifenorhd befteht.

Ich habe fchon angegeben, daß der Eifenorhd⸗Kalk, welcher durch Fällung einer Mifchung von 1 Aequivalent Eifenchlorid und 4 Aequivalenten Chlorcalcium dargeftellt wird, erft einige Stunden nach feiner Fällung vollkommen weiß wird. Ich füge hinzu, daß man ihn fchon in wenigen Minuten fo erhalten kann, indem man den Niederfchlag mit der Flüffigkeit gemengt zum Kochen erhißt.

Enthielt endlich die Mifchung mehr als 4 Aequivalente Kalkfalz, fo ift der Eifenorhd⸗Kalk in dem Augenblick, wo er gefällt wird, vollkommen weiß, aber dann enthält er überfchüffigen Kalk beigemengt.

Kalk und Chromorhd.

Ich fuchte das in der vorhergehenden Verbindung enthaltene Eifenorhd durch andere Orhde von ähnlicher Zufammenfeßung zu erfeßen, und es gelang mir mit mehreren unter ihnen, namentlich mit dem Chromorhd.

Seßt man einen Ueberfchuß von Aeßkali zu einer Löfung, welche auf 1 Aequivalent Chromalaun 2, 3, 4 u. f. w. Aequivalente Chlorcalcium enthält, fo bildet fich ein grüner Niederfchlag, und die überftehende Flüffigkeit ift farblos. Da das reine Chromorhdhhdrat in einer kalten Kalilöfung fich mit grüner Farbe löft, fo ließ mich fchon diefer Verfuch die Bildung einer Verbindung von Kalk und Chromorhd vermuthen.

Die Niederfchläge, welche auf 1 Aequivalent Chromorhd mehr als 2 Aequivalente Kalk enthalten, geben den Ueberfchuß von Kalk an zuckerhaltiges Waffer ab, fo daß die Verbindung von 1 Aeq. Chromorhd und 2 Aeq. Kalk entfteht.

Diefelbe Verbindung bildet fich in noch einfacherer Weife, wenn man Ammoniak an der Stelle von Kali anwendet, aber hier bleibt der überschüssige Kalk, statt sich niederzuschlagen, in Lösung. Der wohl-ausgewaschene Niederschlag gibt bei der Behandlung mit verdünnter Schwefelsäure und dann mit Weingeist einen weißen Niederschlag von schwefelsaurem Kalk, während aus der Flüssigkeit und dem Waschwasser auf Zusatz von Ammoniak Chromoxyd niedergeschlagen wird.

Mehrere Analysen ergaben für die gewaschene Verbindung 1 Aeq. Chromoxyd auf 2 Aeq. Kalk.

Der Chromoxyd-Kalk bildet einen grünen, schwach gallertartigen Niederschlag, ist ohne bemerkbaren Geschmack, in reinem Wasser, in Ammoniak und in Kali unlöslich; er wird viel langsamer und schwie-riger als der Eisenoxyd-Kalk durch freie Kohlensäure und durch kohlen-saure Salze zersetzt, er kann übrigens auch nicht ohne Zersetzung ge-trocknet werden.

Bei dem Erhitzen an der Luft verwandelt er sich allmählich in chromsauren Kalk. Die Absorption des Sauerstoffs geht bei wenig er-höhter Temperatur, weit unter der Rothglühhitze, vor sich. Ich habe diese Thatsache mehrmals constatirt, indem ich Chromoxyd-Kalk in einem Oelbad erhitzte. Die Umwandlung wird dadurch bemerklich, daß die Verbindung nachher bei Behandlung mit Salzsäure Chlor entwickelt, wie es die chromsauren Salze thun.

Wird der Chromoxyd-Kalk in einer offenen Röhre über einer Spirituslampe erhitzt, so bildet sich gleichfalls chromsaurer Kalk; aber der größte Theil des Chromoxyd-Kalks scheidet sich als ein grünes Pulver von krystallinischem Ansehen ab.

Die Bildung dieser Verbindung von Chromoxyd und von Kalk unter den angeführten Umständen zeigt deutlich, daß man bei einer Analyse ungenaue Resultate erhalten würde, wollte man das Chrom-oxyd bei Gegenwart von Kalksalzen in der Hitze oder in der Kälte durch ein Alkali ausfällen.

Ich sagte, daß die Verbindung von Chromoxyd und Kalk in einer kalten Kalilösung unlöslich sey; aber wenn der Gehalt an Kalk weni-ger als 2 Aequivalente auf 1 Aequivalent Chromoxyd beträgt, so löst das Kali nicht allein das Chromoxyd, sondern auch den Kalk auf; auch erhält man mittelst Kali Niederschläge, welche in einem Ueberschuß dieses Fällungsmittels löslich sind, wenn man eine Lösung von 20 Thln. Chromalaun und 1 Theil Marmor in Salzsäure, oder eine Lösung von 10 Thln. Chromalaun und 1 Theil Marmor fällt.

Daß eine Mischung von Chromalaun und stark überschüssigem Chlor-calcium vollständig gefällt wird, erklärt sich bei genauerer Untersuchung vollständig; die über dem Niederschlag stehende Flüssigkeit enthält nur unwägbare Spuren von Kalk; aus den Kalksalzen wird nämlich durch überschüssiges Kali der ganze Kalkgehalt ausgefällt, und dieser Kalk mischt sich bei dem eben besprochenen Versuch dem Chromoxyd-Kalk einfach bei.

Diese Unlöslichkeit des Kalks in alkalischen Flüssigkeiten ist bemerkenswerth genug, um die Aufmerksamkeit der Chemiker darauf zu leuken.

Läßt man 1 Theil Aetzkali oder Aetznatron mit 100 Theilen Wasser und einem noch so großen Ueberschuß an Kalk, 10 Theilen z.B., kochen, so enthält die heiß oder kalt filtrirte Flüssigkeit nicht mehr als ein Fünfzigtausendstel Kalk. Wiewohl die Waage nicht leicht dazu dienen kann, so ungemein geringe Mengen Kalk zu bestimmen, so ist es doch gewiß, daß die vorhergehende Zahl eher zu groß als zu klein ist, denn auf Zusatz von oralsaurem Ammoniak zu einer Lösung von 1 Thl. Kalk in 50000 Theilen Wasser entsteht ein merklich beträchtlicherer Niederschlag, als in dem vorhergehenden Fall.

Es geht aus diesem Versuche hervor, daß das Kali und das Natron weder im festen Zustand, noch selbst in sehr verdünnter Lösung je kalkhaltig seyn können, selbst wenn diese Alkalien mittelst eines noch so großen Ueberschusses an Kalk und mit sehr kalkhaltigem Wasser bereitet wurden.

Wie ich nach den so eben angezeigten Beobachtungen erwarten konnte, bringt eine vollkommen kohlensäurefreie Lösung von Kali oder Natron in selbst sehr verdünntem Kalkwasser einen reichlichen Niederschlag hervor. Dieser Niederschlag, welcher dem durch Kohlensäure hervorgebrachten dem Ansehen nach sehr ähnlich ist, scheint nur Kalk zu seyn; seine Bildung beruht auf seiner Unlöslichkeit in alkalischer Flüssigkeit.

Aus dieser Unlöslichkeit folgt, daß bei dem Zusatz von Kalkwasser zu der Flüssigkeit, welche durch Einwirkung von gelöschtem Kalk auf kohlensaures Kali oder Natron erhalten wird (welcher Zusatz den Grad des Aetzendseyns der Alkalien kennen lehren soll), stets ein weißer Niederschlag sich bilden muß, so daß die äußerste Gränze der Darstellung von Aetzkali oder Aetznatron keineswegs, wie angegeben wurde, durch die Abwesenheit jedes Niederschlags angezeigt werden kann, und daß zu ihrer Erkennung andere Reactionen zu Hülfe gezogen werden müssen.

Ich habe gesucht, ob das Ammoniak mit dem Kali und dem Natron die Eigenschaft theile, den Kalk unlöslich zu machen. Da das Ammoniak bei analytischen Arbeiten häufig angewendet wird und es im Zustand als kohlensaures Salz gewisse Nachtheile hat, so war es von Nutzen, festzustellen, ob der gelöschte Kalk ihm die Kohlensäure entzieht, ohne selbst in Lösung überzugehen.

Schüttelt man Kalkhydrat mit Ammoniakflüssigkeit, welcher kohlensaures Ammoniak zugesetzt ist, so wird die Kohlensäure vollständig als unlösliches kohlensaures Salz ausgeschieden, aber ein Theil des Kalks bleibt in dem Ammoniak gelöst.

Ich führe dieses Verhalten an, weil es bei der chemischen Analyse Fälle gibt, wo das Ammoniak von Kohlensäure befreit seyn muß, während ein kleiner Gehalt an Kalk nicht nachtheilig ist.

Kalk und Thonerde.

Der Kalk vereinigt sich mit der Thonerde unter denselben Umständen, wie mit den Oxyden des Eisens und des Chroms.

Löst man 2 Theile Alaun in Wasser und setzt eine wässerige Lösung von 10 Theilen reinen Aetzkalis zu, so bildet sich auf Zusatz von Chlorcalcium ein weißer gallertartiger Niederschlag von Thonerde=Kalk, welcher alle Thonerde in sich enthält.

Wie alkalisch auch die Flüssigkeit seyn mag, so enthält sie keine Thonerde; erst bei dem Erhitzen tritt diese wieder auf.

Kalk und Phosphorsäure.

Auf Zusatz von Chlorcalcium zu einer Mischung von phosphorsaurem Natron und Aetzkali wird die Phosphorsäure ganz vollständig ausgefällt.

Kalk und Kieselsäure.

Der Kalk vereinigt sich mit der Kieselsäure zu einem weißen unlöslichen Niederschlag, wenn man Chlorcalcium zu einer Mischung von kieselsaurem Kali mit überschüssigem Aetzkali setzt. Die Lösung enthält dann keine Kieselerde mehr; denn nach dem Sättigen mit einer Säure und Abdampfen zur Trockne ist der Rückstand in Wasser vollständig löslich.

Kalk, Thonerde und Kieselsäure.

Setzt man Chlorcalcium zu einer Lösung von Alaun und kieselsaurem Alkali, welche überschüssiges Aetzkali enthält, so bildet sich ein reichlicher Niederschlag, welcher Kieselsäure, Thonerde und Kalk enthält; die überstehende Flüssigkeit gibt nach dem Uebersättigen mit Sal=

petersäure auf Zusatz von Ammoniak keinen Niederschlag, und enthält somit keine Thonerde. Wird sie mit einem Ueberschuß von Säure zur Trockne abgedampft und bei 200°C. getrocknet, so löst sich der Rückstand in säurehaltigem Wasser vollständig auf, was beweist, daß diese Flüssigkeit auch keine Kieselsäure enthält.

Es schlägt sich also in dem eben angeführten Versuch eine Substanz nieder, welche dieselben Bestandtheile enthält, wie der kalkhaltige Feldspath.

XXVIII.

Ueber die Analyse der Legirungen von Kupfer und Zink; von Hrn. Rivot, Director des Laboratoriums der Bergwerksschule zu Paris, und Hrn. Bouquet, Probirer daselbst.

Aus den Annales de Chimie et de Physique, Septbr. 1851, S. 24.

Die Verfahrungsarten zum Trennen des Zinks vom Kupfer, welche in den besten Lehrbüchern der analytischen Chemie angegeben sind, gründen sich auf die Anwendung des Schwefelwasserstoffs, oder auf diejenige des Aetzkalis. Hr. Heinrich Rose empfiehlt den Schwefelwasserstoff, und verwirft die Anwendung des Aetzkalis gänzlich, weil dasselbe immer Kupferoxyd gibt, welches eine gewisse Menge Zinkoxyd enthält.

Hr. Pelouze hat zahlreiche Versuche angestellt, um eine leichte und schnell ausführbare Methode zum Analysiren der Kupferlegirungen zu ermitteln; sein Verfahren [25] besteht bekanntlich darin, das Kupfer aus einer ammoniakalischen Flüssigkeit durch eine Auflösung von Schwefelnatrium, deren Gehalt bekannt ist, niederzuschlagen; aber das erhaltene Kupfer-Oxysulfurid läßt sich schwer filtriren, weil es sich in Berührung mit der Luft schnell oxydirt. Man ist daher in die Nothwendigkeit versetzt, das Zink durch Differenz zu bestimmen.

Da wir von dem Probirbureau der Bergwerksschule beauftragt wurden, eine große Anzahl Messingproben zu analysiren, so stellten wir vorher Versuche über die Trennung des Kupfers und Zinks an, wo-

---

[25] Polytechn. Journal Bd. CII S. 36.

durch wir uns überzeugten, daß der Schwefelwasserstoff kein genügendes Resultat geben kann.

Wenn man eine schwach saure Auflösung anwendet, schlägt der Schwefelwasserstoff fast alles Zink zugleich mit dem Kupfer in Form von Schwefelmetallen nieder; ist die Auflösung stark sauer, so reißt das Schwefelkupfer stets einen Antheil Schwefelzink mit, die Flüssigkeit mag noch so sauer seyn.

Indem wir eine andere Trennungsmethode aufsuchten, fanden wir, daß das Aetzkali, mit gewissen Vorsichtsmaßregeln angewandt, das Kupferoxyd sehr scharf vom Zinkoxyd trennen kann.

Anwendung des Schwefelwasserstoffs.

Die Versuche, wobei wir gewogene Quantitäten von Kupfer und Zink durch Anwendung des Schwefelwasserstoffs zu trennen bestrebt waren, wurden auf folgende Art durchgeführt:

Die zwei Metalle wurden in Salpetersäure aufgelöst, die salpetersauren Salze abgedampft und in Oxyde verwandelt, welche man dann in Salzsäure auflöste. In die mehr oder weniger saure salzsaure Auflösung leiteten wir Schwefelwasserstoffgas in Ueberschuß. Der Niederschlag, welcher alles Kupfer und einen Theil des Zinks als Schwefelmetalle enthielt, wurde auf einem Filter gesammelt und mit Wasser ausgewaschen, welches mit Schwefelwasserstoff gesättigt war. Dann wurde er getrocknet, vom Filter abgenommen und in Königswasser aufgelöst. Die Flüssigkeit wurde ammoniakalisch gemacht und das Kupfer durch Aetzkali als Oxyd niedergeschlagen. Zur Controle haben wir das Kupferoxyd durch Wasserstoffgas reducirt und das Kupfer in metallischem Zustand gewogen.

Das Zink befindet sich in zwei Flüssigkeiten; erstens in der salzsauren Auflösung, welche mit Schwefelwasserstoff behandelt wurde; zweitens in der alkalischen Flüssigkeit, woraus das Kupfer durch Aetzkali gefällt wurde.

In ersterer kann man das Zink, welches der Wirkung des Schwefelwasserstoffs entging, dadurch bestimmen, daß man sie mit Ammoniak und mit schwefelwasserstoffsaurem Ammoniak versetzt. Das darin enthaltene Zink wird hierbei als Schwefelzink niedergeschlagen; man sammelt es auf einem Filter, trocknet es sorgfältig, nimmt es vollständig vom Filter, und verwandelt es dann durch Rösten und Glühen in Oxyd.

Um das in der alkalischen Flüssigkeit enthaltene Zink zu bestimmen, muß man die Alkalien durch eine Säure sättigen, und das Zink durch ein kohlensaures Alkali niederschlagen. Der gut ausgewaschene und getrocknete Niederschlag wird durch Glühen in Oxyd verwandelt.

Versuche.

A. Wir behandelten auf diese Weise eine Legirung von Kupfer und Zink, welche enthielt:

Kupfer	0,96 Gram.
Zink	1,04 —

und machten die salzsaure Flüssigkeit vor ihrer Behandlung mit Schwefelwasserstoff so sauer, daß sie das Lackmuspapier stark röthete, ohne daß wir jedoch die Menge der Säure maßen; wir erhielten bei drei Versuchen für das durch Schwefelwasserstoff **nicht gefällte** Zink folgende Quantitäten:

erster Versuch	0,055 Gram.
zweiter Versuch	0,060 —
dritter Versuch	0,080 —

Aus diesen Resultaten ersieht man, daß das Zink durch den Schwefelwasserstoff fast vollständig niedergeschlagen wird; dieses findet man auch bestätigt, wenn man die alkalische Flüssigkeit nach dem Fällen des Kupfers durch Aetzkali untersucht.

B. Wir verwendeten ein Gemenge von:

Kupfer	1,00 Gram.
Zink	0,54 —

Die zwei Metalle wurden in Oxyde verwandelt und letztere in einer Flüssigkeit aufgelöst, welche bestand aus:

Wasser	200 Gram.
rauchender Salzsäure . . .	50 —

Als wir die Auflösung mit Schwefelwasserstoff behandelten, erhielten wir

nicht gefälltes Zink	0,416 Gram.
gefälltes Zink	0,124 —

folglich wurden 22,90 Procent Zink durch den Schwefelwasserstoff niedergeschlagen.

Die Bestimmung des Kupfers ergab:

Kupferoxyd durch Aetzkali gefällt . . .   1,250 Gram.
Kupfer von der Reduction des Oxyds durch
Wasserstoffgas . . . . .   0,995 —

C. Als wir auf dieselbe Art und mit demselben Verhältniß von Waſſer und Salzſäure, ein Gemenge behandelten, welches beſtand aus:

Kupfer . . . . .   0,70 Gram.
Zink . . . . .   1,20 —

erhielten wir:

Zink, welches durch den Schwefelwaſſerſtoff
nicht gefällt wurde . . . .   1,088 Gram.
Zink, welches durch denſelben gefällt wurde .   0,112 —

es wurden alſo 9,30 Proc. Zink zugleich mit dem Kupfer durch den Schwefelwaſſerſtoff niedergeſchlagen.

Die Beſtimmung des Kupfers lieferte uns:

Kupferoxyd . . . . .   0,870 Gram.
Kupfer (durch die Reduction des Oxyds mit
Wasserstoffgas) . . . .   0,692 —

D. Wir verwendeten ein Gemenge von:

Kupfer . . . . .   1,00 Gram.
Zink . . . . .   1,04 —

Die zwei Metalle wurden in Oxyde verwandelt und letztere in einer Flüſſigkeit aufgelöst, welche beſtand aus:

Waſſer . . . . .   125 Gram.
rauchender Salzſäure . . .   125 —

Die Auflöſung war folglich viel ſaurer als die gewöhnlich bei den Analyſen angewandten Flüſſigkeiten.

Der Schwefelwaſſerſtoff ſchlug alles Kupfer nieder, aber zugleich eine gewiſſe Menge Zink; wir fanden:

Zink, durch den Schwefelwaſſerſtoff nicht gefällt   0,920 Gram.
Zink, durch denſelben gefällt . . .   0,120 —

alſo wurden 11,54 Procent Zink zugleich mit dem Kupfer niedergeſchlagen.

Dieſe Verſuche ſcheinen uns zu beweiſen, daß der Schwefelwaſſerſtoff nicht für ſich allein zur Trennung des Kupfers und Zinks angewandt werden kann; die Flüſſigkeit, durch welche man den Schwefel-

wasserstoff strömen läßt, mag noch so sauer seyn, so reißt das Schwefel=
kupfer eine wandelbare aber immer sehr beträchtliche Menge Zink mit
sich.

Aus diesen Versuchen geht auch hervor, daß wenn man den durch
Schwefelwasserstoff erhaltenen Niederschlag in Königswasser auflöst, und
das Kupfer als Oxyd durch Aetzkali aus der vorher ammoniakalisch
gemachten Flüssigkeit niederschlägt, man für die Bestimmung des Kupfers
zu sehr genauen Resultaten gelangt.

Anwendung des Aetzkalis.

Vorstehende Resultate veranlaßten uns das Aetzkali zur Trennung
der zwei Metalle anzuwenden. Diese Methode wurde übrigens schon
von Vauquelin empfohlen, in einer Abhandlung über die Analyse
des Messings, welche in den alten Annales de Chimie, erste Reihe,
Bd. XXVIII enthalten ist.

Vauquelin empfiehlt das Messing in Salpetersäure aufzulösen,
die Auflösung in der Kälte und in einem verschlossenen Glase mit Aetz=
kali zu fällen, die filtrirte Flüssigkeit mit Schwefelsäure zu sättigen, und
das Zink durch kohlensaures Kali niederzuschlagen.

Dieses Verfahren lieferte uns sehr gute Resultate, wir ziehen es
aber vor, das Kupferoxyd erst dann mit Aetzkali niederzuschlagen, nach=
dem wir zuvor die Flüssigkeit ammoniakalisch gemacht haben. Das so
gefällte Kupferoxyd hält kein Zinkoxyd zurück; auch kein Kali, während
es bei Anwendung einer nicht ammoniakalischen Flüssigkeit fast un=
möglich ist, dem Kupferoxyd alles Kali zu entziehen, selbst durch lange
fortgesetztes Auswaschen mit kochendem Wasser.

Man kann das Kupferoxyd aus einer ammoniakalischen Flüssigkeit
mit Aetzkali sehr gut bei einer Temperatur von 70 bis 80° Cels. nieder=
schlagen; bei einer höheren Temperatur hängt sich das Kupferoxyd stark
an die Wände des Kolbens an, und man ist genöthigt es in einer
Säure aufzulösen, um es neuerdings zu fällen.

Es ist nöthig diese Fällung nur mit einer verdünnten Flüssigkeit
vorzunehmen und keinen zu großen Ueberschuß von Aetzkali anzuwenden;
bei concentrirter Flüssigkeit, oder durch einen Ueberschuß von Aetzkali
bekommt man Kupferoxyd, welches ziemlich viel Kali hartnäckig zurück=
hält.

Verfahren bei der Analyse. — Um eine Legirung von Kupfer
und Zink zu analysiren, verfahren wir also folgendermaßen:

Wir lösen die Legirung in Salpetersäure auf; wir verdünnen mit Wasser und sättigen dann die Säure mit Ammoniak; in die ammoniakalische Flüssigkeit geben wir einen schwachen Ueberschuß von reinem Aetzkali in Stücken, und erwärmen dann den Kolben mäßig auf dem Sandbade, bis sich die Flüssigkeit vollständig entfärbt hat, oder bis sie nicht mehr nach Ammoniak riecht. Wir filtriren und waschen das Kupferoryd mit kochendem Wasser aus.

Die alkalische Flüssigkeit versetzen wir mit Salzsäure bis sie sauer reagirt, dann schlagen wir das Zink mit kohlensaurem Natron nieder. Vor dem Filtriren erwärmen wir die Flüssigkeit sieben bis acht Stunden lang im Sandbade, um alle freie Kohlensäure auszutreiben. Der Niederschlag wird dann filtrirt, mit kochendem Wasser ausgewaschen, getrocknet, vom Filter genommen und geglüht.

Die zwei Metalle werden so als Oryde bestimmt. Wir haben nach diesem Verfahren folgende zwei Gemenge analysirt:

Kupfer	1,00 Gr.	0,70 Gr.
Zink . . .	1,00 —	1,10 —

und erhielten:

Kupferoryd . . .	1,25 Gr.	0,870 Gr.
Zinkoryd . . .	1,260 —	1,350 —

entsprechend metallischem Zink 1,008 Gr.,   1,08 Gr.

Als wir das Kupferoryd durch Wasserstoffgas reducirten, erhielten wir:

metallisches Kupfer . .	0.997 Gr.	0,692 Gr.

Wenn die Legirung sehr viel Zink enthält, läßt sich die Trennung viel leichter auf die Art bewerkstelligen, daß man zuerst den Schwefelwasserstoff anwendet, dann die gefällten Schwefelmetalle in Königswasser auflöst, die Auflösung ammoniakalisch macht und das Kupfer durch Aetzkali niederschlägt. Die Bestimmung des Kupfers ist dann sehr genau; diejenige des Zinks aber weniger genau, weil dasselbe in zwei Theile getheilt ist. Man könnte zwar die zwei Flüssigkeiten, welche das Zink enthalten, zusammengießen, nachdem man die eine durch Erwärmen vom Schwefelwasserstoff befreit, die andere aber angesäuert hat, und alsdann das Zink auf einmal niederschlagen. Aber aus einer so zusammengesetzten Flüssigkeit, welche eine gewisse Menge von einem Kalisalz enthält, läßt sich das Zink nicht als Schwefelzink niederschlagen. Dieses Schwefelmetall orydirt sich nämlich in Berührung mit der Luft so rasch, daß man es nicht lange auswaschen kann, was doch nöthig wäre, um ihm alles Kalisalz entziehen zu können. Man muß folglich das kohlensaure Natron anwenden, und selbst in diesem Fall ist der Niederschlag um so schwieriger auszuwaschen, je größer seine Masse ist. Wir erhielten sehr genügende Resultate, indem wir das Zink auf zweimal bestimmten.

So erhielten wir bei den oben angeführten Versuchen **B, C, D,** wo die Zinkmengen betrugen:

0,54 Gram. 1,20 Gram. 1,04 Gram.

einerseits:

Zink, welches durch den Schwefelwasserstoff nicht gefällt worden war, dann aus der salzsauren Flüssigkeit durch Ammoniak und schwefelwasserstoffsaures Ammoniak niedergeschlagen und hierauf als Oxyd gewogen wurde:

0,416 Gram. 1,088 Gram. 0,920 Gram.

Zink, welches aus der alkalischen angesäuerten Flüssigkeit durch kohlensaures Natron gefällt und ebenfalls im Zustand von Oxyd bestimmt wurde:

0,117 Gram. 0,109 Gram. 0,115 Gram.

was für das sämmtliche bei den drei Versuchen erhaltene Zink ergibt:

0,533 Gram. 1,197 Gram. 1,035 Gram.

welche Zahlen sich den angewandten Zinkmengen hinreichend nähern.

Die mitgetheilten Resultate scheinen uns genügend zu beweisen, daß die Trennung des Zinks und des Kupfers durch Anwendung des Aetzkalis, oder auch durch Anwendung des Schwefelwasserstoffs und des Aetzkalis, gut gelingt.

Mit Schwefelwasserstoff allein erhält man immer sehr ungenaue Resultate.

Uebrigens führt der Schwefelwasserstoff als Trennungsmittel der in sauren Flüssigkeiten aufgelösten Metalle oft zu unvollkommenen Resultaten. So kann dieses Reagens nicht angewandt werden, um das Blei vom Zink zu trennen; hierbei erhält man sogar noch ungenauere Resultate als bei der Trennung des Kupfers vom Zink. Der Grund davon ist einleuchtend: man kann das Kupfer aus einer sehr sauren salzsauren Auflösung durch Schwefelwasserstoff vollständig niederschlagen, während die Fällung des Bleies nur bei einer verdünnten und wenig sauren Auflösung gut gelingt; in diesem Falle wird aber fast alles Zink gleichzeitig mit dem Blei niedergeschlagen.

Wenn man bei der Analyse von Legirungen welche Nickel und Kupfer enthalten, den Schwefelwasserstoff zur Trennung der zwei Metalle anwendet, so schlägt sich mit dem Kupfer immer ein beträchtlicher Antheil Nickel nieder, obgleich die salzsaure Auflösung der beiden Metalle außerordentlich sauer ist.

XXIX.

Ueber den Verkauf des Holzes nach dem Gewicht; von Hrn. Robinet.

Aus dem Agriculteur-praticien, August 1851, S. 341.

Am 24. October 1850 ließ ich einige Kubikmeter Holz kommen, welches in drei Stücke geschnitten und dem Gewichte nach zum Preise von 5 Fr. 70 Cent. per 100 Kilogr. gekauft war. Noch an demselben Tag wurden einige Scheiter von 9 Centimeter mittlerm Durchmesser und 38 Centimeter Länge sorgfältig gewogen und an einen warmen, sehr trockenen Ort gelegt.

Am 4. Decbr., also nach 40tägigem Austrocknen, hatten diese Scheiter 3,7 Proc., am 9. Mai 1851, oder nach 210tägiger Austrocknung, im Ganzen 6,1 Proc. an Gewicht verloren, was mir bewies, daß das von mir im October gekaufte Holz so trocken war, als ein vom Holzlager (Holzgarten) genommenes Holz seyn kann. Wenn ich Holz zu kaufen gefunden hätte, welches so stark ausgetrocknet gewesen wäre, wie das zum Versuch angewandte, so hätte ich bei dem Ankauf auf 100 Franken 6 Franken erspart, was allerdings zu berücksichtigen ist; offenbar setzte man aber, als man den Holzverkauf nach dem Maaß in Schutz nahm, voraus, daß ein viel größerer Unterschied stattfinden könne zwischen dem käuflichen Holze und dem ganz trockenen Holz.

Durch einen zweiten Versuch wollte ich mich überzeugen, ob das in den Keller gelegte Holz Feuchtigkeit aufnehme oder verliere. Scheiter desselben Holzes, welche mehrere Monate im Keller gelegen waren (wie es in Paris gebräuchlich ist), hatten 6,2 Proc., also genau eben so viel verloren als die aus dem Holzgarten kommenden Scheiter

Unter meinem Holz befand sich Eichen- und Weißbuchenholz. Wie leicht zu ermitteln war, hatte das Eichenholz 6,3, das Buchenholz 5,93 Proc.

verloren — ein unbedeutender Unterschied. Es genügte mir aber nicht, zu wissen, daß ich, diesesmal wenigstens, gehörig ausgetrocknetes Holz gekauft hatte; ich wollte mich auch überzeugen, wie weit gegen nicht sehr scharfsichtige Leute im höchsten Fall Betrug stattfinden könne.

Ich setzte zu diesem Behufe am 17. März ausgetrocknete Scheiter, welche also 6,2 Proc. verloren hatten, dem Regen aus, der sechs Tage lang ununterbrochen fiel. Gleich darauf, als die Rinde noch ganz naß war, gewogen, hatten diese Scheiter nur um 4,4 Proc. an Gewicht zugenommen. Diese Scheiter hatten also nach sechstägiger Einwirkung des Regens das Gewicht noch nicht erlangt, welches sie vom Keller oder Holzgarten genommen, hatten.

Um den Versuch auf das Höchste zu treiben, tauchte ich am 9. Mai mehrere ausgetrocknete Scheiter in ein mit Wasser gefülltes Faß, worin sie 48 Stunden liegen blieben; noch von Wasser triefend gewogen, hatten sie um 14 Proc. zugenommen. Im Vergleich mit dem aus dem Holzgarten kommenden Holze hatten diese Scheiter um 7 Proc. an Gewicht zugenommen. Wenn nun auch ein Käufer so gleichgültig oder so blind wäre, aus dem Wasser kommendes Holz anzunehmen, nachdem dasselbe zwei Tage darin gelegen, so würde er sich dadurch doch nur einem Verlust von 7 Proc. aussetzen. Es kauft aber wohl niemand Holz in dem Zustand, in welchem es von mir gewogen wurde, weder nach sechstägigem Regen, noch nachdem es ausnahmsweise zwei Tage im Wasser gelegen.

Der Betrug durch Befeuchtung des Holzes kann sonach 7 Procent vom Gewicht des Holzes nie übersteigen.

Angenommen, daß ein äußerlich trocken aussehendes Holz innerlich eine gewisse Menge betrüglicher Weise hineingebrachtes Wasser enthalten würde, so kann diese Menge nie sehr groß seyn. Jedermann kennt das Verhalten des nicht gehörig getrockneten Holzes im Feuer. Uebrigens bediente ich mich eines sehr einfachen Mittels, um zu erfahren, wie lange diese künstliche Feuchtigkeit sich im Holze erhalten kann. Die in Wasser gelegenen Scheiter wurden bloß der Luft ausgesetzt; nach 48 Stunden hatten sie schon 1,3 Proc. an Gewicht verloren und doch waren sie noch nicht in dem Zustand, um einem Käufer angeboten werden zu können. Sechs Tage später hatten sie 5,3 Proc. verloren, hatten also nur noch 1,4 Proc. über das Gewicht, welches sie zeigten, als sie aus dem Holzgarten kamen. 14 Tage nach ihrem Eintauchen hatten sie bereits alles aufgenommene Wasser wieder verloren.

Um einen etwas erheblichen Betrug auszuüben, müßte man also das Holz nicht nur unter Waſſer tauchen, was beinahe unmöglich iſt ſondern man müßte auch dieſe Operation alle acht Tage wiederholen, weil ſonſt das Holz ſein voriges Gewicht wieder annehmen würde.

Unterſuche ich nun, bis zu welchem Verhältniß beim Verkauf des Holzes nach dem Maaße ein Betrug Platz greifen kann; denke ich an die oft peinlichen Erörterungen mit den Holzmeſſern, wenn ich meinen Bedarf ſelbſt auf dem Holzplatz einkaufte; betrachte ich die Leichtigkeit des Betrugs, wenn die Verkäufer es mit Leuten zu thun haben, welchen weniger als dem Hausherrn ſelbſt daran liegt, das Meſſen des Holzes zu überwachen, dann kann ich in der Wahl der beiden Verkaufsarten nicht mehr zweifelhaft ſeyn. Beim Kaufe nach dem Gewicht bin ich bei-nahe ſicher, meine Rechnung zu finden; ja ich kann mich ſogar ſehr leicht überzeugen, ob ich nicht betrogen worden bin, indem ich entweder der Wägung ſelbſt beiwohne, oder bei mir zu Hauſe das Holz von Zeit zu Zeit nachwäge. Alle Specereihändler haben ſehr leicht zu transpor-tirende Brückenwaagen, auf welchen man in einer halben Stunde vier Kubikmeter Holz, die gewöhnliche Ladung eines einſpännigen Wagens, abwägen kann. Der Holzverkauf nach dem Gewicht bietet mithin dem Publicum viel größere Sicherheit dar, als derjenige nach dem Maaße.

Miscellen.

Kurzer Bericht über die Londoner Induſtrieausſtellung; von Profeſſor Dr. Bolley.

1. **Mercer's** Behandlung der Baumwollfaſer, um Gewebe daraus dichter und zum Zurückhalten der Farbſtoffe geeigneter zu machen. John Mercer von Oakenſhaw, Lancaſhire, ſtellte eine große Auswahl von Baumwollgeweben, glatten, gemuſterten, gefärbten und gedruckten, aus, die ſämmtlich theilweiſe in ihrem na-türlichen Zuſtande belaſſen, zum andern Theil durch chemiſche Einwirkung in ihrer Dichte und Feinheit, ſowie in ihrer Färbung verändert ſind.

Das Patent, welches derſelbe nahm, beſteht, wie auf einem neben den Waaren be-feſtigten Schilde zu leſen iſt, darin, „daß Baumwolle und andere Faſerſtoffe der Einwirkung von Aetznatron von paſſender Stärke und paſſendem Wärmegrad aus-geſetzt werden, wodurch ſich die Faſer zuſammenzieht, ſo daß lockere Gewebe in ſtär-kere und feinere verwandelt werden und zu gleicher Zeit die Fähigkeit erlangen, Farb-ſtoffe durch Färben oder Aufdrucken leichter aufzunehmen und feſter zurückzuhalten.“

Die Temperatur der Lauge iſt Lauwärme und der Stärkegrad iſt 30° des Baumé'-ſchen Aräometers, wie der Verf. mit Sicherheit vernahm. Die ausgeſtellten Stoffe zeigen wirklich ganz auffallende Veränderung der Theile, die der Lauge ausgeſetzt waren. Der Patentträger taucht z. B. weiße Calicots oder Strumpfweberwaaren in Eiſenbrühen, um ihnen einen gelblichen Ton zu geben, dann bedruckt er oder weicht gewiſſe Theile davon in die Lauge ein. Die von anhängendem Natron befreiten getrockneten Stücke ſind ſichtbar dichter und feiner als die nicht ſo behandelten Theile, und deutlich fällt an den gefärbten oder gedruckten die Gränze zwiſchen dem in Lauge geweſenen und dem andern Theil auf. Mercer ſoll Verſuche gemacht haben, die ergeben, daß die eingetauchten Fäden mehr Tragkraft haben, als die nicht eingetauchten. Zu dieſer in der Ausſtellung Aufſehen erregenden Erfindung iſt hiſtoriſch zu bemerken, daß in Perſoz's Handbuch des Zeugdrucks beim Capitel von der Pflanzenfaſer zu leſen iſt, daß Laugen verſchiedener Concentration verſchieden einwirken auf die Faſern, daß ſtarke Laugen ſie condenſiren, und daß die Farben dann tiefer erſcheinen. Mercer's Verdienſt iſt alſo nur die Generaliſation und Anwendung dieſes merkwürdigen chemiſchen Verhaltens. Auf die Anſichten Mercer's, daß ſich eine Art Salz bilde oder Waſſer ausgetreten und dafür Natron eingetreten ſey, dürfte kein Gewicht zu legen ſeyn. Eigenthümlich bleibt, daß die Verdichtung der Faſer auch nach Ausziehen des Natrons mittelſt Schwefelſäure Stand hält. Daß die Farben dichter erſcheinen, will man ganz einfach phyſikaliſch erklären; wie man beim Anſtrich durch zweimaliges Beſtreichen tiefere Töne bekommt, ſo ſolle hier mehr Farbſtoff auf einer gewiſſen Fläche zuſammengehäuft werden. Allerdings ſcheint chemiſche Anziehung hier außer Betracht zu kommen, da das Verhalten allen Farbſtoffen ohne Ausnahme gilt. (Die Beſchreibung von Mercer's Patent und Grünne's Verſuche über ſeine Behandlung der Gewebe wurden im polytechn. Journal Bd. CXXI S. 438 mitgetheilt. Die Redact.)

2. *Alpacawoll- und Mohairverarbeitung* von Walter Milligan und Sohn, Harden-Mills, Bingley. Der Ausſteller gibt Muſter von peruaniſcher Alpacawolle und von türkiſchem Ziegenhaar, im rohen Zuſtande, ſortirt, gekämmt, als Vorgeſpinnſt und Feingeſpinnſt bis zum Einſchlaggarn. Ferner eine große Reihenfolge von Geweben, darauf diejenigen, welche Grogram coatings, Alpaca-cord, Princettas, Albert-cords, Alpaca mixtures, Imperials u. ſ. w. benannt werden. Die gekämmten Mohairflocken haben einen wahren Seidenglanz, lange Haare, wenig kraus und gleichmäßig rund. Unter den Geweben zeichnet ſich ein Stoff aus, den der Ausſteller patent embroidered Alpaca nennt. Es iſt keineswegs ein geſtickter Stoff, ſondern ein Alpacawollegrund und Mohaireinſchlag. Letzterer iſt mit der Broſchirmaſchine gemacht. Der Einſchlag hat einen ſchönen Glanz und iſt verſchiedenfarbig. Die Farben ſind aufgedruckt. Das Anſehen täuſcht ſehr. Jedermann würde es für im Faden gefärbt halten. Es ſind Muſter mit ſieben und acht Farben da. Der Rapport der durch Weben hervorgebrachten Zeichnung und der Farben iſt bewunderungswürdig. Es kann in dieſer Art kaum etwas ſchöneres gemacht werden und wird, falls der Stoff ſelbſt nicht etwa wegen ſeiner Schwere nur langſam Eingang findet, gewiß den jetzt ſtark in Aufſchwung gekommenen verwiſchten Zettelbruck wohl bald aus dem Felde ſchlagen. Es geht die Abſicht des Verf. dahin, mit dieſer Notiz zu verſuchen, aufzumuntern, ob nicht ein ähnliches Verfahren, d. h. Druck auf broſchirten einfarbigen Einſchlag, für Seidenſtoffe anwendbar wäre.

3. *Thomas Crabtree's Kardmaſchine.* Eine kleine höchſt compendiöſe Maſchine von T. Crabtree in Godley Lane Mill bei Halifax arbeitet auf der Ausſtellung. Sie wickelt Eiſendraht von einer Spule ab, zerſchneidet ihn, biegt ihn, durchſticht ein Lederband, ſetzt den Draht ein, ſchiebt den Lederſtreif in vier verſchiedene Stellungen der Breite nach, und bewirkt deſſen Vorwärtsſchreiten der Länge nach. Es ſoll in Rouen eine ähnliche Maſchine in Gebrauch ſeyn, die hier ausgeſtellte aber genauer und behender arbeiten. Sie liefert in 10 Stunden 15 Yards fertigen Kardenbandes mit vier Häkchen in der Breite. Dieſelbe wird geliefert zum mäßigen Preiſe von 40 Pfd. Sterl.

4. *Zwei Rieſenſpiegel* von geſchliffenem Glaſe finden ſich in der Ausſtellung. Jeder davon iſt 18′ 8″ engliſch hoch und 10′ breit. Gefertigt ſind ſie bei Thomas Black, Glaswerke in Blackwall. Das Glas iſt tadelfrei.

5. *Neue Zeugdruckmaſchine.* Wichtig und gewiß Epoche machend in der Geſchichte des Zeugdruckes iſt die 1851 patentirte Cylinderdruckmaſchine. John Dalton iſt der Erfinder derſelben; gemacht wird ſie nur in der Werkſtätte von James Houtſon und Comp., Minshullſtreetworks, Mancheſter. Dieſelbe hat als Eigenthümlichkeit zwei große etwa 2½ Fuß Durchmeſſer haltende Gutta-percha-Cylinder; an dieſe lehnen ſich wie bei gewöhnlichen Walzendruckmaſchinen die Mo-

belcylinder an, und zwar rechts zwei solche an den obern, links zwei an den untern.. Das Stück Calico läuft in Form eines S um die beiden Gutta=percha=Cylinder, und wird am untern derselben auf der einen Seite, am obern auf der Rückseite mit zwei Farben bedruckt. Die Maschine eignet sich darum besonders für Nastücher ꝛc., die auf beiden Seiten gedruckt werden müssen. Mit dem Gutta=percha=Ueberzug wird die Möglichkeit, eine sehr dicke Walze herzustellen, gegeben, die nicht die bekannten Schwierigkeiten mit sich bringt wie bei anderm Material. Es wird ferner ebenfalls wegen der Weichheit der umhüllenden Gutta=percha das Chaffistuch ohne Ende erspart. Auf der obern Walze läuft nur ein leeres Calicostück mit, um zu vermeiden, daß die unten bedruckte Seite abfärbe und den Cylinder beschmiere. Der Theil des Apparats, der die Aufnahme der Farbe zu besorgen hat, hat nichts ungewöhnliches. Die bei der Maschine liegenden Muster sind ganz gelungen zu nennen. Es ist ausdrücklich verboten, eine Zeichnung davon zu nehmen.

6. **Bücherdruck auf trockenem und geglättetem Papier.** G. A. Buchholz ist im Begriff eine Buchdruckerpresse aufzustellen (Walzendruck), bei welcher die Form aus Gutta=percha gemacht ist. Er erläutert die Maschine durch Zeichnungen und legt ein gedrucktes Blatt vor, worauf in dreierlei Schrift und Holzschnittbildern der Grad der Leistungen der Maschine dargethan ist. Der Aussteller beschreibt das Verfahren folgendermaßen: Die Gutta=percha=Matrix wird von Metalltypen, Holzschnitten u. s. w. abgeformt und in die Cylinderpresse gelegt, worauf der Gutta=percha=Stereotypcylinder geformt wird, welcher innerhalb einer Viertelstunde zum Drucken bereit ist und durch den Gebrauch nicht abgenützt wird. Die cylindrische Stereotypschnellpresse gestattet die Anwendung von trockenem, glattem und geglanztem Papier. Damit in Verbindung ist zugleich eine Falz= und Schneidmaschine. Die vorliegenden Proben haben zwar die Schärfe wie guter Letterndruck, allein wenn man genug Abzüge nehmen kann und alle so gerathen wie diese, so ist nicht zu läugnen, daß die Maschine schwierige Probleme der Technik des Bücherdrucks gelöst hat. Die Gutta=percha fängt an praktischer zu werden; man sieht übrigens in der Ausstellung sehr vielerlei Anwendungen, die man auf dem Continent noch nicht hat.

7. **Legget's selbstschwärzende Buchdruckerpresse.** Eine nicht unwichtige Partie der englischen Maschinenabtheilung in der allgemeinen Industrieausstellung machen die Buchdruckermaschinen aus. Die Buchholz'sche Maschine gehört schon hierher. Vor allen aus in die Augen fallend sind die großen Walzdruckmaschinen, z. B die mit stehenden Cylindern, welche die London illustrated News im Ausstellungsgebäude selbst druckt. Diese zu beschreiben, würde tüchtige Zeichnungen nothwendig machen. Dagegen sind kleinere Maschinen für Buchdrucker da, welche, kleineren Geschäften dienend, und das alte Princip des Druckes mit ebener Form beibehaltend, als wesentliche Verbesserungen der gewöhnlichen angesehen werden können. So die genannte von Legget, in England patentirt. Sie besteht aus Wagen und Preßvorrichtung wie eine andere Buchdruckerpresse; an letzterer ist nichts besonderes Neues herauszuheben. Aber der Wagen ist etwas geändert. Es fährt nämlich nicht die Form aus, sondern der Tiegel mit dem Rahmen und Bogen. Dieselben legen sich durch eine eigene Führung in einer Curve, auf beiden Seiten des Wagengestelles angebracht, auseinander, so daß der Bogen erneuert werden kann. Während des Ausfahrens des Wagens läuft die Schwärzwalze über die Form und theilt ihr die Farbe mit. Beim Zurückgehen des Wagens bewegt sich die Walze über das Chaffis und nimmt neue Farbe auf. Der Mechanismus ist einfach und gewiß nicht theuer. Das Geschäft des Druckers bleibt das gleiche in Bezug auf Leistung und Kraftaufwand, und unter den „selfinking presses", wie mehrere in England patentirt sind, scheint diese sich besonders zu empfehlen. Die Maschine ist verfertigt bei Ransomes und May in Ipswich.

8. **Tragbare Schmiede.** Eine mehr compendiöse Feldschmiede, als die von Benj. Hick und Sohn, Soho Ironworks in Bolton, Lancashire, jetzt in London ausgestellte, wird schwerlich je gemacht werden. Sie verdankt Einfachheit und Zweckmäßigkeit der Ersetzung des Blasebalgs durch einen Windflügel. Der letztere, sehr klein, wird zudem mittelst einer kleinen Kurbel bewegt, es bedarf also der Tretvorrichtung nicht. Der Windflügel wird unmittelbar durch eine Saite, die über zwei Rollen geht, umgedreht.

.9. Als Adresse für feuerfeste Tiegel darf die von N. T. Deyeur in Liancourt (Frankreich) empfohlen werden. Derselbe stellt mehrere Sorten aus mit darin befindlichen Proben geschmolzenen Schmiedeisens, Nägeln u. f. w.

10. Eine lithographische Presse von Brisset, rue des martyrs, 13 in Paris, patentirt am 21. Juni 1850, unterscheidet sich von den gewöhnlichen Pressen dadurch, daß der Preßbalken, anstatt in der verticalen Ebene, in der horizontalen zurückgelegt wird. Das dem Drucker zugewendete Ende hat ein Oehr, in das ein Stift paßt. Der Stift sitzt auf einem verticalen Scheit, das durch einen Hebel mittelst des Fußtritts des Druckers niedergezogen wird. So wird dem Gefühl des Druckers eine Willkür in der Stärke der Pressung eingeräumt. Das hintere Ende des Preß=balkens sitzt auf einem runden verticalen Eisenstab und ist um diesen drehbar und mittelst Stellschraube verschiebbar, auf= oder abwärts. Der verticale Stab hat ein Scharnier, in dem er sich gegen den Drucker hinneigen kann, so daß beim Schluß des Preßbalkens und erfolgtem Tritt der Preßbalken etwas nach der vordern Seite hin gezogen wird. Die geringe schiefe Stellung desselben gegen den Stein wird durch eine Feder ausgeglichen, die auf den mittlern des in drei Stücke der Länge nach getheilten Preßbalkens aufdrückt und dadurch diesem genau horizontale Stellung ertheilt. Die Einrichtung ist darauf berechnet, dem System der passenden Theile die Unnachgiebigkeit zu benehmen.

An Ort und Stelle ist das Aufnehmen von Zeichnungen verboten, ohne Zweifel läßt sich, da die vorliegende Einrichtung patentirt ist, eine Zeichnung aus Frankreich erhalten; die kurze Beschreibung soll nur, was der Verf überhaupt mit diesen No=tizen bezweckt, das Neue andeuten und mit Hülfe der gegebenen Adressen weitere Nachforschuugen möglich machen. (Schweizerisches Gewerbeblatt 1851, Nr. 12 u. 13.)

Neue Trommeln.

Ein Trommler der französischen Nationalgarde hat eine neue Art Trommeln erfunden, welche sich von den bisherigen dadurch unterscheiden, daß der messingene Trommelkasten viel niedriger ist, nämlich nur ungefähr 4 Zoll hoch. Die Trom=meln werden dadurch viel leichter, minder beschwerlich für den Dienst, geben einen hellen, deutlichern, und nicht minder starken Schall und kommen viel wohlfeiler zu stehen. (Moniteur industriel, 1851 Nr. 1582.)

Vorschlag zu dauerhaften Häuseraufschriften; von Hunsinger.

Zu Häuseraufschriften (Firmen, Straßennamen, Hausnummern) ließen sich wohl füglich erhabene Buchstaben verwenden, welche von Thon oder einer Cementmasse, auch wohl von Porzellan, auf Plättchen geformt wären (Thonlettern). Diese Plätt=chen würden in den Mörtel des Gebäudes eingedrückt und könnte nachher der (un=glasirte) Buchstabe mit einer beliebigen Farbe, auch wohl mit einer Vergoldung, versehen werden, während man dem Grund des Plättchens einen dünnen Mörtel=überzug und dann die Farbe des Hauses oder des Schildes gäbe. Auch glasirte Thonbuchstaben würden sich mitunter nicht übel ausnehmen. Für die gewandten Thonarbeiter dürfte die Herstellung solcher Thonalphabete eine schöne und zugleich lohnende Aufgabe seyn, zumal die einzelnen Buchstaben vorräthig angefertigt und nachher zu jeder beliebigen Schrift zusammengesetzt werden können. (Gewerbebl. f. d. Großherz. Hessen, 1851 S. 264.)

Die Galvanoplastik, den alten Aegyptern bereits bekannt; von Dr. F. E. J. Crüger.

Von jeher rühmte das Alterthum ägyptische Waffenstücke und Kleiderstoffe; hochgepriesen war der aus den feinsten Linnenfäden gefertigte Byssus, die farbigen Zierrathen aus Glas und von ägyptischer Hand geschliffene Edelsteine. Ja, neuere Vermuthungen lassen die geheim gehaltenen Künste der alten Aegypter in einem noch glänzendern Lichte erscheinen. Unter den mancherlei galvanoplastischen Gegenständen nämlich, die vor mehreren Jahren auf einer Pariser Industrie-ausstellung von Soyer ausgestellt waren, befanden sich auch Vasen, Kannen und Teller, die in antiken Formen aus Glas, Porzellan und Thon gearbeitet, und mit Kupfer oder Bronze überzogen waren. Diese Gegenstände zogen die Aufmerksamkeit derer auf sich, welche sich mit wissenschaftlicher Untersuchung der im ägyptischen Museum zu Paris aufbewahrten Geräthschaften beschäftigt hatten. Die Aehnlichkeit dieser neueren galvanoplastischen Arbeiten mit den wirklich antiken Gefäßen, welche bei Gelegenheit der ägyptischen Expedition unter Napoleon aus den Grabmälern von Theben und Memphis nach Paris gebracht waren, fiel so in die Augen und ward auch durch später angestellte mikroskopische Untersuchungen so vollständig bestätigt, daß man sich der Vermuthung nicht erwehren konnte, es müsse die Galvanoplastik den Aegyptern wohl bekannt gewesen und von ihnen geübt worden seyn.

Bevor man die Galvanoplastik in voller Ausdehnung kennen gelernt, war es den Alterthumsforschern stets räthselhaft erschienen, wie die Alten es möglich gemacht, ein aus Thon gearbeitetes Gefäß oder eine Figur mit einer Metallschicht zu überziehen, an der mittelst des Mikroskops auch nicht die geringste Spur von der Anwendung eines Hammers oder einer Feile, geschweige denn eine Löthung wahrzunehmen ist.

Durch die Galvanoplastik ist dieß Räthsel gelöst, und bei genauerer Beobachtung zeigte sich bei jenen altägyptischen Arbeiten dasselbe krystallinische Gefüge, das nur dem auf galvanoplastischem Wege abgelagerten Metalle eigen ist. Auch die im Pariser Museum aufbewahrten Lanzenspitzen und zerbrochenen Schwertklingen, die aus Holz gefertigt und mit einem starken Ueberzug von Kupfer versehen sind, scheinen eben so schlagend die Vertrautheit der Aegypter mit dem galvanoplastischen Verfahren darzuthun, wie solche ihrer Statuen, die, obschon in Lebensgröße, das unbedeutende Gewicht von wenigen Pfunden haben und sich nur auf galvanischem Wege herstellen ließen, wobei die Figur aus Wachs oder einem ähnlichen Material gefertigt und nach erfolgter Ablagerung einer dünnen Metallschicht durch starkes Erwärmen von dem leicht schmelzenden Kern befreit wurde. Wollte man nach den Mitteln fragen, welche den Aegyptern zu Gebote standen, um den erforderlichen Kupfervitriol zu gewinnen, so ist Afrika reich an Schwefelkupfererzen, die nach einer leichten Röstung nur einige Zeit der Einwirkung der Luft ausgesetzt zu werden brauchen, um den sogenannten cyprischen Vitriol zu gewinnen. Das einmalige Eintauchen eines eisernen Gegenstandes in die Vitriollösung reicht aber hin, um eine Verkupferung desselben zu bewirken, und konnte den mit Naturwissenschaften sich gern beschäftigenden Aegyptern leicht ein Fingerzeig werden, einen Weg zu betreten, der ihre Industrie weiter führte. (Aus des Verfassers: Naturanschauung und Naturreligion.)

Verfahren zur Wiedergewinnung des Goldes aus für die galvanische Vergoldung erschöpften Goldlösungen; von Anton Wimmer.

Zur galvanischen Vergoldung bedient man sich bekanntlich einer Goldauflösung, welche aus Goldcyanid mit Cyankalium oder Goldcyanid mit Cyaneisenkalium besteht. Um das in diesen Lösungen, welche für die galvanische Vergoldung erschöpft sind, in nicht unbeträchtlicher Menge noch enthaltene Gold wieder zu gewinnen, verfährt man zweckmäßig auf folgende Weise: Die nach und nach angesammelten erschöpften Goldlösungen werden zur Trockne verdampft, der erhaltene Salzrückstand gröblich zerstoßen, gewogen und mit 1½ Theil Salpeter gemischt. Dieses Gemisch trägt man nach und nach in einen glühenden hessischen Schmelztiegel mit der Vorsicht ein, daß man nach jedesmaligem Eintragen immer die erfolgende vollständige Verpuffung der eingetragenen Portion abwartet. Ist Alles eingetragen und zeigt die ruhig schmelzende Masse keine Gasentwickelung mehr, so entleert man den Tiegel seines Inhaltes und laugt die erhaltene und erkaltete Salzmasse mit gewöhnlichem reinen Wasser aus. Wurde zur Bereitung der Goldlösung Cyankalium (blausaures Kali) angewendet, so bleibt das Gold in fein zertheiltem, regulinischem Zustande zurück, und kann sogleich unter Zusatz von etwas Salpeter und Borax eingeschmolzen werden. Wurde hingegen zur Darstellung der Goldlösung Cyaneisenkalium genommen, so besteht der, nach dem Auslaugen erhaltene pulverige Rückstand aus Eisenoxyd und fein zertheiltem Golde. Um das Eisenoxyd von dem Golde zu trennen, übergießt man den eben erwähnten Rückstand mit verdünnter salpetersäurefreier Salzsäure und erhitzt, wodurch das Eisenoxyd gelöst und durch Abgießen der Lösung und Auswaschen des Rückstandes entfernt wird, während das Gold zurückbleibt und sodann wie im ersteren Falle behandelt wird. (Kunst- und Gewerbeblatt für Bayern, 1851 S. 581.)

Neues Verfahren den Stickstoff zu bereiten; von E. J. Maumené.

Die Verfahrungsarten zur Bereitung des Stickstoffs sind jetzt ziemlich zahlreich, aber mit Ausnahme der Methode, wobei man die atmosphärische Luft durch die Metalle zersetzt, lassen sie hinsichtlich der Einfachheit zu wünschen übrig. Folgendes Verfahren dürfte vielleicht vorzuziehen seyn, obgleich es mit dem Stickstoff zugleich Chlor gibt; es besteht darin, das salpetersaure Ammoniak in Berührung mit Salmiak zu erhitzen.

Man hat theoretisch:

$$2\,(AzO^5 . H^3Az . HO) + H^3Az . HCl = 5\,Az + Cl + 12\,HO.$$

Der Versuch stimmt mit der Theorie überein; sobald das Gemenge die Schmelztemperatur des salpetersauren Ammoniaks erreicht, stellt sich eine sehr lebhafte Wirkung ein, welche die angegebenen Resultate liefert. Man kann dann sogleich das Feuer zurückziehen; die Zersetzung dauert fort und beendigt sich fast gänzlich von selbst.

Eine so ausgeführte Darstellung des Stickstoffs könnte aber aus zwei Gründen gefährlich werden: 1) weil sie mit großer Schnelligkeit Producte liefert, welche alle gasförmig sind; bei Anwendung eines etwas großen Quantums von Material wäre daher jederzeit eine Explosion möglich; 2) weil das Gemenge der beiden Salze teigig wird, sich beträchtlich aufbläht und in dem Hals der Retorte erstarrt, welchen es bald ganz verstopft.

Diesen Schwierigkeiten ist leicht abzuhelfen; es genügt dazu, keine große Masse von dem Gemenge auf einmal anzuwenden und beiläufig dessen vierfaches Gewicht Sand zuzusetzen. Der Versuch wird dadurch ganz leicht ausführbar. In kurzer Zeit bewirkt die Wärme die Entbindung der Gase ohne Rauch und ohne Aufblähung. Man vermindert dann ein wenig das Feuer und die Operation geht schnell mit großer Regelmäßigkeit vor sich. Man nimmt:

75 Gramme trockenes salpetersaures Ammoniak,
25 „ trockenen Salmiak,
400 „ Sand.

Damit erhält man 26 Liter trockenen Stickstoff und 5 Liter Chlor.

Ich brauche kaum zu bemerken, daß die Temperatur hoch genug ist, daß man die Bildung von Chlorstickstoff nicht zu befürchten hat. Wenn man die für das Gemenge angegebenen Verhältnisse genau einhält und wenn die Salze rein sind, so erhält man bloß Wasser, Stickstoff und Chlor. (Moniteur industriel, 1851 Nr. 1598.)

Ueber die Verwendung der Apfeltrester; von Dr. Julius Löwe.

An Orten, wo man aus dem Safte der Aepfel den sogenannten Apfelwein zu bereiten pflegt, werden die dabei erhaltenen und durch die Presse erschöpften Rückstände (Trester) nicht weiter verwendet; wenigstens ist mir in hiesiger Gegend kein Beispiel bekannt, daß solches geschehen wäre. Man schüttet dieselben an entlegene Plätze, und ist somit froh auf eine schickliche Weise sich ihrer entledigt zu haben. Wie wenig ein solches Verfahren zu rechtfertigen, kann dem Denkenden nicht verborgen bleiben. In diesen Rückständen sind unorganische Bestandtheile in Menge, welche einen wesentlichen Antheil an der Fruchtbarkeit des Bodens haben; sie sind unentbehrlich dem Baume, von welchem wir die Ernte genommen. Um sich von ihrer Gegenwart zu überzeugen, darf man nur eine kleine Portion dieser Trester einäschern. Wir finden in der verkohlten Masse die durch Wasser ausziehbaren Alkalien (besonders Kali, sodann auch Natron, obschon ein bedeutender Antheil derselben in den ausgepreßten Saft mit überging), neben diesen die in Säuren lösbaren alkalischen Erden (Kalk, Magnesia). Wäre es nicht klüger, diese Bestandtheile dem Boden, von dem sie entnommen, wieder zurückzugeben, für eine künftige Ernte sie aufzuspeichern, als sie nutzlos verkommen zu lassen? Allein diese Rückstände verwesen bekanntlich sehr schwer, es tritt in Berührung mit der Luft sehr bald eine saure Gährung in ihren Massen ein, begleitet von einem unangenehmen Geruch, wodurch sie also zur Verwendung in dieser Weise nicht die geeignete Form besitzen. Sehr schnell lassen sie sich aber in eine passende überführen, wenn man sie in breite, lockere Haufen aufschichtet, mit einer nicht zu geringen Menge von Aetzkalk vermischt, und, wenn es thunlich, im Laufe des Winters sie einmal umsticht. Der gebrannte Kalk beschleunigt beim ungehinderten Luftzutritt die Verwesung der Cellulose, er zerstört die Keimkraft der in diesen Rückständen stets anwesenden Samen, und neutralisirt die etwa sich bildenden Säuren.

Dieser Kalkzusatz dürfte für Bodenarten, die ohnedieß Mangel leiden an Kalksalzen, wie dieß namentlich an manchen Orten unseres Taunus der Fall ist, neben diesem noch günstig seyn. Man führt so häufig Klage über eine so seltene Obsternte; allein ich glaube, daß man vielmehr Grund und Ursache hätte sich über ihre Häufigkeit zu wundern. Wir entziehen dem Boden in der Form dieser fleischigen Früchte eine Menge von Alkalien, ohne demselben für diesen Verlust das Aequivalent zurückzuerstatten.

Daß deren Gegenwart in denselben sehr beträchtlich, ist durch zahlreiche chemische Analysen erwiesen; kommt dazu noch der so wenig rationelle Betrieb dieser Cultur in manchen Gegenden, wo die Fortschritte der Wissenschaft und Praxis wegen eingewurzelter Vorurtheile und zerstückelten Güterbesitzes so schwierig Eingang finden, so wird man die von mir ausgesprochene Behauptung nur rechtfertigen können. Zwar enthalten manche Bodenarten eine sehr reiche Quelle obengenannter Alkalien; allein in einer Form, die ihre Löslichkeit nicht begünstigt, und doch können sie nur im Zustande des Gelöstseyns in die Pflanzen gelangen; die wechselnden atmosphärischen Temperaturunterschiede, besonders die Winterfröste, unterstützen das Zerfallen des Gesteins, sie schließen es sozusagen auf, und durch die nachkommenden Regen kann das Gelöste den Wurzeln zugeführt werden.

Für solche Bodenarten, die schwer den Witterungseinflüssen unterliegen und deren hauptsächlichste Masse aus kieselsauren Verbindungen besteht, dürfte das Mittel, welches Liebig in der neuesten Auflage seiner geistreichen chemischen Briefe bespricht, das Bestreuen des Feldes mit gebranntem Kalk, mit bestem Erfolge eine Anwendung finden.

Die Landwirthschaft kann es dem Geiste unseres Jahrhunderts nicht genugsam danken, daß ihr in der Chemie ein so wichtiger Rathgeber beigesellt; vereint mit ihr und unterstützt durch ihre eigenen praktischen Erfahrungen, bildet sie die wahren Grundpfeiler eines Staates und hebt manche Gebrechen unserer gesellschaftlichen Zustände. Der denkende Theil unserer Landwirthe folgt bereits diesem Wege und der übrige wird sich durch die harte Nothwendigkeit bei der Frage um seine Existenz gezwungen fühlen ihn gleichfalls zu betreten.

Trockenlegung der Weinberge durch Wasserabzüge.

Seit undenklichen Zeiten pflegt man in Weinbergen, welchen das Wasser schädlich wird, Canäle zu graben; jedoch gewöhnlich nicht tief genug; abgesehen davon, daß sie sich dann gerne verstopfen, entsprechen sie überhaupt ihrem Zweck nicht so gut, wie wenn die Abzüge um ein Drittheil, manchmal wohl gar um das Doppelte tiefer gemacht werden. In Ermangelung von Abzugsröhren verschaffte ich mir Ausschuß von irdenen Pumpenstiefeln und legte 160 Meter Röhren in 2½ bis 3 Fuß Tiefe; da die Weinstöcke in Linien stehen, so war dieß leicht auszuführen. Der Erfolg war ein unmittelbarer und sehr befriedigender, und die so trockengelegten Strecken nehmen es jetzt an Güte mit den Lagen auf, welche früher bei weitem die besten waren. Ch. Besval. (Moniteur industriel, 1851 Nr. 1587.)

Ueber die Anwendung und den Werth des Gaskalks für landwirthschaftliche Zwecke; von Ed. Taylor.

Der gebrannte Kalk, welchen man als Reinigungsmittel des Steinkohlengases anwendet, nimmt aus demselben die Kohlensäure und den Schwefelwasserstoff auf; wenn man das so gebildete Schwefelcalcium der Luft und dem Regen aussetzt, so verwandelt es sich in Gyps, daher der Gaskalk einen schätzbaren Dünger bildet.

Fast alle Pflanzen enthalten Kalk in der einen oder anderen Form; Steckrüben, Klee, Kohl und gelbe Rüben enthalten ihn im Vergleich mit anderen Vegetabilien in sehr großer Menge — fast jeder Boden enthält Kalk in irgend einer Form, viele Bodenarten enthalten ihn aber nicht in Form von Gyps. In Form von Gyps ist der Kalk für manche Pflanzen besonders vortheilhaft, z. B. für den Klee, welcher eine große Menge von diesem Salz enthält, daher man durch Bestreuen der Kleefelder mit Gyps eine reichlichere Ernte erzielt.

Der Gyps ist aber nicht nur ein Bestandtheil mancher Pflanzen und daher für ihr Wachsthum nöthig; er hat auch die Eigenschaft das Ammoniak zu fixiren, daher das Ammoniak, welches mit dem Regen niederfällt oder sich bei der Fäulniß von Pflanzenstoffen bildet, als schwefelsaures Ammonik im Boden zurückgehalten wird, wenn man das Feld mit Gyps bestreut hat. — Beabsichtigt man durch den Gaskalk Ungeziefer zu zerstören oder zu verhüten, so sollte man ihn frisch aus den Gasanstalten anwenden, und für sich allein, oder mit einer sehr geringen Menge Erde oder Sand vermengt auf dem Feld verbreiten.

Im frischen Zustand hat der Gaskalk einen sehr üblen Geruch und ist für die Insecten giftig, welche er vertreibt oder zerstört. Pflügt man ihn in ein für Wurzelernten bestimmtes Feld, so verhütet er daß Regenwürmer die Ernte angreifen. Auch ist der Gaskalk in frischem Zustande auf Lichtungen zur Zerstörung von Würmern sehr wirksam; nur muß man wissen, daß er in frischem Zustand und für sich allein angewandt, allen Graswuchs eine Zeit lang verhindert und scheinbar zerstört, aber nach einer kurzen Periode zeigt sich dann ein sehr reichliches Wachsthum.

Wenn man den Gaskalk als Dünger für Gras oder Kleefelder anwenden will, sollte man ihn zuvor einige Wochen der Luft aussetzen und häufig umwenden; man kann ihn dann allein oder mit Sand oder Erde vermengt verwenden.

Eine sehr vortheilhafte Anwendung des Gaskalks besteht darin, daß man in der Woche einmal oder zweimal eine Portion davon auf die Misthaufen spritzt; dadurch wird ein großer Theil des jetzt verloren gehenden Ammoniaks in denselben zurückgehalten.

Ohne Zweifel ist die Wirkung des Gaskalks zum Theil dem freien Ammoniak zuzuschreiben, welches er enthält, das aber bald verdunstet, nachdem er ausgebreitet worden ist; durch dieses Ammoniak wird das Gras zerstört, wenn man den Gaskalk in frischem Zustande anwendet. (Journal of Gas lighting, 1851 Nr. 30.)

Werth eines todten Pferdes.

Die kurzen und langen Haare zusammen wiegen bei einem mittleren Pferd 100, bei einem Pferde in gutem Zustand 200 Gramme; der Werth dieses Haares beträgt 10 bis 30 Centimes. Die Haut des Pferdes wiegt 24—34 Kilogr. und ist 13 bis 18 Fr. werth.

Das Blut wiegt 18—21 Kilogr. und ist eingedickt und in Pulver verwandelt, zu 2 Fr. 70 Cent. bis 3 Fr. 30 Cent. anzuschlagen. Das Fleisch wiegt 166 bis 203 Kil und kann, in Dünger verwandelt oder als Nahrung für Thiere verwendet, zu 35 bis 45 Fr. angeschlagen werden. Die Eingeweide, Därme ꝛc. können 1 Fr. 60 Cent. bis 1 Fr. 80 Cent. werth seyn. Die zur Bereitung von Leim dienenden Flechsen wiegen gewöhnlich 2 Kil. und werden, getrocknet, um 1 Fr. 20 Cent. verkauft.

Die Menge des Fetts ist nicht bei allen Pferden gleich; sie wechselt von 4 bis 30 Kilogr, welche zu 1 Fr. 20 Cent. das Kilogr. gerechnet, 4 Fr. 80 Cent. bis 36 Fr. ausmachen. Hufeisen und Nägel sind 22 bis 50 Cent. werth. Die Hufe, durch die Raspel in Pulver verwandelt, betragen von jedem Pferd 1 Fr. 50 Cent. bis 2 Fr. Endlich können die von Fleisch gereinigten Knochen zur Bereitung von Thierkohle um 2 Fr. 30 Cent. bis 2 Fr. 40 Cent. verkauft werden.

Fällt nun ein Pferd durch Krankheit oder sonst einen Unfall, oder sieht sich dessen Eigenthümer aus irgend einem Grunde veranlaßt, es abthun zu lassen, so kann es nach obigen Zahlen demjenigen, welcher diese Industrie mit Einsicht betreibt, 62 bis 110 Fr. eintragen, während gegenwärtig in gutem Zustande gefallene Pferde in Frankreich kaum höher als mit 10 Fr. bezahlt werden. (Moniteur industriel, 1851 Nr. 1587.)

Mittel gegen den Maulwurf.

Hr. Prof. Schloßberger hat im Hohenheimer Wochenblatt aufgefordert, Proben darüber anzustellen, ob mit dem in der Apotheke verfertigten Mäusegift (Phosphorpaste) nicht auch die Maulwürfe in Gärten und Wiesen zu vertilgen seyen. Die Proben, die ich angestellt habe, sind so gut gelungen, daß dieses wohlfeile Mittel allgemein bekannt zu werden verdient. Das Verfahren ist folgendes: Man läßt sich in der Apotheke für 12—15 kr. Phosphorpaste anfertigen, unter welche man vor dem Legen derselben noch etwas Mehl knetet; hernach macht man Kügelchen von der Größe einer Bleikugel und bringt eines oder zwei in die Maulwurfslöcher. Wenn man unter die Kugeln zerhackte Regenwürmer mengt, so ist es besser, da die Maulwürfe diese gerne fressen. Beim Legen der Kugeln ist jedoch der Umstand nicht zu vergessen, daß dieses bei anhaltendem Regenwetter unterlassen werden sollte, indem durch fortwährende Nässe die Phosphorpaste ihre Wirkung ziemlich schnell zu verlieren scheint. Durch das genannte Verfahren könnten den Gemeinden und Privaten die oft nicht unbeträchtlichen Kosten für den Maulwurffänger sehr vermindert werden. H. Essig. (Riecke's Wochenblatt, 1851 Nr. 11.)

Augsburg, Buchdruckerei der J. G. Cotta'schen Buchhandlung.

Polytechnisches Journal.

Zweiunddreißigster Jahrgang.

Einundzwanzigstes Heft.

XXX.

Bericht über die auf der Ausstellung in London ausgestellten Handelswaagen (commercial balance); von Dr. Mohr in Coblenz.

Mit Abbildungen auf Tab. III.

Bei der großen Menge von Gegenständen und deren Trennung nach Nationen, wodurch die gleichartigen Gegenstände sehr weit von einander und in eben so vielen Abtheilungen vertheilt waren, als Nationen darin vertreten waren, wurde es sehr schwer sich eine übersichtliche Anschauung eines besonderen Zweiges zu verschaffen. Erst nach mehreren Wochen täglichen Besuches der Ausstellung gewann man diejenige Ortskenntniß, welche erforderlich war, um hintereinander die Gegenstände derselben Art an demselben Tage aufzusuchen. Man mußte sich deßhalb diejenigen Gegenstände, für welche man ein besonderes Interesse hatte, eigentlich, wenn man auf sie stieß, herausheben, und einer sorgfältigern Betrachtung unterziehen. Ich habe mir vorgenommen hier einige Skizzen über die ausgestellten Handelswaagen mitzutheilen, und denselben diejenigen eigenen Betrachtungen anzureihen, welche die Natur des Gegenstandes mit sich bringt. Ich will nicht behaupten, daß Alles, was mir hier neu erschien, neu ist. Manches habe ich schon hier und dort erwähnt und beschrieben gefunden. Ohne Zweifel aber ist in dem Besten, was die Ausstellung in diesem Zweige darbot, für viele meiner Landsleute manches Neue, da mir eigene Anschauung gezeigt hat, daß nur wenige Systeme von Waagen bei uns in Anwendung sind.

Wir wollen vom Einfachen Bekannten zum Complicirteren und Neueren übergehen. Lücken in der Darstellung müssen zum Theil der kurzen Zeit des Beschauens und der unruhigen bewegten Stimmung zugeschrieben werden, worin man die Beobachtungen macht.

Die gewöhnliche gleicharmige Schalenwaage wiederholt sich im englischen Departement häufig. Alle Waagen dieser Art haben eine gleiche Form und Construction, und aus dieser Gleichförmigkeit ersieht man, daß diese Form in England besonders beliebt ist, und daß Abweichungen davon ungern gesehen werden. Der Balken dieser Waage ist sehr massiv, schwarz angestrichen, mit der Feile reichlich verziert und stark vergoldet. Die Schneide ist sehr massiv, schön polirt und hat keine Stoßscheiben. Die Zunge, nach oben, ist kein, und gibt deßhalb auch keine Ausschläge. Sie ist rund gedreht, mit vielen Ringen und Rundstücken verziert und sehr massiv. Ihre Spitze ist in einer ringförmigen Erweiterung der Schere frei sichtbar, worin sie gegen den von oben kommenden festen Stift, der ganz ihre eigene Form hat, spielt. Meistens ist der Balken an den Enden in die Höhe gebogen und wieder herabgekrümmt, und trägt seine unverschiebbare Schneide in seiner eigenen Masse. Ein gebogener Haken ruht mit seiner harten unteren Fläche darin.

Bei einigen Exemplaren waren die Enden des Balkens zu einer hohlen Kapsel geschmiedet, worin der Haken hing. Man sieht, daß diese Construction gar nichts neues darbietet. Sie besitzt ganz den Charakter des Londoner Kaufmannes, solid, reich, alt herkömmlich, und nicht übermäßig empfindlich in Kleinigkeiten. Die Schnelligkeit, womit eine minder empfindliche Waage Anzeigen gibt, entschädigt durch Zeitgewinn, was an der übermäßigen Genauigkeit des Gewichtes abgeht. Es kommt eben im Großhandel nicht auf eine Kleinigkeit der Waare, wohl aber der Zeit an.

Brückenwaagen der gewöhnlichen Construction waren nicht ausgestellt, dagegen mit einer leichten Abänderung, indem der lange Arm des Waagebalkens, worin die Gewichtsschale hängt, nicht in der Verlängerung der Lastschale, sondern senkrecht auf diese Linie angebracht ist. Es wird dadurch die Waage etwas kürzer. Doch ist dieser Vortheil sehr unerheblich. Eine zweite Veränderung an diesen Waagen besteht darin, daß der lange Arm der Waage, woran die Lastschale hängt, eingetheilt ist, und durch Versetzung eines keinen Läufers erlaubt, die Unterabtheilungen mit einem und demselben Gewichte zu bestimmen. Dieses Princip ist gut, und gewährt bedeutende Zeitersparniß; allein wenn es nicht auf Kosten der Genauigkeit angewendet seyn soll, muß die Eintheilung des Waagebalkens mit großer Sorgfalt und durch Wägungsversuche geschehen; dieses ist hier nun nicht der Fall, ondern die Eintheilungen sind auf den Balken eingehauen.

Die Eintheilungen der Gewichte richten sich nach dem landesüblichen Gewichte. Bei den englischen Waagen ist die große Gewichtseinheit der Centner (Cwt. bezeichnet) = 112 Pfd., der 4tel Centner (Quarter) = 28 Pfund. Für uns würde der Centner in den meisten Fällen = 50 Kilogrammen, = 107 preußischen Pfunden, = 100 Darmstädter Pfunden seyn. Diese 100 Pfunde sind alsdann halbe Kilogramme oder Zollpfunde. Wenn nun die Waage eine Decimalwaage ist, so stellen 10 wirkliche Pfunde einen Centner vor, 1 wirkliches Pfund 10 Pfund dar. Theilt man jetzt den Waagebalken in zehn gleiche Theile, so ist ein Hänggewicht, welches 1 Pfd. wiegt, hinreichend, auf den verschiedenen Strichen 1 bis 10 Pfd. zu markiren. Theilt man nun ferner jede Abtheilung in vier gleiche Theile ein, die durch dünnere Striche bezeichnet werden, so geben diese 4tel eines Pfundes an, welches im Ganzen die letzte Größe ist, wornach man auf Brückenwaagen auszuwägen pflegt. Will man aber noch weiter gehen, so stelle man ein zweites Hänggewicht dar, welches absolut $\frac{1}{10}$ Pfund wiegt; dieses zeigt nun auf denselben Strichen, ohne der Unterabtheilung in Viertel zu bedürfen, geradezu 10tel Pfunde an. Es ist in der Praxis streng darauf zu halten, daß die Decimalgewichte genaues absolutes Gewicht darstellen, damit man sie immer controliren könne. Diese Gewichte werden dann auch auf anderen gleicharmigen sehr empfindlichen Waagen, ganz unabhängig von der Decimalwaage, fertig gemacht, und nachher der Balken der Decimalwaage so regulirt, daß die fertigen richtigen Gewichte genaue und richtige Anzeigen geben. Dieß thun sie, wenn der keine Arm der Waage genau $\frac{1}{10}$ von der Länge des großen ist, und diese Bedingung erreicht man, wenn der Balken mit zwei Schalen versehen wird, und man nun eine Schneide so lange verschiebt, bis 10 richtige Pfunde am kleinen Arm einem richtigen Pfunde am großen Arm genau das Gleichgewicht halten. Zu richtiger Beurtheilung dieser Verhältnisse fehlt es unsern Mechanikern häufig an der nöthigen Intelligenz, wodurch denn unsere Decimalwaagen sehr schwer controlirbare Instrumente werden, die zuweilen bei hohen Belastungen bedeutende Fehler zeigen. Ueber die Mittel den Balken genau in zehn gleiche Theile einzutheilen, werde ich an einem andern Orte handeln.

Eine zweite Abänderung der Decimalwaage besteht darin, daß man sie nach Umständen auch als Centesimalwaage gebrauchen kann.[26]

---

[26] Diese Beranger'schen Waagen sind bereits in diesem Journal (Bd. CXIX S. 172) behandelt; ich muß jedoch wegen einiger Bemerkungen noch einmal darauf zurückkommen.

In dem vorliegenden Falle wird die Last nur an einem andern Haken aufgehangen, und die Gewichte zeigen dann das 100fache ihrer eigenen Größe an; dieser Zweck wird durch Verbindung zweier Decimalbalken erreicht.

Der obere Balken Fig. 1 ruht mit seiner Schneide in der Schere a und der Arm a b ist $\frac{1}{10}$ von dem Arm a c; folglich wird eine an der Schneide b hangende Schale m, Gleichgewicht vorausgesetzt, die zehnfache Last von dem auf der Schneide c liegenden Gewichte tragen. So lange man die Last auf die Schale m legt, ist die Waage eine Decimalwaage, indem nun der untere Waagebalken B nicht mitwirkt. Dieser Balken hat seinen festen Drehpunkt in d und liegt mit seiner Schneide e in einem Loche der Schere, die auf der Schneide b des obern Balkens hängt. Die dritte Schneide des untern Balkens ist auf $\frac{1}{10}$ seiner Länge angebracht; eine darauf liegende Last wirkt also bei e zehnmal schwächer als sie auf f wiegt; da sie aber, auf e ruhend bei b schon zehnmal schwächer als bei c wirkt, so wirkt sie im Ganzen bei f hundertmal schwächer als bei c.

Das Princip ist also vollkommen klar; der obere Balken ist ein zweiarmiger, der untere ein einarmiger Hebel; ein dritter Balken würde die Last vertausendfachen.

Was die praktische Ausführung dieser Waage betrifft, so kann sie für einen denkenden Mechaniker keine Schwierigkeiten haben. Der obere Balken wird allein fertig gemacht und justirt. Nachdem er mit zwei Schalen versehen und ins Gleichgewicht gebracht ist, prüft man die richtige Stellung der Schneiden, indem man die Schale auf b mit 10 Pfd., die Schale bei c mit 1 Pfd. belastet. Eine von den drei Schneiden wird durch bekannte Mittel so lange verschoben, bis unter diesen Bedingungen genaues Gleichgewicht eintritt. Die Bedingung der Empfindlichkeit wird ebenfalls wie bei der gleicharmigen Waage gesucht, und erreicht.

Der untere Balken wird mit Hülfe des obern abjustirt. Er kann nicht mit zwei Schalen versehen werden, weil er nur eine Schneide nach oben und zwei nach unten gerichtet hat. Seine Empfindlichkeit läßt sich aus demselben Grunde nicht leicht prüfen. Durch eine regelmäßige symmetrische Gestalt kann man erreichen, daß die drei in einer Linie liegenden Schneiden auch nahe am Schwerpunkte des Balkens liegen. Man belaste nun, nachdem Gleichgewicht hergestellt ist, die Achse f mit 100 Pfd. richtigen Gewichtes und die Achse c mit 1 Pfd., und verschiebe eine der drei Schneiden des untern Balkens so lange, bis bei dieser Belastung und nach allenfalsiger Wiederherstellung des durch diese Operation gestörten Gleichgewichts der leeren Waage, wieder Gleichgewicht eintritt.

Viel genauer erreicht man die Justirung des unteren Balkens, wenn man ihn nach Anleitung von Fig. 2 mit einer guten gleicharmigen Waage in Verbindung bringt. In diesem Falle wird die Schale a der gleicharmigen Waage, nach Herstellung des Gleichgewichts, mit 1 Pfd., und die Schale b auf der mittleren Achse des unteren Balkens mit 10 Pfd. belastet und jetzt durch Verschieben einer der drei Achsen des untern Balkens Gleichgewicht erzielt. Die dritte Achse c ruht auf einer festen Unterlage. Noch bequemer würde der Gebrauch dieser Waage, wenn man den oberen Balken in zehn gleiche Theile theilte und nun mit Laufgewichten abwöge. Theilt man den langen Arm des oberen Balkens in zehn gleiche Theile und nimmt das erste Laufgewicht sammt Haken 10 Pfd. schwer, so geht die Decimalwaage bis 100 Pfd. und die Centesimalwaage auf 1000 Pfd. Man bezeichnet die Theile des Balkens mit 1, 2, 3 bis 9 und hängt der Zahl, wenn man mit dem ersten Läufer wägt, eine Null an beim Gebrauch der Decimalwaage, und zwei Nullen beim Gebrauch der Centesimalwaage. Ein zweiter Läufer wiegt 1 Pfd. Der Zahl wobei er stehen bleibt, hängt man beim Gebrauch der Decimalwaage nichts an, beim Gebrauch der Centesimalwaage aber eine Null. Der große Läufer muß noch einen Haken unten haben, um allenfalls den kleinen Läufer daran hängen zu können.

Gesetzt der große Läufer stände bei 7, der kleine bei 5, so zeigt dieß in der Decimalwaage 75 Pfd., in der Centesimalwaage 750 Pfd. an.

Beim Gebrauche von Läufern müssen die Einschnitte im Balken in die gerade Linie fallen, welche die drei Schneiden verbindet. Dieß ist sehr häufig bei diesen Waagen übersehen.

Die Anwendung des Läufers macht aber, bei unverändertem Princip, die folgende Anordnung des Ganzen nöthig, wie sie in Fig. 3 dargestellt ist.

a und b sind die beiden festen Punkte, an denen die Scheren der Waage hängen. An b hängt die mittlere Achse des ersten Balkens. Jede Last die an c angehängt wird, und folglich auch an der auf c hängenden Schere, ist das 10fache von den an der Ziffer 10 hängenden Gewichten, oder das so vielfache des Läufers, als die Zahl, woran er hängt, anzeigt.

Eine bei d hängende Last drückt nur mit $\frac{1}{10}$ ihres Gewichtes auf c, wiegt also 100mal so viel als ein Gewicht bei der Ziffer 10, oder so vielmal das Hundertfache des Läufers, als die Zahl, bei welcher er hängt, anzeigt.

Diese Waage hat die Bequemlichkeit, daß man beliebig mit Gewichten oder mit einem Läufer auswiegen kann, und daß Last und Gewicht nicht so leicht mit einander in Collision kommen, als bei der ursprünglichen Beranger'schen Vorrichtung. Bei größeren Dimensionen kann man den eingetheilten Balken in ein eigenes Waagehäuschen hineingehen lassen, wie dieß in Häfen und Ausladeplätzen üblich ist.

Alle diese Waagen haben Schalen die an Schnüren hängen. Dieß ist bei voluminösen und schweren Körpern unbequem. Man hat deßhalb schon lange darnach gestrebt, die Schale von unten zu unterstützen und dieß auch durch die Straßburger oder Quintenzwaage im Großen, und durch die Waage mit doppeltem Balken im Kleinen erreicht. Von der Quintenzwaage ist hier nicht weiter zu reden; sie besitzt und behält ihre anerkannte Vortrefflichkeit unbestritten.

Die beweglichen Handverkaufswaagen mit gleicharmigen Balken haben jedoch zu verschiedenen Bestrebungen sie zu verbessern, Veranlassung gegeben. Allein in allen Fällen, die auf der Ausstellung vorkamen, war dieß nicht erreicht worden; im Gegentheil, es waren die neuen Constructionen entschieden schlechter, als die bekannte und am meisten angenommene. In einem Falle zählte ich zwölf Schneiden und Lager an einer Waage (vergl. polytechn. Journal Bd. CXIX Tafel V, Fig. 19 und 20). Daß durch solche Anordnungen die Darstellung der Waage außerordentlich erschwert, und die Empfindlichkeit ebenso vermindert werde, läßt sich nicht bezweifeln.

Unter anderen war auch eine Waage ausgestellt, welche äußerlich die Gestalt von Fig. 4 hatte. Es war eine Decimalwaage und sie glich einer Quintenzwaage ohne das Gestell. Die Schale bewegte sich gerade in die Höhe und der Läufer wurde auf dem hervorragenden Balken verschoben. Bei der Unmöglichkeit solche Gegenstände zu untersuchen, wo überall ein Constabler oder der Eigenthümer aufpaßte, kann ich nur Vermuthungen über die Construction dieser Waage aufstellen; doch glaube ich mit einiger Zuversicht die Construction errathen zu haben. Sie ist in Fig. 5 und 6 dargestellt.

In Fig. 5 sieht man den Durchschnitt der Waage und die alsdann im Kasten frei sichtbaren Theile, in Fig. 6 eine Ansicht von oben nach Entfernung der Platform. Der Decimalbalken a geht durch einen Einschnitt des Kastens und seine sämmtlichen Zahlen sind außerhalb des Kastens sichtbar. Eine hängende Waagschale kann nicht angebracht werben, weil die Waage auf einem Tische stehen und nicht hoch seyn soll. Der Balken hat auf der kurzen Seite, wie die Quintenzwaage, noch zwei nach oben gerichtete Schneiden. Die Schneide b ist so weit von der ruhenden Achse c entfernt, als jede der Zahlen des Balkens von einander entfernt ist. Hat der Balken zehn solcher Längen, als b von c entfernt ist, so ist es ein Decimalbalken, wie in der Quintenzwaage. Auf der Schneide b ruht die Wägeplatte mit einem nach unten gehenden Säulchen und Lager.

Die Schneide d ist um ein beliebiges Verhältniß entfernter von c als b. Wir wollen annehmen d sey dreimal so weit von c als b.

Es muß nun durch den untern gabelförmig gespreizten Hebel m, wie seine Gestalt aus Fig. 6 erhellt, diese größere Bewegung des Punktes d auf die Größe der Bewegung des Punktes b zurückgeführt werden, damit alle Theile der Wägeplatte w eine gleiche Bewegung machen. Dieß wird nun einfach dadurch erreicht, daß man die Schneiden e in demselben Verhältniß der Entfernung von f, worauf der Hebel spielt, anbringt, als die Schneide b von c entfernt ist. Setzt man die Schneiden e ebenfalls auf 1/3 der Länge des Hebels m, so machen die Punkte b und e, e gleiche Bewegung. Eine Ebene wird aber durch drei Punkte bestimmt; wenn also drei Punkte der Ebene w dieselbe Bewegung haben, so haben alle Punkte dieser Ebene diese Bewegung, und das ist es, was hier erreicht werden soll. Es nicht nöthig, daß der Hebel m eine bestimmte Länge habe, nur muß e auf 1/3 seiner ganzen Länge sitzen; man kann sich von der Richtigkeit dieser Darstellung leicht überzeugen, wenn man bedenkt, daß die Bewegung von b gleich 1/3 der Bewegung von d ist, und die Bewegung von e gleich 1/3 von der Bewegung von g ist; nun müssen sich aber d und g gleich bewegen, weil sie durch eine feste Schlinge verbunden sind. Die Drittel von zwei gleichen Größen müssen aber unter einander gleich seyn.

Diese Waage muß im Gebrauch sehr bequem seyn. Sie hat keine Schnüre; die Lasten lassen sich also sehr bequem auflegen; sie erfordert nur wenige Gewichte, welche, wenn der Balken nach der oben gegebenen Anweisung scharf getheilt ist, ein genaues Resultat geben.

Eine sehr bequeme Federwaage mit Zeiger war von Nicholl in London ausgestellt. Sie ist in Fig. 7 abgebildet. Die Zeichnung erklärt alles fast auf einen Blick. Die Last wird auf die auf der Erde ruhende Schale gebracht, und dann der Strick a kräftig angezogen. Dadurch wird das Ende b des obern Hebels herunter gezogen nnd das Ende c in die Höhe. Es wird dadurch die Schale vom Boden entfernt, und die hinter dem Zifferblatte befindliche Kraftfeder gespannt. Der Zeiger bewegt sich dadurch im Kreise und bleibt an der Zahl stehen, die dem Gewichte der Last entspricht. Diese Waagen haben allerdings ein Maximum, wie die Läuferwaagen ebenfalls haben. Allein inner= halb dieses Maximums geben sie sehr schnell Antwort, indem der Zeiger nicht so lange spielt, wie die Zunge einer Hebelwaage. Daß die Schale bei Nichtbelastung auf dem Boden ruht, ist ein großer Vortheil, weil sich so jede Last am besten auf die Schale bringen läßt, ohne daß diese ins Schaukeln geräth.

Wieder eine Waage mit Platformschale zu großen Lasten, beliebig als Decimal= oder Centesimalwaage zu construiren, war von denselben Fabrikanten ausgestellt.

Das äußere Ansehen der Waage ist in Fig. 8 abgebildet. Die innere Construction konnte man nicht sehen. Ich kann also auch über diese Waage nur meine Vermuthungen mittheilen, glaube aber auch hier entweder die Construction selbst errathen, oder eine eigene neue, ihr ganz gleichartige, aufgestellt zu haben.

Die innere Anordnung der Theile ist in Fig. 9 von der Seite, in Fig. 10 in der Ansicht von oben dargestellt. Die hohle Säule a steht auf einer festen Unterlage. Sie trägt oben einen Decimalbalken, dessen kurzer Arm also $1/10$ von der Länge des langen Armes ist. Die durch die Säule gehende Stange pflanzt also diese Bewegung in unveränderter Größe an die Schneide des unter dem Boden liegenden geraden He= bels b fort. c bewegt sich also $1/10$ von den bei m aufgelegten Ge= wichten.

Der Hebel b ruht auf seiner hinteren Schneide d fest auf, und trägt bei e eine nach oben gerichtete Schneide auf $1/10$ seiner Länge. Die Schneide e macht also $1/10$ von der Bewegung von c, und da c schon $1/10$ von der Bewegung bei m macht, so macht e $1/100$ von der Be= wegung bei m. Alle Schneiden eines Hebels müssen in einer Ebene oder geraden Linie liegen, sowohl hier als bei den andern mitgetheilten Constructionen. Auf der Schneide e ruht nun die Platform P mit einer festen Säule, und nimmt dadurch ebenfalls an der Bewegung von e, gleich $1/100$ der bei m, Theil. Wir haben nun noch zwei an= dern Punkten der Platform P dieselbe Bewegung zu ertheilen, damit diese horizontal und parallel mit ihrer ursprünglichen Lage aufsteige. Dieß geschieht durch den untern Gabelhebel f. Derselbe hängt mit einer Schlinge von Eisen an dem Hebel b auf der Schneide g. Ihre Lage ist keine absolute, sondern beliebig. Wir wollen annehmen eg sey dreimal so groß als de, alsdann macht die Schneide g eine vier=

mal so große Bewegung als die Schneide. e; wenu nun : der untere Gabelhebel (f,f in Fig. 10) seine Schneiden h auf $\frac{1}{4}$ seiner Länge von den Stützpunkten i,i entfernt hat, so machen auch die Schneiden h,h $\frac{1}{4}$ von der Bewegung von g, welche durch die Schlinge unverändert an die letzte Schneide k des Gabelhebels fortgepflanzt wird. Also machen e, h,h ganz gleiche Bewegungen. Man stütze also die Platform mit zwei Säulen, welche unten Pfannen tragen, auf die beiden Schneiden h,h, so wird die Bedingung des horizontalen Aufsteigens der Platform P gegeben seyn.

Die Gewichte sind aufgeschlitzte Ringe (Fig. 11) von Gußeisen von gleicher Größe, welche gezählt werden. Der Waagebalken trägt eine Eintheilung, auf welcher ein Läufer sich bewegt, um die Unterabtheilungen des Gewichtes zu geben. 1 Pfd. Gewicht hält 100 Pfd. Last das Gleichgewicht. Mit zehn solcher Scheiben wiegt man also 1000 Pfd. aus. Hat der Balken eine Theilung in 10 Theile, so zeigt ein Läufer von 1 Pfd. absolutem Gewicht das Zehnfache der Zahl an Pfunden an, welche an der Stelle des Läufers steht. Ein zweiter Läufer von $\frac{1}{10}$ Pfd. absolutem Gewicht zeigt auf dem Balken so viele ganze Pfunde an, als die Zahl bedeutet, an welcher er steht.

Mit diesen beiden Läufern wiegt man ganze Pfunde aus, welches bei einer Tonnenwaage hinreichend ist. Ein Läufer von $\frac{1}{20}$ Pfd. absolutem Gewichte würde halbe Pfunde anzeigen.

Die Waage Fig. 8 ist auf Rädern angebracht und dadurch leicht in einem Magazine zu transportiren.

Eine ähnliche Waage von noch größeren Dimensionen ist in Fig. 12 abgebildet. Die Platform ist ganz in der Ebene des Fußbodens; man kann also mit großer Leichtigkeit schwere Fässer darauf hinrollen. Der obere Hebel, welchen der Arbeitende hinunterdrückt, dient dazu die Waage spielen zu lassen. Wie das geschieht, konnte man natürlich auch nicht sehen.

Eine sehr niedliche und bequeme Waage war in der englischen Abtheilung unter den landwirthschaftlichen Geräthen ausgestellt. Sie war auch wohl zu solchen Zwecken bestimmt, indem die Schale recht die Form hatte, um einen Sack Weizen darauf zu setzen. Nach den flüchtig in den Refreshment rooms gemachten Skizzen und aus der Erinnerung gebe ich die Construction so wieder. Abbildung Fig. 13 und 14.

Auf einer festen Bodenplatte, die auf keinen Rädern beweglich ist, ruht ein Rahmenhebel mit zwei Schneiden. Es sind eigentlich zwei gleicharmige Waagebalken, die weit aus einander mit runden eisernen

Stangen verbunden sind, wodurch sie sich gleichartig bewegen müssen. Die Schneiden sind in der Mitte in beiden Figuren bei a. Die vier Endschneiden b, b, b, b liegen natürlich in einer Ebene. Linkerhand ruht auf den beiden Endschneiden b das Tischelchen für die Gewichte, c. Fig. 15 zeigt, wie der Fuß dieses Tisches unten gabelförmig auseinander geht, um mit seinen Pfannen auf den beiden Schneiden b, b (links) sich aufzusetzen. Hiermit würde dieser Tisch noch keinen festen Stand haben, sondern senkrecht auf die Ebene der beiden Gabelenden nach beiden Seiten umkippen können. Das ist jedoch durch eine am oberen Theile des Trägers angebrachte Lenkstange d vermieden. Dieselbe hat genau die halbe Länge von den Waagebalken am Boden, ist also gleich der Entfernung a b. Die Lenkstange d erhält einen festen Punkt, in welchem sie sich drehen kann, in einer Oese, welche an der unteren Fläche des festen Tisches m, welcher stabil auf der Säule s ruht, befestigt ist. Die Lenkstange d dreht sich also um f, und da sie so lang wie a b ist, so ist auch ihre Winkelbewegung gleich jener der Schneiden b, b. Setzt man nun die Gewichte auf den Tisch c, so werden sie je nach ihrer Stelle denselben umzuziehen streben; dieser aber wird von der Lenkstange d verhindert zu fallen, und kann bloß mit ihr sich auf- und abwärts bewegen; er muß sich also, wenn er ursprünglich horizontal war, parallel mit sich selbst aufwärts bewegen. Im Zustande des Gleichgewichtes haben die beiden Tische c und m gleiche Höhe. Dieß ist die Zunge an der Waage und zwar eine recht sichtbare. Beide Tische haben eine bequeme Höhe vom Boden, so daß man die Gewichte leicht von dem festen Tische m auf den beweglichen c bringen kann. Gewicht und Schale habe ich niemals näher und bequemer beisammen gesehen. Die Gewichte auf dem Tische c geben das Gewicht der Last an, da, wie man gesehen hat, der Waagebalken gleicharmig ist.

Die Last ruht rechts auf einem mit dickem Draht umgebenen Sessel mit demselben eben beschriebenen Mechanismus. Die zwei Pfannen am Boden sind außen angebracht, und ruhen unmittelbar auf den beiden Schneiden b, b rechts. Die Leitstange e führt den Sessel, wie oben die Gewichtsschale. Sie ist ebenfalls = a b und muß also genau dieselbe Winkelbewegung um g machen, wie die Schneiden b, b. Die Last und das Gewicht ruhen auf den Schneiden b, b, b, b; es wird also der Schwerpunkt der belasteten Waage nicht höher gebracht, obgleich die Last über den Drehpunkten sich befindet. Die Leitstangen d und e haben selbst keinen Theil der Last zu tragen.

Zu einem Einwurf gibt die Form der Leitstangen eine Veranlassung. Je nachdem das Gewicht rechts oder links steht, wird die Leitstange rechts oder links anstreifen und sich drehen. Ihre Länge wird dadurch nicht verändert, weil immer die entsprechenden Enden sich bewegen, allein der Drehpunkt verschiebt sich rechts und links um die Dicke des Gelenkes der Leitstange. Auch dieses ließe sich leicht beseitigen, wenn man den Leitstangen die Form des unteren Waagebalkens in der Laden=tischwaage gäbe, worin die Stoßschneiden nach beiden Seiten hin in einer geraden Linie liegen, wie dieß in Fig. 16 dargestellt ist. Die schraffirten Theile stellen hier den festen Stahlkörper vor, gegen welchen die beiden Schneiden a und b sich anlehnen. Mag nun die Stoßstange nach rechts oder links schieben, der Angriffspunkt wird immer in der geraden Linie m liegen. Mit dieser Vorrichtung wird die Gerablenkung der beiden Schalen mit großer Sicherheit und sehr geringer Reibung vor sich gehen.

Sehr leicht läßt sich auch diese Construction zu einer Decimalwaage anwenden. Man hat nur den einen Arm des Rahmenhebels im Boden und seine zugehörige Leitstange zehnmal so groß als den andern zu machen; die Gewichtsschale kann alsbann um vieles feiner werden.

XXXI.

Ueber die Concurs=Locomotiven für die Semmering=Bahn; von dem k. k. technischen Rath Hrn. W. Engerth.

Aus der Zeitschrift des niederösterreichischen Gewerbevereins, 1851, Nr. 43.

In der Versammlung des niederösterreichischen Gewerbevereins vom 20 Mai d. J. habe ich in Bezug auf die Preis=Ausschreibung für die entsprechendste Construction einer für die Semmering = Bahn geeigneten Locomotive einen Vortrag [27] über den Zweck derselben, die geschehenen Anmeldungen und den muthmaßlichen Erfolg gehalten; jetzt bin ich in der Lage das Ergebniß dieser Preis = Ausschreibung mit=theilen zu können.

Es ist nicht meine Absicht, einen detailirten Bericht über die Art der Vornahme der Prüfung der Locomotiven zu erstatten, die Detail=

---

[27] Mitgetheilt im polytechn. Journal Bd. CXX S. 155.

Resultate mitzutheilen oder in eine genaue Erörterung des Baues der Maschinen einzugehen, um so weniger, als in kurzem sehr genaue, auf die Protokolle der Prüfungs-Commission basirte Berichte veröffentlicht wer=den; ich beabsichtige bloß, in einer kurzer Skizze über das Geschehene zu referiren und mit ein paar Worten meine individuelle Ansicht über den erzielten, nach meiner Ansicht großen Nutzen des Concurses mit=zutheilen.

Von den programmmäßig angemeldeten acht Concurrenten sind von der Preisbewerbnng vier zurückgetreten, und zwar die drei eng=lischen Bewerber und Keßler in Karlsruhe.

Dem Vernehmen nach haben die englischen zwei Concurrenten, welche keine eigene Maschinenbau-Anstalt besitzen, die nöthigen Mittel sich nicht verschaffen können; der dritte englische Concurrent Sharp brothers, so wie E. Keßler knüpften an die Concurrenz Bedingun=gen, welche gegen das veröffentlichte Programm waren, und daher nicht berücksichtigt werden konnten.

Concurrirt haben: Maffei in München mit der Locomotive „Bavaria," John Cockerill in Seraing mit der Locomotive „Seraing," W. Günther in Neustadt mit der Locomotive „Neustadt" und end=lich die Wien-Gloggnitzer-Fabrik mit der Locomotive „Vindobona."

Nach dem Programm war der 15. Julius als der Termin an=gesetzt, bis zu welchem die Locomotiven in Peyerbach nächst Gloggnitz im fahrbaren Zustande aufgestellt seyn sollten; da aber an diesem Tage keine der vier Maschinen im fahrbaren Zustande sich befand, so wurde der Termin bis zum letzten Julius Abends 6 Uhr festgesetzt, an wel=chem Tage sich die Prüfungs-Commission, zusammengesetzt aus dem Com=missionsleiter, Regierungsrath Adam Ritter v. Burg, dem Hrn. Ober-Maschinenmeister Kirchweger aus Hannover und Exter aus München, so wie dem Hrn. Maschinendirector Felsenstein und dem Ingenieur F. X. Wurm, zur Constatirung der vorhandenen Maschinen nach Peyerbach begab.

Aber auch an diesem Tage war die Maschine „Neustadt" noch nicht vollkommen montirt.

Da aber die übrigen Concurrenten nicht nur gegen die Zulassung der Maschine „Neustadt" zum Concurse wegen dieses Umstandes keine Einsprache thaten, sondern sogar den Wunsch der Zulassung aussprachen, so wurde sie unter die Zahl der Concurs-Maschinen mit aufge=nommen.

Ich will nun versuchen, ein flüchtiges Bild dieser vier Locomotiven zu entwerfen.

Die Locomotive „Bavaria" ist eine achträberige Maschine mit einem beweglichen Vorbergestelle, bei welcher der Feuerkasten zwischen den beiden gekuppelten Treibachsen liegt. Der Kessel hat so lange Feuerröhren, wie die gewöhnlichen Staatsbahn=Maschinen, d. i. 14½ Fuß englisch, aber einen sehr großen Feuerkasten und einen in Deutschland ungewöhnlich großen Durchmesser von circa 5 Fuß; der Kessel hat 229 Stück Röhren und 1823 Quadratfuß Heizfläche. Die Cylinder sind zur Benützung der angebrachten Mayer'schen Expansion entsprechend groß, 20" im Durchmesser, und haben 30" Hub; alle Räder sind 3' 6" hoch. Die Locomotive hat daher in ihrem Baue nicht viel Neues und ist mit Ausnahme des beweglichen Drehgestelles ähnlich den englischen Last= zugsmaschinen; die Dimensionen sind aber alle viel größer; obgleich sie bei ihrer sehr guten Proportion der einzelnen Theile zwar den Eindruck einer kräftigen — ich möchte sagen — stämmigen Maschine macht, wird man ohne directen Vergleich mit einer gewöhnlichen Locomotive aber nicht leicht gewahr, daß sie um so viel größer ist. — Das Neue an der Locomotive besteht in der Kuppelung der Räder des Drehgestelles, so wie der Tenderräder mittelst Ketten mit den Triebrädern.

Auf der Achse des zweiten Laufrades, nämlich an den beiden Triebrädern und an der ersten Tender=Achse, befinden sich Zahnräder, über welche die beiden von Stahl gefertigten Vaucanson'schen Ket= ten geschlagen sind. — Die Kettenglieder sind 3' 8" lang, die Bolzen 1" englisch stark; ein Fuß der Kette wiegt circa 15¼ Pfund, und eine solche Kette dürfte auf 250 bis 300 fl. zu stehen kommen. — Die Lo= comotive wiegt 880 Ctr., der zugehörige Tender sammt Wasser circa 360 Ctr., zusammen 1240 Ctr., welches Gewicht auf Abhäsion wirkt, während bei den Lastzugsmaschinen dritter Kategorie der Staatsbahn die Belastung der Triebräder nur 350 Ctr. ist.

Da das Constructions=Princip dieser Locomotive von einem Mu= ster entlehnt ist, welches eigentlich nicht für so scharfe Krümmungen construirt ist, als sie in der Semmeringer Bahn vorkommen, so suchte der Constructeur diesem Uebelstande durch Spiel in den Lagern und Anbringung von stark conischen Rädern zu begegnen.

Die Locomotive „Neustadt" unterscheidet sich in ihrem Baue von allen andern Maschinen; sie hat zwei bewegliche Drehgestelle, jedes Drehgestell ist mit vier gekuppelten Rädern und zwei Dampfcylindern versehen, und auf diesen beiden Gestellen liegt ein schmaler, aber langer

Keſſel. Es ſind alſo zwei vierräberige Locomotiven unter einen Keſſel gebracht.

Dieſe Dispoſition bedingt aber viele neue Conſtructionen, und be=
ſonders ſinnreich und einfach iſt die Zuleitung des Dampfes aus
dem feſten Keſſel in die mit den Geſtellen beweglichen Dampfcylinder.
Der Keſſel beſitzt 180 Stück 20½ Fuß lange Röhren, alſo beinahe
zweimal ſo lange, als ſie bis jetzt namentlich für Koksfeuerung üblich
ſind und circa 2000 Quabratfuß Heizfläche; auch die Dampfabnahme
aus dem Keſſel, welche durch einen ſiebartigen Canal geſchieht, iſt neu
und hat ſich als ſehr zweckmäßig bewährt.   Die Locomotive hat keinen
ſeparaten Tender, ſondern faßt das Holz gleich auf der Standplatform
des Locomotivführers, und längs des langen Keſſels ſind zwei Be=
hältniſſe für das Waſſer angebracht.   Die ganze Maſchine iſt 39' lang,
9' breit und wiegt ſammt Waſſer circa 1100 Ctr., welches ganze Ge=
wicht für Abhäſion benützt iſt. — Die Locomotive hat ein gefälliges
Aeußere und hat unſtreitig unter allen Concurs-Locomotiven das meiſte
Originelle und iſt für ſcharfe Krümmungen gebaut.

Der Locomotive „Seraing“ liegt derſelbe Gedanke zu Grunde, doch
iſt die Conſtruction eine andere.   Auch dieſe Maſchine hat zwei be=
wegliche Untergeſtelle, um die ſcharfen Krümmungen leicht zu durch=
laufen, und jedes Untergeſtell iſt mit zwei Dampfcylindern verſehen,
nur iſt die Anordnung der Cylinder jene, wie bei den engliſchen Ma=
ſchinen mit Krummzapfenachſen, während bei der Maſchine „Neuſtadt“
das amerikaniſche Princip der außen liegenden Cylinder angewendet
wurde.   Auf dieſen zwei Geſtellen, welche wieder eigentlich zwei vier=
räberige Locomotiven ſind, liegt ein aus zwei Keſſeln zuſammengeſetzter
Dampfkeſſel.   Der Dampfkeſſel iſt nämlich ſo conſtruirt, als ob zwei
gewöhnliche Keſſel mit den Heizthür=Flächen zuſammengeſtellt und die
Heizthüren von der Seite angebracht würden; der Dampfkeſſel hat
daher zwei Heizthüren von der Seite und zwei Schornſteine, von wel=
chen auf jedem Ende des Keſſels ſich einer befindet, zuſammen 340
Stück 10½' lange Röhren, 1760 Quabratfuß Heizfläche; der Waſſer=
und Dampfraum iſt in beiden Keſſeln gemeinſchaftlich.   Das Holz
wird auf beiden Seiten des Keſſels auf einer Platform aufgelegt und
auch das Waſſer ſollte in einem, am Keſſel angebrachten Behälter auf=
genommen werden; da aber auf ein Rad eine größere, als die im
Programm geſtellte Belaſtung von 125 Ctr. entfiele, ſo wurde für das
Waſſer ein eigener Tender angehängt. — Bei dieſer Anordnung konnte
die Maſchine ſehr ſolid und doch ſehr gelenkig gebaut werden; die ganze Aus=

führung, so wie die Detail-Construction ist des guten Rufes der Fabrik John Cockerill würdig, die Schmiede-Arbeit der Untergestelle wie der Räder ist ausgezeichnet, und es ist zu bedauern, daß einige speciell die Holzfeuerung, welche in Belgien nicht üblich ist, betreffende Constructionen, welche aber bei der Preisbestimmung, die bloß den Holzverbrauch berücksichtigte, maßgebend waren, mangelhaft sind, wodurch die Maschine nicht so entsprochen hat, als sie bei einiger Modification entsprechen konnte.

Ebenso ist auf die schiefe Stellung des so langen Kessels auf der bedeutenden Steigung von $\frac{1}{40}$ nicht genügend Rücksicht genommen worden.

Die Locomotive ist 990 Ctr. schwer und so lang, wie die Maschine „Neustadt."

Die Locomotive „Vindobona" kam zum Concurs als eine sechsräderige gekuppelte Maschine, bei welcher aber nicht alle sechs Räder vor dem Feuerkasten, sondern ein Räderpaar hinter demselben sich befindet, wodurch die Achsenstellung der äußersten Räder 15', fast die Hälfte mehr beträgt, als bei den gewöhnlichen sechsräderigen Maschinen. Da aber die Belastung auf den vorderen Rädern größer war, als es das Programm gestattet, so wurden vom Concurrenten mit nachträglicher Zustimmung der anderen Bewerber noch ein paar Triebräder eingeschaltet und die Maschine zu einer achträderigen Locomotive umgewandelt.

Der Kessel ist sehr stark elliptisch, hat nach Muster der englischen Kessel einen getheilten Feuerkasten mit zwei Heizthüren und 286 Stück 10' 8" lange Feuerröhren. Die zwei außen liegenden Dampfcylinder haben bloß 16" Durchmesser, 22" Hub, und die Räder sind bloß 3' im Durchmesser, während jene aller andern Concurrenten 3' 6" haben. Die Locomotive hat ein gedrängtes ungewöhnliches Aussehen, hat gußeiserne volle Räder, Baillie's Patent, Voluten-Federn und statt der gewöhnlichen Bremsvorrichtungen können die Dampfcylinder zu einer Luftbremsung benützt werden. Die Locomotive ist 844 Ctr. schwer und bei den Probefahrten waren davon 638 Ctr. als Abhäsionsgewicht benützt.

Mit allen vier Locomotiven wurden zuerst Vorproben vorgenommen. Es wurde nämlich untersucht, ob die im Programme bestimmten Constructionsbedingungen erfüllt sind, daß die Maschinen auf die Steigung von $\frac{1}{40}$ wenigstens 2500 Ctr. mit 1½ Meilen Geschwindigkeit ziehen können, ob sie die scharfen Krümmungen von 100⁰ Radius ohne Anstand durchlaufen, beim Bergabfahren mit vier Meilen Geschwindigkeit auf dem größten Gefälle auf höchstens 80⁰ halten können ꝛc. ꝛc. — Bei diesen Probefahrten [28] hat sich herausgestellt, daß alle Concurs-Maschinen mehr als 2500 Centner ziehen, und zwar zog die Locomotive „Bavaria" bei sehr günstiger Witterung 4000 Ctr.; „Seraing" bei ziemlich ungünstiger Witterung 3750 Ctr., wornach man, ohne zu fehlen, ebenfalls 4000 Ctr. bei günstiger Witterung annehmen kann; „Neustadt" als die äußerste Gränze 3700 Ctr. und „Vindobona" circa 2600 Ctr. mit Ausschluß des Gewichtes der Locomotive und des Tenders.

Beim Bergabfahren haben alle vier Maschinen auf dem Gefälle von $\frac{1}{40}$ sehr schnell gehalten, und zwar bei einer Geschwindigkeit von 4 Meilen pr. Stunde schon auf eine Entfernung von 30 bis 40 Klft. und bei fünf Meilen Geschwindigkeit auf 60 bis 70 Klft. In den scharfen Krümmungen von 100⁰ Radius sind nicht alle gleich leicht durchgegangen; am beweglichsten hat sich die Maschine „Seraing" bewährt, und die steifste war, wie zu erwarten, die „Vindobona."

Nach diesen Vorproben haben die eigentlichen Preisfahrten auf der Bahn zwischen Payerbach und Abfaltersberg (Eich-Kogel) begonnen. Diese 3250 W. Klafter lange Strecke gehört in Bezug auf den Betrieb zu den schwierigsten Strecken der Bahn. Das Programm schreibt vor, daß wenigstens 12 und höchstens 20 Fahrten gemacht werden sollen, worunter aber 12 Fahrten gelungen seyn müssen.

Der Zweck dieser Preisfahrten war bloß das nöthige Holzquantum zu ermitteln, welches die Locomotive für die Einheit der Leistung nöthig habe, oder umgekehrt zu bestimmen, wie viel Centner Last kann die Locomotive mit einer Meile Geschwindigkeit auf der Probestrecke hinauf fördern, bei einem Verbrauch von Einem Centner Holz. — Jene Locomotive, welche nach gemachter Reduction bei Einem Centner Holzverbrauche die größte Last mit einer Meile Geschwindigkeit herauf fördert, erhält den Preis ohne Rücksicht auf ihre sonstige Construction.

Während der Preisfahrten wurde deßfalls nur gewogenes, in Bündeln von 50 Pfd. gebundenes Holz verbraucht und dieses eben so

---

[28] Man vergl. den Bericht darüber in diesem Bande des polytechn. Journals S. 71.

wie die Fahrzeit notirt; die gezogene Last mit der mittleren Geschwindigkeit multiplicirt und durch das Gewicht des Holzes dividirt, gab die oben angeführte Verhältnißzahl, welche als Maßstab der Preiszuerkennung diente.

Das Ergebniß der Preisfahrten war folgendes: Die Locomotive „Bavaria" machte ihre Preisfahrten mit einer Belastung von 2500, 3000 und 3400 Ctr.; von den oben erklärten Verhältnißzahleu war die kleinste 451, die größte 521, die mittlere aus den zwölf besten Fahrten 485½. „Neustadt" machte die Preisfahrten mit einer Brutto-Last von circa 2500 Ctrn.; die Zahlen waren: die kleinste 196, die größte 417, mittlere 375. „Seraing" ist mit circa 2500 Centnern gefahren; die Zahlen waren: die kleinste 241, die größte 353, die mittlere 322. Bei der „Vindobona" waren die Zahlen, bei ihrer mit circa 2500 Ctrn. gemachten Preisfahrt: die kleinste 224, die größte 325, die mittlere 275.

Die Leistungen bei Einem Centner Holz haben sich daher verhalten bei den Locomotiven: Bav. : Neust. : Serg. : Vindob. = 176 : 136 : 117 : 100, oder die Bav. hat 76 Proc., Neust. 36 Proc. und Serg. 17 Proc. mehr geleistet, als die „Vindobona", wornach der Preis der Locomotive „Bavaria" zufällt und „Neustadt" die nächste an der Preismaschine ist.

Bei den Preisfahrten der „Vindobona" hat sich auch herausgestellt, daß sie nicht genug gelenkig ist und einen zu keinen Dampfraum besitzt, welche Mängel vor einer möglichen Benützung der Locomotive behoben werden müssen.

Bei der Locomotive „Bavaria" wurde nach den Preisfahrten, im Ganzen einer Fahrstrecke von circa 40 Meilen, die Kette untersucht; die Zähne waren sichtbar abgearbeitet, die Kettenglieder theilweise abgenützt und die Bolzen zum Theile schräg gebogen. Es dürfte zweckmäßig seyn, die Kette für so kräftige Maschinen in etwas stärkeren Dimensionen zu bauen.

Interessant sind auch die Versuche, welche mit einer von den, auf den Staatsbahnen im Gebrauche stehenden stärksten Lastzugs-Maschinen, sogenannter Locomotiven dritter Kategorie, auf der Semmeringer Probebahn gemacht wurden. Es war dieß eine der besten Locomotiven der k. k. südlichen Staatsbahn, „Quarnero", 472 Ctr. schwer, welche 358 Ctr. Belastung auf ihren Triebrädern hat; der dazu gehörige Tender wiegt gefüllt 208 Centner. Es ist dieß eine solche Locomotive, als ich

in meinem Eingangs erwähnten, im März gehaltenen Vortrage als
Beispiel anführte, und derselben auf der Steigerung von $1/_{40}$ bei einer
Belastung von 320 Ctr. auf den Triebrädern, nur eine Leistung von
1300 Ctrn. zumuthete.

Diese Locomotive zog auf der Probestrecke 1217 Ctr. mit einer
mittleren Geschwindigkeit von 2,6 Meilen; bei einer angehängten Last
von 1500 Ctr. war schon sowohl die nöthige Abhäsion, als auch die
Zugkraft der Maschine erschöpft, so daß 1400 bis 1450 Ctr. als
Maximum der Leistung bei vollkommen günstiger Witterung angenommen werden können.   Die Differenz von den gerechneten 1300 und
erprobten 1400 Ctrn. ist aus dem wirklich stattgehabten größeren Druck
auf die Triebräder von 338 Ctrn. gegen den angenommenen Druck von
von 320 Ctr. erklärlich.   Der Holzverbrauch wieder auf die Einheit
der Leistung reducirt, war ungefähr so groß wie bei der Maschine
„Neustadt", keiner als bei „Seraing" und größer als bei der
„Bavaria".

Da die Locomotive „Quarnero" sammt Tender 680 Ctr. schwer
ist, so wiegen die Concurs-Locomotiven sammt ihren Tendern nicht das
Doppelte, sind aber im Stande eine dreimal so große Last fortzuschaffen,
als die „Quarnero".

Aus diesen eben angeführten Resultaten ist zu entnehmen, daß der
beabsichtigte Zweck der Preis-Ausschreibung nicht verfehlt wurde.

Im Verlaufe von einigen Wochen wurden an diesen vier Maschinen, von welchen jede anders construirt ist, Erfahrungen über den
Bau von Gebirgs-Maschinen gemacht, wie sie unter gewöhnlichen Umständen ein Jahre langer Betrieb nicht erzielt hätte.   Man hat dabei
die Ueberzeugung erhalten, daß, während unsere gegenwärtigen stärksten Lastzugs-Maschinen bei günstigster Witterung am Semmering nur
circa 1400 Ctr. ziehen, es keinem Anstande unterliegt, Maschinen zu
bauen, welche nicht das Doppelte wiegen, aber das Dreifache ziehen,
und nicht mehr aber weniger Holz consumiren.

Man hat die Einsicht gewonnen, daß Locomotiven, welche nicht
ihr ganzes Gewicht für Abhäsion nutzbar machen, für eine Gebirgs-
bahn unzweckmäßig gebaut sind; daß es aber keinem Anstande unterliegt, solche Maschinen zu bauen.

Die größte voraussichtliche Schwierigkeit war die Erbauung einer
so großen und doch so gelenkigen Locomotive, daß sie die unvermeid-
lichen scharfen Krümmungen anstandslos durchgeht; auch diese Schwierigkeit ist behoben; für die Bedienung dieser großen Maschine hat es

sich gezeigt, reicht dasselbe Personal hin, welches für eine keine Ma=
schine nöthig ist.

Der Betrieb mit einer mäßigen Anzahl von Zügen und solchen
großen Maschinen ist daher gesichert, und dieses Resultat hängt nicht
etwa von dem ferneren Bewähren irgend eines Maschinentheils ab; das
gewonnene Resultat ist nicht gefährdet, wenn sich selbst die Kette der
„Bavaria" für die Dauer nicht genügend haltbar oder die langen Röh=
ren der Maschine „Neustadt" sich als nicht praktisch zeigen sollten: denn
die an den gesammten Concurs=Locomotiven gemachten Erfahrungen
geben hinlänglich feste Anhaltspunkte, um auch ohne diese Hülfsmittel die
Maschinen von besprochener Leistung bauen zu können — Anhaltspunkte,
welche man vor der Preisausschreibung nicht hatte.

Es wurde manchmal geäußert, daß es einfacher wäre, statt einer
großen Locomotive zwei oder drei keine zu nehmen; das klingt sehr
einfach und natürlich, ist aber im Betriebe denn doch etwas anders. —
Die keinen Maschinen bringen den Zug an den Fuß des Semmerings
in Zügen von 4000 Ctr.; um ihn über den Semmering zu schaffen,
braucht man drei solche Maschinen. Manchmal bringen der Witterungs=
verhältnisse halber diesen Zug schon zwei Maschinen, dann wären für
den Semmering sechs Maschinen nöthig, was nicht ausführbar ist, und
es wäre dann eine Theilung der Züge nothwendig. — Wenn man
nun Locomotiven haben kann, welche nicht das Doppelte schwerer sind,
aber dreimal so viel ziehen, welche für ihre Bedienung nicht mehr
brauchen, als eine bloß $\frac{1}{3}$ wirkende Locomotive, wenn überdieß diese
Maschinen für dieselbe Leistung nicht mehr Holz brauchen, als die
keinen Maschinen; bieten solche nicht große Vortheile dar? kann man
dann den Gebrauch keiner Locomotiven für Gebirgsbahnen rechtfertigen?
Diese Erfahrungen und die Erkenntniß des Weges, auf welchem dieses
Resultat zu erreichen ist, bleiben das Ergebniß der Preisausschreibung.

Wien, den 13 October 1851.

12 *

XXXII.

Kirkwood's elastisches Scheibenventil.

Aus dem Practical Mechanic's Journal, Sept. 1851, S. 134.

Mit einer Abbildung auf Tab. III.

Dieses sinnreiche Ventil, wovon Fig. 29 einen Durchschnitt darstellt, ist zunächst als Wasserzuführungs=Ventil für Wasser=Closets bestimmt, jedoch für verschiedene andere Zwecke anwendbar. Das Wasser tritt durch die Röhre A ein und fließt durch die horizontale Seiten= röhre B ab.   Die Ventilkammer C ist cylindrisch, genau ausgebohrt und besitzt einen kurzen concentrischen Röhrenansatz D, der mit ihr in einem Stück gegossen ist.   In gleicher Linie mit diesem Ansatz ist die Zuführungsröhre A festgeschraubt.   Die elastische Scheibe E, welche den schließenden Theil des Ventils bildet, ist zwischen den beiden Thei= len des röhrenförmigen Kolbens F befestigt, dessen unteres Ende über den oberen Theil des Röhrenansatzes D lose paßt. Dieser Kolben be= wegt sich wasserdicht in der Ventilkammer, und zwar vermittelst einer Filzscheibe, welche durch eine Metallscheibe auf der oberen Fläche des Kolbens niedergehalten wird.   Die Metallscheibe wird mit Hülfe einer durch den Ventildeckel gehenden Schraube G befestigt.

Die Abbildung stellt das Ventil geöffnet dar; die Lederscheibe E befindet sich oberhalb der Mündung der Röhre D, so daß das Wasser, wie der Pfeil andeutet, durch den in dem unteren Theil des Kolbens befindlichen Ring von Löchern fließt.   Soll nun das Ventil geschlossen werden, so dreht man den excentrischen Hebel H in die durch den punk= tirten Kreis angedeutete Lage, wodurch er auf die obere Fläche des Schraubendeckels G wirkt und die Scheibe E auf die Mündung der Röhre D niederdrückt.   Das Wasser tritt nun durch die in der Mitte der Scheibe E befindliche Oeffnung, füllt den Raum oberhalb derselben aus und bewirkt durch seinen Druck einen dichten Verschluß.

XXXIII.

James Neil's atmosphärisches Gegengewicht für Säge-gatter.

Aus dem Practical Mechanic's Journal, Sept. 1851, S. 134.

Gegen die gewöhnliche Methode, Sägegatter zu äquilibriren, lassen sich gegründete Einwürfe erheben, besonders wenn man berücksichtigt, daß hier eine todte Masse von 30 bis 40 Centnern mit einer Geschwindigkeit von 500 — 600 Fuß per Minute hin- und hergeht, mit einem Gegengewicht von 10 — 12 Centnern, welches an den Kranz eines mit einer Geschwindigkeit von 50 Fuß per Secunde umlaufenden Schwungrades befestigt ist. Eine große Schwierigkeit besteht darin, das Maschinengestell, worin die Kurbelwelle gelagert ist, so einzurichten, daß es die Stöße und Erschütterungen, denen es fortwährend ausgesetzt ist, auf die Dauer aushält. In früheren Zeiten war dieser Uebelstand minder fühlbar, weil der Mechanismus verhältnißmäßig leicht, die Geschwindigkeit aber nur halb so groß als heut zu Tage war. Vor wenigen Jahren kam ich auf den Gedanken, anstatt des Gegengewichts einen Vacuumcylinder anzuwenden. Die praktische Ausführung dieses Gedankens lieferte ein sehr befriedigendes Resultat. Durch Annahme dieses Systems fallen alle Gegengewichte hinweg, und die Reibung wird bedeutend vermindert.

Fig. 30 stellt den Apparat in der Seitenansicht dar. A ist der obere Theil des Sägegatters, B ein besonderes Querstück, woran die nach dem Cylinder D gehende Kolbenstange C befestigt ist. Der unten offene Cylinder ist vermittelst einer viereckigen Flansche auf vier erhöhte Eckblöcke niedergeschraubt; sein oberes Ende ist mit einem luftdichten Deckel versehen, in dessen Mitte sich ein conisches Ventil von großem Flächeninhalt befindet. Der Hebel dieses Ventils ist so belastet, daß die geringste Quantität verdichteter Luft, welche sich zwischen dem Kolben und Cylinderdeckel ansammeln sollte, jedesmal am Ende des Kolbenhubes ohne bemerkbare Hebung des Ventils entweichen muß. Zwei kleine Hähne sind an dem Cylinderdeckel angebracht, um gelegentlich flüssigen Talg in das Innere des Cylinders bringen zu können. Außerdem enthält der Cylinderdeckel noch einen Hahn zur Regulirung des Vacuums, d. h. um das Vacuum mehr oder weniger zu vernichten, je nachdem eine verhältnißmäßig zu große Kolbenfläche dieses nöthig macht.   Denn je näher der Querschnitt des Cylinders dem Gewichte des Sägegatters entsprechend eingerichtet ist, so daß die gehörige Wirkung ohne Oeffnung des Hahns erfolgt, desto besser ist es, indem dadurch jedem unnöthigen Ausströmen der Luft durch das Ventil vorgebeugt ist.

Der Kolben gleicht den gewöhnlichen Kolben der Dampfmaschinen, ist jedoch etwas leichter, und mit metallenen Liederungsringen versehen. Zur Ermittelung des Cylinderquerschnittes, welcher erforderlich ist, um ein gegebenes Gewicht des Sägegatters zu balanciren, kann man das Vacuum oder die Luftverdünnung im Durchschnitt zu neun Pfund per Quadratzoll annehmen.   Ehe man die Maschine in Gang setzt, hebt man das Sägegatter mit Hülfe eines Getriebes, welches in einen gezahnten Theil der Peripherie des Schwungrades greift, in die Höhe und rückt, ehe man den Treibriemen über die feste Rolle schlägt, das Getriebe wieder aus.   Während der Bewegung des Gatters befindet sich in dem Cylinder zwischen dem Kolben und dem Deckel ein fortwährendes Vacuum.   Uebrigens geht der Kolbenhub möglichst nahe bis an den Deckel, damit keine Ansammlung von Luft stattfinden kann.

XXXIV.

Maschine zur Anfertigung des Bundeisens, welche sich Charles Harratt in London am 28. Sept. 1850 patentiren ließ.

Aus dem London Journal of arts, Mai 1850, S. 344.

Mit Abbildungen auf Tab. III.

Die Erfindung bezieht sich auf die Anfertigung von Eisenbündeln, indem man eine Eisenstange um ein Stangenbündel windet, so daß die Eisenfasern nach verschiedenen Richtungen zu liegen kommen, wodurch man Eisenstangen von größerer Stärke als gewöhnlich erhält.

Fig. 23 stellt den Apparat zum Bündeln der Eisenstäbe im Grundriß, Fig. 24 im Längendurchschnitt und Fig. 25 im Querdurchschnitt dar. a ist das Maschinengestell, b ein Bündel Eisenstangen, welche dadurch zusammengehalten werden, daß um jedes Ende des Bündels ein Stück starken Drahtes gewickelt ist; c ist die um das Bündel zu wickelnde Stange. Die mittlere Stange des Bündels ist kürzer als die übrigen, so daß an jedem Ende eine Vertiefung gebildet wird, zur Aufnahme der conischen Enden der Achsen d, d¹, welche das Bündel aufnehmen. Die Achse d ist mit Schraubengängen versehen, welche in einer entsprechenden im Gestell a angebrachten Schraubenmutter laufen, so daß diese Achse mittelst Umdrehung der Handhabe e vor- oder zurückbewegt werden kann, um das Stangelbündel festzuhalten oder loszulassen. Die Achse d¹ enthält nahe an ihrem einen Ende eine Scheibe f mit einem hervorragenden Stift g, und ist an ihrem andern Ende mit einem Zahnrad h versehen, welches durch andere Räder mit der Dampfmaschine oder sonstigen Triebkraft in Verbindung steht. i ist ein Hebel, dessen Drehungsachse sich längs einer festen Schiene j verschieben läßt. Dieser Hebel enthält eine adjustirbare Führung k, mit deren Hülfe die Stange c um das Stangenbündel gelegt wird. Eine andere Führung l ist an einen Schlitten m geschraubt, welcher mittelst keiner Rollen in einer Rinne des Seitengestells läuft. An der oberen Seite des Schlittens befindet sich eine Rinne zur Aufnahme der Stange c und an dem Ende desselben ist ein Hebel n angebracht, welcher durch den Arbeiter gegen die Stange c niedergedrückt werden kann, um der Zuführung dieser Stange einen Widerstand darzubieten, und sie dadurch zu nöthigen, sich dicht um das Bündel zu wickeln.

Wenn das Stangelbündel b zwischen den conischen Spitzen der Achsen d und d¹ an die Maschine eingesetzt ist, so wird das Ende der Stange c mit Hülfe der Klampe o, wovon Fig. 26 zwei Ansichten gibt, an dieselbe befestigt. Hierauf wird die Achse d¹ in Bewegung gesetzt, wobei der Bolzen g mit dem Ende der Klampe in Berührung kommt und dieselbe nebst dem Stangenbündel veranlaßt, sich mit der Achse d¹ zu drehen.

In Folge dieser Rotation wickelt sich die Stange c allmählich um das Bündel b. Diese Umwickelung wird durch die Theile i, k, l, m, n regulirt. Ist nun das ganze Bündel von der Stange c umwickelt, so wird die letztere abgeschnitten, der ganze Pack aus der Maschine genommen und sofort auf die gewöhnliche Weise zu Stangen ausgewalzt.

Die Anzahl der Stäbe des inneren Bündels und die Anzahl der Umwickelungen über einander kann verschieden seyn. So stellt z. B. Fig. 27 einen Pack in der Seitenansicht und im Querschnitte dar, bei welchem ein Bündel von sieben Stangen in drei Lagen übereinander von einer Stange c umwickelt ist. Man kann dem Stangenbündel, wie Fig. 28 zeigt, auch einen viereckigen Querschnitt geben, in welcher Gestalt sich dasselbe zum Auswalzen in Eisenbahnschienen eignet.

XXXV.

Verfahren das Steinkohlenklein ohne Zusatz eines Bindemittels in feste Kuchen zu verwandeln; patentirt für William Rees in Pembry, Carmarthenshire, am 18. Januar 1851.

Aus dem Repertory of Patent-Inventions, Oct. 1851, S. 237.

Der Patentträger bringt bituminöse Steinkohle (die auch mit magerer Steinkohle oder mit Kohks gemengt seyn kann) in eine gußeiserne Form, welche aus vier festen und zwei beweglichen Seiten besteht; die beweglichen Seiten müssen so gut als möglich luftdicht schließen und die eine davon größer als die andere seyn. Diese Form kommt 30 Minuten bis drei Stunden lang in einen Ofen oder eine Kammer, welche auf 500 bis 900° Fahrh. (208 bis 386° R.) geheizt ist; die Steinkohlen, welche am wenigsten gasförmige Substanzen enthalten, erfordern nämlich eine höhere Temperatur, während diejenigen, welche weniger von flüchtigen Stoffen enthalten, eine niedrigere und mehr stufenweise Hitze erheischen, um zur erforderlichen Consistenz zu gelangen, nämlich zu dem Zustand, welcher zum Zusammenkleben der Masse dient, ohne daß sie ihre Gase abgibt. Während dieser Operation dehnt sich die Steinkohle aus, bis sie durch die Seiten der Formen einigermaßen zusammengepreßt wird, und die Bestandtheile welche sich sonst (ohne Anwendung eines geschlossenen Gehäuses) in Gase verwandeln würden, schmelzen und bringen die ganze Masse zu einer teigartigen Consistenz; die Masse behält nach dem Erkalten ihre Cohäsion bei, hat die Gestalt des Innern der Form, beinahe dasselbe specifische Gewicht wie vor dieser Behandlung, und zeigt den Bruch großer Kohlenstücke.

Nachdem die verlangte Schmelzung stattgefunden hat oder die Consistenz hervorgebracht ist (wozu man die für verschiedene Kohlenforten geeignete Temperatur mittelst des Pyrometers bestimmt), nimmt man die Formen aus dem Ofen und läßt sie theilweise abkühlen. Dann beseitigt man die größere von den zwei beweglichen Seiten der Form, und drückt die andere hinab, damit der Brennmaterial-Block herausfällt.

Um für Dampfschiffe ein Brennmaterial von größerer Dichtigkeit zu machen, drückt man mittelst eines geeigneten Apparats die kleinere von den zwei beweglichen Seiten der Form, während die Masse in geschmolzenem Zustand ist, auf eine gewisse Tiefe hinein, um den Block auf einen kleineren Raum zu comprimiren, welcher nach dem Erkalten auf angegebene Weise aus der Form genommen wird.

Es ist rathsam die Steinkohlen vor ihrer Behandlung (mittelst der von der Decke des Ofens entweichenden Hitze) auch zu trocknen, um so viel als möglich die Erzeugung von Wasserdampf in der Form zu vermeiden; beim Trocknen der Kohlen darf die Temperatur aber nicht so hoch steigen, daß irgend ein Bestandtheil derselben verflüchtigt würde.

Um an Handarbeit zu ersparen, kann man die Formen auf Wagen, welche auf Rollen oder Rädern laufen, in den Ofen schaffen, nämlich am einen Ende desselben hinein und am anderen Ende heraus. Der Ofen muß dann so lang seyn, daß gleichzeitig mehrere Wagen darin verweilen können, welche man in regelmäßigen Zwischenräumen einzeln hinein- und herausschieben kann. Zehn Zoll Länge auf sechs Zoll Breite und vier Zoll Höhe ist eine zweckmäßige Größe für die Formen; wenn man aber das Zusammenpressen anwendet, sollten sie 6 Zoll hoch seyn, weil eine Compression um ein Drittel des Ganzen leicht zu erreichen ist. Auch sollten sich die Formen um beiläufig $\frac{1}{16}$ Zoll gegen den Boden erweitern, damit beim Herausdrücken der Blöcke keine Reibung stattfindet.

Anstatt einzelner Formen könnte man auch ein langes eisernes Rohr von überall gleichem Querschnitt anwenden, welches man so durch einen Ofen steckt und darin befestigt, daß der mittlere Theil des Rohrs erhitzt werden kann, während der obere und untere Theil desselben, welche über und unter dem Ofen hervorstehen, kalt sind; beim Einfüllen der Kohle am oberen Ende steckt man in den erforderlichen Entfernungen Eisenplatten in das Rohr, um das Brennmaterial in Blöcke von geeigneter Länge abzutheilen, welche man zuletzt mittelst eines Kolbens herausdrückt.

XXXVI.

Das Portland= und Roman=Cement. Ein Beitrag zur Geschichte der Cemente oder hydraulischen Mörtel in England, nebst einem Anhange über die Theorie der Erstarrung der Mörtel und über den glänzenden Stucco
der Alten; vom Conservator **Dr. Schafhäutl.**

Mit Abbildungen auf Tab. III.

Vor dem Jahre 1756 bediente man sich in England als hydraulischen Mörtels des daselbst sogenannten holländischen Trasses
(dutch Tarras). Holländisch nannte man ihn, weil er von Holland aus
bezogen wurde, und erst durch die Nachforschungen des berühmten englischen
Ingenieurs Smeaton ward es klar, daß der Traß nicht in Holland
selbst gebrochen wurde, sondern als „poröser Stein" vom Rheine bei
Andernach komme, und in Holland bloß gepulvert werde. Es ist
dieß, wie bekannt, der vulcanische Tuff des Brohlthales.

Man pflegte gewöhnlich zwei Maaßtheile Kalkhydrat (Aetzkalk, so lange
mit Wasser befeuchtet, daß er zu Pulver zerfällt) mit einem Maaßtheile
Traß genau zu vermengen, und dann unter beständigem Durcharbeiten
nicht mehr Wasser hinzuzufügen, als nöthig war, um der Mischung
eine breiartige Consistenz zu geben.

Im Jahre 1739 verwendete jedoch der Ingenieur Labelye zuerst
Puzzolane von Civita=Vecchia zum Bau der untern Theile der West=
minster=Brücke. Von dieser Puzzolane fand Smeaton, der über sie
erst Nachrichten durch Belidor's Architectura hydraulica erhalten
hatte, noch einen Vorrath im Besitz des Handlungshauses, das ihn
geliefert hatte; denn es war keine weitere Nachfrage darnach, so daß
die Puzzolane um einen äußerst niedern Preis zu haben war.

Die Seltenheit und Kostspieligkeit der Puzzolane war natürlich die
Veranlassung, daß man ihre Stelle durch ein wohlfeileres Material zu
ersetzen suchte. Es wurden häufige Versuche in dieser Beziehung angestellt, die aber alle zu keinem Ziele führten.

Die ersten praktischen und zugleich wissenschaftlichen Untersuchungen über Cemente verdanken wir dem obengenannten englischen Ingenieur John Smeaton, veranlaßt durch den projectirten Bau des

berühmten Edyſtone Leuchtthurmes auf einem Felſen im Eingange des Sundes von Plymouth. Zwei Leuchtthürme waren bereits von der ſtürmenden See verſchlungen worden; Smeaton's Aufgabe, war deßhalb eine ganz außerordentliche, bei welcher er neue eigenthümliche Wege zur Errichtung ſeines Baues aufzuſinden hatte; es war deßhalb natürlich, daß er mit aller Ueberlegung und der detaillirteſten Umſicht, die den praktiſchen geſunden Sinn der Engländer ſo ſehr charakteriſirt, Vorbereitungen zu ſeinem neuen Werke machte, und ſich deßhalb vor allem mit der Natur des beim Baue zu verwendenden Mörtels genau bekannt zu machen ſuchte.

Von der Theorie des Mörtels überhaupt war zu Smeaton's Zeiten noch gar nichts Brauchbares bekannt, ja ſelbſt die Praxis hatte nur ſo ſchwankende und ſich zum Theil widerſprechende Ueberlieferungen, daß Smeaton genöthigt war, bei ſeinen Unterſuchungen von vorn herein zu beginnen und einen eigenen Weg einzuſchlagen. [29]

Smeaton beſchäftigte ſich zuerſt mit der Unterſuchung des gewöhnlichen Kalkes, der zu Mörtel verwendet wird.

Die Maurer hielten den Kalk aus Kreide gebrannt für den allerſchwächſten. Smeaton zeigte durch Verſuche, daß der Kreide=Kalk ſo gut war, als der beſte aus dichten Kalkſteinen gebrannt.

Er fand aber zugleich, daß der beſte und reinſte Kalk unter Waſſer nicht erhärte, ſondern zerfalle und alſo für Waſſerbauten nicht zu brauchen ſey. Bei ſeinen mit engliſcher Geduld und Conſequenz fortgeſetzten Erkundigungen hörte er von Maurern, daß in der Gegend von Aberthaw (am rechten Ufer der Severn und dem ſüdlichſten Punkte von Glamorganſhire am Briſtol=Canal) ein bläulich=grauer (matt himmelblauer nach Smeaton) Kalkſtein gebrochen werde, der gebrannt ſtärker (stronger) ſey als gewöhnlicher Kalk, und den Einwirkungen des Waſſers beſſer widerſtände als jeder andere.

Smeaton machte ſogleich eine Reiſe nach dem Orte, nahm die Brüche in Augenſchein und machte Experimente mit dieſem Kalke, der der Liasformation angehört, die auf Kohlenkalk liegt.

Smeaton fand wirklich die Ausſage der Maurer beſtätigt, und begann nun die chemiſche Natur dieſes merkwürdigen Kalkſteines zu

---

[29] John Smeaton: A narrative of the building and a description of the Edystone Lighthouse etc. 2. edit. corrected. London, printed for G. Nicol, f Pall Mall 1793. Folio.

untersuchen. Er löste ihn zu diesem Ende sehr zweckmäßig in verdünnter Salpetersäure auf, und fand, daß eine ziemliche Quantität von unlöslicher grauer Masse zurückblieb, die, von der Flüssigkeit abgesondert, sich wie Thon kneten ließ, und die er deßhalb auch für Thon erklärte. Smeaton untersuchte nun ähnliche Kalke auf der entgegengesetzten Seite des Bristol-Canals, z. B. in Watchet in Sommersetshire, und fand, daß alle diese Kalke, welche thonigen Rückstand nach der Auflösung in Säuren hinterließen, gebrannt unter Wasser erhärten, während alle Kalksteine, welche nach der Auflösung in Salpetersäure keinen Rückstand hinterließen, zum Wassermörtel nichts taugen.

Smeaton sagt deßhalb §. 179 des oben citirten Werkes: „das Experiment überzeugte mich, daß der reinste Kalkstein nicht der beste für den Mörtel sey, namentlich bei Wasserbauten.“

Das war die erste wissenschaftlich errungene Thatsache von unendlichem Werthe den Irrthümern von 2000 Jahren gegenüber, während welcher man den härtesten weißesten Kalkstein für den besten hielt, und sie ist die Grundlage aller nachfolgenden Experimente und Entdeckungen von John in Berlin, Vicat in Frankreich und anderen Ingenieuren 2c. in England geworden.

Erst im Jahre 1828 begann eine neue Aera in diesem Gebiete durch den Oberbergrath Fuchs in München, der die erste wissenschaftliche Theorie der Wirkung hydraulischer Kalke gab und somit die Wege zeigte, hydraulische Kalke von einer bestimmten verläßigen Wirkung jedesmal auf dem kürzesten und sichersten Wege zu erhalten.

Während die beste Autorität in dieser Beziehung in England, Generalmajor Pasley, noch im Jahre 1847 glaubte, die Erhärtung der hydraulischen Cemente geschehe durch Anziehung von Kohlensäure wie beim gewöhnlichen Mörtel, hatte Fuchs schon im Jahre 1828 bewiesen, daß während des Erhärtens des hydraulischen Kalkes unter Wasser eine Umtauschung der chemischen Bestandtheile des hydraulischen Kalkes und eine chemische Verbindung des Kalkes mit Kieselsäure und Wasser zu einem Kalkhydrosilicate vor sich gehe, welche die Erhärtung des hydraulischen Kalkes in Berührung mit Wasser bedingt, und daß Kalkhydrat mit amorpher Kieselsäure oder auch wässeriger amorpher Kieselsäure ein ausgezeichnet gutes Cement gebe.

Er hat gezeigt, daß in thonhaltigen Kalksteinen, welche zu hydraulischen Kalken geeignet seyn sollen, der Thon eine besondere Zusammensetzung besitzen und diese Combination durch Brennen in der Art aufgeschlossen werden müsse, daß der kohlensaure Kalk ätzend werde und die

Kieselsäure durch den Aetzkalk die Freiheit erlange, sich in Berührung mit Wasser mit diesem Aetzkalke zu einer bestimmten chemischen Verbindung zu vereinigen.

Er hat unser Wissen mit der überraschenden Thatsache bereichert, daß diese Verbindung von Kieselsäure und Kalk unter Wasser mit solcher Kraft geschehe, daß sogar viel mächtigere Basen als Kalk, wenn sie in Wasser löslich sind, z. B. die Alkalien, der Kalkerde ihren Platz überlassen müssen. Dabei hat er zuerst den Alkaligehalt der meisten Thone und namentlich der Thone in den Mergeln nachgewiesen.

Ferner, daß die Aufschließung der Thonerde und die nachfolgende Kalkfilicat=Bildung noch leichter vor sich gehe, wenn mit der Thonerde verwandte in Wasser unlösliche Basen, wie Eisenoryd, vorhanden sind. Da jedoch diese unlöslichen Basen nicht mit der Thonerde chemisch gebunden sind, wie z. B. das Eisenoryd, und auch bei der neuen Verbindung nicht ausgeschieden werden können, so müssen sie zuerst mit dem Thone in chemische Verbindung gebracht werden, wenn sie auch in der neuen Verbindung als chemischer Bestandtheil auftreten sollen. Treten sie in dem neuen Hydrosilicate nicht als chemische Bestandtheile auf, so stören sie durch ihre mechanische Zwischenlagerung den Zusammenhang des erhärtenden Cementes.

Deßhalb bilden eisenhaltige Thone, z. B. Ziegelthone, erst wenn sie so stark d. h. bis zum Schmelzen erhitzt werden, wo das mechanisch beigemengte Eisenoryd sich mit dem Thonerdesilicate zum Thonerdeeisen=orydulsilicate verbunden hat, eine Art von künstlicher Puzzolane, welche mit Aetzkalk verbunden in Berührung mit Wasser zu einer festen Masse erhärtet.

Man sieht aus diesen Erfahrungen von Fuchs, daß es nicht des Kalkes zum Aufschließen des Thones bedarf, sondern daß das Eisenoryd dieselbe Wirkung verrichtet, indem es sich mit dem Thonerdesilicate zu einer neuen Verbindung einigt, und einen Theil der Kieselerde des Thones in Anspruch nimmt, wodurch sich die Löslichkeit oder Zersetzbarkeit des Silicates ändert.

Fuchs hat ferner dargethan, daß wir natürliche hydraulische Cemente in allen unsern ungeheuren Mergelmassen des Vaterlandes besitzen, welche gegen 25 Proc. Thonerde enthalten. [30] Smeaton

---

[30] Fuchs: über Kalk und Mörtel in Erdmann's Journal für technische Chemie Bd. VI S. 1 und 132 (polytechn. Journal Bd. XLIX S. 271).

machte seine chemischen Analysen quantitativ, und fand, daß der Aberthaw-Kalk 13, der Watchet-Kalk 12 Proc. Thon enthalte.

Nach dem gegenwärtigen Stande unserer Kenntnisse, die wir durch Fuchs erlangten, können wir sogleich voraussagen, daß dieser Gehalt an Thonerde zu geringe sey, um guten hydraulischen Kalk zu bilden, und so fand dieß auch Smeaton durch Erfahrung, nämlich daß Cemente aus diesen Steinen bereitet, unter Wasser nicht so hart werden als Puzzolan-Cement; indessen sind dennoch mit dem Cement aus diesem Kalke in den neuesten Zeiten z. B. die Pfeiler der berühmten Menai-Kettenbrücke gebaut worden.

Da von der oben erwähnten Puzzolanerde noch so viel vorhanden war, daß er damit Versuche anstellen konnte, so fand er bald, daß wenn er Puzzolanerde in gleichem Maaßtheile seinem Liaskalke beimengte, er ein Cement erhielt, das dem besten aus mehr Puzzolanerde bereiteten nichts nachgab.

Smeaton unterscheidet ganz gut zwei Sorten von Puzzolane; die eine, von Civita Vecchia, von branner Farbe und dem Ansehen eines durch Brennen porös gewordenen Eisenerzes, fand er als die beste, von der doppelten Wirkung der grauen Puzzolane, die von Neapel kam.

Smeaton hatte nun ein vollkommen gutes Cement; aber die Puzzolane kam ihm zu theuer, und er suchte deßhalb nach einem Surrogate für Puzzolane in seiner Nähe. Der umsichtige Ingenieur fand z. B. auf dem Grunde eines Flusses den Sand und die Steine zu einer festen Masse zusammengekittet, und zwar durch Stückchen von Schmiedeisen, das sich in Orydhydrat oder in Rost verwandelt hatte. Er richtete deßhalb zuerst sein Augenmerk auf Eisenoryd, das wohlfeil zu erhalten sey. Dieß fand er in dem Staub, der beim Rösten der Erze abfiel. Zu gleichen Theilen mit seinem Liascemente gemengt, erhielt er ein besseres Cement, aber doch nicht so gut als das mit Puzzolane. Er versuchte hierauf Hammerschlag, und dieser that ihm natürlich noch bessere Dienste als das geröstete Eisenerz, was sich aus der Theorie unseres Fuchs sehr leicht erklären läßt.

Smeaton versuchte noch einen andern Kalkstein von Barrow, der nahezu 22 Proc. Thon enthielt, und deßhalb schon an und für sich ein besseres Cement gegeben haben würde.

Er mischte mit 4 Maaßtheilen dieses Kalkes 2 Maaßtheile gepulverte Abfälle von Eisenerzen, 2 Theile groben Sand, und fand, daß diese Mischung seinem Vorhaben sehr gut entsprach. Zum Theil mit

dieser Mischung und mit Aberthaw = Kalk und Puzzolane ist der Leucht=
thurm von Edystone gebaut.

Smeaton theilte noch umständlich seine Erfahrungen über die
beste Bereitung hydraulischer Kalke [31] mit, die alle Beachtung ver=
dienen.

Weiter wurde in Bezug auf hydraulische Kalke nichts gethan, bis
James Parker von Northfleet in der Grafschaft Kent wieder Versuche
anstellte, und (da man immer seit Smeaton einen Gehalt an Eisen in
den für Cement brauchbaren Kalksteinen für unerläßlich hielt, indem
man die wohlthätige Wirkung der dem Thone beigemengten Eisenoxyde
so oft erfahren hatte) gewisse Concretionen im Londonthone als Kalk
brannte, welche durch ihre hellbraune Farbe einen hinreichenden Eisen=
gehalt zu verrathen schienen.

Er fand sich in seiner Erwartung nicht betrogen, und ließ sich
seine Erfindung im Jahre 1796 unterm 28. Juni patentiren, worauf
er sich mit Wyatt verband, der unter der Firma Wyatt, Parker
und Comp. bis zu diesem Tage ausgezeichnete Geschäfte machte.

Das Cement, von Farbe hellbraun, etwas ins Gelbliche
sich ziehend, fand sehr bald ungemeinen Absatz, verdrängte die Puzzo=
lane beinahe vollständig und findet noch unter dem Namen Parker's
Roman = Cement so häufigen Absatz, daß unter den vielen Cement=
bereitern in London der Nachfolger von Parker, J. M. Blashfield,
alljährlich 10 bis 15000 Tonnen in seiner Fabrik Millwall Poplar
auf der Isle of Dogs in der Themse in der Nähe des Londoner Hafens
verfertigte.

Das rasche Erhärten des hydraulischen Mörtels und seine große
Festigkeit nach diesem raschen Erhärten, welche zuletzt die des gewöhn=
lichen Mörtels wenigstens fünfmal übertrifft — seine Undurchdringlich=
keit gegen alles Wasser, machen diesen hydraulischen Mörtel zu einem
unschätzbaren Baumaterial, das den gewöhnlichen Mörtel rasch ver=
drängen würde, wenn nicht die Kostbarkeit des hydraulischen Mörtels
Ursache wäre, daß man ihn nur da anwenden kann, wo gewöhnlicher
Mörtel nicht ausreicht.

Als in London im Jahre 1834 die Parlamentshäuser niederbrannten,
war es Aufgabe, so rasch als möglich ein temporäres Gebäude für die

---

[31] Directions for preparing, making and using Puzzolana Mortar, in
den Reports of the late John Smeaton. London 1812. 4. Vol. III. pag.
414.

Sitzungen der Lords und der Gemeinen herzustellen, das sogleich be-
wohnbar sey. Man gebrauchte statt des gewöhnlichen Mörtels hydraulischen Kalk (Roman-Cement von Blashfield) und in drei Monaten
während der ungünstigsten Jahreszeit standen die temporären Gebäude
für die Parlaments-Sitzung vollkommen trocken, als wären Jahre seit
ihrer Erbauung verflossen, und sogleich zum Beziehen bereit.

Ein noch schlagenderes Beispiel gibt der Themse-Tunnel. Dieser
wäre ohne hydraulischen Kalk gar nicht ausführbar gewesen; denn nach
der durch die Umstände vorgeschriebenen Bauweise ist das Ziegel-Mauer-
werk nicht in Bunden gelegt, sondern es wurden Rippen von nur 9
und oft nur 4½ Zoll Länge ausgeführt, die alle bloß durch Roman-
Cement aus der oben erwähnten Blashfield'schen Fabrik mit einander verbunden und durch den bekannten Schild selbst zusammengedrückt
wurden, bis das Cement angezogen hatte. Hätte man bloß Kalkmörtel
gebraucht, so wäre man natürlich genöthigt gewesen, Monate lang zu
warten, bis die Ziegelsteine durch den Mörtel zusammengehalten worden
wären, und die Arbeit wäre natürlich auf Jahrzehnte ausgedehnt un-
ausführbar geworden. Ueberhaupt würde der Druck des sehr rolligen
Erdreichs die einzelnen Mauertheile bald zerstört, an andern Stellen
das Wasser den Mörtel wieder ausgewaschen haben.

Das rasche Erstarren und die Festigkeit hydraulischer Cemente ver-
anlaßte bekanntlich den berühmten Ingenieur Sir Mark Isambard
Brunel ganze und halbe sehr flach gedrückte Bogen ohne alle Centerung
oder irgend ein Lehrgerüste auszuführen.

Eine Idee von diesem merkwürdigen Experimente gibt Fig. 17, in
welcher das Ziegelbauwerk von der Fronte und Rückenseite dargestellt ist.

Der Pfeiler a, welcher die beiden Halbbogen trägt, ist 4 Fuß
breit, 8 Fuß hoch, und in der Länge, die man natürlich hier nicht
sehen kann, 10 Fuß.

Der Grund ist nur 8 Zoll tief gelegt, und besteht aus Yorkshirer
Pflastersteinen von 3 Zoll Dicke.

Von diesem Pfeiler a nun erstrecken sich die beiden flachgedrückten
Halbbogen in entgegengesetzter Richtung, der rechte 60 Fuß, der linke
37 Fuß, und dieser letztere ist noch mit einem Gewichte b von
62,700 Pfd. beladen.

Diese Halbbogen allein ohne ihre Füllung sind 3½ Fuß breit und
13 Zoll dick, und ebenso das obere horizontale Carnieß.

Die eine nördliche Seite ist, wie wir in Fig. 17 sehen, zwischen
dem Bogen und Carnieß eben ausgefüllt; auf der südlichen Seite Fig. 18

sehen wir die Zwischenräume mit sieben keinen offenen Bogen ausgefüllt, so daß das Mauerwerk hier nur 18 Zoll dick war.

Es ist natürlich, daß auch das stärkste Cement eine solche Länge von 60 Fuß kaum allein zu tragen im Stande gewesen wäre. Brunel bediente sich deßhalb zur bessern Zusammenhaltung der Fugen zuerst in einer Höhe von 4½ Fuß einfacher Latten, welche er in den zehn Lagen über die Fugen legte, hierauf nahm er statt des Holzes gewöhnliches Reifeisen, wozu er eilf Lagen nöthig hatte.

Bei der ersten Lage brauchte er bloß 2 Bandeisen, in der zweiten Ziegelreihe 3, in der britten 4, in der vierten 5, in der fünften, sechsten, siebenten, achten und neunten überall 6, in der zehnten 4, und in der eilften 6 Stücke.

Ueber dieser befand sich nur mehr eine Ziegelsteinlage.

Der hydraulische Kalk haftet eben so gut an dem Eisen als an den Ziegeln und verbindet Alles zu einer festen Masse.

Beide Bogen wurden ohne Bogengerüste gebaut. Die Maurer standen bloß auf einem keinen beweglichen Gerüste, welches wie das Gewicht b am Ende des vollendeten Bogentheiles selbst hing, und sobald ein Theil des Bogens angesetzt war, auf diesem wieder nachgerückt wurde.

Auch 13 Fuß lange und 18¾ Zoll breite Balken aus Ziegeln wurden von Pasley auf dieselbe Weise gebaut und auf 10 Fuß im Lichten von einander gelegene Ziegelpfeiler gekittet, wie Fig. 19 zeigt.

Fig. 20 gibt den Querschnitt des Ziegelbalkens an. Man sieht, daß er die Breite von zwei Ziegeln hatte und aus vier Reihen von Ziegeln bestand. Ebenso sieht man da die fünf Stücke (gewalzten) Reif- oder Bandeisens.

Zwei wurden in der untern Fuge angebracht, eines in der mittlern und zwei in der obern, so daß der Querschnitt einen Quincunx bildet.

Nachdem 2537 Pfd. auf die Waagschale gelegt worden waren, ergab sich eine Einbiegung von $\frac{1}{10}$ Zoll, und diese wurde doppelt so groß mit 3718 Pfd., wobei sich zugleich ein Sprung durch die zwei untern Ziegellagen zeigte. Mit 3945 Pfd. zog sich der Sprung durch die britte Ziegellage und eine Biegung von $\frac{5}{10}$ eines Zolls; bei 4308 Pfd. erreichte sie 1 Zoll und bei 4523 Pfd. ging der Sprung durch den ganzen Balken, der jedoch noch durch die Reifeisen zusammengehalten wurde. Erst als man 4314 Pfd. aufgelegt hatte, rissen die zwei untern Eisenreifen und der Balken fiel. bis er auf die Waagschale a zu liegen kam, welche zu beiden Seiten die Gewichte zum Brechen trug.

Wenn übrigens so lange Ziegelbalken ohne die Verbindung durch Reifeisen wohl nicht zu empfehlen sind, so zeichnet sich jedoch auch das flachste und dünnste Gewölbe mit Cement erbaut, eben durch seine Tragkraft vor allen ähnlichen Constructionen dieser Art aus.

Ein sehr flacher Bogen bloß aus zwei Reihen von gezähnten oder gebunden gelegten Ziegelsteinen in einer Casematte gebildet, die mit ihren Lagern durch reines Cement aneinander gekittet waren, hatte eine Sehne oder Spannweite von 15 Fuß 4 Zoll, und der Pfeil oder sein Ansteigen betrug bloß 9 Zoll. Der nicht ganz $4\frac{1}{2}$ Zoll dicke Bogen wurde nach vier Monaten und dann successive mit losen Ziegelsteinen, in derselben Weise wie die gekitteten Steine geordnet, beschwert, und erst nachdem zehn Reihen von Steinen mit einem Gewichte von 6400 Pfd. aufgelegt waren, bemerkte man eine Deflexion von $\frac{2}{16}''$ und nun nachdem die vierzehnte Ziegellage mit einem Gewichte von 8960 Pfd. aufgelegt war, brach der Bogen zusammen, ebenso als wie etwa ein ähnlicher aus Gußeisen gebrochen seyn würde, während ein ganz gleicher Bogen mit dem besten gewöhnlichen Mörtel aufgeführt, nicht einmal sein eigenes Gewicht zu tragen vermochte und zusammenbrach als man nach vier Monaten das Gerüst hinwegnahm.

Beim Cementbogen wurde das Bogengerüst hinweggenommen, sobald der Bogen vollendet war.

Aber nicht allein regelmäßige, sondern sogar hängende oder verkehrte Bogen und Gewölbe hat Pasley aus Ziegelsteinen mit Cement verbunden construirt, eine Bauart, die ohne Cement auf keine Weise auszuführen gewesen wäre.

Fig. 21 gibt uns eine Idee von dieser Bauart. Sie stellt ein Sommerhaus im Längenschnitt vor, ganz aus Ziegelsteinen und Roman-Cement von Pasley im Garten der Officiers=Wohnung bei der Brompton Caserne zu Chatham erbaut. Der Grundriß bildet ein Quadrat von 7 Fuß 2 Zoll Seite im Lichten. Das Gebäude selbst war 9 Fuß 3 Zoll hoch vom Boden bis zur Traufe, auf einen Unterbau von Concrete a, wovon wir nachher sprechen werden, 1 Fuß dick, gesetzt, auf welches das Fundament b von drei Ziegeln, 9 Zoll hoch und dick gelegt war, und dieses diente den Maurern und dem Dache zur Unterlage, die alle nur einen halben Ziegelstein, also bloß $4\frac{1}{2}''$ dick waren. Das ganze Gebäude wurde in der Art angelegt, daß es ohne die befestigende Kraft des Cementes nicht hätte halten und ausgeführt werden können.

Das Dach, dessen Form schon zeigt, daß seine Theile nur durch die abhäsive Kraft des Cementes zusammengehalten werden konnten, war natürlich aus vier gleichen Quadranten von 5½ Fuß Radius zusammengesetzt; die obern Radien lagen alle in derselben horizontalen Ebene und die convexen Enden berührten einander an der Spitze, so daß das Dach an den 2 Fuß frei hereinragenden Traufenden 12 Fuß Seite hatte.

Kein Band aus Eisen oder Holz, kein Bruchstein wurde angewendet, und das Dach ohne Lehrgerüst aus freier Hand gebaut.

Es wurde nämlich immer eine Lage von Steinen rund herum über die andere angesetzt und als Lehre bediente man sich bloß einer Quadrantsetzwaage mit einem Senkel versehen.

Als man das Dach aufsetzte, waren die schwachen Wände des Gebäudes durch zwei temporäre Rahmen von innen und außen verankert, damit sie durch den Druck des unvollendeten Daches weder auswärts noch einwärts gedrückt werden konnten, bis das Dach geschlossen ward, was rathsam schien, da die Wände zwei Thüröffnungen an zwei sich einander berührenden Seiten von 7 Fuß Höhe hatten.

Fig. 22 zeigt das vollendete Gebäude. Die Ornamente sind aus reinem Cemente verfertigt; die flachen Wände innen und außen mit Mörtel aus Cement und Sand in gleichen Maaßtheilen überzogen.

Ebenso wurde Roman-Cement aus der oben erwähnten Fabrik bei den London Docks, bei der Royal Erchange, beim brittischen Museum durch Sir Robert Smirke, bei dem Lyceums- und St. James-Theater und bei unzähligen andern Bauwerken angewendet. Man baut in England feuerfeste und doch äußerst leichte Zimmerdecken, eben und sogar flach gewölbt, aus Ziegelplatten und Cement oder auch aus hohlen kegelförmigen oder topfartigen Steinen (arch-pots). Ein Beispiel der letzteren gibt das neue Schatzkammer-Gebäude in Whitehall, gebaut durch Soane, der Unionclub von Sir Rob. Smirke, das Estrich der National-Gallerie und des Buckingham Palastes. Man bedient sich desselben Cements ferner noch zum Anwurf der Häuser, und mehrere neue Straßen sind mit diesem Roman-Cement beworfen, so z. B. alle Häuser in Regent-Street, Regents-Park. Er wird da gewöhnlich mit Sand gemengt.

Ebenso werden in London in der Blashfield'schen Fabrik die sogenannten chimney pots, röhrenartige Kaminaufsätze, gegossen, welche früher aus Töpferthon gebrannt wurden, aber kaum ein paar Jahre ausdauerten, während die aus Cement gegossenen im Regents=Park bereits mehr als zehn Jahre stehen, ohne daß ein einziger zu Grunde gegangen wäre.

Da Parker's Originalpatent meines Wissens nirgends abgedruckt ist, wie es sich nämlich in London im Rolls Yard im Petty bag=office befindet und gegen den Erlag von 3 Shilling 6 Pence wohl eingesehen aber nicht copirt werden darf, so will ich hier eine Uebersetzung des Originalpatents beifügen, soweit es das Wesentliche der Bereitung selbst betrifft. Ich hatte nämlich das Patent bereits bis zum letzten Worte mit Bleistift glücklicher Weise copirt, als der Beamte serst mein Unternehmen bemerkte und mir erklärte, daß Copien zu nehmen hier strengstens verboten sey.

Das Patent ist auf den Namen James Parker ausgestellt für seine Erfindung eines gewissen Cementes oder Tarras (Traß), bei Wasser- und andern Bauten zu gebrauchen. Parker beschreibt sein Verfahren folgender Weise:

„Das Princip meiner Erfindung, sagt er, beruht darin, gewisse Steine oder thonige Erzeugnisse, Thonnieren genannt, zu Pulver zu reduciren, und das Pulver mit Wasser zu einem Cemente anzumachen, das dann fester und härter wird als gutes Cement oder jeder Mörtel gegenwärtig auf künstlichem Wege bereitet."

„Ich kenne keine bestimmten allgemeinen Namen für diese Thonnieren, aber ich verstehe darunter gewisse Steine aus Thon oder Concretionen aus Thon, enthaltend Adern von kalkigen Materien und häufig, wenn auch nicht immer Wasser in ihrem Mittelpunkte, dessen Höhlung gewöhnlich mit keinen Krystallen von der oben erwähnten kalkigen Materie ausgekleidet ist. Diese Nieren sind gewöhnlich nahezu von der Farbe des Thonlagers, in dem oder in der Nähe dessen man sie findet."

„Wenn man diese Thonnieren in einer Hitze brennt, welche stärker ist als die, welche man bei gewöhnlichen Kalksteinen anwendet, so erhalten sie ein braunes Aussehen, werden ein wenig weicher, von lockererem Zusammenhange, und wenn man sie in diesem Zustande mit Wasser übergießt, werden sie warm, aber löschen sich nicht."

„Wenn man diese Nieren nach dem Brennen in Pulver verwandelt, das Pulver mit nicht mehr Wasser anrührt als gerade nöthig ist, um es in einen Teig zu verwandeln, so erhärtet es unter Wasser ungefähr in Zeit einer Stunde."

Näheres Verfahren.

„Diese Steine aus Thon oder die Nieren werden zuerst in keine Stücke zerbrochen. Diese Stücke werden dann in einem gewöhnlichen Ofen, wie man sich deren zum Kalkbrennen überhaupt bedient, gebrannt in einer Hitze, die beinahe hinreicht, sie zu verglasen, dann gepulvert durch irgend eine mechanische oder andere Vorrichtung, und das auf diese Weise erhaltene Pulver ist die Basis des Cementes."

„Um das Cement selbst in der besten und vortheilhaftesten Weise zusammen zu setzen, nehme ich 2 Maaßtheile Wasser und 5 Maaßtheile des beschriebenen Pulvers. Ich füge dann entweder Pulver zu dem Wasser, oder das Wasser zu dem Pulver mit der Vorsicht, die Masse während der ganzen Dauer der Mischung sorgfältig umzurühren und durchzuarbeiten. Das Cement ist nun auf diese Weise fertig, und erhärtet in 10 oder 20 Minuten nachdem die Mischung geschehen ist, entweder unter dem Wasser oder in der Luft."

„Gelegentlich brenne, mahle und mische ich das eben beschriebene Pulver mit Kalk und andern Steinen, Thon, Sand oder gebrannten Erden in solchen Verhältnissen, als nöthig und nützlich seyn mag für die verschiedenen Zwecke, für welche Cement verwendet wird, wobei ich immer im Auge habe: je weniger Wasser man (beim Anmachen des Cements) verwendet, und je schneller der Mörtel oder das Cement nach seiner Anfertigung gebraucht wird, desto härter wird das Cement werden."

Wir lernen aus dieser Beschreibung, daß Parker unter seinen Thonnieren diejenigen Concretionen versteht, welche die Mineralogen ehemals Septarien oder Ludus Helmonti genannt haben.

Wie schon bemerkt, finden sie sich in Thonmergelschichten des Londonthones eingelagert und werden vorzüglich von der Insel Sheppey bezogen, welche an der Mündung der Themse liegt, und nichts anders ist als ein Landstrich durch den von Süden herkommenden Medway=Fluß vom Lande getrennt. Die Nieren sind Concretionen in einer sehr harten Schichtenmasse und würden sich deßhalb nur mit bedeutenden Kosten von der Thonmasse trennen lassen, wenn nicht die Natur selbst diese Operation übernähme. Die ziemlich steilen Ufer der Insel werden nämlich vom Wellenschlage des Meeres ausgehöhlt, die der Unterstützung beraubte Schichtenmasse stürzt dann nach, wird von den Wellen an den seichten Ufern immer mehr zertrümmert, die einzelnen Stücke schleifen sich selbst wechselweise ab, bis der härteste Nucleus — die oben beschriebenen Nieren nämlich — zur Zeit der Ebbe zurückbleiben, und dann als Sheppey=Steine oder Kiesel (Sheppey stones — or pebbles) gesammelt werden.

Die Zusammensetzung dieser Concretionen ist etwas veränderlich; indessen kommen alle nahezu auf 23 — 26 Proc. Thon und 4 Procent Eisenoryd, 1 — 2 Proc. Manganoryd.

Nach meiner Analyse enthält ein dichtes Fragment des grünlich=bräunlichen Sheppeysteines 23,64 Proc. Thon.   Den Thon fand ich zusammengesetzt aus:

16,51	Kieselsäure,
4,20	Thonerde,
1,03	Eisenoryd,
0,61	Manganoryd,
0,41	Bittererde,
0,88	Kali mit Spuren von Natron.
23,64.	

Der in Säuren auflösliche Theil bestand aus:

67,12	kohlensaurem	Kalf,
1,33	„	Bittererde,
5,50	„	Eisenorydul,
1,55	„	Manganorydul,
0,41	Thonerde.	
Summe:	75,91.	

Ich will hier nur auf den Kaligehalt dieser Mergel aufmerksam machen, den Fuchs zuerst 1828 in dem Thone beinahe aller Mergel entdeckte.

Dieß hell gelblich=braune Roman=Cement wird in England von der oben angegebenen ursprünglichen Firma verkauft in Fässern, die 356 Pfund enthalten, für 12 Shillinge, wobei noch 4 Shillinge für das Faß gerechnet werden, so daß der englische Centner (nahezu 90 bayerische Pfund) auf 2 Shilling 3 Pence oder 1 fl. 24 kr. zu stehen kommt, was für den bayerischen Centner 1 fl. 33 kr. macht.

Man sieht leicht ein, daß das Material zu dieser Sorte von hy=draulischem Kalke, da seine Quantität von der Wirkung der Meereswellen abhängt, doch nicht in unbegränzter Menge aufzutreiben sey.

Der englische Ingenieur Frost, in seinen unermüdlichen Bemühun=gen der getreue Nachtreter Vicat's in Frankreich, suchte deßhalb nach einem Material, dem der Sheppey=Steine gleichkommend, und fand es auch in einem ähnlichen eisen= und manganhaltigen Mergel an der Küste von Harwich in Essex an der östlichen Küste von England.   Da dieser Mergel, welcher von etwas dunklerer Farbe als der Sheppey=Stein und nach dem Brennen nußbraun ist, gegen 47 Proc. Thon enthält, so brennt und pulvert man ihn, und mischt ihn dann mit Sheppey = Cement, wodurch man ein eben so gutes, vielleicht besseres, in jedem Falle wohlfeileres aber etwas mehr braun gefärbtes Cement erhält, das jetzt allgemein gebraucht wird. Frost's Cementwerke sind nun im Besitz der HHrn. John Bazley White und Söhne, Millbank=Street, London. Man hat ferner in England Septarien in andern Localitäten und Formationen aufgesucht und gefunden, die überall, obwohl ihr Eisengehalt ziemlich gleich ist, doch eine viel größere Quantität Thon enthalten.

So gebraucht man Septarien von Whitby in Yorkshire, Atkinsons=Cement, weil dieser Ingenieur dasselbe zuerst in London einführte, auch Mulgrave=Cement genannt, nach dem Grafen von Mulgrave, die gewöhnlich einen Ammoniten als Centrum habend, 34 Procent Thon enthalten; Dorsetshire=Cement von Medina Hants enthält 39 Procent Thon.

Durch die Vermengung der Sheppey= und Harwich=Steine erhält man aus der angeführten Blashfield'schen Fabrik Cemente für Stucco den bayerischen Centner zu 52 kr. und einen ganz guten für Anwurf um 42 kr. ohne Faß oder Verpackung.

Daß diese Cemente beim Gebrauche in der Luft immer mit Sand gemengt werden, versteht sich wohl von selbst, und das beste Roman= Cement verträgt den meisten Sand; so kann man dem obigen Cemente aus der Blashfield'schen Fabrik je nach dem Preise 3, 2 und 1 Maaß= theil Sand beimengen.

Mit einem Bushel Cement = 2815,5 Kubikzoll, das gegen 58 Pfund bayerisch wiegt, kann man 10 Quadratfuß Oberfläche mit einer $\frac{3}{4}$ Zoll dicken Lage Cements bedecken, dem man zwei Maaßtheile Sand beigemengt hat, wie die Anwürfe in Regents=Park und den meisten neuen Straßen Londons beweisen.

So war bis beinahe zum Jahre 1818 das Roman=Cement das einzige, das bei den meisten Bauten in der Luft und im Wasser angewendet wurde. Indessen die häufig wachsende Nachfrage nach Cement, da das Roman=Cement durch ein Patent geschützt war, der Umstand ferner, daß selbst in England noch manche Vorurtheile gegen Parker's Roman= Cement bestehen, denn die Docks von Southampton und ein großer Theil der Fundamente der neuen Parlamentshäuser wurden mit italie= nischem Puzzolanemörtel herausgemauert, waren Veranlassung, daß man sehr eifrig nach andern hydraulischen Cementen forschte, die man aus ihren wesentlichen Bestandtheilen zuvor erst zusammensetzte, und sie deßhalb künstliche Cemente nannte. Dennoch finden wir, wie schon gesagt, bis zum Jahre 1818 kein Patent, das eigentlich die Verfertigung hydraulischen Mörtels auf eine künstliche Weise zu seinem Gegenstande gehabt hätte. Denn John White in seinem Patent vom 27 November 1809 für eine Substanz, die in Stein verwandelt werden könne, nimmt bloß Schlamm der Themse anstatt Töpferthon, und hat also gar nichts zu thun mit unserem Cement.

Ebenso ist das Patent von John Kent vom 3. Sept. 1810, Verbesserungen in der Verfertigung von künstlichen Steinen, hier von keinem Belange. Sein Patent gehört zu den sogenannten Concreten, von welchen wir später sprechen werden. Kent nimmt nämlich 1 Theil gebrannten und gepulverten Kalk, 3 Theile feinen Sand, 6 Theile groben Sand, feuchtet die Mischung an, und preßt sie in Formen.

Das Mastic-Cement von Christoph Dihl 1815 (1. Junius) ist ein fettes Cement mit Leinölfirniß und Peter Hamelins Cement vom Jahre 1818 (19. Jannar) um Ornamente und Statuen daraus zu verfertigen, gehört in dieselbe Classe.

Von größerem Interesse ist das Patent des Moritz St. Ledger in Camberwell, vom 19. November 1818. Er beschreibt eine interessante Methode Kalk zu machen in folgender Weise:

„Ich nehme Kreide oder irgend eine andere Substanz, aus welcher Kalk gemacht werden kann, die ich pulvere, und zu welcher ich gewöhnlichen Thon mische oder irgend eine andere Substanz, welche Thonerde und Kieselerde enthält und welche ich vermehre oder vermindere, je nachdem ich den Kalk stärker oder schwächer verlange. Die beiden Ingredienzien vermische ich mit einander und mische Wasser dazu, bis sie einen Brei bilden von der Consistenz gewöhnlichen Mörtels. Diese beschriebene Paste forme ich in Klumpen, welche ich dann, nachdem sie durch natürliche oder künstliche Hitze getrocknet sind, in einen Kalkofen bringe und sie der Wirkung des Feuers aussetze, in der gewöhnlichen Weise in welcher man Kalk brennt. Der Hitzegrad hängt natürlich von der Größe und Qualität der Klumpen ab, doch finde ich, daß dieselben hinreichend im Feuer gewesen sind, wenn sie mit der Hand gebrochen werden können. Der Kreide oder andern ähnlichen oben erwähnten Substanzen kann auch gewöhnlicher durch Löschen in Pulver verwandelter Kalk substituirt werden, da braucht jedoch das Gemenge keiner so starken Hitze ausgesetzt zu werden.

Die Quantität des zuzusetzenden Thones oder einer andern Sub=
stanz, enthaltend Thonerde und Kieselerde, hängt ebenfalls von der Qua=
lität der Kreide und dergl. ab; aber ich finde im allgemeinen, daß
ein bis zwanzig Maaßtheile Thon zu hundert Maaßtheilen Kreide
das eigentliche zweckmäßige Verhältniß sey."

Wir haben hier die wesentlichsten Bestandtheile der berühmtesten
künstlichsten Cemente, obwohl das Verhältniß der Thonerde zur Kalk=
erde zu gering ist, als daß man ein gut bindendes Cement hätte er=
warten können, weßhalb auch wahrscheinlich das Cement in dieser
Weise bereitet nie auf den Markt kam.

Im Titel seiner Patentbeschreibung gibt er an, daß ihm diese ver=
besserte Methode Kalk zu bereiten von einem Ausländer, dem Civil=In=
genieur Mr. Vicat aus St. Soulgat im Königreich Frankreich mit=
getheilt worden sey, und dieser Mr. Vicat ist wahrscheinlich derselbe,
der sich in den letzten Jahren durch seine zahlreichen empirischen Ver=
suche über hydraulische Kalke bekannt gemacht hat.

Die ganze Vorschrift ging natürlich aus der alten Entdeckung
Smeaton's hervor, daß der Kalk, der unter Wasser erhärten soll,
eine gewisse Quantität Thon vor dem Brennen enthalten müsse,
obwohl unglücklicherweise die erforderliche Quantität Thon, um den
besten hydraulischen Kalk hervorzubringen, noch nicht mit Sicherheit
angegeben werden konnte.

Von nun an finden wir bis zu uns herauf eine Menge von Eng=
ländern mit Erfindung künstlicher hydraulischer Cemente beschäftigt,
keiner aber hatte auch nur eine Idee von den wesentlichen Bedingungen
zur Erzeugung eines guten, der Puzzolane gleichkommenden künstlichen
Cements, und selbst gegenwärtig weiß man in England von der Theorie
der Bildung und Erhärtung hydraulischer Mörtel nicht mehr, als aus
dem empirischen Haufwerk der Vicat'schen Versuche zu entnehmen ist.
Von den Entdeckungen unseres Fuchs, die schon aus dem Jahre 1828
herstammen, hat man dort noch keine Ahnung.

An St. Ledger reiht sich J. A. Fickell (6. Julius 1820); er
erhielt ein Patent auf Verwendung der eisenarmen Sphärosideritnieren
oder Kugeln aus der Kohlenformation von Staffordshire, die mit den
Eisensteinen zugleich gewonnen werden. Man sieht das Ganze ist nichts
als ein Versuch, das Roman=Cement aus Septarien älterer Formation
zu bilden.

Heinrich Chambers in Broadstreet (breite Straße), Middlesex,
nahm unterm 7. Julius 1821 ein Patent auf Verbesserungen hydrau=
lischer Kalke.

Er verwendet Thon oder Lehm, der sich in starker Hitze ver=
glasen läßt, oder überhaupt wohl verglaste Schlacke statt des gewöhn=
lichen Sandes und vermischt diese mit Kalk und dergl.   Man sieht
hier wieder den Mangel an theoretischem Wissen.   Ob man auf diese
Weise brauchbares oder unbrauchbares Cement erhielt, das hing von
der chemischen Zusammensetzung des Thones oder der Schlacke ab, wo=
von der Erfinder keine Ahnung hatte, und es waren aller Wahrschein=
lichkeit nach auch hier die schwankenden unsicheren Resultate, welche
den Erfolg des Patentes vernichteten.

Mit größerer Umsicht ging der schon öfters erwähnte James
Frost aus Finchley in der Grafschaft Middlesex zu Werke, aber auch
in seinen mit großer Ausdauer fortgesetzten Versuchen sieht man den
gänzlichen Mangel eines wissenschaftlichen theorischen Leitfaden, und
seine Resultate beruhen wie die von Vicat auf einem empirischen
Herumtappen aufs Gerathewohl.

In seinem Patent vom 11. Junius 1822 schreibt er vor, Kalk=
stein, Mergel oder Dolomite zu nehmen, die ganz oder beinahe frei von
Thonerde oder thonigen Beimischungen sind, dagegen 9 — 40 Procent
Kieselerde enthalten, oder Verbindungen von Kieselerde und Eisenory=
den.   Die Kieselerde muß immer im Ueberschuß vorhanden seyn, in
einem höchst fein vertheilten Zustande.   Er brennt diese Materialien in
kleinen Stücken in einem gewöhnlichen Kalkofen so lange bis alle
Kohlensäure entfernt ist, und gibt als Zeichen hinlänglichen Brennens
an: wenn man eine herausgekommene Probe nach dem Erkalten mit
Wasser befeuchte, so dürfe sie sich nicht löschen oder in Pulver zer=
fallen.

Von besserem Erfolge waren die durch mehr als zehn Jahre mit
der größten Ausdauer fortgesetzten Experimente des Joseph Aspdin
von Leeds in der Grafschaft York.   Am 21. October 1824 erhielt er
sein Patent für eine neue Verbesserung in der Weise künstlichen Stein
zu machen.

Sein Cement oder seinen künstlichen Stein setzt er auf folgende
Weise zusammen.   Er nimmt eine bestimmte Quantität Kalkstein, wie
er (in Leeds) zum Wegmachen verwendet wird, pulverisirt ihn ent=
weder durch Maschinen oder nimmt (am wohlfeilsten) den Staub oder
auch Koth von den mit diesem Material reparirten Straßen, trocknet
die Masse und brennt sie in einem Kalkofen auf die gewöhnliche
Weise.

Hierauf nimmt er eine gleiche Quantität Thon, mischt und ar=
beitet ihn unter Waſſer mit dem gebrannten Kalke, mit der Hand oder
mit Maſchinerie-ſo lange bis die Maſſe einen plaſtiſchen Zuſtand an=
genommen hat, bringt ſie in flache Geſchirre und trocknet ſie durch na=
türliche oder künſtliche Wärme.   Die trockene Mengung wird dann in
Stücke gebrochen und wieder in einem Kalkofen gebrannt, bis alle
Kohlenſäure entwichen iſt.   Dann wird die Maſſe in ein feines Pul=
ver verwandelt, und iſt nun zum Gebrauche fertig.

Man ſieht, daß es auch hier auf die Qualität der anzuwendenden
Materialien aus der Steinkohlenformation von Yorkſhire genommen,
ankomme, von welcher ſich der Erfinder, ein gewöhnlicher Maurer, na=
türlich keine Rechenſchaft zu geben wußte; er nahm ſeine Materialien,
wie er ſie in Leeds in Yorkſhire vorfand, und erzeugte damit ein vor=
treffliches Cement. Er errichtete zu Wakefield, der Yorkſhirer Eiſenbahn=
Station gegenüber, ſeine Patent Portland Cement Works, die noch im
guten Gange ſind, obwohl der Erfinder bereits 73 Jahre alt iſt.

Dieſes Cement wird nicht ſehr ſchnell hart, aber es erlangt zu=
letzt eine außerordentliche Feſtigkeit und wird deßhalb in ſeinem Feſt=
werden durch das ſogenannte Setzen von Mauerwerken nicht geſtört,
was namentlich bei Mauern unter Waſſer beinahe immer ſtattfindet
und einen Theil wenigſtens der Wirkung gewöhnlicher Cemente ver=
hindert.   Denn wenn die Cemente raſch anziehen und dann durch das
nie ausbleibende Setzen des Mauerwerkes in ihrem erſtarrten Zuſtande
oder vielmehr in ihrer Continuität geſtört werden, ſo binden ſie nur
mehr unvollkommen, wie das ſchon Smeaton nachgewieſen hat.

Intereſſant iſt das Patent ferner, weil in ihm der Erfinder ſeinem
Cement zuerſt den Namen Portland = Cement gegeben hat,
und zwar, wie er angibt, aus dem Grunde, weil es in Farbe dem be=
rühmten in England ſo häufig zu Bauten verwendeten Portland=
ſtein ſehr ähnlich iſt.

Ich führe dieß hier deßhalb an, weil man, obwohl der Name
Portland=Cement in England aus Firmen und Anzeigen ſehr gut
bekannt iſt, dennoch keine Nachricht über den Erfinder, den Namen
und die Zuſammenſetzung dieſes Cementes in den gewöhnlichen techni=
ſchen Journalen findet.   Selbſt in dem illuſtrirten Kataloge der Lon=
doner Induſtrie=Ausſtellung, wo ſehr gute Muſter von dieſem Cement
und ſeinen einzelnen Beſtandtheilen ausgeſtellt waren, trifft man nur
dürftige und oberflächliche Bemerkungen über ſeine Bereitung, während
in Deutſchland noch weniger Nachrichten über dieſes ſich immer mehr
und mehr verbreitendeCement zu erhalten ſind.

Von eigentlichem praktischem Interesse sind die Experimente des englischen Generalmajors Sir C. W. Pasley im königlichen Ingenieurcorps zu Chatham vom Jahre 1830 bis 1838, der als der Begründer einer rationellen Fabrication jenes künstlichen Cementes genannt werden kann, das nun so häufig unter dem Namen Portland Cement versendet und verbraucht wird.

Der Herzog von Wellington erließ im Jahre 1826 als damaliger Master General of the Ordnance einen Befehl: daß künftig in dem königlichen Ingenieur-Etablissement zu Chatham unter der Direction des oben erwähnten Sir C. W. Pasley praktische Baukunde einen Theil des Unterrichtes für die jungen Officiere des königlich englischen Ingenieurcorps bilden solle. Sir Pasley wurde deßhalb veranlaßt, seine Experimente über hydraulische Cemente zu unternehmen, deren Resultate er in einem Pamphlet veröffentlichte, das im Jahre 1830 publicirt wurde und worin er zugleich sein neues künstliches Cement beschrieb als Nachahmung des natürlichen.

Daß das neue künstliche Cement nach den bekannten Erfahrungen von Smeaton und den beschriebenen Patenten aus einer Mischung von Kalk und Thon bestehen würde, läßt sich wohl voraussehen, und Pasley hatte sich auch dazu des Ziegelthones von Darland bedient, obwohl er kein ganz entsprechendes Resultat erhielt.

Bei einer Wiederholung seiner Experimente in Gegenwart des damals eben in Chatham anwesenden Majors Reid war kein Ziegelthon dieser Art mehr vorhanden, und da Darland nahe zwei englische Meilen von Chatham entfernt lag, so gab Pasley einem Soldaten überhaupt den Auftrag, zwei Theile gepulverte Kreide und einen Theil Thon zusammen zu mischen. Der Soldat sah sich nach dem ihm am nächsten liegenden Thon um, und wählte glücklicherweise den blauen Thon des Medway-Flusses, der die Docks von Chatham bespült. Diese Dock-Yards liegen gerade an der Gränze, wo der London-Thon auf Kreide ruht. Der Fluß hat da bereits Kreide, untern und obern Grünsand und den Wealden-Thon durchschnitten und fließt durch den London-Thon in den Sund der Insel Sheppey, wo die bei einem raschen Falle aufgeschlämmt erhaltenen Theilchen endlich niederfallen, denn die Geschwindigkeit der Flüsse vermindert sich natürlich an ihrer Mündung, wo das Bett weiter wird, und diesem Umstande haben wir den Absatz ganzer Inseln, der sogenannten Fluß-Deltas und dergl. zu verdanken.

Daß dieser Schlamm aus Thon und kohlensaurem Kalk bestehe, läßt sich deßhalb leicht einsehen; es scheint aber auch dem glücklichen Umstande, daß dieser blaue Thon der Schlammabsatz eines Flusses ist, der zu Fluthzeiten Salz= oder Meerwasser enthält, habe das aus diesem Thon bereitete Portland=Cement seine vortrefflichen Eigenschaften zu verdanken, wie aus Prof. Pettenkofers Versuchen hervorgeht.

Dieser Alluvialthon des Medway=Flusses ist an seiner Oberfläche röthlichbraun und behält diese Farbe auch einen Zoll tief, dann erscheint die ursprüngliche schwarzblaue Farbe, welche mehr ans Schwarze gränzt, im feuchten Zustande nämlich.

Wird dieser blaue Thon herausgestochen und einige Zeit der Einwirkung der Atmosphäre ausgesetzt, so verliert er nach und nach seine blaue Farbe und nimmt denselben lichtbraunen Ton an, der die Oberfläche des Thones in seinem Flußbette charakterisirt. Der Sauerstoff der Atmosphäre wirkt also oxydirend und gewissermaßen zersetzend auf den frischen Thon.

Pasley fand nun, daß der Thon in diesem Zustande den größten Theil seiner Brauchbarkeit für Cemente verloren habe, wenn er die üblichen Proportionen 5 Maaßtheile Kreide zu 2 Maaßtheilen feuchtem Thon beibehielt, und nannte ihn deßhalb abgestanden.

Ein Versuch mit diesem abgestandenen Thon erzeugte zwar ein Cement, das sehr rasch unter Wasser erhärtete, aber nach einigen Tagen Risse zu bekommen anfing und im Verlauf einer Woche in Stücke zerfallen war.

Dasselbe findet statt, wenn der blaue frische Thon, mit Kreide gemengt in Ballen geformt, ohne rasch getrocknet zu werden, in diesem Zustande der Einwirkung der Atmosphäre ausgesetzt wird.

Der anfangs auch nach der Mischung mit Kreide noch schwarzblau aussehende Ballen wird nach und nach schmutzig weiß an der Oberfläche, eine Veränderung, die bei einzölligen Ballen oft schon nach 48 Stunden, bei $2\frac{1}{2}$ zölligen nach vier bis sechs Wochen den ganzen Ballen durchzieht, und wenn dieser Zustand eingetreten ist, so gibt der Ballen kein gutes schnell erhärtendes hydraulisches Cement mehr.

Wurde jedoch die Quantität des Thones von 2 Maaßtheilen auf $2\frac{7}{9}$ Maaßtheile erhöhte, so erzielte man ein gutes Cement, das aber immer sehr langsam, obwohl vollständig erhärtete.

Da die Veränderung der Farbe im Thone auf eine Verwandlung des Eisenoxyduls in Oxyd schließen läßt, so mischte Pasley 'auf den Rath eines Chemikers Kohlenpulver oder andere verbrennliche Materien mit dem Gemenge von abgestandenem Thone und Kreide, und wenn die verbrennliche Materie $1/15$ Maaßtheil des ganzen Gemenges erreichte, so wurde gewöhnlich die verlorene hydraulische Eigenschaft des Gemenges nach dem Brennen wieder hergestellt.

Ebenso merkwürdig ist, daß wenn nach Pasley das Gemenge aus Kreide und blauem Alluvialthone öfters mit Wasser übergossen und in diesem aufgeschlämmt wird, das Gemenge in den oben genannten Proportionen gleichfalls seine hydraulische Tauglichkeit verliert.

Pasley wollte nun die Ursache erforschen, weßhalb der gewöhnliche Lehm der Lehmgruben als Beimischung zur Kreide statt des Alluvialthones nicht zu brauchen sey. Er schlemmte deßhalb zuerst den Alluvialthon des Medway=Flusses und fand, daß nur eine geringe Quantität feinen weißen Sandes zurückblieb, während er nach ähnlicher Behandlung des Lehms eine beträchtliche Quantität groben grießigen Sandes erhielt.

Er rieb deßhalb diesen Lehm in einer Reibschale zum feinsten Pulver, und als er ihn nun mit Kreidepulver mengte, erhielt er ein gutes Cement. Dasselbe war der Fall, nachdem er den feinen Lehm von dem groben abgesondert hatte. Daraus ging also hervor, daß nicht sowohl die chemische Constitution als die nicht hinreichend feine Vertheilung der Thonmasse die Ursache des Mißlingens der Experimente mit Lehm gewesen seyn mußte.

Pasley versuchte nun andere braune Lehm= und Thonarten, und erhielt von allen gutes Cement, wenn er fünf Maaßtheile Kreide mit zwei Maaßtheilen Thon vermischte.

Der braune Thon hat einen Vorzug vor dem blauen, daß er nicht so schnell an der Luft absteht, dagegen hat er den Nachtheil, daß die aus ihm bereiteten Cementklumpen sich viel härter brennen, und deßhalb schwerer zu zermahlen sind, was natürlich viel größere Kosten verursacht.

Aus allem diesem schien mit Sicherheit hervorzugehen, daß wenigstens jeder braune Thon, der zu einem unsichtbaren Pulver vertheilt und nicht lange der Luft ausgesetzt gewesen war, mit Kreide gemengt, ein gutes hydraulisches Cement gebe.

Wieder sehr interessant ist, daß die Einwirkung der Atmosphäre auch den braunen Lehm untauglich für Cementbildung macht, da die braune Farbe wenigstens auf vorwaltendes Eisenoxydhydrat schließen läßt.

Die feine Vertheilung des blauen Thons des Medway=Flusses, sein Wassergehalt, der nach Pasley 55,5 Procent beträgt, und deßhalb seine leichte und beinahe kostenlose Behandlung sind Ursache, daß sich die berühmtesten englischen Cementfabrikanten stets dieses Thones zu ihrem Portland=Cement bedienen.

Er enthält übrigens wie jeder Alluvialthon eine Menge thierischer Ueberreste von Infusorien und verbreitet deßhalb während des Trocknens über dem Feuer einen sehr unangenehmen Geruch.

Eine chemische Analyse dieses Thones fehlt; indessen hat die Analyse des Portland=Cements unter der Leitung des Professors Pettenkofer gelehrt, daß der Thon sehr reich an Alkalien, vorzüglich an Natron ist. [32]

Ein Haupterforderniß bei Anfertigung aller künstlichen Cemente ist, wie Pasley gezeigt hat, daß die Materialien, aus welchen das Cement zusammengesetzt wird, sich im Zustande feinster Vertheilung befinden.

Ein großer Vortheil ist es, daß der Flußschlamm überhaupt schon in diesem Zustande feinster Vertheilung verwendet werden kann; der Kalk muß jedoch noch immer gepulvert werden, ehe er mit dem Thon gemengt werden kann, und das macht die Verfertigung künstlichen Cements kostspieliger, während die natürlichen Cemente gar keine Mengung bedürfen und nur einmal gepulvert zu werden brauchen, nämlich nach dem Brennen. Des leichteren Pulverns halber wählt man in England immer Kreide.

Wo man dichten Kalkstein verwenden muß, wäre das Pulvern durch Maschinen viel zu kostspielig. Man muß deßhalb den dichten Kalk zuerst in einem Kalkofen brennen und ihn dann durch Begießen mit Wasser löschen und in Pulver oder auch in einen Brei verwandeln.

Da aber der Kalk nun zum Hydrate geworden ist, so muß dieses Wasser bei der Wägung oder Messung mit in Rechnung gebracht werden, was große Schwierigkeiten machen würde; das beste Mittel also

---

[32] Polytechn. Journal Bd. CXIII S. 354—371.

iſt, den gebrannten Kalk ſogleich nach dem Brennen zu wiegen und ihn dann erſt zu löſchen.

Nach Pasley's Verſuchen geben 1 Gewichtstheil friſch gebrannter Kalk mit zwei Gewichtstheilen friſchen Flußthones des Medway ein ſehr gutes Cement. Nachdem der Aetzkalk gewogen iſt, muß er wie gewöhnlicher Aetzkalk gelöſcht und in einen ziemlich flüſſigen Brei verwandelt werden, den man etwa 24 Stunden ſtehen läßt, ehe man ihn mit dem Thone miſcht. Die oben angegebenen Verhältniſſe ſind gleich 5 Maaßtheilen Kreidepulver und 2½ Maaßtheilen friſchen Flußthones.

Indeſſen fand Pasley, daß eine Miſchung von 10 Gewichstheilen reinen trockenen Kreidepulvers mit 13¾ Gewichtstheilen friſchen Medway-Thones das feſteſte künſtliche Cement gebe, das noch überdieß nicht ſo raſch anzieht als die übrigen natürlichen und künſtlichen Cemente.

(Der Schluß folgt im nächſten Heft.)

XXXVII.

Verfahren die Metalle mit anderen auf naſſem Wege zu überziehen; von Hrn. Gaudin, techniſchem Chemiker in Paris.

Aus der Publication industrielle de Mr. Armengaud, 1851, T. VII. p. 421.

Um die Metalle mit anderen durch Eintauchen oder mit Hülfe der galvaniſchen Säule zu überziehen, pflegte man bisher zuerſt eine Auflöſung des auf den Artikel abzulagernden Metalles zu bereiten, nämlich ein auflösliches ſaures, neutrales oder baſiſches Salz deſſelben; das Bad oder die Auflöſung dieſes Metallſalzes wurde dann mittelſt einer Anode von demſelben Metall, welches das Metallſalz bildete, in geſättigtem oder brauchbarem Zuſtande unterhalten.

Nach dem neuen Verfahren des Hrn. Gaudin bereitet man eine vollkommen geſättigte Auflöſung von Kochſalz; man läßt ſie zwei Stunden auf dem Feuer, hierauf erkalten und filtrirt ſie dann.

Alsdann verseßt man diese Auflösung mit einem halben Gramm reiner Schwefelsäure auf je hundert Gramme der gesättigten Flüssigkeit; man läßt das Ganze 24 Stunden in Ruhe und filtrirt zum zweiten Mal.

In diese Flüssigkeit taucht man eine Anode aus dem Metall, welches man mittelst eines galvanischen Stroms ablagern will, und nach Verlauf von zwei Stunden lagert das Bad auf dem zu überziehenden Gegenstand ab.

Um z. B. ein Silberbad zu erhalten, genügt es von einem Stück Silber einen Theil in der Flüssigkeit sich auflösen zu lassen, das Silberstück darin verweilen zu lassen, und das Bad ist nach Verlauf von 24 Stunden zur Anwendung bereit.

Diese Verhältnisse eignen sich für das Gold, Silber, Kupfer, Eisen, den Stahl (?), das Zink, Platin ꝛc. So sah man auf der Pariser Industrie-Ausstellung im Jahr 1849 sehr niedliche Artikel, welche Hr. Gaudin mit einer Stahlschicht überzogen hatte. Man kann auch für dasselbe Metalloryd die Säure wechseln und Salpetersäure oder Salzsäure, entweder für sich allein oder mit der Schwefelsäure verbunden, anwenden; das erste Verfahren ist jedoch vorzuziehen.

XXXVIII.

Versuche zur Extraction des Silbers aus seinen Erzen auf nassem Wege; von A. Patera.

Aus dem Jahrbuch der k. k. geologischen Reichsanstalt, durch die berg- und hüttenmännische Zeitung, 1851 Nr. 43.

In Pribram wird seit Jahren die Zinkblende ausgeschieden, weil die Verschmelzung derselben mit den übrigen Erzen bedeutende Verluste an Silber nach sich zieht. Da von diesem Erze jährlich eine bedeutende Menge gewonnen wird und überdieß schon ein Vorrath von beiläufig 30,000 Ctr. vorhanden ist, so wäre eine Methode zur Gewinnung des Silbers aus derselben von großem Vortheil.

Ich beschäftigte mich während meiner Anwesenheit in Pribram mit diesem Gegenstande und machte einige Versuche, deren Resultate,

so unvollkommen sie auch noch waren, ich dem Ministerium für Landes=
cultur und Bergwesen vorlegte.

Die wohlwollende Aufnahme die meine Arbeit daselbst fand (ich
wurde beauftragt sie mit allem Eifer fortzuführen), setzt mich in den
Stand, im Folgenden die ersten Ergebnisse derselben der Oeffentlichkeit
zu übergeben.

Da bei den in neuerer Zeit so vielfach versuchten und selbst schon
in Anwendung gebrachten Methoden zur Gewinnung des Silbers aus
seinen Erzen auf nassem Wege, die Rückstände leicht weiter verarbeitet
werden können, so durfte ich erwarten, daß eine oder die andere der=
selben auch für die Pribramer Blenden günstige Resultate ergeben
werde.

Unter den verschiedenen Extractionsmethoden versprach die von
Augustin angegebene die günstigsten Resultate. Augustin verwan=
delt das in den Erzen enthaltene Silber durch Zusatz von Chlornatrium
beim Rösten in Chlorsilber, und löst das gebildete Chlorsilber bei Koch=
hitze in concentrirter Kochsalzlauge.

Ich röstete in gleicher Weise die Blenden mit einem Zusatze von
2 — 4 Proc. Kochsalz. Die Schwefelmetalle oxydiren sich hierbei;
ein Theil des Schwefels verbrennt zu schwefliger Säure, der andere
Theil bildet als Schwefelsäure mit den Oxyden der vorhandenen Me=
talle schwefelsaure Salze, welche zerlegend auf das Kochsalz einwirken.
Das frei werdende Chlor gibt sich durch den Geruch zu erkennen. Ist
der Geruch nach schwefliger Säure dem Chlorgeruch gewichen, so ist
der Röstproceß beendet. Ich warf nun das noch heiße Erz in Wasser,
um die noch nicht zerlegten schwefelsauren und salzsauren Salze anzu=
lösen, und erhielt so eine ziemliche Menge Zinkvitriol, welcher einen
großen Theil des in den Blenden enthaltenen Cadmiums als schwefel=
saures Cadmiumoxyd enthält. Durch in die sauer gemachte Lösung
hineingeleitetes Schwefelwasserstoffgas fiel schön gelbes Schwefelcadmium
nieder. Ich erhielt aus 25 Pfd. Blendschlich 1 — 1½ Loth Schwefel=
cadmium. Das Erz ist nun zur Extraction vorbereitet.

Am Harz und in Freiberg wird bei dieser Manipulation das mit
Kochsalz geröstete Erz in treppenförmig über einander gestellte Bottiche
gegeben, welche am Boden mit einer Filtrirvorrichtung versehen sind;
es wird dann mit kochendheißer concentrirter Kochsalzlauge übergossen,
welche aus dem ersten Bottich in den zweiten u. s. f. abfließt. Mit
dem Laugenzusatze wird so lange fortgefahren, so lange sich in der ab=

fließenden Lauge eine Silberreaction wahrnehmen läßt.   Das in der Salzlauge gelöste Silber wird dann durch metallisches Kupfer gefällt. Ich versuchte diese Methode mit den Pribramer Blendschliechen im Kleinen mit günstigem Erfolge, nur schien mir die Laugezeit eine sehr lange; hierzu kommt noch der Uebelstand, daß die Salzlösung, wenn sie von einem Bottich in den andern fließt, so viel von ihrer Temperatur einbüßt, daß sie immer schwächer wirkt und endlich die Fähigkeit das Chlorsilber aufzulösen, beinahe ganz verliert.   Einer Unterredung mit Hrn. Haidinger verdanke ich die Idee, die Erhitzung der Salzlauge durch Anwendung eines kräftigen Drucks zu ersetzen.   Hrn. A. v. Morlot's schöne Resultate bei seinen Versuchen über die Dolomitbildung nach Haidinger's Theorie gaben mir gegründete Hoffnung auf das Gelingen.

Ich bediente mich bei meinen ersten Versuchen einer keinen Real'schen Presse.   Die Höhe der Flüssigkeitssäule betrug nur eine Klafter; um die Wirkung zu verstärken, wendete ich lauwarme Salzlösung an, in der Folge wiederholte ich die Versuche auch mit kalter Lauge und entsilberte in kurzer Zeit die Erze soweit, daß die erhaltenen Rückstände in den meisten Fällen nur ein Quentchen Silber im Centner enthielten, was, da die Erze 2 Loth Silber in 1 Ctr. enthielten, einen Metallverlust von 12 Proc. ausmacht.   Dieser Gehalt der Rückstände ist aber keineswegs verloren, denn dieselben könnten sehr leicht auf Zink verarbeitet werden, da sie durch die Röstung mit Kochsalz vollkommen entschwefelt sind, und die angereicherten Rückstände von der Zinkgewinnung könnten wieder dem Extractionsprocesse zugetheilt werden.

Da die Versuche mit den Blenden sich so günstig zeigten, machte ich einen weiteren Versuch, um die Anwendbarkeit auf andere Erze zu erproben.   Ich nahm ein Gemenge von Rothgiltigerz, Fahlerz, Bleiglanz u. s. w., welches 18 Mark Silber im Centner enthielt.   Es löste sich Anfangs nur Chlorblei und sehr wenig Chlorsilber auf, erst nach länger fortgesetzter Operation löste sich auch das Chlorsilber auf, und die Rückstände hielten nunmehr 1 Loth in 1 Ctr.   Dieser Versuch läßt für reiche Erze ein sehr günstiges Resultat hoffen, da beim Verschmelzen reicher Erze außer dem Röstverluste, der in beiden Fällen gleich ist, bei den verschiedenen übrigen Manipulationen noch bedeutende Silberverluste stattfinden.

Die Versuche wurden zunächst mit einer größern Real'schen Presse unter höherem Drucke fortgesetzt.   Diese Presse besteht aus einem guß-

14 *

eisernen cylindrischen Gefäß mit aufpassendem Deckel; dasselbe wurde, um jede Berührung der Kochsalzlauge mit Metall zu vermeiden, von innen emaillirt; in den Deckel wurde ein 30 Schuh langes hölzernes Rohr befestigt, an dessen unterem Theile eine hölzerne Pipe angebracht war, um den Zufluß der Lauge absperren zu können. In dem eisernen Gefäße befindet sich das Filtrum, welches aus einem starken hölzernen Siebe und darüber gelegten Filz besteht.

Auf dieses Filtrum wurde das Erz gebracht und der Apparat mit kalter Kochsalzlauge gefüllt. Die abfließende Lauge gab sowohl beim Verdünnen mit Wasser als auch bei der Probe mit blankem Kupfer= blech deutliche Reaction von Silber; doch als ich die Rückstände nach mehrstündig fortgesetzter Operation untersuchte, hatten dieselben zu mei= nem Erstaunen denselben Halt an Silber den das Erz hatte, ja in einigen Fällen hatten sie sogar einen bedeutend höheren Halt. Um der Ursache dieser Erscheinungen, die ich bei den Versuchen im Kleinen nicht bemerkt hatte, auf den Grund zu kommen, begann ich neue Ver= suche, bei welchen alle Producte genau untersucht wurden; da fand ich daß die Kochsalzlösung unter dem hohen Drucke eine Menge von den übrigen Oxyden, Eisen, Mangan, Zink 2c. aufgelöst hatte. Ammonium= sulfhydrat gab einen sehr reichlichen Niederschlag von diesen Metallen. Ich wiederholte nun die Versuche im Kleinen, sowohl mit der Real'schen Presse unter geringerem Drucke als auch durch lange anhaltendes Kochen des Erzes mit concentrirter Kochsalzlösung, ohne daß sich in der Koch= salzlösung viel von den übrigen Metallen auflöste, der Silbergehalt der Rückstände sank aber rasch herab. Man kann daraus entnehmen, daß der zuletzt angewendete Druck für den vorgehabten Zweck zu groß war, und es bleibt ferneren Versuchen vorbehalten zu ermitteln, wel= cher Druck am dienlichsten seyn wird. Ein Versuch mit Fahlerzen von Pribram, welche aber stark mit Bleiglanz, Spatheisenstein, Zinkblende 2c. verunreinigt waren, gab aus demselben Grunde ungünstige Resultate. Die Fahlerze waren nach dem Rösten gut ausgelaugt worden, wobei sich Kupferoxyd = und Zinkoxydsalze auflösten; mit dem Auslaugen wurde so lange fortgefahren, so lange das Waschwasser mit Schwefel= wasserstoffgas eine Reaction gab. Ich that dieß, um die Kochsalzlösung nicht mit diesen Salzen zu verunreinigen. Die Erze wurden in die Presse gebracht und die Kochsalzlösung durchgepreßt. Die Lauge floß gefärbt aber klar aus dem Apparate, trübte sich jedoch sehr bald und setzte eine reichliche Menge Chlorblei und Chlorsilber, welche durch Kupferchlorid grün gefärbt waren ab, zum Beweise, daß unter dem hohen Drucke bedeutend mehr von der Salzlauge aufgelöst wurde, als dieselbe bei gewöhnlichem Luftdrucke aufgelöst zu erhalten im Stande war. Die abgegossene klare Kochsalzlösung enthielt viel Silber, welches sich auf hineingestelltes blankes Kupferblech schnell fällte, außerdem aber eine solche Menge Blei, Kupfer u. f. w., daß die durch Fällung mittelst eines Becquerel'schen Apparates erhaltene Metallmasse nur 3 Proc. Silber enthielt. Die Versuche mit derselben Partie Fahlerz wurden durch mehrere Tage hindurch fortgesetzt, wobei sich dieselben Erscheinungen wiederholten.

Bei der Anwendung des beschriebenen Apparates hat man mit vielen Schwierigkeiten zu kämpfen, die aber, da sie meist in der technischen Ausführung ihren Grund haben, leicht vermieden werden können. Die hohen hölzernen Röhren, wenn sie auch sorgfältig verbunden und verkeilt sind, lassen die Salzlösung durchsickern und am untern Röhrentheile wird dieselbe sogar durch das Holz selbst durchgepreßt. Eine bedeutende Unbequemlichkeit überhaupt ist die Höhe der Flüssigkeitssäule.

Es dürfte sich als vortheilhaft herausstellen, dieselbe durch comprimirte Luft zu ersetzen, man kann dann den Druck beliebig vergrößern oder vermindern, und der Apparat wird leichter zu handhaben seyn. Die hölzernen Bottiche, in denen die Kochsalzlösung aufgefangen wird, lassen selbe ausrinnen, wenn sie auch noch so sorgfältig gearbeitet sind; es scheint das Salz durch die Masse des Holzes selbst zu effloresciren. Bisher versuchte ich vergebens diesen Nachtheil zu beseitigen.

XXXIX.

Verbesserungen in der Photographie auf Knochenleim; von A. Poitevin.

Aus den Comptes rendus, Juni 1851, Nr. 26.

Ich war bemüht, das von mir im vorigen Jahre veröffentlichte Verfahren — um auf Knochenleim durchsichtige negative Lichtbilder zum Uebertragen auf photographisches Papier zu erhalten [33] — möglichst abzuändern, um in kürzerer Zeit und mit sicherem Erfolg die mit Leim überzogene Glasplatte herstellen zu können.

---

[55] Polytechn. Journal Bd. CXVII S. 226

1. **Wahl des Leims, Verfahren ihn zuzubereiten und in dünner Schicht auf der Oberfläche der Glasplatten auszubreiten.** — Nicht jeder im Handel vorkommende durchsichtige Leim eignet sich gleich gut für die Photographie; manche Sorten enthalten Spuren von Eisensalz (ohne Zweifel salzsaurem Eisen) und diese sind zu verwerfen, weil sie durch die Gallussäure schwarz gefärbt werden; andere gestehen nicht gut zu einer Gallerte, wenn man sie aufgelöst und auf die Oberfläche der Glasplatten gegossen hat.

Folgende Verhältnisse von Leim, Jodkalium und salpetersaurem Silber habe ich seit December v. J. bis zum April d. J. angewandt, wo ich bei einer Temperatur von 10 bis 12° R. operirte.

Nachdem man den Leim in kleine Stücke zerschnitten hat, nimmt man davon 1 Gramm, welchen man in eine kleine Porzellanschale mit 30 Grammen destillirten Wassers bringt; nachdem man ihn wenigstens zehn Minuten weichen ließ, läßt man ihn bei gelinder Wärme zergehen; hierauf schäumt man die Auflösung ab und versetzt sie mit 15 Tropfen einer gesättigten Auflösung von Jodkalium (14,3 Gram. Jodkalium auf 10 Gram. destillirtes Wasser). Man vermischt vollkommen mit einem Spatel aus weißem Holz, schäumt neuerdings ab, und, wenn der Leim unrein ist, filtrirt man die Auflösung durch Leinwand, dann versetzt man sie mit 4 bis 5 Tropfen einer Auflösung von Jod in einer verdünnten Lösung von Jodkalium; dieß ist aber nicht absolut nothwendig. Mit einer Saugröhre nimmt man 10 bis 12 Kubikcent. Leimauflösung und läßt sie auf die Oberfläche der Glasplatte auslaufen, welche horizontal auf einem Träger angebracht ist und die man mit der Lampe schwach erwärmt, damit der Leim auf ihr so flüssig bleibt, daß man ihn mit dem Spatel auf der ganzen Oberfläche verbreiten kann; man hebt dann die Platte an einem ihrer Ecken auf und läßt in die Schale den überschüssigen Leim ablaufen, von welchem nur beiläufig 5 Kubikcentimeter zurückbleiben dürfen, wenn die Glasfläche die Größe einer halben Platte hat. Man läßt hierauf den Leim auf der Oberfläche anziehen und legt dann die Glasplatte auf eine horizontale und kalte Fläche (z. B. eine Marmorplatte), damit der Leimüberzug consistenter wird.

Wenn man die in der Schale zurückgebliebene Leimauflösung wieder etwas erwärmt, kann man eine neue Platte zubereiten, und so fort.

Nachdem die Glasplatte auf der horizontalen Tafel 10 bis 15 Minuten gelegen hat, ist die Leimschicht hinreichend consistent; bei wärmerer Witterung würden 15 Minuten nicht hinreichen, weil die Leimauflösung weniger schnell zu einer Gallerte gesteht; in diesem Falle kann man ftatt 1 Gram. Leim 1½ oder 2 Gram. auf 30 Gram. Waffer anwenden.

Wenn die dünne Leimfchicht zu einer Gallerte erftarrt ift, legt man die Glasplatte, die geleimte Fläche gegen unten gerichtet, auf ein gewöhnliches Jodirkäftchen, und zwar 4 bis 5 Minuten lang, wenn die Jod-Entwicklung nicht fehr ftark ift; es ift beffer, zu wenig als zu ftark zu jodiren, weil fonft die Galluffäure auf dem Bilde Flecken verurfacht.

2. **Auftragen der empfindlichen Schicht.** — Nachdem die Platte jodirt ift, neigt man fie auf ein Bad von falpeterfaurem Silber, welches fich in einer Schale mit plattem Boden befindet; diefes Bad befteht aus 10 Gr. falpeterfaurem Silber in 100 Gr. deftillirtem Waffer aufgelöft. Wenn man aber die Menge des Leims in der Auflöfung, wie angegeben, erhöhte, fo muß man diejenige des falpeterfauren Silbers in dem Bade vermindern; fo ift auf 2 Gr. Leim, welche in 30 Gr. Waffer aufgelöft wurden, eine Auflöfung von 6 Gr. falpeterfaurem Silber in 100 Gr. deftillirtem Waffer fehr zweckmäßig. Man muß diefe Auflöfung an einem kühlen und gegen das Licht gefchützten Orte aufbewahren, oder die Flafche, worin fie enthalten ift, vor dem Gebrauch in kaltes Waffer tauchen. Daffelbe muß mit der Galluffäure-Auflöfung gefchehen, von welcher ich fpäter fprechen werde. Um die Platte gut durch das falpeterfaure Silber zu paffiren, find gewiffe Vorfichtsmaßregeln zu beobachten. Man hält die Glasplatte fo, daß die mit Leim überzogene Fläche nach unten gerichtet ift, legt ein Ende der Platte gegen eine Seite der Schale, und indem man das andere Ende der Platte dann mit einem kleinen gläfernen Haken faßt, neigt man die Platte regelmäßig auf das Bad, bis die Flüffigkeit deren ganze Oberfläche befeuchtet hat; man zieht hierauf die Platte — ohne daß ihre Oberfläche den Boden der Schale berührt hat — heraus, und taucht fie mit nach oben gerichteter Leimfläche in das Bad. Diefes Eintauchen kann 10 bis 12 Secunden dauern, worauf man die Platte herausnimmt und die nicht mit Leim überzogene Oberfläche abtrocknet; man legt nun die Platte in den Rahmen der dunkeln Kammer fo, daß die Leimfchicht gegen das Objectiv gekehrt und die Rückfeite der Platte durch ein Brettchen gegen das Licht gefchützt ift. Die Auflöfung von falpeterfaurem Silber muß man nach gemachtem Gebrauch filtriren.

Man kann das Eintauchen auch auf andere Weife vornehmen: dazu gibt man die Silberauflöfung in ein fchmales und fehr tiefes Gefäß von Glas oder Porzellan, welches alfo wenig von der Auflöfung enthält und in das man die Glasplatte hineingleiten lassen kann; dieses Verfahren ist sogar dem ersteren vorzuziehen.

Nachdem die Glasplatte in dem Rahmen angebracht ist, muß man letztern in horizontaler Lage lassen, bis man ihn in die dunkle Kammer bringt.

3. Exposition in der dunklen Kammer; Uebergießen mit Gallussäure und Firiren des Bildes. — Um eine gut beleuchtete Landschaft mit dem einfachen Objectiv abzubilden, muß man 1 oder 1½ Minuten exponiren; für Porträte ist mit dem doppelten Objectiv ziemlich dieselbe Zeit erforderlich. Ich muß hier bemerken, daß sich mit dem Leim alle bisher vorgeschlagenen beschleunigenden Substanzen anwenden lassen, jedoch mit Ausnahme der Essigsäure, welche der Leimlösung die Eigenschaft benimmt zu einer Gallerte zu gestehen. Ich habe gefunden, daß die Schicht empfindlicher wird, wenn man der Leimlösung ein wenig arabisches Gummi zusetzte.

Nachdem die Exposition in der dunklen Kammer beendigt ist, legt man die Glasplatte auf einen Träger, und gießt auf die Oberfläche eine Gallussäure-Auflösung, welche höchstens einen halben Gramm Gallussäure in 100 Grammen destillirten Wassers enthält: man läßt das Bild dann zum Vorschein kommen bis die Schatten intensiv genug sind. Um das Bild zu firiren, wascht man die Platte mit vielem Wasser ab, dann taucht man sie in eine Auflösung von unterschwefligsaurem Natron, bis alles Jodsilber, welches dem Leim ein milchichtes Ansehen gibt, gänzlich verschwunden ist, was bisweilen ziemlich lang dauert. Hierauf behandelt man die Platte im gewöhnlichen Bad, um ihr das unterschwefligsaure Salz zu entziehen, eine oder zwei Stunden lang; dann gießt man destillirtes Wasser auf ihre Oberfläche, und endlich läßt man die Leimschicht trocknen.

Man überträgt diese negativen Bilder auf das gewöhnliche positive Papier. Bei allen diesen Operationen ist die Dunkelheit nur für das Tränken der Platte mit der Silberauflösung und mit der Gallussäure durchaus nothwendig. Destillirtes Wasser wird nur zur Bereitung der Auflösungen und für das letzte Abwaschen des Bildes angewandt.

XL.

Mayall's Verfahren die positiven Lichtbilder auf Papier mit einem Ueberzug von Leimfolie zu versehen.

Hr. Mayall aus Paris, welcher ein Verfahren — negative Lichtbilder vom Glas in vergrößertem Maaßstab auf Papier zu übertragen — nach England brachte [34], veröffentlicht nun durch das Athenaeum eine Methode um die positiven Lichtbilder auf Papier mit Leimfolie zu überziehen, wodurch die Details besser in die Augen fallen und eine bisher nicht erreichte Vollendung der Lichtbilder erzielt wird.

Alle nun zu beschreibenden Operationen müssen in einem Zimmer bei einer Temperatur von 19° Reaumur ausgeführt werden.

1) Man versieht ein Stück Spiegelglas von 26 Zoll Höhe auf 22 Zoll Breite mit einem hölzernen Rahmen (wie die Rechentafeln der Knaben), jedoch so, daß der schräge Rand sehr eben ist und bis auf die Glasfläche hinabreicht. Man reinigt das Glas gut mit einer schwachen Auflösung von Soda in Wasser, läßt es trocknen, überwischt die Oberfläche desselben sehr sorgfältig mit Ochsengalle, läßt das Glas dann wieder trocknen.

2) Man löst soviel feinen klaren Leim in Wasser auf, daß die Masse die Consistenz vom Weißen eines Hühnereies erhält; man unterhält dieselbe auf einer Temperatur von beiläufig 39° Reaumur. Auf die Seite des (wie angegeben vorbereiteten) Glases und zwar auf das Centrum desselben, gießt man zwei Unzenmaaße der Leimauflösung; man unterhält dieselbe in Bewegung, bis sie die Oberfläche des Glases vollständig bedeckt; man gießt einen allenfallsigen Ueberschuß an den vier Ecken ab und legt dann den Rahmen auf einen vollkommen horizontalen Ständer; die mit Leim überzogene Glasfläche wird in beiläufig zehn Minuten nahezu trocken seyn.

3) Man feuchtet nun das positive Lichtbild gerade nur in solchem Grade, daß das Krause des Papiers verschwinden kann, indem man ein nasses Blatt zwischen sechs trockene legt; wenn die mit Leim überzogene Glasfläche nicht ganz trocken, sondern noch klebrig ist, legt man die Vorderseite des positiven Lichtbildes auf sie und drückt mit den

---

[34] Beschrieben im polytechn. Journal Bd. CXX S. 297.

Fingern fest auf jeden Theil der Rückseite des Bildes, um es an dem Leim haftend zu machen; ebenso verfährt man mit andern Bildern, bis die ganze Leimfläche des Rahmens mit solchen belegt ist; man stellt dann den Rahmen bei Seite zum Trocknen, welches beiläufig sechs Stunden erfordert.

Man hat nun bloß noch den Leim an den Rändern des Rahmens herum durchzuschneiden; beim Aufheben wird er vom Glase abspringen und den Lichtbildern abhäriren; diese werden noch eingefaßt und sind dann fertig.

XLI.

Neues Verfahren positive Lichtbilder auf Glas darzustellen; von J. R. Le Moyne, Ingenieur des Brücken- und Chausseebaues.

Aus den Comptes rendus, Septbr. 1851, Nr. 11.

Das Verfahren, welches ich hiermit veröffentliche, ist vollkommen praktisch; seit fast einem Jahre fand ich nämlich, daß die Lichtbilder auf Glas bisweilen positiv ausfallen, und in Folge meiner in diesem Sinne angestellten Versuche erhielt ich bald genügende Resultate; aber erst nach einer langen Reihe ununterbrochener Proben bin ich zu einer sicheren Methode gelangt, welche niemals versagt.

Die meisten meiner Versuche hatten bloß zum Zweck, die bekannten Mängel der mit Eiweiß überzogenen Platten zu beseitigen, was mir durch folgende Abänderungen in ihrer Darstellung gelang.

1. Ich reinige das Weiße der Eier dadurch, daß ich es alt werden lasse und sogar mit Zucker versetze, um eine schwache Gährung hervorzurufen, welche es viel besser klärt als das allgemein gebräuchliche Schlagen zu Schnee.

Dieser erste Zusatz von Zucker ($\frac{1}{2}$ Gramm auf das Weiße eines Eies) verhindert mich nicht, in der Folge noch die geeignete Menge ($2\frac{1}{2}$ bis 3 Gramme) zuzusetzen, um eine größere Empfindlichkeit gegen das Licht zu erhalten, und mit den Verfahrungsarten, welche ich nachher anwende, erhöht die Gegenwart des Zuckers die Abhärenz des Ueberzugs, anstatt sie zu vermindern, wie man ihm vorgeworfen hat.

2. Den Eiweiß=Ueberzug jodire ich nach seinem Austrocknen durch Eintauchen in ein Bad von Jodtinctur, welche mit $1/10$ ihres Volums Salpetersäure von 40⁰ Baumé versetzt ist.

Diese Methode ist sehr einfach, und man erhält dabei weder Streifen, noch zeigt sich sonst ein Fehler wie bei Anwendung des Eiweißes, welches Jodkalium aufgelöst enthält. Unter den bekannten Verfahrungs= arten könnte eine einzige mit dieser Methode cocurriren, nämlich die Anwendung der Joddämpfe; aber der nasse Weg ist hier vorzuziehen, sowohl wegen der raschen Ausführbarkeit als wegen der Einfachheit der Apparate.

3. Ich lasse die Essigsäure weg, und benutze, um die Platten empfindlich zu machen, bloß eine Auflösung von 1 Th. salpetersaurem Silber in 10 Th. Wasser.

Ich weiß nicht, ob die Essigsäure bei dem mit Eiweiß überzogenen Glase wirklich erforderlich ist, wenn man die Gallussäure anwendet um das Bild zum Vorschein zu bringen; wenn man aber dazu den Eisen= vitriol benutzt, ist sie ohne Zweifel ganz überflüssig.

4. Nach dem Waschen der Platten in Fluorkalium, welches als Beschleunigungsmittel dient, wende ich ein zweites Bad von salpeter= saurem Silber (1 Th. Silbersalz auf 20 Th. Wasser) an.

Diese Operation hat zum Zweck, nicht nur die Empfindlichkeit noch zu steigern, sondern hauptsächlich das überschüssige Fluorkalium in Fluor= silber umzuwandeln, damit es nicht mehr auf das Glas einwirken und das Eiweiß ablösen kann.

5. Die Gallussäure, welche man allgemein anwendet um das Bild zum Vorschein zu bringen, ersetze ich durch ein concentrirtes Bad von Eisenvitriol, welches auf 72⁰ Reaumur erwärmt ist.

Durch diese Abänderung wird die Empfindlichkeit außerordentlich gesteigert; überdieß liefert die Temperatur=Erhöhung Bilder von sehr klarer Nüance, wovon die Erzeugung der Lichtbilder auf Glas wesentlich abhängt; endlich ist deren Undurchsichtigkeit geringer als bei den an= deren Verfahrungsarten, wodurch die Copien auf Papier markicht und dabei doch zart werden.

6. Ich firire die Bilder in vier bis fünf Minuten durch die vollständige Auflösung des Jodsilbers, mittelst eines Bades von Cyankalium und unterschwefligsaurem Natron in den geeigneten Verhältnissen.

Diese Firirmethode ist in jeder Hinsicht sowohl dem Bromkalium als dem unterschwefligsauren Natron vorzuziehen, welche man allgemein ohne Beimischung anwendet. Sie bewirkt in sehr kurzer Zeit und ohne die Bilder zu beschädigen, nicht bloß eine untadelhafte Firirung, sondern auch eine vollkommene Durchsichtigkeit in den nicht vom Licht afficirten Theilen, und überdieß wird die Abhärenz des ganzen Ueber= zugs beträchtlich verstärkt. (Diese Firirmethode läßt sich leicht bei allen bekannten Verfahrungsarten zum Photographiren auf Glas anwenden, und ohne Zweifel auch bei den Lichtbildern auf Papier.)

Die nach dem beschriebenen Verfahren erhaltenen Lichtbilder be= stehen aus undurchsichtigen Bildern von gelblichweißer Farbe, welche in einem durchsichtigen Medium enthalten sind und erscheinen daher als positive oder negative, je nachdem man sie auf einen dunkleren oder helleren Grund legt.

Als negative Bilder widerstehen sie besser dem Temperaturwechsel, sind durchsichtiger (daher man sie mit einem schwachen Licht copiren kann) und liefern endlich, wie gesagt, auf Papier markichtere Copien als die nach den anderen Methoden dargestellten.

Als positive Bilder (um sie in dieser Hinsicht zu vollenden, braucht man nur die Seite des Eiweißes mit schwarzer Farbe zu über= ziehen) bieten sie eine Schärfe und Feinheit dar, wodurch sie sich den Metallplatten nähern, sowie auch mannichfaltige Nüancen.

Hinsichtlich der für die Einwirkung des Lichts erforderlichen Zeit habe ich noch zu bemerken, daß ich Landschaften im Sonnenlicht in einer Secunde erhielt (mit einem Objectiv für eine halbe Platte mit verbundenen Gläsern, welches mit einer Blendung von 3 Centimetern Oeffnung versehen war); und Porträte im Schatten, im Freien in vier bis fünf Secunden, und in einem Zimmer in acht bis fünfzehn Se= cunden (mit demselben Objectiv ohne Blendung).

XLII.

Verbesserungen im Rösten des Flachses, welche sich David Bower, Chemiker in Hunslet bei Leeds, am 24. März 1851 patentiren ließ.

Aus dem London Journal of arts, Octbr. 1851, S. 336.

Die Erfindung betrifft gewisse Verfahrungsarten, wodurch die zum Rösten des Flachses erforderliche Zeit beträchtlich verkürzt und wobei die Faser weniger geschwächt wird als durch die gewöhnliche Röste.

Bekanntlich pflegt man den Flachs, nachdem er zur Absonderung der Samenkapseln geriffelt worden ist, in Wasser einzuweichen, um die in der Pflanze enthaltenen kleberartigen Stoffe aufzulösen. Nachdem die Stengel einige Wochen im Wasser untergetaucht blieben, nimmt man sie heraus, trocknet sie und trennt dann mittelst des Schwingens die Holzsubstanz von der brauchbaren Faser. Der Patentträger hat gefunden, daß der kleberartige Stoff von dem Wasser theilweise aufgelöst, aber dem Flachs nicht ganz entzogen wird; nachdem der Flachs dann getrocknet worden ist, hängt daher ein Theil der kleberartigen Substanz noch der Faser an und macht sie für die Operation des Schwingens untauglich. Er empfiehlt daher den Flachs nach dem gewöhnlichen Verfahren in kaltem oder warmem Wasser zu rösten — wobei derselbe in kaltem Wasser sechs Tage untergetaucht bleiben muß, während in warmem Wasser eine viel kürzere Zeit genügt — ihn dann aus dem Wasser zu nehmen und zwischen Druckwalzen zu passiren, um die kleberartigen Stoffe aus dem Innern der Pflanze herauszupressen. Hierauf wird der Flachs wieder eben so lange in kaltem oder warmem Wasser geröstet und zum zweitenmal der Operation des Ausquetschens unterzogen. Der Flachs wird dann getrocknet und auf gewöhnliche Art behandelt.

Für die feineren Flachssorten, und wenn eine gut gefärbte Faser verlangt wird, empfiehlt er die Pflanze in eine Auflösung von Aetzammoniak oder auch von Kochsalz oder Glaubersalz einzuweichen. Die Menge des erforderlichen Ammoniaks oder Salzes für ein gegebenes Verhältniß von Wasser hängt von der Temperatur ab, bei welcher der Proceß ausgeführt wird, und von der Beschaffenheit des angewandten

Waffers (ob daffelbe Eifenfalze oder Kalk 2c. enthält). Wenn man gewöhnliches Regenwaffer anwendet, verfetzt man 1500 Pfd. Waffer mit 1 Pfd. Aetzammoniak oder Kochfalz oder Glauberfalz, und mit biefer Auflöfung kann der Proceß bei jeder Temperatur zwifchen 26 und 39° Reaumur durchgeführt werden und die Operation wird in beiläufig 30 Stunden beendigt feyn. Wendet man hingegen kaltes Waffer an, fo muß man die Quantität des Ammoniaks oder Salzes etwas vergrößern und die Operation wird dann in etwa vier Tagen beendigt feyn. Der bloße Zufatz der genannten chemifchen Agentien zum Waffer, worin der Flachs untergetaucht wird, erleichtert den Röftproceß fchon bedeutend; wenn man überdieß die Fafern, nachdem fie eine Zeit lang in einer folchen Auflöfung eingeweicht waren, zwifchen Druckwalzen hindurchnimmt, um die aufgelösten kleberartigen Stoffe auszupreffen, fo wird der Proceß noch mehr befördert.

Der Patentträger fchlägt endlich noch folgende Abänderung diefer Methode vor: man bringt den auf dem Felde getrockneten und dann geriffelten Flachs in einen cylindrifchen luftdicht verfchließbaren Keffel und pumpt dann die Luft aus demfelben; hierauf läßt man eine Auflöfung von 1 Pfd. Aetzammoniak, Kochfalz oder Glauberfalz in 1500 Pfd. Waffer in den luftleeren Keffel, welche man auf einer Temperatur von 26 bis 39° R. erhält. Da beim Auspumpen der Luft aus dem Keffel auch die im Zellgewebe der Pflanzen enthaltene Luft ausgezogen wird, fo abforbirt der Flachs die nachher einftrömende Auflöfung leicht. Man läßt ihn zwei bis vier Stunden in diefem gefättigten Zuftande, worauf man die Flüffigkeit aus dem Keffel abzieht und nochmals die Luft auspumpt; dadurch bewirkt man, daß die aufgelösten kleberartigen Stoffe aus dem Innern der Pflanze ausgezogen werden. Nach diefem zweiten Auspumpen der Luft entfernt man das faferige Material aus dem Keffel und legt es in einen Haufen zufammen, damit es allmählich abkühle; hierauf breitet man es auf einem Feld oder unter einem Schuppen aus, um es zu trocknen, worauf das Schwingen mit ihm vorgenommen werden kann.

XLIII.

Ueber das Präpariren der Hölzer, besonders der Bahnschwellen, zum Schutz gegen Fäulniß; vom Maschinenmeister Kirchweger.

Aus den Mittheilungen des hannover'schen Gewerbevereins, 61ste Lief., S. 281.

Es ist eine bekannte Sache, daß schon vor vielen Jahren chemische Producte vorgeschlagen und benutzt wurden, um damit Hölzer, welche der Fäulniß leicht ausgesetzt sind, gegen diese zu schützen. Vornehmlich waren Quecksilbersublimat (Quecksilberchlorid) und Kreosot die Mittel, mit welchen das Holz getränkt wurde, um eine längere Dauer desselben und Schutz gegen Fäulniß zu erreichen. Die Durchdringung des Holzes mit diesen Stoffen blieb aber entweder unvollständig und dann war der Zweck nur unvollkommen zu erreichen, oder sie war zu kostspielig um eine allgemeinere Anwendung zu finden. Nebenbei liegen in der Natur jener Substanzen Uebelstände, die deren Gebrauch in sehr vielen Fällen unzulässig machen.

Nach und nach hat man auch andere chemische Präparate versucht und zum Theil sehr befriedigende Resultate erlangt. Solche sind:

1) Kupfervitriol (schwefelsaures Kupferoxyd),
2) Eisenvitriol (schwefelsaures Eisenoxydul), und
3) Chlorzink (Zink in Salzsäure aufgelöst).

Das Material Nr. 1 hat nach den Erfahrungen vortreffliche Resultate geliefert, ist aber kostspielig an und für sich, und wird durch die dabei nothwendig werdenden sehr kostbaren Apparate um so weniger in allgemeineren Gebrauch kommen.

Das zweite Material hat sich weniger gut bewährt, während das dritte dem ersten nicht nachzustehen scheint und einen ungleich geringeren Kostenaufwand erfordert.

Um Hölzer mit diesen Stoffen zu imprägniren, bedarf es zunächst der Auflösung der Metallsalze in Wasser, welche man nach dem Verfahren von Boucherie direct durch einfache Vorrichtungen mittelst hydrostatischen Drucks in die Poren des Holzes treiben könnte. Allein die Procedur, so wenig kostspielig sie auch seyn mag, hat mancherlei Unbequemlichkeiten und den großen Nachtheil, daß das Durchdringen

höchst unvollständig, folglich auch der Zweck nicht in dem Maaße er=
reicht wird, wie es wünschenswerth und auf andere Weise mög=
lich ist.

Wie die Industrie dem Eisenbahnwesen so manchen Fortschritt ver=
dankt, so hat sie gewiß auch daraus einen großen Vortheil zu ziehen,
daß die Eisenbahnverwaltungen jetzt ernstlich bemüht sind, überall gegen
das schnelle Verfaulen der Bahnschwellen Mittel anzuwenden, welche
für andere Zwecke oft von noch besserem Erfolg seyn können.

Auch die hiesige Eisenbahnverwaltung steht im Begriff, alle noch
zum Verbrauch kommenden Bahnschwellen zu präpariren, damit solche
eine längere Dauer erhalten, als die nicht präparirten, welche in der
verderblichen Lage an der Oberfläche der Erde 10 bis höchstens 11
Jahre ausdauern sollen, falls sie von Eichenholz sind, während andere
Hölzer in ungleich geringerer Zeit durch Fäulniß abgängig werden.
Die Art und Weise, wie auf hiesigem Bahnhofe die Schwellen bereits
präparirt werden, ist folgende:

In einen waagrecht liegenden eisernen Kessel von 6 Fuß Durch=
messer und etwa 34 Fuß Länge werden die zu präparirenden Hölzer
eingebracht und luftdicht eingeschlossen. Aus einem gewöhnlichen
Dampfkessel wird durch ein Rohr Wasserdampf in den mit Holz gefüllten
Kessel geleitet, und so das Holz gedämpft und gelaugt; nach einigen
Stunden, wo das Holz von der Wärme möglichst durchdrungen ist,
wird durch eine kleine Dampfmaschine eine Luftpumpe in Bewegung
gesetzt, und damit so viel als möglich in jenem großen Kessel ein luft=
leerer Raum erzeugt, was zur Folge hat, daß die in dem Holze be=
findliche Feuchtigkeit sich in Dämpfe verwandelt und aus den Poren
entfernt wird, also auch das Vacuum im Holze selbst herstellt. Ist
dieser Zustand so gut als thunlich erreicht, so wird der Hahn in einem
Rohre geöffnet, durch welches aus einem nebenstehenden Behälter die
zum Präpariren bestimmte Flüssigkeit in den großen Kessel bringen
kann. So wie durch den äußeren Luftdruck die erwähnte Flüssigkeit
in den Kessel tritt und die Zwischenräume zwischen den Holzstücken
ausfüllt, bringt sie auch in die leeren Poren des Holzes selbst ein, was
dadurch noch vollständiger erreicht wird, daß mittelst einer Druckpumpe
schließlich ein Druck von 8 Atmosphären hervorgebracht und mehrere
Stunden unterhalten wird. Nachdem diese Operationen, die einen Tag
Zeit erfordern, beendet sind, wird die überflüssige Flüssigkeit abgelassen,
der Kessel geöffnet und die Hölzer daraus entfernt, dann eine neue
Füllung vorgenommen.

Die Flüssigkeit besteht aus dem bereits oben erwähnten Chlorzink, mit Wasser verdünnt, und kostet die Arbeit und das zugehörige Material per Kubikfuß präparirten Holzes etwa 1³/₄ Sgr., indeß ohne Zurechnung der Zinsen für den allerdings ziemlich kostspieligen Apparat.

Die Resultate, welche von dem so zubereiteten Holze vorliegen, sind, wenn gleich der Zeit nach noch nicht sehr viel beweisend, für einzelne Versuche auffallend günstig und jenen Aufwand offenbar belohnend.

Man hat verschiedene Hölzer, als Eichen-, Buchen-, Erlen- und Lindenholz, in je zwei Stücke zerschnitten, die eine Hälfte mit Chlorzink auf vorbeschriebene Art präparirt, die andere Hälfte im natürlichen Zustande gelassen, und beide Theile zusammen denselben zerstörenden Einflüssen ausgesetzt. In faulenden Kloaken waren sämmtliche rohe Hölzer mehr oder minder nach einigen Monaten zerstört, dagegen die präparirten Stücke vollkommen gesund erhalten. Dasselbe Holz unter den heißen Zonen ins Meer gehängt, waren die unpräparirten Hölzer wie Schwamm von Seegewürmen durchlöchert, während an den präparirten Hölzern allerdings einzelne kleine, kaum bemerkbare Versuche, solches zu zerfressen, sichtbar waren, sonst aber keine Zerstörung vorkam.

Tannene Stangen, zum elektrischen Telegraphen präparirt, und ohne weitere Vorsichtsmaßregeln in die Erde gegraben, zeigen sich jetzt nach sechs Jahren überall als vollkommen gesund und nicht im mindesten angegriffen, während unpräparirte ähnliche Stangen nach Verlauf genannter Zeit dicht über der Erde abgefault sind.

Eisenbahnschwellen von Eichen-, Buchen- und Pappelholz sind nach einem Gebrauch von vier Jahren sämmtlich vollkommen gesund, als wären sie eben vom Baume geschnitten; während daneben liegende unpräparirte Eichenschwellen stark verfault sich zeigen. Wenn man bedenkt, wie namentlich Buchenholz, auf feuchtem Erdboden niedergelegt, in wenig Monaten total zerstört wird, so werden obige Thatsachen zu günstigen Folgerungen berechtigen.

Das zu präparirende Holz muß möglichst frisch seyn, weil es dann am leichtesten von der Flüssigkeit durchdrungen wird, und da es den Proceß des Dämpfens durchmacht, so wird es nach der Operation bald zu jeglichem Gebrauche, wie älteres Holz, verwendet werden können.

Bei den oben erwähnten Verwendungen des präparirten Holzes ist noch ein Punkt zu beachten, welcher auf die Dauer nicht ohne Einfluß bleiben kann, nämlich der, daß das Holz in Lagen sich befindet, wo durch Wasser, sey es auch nur als Regen, das im Holze fest gewordene Metallsalz nach und nach aufgelöst und ausgelaugt wird; ist endlich der schützende Stoff entfernt, so erhält vielleicht das Holz seinen Zustand wieder, und der Vorgang wird der gewöhnliche seyn. Dieser Umstand berechtigt zu der Annahme, daß Hölzer in trockener Lage mit jenem Stoffe geschwängert, fast unvergänglich seyn müssen, und daß es zu empfehlen seyn dürfte, beim Häuserbau diese Zubereitung der Hölzer in Anwendung zu bringen. Es ist höchst wahrscheinlich, daß der in manchen Häusern so verderblich wirkende Schwamm durch jenes Mittel gänzlich verbannt und Hölzer benutzt werden können, deren man sich bis jetzt nicht bedienen durfte, wozu namentlich das sonst so schlank gewachsene kräftige Buchenholz zu rechnen, welches sich besonders fähig zeigt das Chlorzink aufzunehmen.

Die Wichtigkeit dieses Gegenstandes sowohl für Gewerbe und Industrie, wie für den Forsthaushalt, ist von allen Seiten größter Aufmerksamkeit werth; und wenn wegen der bedeutenden Kosten, welche die Herstellung und Einrichtung eines zugehörigen Apparats erfordert, es unwahrscheinlich ist, daß das Präpariren der Hölzer in die Hände der Privat-Industrie gelange, und so dessen allgemeinere Verbreitung bewerkstelligt werde, so wird der Wunsch nicht unbillig seyn, daß, wenn später die im Lande für Eisenbahnzwecke vertheilten Apparate nicht mehr genügende Beschäftigung haben, regierungsseitig die Benutzung derselben für Privatzwecke gestattet werden möchte.

XLIV.

Ueber die durch Einführung galvanometrischer Platinnadeln in Knollen, Wurzeln und Früchten hervorgebrachten elektrischen Wirkungen; von Hrn. Becquerel.

Aus den Comptes rendus, 1851 1er Sem., Nr. 18.

Indem ich die elektrischen Wirkungen untersuchte, welche in Gewächsen durch Einführen galvanometrischer Platinnadeln in ihre verschiedenen Gewebe hervorgebracht werden, beabsichtigte ich nicht nur zu ermitteln, ob in den organisirten Körpern elektrische Ströme existiren oder nicht, sondern auch zu beweisen, daß die beobachteten Ströme einen chemischen Ursprung haben, ähnlich jenen die man erhält, wenn zwei galvanometrische Platinbleche (so nenne ich die mit einem Galvanometer in Verbindung stehenden Bleche) in zwei Flüssigkeiten tauchen, welche auf einander zu wirken vermögen, indem sie entweder nicht von gleicher chemischer Zusammensetzung sind, oder, wenn doch, nicht gleiche Temperatur oder dieselbe Dichtigkeit besitzen. Ferner wollte ich zeigen, daß das Studium dieser Erscheinungen mehrere Punkte der Pflanzenphysiologie aufklären, die Verschiedenheit der Zusammensetzung, sowie die Natur oder wenigstens den sauren oder alkalischen Charakter der Flüssigkeiten des Organismus bei ihrem wechselseitigen Aufeinanderwirken nachweisen, und endlich die Veränderungen, welche sie an der Luft erleiden, erforschen lassen könne.

Die Gesetze der Entwickelung der Elektricität bei den chemischen Processen führten zu der Ansicht, daß, wenn man es mit organisirten Körpern zu thun hat, in denen verschiedene Flüssigkeiten umlaufen, welche durch Membranen getrennt sind und sich so zu sagen jeden Augenblick verändern, man eine diesen Gesetzen entsprechende Elektricitäts = Entwickelung erhalten müsse. Zur Unterstützung dieser Ansicht führte ich in meiner der (franz.) Akademie der Wissenschaften im November vorigen Jahrs eingereichten Abhandlung [35] die schon seit einer Reihe von Jahren mit einigen organisirten Körpern angestellten Versuche an. Die Entstehung elektrischer Wirkungen unter den eben angeführten allgemeinen Umständen ist sohin nichts Neues; was aber noch zu finden war, das ist die Beziehung der beobachteten elektrischen Wirkungen zu der organischen Constitution der Körper, und die Veränderungen welche diese Wirkungen erfahren, wenn die Luft oder andere innere oder äußere Ursachen auf die Flüssigkeiten der Gewebe und anderer Theile einwirken, mit andern Worten, der Gegenstand war vom physiologischen Gesichtspunkt aus noch zu untersuchen.

Andererseits muß ich bemerken, daß einige Naturforscher sich von den in den organisirten Körpern durch die Platinnadeln hervorgebrachten elektrischen Strömen nicht die richtige Vorstellung machen; sie betrachten nämlich diese Ströme als den klaren Beweis des Vorhandenseyns anderer Ströme, welche bei den Lebenserscheinungen eingreifen. Nun be-

---

[35] Im Auszug im polytechn. Journal Bd. CXXI S. 387.

rechtigt aber bis jetzt nichts zu einem solchen Schluffe; die beobachteten elektrischen Wirkungen scheinen, wenigstens in den meisten Fällen, von bloßen chemischen Reactionen herzurühren.

Es kann jedoch der Fall vorkommen, daß diese Wirkungen mit anderen Strömen zusammenhängen, dann muß aber, wie ich es in meiner Abhandlung that, bewiesen werden, daß die erforderlichen Bedingungen zur Erzeugung in den verschiedenen Organen ursprünglich circulirender Ströme erfüllt sind.

Die HHrn. Wartmann und Zantebeschi haben gleichzeitig mit mir sich mit demselben Gegenstand beschäftigt; doch ist meine Arbeit zuerst im Druck erschienen.

Zur Beobachtung der elektrischen Wirkungen in den Knollen, Wurzeln und Früchten, sind manchmal sehr empfindliche Apparate erforderlich.

Ich benutzte zu meinen Versuchen einen unlängst von Hrn. Ruhmkorff construirten Multiplicator nach dem Modell jenes, mit welchem Hr. Du Bois-Reymond seine Versuche über Contractionen anstellte; er ist, wie ich glaube, noch empfindlicher als letzterer, obwohl er statt 25000 nur 20000 Windungen hat. Auch bediente ich mich noch eines Apparats, welcher nach demselben Princip construirt ist wie meine elektromagnetische Waage.

Bei den Multiplicatoren nach dem Schweigger'schen System übersteigt das Maximum der Ablenkung der Magnetnadel nicht 90 Grade. Da ferner jeder Grad, bei der Länge der Nadeln, ungefähr nur einen halben Millimeter beträgt, so durchlauft die Nadel, wenn ihre Ablenkung nur 1 bis 2 Grade ausmacht, nicht über ½ bis 1 Millimeter.

Ich versuchte einen Multiplicator mit Windungen von 4000 Meter zu construiren, bei welchem die Grade der die Ablenkungswinkel messenden Bogen 5 bis 10mal größer sind, auch das Maximum der Ablenkung nicht auf 90 Grade beschränkt ist und bloß von der Stromstärke abhängt.

Dazu nahm ich folgende Veränderungen an der elektromagnetischen Waage vor, um sie in einen sehr empfindlichen Multiplicator zu verwandeln. Die Schraubengewinde erhalten statt einer verticalen die horizontale Lage, und an die Stelle der Stäbe kommen zwei Magnetnadeln, welche man perpendiculär zu dem einen Ende eines in seiner Mitte an einem einfachen Coconfaden aufgehangenen, sehr dünnen Metallstäbchens, und in horizontaler Richtung befestigt; da die Pole der zwei Nadeln umgekehrt angebracht sind, so kann der Apparat so angeordnet werden, daß ihm eine nur äußerst schwache richtende Kraft gelassen wird. Jede der zwei Nadeln geht zur Hälfte in ihr respective Schraubengewinde hinein, und da diese sich auf zwei entgegengesetzten Seiten des Hebelarms befinden, so folgt, daß wenn dem Strom eine solche Richtung gegeben wird, daß er jede Nadel aus ihrem Schraubengewinde treibt, der Hebelarm eine doppelte Wirkung empfängt.

Nach der getroffenen Anordnung hängt der Ablenkungswinkel von dem der Magnetnadel durch den Strom gegebenen Impuls ab, indem diese Nadel, wenn sie sich in einer gewissen Entfernung von dem Schraubengewinde befindet, aufhört einen Einfluß zu erleiden.

An dem einen Ende des Hebels oder des horizontalen Stäbchens ist eine Verlängerung von einigen Centimetern befestigt, welche einen eingetheilten Kreisbogen durchlauft.

Jedes der beiden Schraubengewinde, deren Achsen horizontal sind, ist an einer verticalen Stange befestigt, welche in einen hohlen Messingcylinder dicht passend hineingeht. Auf diese Weise kann die Stange nach Belieben höher und tiefer gestellt werden; die zwei Schraubengewinde können ferner mittelst Scharniere in der einen oder andern Richtung geneigt werden. Diese Bewegungen gestatten, die Magnetnadeln nach der Achse der Schraubengewinde zu centriren. Der Apparat, von welchem ich hier eine Vorstellung gegeben habe, ist jedoch nur als ein Elektroskop zu betrachten, welchem die größte Empfindlichkeit ertheilt werden kann, obwohl bei demselben eine größere Trägheitskraft zu überwinden ist, als bei den gewöhnlichen Multiplicatoren, wegen des Gewichtes des Hebelarms.

Nachdem ich in meiner Abhandlung die elektrischen Wirkungen angegeben habe, welche man bei den holzigen Stämmen durch die galvanometrischen Platinnadeln erhält, die man in die verschiedenen Hüllen, aus welchen sie bestehen, einführte, gehe ich auf die Untersuchung derselben Wirkungen in den Knollen, Wurzeln und den zur vollkommenen Reife gediehenen Früchten über, mit der Kartoffel beginnend.

Die Kartoffel besteht aus einem Zellgewebe, in dessen Innerem sich das Stärkmehl befindet; das Ganze ist von einer Flüssigkeit durchdrungen, welche es mehr oder weniger wässerig macht. Ob diese Flüssigkeit überall, von der Epidermis bis zur Mitte, gleicher Natur ist, wurde noch nicht ausgemittelt.

Die Kartoffel hat eine Organisation, welche mit derjenigen der holzigen Stämme Aehnlichkeit zeigt, indem man schon mit dem bloßen Auge und noch besser durch das Mikroskop folgende Theile unterscheiden kann: 1) eine Epidermis; 2) eine der Rinde entsprechende Zellenzone; 3) einige zerstreute, nicht zahlreiche Gefäße, welche die Holzsubstanz repräsentiren; 4) endlich eine zellige Masse, welche den größten Theil des Knollens bildet und mit dem Mark der Stämme zu vergleichen ist. Aus dieser Organisation ließ sich von vornherein schon schließen, daß nicht jeder dieser Theile dieselbe chemische Zusammensetzung habe oder doch wenigstens nicht von einer gleich zusammengesetzten Flüssigkeit durchdrungen sey; woraus folgt, daß diese verschiedenen Schichten auch analoge elektrische Wirkungen wie die hölzigen Schichten veranlassen müssen.

Bei Versuchen mit einem Querschnitte und einem Längenschnitte einer Kartoffel von länglicher Gestalt findet man wirklich, daß der Theil unter der Epidermis sich stets positiv gegenüber den mittlern Schichten verhält, deßgleichen die anliegenden Theile bezüglich jener, die der Mitte am nächsten liegen u. s. f. bis zum Centrum, welches der negativste Theil ist; die Kartoffel verhält sich sonach hinsichtlich der elektrischen Wirkungen, was bei ihrer Organisation zu erwarten war, wie das Rindensystem eines holzigen Stammes.

Es ist durch diese Thatsache die Ungleichartigkeit der aufeinander-folgenden Theile der Kartoffel von der Epidermis bis zum Mittelpunkt dargethan.

Diese Ungleichartigkeit kann auch dadurch nachgewiesen werden, daß man die Marktheile einer Kartoffel von der Peripherie aus gegen das Centrum nacheinander herausnimmt, und auf eine Glasplatte legt, wo man dann nach weniger als einer halben Stunde ihre Farbe, bei jedem Theile aber anders, sich verändern sieht. Das Mark von dem Epidermistheil wird grünlichgrau, und dasjenige der centralen Theile, je nach ihrer Entfernung von der Epidermis, mehr oder weniger röthlich. Diese Farben gehen nach und nach ins Bräunliche über; die des erstern Theils weniger als die der letztern, welche endlich dunkel schwarz wer-den. Die Luft wirkt also nicht auf alle Theile des herausgenommenen Markes gleich.

Uebrigens ist die Heterogenität der verschiedenen Schichten des Knollens leicht zu erklären. Während der Keimung der Kartoffel, die einen großen Theil des Jahres hindurch stattfindet, gehen von außen gegen innen beständig Veränderungen vor sich, die von der Knospe (dem Auge) ausgehen, welche sich auf Kosten der innern Säfte er-nährt, was eine beständige Bewegung dieser Säfte veranlaßt, die von einer Veränderung ihrer Zusammensetzung begleitet ist. Während dieser Bewegung leert die Kartoffel sich aus, bis sie zuletzt verschwindet. Vor-erwähnte Erscheinungen weisen dieß genugsam nach, indem sie die Ungleichartigkeit der Säfte von der Epidermis bis zum Centrum des Knollens außer Zweifel setzen.

Die andern Knollen sowie die Wurzeln zeigen dieselben Wirkungen; doch gibt es Ausnahmen: Tropeolum tuberosum und Ullucus tuberosus geben umgekehrte Wirkungen. Die Gelbrübe verhält sich wie die Kartoffel; ebenso die rothe und weiße Runkelrübe.

Ich stelle im Folgenden das Ergebniß meiner Untersuchungen zusammen:

1) Die elektrischen Wirkungen, welche man in den Kollen und Wurzeln mittelst Platinnadeln beobachtete, die mit einem sehr empfindlichen Multiplicator in Verbindung stehen, setzen die Ungleichartigkeit der in ihren Geweben von der Epidermis bis zum Centrum befindlichen Säfte außer Zweifel; diese Ungleichartigkeit cheint mit der organischen Constitution in Beziehung zu stehen. Diese Wirkungen zeigen auch, daß die Kartoffel und die meisten andern Knollen sich bei der angenommenen Versuchsweise wie das Rindensystem eines holzigen Stammes verhalten, d. h. daß der Theil unter der Epidermis allen andern gegenüber positiv ist, deßgleichen die ihm zunächst liegenden Theile gegenüber den inneren u. s. f. bis zum Centrum, welches in hohem Grade negativ ist.

Es muß daher ein ununterbrochenes Aufeinanderfolgen von Veränderungen in der Flüssigkeit von der Epidermis bis zur Mitte stattfinden.

2) Einige Knollen verhalten sich hingegen wie das Holzsystem eines bicotyledonischen Stammes; der centrale Theil ist nämlich positiv gegenüber den ihn umgebenden bis zur Epidermis.

3) Diese Wirkungen haben eine sehr kurze Dauer, wohl nicht wegen der Polarisation der Platinnadeln, sondern in Folge von chemischen Reactionen, welche ebenfalls kurz nach Einführung der Nadeln aufhören.

4) Die entgegengesetzten elektrischen Wirkungen, welche man durch ein unbedeutendes Verrücken der Nadeln von ihrem Platz (ohne sie jedoch aus den Knollen herauszunehmen oder neue Löcher hineinzumachen) erhält, lassen sich nur dadurch erklären, daß entweder das Platin in Berührung mit den Säften angegriffen wird, oder die Säfte von der durch die Nadeln hineingebrachten Luft eine Veränderung erleiden.

5) Da die verschiedenen Säfte bei ihrer Berührung mit dem Wasser dieses positiv machen und zwar der epidermische Saft mehr als die andern, so folgt, daß wenn man die beiden Enden einer bogenförmig gekrümmten Kartoffel in Wasser steckt, von welchen Enden das eine

seiner Epidermis beraubt und dem andern nur noch der centrale Theil des Knollens geblieben ist (indem um ihn herum alles weggenommen wurde), man ein wahrhaftes Volta'sches Paar hat, welches das mit dem seiner Epidermis beraubten Ende in Berührung befindliche Wasser positiv macht.

6) Die durch den Contact des Wassers mit Säften hervorgebrachte Wirkung erklärt uns, warum die Pflanzen aller Art einen Ueberschuß negativer Elektricität besitzen, die Erde einen Ueberschuß positiver Elektricität.

7) Die ungleiche Veränderung der verschiedenen Säfte wird nicht nur mittelst der elektrischen Wirkungen wahrnehmbar, sondern auch wenn man das mit diesen Säften angefüllte Mark der Luft aussetzt.

8) Die beobachteten elektrischen Wirkungen sind so complicirt, daß man sich wohl hüten muß, daraus Schlüsse über die Rolle zu ziehen, welche die Elektricität bei den organischen Functionen, d. h. den Lebenserscheinungen spielen kann. Bei meinen bisherigen Untersuchungen betrachtete ich die Elektricität hauptsächlich als eine das Studium der Physiologie aufhellende Erscheinung, keineswegs als die Ursache der organischen Processe.

9) Es ist nachgewiesen, daß die Ungleichartigkeit der verschiedenen Säfte, welche sich in den Geweben befinden, die Hauptursache der Elektricitäts-Entwickelung ist, wozu noch die Veränderungen kommen, welche sie in gemeinschaftlicher Berührung mit Platin und Luft erleiden. Zu bedauern ist, daß wir die beobachteten Erscheinungen nicht messen können, was rein unmöglich ist, weil sie jeden Augenblick durch äußere Agentien und andere unserer Erkenntniß entgehende Ursachen modificirt werden.

Miscellen.

Anleitung zur Verhütung von Unglücksfällen bei Dampfkesseln.

Vor Allem ist es erforderlich, daß der für die Dampfkessel festgesetzte Wasserstand während des Betriebes auf das sorgfältigste beobachtet und beide am Kessel zum Erkennen des Wasserstandes angebrachte Vorrichtungen häufig benutzt werden, wobei darauf zu halten ist, daß der Wasserstand nie mehr als 2 Zoll unter das festgesetzte Normalmaaß sinke.

Man beruhige sich dabei nicht, wenn das Wasserstandsrohr den richtigen Stand zeigt, sondern benutze von Zeit zu Zeit auch die Probirhähne, namentlich in dem Falle, daß das Wasserstandsrohr in längerer Zeit keine Veränderung zeigt, weil dann auf ein Verstopfen desselben zu schließen ist; eben so halte man stets mehrere Glasröhren in Vorrath, damit sofort eine neue eingezogen werden kann, wenn die alte springen sollte. Mit gleicher Vorsicht beobachte man den Dampfmesser (Manometer), sobald dieser eine merkliche höhere Spannung der Dämpfe zeigt, als worauf der Betrieb des Kessels berechnet und concessionirt ist, und verlasse man sich nicht darauf, daß das Sicherheitsventil von selbst dem Dampfe den Ausgang gestatte und sich dadurch die Spannung vermindern werde, sondern man öffne das Ventil sofort, wobei sich herausstellen wird, ob dasselbe sich etwa festgesetzt hat und unbrauchbar geworden ist.

Ist dieß der Fall, oder entdeckt man plötzlich einen zu niedrigen Wasserstand im Kessel, oder endlich gibt der letztere gar durch Zittern 2c. Zeichen von Ueberspannung oder von Wassermangel, so darf doch keinesweges — was öfter aus übermäßiger Furcht geschieht — der Kessel sogleich geöffnet oder das Feuer aus der Feuerung herausgezogen werden. Das erstere könnte sofort ein Unglück herbeiführen, das letztere würde die Gefahr beschleunigen, da durch das Aufrühren des Brennstoffes augenblicklich eine größere Hitzentwicklung stattfindet. Das zweckmäßigste ist, den Kessel zunächst ruhig stehen zu lassen und alle Menschen aus seiner Nähe schleunigst zu entfernen. Bei denjenigen Kesseln, welche in Rübenzuckerfabriken, Spiritusbrennereien, Spinnereien 2c am häufigsten vorkommen, und welche durchgehende Feuerröhren und demzufolge gerade Stirnplatten haben, wirkt, wie die Erfahrung bei den in der Gegend von Magdeburg vorgekommenen verschiedenen Explosionen bewiesen, die explodirende Kraft in der Richtung der Längenachse des Kessels, also nach vorn oder hinten, weil die angenieteten Böden die schwächsten Stellen des Kessels sind, während bei denjenigen Kesseln die mit gewölbten Böden versehen sind, die schwächste Stelle, mithin die Richtung der Explosion, sich nicht vorher vermuthen läßt.

Bei den Kesseln der erstgedachten Art kann man sich mit einiger Sicherheit zur Seite des Kessels bewegen, und hier sind dann folgende weitere Vorsichtsmaßregeln anwendbar, durch welche vielleicht noch die Explosion verhütet werden kann. Man öffne in dem in Rede stehenden Falle von der Seite her mit einem langen Schürhaken oder anderweitigen Geräthe langsam die Feuerthüren und den Zugschieber, damit durch das Durchziehen der äußern Luft der glühende Kessel sich nach und nach abkühlen kann und die Fortentwickelung des Dampfes wo nicht sofort ganz unterbrochen, doch vermindert wird.

Dann öffne man — vorausgesetzt, daß der Kessel geschlossen war — wenn man entfernter vom Kessel dazu irgend Gelegenheit hat, aber außerordentlich behutsam und allmählich einen Hahn oder ein Ventil, welcher oder welches den Dampf zur Verwendung oder in die freie Luft oder zu beiden zugleich abführt. Ist diese Loslassung des Dampfes nur auf dem Kessel oder in sonst gefährlicher Nähe desselben möglich, so ist dieß mit besonderer Vorsicht zu bewirken, und ist es rathsam, den Dampf nicht allzubald nach dem zuerst vorzunehmenden Oeffnen der Feuerthür aus dem Hahn oder Ventil ins Freie abzuleiten. — Aber auch in dem vorbesprochenen Falle (bei Kesseln mit Feuerröhren und Stirnplatten) ist es durchaus nothwendig und wird es von der allgemeinen Pflicht, Unglücksfällen und gemeiner Gefahr vorzubeugen, geboten, alle in der Nähe des Kessels sich sonst aufhaltenden Menschen zu entfernen.

Bemerkt man demnächst ein Abnehmen der Gefahr durch Fallen der Dampfspannung, des Dampfdruckes an dem Manometer 2c., und nimmt man die Abkühlung des Kessels wahr — welche letztere man nach Verlauf von 10 — 15 Minuten wohl voraussetzen darf — so wird das Feuer, ohne jetzt zu viel zu wagen, unter dem Kessel behutsam hervorgezogen werden können. Ist dieses vollbracht, so kann man die Gefahr als beseitigt ansehen, die Feuerthüren müssen aber noch unausgesetzt offen gehalten werden. Neues Wasser darf demnächst erst dann wieder in den Kessel gebracht werden, wenn man die gewisse Ueberzeugung erlangt hat, daß an dem Kessel kein glühendes Eisen mehr vorhanden ist. Feuer darf aber nicht eher wieder unter dem Kessel angemacht werden, als bis der richtige Wasserstand im Kessel wieder hergestellt und alles, was in Folge der überstandenen Gefahr etwa aus seiner gewöhnlichen, vorschrifts- und concessionsmäßigen Lage oder Beschaffenheit gekommen, von neuem in Ordnung gebracht ist. Dabei werden die Gewerbtreibenden, welche Dampfkessel benutzen, dringend darauf aufmerksam gemacht, wie eine vorsichtige Auswahl der Heizer und Maschinenwärter vor allem nothwendig ist, um eine bedächtige und deßhalb gefahrlose Behandlung der Dampfkessel zu erzielen. Auch scheue man in Fällen drohender Gefahr nicht die geringen pecuniären Verluste, welche etwa aus einem außergewöhnlichen „Stillehalten" in der Fabrik erwachsen könnten, und in keinem Verhältniß zu denjenigen Verlusten stehen, welche den Unternehmer in Folge einer Kessel-Explosion oder Kesselfortschleuderung treffen. Nur zu oft hat die Furcht der Heizer und Maschinenwärter vor dem „Stillehalten" der Fabrik und vor den deßhalb sie treffenden Verweisen und Geldstrafen ein Unglück herbeigeführt, indem sie die von ihnen sehr wohl bemerkten bedenklichen Anzeichen am Kessel, Wasserstandsanzeiger, am Dampfmesser ꝛc. verschwiegen und keines der vorerwähnten Mittel angewendet haben, in der irrigen Voraussetzung, daß sich der Kessel wohl halten werde. Die Fabrikunternehmer werden deßhalb in ihrem eigenen, wie im allgemeinen Interesse gut daran thun, ihren Heizern ꝛc. die hier angegebenen Mittel zur Verhütung von Gefahren bei Behandlung der Kessel einzuprägen, und denselben in dem Falle stets Verzeihung angedeihen zu lassen, wenn sie sofort davon Anzeige machen, daß an einem Dampfkessel nicht alles in Ordnung ist. (Preußischer Staatsanzeiger, 1851; Nr. 113.)

Gersheim's Metallkitt.

Dieser Metallkitt ist eine Metallcomposition, die sich, wie aus Folgendem zu ersehen ist, zu verschiedenen Zwecken verwenden läßt. Sie ist in starrem Zustande so hart, daß sie Zinn und hartes Bein ritzt, kann aber durch folgende einfache Manipulation weich und bildsam gemacht werden, ohne daß irgend ein Auflösemittel in Anwendung kommt.

Man erwärmt das zu verwendende Stück dieser Metallcomposition über einer Weingeistflamme oder sonstigem Feuer in einem eisernen Löffel so lange, bis kleine, weiße Perlchen auf seiner Oberfläche sichtbar werden; hierauf zerreibt und zerdrückt man dieses Stück in einem etwas angewärmten, eisernen Mörser so lange, bis es weich und bildsam ist. (Ein Porzellan-Mörser kann eben so gut dazu dienen und das vorhergehende Anwärmen des Mörsers kann erspart werden, wenn man etwas kochendes Wasser während des Zerreibens aufgießt.)

Kann diese Metallcomposition nicht gleich zum Kitten verwendet werden, so muß sie durch fortgesetztes Reiben im Mörser weich erhalten werden. Im weichen Zustande haftet sie, gehörig aufgetragen, an Porzellan, Glas, Stein, Holz und an jedem von Oxyd gereinigten Metalle. Nach 10 bis 12 Stunden erhärtet sie wieder, und kann gefeilt, polirt oder auf jede andere Art bearbeitet werden.

Im starren Zustande widersteht diese Metallcomposition verdünnten Säuren, Weingeist, Aether, kochendem Wasser, und Wasserdämpfen bis 15 Atmosphären. Dieselbe hat im starren, wie im weichen Zustand immer dasselbe specifische Gewicht, und durch die besondere Eigenschaft, daß das Volumen der weichen Masse beim Erhärten größer wird, eignet sie sich vorzüglich zum Ausfüllen von Fugen oder Löchern. Sind bedeutende Fugen oder Löcher auszufüllen, so kann diese Metallcomposition im weichen Zustande mit reinen Eisen-, Metall- oder Kupferspänen gemengt werden, ohne ihre Verbindungsfähigkeit zu verlieren; daher genügen verhältnißmäßig sehr kleine Quantitäten.

Die Anwendung dieser Metallcomposition ist ihrer Eigenschaften wegen sehr mannichfach, und zwar nicht nur für Metallarbeiter jeder Art, sondern auch für Glasschleifer, Porzellan-Arbeiter, Kunsttischler und Steinmetze. Bei Kunstgegenständen oder Geschmeiden ist als eine besonders schätzenswerthe Eigenschaft dieser Metallcomposition hervorzuheben, daß sie sich, wie jedes fein polirte Metallstück, auf kaltem Wege vergolden und versilbern läßt, und dann natürlich der Oxydation bedeutend widerstehen kann.

11. Wir wollten im Folgenden eine besondere und vorzüglich schöne Anwendung dieser Metallcomposition in der gewerblichen Kunst — zum Einlegen verschiedener Verzierungen in Holz (Tischplatten, Schmuckkästchen ꝛc.) und in Stein (auf Grabsteinen zur Ausfüllung der Inschriften, ꝛc.) — ausführlicher besprechen und die wichtigsten Handgriffe angeben, welche das vollkommene Gelingen derartiger Arbeiten bedingen.

Seit uralten Zeiten ist die Kunst, Zeichnungen verschiedener Art in Holz oder Stein mit Metall auszulegen, von den Reichen und Vornehmen gerne bezahlt und von den Aermeren jedes Zeitalters mit Vergnügen bewundert und angestaunt worden. In neuerer Zeit scheint diese Kunst beinahe ganz verschwunden zu seyn, wenigstens ist ihr Vorkommen nur sehr selten, weil derartige Arbeiten, der mühsamen und zeitraubenden Ausführung wegen, stets kostspielig sind und jetzt selten mehr Leute gefunden werden, die für dergleichen Gegenstände viel zu bezahlen bereit wären. Was derartige Arbeiten so kostbar macht, ist, daß die Zeichnungen nicht nur auf der Holz=, Stein= oder Metallplatte gravirt und ausgeschnitten werden müssen, sondern es war bisher auch nothwendig, ganz congruente Zeichnungen aus dem Metallblatt zu schneiden und dann diese noch besonders in den Vertiefungen zu befestigen. — Ist es möglich einen Theil dieser Arbeit zu ersparen, so muß natürlich der Preis für derartige Kunstarbeiten schon um ein Bedeutendes heruntergebracht werden, und er wird sich noch verringern, wenn auch das Mühsame der andern Arbeit beseitigt werden kann. Durch Anwendung der in Rede stehenden Metallcomposition wird das Ausschneiden der Zeichnungen aus Metallblättern ganz überflüssig, und durch Aetzen nach dem weiter unten angegebenen Verfahren wird für derartige Arbeiten in Stein oder Metall auch das kostspielige Graviren der Zeichnungen erspart, und es können nun solche Arbeiten verhältnißmäßig sehr billig gemacht werden, so daß nicht nur Kunstarbeiten, sondern auch Gegenstände des gewöhnlichen, alltäglichen Verbrauchs auf diese Art hergestellt werden können. — Es soll erst besprochen werden, wie vertiefte Zeichnungen mit dieser Metallcomposition ausgelegt, dann geschliffen, versilbert oder vergoldet werden können, und dann wird auch das Aetzen derartiger Zeichnungen in Stein oder Metall ausführlich angegeben werden.

Das Auslegen verschiedener vertiefter Zeichnungen mit Gers= heim's Metallkitt, Versilbern und Vergolden derselben.

Die in Holz, Stein oder Metall auf was immer für eine Art ¼ bis ½ Wiener Linie vertieften Zeichnungen oder Buchstaben werden erst mit einem schnell trocknenden Lack (Bernstein= oder irgend einem Terpenthinöl=Lack) angestrichen. Der Lack darf nur in die Vertiefungen hineingebracht werden. Bevor der Lack noch getrocknet ist, werden feine Messing= oder Kupferspäne aufgesiebt. Ist der Lack getrocknet und die Späne in den Vertiefungen durch denselben gehalten, so wird der auf oben angegebene Art weich gemachte Metallkitt in die Vertiefungen eingestrichen, was man am vollkommensten und leichtesten bewerkstelligt, wenn man ein Stück Papier darüber deckt und mit einem ebenen Werkzeug alle Vertiefungen ausgleicht. Nach 12 Stunden erhärtet der Kitt, bekommt aber erst in 24 bis 48 Stunden die Festigkeit, daß er mit Bimsstein geschliffen, polirt und dann versilbert oder vergoldet werden kann.

Nachdem das ausgelegte Blatt vollkommen rein geschliffen ist, wird die Metallcomposition auf einfache Art auf kaltem Wege versilbert oder vergoldet.

Kalte Versilberung.

3 Gewichtstheile	trockenes	Chlorsilber,
3	"	Kochsalz,
2	"	Schlämmkreide,
6	"	Potasche

werden zu einem gleichförmigen Pulver gemengt, und dieses Pulver mit einer in Wasser angefeuchteten Lederpausche auf die zu versilbernde Zeichnung aufgerieben.

Chlorsilber wird auf folgende Art bereitet: Silber wird in reiner Salpetersäure (doppeltes Scheidewasser) unter Erwärmung bis zur Sättigung aufgelöst. Diese Auflösung wird mit 2 Raumtheilen Wasser verdünnt und mit einer gesättigten Kochsalzlösung so lange gemischt, als noch ein weißer, käsiger Niederschlag zu bekommen ist. Diese Flüssigkeit wird dann filtrirt und der Niederschlag so lange mit

Waſſer ausgeſüßt, bis Lackmuspapier die Farbe behält, hierauf der Niederſchlag mit Papier abgetrocknet und im Dunkeln aufgehoben.

Kalte Vergoldung.

In flüſſiges Chlorgold, das man erhält, indem man Gold bis zur Sättigung in Königswaſſer (1 Theil Salpeterſäure und 2 Theile Salzſäure) auflöst, wird ein Leinwandlappen eingetaucht und getrocknet; hierauf dieſer Lappen verbrannt und die Aſche deſſelben mit einer in Kochsalzlöſung angefeuchteten Lederpauſche auf die zu vergoldende Zeichnung aufgerieben.

Iſt ein Holzblatt, in welches die vertieften Zeichnungen mit freier Hand geſchnitten werden müſſen, auf die eben beſchriebene Weiſe mit Metallkitt ausgelegt und derſelbe verſilbert oder vergoldet, ſo kann es auf gewöhnliche Art mit verſchieden-farbiger Politur verſehen werden.

Derartig behandelte Holzblätter könnten im gewöhnlichen Leben als ſehr dauer-hafte Firmentafeln, welche der Einwirkung der Witterung und beſonders der Sonne ausgeſetzt ſind und daher mit keiner Gold- oder Silberfarbe dauerhaft hergeſtellt werden können, ſehr zweckmäßig verwendet werden.

In Kalkſtein, Marmor oder Kehlheimerplatten und in Metall brauchen die zum Auslegen beſtimmten, vertieften Platten nicht mit freier Hand gravirt und geſchnitten zu werden, ſondern es reichen dazu folgende Aetzmethoden vollkommen aus.

Eine jede Aetzmethode bedingt einen vollkommenen Aetzgrund, mit dem jene Stel-len, welche nicht geätzt werden ſollen, gedeckt werden, welchen daher die ätzende Flüſ-ſigkeit nicht angreifen darf. Vollkommen bewährt iſt folgender Aetzgrund:

6 Gewichtstheile reiner Maſtir,
1   „   Aſphalt,
1   „   reines weißes Wachs

werden zuſammengeſchmolzen.

Dieſe Miſchung kann man nun entweder in feſter Form verwenden, oder ſie in reinem rectificirten Terpenthinöl auflöſen. Soll dieſer Aetzgrund in feſter Form verwendet werden, ſo macht man mit einem Seidenlappen eine kleine Pauſche daraus und betupft die zu deckende, vorher mäßig erwärmte Fläche mit derſelben und gleicht dieſe Decke mit einer andern Seidenpauſche vollkommen aus. — Im flüſ-ſigen Zuſtande läßt ſich dieſer Aetzgrund mit einem Pinſel auf alle Stellen der Zeich-nung auftragen, welche nicht vertieft werden ſollen, und ſobald er getrocknet iſt, widerſteht er der Aetzflüſſigkeit eben ſo vollkommen, wie der erſte in feſter Form aufgetragene.

Nachdem auf die eine oder die andere Art die nicht zu vertiefenden Stellen ge-deckt ſind, umgibt man die Fläche mit einem niederen Wachsrande, damit die Aetz-flüſſigkeit auf derſelben ſtehen bleibe.

Für Kalkſtein, Marmor- oder Kehlheimerplatten iſt die beſte Aetzflüſſigkeit ver-dünnte Salzſäure, für Eiſen verdünnte Schwefelſäure und Salzſäure, für Meſſing verdünnte Salpeterſäure.

Die Säuren müſſen in ſehr verdünntem Zuſtande angewandt werden und die Flüſſigkeit wird ſo oft erneuert, bis die Aetzung tief genug iſt.

Im gewöhnlichen Leben kann dieſes Verfahren mit großem Vortheile angewandt werden, um Inſchriften auf Marmor oder Eiſenplatten zu ätzen und dann mit dem Metallkitt auszulegen. Bei Grabſteinen dürften derartige Marmorplatten beſonders häufige Verwendung finden. Ebenſo könnten auf Gußeiſenbeſtandtheilen verſchiedener Maſchinen die Firmen der Maſchinenfabriken geätzt und mit Metallkitt ausgelegt werden, was vor den bisher angeſchraubten Firmentafeln den beſondern Vorzug hätte, daß die Firmen der Erzeuger nie vertilgt werden könnten, und vor den aufgegoſſe-nen Firmen hätten die geätzten und ausgelegten den Vorzug des gefälligeren und deutlicheren Anſehens für ſich. Bei derartigen Anwendungen der Aetzmethoden im praktiſchen Leben würde man ſich Patronen zum Auftragen des flüſſigen Aetzgrundes machen müſſen, die aus dünnem Meſſingblech wieder durch Aetzung ſehr leicht her-zuſtellen ſind.

Man deckt nämlich eine Seite des Meſſingblechs vollkommen mit dem feſten oder flüſſigen Aetzgrunde, zeichnet auf der andern Seite die Firma oder jede andere beliebige Zeichnung und deckt die auf dem Stein oder Gußeisen auszulegenden Stellen auf dem Messingblech (der Patrone) mit dem flüssigen Aetzgrunde. Die nicht gedeckten Stellen werden nun von der Aetzflüssigkeit (bei Messingblech verdünnte Salpetersäure) vollkommen durchgefressen und man hat eine Patrone fertig, mit deren Hülfe jene Stellen, welche im Stein oder Metall nicht vertieft seyn sollen, mit dem flüssigen Aetzgrunde gedeckt werden können.

Mit Terpenthinöl läßt sich der Aetzgrund sehr leicht abwaschen, sobald er seine Dienste gethan, und man geht bei dem Auslegen der vertieften Stellen auf die vorher beschriebene Weise vor.

Aus dieser Darstellung, von deren Richtigkeit und Faßlichkeit Jeder wird Zeugniß geben können, der die Mühe eines Versuches nicht scheut, kann entnommen werzen, wie leicht und einfach manche sehr complicirt aussehende Arbeiten ausgeführt werden können, und was für ein großes Feld der mannichfachsten und schönsten Verwendung einer Metallcomposition, welche solche Eigenschaften wie Gersheim's Metallkitt in sich vereinigt, geöffnet werden kann, wenn sich die Gewerbtreibenden die Mühe geben wollen, die einzelnen Anwendungen selbst weiter zu verfolgen und aufzusuchen, wozu der vorliegende Aufsatz einladen soll.

Erzeugt wird Gersheim's Metallkitt in der k. k. ausschließlich privilegirten Fabrik in Gumpoldskirchen bei Wien, und den Detailverkauf besorgt Hr. A. Pfanzert in Wien, unter den Tuchlauben Nr. 562, in kleinen Täfelchen zu 1 Loth à 20 kr. C.-M. Das ganze Pfund kostet 10 fl. C.-M. (Notizen- und Intelligenzblatt des österreich. Ingenieur-Vereins, 1851, Nr. 3 und 7.)

Verbesserungen in der Fabrication des Stahles und stählerner Waaren; von W. Onions.

Diese am 7. Febr. 1850 in England patentirten Verbesserungen beziehen sich auf diejenige Herstellungsmethode von Gußstahl, bei welcher demselben durch Einsetzen mit gewissen Eisenoxyden eine größere Schmiedbarkeit verliehen wird. Der Patentträger bringt in einen Tiegel zwei Gewichtstheile Rotheisenstein, welcher zu einem groben Pulver zermalmt ist, und setzt hierzu 4 Gewichtstheile Stahl, welcher auf gewöhnliche Weise bereitet ist, sowie endlich 94 Gewichtstheile einer solchen Eisensorte, welche durch Einsetzen und Ausglühen hämmerbar wird. Diese Ingredienzen schmilzt man zusammen und gießt den erhaltenen Stahl entweder in Gänze, oder, was besser ist, da man hierdurch das Umschmelzen erspart, in Sandformen, welche unmittelbar denjenigen Artikel geben, um dessen Herstellung es sich handelt. Die so erhaltenen Gußstücke werden nun in derselben Weise ausgeglüht, auf welche man hämmerbares Gußeisen herstellt. Man setzt nämlich Gußstücke von möglichst gleichen Dickendimensionen in einem Tiegel, indem man die Zwischenräume mit gepulvertem Rotheisenstein ausfüllt, in einen Ausglühofen, bringt denselben allmählich bis auf Rothglühhitze und erhält diese Temperatur 120 Stunden lang; dieß ist für Stäbe von 1 Quadratzoll Querschnitt ausreichend befunden worden. Hierauf läßt man den Ofen allmählich auskühlen. Dieß erfordert, ebenso wie das Anheizen, eine Zeit von 24 Stunden. Nachdem die ausgeglühten Gegenstände aus dem Ofen genommen worden sind, werden dieselben durch Abdrehen, Schleifen ꝛc. in die erforderliche Form gebracht. Schließlich können dieselben gerade so getempert oder angelassen werden, wie man dieß mit Gegenständen aus Gußstahl macht. (Aus dem Mechanics' Magazine, 1851 S. 136, durch das polytechn. Centralblatt, 1851 Lieferung 21.)

Flügel für Spinnmaschinen aus hämmerbarem Gußeisen; von W. Onions.

Gewöhnlich werden solche Flügel aus Schmiedeisen oder Stahl angefertigt. Der Genannte stellt dieselben aus hämmerbarem Gußeisen her, indem er dieselben von geeignetem Gußeisen in zweitheiligen Sandformen gießt und durch Einsetzen und Ausglühen mit gepulvertem Rotheisenstein hämmerbar macht. Die Zeitdauer des Ausglühens wechselt je nach der Größe der Flügel: für einen großen Flügel für Vorspinnmaschinen ist eine Zeit von 96 Stunden ausreichend befunden worden. Soll das untere Ende des Flügelarmes eine gewundene Form erhalten, so gießt man denselben erst in der erforderlichen Länge gerade und biegt nach dem Ausglühen das Ende um. Soll der Flügelarm hohl werden, so wird derselbe so gegossen, daß er nach dem Ausglühen zusammengebogen werden kann. Schließlich werden die Flügel mit der Feile vollendet. (A. a. O.)

Ueber anastatischen Druck.

Ganz neuerlich ist ein sehr nützliches Verfahren entdeckt worden; man hat es den anastatischen Proceß genannt. Wenn etwas Gedrucktes mit phosphatischer Säure überwaschen wird, das ist mit der Flüssigkeit, welche entsteht, wenn man Phosphor unter den gehörigen Vorsichtsmaßregeln an der Luft liegen läßt, so heben sich die Buchstaben heraus, und wenn dann das Papier sehr stark auf eine Zinkplatte gedrückt wird, so entsteht eine Copie des Druckes auf dem Zink, von welcher wie in der Lithographie ein Abdruck gemacht werden kann. Man hat dieses Verfahren in England jetzt vielfach in Anwendung gebracht, um eine Seite, wo vielleicht ein Fehler vorkommt, zu reproduciren, wenn das ganze Werk schon vollendet ist. (Smee's Elektro-Metallurgie, Leipzig 1851, S. 357.)

Sicherheitspapier für Wechsel, Anweisungen ꝛc.; von William Stones in London.

Der Erfinder beabsichtigt durch sein am 24. Februar 1851 in England patentirtes Verfahren ein Papier zu fabriciren, welches auf seiner Oberfläche andere Farben annimmt, wenn man geschriebene Buchstaben oder Ziffern auf demselben zu vertilgen sucht, so daß keine Fälschung derselben möglich ist. Dazu vermischt er den Papierzeug im Holländer mit einer Auflösung von Jodkalium, einer Auflösung von Blutlaugensalz, und mit Stärke. Für 1 Rieß Briefpapier, welches beiläufig 18 Pfd. wiegt, kann man anwenden:

1 Unze Jodkalium,
1/4 Unze Blutlaugensalz,
1 Pfd. Stärke.

Versucht man auf einem solchen Papier die mit Tinte geschriebenen Buchstaben oder Ziffern mittelst Chlor oder Mineralsäuren zu vertilgen, so wird das Jod frei gemacht und verbindet sich sogleich mit der Stärke zu dem dunkelgefärbten unauflöslichen Jodid; versucht man das Eisen, welches die Tinte gewöhnlich enthält, mittelst einer Pflanzen- oder Mineralsäure aufzulösen, so verbindet sich das Blutlaugensalz mit dem aufgelösten Eisen zu Berlinerblau, welches sich über den angränzenden Theil des Papiers ausbreitet. (London Journal of arts, Oct. 1851, S. 339.)

Verfahren chromsaures Natron zu bereiten; von John Swindells.

Das chromhaltige Erz wird pulverisirt und dann mit dem gleichen Gewicht Kochsalz vermengt, worauf man das Gemenge in einem Flammofen der vollen Rothglühhitze und selbst der Weißglühhitze aussetzt, indem man zugleich einen Strom stark erhitzten Wasserdampfs darüber leitet und nach je 10 bis 15 Minuten umrührt, bis der beabsichtigte Erfolg erreicht ist, wovon man sich überzeugt, indem man eine Probe der Mischung aus dem Ofen nimmt. Bei diesem Verfahren verbindet sich die aus dem Kochsalz frei werdende Salzsäure mit dem Eisen des Erzes zu Sesquichlorid, welches sich verflüchtigt. Nach dem Calciniren wird die Masse wie gewöhnlich mit Wasser ausgelaugt und weiter behandelt.

Wenn man bei diesem Verfahren statt des Kochsalzes Chlorkalium anwendet, erhält man chromsaures Kali. (London Journal of arts, Oct. 1851, S. 342.)

Zur Analyse der Runkelrübe.

Dubrunfaut sagt in seiner Abhandlung über Saccharimetrie im polytechn. Journal Bd. CXXI S. 306: „Ich habe noch auf das Interesse aufmerksam zu machen, welches sich an die Beantwortung der Frage knüpft, ob die Runkelrüben wirklich Aepfelsäure enthalten, wie Payen und Braconnot behaupten, denn diese Säure, welche ein merkliches Drehungsvermögen besitzt, könnte bei der optischen Probe eine Rolle spielen.“

In Bezug auf diese Bemerkung theilt uns Hr. Medicinalrath Michaëlis in Magdeburg mit, daß nach seinen Untersuchungen, welche er später veröffentlichen wird, in der Runkelrübe nicht Aepfelsäure, sondern Citronensäure enthalten ist, eine Säure die kein Drehungsvermögen besitzt. Die Redaction.

Ueber die Anwendung der Gutta-percha zur Anfertigung künstlicher Gebisse; von Hrn. Delabarre.

Bei den künstlichen Gebissen kann der den Zahnhöhlenbogen darstellende Theil aus sehr verschiedenen Substanzen gemacht werden, die aber alle ihre Uebelstände haben. Wählt man Metall hierzu, so wird der ganze Apparat schwerfällig und erst nach vielen Versuchen gelingt es ihm eine Form zu geben, welche sich den Unregelmäßigkeiten des Zahnfleisches so anpaßt, daß eine gleichmäßige Vertheilung des Drucks auf den Kinnbacken stattfindet. Nimmt man teigartige Porzellanmasse oder ähnliche Pasten, so hat man zwar weniger Schwierigkeiten bezüglich des Abformens der Kinnladenränder; allein es bleibt noch der Uebelstand des großen Gewichtes mit dem des großen Volums verbunden, weil es einem Apparat mit sehr dünnen Theilen an der nothwendigen Festigkeit fehlen würde. Garnituren aus Elfenbein, Nilpferdzähnen und Wallroßzähnen sind zwar leicht, ohne zerbrechlich zu seyn; allein die Anschmiegung bleibt immer eine schwierige Arbeit und, was noch viel schlimmer ist, diese Substanzen werden vom Speichel und von den Speisen und Getränken angegriffen; ihre Oberfläche wird nach einiger Zeit runzelig und reizt das Zahnfleisch; auch nehmen sie, trotz der sorgfältigsten Reinhaltung, nach einiger Zeit einen üblen Geruch an, welchen sie dem Athem mittheilen.

Die Gutta-percha ist von allen diesen Mängeln frei und Versuche haben bewiesen, daß sie nach langem Liegen in Flüssigkeiten, welche schärfer sind als diejenigen womit sie vorübergehend im Munde in Berührung kommt, keine Veränderung erleidet.

Auf 80° R. erhitzt, wird die Gutta-percha so weich, daß sie einen genauen Gegenabbruck von einer Art Matrize gibt, in welche man sie unter geeignetem Drucke preßt. Diese Matrize, welche man durch einen doppelten Gypsabguß erhält, stellt genau die Zahnhöhlenwand dar. In dem so hergestellten Zahnhöhlenbogen befestigt man mittelst warm angelegter metallener Beschläge entweder natürliche oder aus Porzellanmasse verfertigte Zähne. Noch ist zu bemerken, daß man die Gutta=percha, bevor sie geformt wird und während sie sich noch in weichem Zustande befindet, dauerhaft zahnfleischfarbig färbt. (Comptes rendus, August 1851, Nr. 5.)

Composition für Knöpfe, Messergriffe ꝛc.

Alfred Newton ließ sich am 4. März d. J. für England als Mittheilung eine Composition patentiren, welche für Knöpfe und sonstige Artikel anwendbar ist, die hart, stark und dauerhaft seyn müssen. Er mischt Gutta=percha (mit oder ohne Zusatz von Kautschuk) mit ihrem gleichen Gewicht Schwefel und setzt das Gemenge zwei bis sechs Stunden lang einer Temperatur von 97 bis 119° Reaumur aus, um eine hornartige Substanz zu erhalten. Auf 1 Pfd. Gutta=percha oder Kautschuk kann man auch 4 bis 8 Unzen eines Gemenges von Kreide, Gyps, Schellack, Harz ꝛc. zusetzen.

Man kann die Composition zuerst zu verschiedenen Artikeln formen und sie dann erst (in feinem Sand ꝛc. eingeschlossen) erwärmen, um sie hart zu machen. Oder man kann sie zu dünnen Blättern walzen, so auf Holz oder Eisen anbringen und daran durch Erwärmen haftend machen. (Mechanics' Magazine, 1851 Nr. 1466.)

Verfahren Harzseife mit rohem Terpenthin zu bereiten; von William Mabley in Manchester.

Man bringt mittelst Dampf 1000 Theile rohen Terpenthin zum Schmelzen und versetzt ihn mit 400 Theilen caustischer Sodalauge, welche 33 Procent wasserfreies Aetznatron enthält; die vegetabilischen Säuren, aus welchen das Harz des Terpenthins besteht, werden so neutralisirt und man erhält eine Seife in geschmolzenem Zustande, während zugleich das wesentliche Oel des Terpenthins frei wird. Um dieses wesentliche Oel aus der Masse abzuscheiden, setzt man ihr eine Auflösung von Kochsalz zu, verbindet die Blase welche das Gemisch enthält mit einem Verdichtungsapparat (wie man ihn gewöhnlich beim Destilliren von Terpenthinöl anwendet) und erhitzt die seifenartige Mischung mittelst eines schlangenförmigen Dampfrohrs bis zum Siedepunkt. Der aus der Mischung aufsteigende Wasserdampf reißt das Terpenthinöl mit sich, welches sich in der Vorlage verdichtet; in der Blase bleibt das Harz vollkommen verseift zurück und schwimmt als Terpenthinseife auf der Salzlösung.

Die gewonnene Seife kann man mit einer concentrirten Auflösung von Kochsalz waschen, um sie von dem Farbstoff zu befreien, welcher durch die Einwirkung der Lauge auf das Harz entstand. Sie ist an und für sich brauchbar; man kann sie mit dem dritten Theil ihres Gewichts Talgseife verbinden, wodurch man eine feste Seife von heller Farbe erhält.

Das Terpenthinöl, welches bei der Destillation des mit Alkali verseiften Terpenthins übergeht, ist von dem auf gewöhnliche Art gewonnenen etwas verschieden; es ist nämlich frei von Harz, in absolutem Alkohol leichter auflöslich, und verbrennt mit einem glänzenden Licht ohne einen Rückstand zu hinterlassen. (London Journal of arts, Octbr. 1851, S. 340.)

Augsburg, Buchdruckerei der J. G. Cotta'schen Buchhandlung.

Polytechnisches Journal.

Zweiunddreißigster Jahrgang.

Zweiundzwanzigstes Heft.

XLV.

Bericht des Hrn. Baude über das neue Eisenbahnsystem der HHrn. Mols, Charlet und Bonnevie in Brüssel.

Aus dem Bulletin de la Société d'Encouragement, Juni 1851, S. 306.

Mit Abbildungen auf Tab. IV.

Das jetzt allgemein gebräuchliche Eisenbahnsystem besteht in Parallelschienen, welche oben und unten mit einem Tförmigen Kopf versehen sind und in gußeisernen Stühlen ruhen, worin sie durch hölzerne Keile festgehalten werden. Die Stühle werden mittelst starker eisernen Nägel auf eichenen Querschwellen befestigt, die in einem Bett von Sand oder Kies liegen.

Die HHrn. Mols, Charlet und Bonnevie haben der Société d'encouragement eine Abhandlung eingereicht, in welcher sie angebliche Verbesserungen dieses Systems vorschlagen, worüber ich Bericht zu erstatten beauftragt wurde.

Man wirft den hölzernen Querschwellen vor, daß sie nach Verlauf einer gewissen Zeit durch Abnahme ihrer Stärke und ihres Volums, in Folge des Faulens des Splints und der Holzfasern, die Bahn oscillirend machen; man behauptet ferner, daß die eisernen Nägel in ihren sich immer mehr erweiternden Löchern nur durch wiederholtes Einschlagen mit dem Hammer festgehalten werden können, und durch die schwingende Bewegung der Bahnzüge gerne heraustreten; daß diese Nägel durch die in die erweiterten Löcher eintretende Feuchtigkeit oxydirt und dann dünner werden, indem die Oxydschichten bei der Erschütterung der gußeisernen Stühlchen sich ablösen; daß die gußeisernen Schienenstühle wegen der Unregelmäßigkeit ihrer innern Oberflächen,

Dingler's polyt. Journal Bd. CXXII. H. 4.

16

ihrer fehlerhaften Auflegung, d. h. ihrer Befestigung auf der Quer=
schwelle, gerne zerspringen; daß die hölzernen Keile bei warmer und
trockener Witterung an Volum abnehmen und dann in Folge des
Stoßes der Radkränze an den Schienenfugen leicht herausspringen
können; daß ferner die Köpfe der Schienen meistentheils mit dem ver=
ticalen Theil des T schlecht zusammengeschweißt sind und unter dem
Gewichte der Locomotiven zerdrückt werden.

Diesen Uebelständen glauben die genannten Herren durch verschie=
dene Vorkehrungen abhelfen zu können, unter denen ich die von ihnen
als die besten empfohlenen auswähle.

Ihr Princip, das jedoch nicht neu ist, besteht erstens darin die Schie=
nen ohne vermittelnde Stühle an den Querschwellen zu befestigen, näm=
lich statt der bisherigen Schienenstühle Widerhaltstücke und Bolzen
anzuwenden, endlich das Gußeisen und das Holz durch Schmiedeisen zu er=
setzen.

Ich werde mich bei dem ersten Vorschlag des Hrn. Mols nicht
aufhalten, der darin besteht, eine Schiene mit vorstehendem Rand auf
Querschwellen aus Flacheisen von 8 Millimeter Dicke und 25 Cen=
timeter Breite zu befestigen.

Die Verfasser scheinen von diesem System, als wenig Stabilität
darbietend, selbst abzugehen, und ich gehe daher sogleich auf die ihnen
am dauerhaftesten scheinende Construction über, durch welche zwar die
Kosten der ersten Herstellung etwas erhöht, die Unterhaltungskosten aber
vermindert werden sollen.

. Die Schiene kann z. B. die Form der Hohlschienen (bridge-rail)
haben, mit Ausnahme der Lappen unten, welche bei der London=Bri=
stoler Eisenbahn (Great=Western), wo diese Form in Anwendung kam,
dazu dienen, die Schiene an der hölzernen Längenschwelle zu befestigen,
welche die gewöhnliche Querschwelle ersetzt (Fig. 1). Diese Schiene
ruht bei dem neuen System auf einer eisernen Platte von 1 Centimeter
Dicke, 60 Centimeter Länge und 30 Centimeter Breite. Unter diesen
symmetrischen Platten geht eine eiserne Querschwelle von 5 Millim.
Dicke und 10 Centimeter Breite durch. Die Schiene wird an die
Platte mittelst zweier Eisenstücke besteßigt, welche die Erfinder Wider=
haltstücke (arrêtoirs) nennen; eines derselben, und zwar dasjenige an
der inneren Seite, wird an die Platte und die Querschwelle genietet
das andere wird angebolzt. Es befinden sich sonach an jeder Quer=
schwelle vier Nietnägel und vier Bolzen.

Der Preis einer solchen schmiedeisernen Querschwelle berechnet sich in Frankreich wie folgt:

Querschwelle von 2,10 Meter Länge, 10 Centim. Breite und 5 Millim. Dicke . . . . 24,42 Kilogr. Vier Widerhaltstücke à 3,50 Kil. . . . 14 Kil. Zwei Platten von 60 Cent. L., 30 Cent. B. und 1 Cent. Dicke 56 Kil.	94,42 Kil. à 30 Frkn.	28 Frkn. 53 Centim.
Vier Bolzen und vier Nietnägel		1 20
Legen		— 25
		29 Fr. 98 Cent.

Wenn man den Kubikmeter Holz für Querschwellen zu 65 Franken annimmt, so kommt die Querschwelle unserer gewöhnlichen Bahnen, die Stühle mit Zugehör und das Legen eingerechnet, auf höchstens 15 Franken zu stehen; das wäre also um die Hälfte weniger als obiger Kostenanschlag; für einen Kilometer einer zweigeleisigen Bahn, deren Schienen per laufenden Meter 37 Kilogr. wiegen würden, zu 300 Franken, und welche vier Kubikmeter Sand zu 4 Franken bedürften, wären also die Anschaffungskosten bei dem System des Hrn. Mols 120,000 Franken, beim gewöhnlichen System nur 100,000 Franken; auf 100 also 20 Franken mehr.

Es ist nach meiner Meinung nicht wahrscheinlich, daß das Täfelchen (tablette) die Schienen viel besser stützt als der Stuhl, so daß man bei Mols' System die Anzahl der Querschwellen verringern könnte; die Kostenerhöhung, wie ich sie oben stellte, ist mithin als richtig anzunehmen.

Unstreitig läßt sich das Mols'sche System ohne Gefahr ausführen und der Eisenbahndienst muß darauf in Ordnung gehen; es frägt sich aber noch, ob ungeachtet der elektrischen Ströme, welche das Fahren der Züge in den metallischen Theilen einer Bahn entwickelt, so ausgedehnte, mit dem feuchten Erdboden in Berührung befindliche Oberflächen sich nicht schneller oxydiren, als man wohl glaubt; darüber wird uns die Erfahrung belehren, wenn einige Compagnien sich entschließen, mit den sogenannten metallenen Querschwellen neue Versuche im Großen anzustellen.

Es kommt nicht selten vor, daß ein Bahnzug aus den Schienen tritt, und dieses Unglück hat für die Reisenden oft weiter keine nachtheiligen Folgen als den Aufenthalt von einigen Minuten, weil der aus den Schienen getretene Zug, wenn nichts gebrochen ist, auf einer festen Bahn mit Widerstand leistenden Querschwellen fortrutscht.

Auf den sogenannten Metallbahnen aber würden die Räder des Zugs in den Boden eindringen, diese leichteren Querschwellen bedeutend verderben und die Wiederherstellung des Bahnverkehrs auf eine Zeitlang verhindern. Die Ingenieure müssen ungeachtet der Mängel der gegenwärtigen Eisenbahnen, auch gute Eigenschaften derselben erkannt haben, da sie die bisherige Construction den neu auftauchenden Systemen gegenüber noch nicht aufgaben.

Ich hätte mich über diesen wichtigsten Theil des Systemes der Metallschwellen des Hrn. Mols nicht so verbreitet, wenn er nicht einige Aehnlichkeit hätte mit den Querschwellen mit sogenannten Andrücktafeln (tables de pression), welche sich Hr. Pouillet in Frankreich patentiren ließ und die auf mehreren Eisenbahnen, namentlich auf der nach Chartres, nicht weit von der Station Trappes, auf großen Strecken versucht wurden.

Die im Jahr 1850 angestellten Versuche bieten, obgleich ein bis zwei Jahre nicht hinreichen, um den relativen Werth zweier Querschwellensysteme hinsichtlich ihrer Unterhaltungskosten kennen zu lernen, dennoch Interesse dar.

Das System mit Andrücktafel besteht in einem gußeisernen Schienenstuhl, welcher mittelst dreier Holzschrauben auf einer viereckig behauenen eichenen Querschwelle von 19 Centimeter Breite und 7 Centimeter Dicke befestigt wird. An die Enden dieser Schwelle sind zwei quadratische Platten von 60 Centimeter Seite und 5 Centimeter Dicke gebolzt. Von der oben besprochenen metallenen Querschwelle unterscheidet sie sich bloß dadurch, daß die Platte unter der Querschwelle anstatt über derselben angebracht ist.

Als die Pouillet'schen Querschwellen auf einer Strecke von 2500 Meter Länge gelegt wurden, berechnete sich eine gewöhnliche Querschwelle mit Material und Arbeit auf 19 Franken 67 Cent.; die nach seinem System auf der Bahn nach Chartres gelegte Querschwelle kam auf 16 Franken 9 Cent. zu stehen. Der Unterschied beträgt also ungefähr 3½ Franken, oder 7000 Fr. per Kilometer doppelten Geleises. — Ebenso stellte sich die Unterhaltung eines Pouillet'schen Geleises (auf der linken Seite der Bahn) nach Umfluß eines halbjährigen Betriebes bedeutend wohlfeiler heraus als diejenige eines gewöhnlichen Geleises (auf der rechten Seite der Bahn).

Erklärung der Abbildungen.

Fig. 1 verticaler Durchschnitt des Eisenbahnsystems der HHrn. Mols, Charlet und Bonnevie, mit metallener Querschwelle.

Fig. 2 die Querschwelle mit Zugehör im Grundriß.

A Metallplatte, an jedem Ende der schmiedeisernen Querschwelle B befestigt. C Widerhaltstücke, weche die Schiene D festhalten und die gewöhnlichen Stühle vertreten; das Stück C' an der inneren Seite der Schiene ist an die Platte und an die Querschwelle genietet; das andere ist angebolzt.

Fig. 3 verticaler Durchschnitt einer Querschwelle mit Andrücktafel (nach Pouillet'schem System).

Fig. 4, dieselbe im Grundriß.

A Platte oder Andrücktafel von Holz, welche an jedem Ende einer viereckig behauenen eichenen Querschwelle angebracht ist; die Schwelle ist fest auf die Platte gebolzt. C gußeiserner Schienenstuhl, mittelst dreier Holzschrauben auf der Querschwelle B befestigt. D Schiene mit doppeltem Kopf, in ihrem Stuhl. E hölzerner Keil, zwischen dem Stuhl und der Schiene eingetrieben, um letztere fest zu halten.

XLVI.

Verbesserung in der Construction der Dampfkessel, von William Fairbairn.

Nach dem Civil Engineer's Journal, Juli 1851, S. 378.

Mit einer Abbildung auf Tab. **IV.**

Bei der dießjährigen Versammlung der British Association hielt der genannte Ingenieur einen Vortrag über eiserne Gefäße, welche starkem Druck ausgesetzt sind. Seine in diesem Bande des polytechn. Journais S. 81—94 mitgetheilie Abhandlung „über die Construction der Dampfkessel" enthält alles Wesentliche dieses Vortrags; neu ist in demselben sein Vorschlag auch bei Dampfkesseln mit ebenen Wänden ähnliche Winkelsteifen aus Blech anzuwenden, wie bei der Britannia= nnd Conway=Röhrenbrücke.

Fig. 5 zeigt einen cylindrischen Kessel mit Flammenrohr, dessen ebene Endflächen durch Winkelsteifen A, welche radial nach dem Centrum des Kessels gerichtet sind, gesichert wurden.   Von diesen Winkelblechen ist eine um so größere Anzahl anzuwenden, einen je höhern Druck der Kessel auszuhalten hat, oder sie ist vielmehr so zu wählen, daß sie der Festigkeit der übrigen Theile des Kessels entspricht. Fairbairn empfiehlt dieses Constructionssystem bringend als eine Sicherheitsmaßregel gegen plötzlichen und unvorhergesehenen Druck, und behauptet, daß dieses Mittel den Ankerstangen weit vorzuziehen sey.

_____

XLVII.

Verbessertes Steuerruder für Schraubendampfschiffe, welches sich John Beattie, Ingenieur in Liverpool, am 5. Sept. 1850 patentiren ließ.

Aus dem London Journal of arts, Mai 1851, S. 332.

Mit Abbildungen auf Tab IV.

Diese Erfindung besteht in einem eigenthümlich construirten Steuerruder, wobei der Propeller (Treibapparat) direct hinter dem Steuerruder zu liegen kommt, indem seine Achse in der Centrallinie des Schiffs durch das Ruder und durch den Sternpfosten geführt wird. Die Vortheile hiervon bestehen in einem freieren und vollkommeneren Spiel des Ruders, in der Befreiung der Stopfbüchsen der Achse des Propellers von seitlichen Erschütterungen und in der größeren Wirksamkeit des Propellers.   Auch gestattet diese Einrichtung das Anbringen von Treibapparaten verschiedenen Durchmessers an dem Schiffe.

Fig. 22 stellt das Steuerruder mit der durch dasselbe geführten Welle des Treibapparates in der Seitenansicht dar. Das Steuerruder besteht aus zwei Theilen A und B, welche an den Ruderpfosten C, C befestigt sind und mit einander in Verbindung stehen. Durch die Mitte des Ruderpfostens geht ein Loch von der Fig. 23 dargestellten Form, welches ein freies Spiel des Ruders gestattet, obgleich die Achse D des Propellers durch den Ruderpfosten geht. Ein starkes eisernes Gestell E, E, welches senkrecht beim Stern des Schiffes an den Kiel befestigt ist, umfaßt und trägt das an Angeln hängende Ruder, welches von oben durch den gewöhnlichen Mechanismus in Bewegung gesetzt wird. Die mit der Dampfmaschine in Verbindung stehende Treibachse ist gerade in der Linie des Schiffs durch eine Stopfbüchse an dem vorderen Theile des Sterngestells geführt, tritt durch die getrennten Theile des Ruders, und dann durch ein Lager im hinteren Theile des Sterngestells. An ihrem äußeren Ende enthält die Achse die Nabe F mit den Treibflügeln G, G, welche mit der größten Leichtigkeit abgenommen und wieder befestigt werden können. Es ist einleuchtend, daß man bei dieser Construction und Anordnung dem Ruder ungehindert durch die Achse oder den Propeller jede schiefe Stellung geben kann.

<hr />

XLVIII.

Verbesserungen an Droschken und Omnibuswagen, welche sich J. A. Franklinsky in London, am 5. Dec. 1850 patentiren ließ.

Aus dem Repertory of Patent-Inventions, Juli 1851, S. 33.

Mit Abbildungen auf Tab. IV.

Bekanntlich ist bei den Omnibuswagen das Ein- und Aussteigen sehr lästig und unbequem, und zwar nicht nur für die Ein- und Aussteigenden selbst, sondern auch für die in dem Wagen sitzenden Personen; auch findet man aus dieser oder jener Ursache die unmittelbare Nachbarschaft anderer Personen öfters weder angenehm noch wünschenswerth. Die Erfindung hat nun den Zweck, die Omnibuskutsche in zahlreiche Abtheilungen zu theilen, deren jede mit ihrer eigenen Thür versehen und außerdem leicht zugänglich ist. Dieser Zweck wird dadurch erreicht, daß an jeder Seite mehrere Thüren und eine mit einem Geländer versehene Platform oder Gallerie angebracht sind.

Fig. 27 stellt diese Omnibuskutsche im Grundriß und Fig. 28 in der Seitenansicht dar. Das Innere ist zur Aufnahme von eilf Personen eingerichtet; die eilf Sitze sind in zehn Abtheilungen enthalten, deren jede mit ihrer eigenen Thür versehen ist. Demnach hat jeder Passagier seine eigene Abtheilung, worin er nach Bequemlichkeit das Fenster auf-

und zumachen kann, wie wenn er allein im Wagen fäße. Die Scheide=wände können mit Schiebern oder Schiebfenstern versehen werden, da=mit die in den benachbarten Abtheilungen befindlichen Bekannten im Stande sind, sich mit einander zu unterhalten, oder sie können auch ganz von einander isolirt seyn. a, a, a sind die Thüren; b, b die mit Geländer c, c versehenen Platformen oder Gallerien, auf welchen die Passagiere, ohne einander zu belästigen, nach ihren Abtheilungen ge=langen oder diese verlassen können; d, d die nach den Gallerien füh=renden Tritte. Auch für Eisenbahnen eignet sich diese Wagencon=struction.

Den zweiten Theil der Erfindung bildet die Anwendung des be=schriebenen Princips isolirter Wagenabtheilungen auf Droschken, da=mit dieselben auf ihrer Route einzelne Passagiere aufnehmen können. Der Wagenkasten ist demnach so eingerichtet, daß die Passagiere zu bei=den Seiten einsteigen und in den drei getrennten Abtheilungen Platz nehmen können, von denen jede mit ihrer Thür versehen ist. Der Kutscher sitzt vorn, und ich ziehe es vor, den Sitz des letzteren breit genug einzurichten, um noch zwei Passagiere aufnehmen zu können, so daß eine Droschke dieser Art fünf Passagiere, nämlich drei im Innern und zwei auf dem Kutschersitz befördern kann.

Fig. 29 stellt eine solche Droschke im Grundriß,
Fig. 30 in der Seitenansicht dar.

XLIX.

J. Hadley's Verfahren, die abgenützten Bandagen der Wagenräder durch neue zu ersetzen.

Aus dem Practical Mechanic's Journal, Juni 1851, S. 65.

Mit Abbildungen auf Tab. IV.

Fig. 15 stellt ein vollständiges Wagenrad mit der neuen Bandage in der Seitenansicht dar. Fig. 16 ist eine Frontansicht des Rades, die Felgen im Durchschnitte; Fig. 17 eine ähnliche äußere Ansicht. Fig. 18 ist der Querschnitt einer Felge nebst Bandage nach einem größeren Maaßstabe. Die neue Bandage A wird nämlich mit Hülfe eines Kreises von Bolzen, von denen jedesmal zwei zwischen ein Spei=

chenpaar kommen, über bie Peripherie der alten Bandage B geschraubt. Die neue Bandage kann von Eisen oder Stahl, und im Durchschnitt so wie Fig. 18 zeigt, gestaltet seyn. Durch Befestigung der neuen Bandage an ein altes Rad wird letzteres wieder ganz brauchbar und fest, wobei man zugleich das Abnehmen der Felgen und des Kranzes und die damit verbundenen Kosten erspart.

L.

Gutta=percha=Lieberung für Pumpen mit Bramah'schen Kolben, angewendet bei den Entwässerungsmaschinen des Haarlemer Meeres.

Aus bem Civil Engineer's and Architect's Journal, August 1851, S. 466.

Mit Abbildungen auf Tab. IV.

Die unter Anleitung des Hrn. Arthur Dean durch die Gutta= percha=Compagnie angefertigten Gutta=percha=Lieberungen für die Bra= mah'schen Kolben der zum Trockenlegen des Haarlemer Meeres dien= lichen Maschinen sind bei vier Kolben von 9 Zoll Durchmesser und 10 Fuß Hub sowie bei drei Cylinderventilen von 8 Zoll Durchmesser seit $2\frac{1}{2}$ Jahren in Gebrauch. Sie haben im Allgemeinen beim Heben des Wassers einen Druck von 300 bis 700 Pfund per Quadratzoll aus= zuhalten; beim entgegengesetzten Hub wird jedoch dieser Druck auf 20 Pfund per Quadratzoll reducirt. Bei dieser starken Arbeit halten sich die Lieberungen ausgezeichnet gut, und einige derselben, welche nach drei= oder viermonatlichem Gebrauch untersucht worden sind, zeigten sich bei= nahe unverändert. Für den Zweck wozu sie angewendet werden, hätte sich kein anderes Material so vortrefflich geeignet. Gutta=percha=Lie= berungen ließen sich ohne Zweifel auch vortheilhaft bei den Pump= werken der Gruben anwenden, indem ihre Reibung nicht so bebeutend ist, wie bei der gewöhnlichen Hanf = oder Gasket=Lieberung.

Fig. 14 stellt die besprochene Kolbenlieberung im Verticalburch= schnitte dar. A ist eine Gasket=Lieberung; B ein messingener Ring; C die Gutta=percha=Lieberung.

LI.

Hydraulische Pressen mit mehreren Preßcylindern; von B. Hick und Sohn in Bolton.

Die bedeutenden Maschinenfabrikanten Hick und Sohn wenden bei ihren hydraulischen Pressen in der Regel mehrere Preßcylinder, gewöhnlich vier, an, welche in einem gemeinschaftlichen Preßgestell stehen und zu gleicher Zeit auf die bewegliche Preßplatte wirken. Sie stehen unter sich in Verbindung, und erfordern deßwegen nicht mehr Pumpen als eine gewöhnliche Presse mit einem Cylinder. Statt durch einen gewöhnlichen Hebel werden die Preßpumpen durch ein Schwungrad bewegt, dessen Achse mit zwei Krummzapfen versehen ist, welche die Pumpen in Thätigkeit setzen.

Hr. Hick hat in seiner Fabrik eine solche viercylindrige Presse in Thätigkeit, welche den außerordentlichen Druck von 2500 Tonnen (50,000 engl. Centner) ausübt. Sie ist, wie alle seine viercylindrigen Pressen, so eingerichtet, daß zwei Cylinder abgesperrt werden können, und folglich nur noch zwei derselben wirken, wenn ein kleinerer Druck und eine größere Geschwindigkeit verlangt wird.

Als Proben von der Wirksamkeit seiner Pressen hatte Hick auf der Londoner Industrie-Ausstellung schmiedeiserne Platten ausgestellt, durch welche mittelst der hydraulischen Presse runde Löcher von 8 Zoll Durchmesser im kalten Zustande gedrückt waren. Diese Platten hatten folgende Dicken: 1½ Zoll, 2 Zoll, 2½ Zoll, 3 Zoll und 3½ Zoll. Zum Durchlochen der anderthalbzölligen Platte war ein Druck von 700 Tonnen erforderlich, für die zweizöllige ein Druck von 950 Tonnen, für die zweieinhalbzöllige ein Druck von 1250 Tonnen, für die dreizöllige ein Druck von 1600 Tonnen, und für die dreieinhalbzöllige ein Druck von 2050 Tonnen.

Die Gründe, welche Hrn. Hick veranlassen, mehrere Preßcylinder statt eines einzigen anzuwenden, möchten wohl allgemeine Beachtung verdienen. Bei einer viercylindrigen Presse ist nämlich nicht nur die bewegliche Preßplatte besser unterstützt, was besonders für sehr weite Pressen von Wichtigkeit ist, und weßhalb dieser Platte ein geringeres Gewicht gegeben werden kann, sondern es sind auch die kleineren Preßcylinder leichter herzustellen, und fallen im Gusse dichter aus. Ferner ist die Materialersparniß, welche daraus hervorgeht, daß man kleineren Cylindern keine so dicken Wände zu geben braucht, sehr beträchtlich, und es kann als Beleg hiefür die große Presse von Hick angeführt werden. Jeder der bei derselben verwendeten Cylinder wiegt 2 Tonnen, alle vier zusammen also 8 Tonnen; hätte man statt der vier Cylinder nur einen einzigen von derselben Wirkung angewandt, so würde sich nach Hick's Angabe sein Gewicht auf 20 Tonnen belaufen haben. Ein weiterer vorhin schon erwähnter Vortheil ist endlich der, daß durch Absperren von zwei Cylindern die Wirkung der Presse nach Bedürfniß und mit Zeitersparniß verändert werden kann.

C. Walther.

LII.

Maschine um Buchstaben und Figuren von verschiedenartiger Form in Holz oder andere Materialien zu schneiden, welche sich Afred Vincent Newton, Patentagent in London, am 29. August 1850 patentiren ließ.

Aus dem London Journal of arts, Mai 1851, S. 325.

Mit Abbildungen auf Tab. IV.

Diese Maschine eignet sich nicht nur zum Schneiden verschiedenartiger Figuren von unregelmäßiger Form in Holz oder Stein, zum Schneiden von gothischen Verzierungen und allen möglichen krummen oder excentrischen Formen überhaupt, sondern auch zum Schneiden derartiger Figuren in verschiedener Größe nach einem und demselben Muster.

Fig. 19 stellt die im Schneiden eines Buchstabens begriffene Maschine in der Seitenansicht, Fig. 20 im Grundriß und Fig. 21 in der Endansicht dar. A, A ist ein Tisch, an welchen das Maschinengestell befestigt ist. Ein Träger B enthält das Gestell C, in welchem der rotirende Hälter c des Schneidwerkzeugs d gelagert ist. Das Gestell C ist in den Führungen e, e der Träger einer verticalen Bewegung fähig; seine tiefste Lage während des Schneidens oder Schnitzens wird jedoch durch eine Regulirungsschraube h beschränkt. Das Gestell C läßt sich mit Hülfe eines um g drehbaren Handhebels f höher richten, um das Schneidinstrument von dem Arbeitsstück zu entfernen. Dieser Handhebel ist durch eine mit Schraubengängen versehene Stange h* mit dem

Gestell C verbunden.   Das zu bearbeitende Holzstück i ist an die
verschiebbare Unterlage D befestigt und zwar vermittelst einer Schrauben=
klampe j, welche es fest gegen eine Schulter der Unterlage andrückt.
Die Unterlage D hat eine horizontale Bewegung längs der Führungen
k, k und eine dazu rechtwinkelige Bewegung längs der Führungen l, l,
so daß durch die Combination dieser Bewegungen eine horizontale Be=
wegung nach allen möglichen Richtungen hervorgebracht werden kann.
Sie ist nebst ihren Führungen auf dem oberen Ende eines senkrechten
Tförmigen Stückes m, m befestigt, welches in verticalen Führungen n, n
gleitet.   Das Gewicht der Unterlage nebst Zugehör wird durch einen
belasteten Hebel o, o äquilibrirt, dessen kürzerer Arm in einem Schlitz
des Tförmigen Stückes m drehbar ist.   Das zu copirende Muster wird
mittelst Klampen und Schrauben an eine abjustirbare Unterlage befestigt.
Vier gleich lange Stäbe p, p, p, p und zwei kürzere Stäbe bilden einen
horizontalen Pantograph (Storchschnabel), dessen Mittelpunkt der Be=
wegung sich in G befindet.   Dieser Pantograph ist mit dem einen Ende
durch ein Universalgelenk mit der verschiebbaren Unterlage D verbunden
und enthält an dem entgegengesetzten Ende einen Stift q, welcher, in=
dem er über die Oberfläche des Modells hinwegbewegt wird, der Unter=
lage D mit dem in Bearbeitung befindlichen Arbeitstück eine ent=
sprechende Bewegung ertheilt.   Damit der Ziehstift mit Leichtigkeit über
das Modell hinwegbewegt werden könne, ist das Ende des Panto=
graphen mit einem Handhebel r versehen, der an dem einen Ende mit
dem horizontalen Arm oder Hebel s verbunden ist.

Der Hälter c des Schneidinstrumentes ist mit einer Rolle ver=
sehen, welche durch einen Riemen von irgend einer Triebkraft aus in
Rotation gesetzt wird.   Soll nun die Operation des Schneidens be=
ginnen, so setzt man das Schneidinstrument in Umdrehung und bringt
es vermittelst des Handhebels f mit dem Block in Berührung, nachdem
vorher der geeignete Spielraum für die Niederbewegung des Gestells C
durch die Schraube h regulirt worden ist.   Man bewegt nun die Zieh=
spitze rings um die Kanten des Modells, z. B. des Buchstabens, wobei
der Pantograph der Unterlage mit dem Arbeitstück eine vollkommen
entsprechende Bewegung ertheilt.   Auf diese Weise wird eine Copie des
Buchstabens aus dem Block geschnitten.

Für ganz einfache Arbeiten genügen die obigen Bewegungen; für
künstlichere Arbeiten jedoch, z. B. für Basreliefs, gothische Ornamente rc.
muß die Unterlage D mit dem Block sowohl einer verticalen als auch
einer horizontalen Bewegung fähig seyn; und zu diesem Zweck ist der
verticale Pantograph u, u, u mit dem horizontalen in Verbindung ge=

bracht. Der erstere ist mit dem nämlichen Mittelpunkte der Bewegung
G wie der letztere, und außerdem noch an dem einen Ende mit dem=
jenigen Scharnier des letzteren verbunden, welches den Ziehstift ent=
hält, endlich an dem entgegengesetzten Ende mit demjenigen Scharnier,
welches den Pantograph mit der Unterlage D verbindet. Der Mittel=
punkt G beider Pantographen ist so angeordnet, daß er eine Schwingung
dieser Instrumente gestattet, wenn der Ziehstift über eine unebene oder
wellenförmige Fläche des Musters hinbewegt wird. Es ist somit der
Block auf der Unterlage D nicht nur einer horizontalen Bewegung fähig,
sondern er wird auch in einem der verticalen Bewegung des Ziehstiftes
entsprechenden Maaße gehoben oder gesenkt. Die Erfahrung hat ge=
lehrt, daß es beim Schneiden von Buchstaben oder sonstigen flachen
Stücken sehr zweckmäßig ist, der Außenlinie des Modelles zu folgen,
während es für Basreliefs oder unregelmäßige Schnitzarbeiten über=
haupt rathsam ist, geradezu quer über das Muster in horizontalen pa=
rallelen Linien zu ziehen. Zur Erleichterung dieser Operation ist an
dem hinteren Theile des Handhebels r, Fig. 20, eine Adjustirschraube v
angebracht. Indem man nun dieser Schraube nach jeder Bewegung des
Ziehstiftes quer über das Muster $\frac{1}{8}$, $\frac{1}{4}$, $\frac{1}{2}$ oder eine ganze Drehung ertheilt,
regulirt man mit Leichtigkeit und Genauigkeit den Abstand zwischen den
von dem Ziehstift über das Modell gezogenen und den durch das
Schneidinstrument am Arbeitsstück geschnittenen parallelen Linien.

Um die Arbeit an diesem Theil der Maschine zu erleichtern, ist
ein Gewicht w durch eine Schnur mit dem Ende des Hebels r ver=
bunden. Jeder, der mit der Einrichtung und dem Gebrauch des Panto=
graphen oder Storchschnabels vertraut ist, wird einsehen, daß durch
Veränderung der Lage der Scharniere 1, 2, 3, 4 und 5 und durch
Einstecken der Stifte in andere Löcher, mit Beibehaltung des Modelles,
die Dimensionen des zu schneidenden Artikels verändert werden können.
Auch können mit einem und demselben Pantographen zwei oder mehrere
Schneidwerkzeuge in Thätigkeit gesetzt und eben so viele Copien des
Modelles gleichzeitig angefertigt werden.

LIII.

Taschen=Regenschirm von Wilson und Matheson in Glasgow.

Aus dem Practical Mechanic's Journal, April 1851, S. 12.

Mit Abbildungen auf Tab. IV.

Der Taschenregenschirm von Wilson und Matheson macht, wie dieß schon der Name ausdrückt, das Mitnehmen eines Schirmes nicht mehr lästig, denn derselbe kann in das Eck eines Mantelsackes gepackt, oder in eine mäßig große Tasche gesteckt werden. Diese außerordentliche Geschmeidigkeit des Schirmes wird dadurch erreicht, daß man die Hauptrippen oder Fischbeine des Gestelles in der Mitte mit einem Scharniere versieht, so daß sie sich auf die halbe Länge zusammenschlagen lassen, welche sie bei geöffnetem Schirme haben.

Fig. 12 stellt das halb geöffnete Regenschirmgestell (im 12ten Theil der natürlichen Größe) dar, wobei die vorderen Fischbeinhälften etwas zurückgeschlagen sind. Fig. 13 zeigt den Schirm in zusammengelegtem Zustande, wo man ihn in die Tasche stecken kann.

Jede der Rippen besteht aus zwei Hälften A, B, welche durch ein metallenes Scharnier C mit einander verbunden sind, so daß die äußere Hälfte B so weit zurückgeschlagen werden kann, daß sie parallel zur anderen Hälfte A liegt, und die Länge der Rippen also nur halb so groß ist als bei geöffnetem Schirme. Ist der Schirm geöffnet, so hat er ganz das Aussehen eines gewöhnlichen Regenschirmes. Soll der Schirm zusammengelegt werden, so nimmt man den Stock D aus dem Ringe E heraus, an welchem die Rippen befestigt sind, und zwar dadurch, daß man den Stock etwas dreht, um den im Stocke befestigten Stift F mit einer der Länge nach im Ringe E befindlichen Nuth G zusammentreffend zu machen. Diese Nuth ist im Ringe E kreisförmig fortgesetzt, so daß, wenn der Stock eingesteckt und gedreht ist, der Ring weder aufwärts noch abwärts am Stock gleiten kann. Den herausgenommenen Stock kann man als gewöhnlichen Spazierstock gebrauchen, und nachdem man die unteren Rippenhälften aufwärts geschlagen hat, wird der Schirm wie gewöhnlich zusammengelegt, so daß derselbe die in Fig. 13 dargestellte compendiöse Form hat.

Um den Schirm sicherer offen zu erhalten, ist die gewöhnliche aus einem umgebogenen Draht bestehende Feder durch einen metallenen Haken H ersetzt, welcher flach ist, sich um ein am Stocke befindliches

Scharnier dreht, und von einer darunter gelegten Feder auswärts ge=
trieben wird.   Ein seichter Einschnitt oben an dem Haken gibt dem Ringe
E einen guten Halt.   Wird der Stock als Spazierstock gebraucht, so
kann der Haken H durch einen kleinen Federhaken I in seiner Vertiefung
erhalten werden, so daß derselbe nicht vorsteht.

Schirme nach demselben Princip werden auch noch mit zusammen=
legbarem Stocke gemacht, so daß man den ganzen Schirm leicht in ein
kleines Futteral bringen kann.

LIV.

Selbstthätige Sackwinde oder Getreideaufzug von White-smith in Glasgow.

Aus dem Practical Mechanic's Journal, April 1851, S. 16.

Mit Abbildungen auf Tab. IV.

An dieser Vorrichtung zum Aufwinden von Lasten sind einige we=
sentliche Anordnungen getroffen, welche wohl den meisten unserer Leser
neu seyn werden. Dieselbe ist sehr einfach, nimmt einen kleinen Raum
ein, kann durchaus nicht in Unordnung gerathen, und ebensowohl zum
Heben als Niederlassen von Lasten gebraucht werden.   In den Abbil=
dungen ist dieselbe einen Getreidsack in die Höhe windend dargestellt;
Fig. 24 ist eine Seitenansicht des arbeitenden Apparates, Fig. 25 eine
Ansicht desselben in der Richtung der Achse oder rechtwinkelig zu Fig. 24,
und Fig. 26 ein vollständiger Grundriß.

A ist die treibende Achse, welche sich mit einer Geschwindigkeit von
35—40 Umgängen in einer Minute dreht und mit einer Frictions=
scheibe B von 3 Fuß Durchmesser versehen ist, die auf das eine Achsen=
ende fest aufgekeilt wurde.   Eine zweite Achse C liegt in der nämlichen
horizontalen Linie wie die Achse A, und steht dicht an dieser an.   Auch
auf der Achse C ist eine Frictionsscheibe D befestigt, deren Fläche der
Scheibe B gegenüber steht, und außerdem ist auf der Achse C eine Seil=
trommel E von 8—9 Zoll Durchmesser festgekeilt.   Die reibenden
Flächen der beiden Scheiben sind aus Segmenten F, F von Buchenholz
zusammengesetzt, welche $1\frac{1}{4}$ Zoll dick und 4 Zoll breit sind, und zwei
auf die Scheiben B, D aufgeschraubte Ringe bilden, in denen die Schrau=
benköpfe eingelassen sind.   Ein kurzer Hebel G, welcher oben gehärtet

ist, dreht sich um einen am Rahmenwerk befestigten Zapfen. Das ge=
härtete obere Hebelende liegt dicht am Ende der Achse C an. Dieser
Hebel wird durch ein Excentricum H in Bewegung gesetzt, welches sich
auf einer in den Lagern I,I liegenden Achse befindet. Auf dieselbe Achse
ist ein gebogener Hebel J aufgekeilt, dessen freistehendes Ende durch eine
Stange K mit dem Aufhalthebel L in Verbindung ist. Die zwei an
den herabhängenden Schnüren Fig. 25 befindlichen Handhaben M und
N dienen zum Anlassen und Stillestellen des Elevators. Die Achse C
reicht ein Stück weit in die Nabe der Scheibe B hinein, um beide
Scheiben concentrisch zu einander zu erhalten, und ihr hinteres Ende ist
da, wo der Hebel G auf dasselbe wirkt, angestählt. Um den Gang des
Apparates zu erläutern, setzen wir voraus, daß die Achse A wie ge=
wöhnlich in ununterbrochener Bewegung ist. Soll der Sack oder die
angehängte Last gehoben werden, so bringt ein leichter Zug an der
Handhabe M den Hebel J in die in Fig. 24 angegebene Lage nieder.
Bei dieser Bewegung wird die Excentricumsachse etwas gedreht, und
mit derselben das Excentricum H selbst, bis seine Peripherie gegen das
obere Ende des Hebels G drückt, dieser dann sich an das Ende der
Achse C anlegt, und sie in ihren Lagern so lange verschiebt, bis die
Frictionsscheiben B und D Reibung genug an einander haben, um auch
die Achse C mit der Seiltrommel E zu drehen. Die ganze Bewegung,
welche nothwendig ist, um die angegebene Wirkung hervorzubringen,
beträgt nur $\frac{1}{8}$ Zoll. Soll das in die Höhe gehen der Last unter=
brochen, oder dieselbe niedergelassen werden, so zieht man nur an dem
Handgriff N, um den Hebel J zu heben, wodurch auch die Reibung
der Scheiben an einander vermindert oder ganz aufgehoben wird.

Ergreift man beide Handgriffe M und N gleichzeitig, so kann man
die Reibung der beiden Scheiben an einander mit der größten Leichtig=
keit reguliren, selbst so, daß man einen mit voller Geschwindigkeit
niedersinkenden schweren Körper noch wenige Zolle vom Boden entfernt
aufhalten kann.

Aus der Zeichnung ist zu ersehen, daß wenn man einen Körper
in die Höhe ziehen läßt, und denselben nicht zu rechter Zeit einhält,
das Aufwinden von selbst aufhört, sobald der Körper in die Nähe der
Seiltrommel kommt; denn dann begegnet der Knoten am Seile dem
Aufhalthebel L, und unterbricht so die Reibung der Scheiben.

LV.

M'Cormick's Kornmähmaschine.

Aus dem polytechn. Centralblatt, 1851, Liefer. 21.

Mit Abbildungen auf Tab. IV.

Unter allen landwirthschaftlichen Maschinen auf der Londoner Industrie=Ausstellung hat kaum eine das Interesse der Besucher, namentlich der englischen Landwirthe, durch ihre Neuheit mehr in Anspruch genommen, als die Kornmähmaschine des C. H. M'Cormick von Chicago (Illinois, Vereinigte Staaten von Nordamerika), welche in England für A. Brooman am 7. Decbr. 1850 patentirt wurde. Die damit in großem Maaßstabe von der Commission zur Begutachtung der ausgestellten landwirthschaftlichen Geräthe und Maschinen angestellten Versuche haben ein so günstiges Resultat geliefert, daß der in Rede stehenden Maschine die große Preismedaille zuerkannt worden ist. Die nachstehende Beschreibung entnehmen wir der betreffenden Patentspecification für England aus dem Mechanis' Magazine, Juni 1851, S. 481.

Die M'Cormick'sche Mähmaschine ist zum Mähen von Weizen, Korn und anderen Getreidearten bestimmt und wird durch Pferde bewegt. Im Vergleich gegen die bisher, allerdings ohne Erfolg, versuchsweise in Anwendung gebrachten Maschinen dieser Art hat dieselbe den Vorzug, daß sie die Getreidehalme während des Schneidens in eine geeignete Lage bringt und nach erfolgtem Schnitt dieselben in geeigneter Weise faßt, sammelt und beseitigt. Fig. 6 stellt einen Aufriß, Fig. 7 den Grundriß der Mähmaschine dar. A, A bezeichnet einen dreieckigen hölzernen Rahmen, mit dessen vorderm Ende das Querstück B, sowie die Waagen C, C verbunden sind. Der hintere Theil D des Rahmens ist nach einer Seite der Maschine hin verlängert, so daß er ungefähr 6 Fuß über den Rahmen hinaus ragt; dieser hinausragende Theil bildet die Basis zu der Platform, auf welche das geschnittene Getreide fällt. Auf den beiden Rändern F und G läuft die Maschine. Das Rad F trägt in Folge seiner Stellung den größern Theil des Gewichtes der Maschine und dient dazu, die sich bewegenden, weiterhin zu erwähnenden Theile der Maschine in Bewegung zu setzen. Am vordern Rande der Platform sind in regelmäßigen Abständen eine Reihe von Fingern

oder Zungen H, H angebracht, deren Gestalt derjenigen von Lanzenspitzen ähnlich ist. Unmittelbar darunter liegt die Schneidklinge I; dieselbe besteht aus einem dünnen Stahlblatte, welches an der vordern
Kante mit Sägezähnen versehen ist und in einer Rinne oder in Führungen ruht, welche vorn an der Platform angebracht sind. Fig. 8 stellt
im Längendurchschnitt die Querschwelle D. und die Schneidklinge I dar;
aus derselben Figur wird zugleich die Art der Befestigung und Gestalt
der Finger H, sowie deren Lage zur Klinge klar. Letztere kann sich
frei von einer Seite der Maschine zur andern bewegen, soweit es die
Kurbel K gestattet, mit welcher die Klinge I durch die Kurbelstange L
verbunden ist. Auf der Achse des Rades F ist dieses und das conische
Zahnrad M^1 festgekeilt, so daß, wenn ersteres fortrollt, letzteres ebenfalls um Ring läuft und die Bewegung auf das Getriebe M^2 und Ke-
gelrad M^3 fortpflanzt, welche beide an der Zwischenwelle N stecken. Das
Rad M^3 steht mit dem conischen Getriebe O an der (verticalen) Kurbelwelle in Eingriff und setzt somit die Kurbel K (Fig. 9), die Kurbelstange L und die Schneidklinge I in Bewegung. Die Zähnezahlen des
eben beschriebenen Rädervorgeleges sind so gewählt, daß die Schneidklinge eine sehr schnelle geradlinig wiederkehrende Bewegung erhält.
P, P ist eine Art Haspel oder Flügelrad von sehr leichter Construction
und besteht aus zwei Armkreuzen mit vier Schaufeln oder Flügeln von
dünnen Brettern R, R. Die Achse dieses zum Fassen des Getreides dienenden Rades ist auf der in Fig. 6 dem Beschauer zugekehrten Seite
der Maschine durch eine geschlitzte Säule S, am hintern Ende dagegen
durch ein Tragband T unterstützt, welches am hintern Ende der Platform befestigt ist. Geht die Maschine vorwärts, so wird das Flügelrad P in der Richtung des Pfeiles, Fig. 6, mittelst des endlosen Riemens
oder Bandes U in Bewegung gesetzt, welches um den Rand des conischen Rades M^1 und die Riemenscheibe V gelegt ist; diese ist auf der Achse
des Flügelrades festgekeilt. Der Abstand des letztern von der Platform
läßt sich dadurch reguliren, daß man das Zapfenlager im Schlitze der
Säule S mittelst der Stellschraube b hebt oder senkt; das hintere Ende
der Flügelradachse wird gleichzeitig gehoben oder gesenkt, indem man
den das Tragband mit der Strebe T^2 verbindenden Bolzen in eins oder
das andere der Löcher b^1 steckt. W ist ein Sitz für den Pferdeknecht,
X ein Sitz für eine Person, welche das gemähte Getreide schüttenweise
von der Platform entfernt.

Um mit der beschriebenen Maschine Getreide abzumähen, bringt
man dieselbe, mit zwei oder vier Pferden bespannt, an den Rand des
Feldes, so daß die Platform vor, die Pferde neben das abzumähende

Getreide zu stehen kommen. Indem die Pferde fortschreiten, setzt sich das Räderwerk und somit das Flügelrad in Bewegung. Die Schaufeln desselben verhindern daher die Halme, wenn sie mit der Schneidklinge in Berührung kommen, auszuweichen. Da diese bereits mit großer Geschwindigkeit hin- und hergleitet, so werden die Halme durchgeschnitten und fallen rückwärts auf die Platform. Die Finger **H** erleichtern diesen Theil der Operation ganz wesentlich, da sie das Ausweichen der Halme zur Seite verhindern. Um diesen Zweck recht vollständig zu erfüllen, hat man ihnen die lanzenspitzenähnliche Form gegeben; dieselbe erleichtert nämlich nicht allein den Eintritt der Halme zwischen die Zungen oder Finger, sondern verhindert auch durch die nach Innen gekehrten Wurzelkanten unmittelbar über der Klinge das Entwischen der Halme beim Schnitt, indem dieselben durch den Schnitt gerade in den durch die Wurzelkanten der Finger mit der Klingenkante gebildeten spitzen Winkel hineingedrängt werden. Fig. 9 und 10 stellen die Finger und die Klinge im Detail im Grundriß dar; die Klinge in Fig. 9 hat eine gerade Kante mit Sägezähnen, während diejenige in Fig. 10 eine gezahnte Zickzackkante besitzt.

Jedenfalls ist es für sehr vortheilhaft befunden worden, die Schnittkante fein zu zahnen, und die Zähne der Zahl der Finger entsprechend in Sectionen einzutheilen; die eine Hälfte einer Section erhält Zähne, die nach der einen Richtung, die andere Hälfte Zähne, welche nach der entgegengesetzten Richtung geneigt sind. Das Abraffen der Halme von der Platform **E** besorgt der auf dem Sitze **X** befindliche Arbeiter mittelst eines gewöhnlichen Handrechens. Die auf diese Weise abgerafften Quantitäten sind jede ungefähr gleich einer gewöhnlichen Garbe oder Schütte und werden auf dem Boden unmittelbar hinter dem Rahmen **A, A** der Maschine niedergelegt, so daß immer ein freier Raum zur Rückkehr der Maschine bleibt, falls im Binden der Garben nicht Schritt gehalten werden könnte mit dem Vorwärtsschreiten der Mähmaschine. **Y**¹ ist ein geschwungenes Brett, welches das stehende Korn auf der vordern Seite der Maschine der Klinge zuführt, während ein ähnlicher Theil **Y**² an der entgegengesetzten Seite einen ähnlichen Zweck erfüllt. Das Winkelstück **Y**³ verleiht den das Flügelrad unterstützenden Theilen noch mehr Steifigkeit und verhindert zugleich das gemähte Korn, hinten von der Platform herunter zu fallen. Aus demselben Grunde ist die Rückseite der Platform noch mit einem Tuche **L** bespannt.

Soll die Maschine von einem Orte zum andern transportirt werden, so wird das Zahnrädervorgelege ausgerückt, indem man das Fußlager der Zwischenwelle N zur Seite bewegt; zu diesem Zweck hat man das Fußlager c an dem einen Ende eines Hebels d angebracht, welchen Fig. 11 für sich darstellt und welcher um seine Mitte um einen am Rahmen A befestigten Bolzen e drehbar ist. Das andere Ende des Hebels wird mittelst eines durch das Loch f gesteckten Bolzens am Gerüste befestigt; nimmt man diesen Bolzen heraus, so können die Räder leicht ein= und ausgerückt werden.

Ueber die Leistung dieser Mähmaschine theilt W. Day in einem Briefe an die Times unter Anderm folgendes mit: Auf Day's Farm in Farningham und auf Roß Mangles' Farm in Guildford wurden in Gegenwart der hauptsächlichsten Pächter in Kent Versuche angestellt, „welche so befriedigend ausfielen, daß sich bei Anwendung der amerikanischen Mähmaschine ein großer Nutzen für den Landwirth erwarten läßt." Day glaubt, daß die Maschine 12 Acres (1 Acre = 1,584 preuß. Morgen = 1,467 sächs. Morgen) per Tag abernten könne; aber selbst bei Annahme eines kleineren Werthes stellt sich immer noch eine Ersparniß von 40 Proc. heraus. Wenn z. B. die Maschine täglich mit zwei Pferden und zwei Männern 10 Acres aberntet, was eine sehr niedrige Abschätzung ist, so stellt sich folgendes Resultat heraus:

	Pfd.St.	Sh.	D.
Zwei Mann, pro Tag 2 Shill. 6 Pence	—	5	—
Zwei Pferde, pro Tag 5 Shill.	—	10	—
Miethlohn für die Maschine	—	10	—
Die Garben zu binden und in Haufen zu setzen, 10 Acre, à 3 Shill. 6 Pence	1	15	—
Summa	3	—	—

Nach dem bisherigen Verfahren würde das Mähen, Binden und Haufensetzen zu 10 Shill. pro Acre für eine gleiche Fläche 5 Pfd. St. kosten, so daß sich also eine Reinersparniß von 2 Pfd. Sterl. für einen Arbeitstag herausstellt. Daß man mittelst dieser Maschine an einem schönen Tage seine ganzen Felder mit Sicherheit abernten kann und gerade zu einer Zeit, wo gute Arbeiter oft schwer zu haben sind, ist ein anderer wichtiger Umstand.

LVI.

Getreidereinigungsmaschine von B. Hick und Sohn in Bolton.

Diese außerordentlich einfache und sehr wenig Raum einnehmende Maschine besteht in der Hauptsache aus zwei Conen, die durch dreikantige Feilen gebildet sind. Es sind nämlich diese Feilen mit ihren beiden Enden auf zwei Scheiben oder Ringen, welche die Basen des Conus bilden, so befestigt, daß zwischen je zweien derselben ein kleiner Zwischenraum bleibt. Zwei Seiten einer jeden Feile sind nach außen gerichtet, so daß der Conus außen cannelirt aussieht, innen dagegen keine Vorsprünge als die Zähne der Feilen hat. Die beiden Conen sind einander ganz ähnlich, nur ist der eine derselben um so viel kleiner, daß er nicht nur in dem andern Platz hat, sondern daß auch noch ein gehöriger Zwischenraum zwischen der innern Wand des äußeren Conus und der Cannelirung des inneren stattfindet. Dieser Zwischenraum kann durch Heben oder Senken des inneren Conus kleiner oder größer gemacht werden. Die verticalen Achsen der beiden Conen fallen in eine Linie zusammen, und der äußere derselben steht fest, während sich der innere rasch dreht. Das zu reinigende Getreide fällt durch eine Oeffnung am Deckel des feststehenden Conus in den Raum, welcher zwischen den beiden conischen Flächen gelassen ist, wird hier von den vorstehenden Kanten der Feilen ergriffen, gegen die rauhe Fläche des hohlen Conus geworfen, und überhaupt nach allen Richtungen hin abgerieben. Der Staub entweicht um so leichter durch die Oeffnungen zwischen je zwei Feilen, als die vorspringenden Kanten am inneren, rasch rotirenden Conus eine Art von Ventilator bilden, und einen Luftstrom erzeugen, der durch die erwähnten Oeffnungen zieht. Das gereinigte Getreide fällt durch ein Loch, welches am Boden des feststehenden Conus angebracht ist. Der Apparat, welcher kaum zwei Fuß Durchmesser haben mag, soll gegen 200 Bushels Weizen in der Stunde reinigen, und verspricht große Dauer, da wenige bewegliche Theile an demselben sind, und diejenigen, welche einer Abnutzung unterworfen sind, nämlich die Feilen, aus hartem Stahle bestehen. Außerdem können die Feilen dreimal umgelegt werden, so daß immer wieder eine stumpfe Seite durch eine scharfe ersetzt wird. Selbst dann, wenn die Feilen ganz stumpf

geworden sind, sind sie nicht verloren, da sie leicht von jedem Feilen=
hauer wieder aufgehauen werden können.

C. Walther.

LVII.

Ueber die Wahl der elektrischen Apparate zum medicinischen Gebrauch; von Hrn. Soubeiran.

Aus dem Journal de Pharmacie, Sept. 1851, S. 186.

Wenn man die galvanische Elektricität zur Heilung von Krank=
heiten anwenden will, so entsteht zuerst die Frage, ob es gleichgültig
sey, mit welcher Art von Strom elektrisirt wird. Hinsichtlich der Be=
quemlichkeit gewiß nicht. Die nach den bekannten Systemen construirten
galvanischen Batterien erheischen eine Sorgfalt und Aufmerksamkeit,
welche ihnen der Arzt selten widmen kann; ihre Wirkung nimmt rasch
ab; und wenu man statt der gewöhnlichen Apparate Batterien mit con=
stantem Strom anwendet, so erfordern diese ebenfalls viel Zeit zum
Zusammenstellen, veranlassen ebenfalls Kosten für die Substanzen zu
ihrer Unterhaltung, erheischen eine ziemlich häufige Erneuerung ein=
zelner Theile, und überdieß belästigen die sich aus ihnen beständig
entwickelnden Gase und Dämpfe. Aus diesen Gründen hat man
die nach diesem System construirten Apparate fast ganz aufgege=
ben. Um ihnen bei den praktischen Aerzten wieder Eingang zu ver=
schaffen, müßte man entweder einen Apparat herstellen, welcher diese
Mängel nicht hat, oder man müßte beweisen, daß die durch die Batterie
hervorgebrachten Ströme unter gewissen Umständen besondere und noth=
wendige Eigenschaften besitzen, die man in den Strömen andern Ur=
sprungs nicht wieder findet.

Anstatt der direct durch die Batterie erzeugten elektrischen Ströme
bedient man sich heutzutage kaum mehr anderer als der inducirten
Ströme. Sie besitzen die merkwürdige Eigenschaft, nur einen Augen=
blick zu dauern; sie folgen aufeinander, jedoch in Zeitintervallen. Durch
die eigenthümliche Einrichtung der Apparate kann man die Dauer dieser
Unterbrechungen reguliren, so daß sie entweder sehr langsam aufeinander
folgen oder im Gegentheil so schnell, daß sie einem continuirlichen
Strome gleichen.

Der inducirte Strom entſteht durch den Einfluß eines Stromes auf einen in ſeiner Nähe befindlichen Conductor. Ein erſter Metalldraht von ziemlich ſtarkem Durchmeſſer, mit Seide überſponnen und ſpiral= förmig gewunden, empfängt den Strom einer galvaniſchen Batterie; ein gleichfalls mit Seide überſponnener feinerer Draht iſt um den erſten Draht gewickelt. In dem zweiten Draht bildet ſich der inducirte Strom jedesmal, wenn der Strom der Batterie im erſten Draht unterbrochen oder wiederhergeſtellt (geſchloſſen) wird. Dieſes Syſtem hatten die Ge= brüder Bredon bei ihren erſten Apparaten angenommen, die bei den praktiſchen Aerzten gute Aufnahme fanden; und dennoch gaben es die Gebrüder Breton wieder auf, wegen der mit der Anwendung galva= niſcher Batterien verbundenen Uebelſtände. Dieſe Uebelſtände' vermin= derten ſich jedoch, weil ſchon eine ſchwache Batterie genügte, um ſtarke Wirkungen hervorzubringen, indem der inducirte Strom, welchen ſie erzeugt, viel ſtärker iſt als der urſprüngliche Strom, in Folge der In= buction, welche die Windungen des Conductors aufeinander ausüben, und die man dadurch noch verſtärken kann, daß man in die Spirale einen Cylinder von weichem Eiſen ſteckt. Derartige Apparate ermög= lichen eine manchmal nützliche Schnelligkeit in den Unterbrechungen, welche durch magneto=elektriſche Apparate nicht erreicht werden kann.

Bei den magneto = elektriſchen Apparaten wird der Strom durch die Wirkung eines Magnetes erzeugt, welcher ſich einer leitenden Spirale nähert oder von derſelben entfernt. Nähert ſich der Magnet derſelben, ſo geht durch die Spule ein nur einen Augenblick dauernder inducirter Strom; entfernt ſich hingegen der Magnet, ſo entſteht wieder ein in= ducirter Strom, aber in umgekehrtem Sinn. Oefter erſetzt man dieſe Vorrichtung durch ein weiches Eiſen, welches mit einer Spirale von Metalldraht umwickelt iſt und ſich den Polen eines Magnets ab= wechſelnd nähert und davon entfernt; oder der leitende Draht iſt um den Magnet ſelbſt gewickelt und das um ſeine Achſe ſich drehende weiche Eiſen begegnet nacheinander den Polen des Magnets und modificirt ihren magnetiſchen Zuſtand. Eine mechaniſche Vorrichtung regulirt die Bewegungen ſo, daß die Ströme mehr oder weniger raſch aufeinander folgen können. Der Apparat erfordert zu ſeiner Anwendung gar keine Vorbereitung; er iſt immer zum Dienſte bereit. Dieß iſt ohne Zweifel der Grund, warum man die nach dieſem Syſtem conſtruirten Apparate vorgezogen hat. Ich muß noch bemerken, daß der eine Spirale durch= laufende inducirte Strom auf eine andere Spirale wirken und in der= ſelben einen inducirten Strom zweiter Ordnung erzeugen kann, welcher beſondere, vom erſten ihn unterſcheidende Eigenſchaften beſitzt.

Ich berühre hier eine schwierige Frage, welche sich bei dem gegenwärtigen Standpunkte der Wissenschaft nicht vollständig lösen läßt. Einige unbestreitbare Anhaltspunkte können uns jedoch bei dem Studium der elektrischen Apparate leiten.

Obgleich die Physik wenig über die wahre Natur der elektrischen Ströme weiß, konnte sie doch einige wesentliche Unterschiede zwischen den Strömen verschiedenen Ursprungs feststellen. So werden in zwei aus denselben Elementen gebildeten Batterien, welche sich nur in ihrer Anordnung unterscheiden, die Erscheinungen der Quantität oder der Intensität vorherrschen. Muß man hierin nicht eine bloße Verschiedenheit der elektrischen Spannung erblicken, oder erleiden die Ströme — wie das Licht, wenn es durch gefärbte durchsichtige Körper bringt — eine Zerlegung durch die vielen Leiter, welche sie zu durchlaufen hatten; so daß sie nur mit denjenigen ihrer Theile wieder auftreten, welche allein die Hindernisse des Durchgangs zu überwältigen vermögen? Jedenfalls können wir die Wirkungen verschiedener Ströme wohl unterscheiden, wenn wir auch über ihre wahre Ursache im Zweifel bleiben. Die einen, die Quantitäts-Ströme, durchlaufen die metallenen Leiter von hinreichendem Durchmesser so zu sagen ohne Verlust, bringen die schönsten magnetischen Effecte hervor, erhitzen die metallenen Leiter, welche zu klein sind, um ihnen leichten Durchgang zu gewähren, sind aber chemischer Wirkungen beinahe unfähig. Die andern, die Intensitäts-Ströme, unterscheiden sich vorzüglich durch ihr Vermögen, die chemischen Verbindungen in ihre Elemente zu trennen.

Noch deutlicher tritt der Unterschied zwischen den Strömen verschiedenen Ursprungs hervor, wenn man sie nach den Metallen, z. B. Zink und Kupfer, vergleicht, durch deren Auflösung sie erzeugt werden. Während ein chemisches Aequivalent von jedem dieser zwei Metalle, wenn es sich in einer Säure auflöst, Ströme von gleicher Intensität gibt, deren jeder ein Aequivalent irgend einer chemischen Verbindung zu zersetzen vermag, sind dieselben Ströme in den Wirkungen der Quantität verschieden, denn der Zinkstrom besitzt ein ohne Vergleich größeres Vermögen zu magnetisiren.

Die Physik sagt uns noch nichts über die gegenseitigen Verschiedenheiten, mit welchen die inducirten Ströme je nach ihrem verschiedenen Ursprung auftreten können. Hinsichtlich ihrer Unterscheidung in physiologischer Beziehung hingegen verdanken wir den Arbeiten des Hrn. Dr. Duchenne[36] einige Fortschritte; er entdeckte an jedem Strome sehr

---

[36] Der galvanische Apparat mit doppeltem Strom von Dr. Duchenne ist S. 32 in diesem Bande des polytechn. Journals beschrieben.

merkwürdige Eigenschaften.   Seine Resultate lassen sich in folgenden Sätzen zusammenfassen.

Der mit der Batterie direct erhaltene Strom besitzt seine besonderen Eigenschaften. Beim Durchgang durch lebende Organe erzeugt er ein Gefühl von Wärme, welches man bei Anwendung der inducirten Ströme nicht bemerkt. An der Haut zeigt sich am auffallendsten diese Erscheinung, welche sich von bloßer Röthe bis zu tiefen, schmerzhaften Schorfen steigern kann. Die chemische Wirkung des Batteriestroms ist kräftig, weßhalb er da vorzugsweise zu wählen ist, wo das Blut in dem Sack einer Pulsadergeschwulst (Aneurisma) zum Gerinnen gebracht, irgend ein krankhaftes Gebilde zerstört, oder die Natur der Excretionen auf geschworenen Theilen verändert werden soll.

Außerdem besitzt der Strom der Batterie noch eine ganz besondere Wirkung auf die Netzhaut. Wenn man ihn auf die Gesichtsmuskeln oder sonst einen mit den Nerven des fünften Paares in Verbindung stehenden Theil anwendet, so wirkt er lebhaft auf das Gesichtsorgan, indem er Funken, Blitze und Flammen hervorbringt, die eine außerordentliche Intensität erhalten können. Diese Erscheinung zeigt sich mit Strömen, welche kaum so stark sind, um beim gesunden Zustand die Gesichtsmuskeln zusammenziehen zu können; sie sind daher zur Behandlung gewisser Lähmungen (Paralysen) dieses Theiles nicht zu brauchen. Ein Kranker war in Folge einer solchen Galvanisirung auf zwei Stunden erblindet, obwohl Hr. Duchenne beim Erscheinen der Flammen fast sogleich den Strom zu appliciren aufhörte.

Die inducirten Ströme besitzen Eigenschaften, welche sie von den Batterie=Strömen unterscheiden. Sie sind nothwendig intermittirend; ihre chemische Wirkung ist schwach, und bei ihrem Durchgang durch Organe lassen sie keine erwärmende Wirkung wahrnehmen. Es folgt daraus, daß sie nur da anzuwenden sind, wo man mit einer großen Intensität wirken muß, ohne eine Desorganisation hervorzubringen. Hierin liegt der Vorzug der Apparate, bei welchen der Batteriestrom durch die inducirten Ströme ersetzt ist. Noch mehr verdienen sie den Vorzug zum Elektrisiren der Gesichtsmuskeln, weil sie die oben erwähnte Wirkung der Batterieströme auf die Netzhaut in viel geringerem Grade besitzen.

Hr. Duchenne fand auch, daß selbst die inducirten Ströme, wenn sie verschiedenen Ursprungs sind, nicht gleiche Eigenschaften besitzen. Der eine von denselben bewirkt lebhafte Muskel=Contractionen, ist aber von geringer Wirkung auf die Empfindlichkeit der Haut. Dieß ist der inducirte Strom erster Ordnung, welcher in einer von dem Batterie= strom durchströmten Spule in dem Augenblick entsteht, wo man die Kette schließt oder unterbricht; derselbe Strom wird in einer Inbuctionsspule unter dem Einfluß eines Magnets erzeugt.

Wenn endlich unter dem Einfluß eines ersten inducirten Stroms (gleichviel ob galvano=elektrischen oder magneto=elektrischen Ursprungs) in einer zweiten Spule ein inducirter Strom zweiter Ordnung erzeugt wird, so charakterisirt sich dieser durch specielle Wirkung auf die Sensi= bilität der Haut, welche er so aufregt, daß seine Anwendung bei Per= sonen, deren Haut sehr reizbar ist, unterlassen werden muß.

Diese Beobachtungen des Hrn. Duchenne sind für die Wissen= schaft gewiß von großem Werthe und sollten bei Anwendung der Elek= tricität in der Therapie nie außer Auge gelassen werden.

Ferner lenkt Hr. Duchenne die Aufmerksamkeit der Aerzte neuer= dings auf die Nothwendigkeit, die Stärke der Ströme genau zu messen und nach der Empfindlichkeit der Individuen und der kranken Theile zu reguliren. Die Kenntniß der Stromstärke ist von besonderem Interesse, wenn es sich um Vergleichung der relativen Empfindlichkeit verschiedener Muskeln handelt. Mit jedem Apparat, welcher die Stärke des Stroms nicht mißt, lauft man Gefahr eine zu ungestüme oder eine unwirksame Anwendung der Elektricität zu machen.

Ganz besondere Aufmerksamkeit verdient nach Hrn. Duchenne die Unterbrechung (Intermittenz) der Ströme. Die continuirlichen Ströme finden beinahe keine Anwendung in der Medicin; man bedient sich ihrer nur, wenn man mittelst metallener Leiter eine chemische Reaction oder eine mehr oder weniger starke Ableitung veranlassen will, während man stets die intermittirenden Ströme anwendet, welche die Wirkungen der Contraction und der Sensibilität hervorzubringen geeignet sind. Die Intermittenzen sind in diesem Falle mit größter Aufmerksamkeit zu re= guliren. Indem man den Stößen ihre ganze Kraft erhält, müssen sie in beliebigen Zwischenräumen gegeben werden können. Intensive Ent= ladungen, welche zu rasch aufeinander folgen, können durch den Schmerz, welchen sie verursachen, unerträglich und gefährlich werden; und doch werden die Kranken eben so intensive Entladungen geduldig ertragen, wenn sie in gehörigen Zwischenräumen aufeinander folgen. Sehr auf= fallend zeigt sich dieß bei Kindern und sehr nervösen Personen; ohne große Intervalle müßte man bei ihnen auf die Anwendung der Elektricität verzichten.

Hat man nun einen elektrischen Apparat vor sich, so ist, um ihn zu prüfen und zu erfahren, welche Hülfe er zu leisten vermag, zu er= mitteln:

1) Ob er verschiedene Arten von Strömen zu unserer Verfügung stellt und welcher Art diese Ströme sind?

2) Ob er die erforderliche Kraft besitzt, um die Muskeln erreichen zu können, welche manchmal tief unter einem starken, mit Fettstoffen infiltrirten oder angefüllten Zellgewebe liegen; ob diese Kraft auch ge= mäßigt und gehörig gemessen werden kann?

3) Ob die Wirkung eine continuirliche oder intermittirende ist; wie lange die Unterbrechungen dauern und ob sie verzögert oder gehörig beschleunigt werden können?

4) Ob er eine lange Dauer verspricht und bequem anzuwenden ist; und endlich ob er in seiner Anwendung nicht von Seite des Arztes mehr oder weniger lästige Vorsichtsmaßregeln erheischt?

LVIII.

Das Portland= und Roman=Cement. Ein Beitrag zur Ge= schichte der Cemente oder hydraulischen Mörtel in Eng= land, nebst einem Anhange über die Theorie der Er= starrung der Mörtel und über den glänzenden Stucco der Alten; vom Conservator Dr. Schafhäutl.

Mit Abbildungen auf Tab. III.

(Schluß von S. 208 des vorhergehenden Heftes.)

Daß übrigens bei der Zusammensetzung dieser Cemente sehr viel Vorsicht anzuwenden ist, lehrt die Erfahrung Pasley's in Bezug auf den veränderlichen Kalkgehalt des Medwaythones. In den Jahren 1828 — 29 mußte er eilf Procent mehr Kreide zum Thone mengen als im Jahre 1836 um Cement von derselben Qualität zu erhalten.

Zum Pulvern der Kreide bedient man sich in England zweier sich um eine horizontale und dann verticale Achse drehenden verticaler (stehender) Mühlsteine, oder auch der sogenannten Schlamm=Mühle, wobei, während die Walzen die Kreide zerkleinern, das Wasser im Troge die feinen Kreidetheilchen mit sich fortnimmt, während das Gröbere und

Kieselige auf dem Boden des Troges liegen bleibt. Zum Mahlen des gebrannten Cements wendet man zuerst Quetschwalzen an, welche das zerdrückte Material einem horizontal sich drehenden Mühlsteine zufüh= ren. Der Läufer ist nur zur Hälfte und zwar am Rande scharf und hat ziemlich weit auseinander liegende Rillen oder Furchen, welche die Enden einer vom Mittelpunkte aus rabirenden etwas krummen Linie bilden.

Zum innigen Mengen des Schlammes mit der Kreide bedient man sich der gewöhnlichen in den Töpfereien üblichen Knetmühle (pugmill) mit einer verticalen sich drehenden Achse, an welcher rechtwinkelig etwa 8 zweischneidige Messer spiralförmig herumgestellt sind. Jedes dieser Messer trägt zwei vertical aufgesetzte Messer nach oben, und in den Zwischenräumen zwei nach unten. Nachdem die Kreide trocken gewogen ist, wird sie mit Wasser angerührt, bis sie einen steifen Teig bildet (dazu sind ungefähr $\frac{1}{4}$ Gewichts= oder $\frac{1}{6}$ Maaßtheil Wasser vonnöthen) und in Ballen geformt, von gleicher Größe mit den Ballen aus blauem Medwaython. In dieser Gestalt werden sie in die Knetmühle gebracht, die immer voll erhalten werden muß. Die Masse wird durch die schief gestellten beweglichen horizontalen Messer gemengt und nach unten ge= drängt, und zuletzt durch eine Oeffnung am Boden des Cylinders oder Fasses herausgedrückt.

Zum Brennen bedient man sich der continuirlichen verkehrt kegel= förmigen Kalköfen, deren jeder 70 — 90 Tonnen Rohmaterial faßt. Die gebrannten Stücke zieht man unten heraus und gibt frische mit Kohlenklein oben nach. Bei genauer Arbeit probirt man die ausge= zogenen Ballen mit verdünnter Salzsäure. Brausen sie stark, so wer= den sie oben wieder aufgegeben, brausen sie nicht, so sind sie hinlänglich gebrannt; sind sie dunkler als vor dem Brennen geworden oder zum Theil geflossen, so sind sie zu stark gebrannt und es müssen die einzel= nen glasigen Theile entfernt werden. Die gebrannten Ballen werden hierauf in die Mühle gebracht und das Pulver vor dem Zutritt der Luft bewahrt.

Das Pulver soll eigentlich ein unfühlbares seyn; je feiner das Cement gepulvert ist, desto größer ist seine Wirkung. Wird es mit so viel Wasser angemacht als nöthig ist, um die Masse in Ballen formen zu können, so werden die einzölligen Ballen warm und erreichen ihren höchsten Temperaturgrad innerhalb 7, 10 bis 12 Minuten nach dem Anfeuchten der Masse. Wird die Masse wirklich so heiß,, daß sie ein unangenehmes Gefühl in der Hand erregt und zieht dabei zu rasch an, so hat das Cement zu viel Kalk; werden sie hingegen nicht fühlbar warm und ziehen nur sehr langsam an, so haben sie zu wenig Kalk, dagegen zu viel Thon in ihrer Mischung.

Legt man die geformten Ballen, bevor sie wieder kalt geworden sind, ins Wasser, so sondert sich auch beim besten Cement eine Art Schlamm von den Ballen, der dann das Wasser trübe und schmutzig macht.

Die Einwirkung der Luft hat nachtheiligen Einfluß auf das gepulverte Cement. In dünnen Schichten der Luft ausgesetzt, verliert es in wenigen Wochen seine Eigenschaft unter Wasser zu erhärten; in großen Massen, wie in Fässern, wird höchstens die oberste Schichte verändert und schützt die darunter liegende gegen den fernern nachtheiligen Einfluß auf lange Zeit. Indessen kommt selbst in England manchmal durch langes Liegen verdorbenes Cement in den Handel, und man muß deßhalb beim Einkaufe von Cement sehr auf seiner Hut seyn, da es selbst dem gewissenhaftesten Fabrikanten nicht immer gelingt, stets gleich gutes Fabricat zu erzeugen.

Pasley sagt, daß das Cement Kohlensäure aus der Luft anziehe und dadurch als Cement unbrauchbar werde, ja er hat ein solches abgestandenes Cement durch nochmaliges Brennen wieder hergestellt.

Es kann aber noch eine andere Ursache geben, welche das Cement unbrauchbar macht. Es ist nämlich leicht möglich, daß unter dem Einfluß einer feuchten Luft eine wenn auch nur unvollkommene Verbindung des Kalkes mit der Kieselsäure vor sich gehe, wodurch das Cement unbrauchbar würde, ohne durch Brennen wieder hergestellt werden zu können.

Pasley gibt seinen Erfahrungen gemäß folgende praktische Vorsichtsmaßregeln beim Einkaufe von Cementen an, die sich übrigens aus der Natur der Sache von selbst ergeben.

1ste Regel. Man mischt Cement (vollkommen fein gepulvertes) mit gerade so viel Wasser, daß man dasselbe zu Kugeln formen kann, und macht sich vier oder fünf Probebällchen daraus, doch nicht größer als 1 Zoll im Durchmesser.

Sie werden nun, während sie anziehen, warm (heiß wie gesagt sollen sie nicht werden). Wenn sie wieder kalt geworden sind, was bei gutem nicht zu schnell anziehendem Cemente nach einer halben Stunde der Fall seyn wird, so legt man sie in Gefäße mit Wasser. Wenn sie nun unter Wasser fort und fort härter werden und im Verlaufe eines

Tages oder auch zweier Tage innen und außen sehr hart geworden sind, was ebenfalls mit den übrigen, die nicht unter Wasser gewesen sind, der Fall seyn muß, so ist das Cement gut. Haben die Ballen in dieser Zeit keine große Härte durch und durch erreicht, so ist das Cement schlecht und darf nicht verwendet werden.

2te Regel. Wenn die Probekugeln im Wasser nicht erhärten wollen, so muß man sehen, ob dieser Fehler von abgestandenem oder wirklich schlecht gemachtem oder auch verfälschtem Cemente herrühre. Man legt zu diesem Zwecke die eben besprochenen Ballen, nachdem sie trocken geworden, in einen gewöhnlichen Schmelztiegel und macht sie dann in einem Kohlenfeuer rothglühend, bis sie nicht mehr mit Säuren brausen.

Man reibt dann diese wieder gebrannten Kugeln in einer Reib=schale zum feinsten Pulver und formt sie mit Wasser wieder zu Kugeln. Verhalten sie sich dann in Luft und Wasser gemäß Regel 1, so ist dieß ein Zeichen daß das Cement ursprünglich gut war, aber durch Einwirkung feuchter Luft abgestanden sey.

Wird dagegen das Cement auch durch das wiederholte Brennen nicht besser, so ist es ein Zeichen daß das ursprüngliche zum Cement verwendete Material schlecht gewesen, oder daß bei künstlichem Cemente die Mischungsverhältnisse nicht gut getroffen waren, oder daß gutes Cement mit Erde und andern wohlfeilen Materialien verfälscht wor=den sey. [37]

Cement, das bloß durch Einsaugung von Kohlensäure abgestanden ist, kann durch Brennen wieder zu gutem Cement gemacht werden, in=dem man das Pulver wieder mit Wasser anfeuchtet, in Ballen formt und diese im Kalkofen neuerdings brennt. Wo man gutes Cement in der Nähe hat, lohnt natürlich diese neue Operation Mühe und Zeit nicht; wo man hingegen genöthigt ist das Cement von fernen Orten oder Ländern kommen zu lassen, wird man sich manchmal genöthigt sehen, das angegebene Verfahren zur Wiederherstellung der hydraulischen Eigenschaften des abgestandenen Cements anzuwenden.

---

[37] Das glaube ich dürfte wohl sehr selten vorkommen. Wir haben schon oben die Ursache erwähnt, die ein früher vortreffliches Cement so verderben kann, daß es durch Brennen nicht wieder herzustellen ist. Pasley, dem natürlich die chemische Theorie des Erhärtungsprocesses nicht bekannt war, konnte sich keine andere Ursache eines nicht wiedergutzumachenden Verdorbenseyns denken, als Beimischung fremder Körper.

3te Regel. Die verhältnißmäßige Abhäsionskraft der verschiedenen Cemente zu bestimmen. Die beste praktische Methode die Abhäsivkraft verschiedener Cemente zu prüfen ist nach Pasley, wenn man zwei kubische Steinstücke mit Cement zusammenkittet und dann die Kraft erforscht, welche nöthig ist die zwei Steine wieder von einander zu trennen. Man darf sich dazu nicht der Ziegel bedienen, denn diese brechen in der Regel eher als das Cement nachgibt.

Pasley nimmt deßhalb guten dichten Kalkstein und macht sich zwei Parallelepipeda von den Dimensionen der Lagerflächen der Ziegel= steine daraus, jedes 10 Zoll lang, 4 Zoll breit und 4 oder mehr Zoll hoch. Um diese Steine beim Versuche mittelst Zangen halten zu kön= nen, werden rechtwinkelige Zapfen= oder Hängelöcher in die Seiten der Steine gehauen, 1 Zoll breit und 7 tief, $\frac{1}{2}$ bis $\frac{3}{4}$ Zoll hoch, um das Gebiß der Zange aufnehmen zu können.

Die Flächen, welche aufeinander gekittet werden sollen, müssen mit einem halbzölligen Steinmeißel rauh gemacht werden, wie die Stein= metzen ihre rauhen Flächen überhaupt zu erzeugen pflegen. Man trägt das Cement immer sorgfältig auf beide zu vereinigende Flächen auf, macht die Mauern zuvor naß und taucht die Ziegelsteine zuvor $\frac{1}{2}$ Mi= nute in Wasser.

Um verläßige Resultate zu erlangen, darf man sich auf bloß eine Probe nicht verlassen; man hält deßhalb für jede Probe zehn solche Steinparallelepipeda vorräthig, die man für viele Proben brauchen kann, wenn man verhindert, daß sie nach dem Auseinanderreißen auf den Boden fallen.

Man nimmt nun einen bestimmten aber gleichen Maaßtheil gepul= vertes Cement für jede Fuge, und macht sie gerade vor dem Gebrauche mit dem bestimmten Quantum Wasser an, kittet nun die Steine mit dem frisch angemachten Cemente rasch zusammen (Pasley nahm für jeden Stein der oben angegebenen Dimensionen 10 Kubikzoll gepul= vertes Cement und mischte es vor dem Gebrauche nach dem Augen= maaße mit dem erforderlichen Wasser), und läßt sie zehn Tage in die= sem Zustande liegen, damit das Cement Zeit gewinne zu erhärten. Man hängt dann am einfachsten in zwei Zangen ein solches zusammengekitt= etes Steinpaar an einem Dreifuß aus drei Spießbäumen bestehend auf, hängt in das untere Zangenauge eine große Waagschale und be= schwert sie mit Gewichten so lange, bis die zwei Steine von einander getrennt sind.

Aus den zahlreichen Experimenten Pasley's ging nun das wich= tige Resultat hervor

1) Daß eins reine (nicht mit Sand gemengtes) Cement an allen Flächen, selbst an polirten granitischen, nahezu mit gleicher Kraft hafte.

2) Daß das Cement die Steinflächen in einem Zeitraum von 11 Tagen mit einer fünfmal größern Kraft zusammenhalte, als gewöhnlicher Mörtel nach 30 Jahren. Das Erhärten des Cements in Fugen geht weit langsamer vor sich als in der Luft oder frei unter Wasser. So wurden zwei zusammengekittete Ziegelsteine nach 39 Tagen noch mit 1717 Pfund auseinander gerissen; mit derselben Mischung zusammengekittete Ziegelsteine hielten dagegen nach 74 Tagen ein Gewicht von 4455 Pfund aus, und auch da brach nur der Ziegelstein während die Fuge noch fest war.

3) Daß Steinflächen, selbst wenn sie sehr groß sind, durch Cement mit demselben Vortheil zusammengekittet werden können, als Ziegelsteine und kleinere Steinflächen. Zwei große Beamleyfallsteine von 39 bei 29 Zoll Flächenseite hingen mit solcher Kraft zusammen, daß die Masse des Steines selbst nachgab und die Fuge unversehrt blieb. Nachdem man endlich die Steine durch Keile voneinander getrennt hatte, fand man daß in der Zeit von 45 Tagen der innere Theil des Cements nicht vollkommen hart geworden sey, und daß also bloß der äußere erhärtete Cementrand die Steine mit solcher Kraft zusammengehalten habe. Der General, dem die Theorie der hydraulischen Kalke wie allen Engländern unbekannt blieb, schreibt diese Ursache dem Mangel an Luftzutritt zu, während die wahre Ursache wahrscheinlich in der Unmöglichkeit lag, daß das Wasser aus dem Innern entweichen konnte, während die äußeren Theile der Fuge bereits erstarrten.

Man war lange der Meinung, daß man große Bausteine durch Cement nicht vereinigen könne, weil der hydraulische Kalk viel zu schnell anziehe, als daß man Zeit hätte, die großen Steinflächen vor dem Anziehen auf einander zu richten.

Aus Pasley's Versuchen geht indessen aufs unzweideutigste hervor, daß auch das in keinen Kugeln sehr rasch erhärtende Cement im Großen angewendet weit längere Zeit zum Erhärten brauche, nämlich 15 bis 20 Minuten. Wenn deßhalb die zu vereinigenden Steinflächen zuvor auf einander gepaßt und dann auf beide Steinflächen das Cement aufgetragen wird, so hat man hinlänglich Zeit, die Steine durch einen Flaschenzug auf einander zu legen ehe der Mörtel anzieht, was immer wie schon gesagt einen Zeitraum von 15 — 20 Minuten erfordert.

Pasley's Versuche lehrten ferner: daß der Zusammenhalt des Cementes in den Fugen selbst noch stärker ist, als seine adhäsive Kraft an die Steinflächen; denn werden die zusammengekitteten Steine endlich von einander gerissen, so löst sich das unversehrte Cement gewöhnlich bloß von den Steinflächen.

Man pflegt ferner die Cemente mit Sand zu vermengen, und in den Ankündigungen der Cementverkäufer ist gewöhnlich angegeben, wie viel Sand jede Sorte ihrer Cemente vertrage.

Nach den sorgfältigsten Untersuchungen P a s l e y 's verringert j e d e Beimischung von Sand die abhäsive Kraft des Cements, und es ist die in London gebräuchliche Mischung von gleichen Maaßtheilen Sand und Cement mehr als v i e r m a l schwächer, als reines Cement.

B r u n e l war deßhalb vollkommen gerechtfertigt, daß er bloß reines Cement zum Gewölbe des Tunnels nahm, obwohl man bei Wasserbauten die keine außerordentliche Festigkeit verlangen, wie Schiffswerften, Schleußen, ꝛc. die gewöhnlich übliche Mischung von Sand anwenden kann, weil dadurch die Kosten bedeutend vermindert werden, das Cement seine hydraulischen Eigenschaften nicht verliert, und dennoch mit dieser Beimischung fester ist als gewöhnlicher Kalkmörtel.

Gebraucht man das Cement als Anwurf (Stucco) wie das in England bei allen neuen Bauten der Fall ist, so muß das Cement mit Sand gemengt werden, um Riſſe zu vermeiden.

Die besten Verhältnisse sind 1 Maaßtheil s c h a r f e n n i c h t z u f e i n e n reinen Sandes auf 2 Maaßtheile Cement. Der Sand kann ohne Schaden so weit vermehrt werden, daß er an Maaß dem Cement gleich wird. Stucco wird schlecht, wenn der Sand an Maaß das Cement überschreitet. Je gröber und schärfer der Sand, desto besser. Der Cementanwurf darf nicht so lose angeworfen bleiben, wie gewöhnlicher Kalkanwurf, er muß vielmehr mit der Kelle angedrückt werden, noch ehe er anzieht.

Legt man mehrere Schichten über einander, so muß die zweite aufgetragen werden, bevor die erste vollkommen angezogen hat. War dieß letztere der Fall, so vereinigen sich die beiden Schichten nur schwach, und der Frost trennt sie gewöhnlich sehr bald, wenn sie dem Regen ausgesetzt waren.

Die Oberfläche alter Gebäude, wenn sie von Rauch und Zeit angelaufen sind, muß abgekratzt und rauh gemacht werden, ebenso der alte Mörtel aus den Steinfugen ½ Zoll tief herausgestochen und die Fläche wohl benetzt werden, wenn der Cementanwurf halten soll.

Eine weitere nicht minder wichtige Anwendung der hydraulischen Cemente ist die zur Hervorbringung künstlicher Steine, Gesimse, Leisten,

Ornamente. Auch hier werden Steine, aus hydraulischem Cement allein gemacht, die besten seyn, denn, wie wir im Laufe unserer Unter= suchungen gesehen haben: jede Beimischung von Sand vermindert die Festigkeit des hydraulischen Cementes; allein nur für kleinere Gegen= stände mit geformter Außenseite, wo scharfe Kanten nothwendig sind, und welche die Arbeit des Steinmetzes ersetzen sollen, erlaubt die Kost= spieligkeit der Cemente ihre unvermischte Anwendung.

Nach Versuchen, die Stärke oder den Zusammenhalt von Blöcken verschiedener Cemente durch Zerdrücken zu erforschen, die in Hrn. Gris= fell's Regents=Canal=Eisenwerken mittelst einer hydraulischen Presse angestellt wurden (im Juli 1848) ergab sich, daß ein Prisma aus reinem Portland=Cement 30 Tage alt, 18 Zoll lang und 9 Zoll Seite, bei einer Anwendung von $52\frac{1}{2}$ Tonnen zu splittern begann, und bei $56\frac{1}{4}$ Tonnen war das Prisma der Länge nach gespalten, aber bei 75 Tonnen oder 1555 Pfd. auf den Quadratzoll, noch nicht zerdrückt.

Ein Prisma, zusammengesetzt aus 1 Theil Portland=Cement und 2 Theilen Sand, 52 Tage alt, begann bei 30, 37 Tonnen an einer Ecke etwas zu reißen, und zersprang bei 45 Tonnen oder 1244 Pfund auf den Quadratzoll. Ein Prisma aus 1 Theil Portland=Cement und 3 Theilen Sand, 52 Tage alt, begann bei 15 Tonnen an einer Ecke zu splittern und wurde bei 25 Tonnen oder 691 Pfd. auf den Qua= dratzoll zerdrückt.

Die beiden Prismen wurden kurze Zeit nachdem sie verfertigt wa= ren, 7 Tage lang in Wasser gelegt. Das Prisma mit 2 Theilen Sand wog vor dem Einlegen $106\frac{1}{2}$ Pfd., nach 7 Tagen $107\frac{1}{2}$ Pfd. Das Prisma mit 3 Theilen Sand wog vor dem Einlegen 104 Pfd., nach 7 Tagen $105\frac{1}{2}$ Pfd. Das erste hatte demnach 1 Proc., das zweite Prisma $1\frac{1}{2}$ Proc. Wasser aufgenommen.

Eine andere Methode die relative Stärke von Cementprismen zu prüfen ist die, welcher sich vorzüglich General Treussart bediente. Man hängt ein Steinprisma an den Enden in zwei Bügeln auf, und legt in der Mitte einen andern Bügel an, der durch Waagschale und Gewicht so lange niedergezogen wird, bis das Prisma bricht. Die Kraft, welche erforderlich war Steinprismen in ihrer Mitte zu zer= brechen, hing zum Theil natürlich von der Güte des Cementes, zum Theil von Beimischungen von Sand ab.

Pasley nahm Sand von drei verschiedenen Dimensionen, aus Gründen welche wir bald kennen lernen werden. Der gröbste Sand, Grus, war nicht größer als eine Pferdebohne. Der grobe Sand ging durch ein Sieb mit Oeffnungen im Lichten zu $\frac{1}{8}$ Zoll, und der feinste Sand durch ein Sieb das 30 Maschen auf einen Zoll hatte.

Die Steine wurden in hölzernen Rahmen oder Formen gemacht, deren Seiten, von Keilen zusammengehalten, auseinander genommen werden konnten. Sie waren 4 Zoll lang, 2 Zoll breit und 2 Zoll tief im Lichten. Hierauf wurden Cement und Sand in Maaßtheilen auf einem Brette gemengt, mit Wasser wohl angemacht, dann in drei Portionen in die Form gebracht, sorgfältig eingerammt und dann die Oberfläche mit einem Streichholze geebnet.

Die Prismen mit einer Mischung aus Harwich = und Sheppey = Cement (Roman = Cement) gaben die besten Resultate bei:

1 Maaßtheil Cement,
1½ „ Grus,
1 „ grobem ⎫
1 „ feinem ⎬ Sand,

wo die Prismen bei 118 Pfd. brachen; dann

Cement 1 Maaßtheil
Grus 4 „
grobem Sand 1 „
feinem „ 1 „

wo das Prisma mit 102 Pfd. brach.

Weit schwächer war Portland = Cement aus 5 Maaßtheilen Kreide und 2 Maaßtheilen blauem Medwaython, denn die obigen Prismen brachen unter 20 und 27 Pfunden, und wenn sie 439 Tage alt waren und aus einem Gemenge von

1 Maaßtheil Cement,
4 „ Grus,
2 „ groben,
2 „ feinen Sandes

bestanden, unter einem Gewichte von 55 Pfund.

Dagegen brachen Prismen der besten Ziegelsteine von gleichen Dimensionen im Durchschnitt unter . . . . . . 752 Pfd.
mittelmäßiger Ziegelsteine erst unter . . . . . . 329 Pfd.
Gleiche Prismen von gewöhnlicher dichter getrockneter Kreide, wie sie aus den Kreidefelsen Englands gebrochen wird, brachen erst unter 334 Pfund.

18 *

Ueber die verhältnißmäßige Festigkeit von Roman=Cement und
Portland=Cement.

Das Portland=Cement begann in England und Deutschland in
den letzten Jahren sehr in die Mode zu kommen.   Zum Theile von In=
teresse, zum Theile von Liebhaberei getragen, wurden die guten Eigen=
schaften des Portland=Cements oft weit über alles Maaß erhoben und
die des Roman=Cements in eben dem Verhältnisse herabgedrückt.   So
wurden die obigen Zerdrückungs=Proben von Portland = Cement ver=
gleichungsweise mit Roman=Cement aus derselben Fabrik angestellt,
woraus sich dann ergab, daß die Zusammenhaltungskraft des reinen
Portland=Cements dreimal größer war als die des Roman=Cements,
des mit 2 Theilen Sand gemengten gar 15mal, und des mit 3 Theilen
Sand gemengten 8mal größer war als die von Roman=Cement.

Da die Bereitungsweise beider Cemente nicht angegeben war, da
die Fabrik, welche das Roman = Cement lieferte, den bedeutendsten
Handel mit Portland=Cement treibt, so läßt sich aus diesen Experi=
menten kein sicherer Schluß für die Praxis ziehen; denn wir kennen
die Güte des angewandten Roman=Cements gar nicht, und die Ex=
perimente sind so im allgemeinen angegeben, daß man sie als wissen=
schaftlich praktisches Resultat gar nicht brauchen kann.   Generalmajor
Pasley hingegen hatte bei allen seinen Versuchen kein anderes In=
teresse als die Wahrheit, und konnte kein anderes haben, da er nicht
für Gewinn arbeitete, sondern für die Welt.

Leider hat er keine Zerdrückungsversuche angestellt.   Glücklicher=
weise hat man aber in den Regents=Canal=Eisenwerken des Hrn. Gris=
sell auch Abhäsions=Versuche angestellt, und diese lassen sich deßhalb
mit Generalmajor Pasley's Versuchen recht gut vergleichen.

Nach den Versuchen in den Regents = Canal=Eisenwerken hing das
Roman=Cement am stärksten am Portland=Kalk und zwar mit einer
Kraft von 146 Pfd., dagegen Roman=Cement nur mit einer Kraft
von 25 Pfund.

An den Bramley=Fallsteinen brachen 36 Pfd. auf den Quadratzoll
den Stein und einen Theil der Fuge ab, während bei demselben Ex=
perimente Pasley's mit dem Harwich = Cemente (Roman=Cement),
das nur an den Rändern fest war, der Stein brach, ohne daß die Fuge
im geringsten beschädigt wurde.

Die Abhäsivkraft des besten Roman=Cements war hier bei einer
Quadratfläche von 1131 Quadratzollen, in Beziehung auf den weichen

innern größten Theil der Cementfläche auf 50 Pfd. per Quadratzoll herabgesunken, während bei den Versuchen in Hrn. Griffell's Eisenwerken bei einer kleinen Oberfläche von nur 36 Quadratzollen selbst mit Portland-Cement ein Theil des Steines und der Fuge mit 36 Pfd. nachgab.

Wenn die Fuge durchaus trocken geworden ist, rechnet Pasley 125 Pfd. Widerstand auf den Quadratzoll und er kam nach allen seinen mühevollen und umsichtigen Versuchen zu dem Resultate, daß sein Portland-Cement dem besten natürlichen Cemente, Roman-Cement aus Francis' und Whites's Fabrik völlig gleich komme, wenn es dasselbe nicht in manchen Fällen übertreffe, und darauf kann man sich in der Praxis ganz gut verlassen. Das natürliche Cement hat in jedem Falle mehr adhäsive Kraft, als die besten Ziegelsteine und selbst manche natürliche Steine Cohäsionskraft besitzen, wie z. B. der Bramley-Fallstein. Um Cementmauern niederzureißen, mußte man Schießpulver anwenden, und als die Mauer niedergerissen wurde, welche zur Verwahrung des Eingangs des Themsetunnels angelegt wurde, während die Fortsetzung der Arbeit im Stocken war, gaben weit eher die Ziegelsteine als die Cementfugen nach.

Im allgemeinen brauchen, wie wir schon erwähnt, Steinfugen von großer Oberfläche eine viel größere Zeit zum Erhärten als kleine, und in dieser Hinsicht gibt Pasley die Regel:

Die adhäsive Kraft der Cemente darf nicht nach der Oberfläche der Steine gerechnet werden, was nur angeht, wenn alle Fugen von gleichem Inhalt und von gleicher Zugänglichkeit für Luft sind. In der That verhält sich die adhäsive Kraft jeder Steinfuge gerade wie das Alter des Cements und verkehrt wie die Oberfläche der Fugen.

Mit der Verfertigung von Portland-Cement beschäftigen sich vorzüglich neben der Blashfield'schen Fabrik: John Bazley, White and Sons, Millbank-Street, London.

Die Engländer haben sich auf genaue analytische Untersuchungen ihrer Cemente gar nicht eingelassen. Was von ihnen nicht gethan worden, ist von Franzosen und Deutschen geschehen.

Das Portland-Cement ist indessen noch so unbekannt, wie wir im Eingang unserer Abhandlung bewiesen, daß man in Schriften nicht einmal seinen Namen, viel weniger seine Verfertigung und Analyse findet. Professor Pettenkofer in München war der erste, der eine genaue Analyse des Portland-Cements im Jahre 1849 in seinem Laboratorium machen ließ, um den Unterschied zwischen dem bayerischen natürlichen Cemente und dem englischen Portland = Cement herauszufinden. [38] Die Zusammensetzung ergab sich in folgender Weise:

Kalk	54,11
Bittererde	0,75
Kali	1,10 ⎫
Natron	1,66 ⎭ 2,76 Alkalien
Thonerde	7,75
Eisenoxyd mit Spuren von	
Manganoxyd	5,30
Kieselsäure	22,23
Kohlensäure	2,15
Phosphorsäure	0,75
Schwefelsäure	1,00
Sand	2,20
Wasser	1
	100,00.

Der starke Natrongehalt ist hier vor allem auffallend, und Pettenkofer schreibt diesem Natrongehalte die vorzüglichen Eigenschaften zu, welche das englische Portland=Cement vor dem gewöhnlichen in Bayern bereiteten natürlichen hydraulischen Cemente auszeichnen.

Ein gleichfalls unter Pettenkofer's Leitung analysirtes bayerisches Cement hatte folgende Zusammensetzung:

Kalk	52,11
Bittererde	3,05
Kali	1,00
Natron	0,25
Thonerde	3,38
Eisenoxyd mit Spuren von Man=	
ganoxyd	3,20
Kieselsäure	20,82
Kohlensäure	4,75
Phosphorsäure	2,55
Schwefelsäure	0,57
Sand	1,90
Wasser	6,00.

Dieses Cement war aus der Kreide oder vielleicht auch den jurassischen Mergeln der bayerischen Vorgebirge um Tegernsee gebrannt und hatte das unerwartet geringe specifische Gewicht von 2,723, während das Portland=Cement ein specifisches Gewicht von 3,05 besitzt.

Das geringe specifische Gewicht, der große Kohlensäure= und Wasser=
gehalt zeigen, daß der Mergel nicht genug gebrannt war, und das
Pulver durch Liegen an der Luft schon abzustehen anfing.

Ich habe mich durch zahlreiche Proben überzeugt, daß wir in un=
serem bayerischen Vorgebirge vom Bodensee bis an die östliche Gränze
unerschöpfliche Mergellager besitzen, von mir Fucoiden=Kalkmergel ge=
nannt [39], von welchem mehrere Schichten richtig gebrannt, eben so schnell
erhärtendes Cement geben als das Portland=Cement selbst.

Leider beschäftigen sich mit der Bereitung dieses wichtigen Handels=
artikels gewöhnlich Leute, welche mit den Bedingnissen, unter welchen
hydraulischer Kalk erzeugt werden kann, nicht oder nicht hinreichend
bekannt sind. Das Gelingen ihrer Operation hängt deßhalb vom Zu=
falle ab, so daß bald gutes bald schlechtes Product in den Handel
kommt.

Die oben angegebenen einfachen Merkmale Pasley's zur Er=
kennung eines guten hydraulischen Cementes dienen natürlich auch zur
Erkennung von hydraulischen Mergeln nach dem Brennen. Im allge=
meinen kann auch die sinnreiche Bemerkung von Schnißlein und
Frickhinger [40] leiten, daß, da die Ericeen Kieselpflanzen sind, folglich,
wo auf kalkigem Boden Ericeen vorkommen, ein Kalkmergel zu erwarten
sey.

Die Mergel müssen zuletzt noch durch Brennen in verschiedenen
Hitzegraden geprüft werden, und diejenige Hitze, deren Product die
Pasley'sche Probe am besten besteht, auch bei dem Brennen im Großen
so genau als möglich eingehalten werden.

Daß die specifische Dichtigkeit des Cementes wächst je stärker die
Hitze beim Brennen war, ist begreiflich, und so fand auch Pasley,
wie wir oben gemeldet, daß abgestandener Medwaython ein schwieriger
zu pulverndes, also dichteres Product lieferte als frischer Thon, obwohl
er auch gutes Cement von Lehm aus Lehmgruben erhielt, wenn er nur
fein genug vertheilt war. Daß ein Natron= und Kaligehalt als eine
Art von Flußmittel eine Art von Sinterung noch unter gewöhnlichen
Hitzgraden veranlassen müsse, wie Prof. Pettenkofer, sehr schön in
seiner oben erwähnten Abhandlung dargethan, ist einleuchtend, und in

---

[39] Geognostische Untersuchungen des südbayerischen Alpengebirgs. München,
1851, S. 22 und Tabelle II. B, S. 138.

[40] Die Vegetationsverhältnisse der Jura= und Keuperformation in den Fluß=
gebieten der Wörniz und Altmühl. Nördlingen, 1848, S. 49.

dieser Hinsicht wäre der Thon des Medwayflusses seines wahrschein-
lichen Natrongehaltes halber zum Portland-Cement der geeignetste.
Von großem Interesse würde die Analyse aller Thonarten seyn, welche
in England zu künstlichen Cementen verwendet werden. Ich hoffe diese
Arbeit mit der Zeit durchführen zu können, oder wenigstens zu veranlassen daß sie ausgeführt werde.

Künstliche hydraulische Cemente nach Art des Portland-Cementes
zusammenzusetzen, würde sich in Bayern bei seinem Reichthum an hydraulischen Mergeln der Mühe, noch mehr der Kosten nicht lohnen.

Schon in England ist das Portland-Cement bedeutend höher im
Preise als das Roman-Cement. Wenn der Bushel von Roman-Cement in der Blashfield'schen Fabrik 1 Shill. 6 Pence kostet, so
kommt der Büshel Portland-Cement auf 2 Shill. 3 Pence und in andern Fabriken auf 2 Shill. 6 Pence zu stehen.

Ueber das englische Concrete.

Concrete (künstlicher Stein) der Engländer, ist eine Art Béton
der Franzosen. Es besteht aus einem Gemenge von gewöhnlichem Mörtel
mit größern Steinen, Grus, das man in verlorenen Formen oder Verschalungen aus Holz (unsere Gußmauern) oder in bleibenden, aus Ziegel-
oder Quadermauern (unsere Futtermauern) bestehend, erstarren läßt.

Die Römer, die Mauren und auch die alten englischen, deutschen
Baumeister wendeten diese Art von Stein zu ihren Bauten an. Man
findet Mauern alter Burgen im Norden nicht selten zum Theil wenigstens aus diesem Gemenge bestehend, z. B. Kendal Castle; auch mehrere
ältere und neuere Werke handeln vom Béton, z. B. Belidor; indessen
war dieser Mörtel in England in der neuesten Zeit ganz vergessen, bis
ihn ein Zufall wieder, seit etwa 1812, zu Credit und sogar in die
Mode brachte.

Als die Arbeiter den Grund für einen der Pfeiler der Waterloo-
Brücke ausgruben, fanden sie den Grund gerade hier aus einem festen
Conglomerat von Grus bestehend, während der letzte im übrigen Theile
des Flußbettes vollkommen lose war; Nachforschungen ergaben sehr bald,
daß an dieser Stelle ein Schiff mit einer Ladung von Aetzkalk versun-
ken sey, der sich während des Löschens in einem breiartigen Zustande
zwischen die losen Rollsteine gelegt und erhärtend dieselben zu einem
Conglomerate verbunden hatte. Der bekannte Baumeister dieser Brücke,
John Rennie, erzählte diesen Vorfall dem gegenwärtigen Sir Robert
Smirke.

Die größte Strafanstalt in London an dem linken Ufer der Themse, Millbank Penitentiary, war auf einem sehr sumpfigen Grund erbaut, die Grundmauern eines Theiles des Gebäudes begannen deßhalb zu sinken, als der zu Rath gezogene Sir R. Smirke beim übrigen Theil des Gebäudes, sich an Rennie's Bemerkungen erinnernd, den Grund aus einem Gemenge von Kalk und Gerölle goß, eine Methode die sich so sehr bewährte, daß dieser Baumeister den Grund zu allen seinen Bauten aus Concrete machte, die nie ihren Dienst versagten. Das neue schöne Customhouse (Zollhaus) im Hafen von London 1814 auf einem Pfahlrost erbaut, gab ein neues Beispiel der guten Dienste, welche das Concrete zu leisten im Stande ist. Der mittlere Theil des Pfahlrostes war gesunken und zwar so, daß der Boden des im mittlern Theil des Gebäudes befindlichen 190' bei 66' haltenden langen Saales einstürzte und das ganze Gebäude in Gefahr gerieth.

Sir Robert Smirke wurde in diesem mißlichen Falle zu Rathe gezogen, und um nur wenigstens die Seitenflügel zu erhalten, unterbaute er alle Mauern in einer Breite von 12 Fuß mit Concrete, das er auf dem Geschiebe des Grundes in einer Tiefe von 12 Fuß aufsetzte, so daß die gegenwärtige Fronte des Gebäudes von seiner Restauration herrührt.

Seit dieser Zeit wurde das Concrete von allen Architekten nicht allein zu Grundbauten, sondern auch zu Füll= und Hinterbauten (Futtern) von Werft=Mauern und Kai's, ja zuletzt sogar zu künstlichen Steinen und ganzen Mauern, Gewölben und Häusern angewendet.

Nach Smirke's Vorgang ist das Concrete gewöhnlich aus frisch gebranntem und fein gepulvertem Kalke bestehend, der trocken mit Grus und Sand gemengt wird, worauf man erst Wasser hinzufügt und das Ganze so rasch als möglich von zwei Arbeitern in der Nähe des ausgegrabenen Grundes zu einem steifen Brei anrühren läßt, der dann ohne Säumen so rasch als möglich von einem temporären Gerüste und so hoch als möglich in den ausgegrabenen Grund geworfen wird. Was sich durch den Fall nicht festgedrückt hat, wird geebnet und gerammt oder festgestampft.

Das Gemisch erhitzt sich mäßig während des Löschens des Kalkes, und beginnt so rasch anzuziehen, daß, wenn nur die Masse gehörig geebnet ist, man ohne Gefahr mit dem Mauerwerk auch des größten Gebäudes beginnen kann.

Man bedient sich hier stets des gewöhnlichen Kalkes, der nicht zu mager, oder strong (stark) ist, wie ihn die Engländer nennen. Sie bezeichnen nämlich Mauerkalke, welche als Mörtel besser der Einwirkung

des Wassers widerstehen als reiner Kreide=Kalk, aber dennoch nicht für
sich unter Wasser erhärten wie Cement — mit dem Namen Wasser=
kalke (waterlimes), und unterscheiden sie, je mehr sie sich dem Cemente
nähern, durch das Wort stärker (stronger.) In London werden sie
von den Maurern auch Steinkalk genannt, hie und da thonige
Kalke. Alle diese Wasserkalke löschen sich noch mit Wasser, jedoch
nicht ganz so rasch und aufschwellend [41] als reiner Aetzkalk, und sie löschen
sich desto langsamer, je mehr sie sich dem Cemente nähern.

Wenn man den gepulverten Aetzkalk dieser Wasserkalke mit etwa
$1/3$ Maaßtheil Wasser zu einer Kugel formt und sie ins Wasser legt, so
dehnt sich die Masse aufschwellend aus und zerfällt zuletzt in Stücke.
Das geschieht stets, jedoch früher oder später, je nachdem der Wasser=
kalk schwächer (fetter), oder stärker (mager) ist.

In England bilden ein häufig gebrauchter Kreidemergel, in der
Nähe von Halling gebrochen, und der blaue Liaskalk die Gränzen
von fettem Kalk und Cement.

Eine einzöllige Kugel von Halling=Kalk schwillt während $1\frac{1}{2}$ Stun=
den unter Wasser zu ihrem doppelten Durchmesser auf, wird also acht=
mal größer und fällt dann sogleich in Stücke, und zwar unter Ent=
wicklung von so viel Hitze, daß das Wasser in dem Gefäße warm
wird.

Der blaue Liaskalk dagegen, in derselben Weise behandelt, zieht
unter Wasser rasch an, und nur mit der Zeit, das heißt nach meh=
reren Tagen, beginnt er etwas zu schwellen, was sich durch zahl=
reiche Risse an der Oberfläche kund gibt, worauf er zuletzt auch in
Stücke fällt.

In England gehören zu den Wasserkalken alle gefärbten Kreide=
oder Kalksteine. Die aus der Kreideformation geben die schwächsten,
die aus der Liasformation die stärksten Wasserkalke.

Die obere Kreide, weiße Kreide, gibt reinen Aetzkalk. Die untere
Kreide (lower chalks, Kreidemergel) ist gefärbt, gewöhnlich grau
oder bläulich=grau (grey chalks) und gibt wegen ihres obwohl ge=
ringen Thongehalts Wasserkalk.

---

41 Ein Kubikfuß reiner Aetzkalk in Stücken von der Größe einer Mannsfaust
wiegt im Durchschnitt 35 Pfund und ist aus 63 Pfunden kohlensauerm Kalk ent=
standen. In Pulver verwandelt nimmt er natürlich weniger Raum als einen Ku=
bikfuß ein, wenn er jedoch gelöscht und successive in ein trockenes Hydrat verwandelt
wird, wozu etwa $2\frac{1}{2}$ Stunden nöthig sind, so nimmt er mehr als $1\frac{1}{2}$ Kubikfuß
Raum ein.

Dahin gehören in' England vorzüglich die geschätzten Halling=
Kalksteine am linken Ufer des Medway=Flusses oberhalb Rochester,
auch bei Burham am rechten Ufer desselben Flusses; dann der Dor=
king= oder Merstham=Kalk aus derselben Gegend. Alle diese Kalke
gehören zu den schwächsten=Wasserkalken; da hingegen die blauen Lias=
kalke von den entgegengesetzten Ufern des Bristol=Canals bei Watchet
in Sommersetshire und Aberthaw in Glamorganshire, dann noch zu
Lyme Regis in Dorsetshire die stärksten Wasserkalke bilden.

Sie vertragen im umgekehrten Verhältnisse ihrer Thonerdegehalte
weniger Sand, während der reinste Kreide=Kalk die größte Quantität
verträgt. So hat Pasley aus einer Menge von Versuchen den Schluß
gezogen, daß 1 Kubikfuß frisch gebrannter Kalk, in Stücken nicht grö=
ßer als eine Mannsfaust, der 35 Pfund wiegt, mit 3½ Fuß gutem
scharfem Flußsand und ungefähr 1⅕ Kubikfuß Wasser wohlvermengt
3½ Kubikfuß des besten Mörtels gaben, der mit diesem Kalke hervor=
gebracht werden kann.

Die Maurer in England gebrauchen indessen weniger Sand, 2
Theile nämlich zu 1 Theil Kalk, weil sie weniger Mühe im Mengen
haben, rascher fertig werden, und der Kalk leichter zu verarbeiten
(länger oder zäher) wird, obwohl diese Mischung nicht so gut ist als
die erste.

Unerläßlich ist, daß das Concrete=Fundament stets breiter sey als
die Mauern, die darauf gesetzt werden. Bei großen Gebäuden pflegt
man auch die ganze Grundfläche, welche das Gebäude einnehmen soll,
mit dem Concrete auszufüllen. Die erfahrensten Baumeister stimmen
darüber überein, daß das Concrete nie weniger als 4½ Fuß Tiefe
haben soll, eben so braucht es nie tiefer als 6 — 7 Fuß zu seyn,
wenn man nicht etwa in etwas größerer Tiefe auf einen festen Grund
gelangen kann.

Der Nutzen des Concrete schien so schlagend, daß man bei seiner
Anwendung zu Grundmauern nicht mehr stehen blieb. Der Architect
Thomas Cooper zu Brighton hatte den kühnen Gedanken, die ganze
Mauer gegen die See an der östlichen Klippe zu Brighton aus Con=
crete in einzelnen Theilen zu gießen, und zwar in derselben Weise wie
der Tapia= und Pisé=Bau in Spanien und Frankreich seit undenklichen
Zeiten ausgeführt wird.

Die Kisten oder Rahmen (Verschalungen), in welche das Concrete
gegossen ward, waren 20 Fuß lang und 4 Fuß hoch, so daß man in
dieser Weise eine Mauer in successiven Operationen zu Wege brachte,

die an manchen Stellen 60 Fuß hoch, unten 22½ Fuß und oben 2½ Fuß dick ist.

Hierauf folgte Ranger, der in zerlegbaren hölzernen Formen gewöhnliche Mauersteine und auch große Blöcke aus Concrete machte, und sich sein Verfahren patentiren ließ, was übrigens gar nichts Abweichendes von dem bisher beschriebenen Verfahren hatte, ausgenommen daß er sich zum Anmachen des Gemisches des heißen anstatt des kalten Wassers bediente, was den einzigen Vortheil hat, daß das Gemenge schneller erstarrte, und man also weniger Formen nöthig hatte. Eine halbe Stunde nach dem Gießen aus den Formen genommen, müssen die Steine nur zwei oder drei Monate stehen bis man sie mit Sicherheit gebrauchen darf. Eine Menge Häuser wurden in London aus diesen Steinen erbaut, wovon ich nur das berühmte Collegium der Chirurgen (College of Surgeons), Lincolns-Inn-Fields, anführen will.

Der Admiralitäts-Architekt Taylor hatte ferner den riesigen Gedanken, die größten Kais- und Schiffswerftmauern aus den künstlichen Steinen nach Ranger's Patent aufbauen zu wollen. Er führte seine Idee auch aus, nur daß er, was unerläßlich war, die der See ausgesetzte Seite seiner Mauern in den Docks mit Granit bedeckte und schützte.

Ja sogar ein Gewölbe für Casematten, 18 Fuß lang, 5 Fuß hoch und 6 Fuß dick über der Krone des Bogens, ward vom Anfang Februar bis 17. März zu Woolwich gebaut und zwei Monate darauf mit schwerem Wurfgeschütz und Kanonenfeuer geprüft; 13zöllige Bomben drangen nicht tiefer als einen Fuß in das Gewölbe, obwohl das Innere desselben noch ganz weich war.

Die Vorschriften Ranger's und andern in Hinsicht auf die Mischungsverhältnisse sind 6 — 8 Theile Grus und Sand mit 1 Theil gepulverten und gesiebten Aetzkalks. Mergel mit hydraulischen Eigenschaften vertragen weniger Sand.

Es ist durchaus nothwendig, daß der Sand aus größern Steinen, Grus und aus kleinern Sandtheilchen bestehe, sonst erhält man auf einer Seite nichts als Mörtel, auf der andern Seite würde gar kein Zusammenhalt bewirkt werden können.

In Hinsicht auf den gepulverten Kalk scheint es jedoch wohlfeiler und besser, wenigstens bei Mauern an der Luft, den Kalk zuvor zu löschen, mit feinem Sand zu Mörtel zu machen und dann erst den Grus mit dem Mörtel zu vereinigen. Die große Seemauer zu Brighton, von welcher wir oben sprachen, ist aus einem Concrete dieser Art gemacht. Ja nach den sorgfältigen Untersuchungen Pasley's soll zu künstlichen Steinen durchaus kein gepulverter Aetzkalk genommen werden, weil er sich nie vollkommen und gleichzeitig löscht und nach der Hand während des allmählichen Löschens unganze Stellen im Steine veranlaßt.

Es ist hier wieder zu bemerken, daß die eigentlichen Cemente viel zu kostspielig sind, um, bestimmte Fälle ausgenommen, zu künstlichen Steinen und Concrete mit Vortheil verwendet werden zu können.

Nach Pasley's Untersuchungen sind die Steine aus Cement, wie wir schon früher gesehen haben, in Bezug auf ihre relative Stärke viel schwächer als selbst dichte Kreide, und Concrete aus gewöhnlichem reinem oder etwas mergeligem Kalke sind eben so fest als die, bei denen Cement angewendet worden ist.

Ein Gemenge aus 1 Maaßtheil Halling=Kalkpulver und 3½ Maaßtheilen groben Sandes brach bei einem Gewichte von 211 Pfunden. Von dem blauen Liaskalf 1 Maaßtheil, 4⅔ Maaßtheile Grus und 1⅓ feinen Sandes brachen mit 188 Pfd.; also waren alle diese stärker, als die oben angeführten mit Cementpulver.

Nach allen Erfahrungen kommt Pasley zu dem Schlusse: „Concrete, wenn es innerhalb gewisser Gränzen angewendet wird, ist ein sehr vorzügliches und brauchbares Baumaterial, vorzüglich z. B. zu Grundmauern auf sandigen Inseln, wo weder Ziegelthon noch Steine überhaupt zu haben sind, auch für Hinter=, Füll= und Böschungsmauern; ich halte es aber verwerflich für alle Frontmauern, die der Wirkung des Seewassers, der Ebbe und Fluth ausgesetzt sind, und würde selbst eine Ziegelmauer mit Cement angeworfen jedem künstlichen Steine vorziehen."

Eine andere Art von Concrete wird in England erzeugt durch eine uralte Manipulation, die man grouting nennt. Es entstehen dadurch wahre Gußmauern, die gleichfalls schon im höchsten Alterthume verwendet wurden.

Man legte nämlich bei den Mauern aus irregulären Steinen gebildet nur die Außenmauern jeder Lage in Mörtel, füllte die Zwischenräume mit Steinen und Geschieben aus, und goß dann flüssig gemachten Aetzkalk entweder mit oder ohne Sand gemengt hinein, der alle leeren Räume ausfüllte und zuletzt die einzelnen Stücke zu einer sehr festen Masse zusammen kittete. So schritt man dann mit einer neuen Lage in die Höhe, bis die Mauer beendigt war.

Auch diese alte Art der Mauerung wurde in den neuesten Zeiten bei den größten Bauten Englands aus Ziegelsteinen angewendet. Man macht nämlich auf dem Theil der vollendeten Mauern ein Bett aus gewöhnlichem Mörtel und legt zuerst die Ziegelsteine der beiden äußern Seiten darauf, so daß eine Art Canal in der Mitte offen bleibt; man gießt nun Wasser über die Mauer, rührt dann den Mörtel mit so viel Wasser an, daß er ausgegossen werden kann, und gießt ihn rasch auf die ohne Mörtel gelegten Ziegelsteine, so daß er alle leeren Zwischen= räume zwischen ihnen ausfüllt. Man hat nämlich häufig die Bemer= kung gemacht, daß bei vielen Mauern die verticalen Fugen oft ohne allen Mörtel, also vollkommen trocken waren. Man sieht leicht ein, daß auf diese Weise alle Fugen mit Mörtel ausgefüllt werden müssen, und die Erfahrung hat gelehrt, daß dieser flüssige Mörtel alle vertica= len Fugen mit derselben Kraft verbindet, als der gewöhnliche die hori= zontalen Fugen.

Die Mauern des brittischen Museums sind durch den oft genann= ten Baumeister Sir Robert Smirke in der eben beschriebenen Art mit Gußmörtel hergestellt worden. Bei der wenigstens 2½ Ziegelsteine dicken Mauer wurde jede Lage mit Gußmörtel versehen, bei den schmä= lern Zwischenmauern wurde diese Operation jedoch nur bei jeder drit= ten oder vierten Lage angewendet.

Zum Schlusse will ich noch von einer Art von Fugenmörtel, in England sehr häufig angewendet, sprechen, da er dennoch für manchen Leser einiges Interesse haben könnte.

Da in England die meisten Mauern gewöhnlich keinen Anwurf erhalten, so werden die Steinfugen häufig und wohl am besten mit Cement herausgeputzt. In der Regel bedienen sich indessen die Maurer eines Fugenmörtels (pointing mortar) aus einem Theil Aetzkalk, 1 Theil Sand und 2 Theilen gesiebter Steinkohlenasche, der sehr fest wird und der Fuge ein etwas dunkleres Ansehen gibt.

Ein gewisser Martin aus Derbyshire erhielt im Jahre 1834 unterm 8. October ein Patent auf eine Mischung aus Aetzkalk, schwe= felsaurem Eisenoxydul und Potasche. In Blashfields Fabrik kostet der Bushel 4 Shilling; im Jahr 1836 erhielt auch Troughton ein Patent für künstliche Steine.

Am meisten angewendet wird gegenwärtig Keene's Marmor= Cement, das im Jahre 1838 am 27. Februar für Keene, Wyne und Greenwood ꝛc. patentirt wurde, das jedoch nur für Auskleidung innerer Räume gebraucht werden kann, da seine Grundlage Gyps ist.

Es beruht auf der zuerst von Pauware angeregten Kunst, den Gyps zu härten, indem man sein salinisches Wasser durch ein Salz ersetzt. Der Gyps wird nämlich gelinde gebrannt, bis er sein Wasser verloren hat, und dann in Tröge mit Alaunlösung geworfen. Wenn er sich vollgesogen hat, wird er noch naß neuerdings in den Ofen gebracht und gebrannt. Die oben angeführte Firma, welche ihr Port-land-Cement in London bereitet, ist auch Eigenthümerin von Keene's Marble-Cement geworden.

In Blashfields Fabrik kostet der Bushel 4 Shillinge und die allerfeinste Sorte in John Bazley White's Fabrik beinahe 8 Shillinge.

Wahrscheinlich um mit Keene's Cement nicht in Collision zu kommen, nahm Vincent Bellman in London und Keating unterm 11. Februar 1846 ein Patent auf sein Parian-Cement. Die Grundlage ist Gyps und die Bereitung des Parian-Cementes beruht auf denselben Principien wie Keene's Verfahren.

Indessen, statt in Alaunlauge wirft er den seines Wassers durch Glühen beraubten Gyps in eine Lösung von 5 Pfund Borax oder gar Borarsäure in 6 Gallons Wasser, gemischt mit einer Lösung von 5 Pfd. Weinstein in 6 Gallons Wasser. Wenn sich der Gyps vollgesogen hat, werden die Gypsstücke noch naß in den Ofen gelegt, der so geheizt ist, daß die Rothgluth bei Tage sichtbar ist. Nach 6 Stunden werden sie herausgenommen und dann gemahlen.

Alle diese empirischen Vorschriften haben Elsner's Untersuchungen überflüssig gemacht, und der mehrerwähnte Blashfield hat mehrere Club-häuser in London mit einem Gypsmarmor ausgekleidet, der, was Härte und Schönheit betrifft, vom Marmor selbst kaum unterschieden werden kann, und einfach aus Gyps mit Leimwasser und ein wenig schwe-felsaurer Zinkoxydlösung zusammengesetzt ist.

Anhang.

Ueber die Theorie des Erstarrens (Anziehens) und Hart-werdens der Mörtel und über den glänzenden Stucco der Alten.

Die Ursache der Erstarrung (des Anziehens) des Mörtels sowohl als des hydraulischen Kalkes hat noch immer keine genügende Erklärung gefunden.

Die Chemie beschäftigt sich vorzüglich mit der Wirkung von Kör-pern auf einander, die entweder durch Wasser oder Feuer in einen Zustand von vollkommener Flüssigkeit versetzt sind. Corpora non agunt

nisi soluta ist der alte Wahlspruch aller Chemiker und bei allen Leh=
ren von chemischer Verwandtschaft wird dieser Flüssigkeitszustand der
Körper stillschweigend vorausgesetzt.

Vollkommene Verschiebbarkeit der Molecule, ohne Veränderung
ihres gegenseitigen Abstandes, also stabiles Gleichgewicht bloß in Be=
ziehung auf die Entfernung der Molecüle von einander, und nicht in
Hinsicht auf ihre Position, sind Grundbedingung des vollkommenen
Flüssigkeitszustandes aller Körper, und gelten auch in Beziehung
auf den Zustand von vollkommenen Lösungen.

Der zweite Zustand, in welchem die Körper erscheinen, der Zu=
stand der Festigkeit, hat für den Chemiker bei seinen Operationen
nur eine secundäre Bedeutung, und der dritte mittlere Zustand zwischen
Flüssigkeit und Festigkeit ist einer speciellen allgemeinen Aufmerksamkeit
noch kaum gewürdigt worden.

Er ist es aber gerade, wo das Verhalten der Körper nicht allein
von der Stabilität des Gleichgewichtes in Hinsicht auf die Entfernung
der Molecüle von einander abhängt, sondern wo sich der Einfluß
der relativen Position der Molecule gegeneinander geltend zu machen
beginnt.

Berthollet, der in seinem berühmten Werke (1803) Essai de
statique chimique zuerst die Erscheinungen chemischer Verwandtschafts=
kräfte auf einfache mechanische Principien zurückzuführen versuchte, und
unbestreitbar darthat, daß die Intensität chemischer Verbindungskräfte
nicht allein von dem Grade der Verwandtschaft, sondern auch von der
Masse abhängt, betrachtete den Einfluß von Flüssigkeit und Festigkeit
bloß in Hinsicht auf die Verbindung einzelner Körper unter sich in be=
stimmten oder innerhalb gewisser Gränzen in unbestimmten Verhältnis=
sen, und es muß deßhalb noch eine Lehre von den Verbindungen weicher
Körper mit einander eine Staito=Chemie im Gegensatze zur Hygro=
Chemie geschaffen werden, die namentlich für die Theorie der chemischen
Verbindungen, wie sie aus dem großen Laboratorium der Natur hervor=
gehen, allein den Schlüssel liefern wird.

Es ist eine längst bekannte Thatsache, daß wenn man gewöhnlichen
guten Mörtel in dünnen Lagen auf einer Steinfläche ausbreitet, oder
diesen gewöhnlichen Mörtel nur mit größeren Steinbruchstücken oder auch
Rollsteinen mengt, das Gemenge in wenigen Minuten seine Ductilität
verliert und erstarrt, was man in der technischen Sprache in Deutsch=
land anziehen, in England set (setting) nennt. Smeaton sagt
sehr wahr: „Anziehen (setting) bezeichnet den ersten Schritt oder Grad

des Erhärtens; indessen bildet der Kalk, obwohl er seine Ductilität verloren hat, in diesem Zustande eine sehr zerreibliche Substanz."

Stört man den Zusammenhang des Mörtels in diesem Zustande, nachdem er nämlich angezogen hat, so nimmt er seinen frühern Zusammenhang nicht mehr an, und er hat deßhalb seine Bindekraft verloren. Ganz dasselbe findet beim hydraulischen Kalke statt.

Es ist ebenso bekannt, daß als Sand jedes keine Steinfragment von der Größe groben Sandes gebraucht werden kann.

Die Römer bedienten sich zu dem glänzend polirten Stucco, mit welchem sie ihre Zimmerwände überzogen, bloß des gröblich gepulverten Kalkspathes, oder auch krystallinischen Marmors der in den Werkstätten der Marmorarbeiter abfiel.

Vitruv gibt zur Verfertigung dieses Stucco-Mörtels die einfache praktische Vorschrift, den Sumpfkalk so lange mit dem Kalkspathpulver zu vermengen, bis er nicht mehr an der Kelle hängen bleibt. Dieß beginnt sich nach meinen Versuchen zu zeigen, wenn man unter einen Maaßtheil dicken Kalkbreies (gewöhnlichen Sumpfkalkes) gegen ¾ Theile groben Marmorsandes mengt. Die Gränze tritt bei zwei Theilen Marmorpulvers ein. Da ist der Mörtel nach dem technischen Ausdrucke sehr kurz.

Vitruv's gibt im Capitel VI Buch VII die Anweisung dreierlei Lagen von diesem Stuccomörtel über einander zu legen. Die erste von dem gröbsten Marmorpulver, die zweite vom mittlern und die dritte von dem feinsten, wobei jede Lage vor dem Auftragen der neuen fest geschlagen (subactum) und wohl gerieben werden muß (Cap. III), dieß alles aus dem Grunde, daß der Ueberzug nicht reiße und zuletzt einen schönen Glanz annehme.

Bei den schönsten von mir untersuchten römischen und pompejanischen Stuccos konnte ich indessen nur zwei Lagen wahrnehmen, eine gröbere dickere und eine äußerst dünne feinere.

Nach meinen Versuchen ist ein Theil Marmorstaub das beste Verhältniß für den letzten feinern Ueberzug.

Dieser eigentliche Stucco wurde noch auf einen Untergrund (arenatum) aufgetragen, der einsaugend wie die Ziegelsteine selbst war, und gröblichen Meeressand statt des Marmorstaubes als Bestandtheil hat. Vitruv will sogar auch diesen wie den Marmorstucco aus drei Lagen zusammengesetzt wissen. Statt des Meersandes kann man sich sehr wohl des Ziegelsteinpulvers bedienen. 1 Maaßtheil Sumpfkalk mit 1½ Maaßtheilen groben Ziegelsteinpulvers geben nach meinen Erfahrungen auf einer einsaugenden Ziegelsteinmauer einen sehr guten Grund; saugt die Mauer nicht gut, so muß man die Quantität des Ziegelsteinpulvers vermehren, sonst scheidet sich etwas Wasser aus, und die Oberfläche überzieht sich mit einer Kruste halb-kohlensauren Kalkes.

Auf einem der schönsten Ueberreste antifen römischen Stuccos, aus den Bädern des Titus, ist die Dicke des groben Marmorstuccos 8 Millimet., die der obersten feinsten Kruste 1 Millimet., denn es sind da nur zwei Lagen (coria). Die gröbsten Körner sind Kalkspath 1½ Millimet. breit, 2 Millimet. lang; die häufigsten 1 Millimet. lang und breit, auch etwas weniges größer. Dieser antife Stucco absorbirt Wasser auf der frischen Bruchfläche; hingegen die mit dem feurigsten Zinnober bedeckte polirte Oberfläche absorbirt nicht allein kein Wasser mehr, sondern wird nur schwer vom Wasser benetzt.

Daß hier zwischen Kalk und Kalkspath in der kurzen Zeit von 2 Minuten eine chemische Verbindung vor sich gehe, ist nach dem gegenwärtigen Standpunkte unserer Kenntnisse nicht denkbar; die Erklärung des Erstarrens muß also auf rein mechanischem Wege geschehen.

Schon bei dem zähen Kalkbreie findet ein stabiles Gleichgewicht der Masse in Beziehung auf die Entfernung der Molecüle von einander nicht mehr statt, allein es wirkt hier auch stabiles Gleichgewicht in Beziehung auf die Position der Molecüle mit, und deßhalb ist die Verschiebbarkeit der Molecüle nicht mehr absolut leicht.

Kommen nun die Anziehungskräfte fester Körper mit ins Spiel, bei denen Gleichgewicht in Rücksicht auf Position vorherrschend ist, so wird das stabile Gleichgewicht, von der Entfernung der Molecüle allein herrührend, das in dem zähen Kalkbrei an und für sich nur mehr untergeordnet auftritt, durch die Berührung des festen Körpers mit der durch die Masse vertheilten wenigen Flüssigkeit vollkommen aufgehoben und der Brei erstarrt in dem Verhältnisse, in welchem die innigste Berührung der festen Flächen mit dem Kalkbrei vollständig hergestellt ist. Darum vernichtet eine, in dem Erstarrungsmomente hinzutretende, wenn auch nur geringe Wassermenge, die Erstarrung ganz.

Beim Auftragen dieses Stuccos muß, wie bei jeder andern gröbern Sorte, der Stein auf den man ihn trägt, vollkommen naß und vom Wasser durchzogen seyn. Es darf aber kein überflüssiges Wasser vorhanden seyn, das den aufgetragenen Stucco verdünnt. In diesem letzten Falle schwillt der aufgetragene Stucco auf, verliert beim Anziehen sein körniges Ansehen, wird glatt, überzieht sich mit einer dichten glänzenden Kalfkruste und springt dann an diesen Stellen in viele Stücke.

Der mechanischen Wirkung des festen Körpers im Innern des

Stuccos kommt gar sehr äußere mechanisch comprimirende Kraft zu Hülfe. Ja der gewöhnliche Anwurf hat seinen Namen daher, weil er mittelst der Kelle mit Kraft auf die Mauer geschleudert oder geworfen wird. Hydraulischer Mörtel bleibt nur haften, wenn er noch überdieß nach dem Anwerfen mit der Kelle angedrückt wird. Darum erstarrt auch das Concrete rascher, wenn man es von einem Gerüste in den Grund wirft, und gewöhnlicher Mörtel erstarrt in Fugen gegossen, weil sich der Kalk, ehe er erstarrt, ausdehnt, und sich selbst gegen die Wände der Fuge drückt, was sich beim hydraulischen Kalk gerade umgekehrt verhält. Deßhalb schreibt auch schon Vitruvius vor, um die glänzende Oberfläche des Stuccos hervorzubringen, müsse man den Stucco während des Anziehens mit Stäben schlagen (baculorum subactionibus fundare soliditates) und wohl reiben. Und wirklich erstarrt während dieses Reibens die Oberfläche rasch zu einer beinahe spiegelglänzenden Kruste (wenn das Reiben nach Plinius mit glatten Steinen geschah) die zuletzt eine äußerst dünne Haut kohlensauren Kalkes trägt und nun vom Wasser nicht mehr benetzt wird, so daß es nur möglich ist, mit sehr zähen Farben auf diesen glatten Grund zu malen.

Vitruv gibt im Cap. VI. Buch VII. die Vorschrift, die letzte Schichte durch fleißiges Reiben (diligente tectoriorum fricatione) zu glätten und dann erst die Farben aufzutragen, daß sie durch diesen Grund schönen Glanz erhalten. Er prägt indessen im dritten Capitel dem Leser wohl ein, daß die Farben noch auf die nasse Bekleidung (udo tectorio) gelegt werden müssen, sonst läßt sie die Farben fahren, wenn sie abgewischt wird.

Das Auftragen von Farben auf den geebneten, obwohl noch nassen Grund hat große Schwierigkeiten. Trägt man die Farbe mit Wasser angerieben auf, so macht sie entweder den bereits geglätteten Grund so flüssig, daß eine Politur unmöglich wird, denn der Kalk des Grundes vermischt sich mit der Farbe und macht sie lichter und unscheinbar. Ich trage deßhalb am liebsten die feingeriebenen Farben trocken mittelst Baumwolle auf, und glätte dann die gefärbte Oberfläche. Auch hier darf man wenn die Stelle fleckig wird, nicht mit Wasser nachhelfen oder nur höchst vorsichtig, denn dann reibt sich die Farbe während des Glättens nur allzuleicht von der benetzten Fläche weg und es erscheint der weiße Untergrund, auf welchem auch die trockene Farbe schwer haftet.

Selbst wenn man die Oberfläche färbt ehe man sie polirt, wie dieß beim Stucco der Römer fast immer der Fall war, so trägt man die Farbe am besten in Pulverform mittelst Baumwolle oder dergleichen auf, denn rührt man die Farbe mit Wasser an, so reicht das Wasser der Farbe hin die Oberfläche wieder flüssiger zu machen, und ihn am Erstarren zu verhindern.

Auf einer bereits erstarrten nicht mehr einsaugenden Oberfläche zieht ein zweiter Stucco-Auftrag nicht mehr an, so daß er sich glätten ließe. Die feinste letzte Decke beim Stucco muß deßhalb auf den geebneten, jedoch noch nassen gröbern Stucco aufgetragen und dann geglättet werden.

Zum Glätten, das erst beginnen darf, wenn der Stucco im Anziehen begriffen ist, bedient man sich nach Plinius glatter Steine mit etwas gewölbter Oberfläche, da beim Glätten nur ein kleiner Theil der geglätteten Steinoberfläche wirken darf, denn eine ebene glatte Oberfläche saugt sich sehr rasch am Steine fest, so daß man sie nicht mehr verschieben kann ohne den Stucco zu zerreißen.

Ich bediente mich anfangs zum Glätten einer Leiste oder eines Lineals von Spiegelglas, dessen einen Rand ich abrundete und polirte. Da mußte dann das Lineal schief gehalten werden, so daß nur ein kleiner Theil des Randes die zu polirende Stuccofläche berührte, und da gelang das Poliren am besten, wenn man das Lineal bloß in einer Richtung führte, nämlich mit von sich abgewendetem polirendem Rande gegen den Körper zu.

Die polirte Fläche beginnt nach dem Anziehen in einigen Tagen zu schwitzen, wenn man den Stucco nicht zuvor festgearbeitet oder geschlagen hat, indem sich ein lichter Thau von Kalkwasser ausscheidet und auf die Oberfläche legt, der vorsichtig weggewischt werden muß, ehe er auftrocknet und die polirten Flächen mit einer Kalkkruste überzieht.

Auf diese Weise sind alle Wände der Alten in den römischen Bädern in Herculanum und Pompeji überzogen. Ihr Glanz ist nach der Methode, die wir so eben angegeben, hervorgebracht und nicht durch Wachs. Ich habe überhaupt in ganz Italien nie Spuren von sogenannter enkaustischer oder Wachsmalerei gefunden, denn die Gemälde in Neapel, die man als Muster von enkaustischer Malerei anführte, waren erst in unsern Zeiten zum Theil mit Sandarach-Firniß überzogen worden, um sie vor den Einflüssen der Witterung zu schützen.

Obwohl alle Zimmer in den pompejanischen Häusern mit gefärbtem Stucco überzogen sind, so findet man doch nur geglätteten Marmorstucco in den vornehmen Zimmern, und unter diesen ist der weiße, rothe und gelbe Stucco der glänzendste. Der blaue mit Smalte erlangt nie den Glanz der oben angegebenen Farben. Ich fand auch mehrere verschieben gefärbte Anwürfe oder auch bloß Anstriche übereinander, indem man z. B. ein grünes oder blaues Zimmer in ein rothes verwandelt hatte.

Die Farben sind alle Kalkfarben, und will man auf den bereits geebneten Grund malen, so muß man das Gemälde vollenden noch ehe der Grund hart geworden ist, und deßhalb so schnell als möglich arbeiten. Man findet daher auch bei den alten pompejanischen Gemälden, daß die Umrisse zu den Figuren mittelst eines stumpfen Griffels in den noch weichen Grund eingedrückt, also nach unserer noch üblichen Weise durchpausirt waren. Das Befestigungs- oder Bindemittel ist in allen bloß Kalk und wohl auch eine geringe Quantität hydraulischen Kalkes. Die Farben sind dick aufgelegt, aber alle brausen mit Säure betupft. Da der geglättete Grund sich nur schwer befeuchten läßt, so würde sich mit bloßen Wasserfarben in der kecken kräftigen Weise der Alten gar nicht malen lassen. Man muß sie deßhalb mit einem ätherischen Oele, etwa Spicköl, oder einem zähen Firnisse anmachen; gewöhnlich gebrauchten die Alten beim Ruß eine Art Gummi und Leim (glutinium).

Indessen auch mit Kalk und Cement befestigt halten die Farben nie so fest auf dem gefärbten Grunde als die Farbe des Grundes selbst auf dem noch nassen Mörtel. Ich fand, daß in Pompeji sich einige Farben mit Wasser aufweichen ließen, und Winckelmann und die Akademiker für die herkulanischen Entdeckungen hatten mehrere Gemälde mit Wasser von den polirten Wänden abgewaschen.

Der Staitochemie gehörte dann das Erhärten der hydraulischen Cemente unter Wasser an, das auf der chemischen Wirkung zweier oder mehrerer teigartiger Körper aufeinander besteht.

Die größere Dichtigkeit dieser chemischen Gebilde bedingt ihre Wirkung den flüssigen Körpern gegenüber, und eben diese größere Dichtigkeit ist es, die größere Nähe der Molecüle, welche eine im flüssigen Zustande oft schwache Verwandtschaft eines Körpers zur prädominirenden steigert, so daß eine der stärksten Basen, das Kali, im aufgelösten flüssigen Zustande der schwächeren Basis des Aetzkalks weichen muß, so lange sich die letztere im größeren Dichtigkeitszustande befindet.

LIX.

Darstellung von reinem Barythydrat aus kohlensaurem Baryt unter dem Einfluß überhitzten Wasserdampfes; von P. A. Jacquelain.

Aus dem Bulletin de la Société d'Encouragement, Sept. 1851, S. 524.

Ich habe durch genaue Versuche nachgewiesen: 1) daß das einfach-kohlensaure Natron beim Schmelzen Kohlensäure verliert; 2) daß fortgesetztes Schmelzen in einem Strom Kohlensäuregas einen größeren Verlust verursacht, oder mindestens das kohlensaure Salz nicht vor einem Verluste an Kohlensäure bewahrt; 3) daß das kohlensaure Kali und Natron eine beträchtliche Menge Kohlensäure verlieren, wenn sie, bis zum dunklen Rothglühen erhitzt, der gleichzeitigen Einwirkung eines Stromes von überhitztem Wasserdampf oder Kohlensäure ausgesetzt werden.

Nachdem diese Thatsachen festgestellt waren, lag mir daran, eine vollständige Austreibung der Kohlensäure aus dem kohlensauren Kali und Natron durch die Gegenwart von Wasserdampf zu bewirken; denn bewährte sich dieser Versuch, so war es wahrscheinlich daß es mir gelingen würde, eine Erscheinung derselben Art auch beim kohlensauren Baryt zu erhalten, welcher nach meinen Versuchen bei hoher Temperatur eine größere Beständigkeit zeigte, als der kohlensaure Kalk, eine geringere aber als das kohlensaure Kali und Natron.

Zu diesem Zweck machte ich eine Mischung von 65 Grm. wasserfreiem kohlensaurem Natron und 250 Gram. Kreide. Dem Ganzen wurde eine hinreichende Menge Wasser zugesetzt, um daraus kleine, wenig zusammenhängende Knollen formen zu können. Diese Mischung wurde bei Rothglühhitze erhalten, und sechs Stunden lang Wasserdampf darüber geleitet, welcher, unter gewöhnlichem Luftdruck erzeugt, langsam durchging, um das Fortreißen des Alkalis zu verhindern. Nach Verlauf dieser Zeit war die Kohlensäure vollständig ausgetrieben.

Die alkalimetrische Probe, welche zur Bestimmung des in dem Gemisch zurückgebliebenen Aetznatron angestellt wurde, ergab 95 anstatt 100 des zersetzten kohlensauren Natrons. Da nun in der geglühten Masse keine Spur von Kohlensäure zu entdecken war, so schloß ich dar-

aus, daß die 5 von den 100 des kohlensauren Natrons von den Wänden der Porzellanröhre aufgenommen und in Natronsilicat verwandelt
worden seyen.

Die Hauptbedingung des Erfolgs bei dieser Operation ist die Erhaltung der Massen in schwammiger Form, welcher Zustand der Vertheilung durch den Kalk leicht bewirkt wird, indem er das schmelzende
kohlensaure Natron einsaugt.

Diesen sinnreichen Kunstgriff verdanken wir Dumas, welcher eine
schicklichere Mischung derjenigen unterlegte, welche Persoz zur Bereitung des Sumpfgases anempfohlen hatte. Will und Varrentrapp
haben hierauf die beste Anwendung vom Natron bei der Analyse organischer stickstoffhaltiger Körper gemacht. Endlich wird man bald
sehen, daß mir vor Boussingault ein ähnliches Mittel zur Bereitung des Baryts gedient hat.

Seit dem Jahre 1850, kurz nach Veröffentlichung meiner Arbeit
über die kohlensauren Salze, unternahm ich die Versuche, welche ich hier
im Auszug gebe. Ich lasse sie so auf einander folgen wie ich sie in
meinem Arbeitsbuch aufgezeichnet habe.

Alle Mischungen wurden in ein langes Schiffchen von Platin gebracht, und dieses in eine weite Porzellanröhre gelegt. An das eine
Ende wurde eine Retorte angefügt, welche langsam kochendes Wasser
enthielt; mit dem entgegengesetzten Ende wurde eine Gas- und Sicher-
heitsröhre in Verbindung gebracht. Der Versuch dauerte stets vier
Stunden.

Erster Versuch.

123,3 Grm. BaO, CO_2
62,5 Grm. CaO, CO_2
7,5 Grm. C.

Entwickelung von H und CO_2; die Mischung halb
geschmolzen; von 100 angewandtem kohlensaurem
Baryt waren 10 zersetzt.

Zweiter Versuch.

123,3 Grm. BaO, CO_2
62,5 Grm. CaO, CO_2

Entwickelung von Kohlensäure; die Mischung halb
geschmolzen; von 100 angewandtem kohlensaurem
Baryt waren 30 zersetzt.

Diese beiden Versuche lehren uns: 1) daß ein großer Theil des
kohlensauren Baryts durch Umhüllung von geschmolzenem Baryt der Ein-

wirkung des Wasserdampfes entgeht; 2) daß bei Anwendung von Kohle die Einwirkung des Wasserdampfes vermindert wird; in dem Verhält= niß nämlich, als sich kohlensaurer Baryt zersetzt, trennt die Kohle die Bestandtheile des Wassers und erzeugt von Neuem Kohlensäure nebst Wasserstoff, deren Gegenwart dem Erfolg des Versuches schadet, wie wir bald sehen werden.

Dritter Versuch.

123,3 Grm. BaO, CO$_2$ ⎱ Etwas poröse Masse; 50 von 100 angewandtem
125,0 Grm. CaO, CO$_2$ ⎰ kohlensaurem Baryt waren zersetzt.
   7,5 Grm. C.

Vierter Versuch.

123,3 Grm. BaO, CO$_2$ ⎱ Etwas poröse Masse; von 100 angewandtem koh=
125,0 Grm. CaO, CO$_2$ ⎰ lensaurem Baryt waren 90 zersetzt.

Vierter Versuch (wiederholt).

123,3 Grm. BaO, CO$_2$ ⎱ Die Masse poröser; von 100 angewandtem koh=
190,0 Grm. CaO, CO$_2$ ⎰ lensaurem Baryt waren 90 zersetzt.

Nach diesen Resultaten stellte ich im Monat August 1850 bei Robert de Massy, Destillateur zu Racourt bei St. Quentin, die drei folgenden Versuche an.

Der Apparat bestand aus drei gußeisernen Cylindern von 2,5 Meter Länge und 7 Centimeter Weite. Sie wurden alle drei auf eine ebene Fläche in einen mit Steinkohlen geheizten Ofen von Mauerwerk so gelegt, daß sie etwa 10 Centimeter von einander abstanden. Durch jede Röhre strömte Wasserdampf aus einem Dampfkessel. Die drei Apparate wurden durch Röhren mit Hähnen von einander unabhängig gemacht, um nach Belieben den Dampfstrom zu regeln oder abzu= schließen. Der mittlere Cylinder mit kohlensaurem Baryt und Kohle erhielt keinen Wasserdampf.

Das entgegengesetzte Ende jedes Cylinders endigte in eine kupferne Röhre, welche die gasförmigen Producte in eine Art Wasserwanne führte, um sie der Analyse unterwerfen zu können.

Fünfter Versuch.

120,0 Grm. BaO, CO₂
120,0 Grm. CaO, CO₂
20,0 Grm. C.

Nach sechsstündigem Feuer war die Masse weiß, porös, sie enthielt sehr wenig Aetzbaryt.

Sechster Versuch.

120,0 Grm. BaO, CO₂
20,0 Grm. C.

Keine Zersetzung.

Siebenter Versuch.

120,0 Grm. BaO, CO₂
120,0 Grm. CaO, CO₂

Weiße poröse Masse, von 100 kohlensaurem Baryt waren 40 zersetzt.

Man ersieht aus diesen Resultaten, daß zur Zersetzung des kohlensauren Baryts durch Kohle eine höhere Temperatur nöthig ist, als zur Zersetzung mit überhitzten Wasserdämpfen erfordert wird.

Ferner haben der fünfte und siebente Versuch weniger Baryt geliefert, als der entsprechende dritte und vierte, welche letztern Versuche in meinem Laboratorium angestellt wurden.

Die bedeutende Abweichung schreibe ich der Zersetzung zu, welche eine gewisse Menge Wasserdampf durch die Wände des eisernen Cylinders erlitt.

Um die Circulation des Wasserdampfes zu verlangsamen und ihn besser zu erhitzen, war ich genöthigt, den Strom durch eine sehr keine Oeffnung des Hahnes gehen zu lassen. Man begreift dann, daß die Wirkung des gesammten Wasserdampfes, welcher in einer gewissen Zeit thätig war, durch die ganze Menge Wasser vermindert wurde, welche die eisernen Wände zersetzten.

Ich wiederholte den siebenten Versuch genau wie zuerst in meinem Laboratorium, indem ich nämlich den Dampf ganz langsam über ein Gemenge von 2400 Grm. gehen ließ, welches sich dießmal in einer Röhre von undurchdringlichem Steingut befand. Nach sechsstündigem Feuer hatte ich 88 Procent des angewandten kohlensauren Baryts zersetzt.

Ich füge schließlich hinzu, daß alle diese Versuche mit Kalkhydrat wiederholt worden sind, und denselben Erfolg in einer etwas kürzeren Zeit gehabt haben.

Man kann demnach nach Belieben vom Kalk oder kohlensauren Kalk Gebrauch machen. Der Vorzug in einem solchen Falle wird nur durch den Unterschied des Kostenaufwands bedingt, welcher zwischen dem kohlensauren Kalk, bei einer etwas längeren Dauer des Versuchs, und dem Aetzkalk, bei einer kürzeren Operation, stattfindet.

Die Versuche, welche Boussingault über die höhere Oxydation des Baryts und die theilweise Desoxydation des Bariumhyperoxyds bekannt gemacht hat,[42] sind von derselben Art wie die, welche Lavoisier zur Zusammensetzung der Luft geführt haben, der das Quecksilber abwechselnd oxydirte und desoxydirte. Sie verdienen aber einen hohen Grad von Aufmerksamkeit, da sie später einmal in den Gewerben unter Mitwirkung einer Base von geringerem Werth, als die des Quecksilbers, Anwendung finden könnten. Bis gegenwärtig mußte man das Barythydrat aus einem Gemisch von kohlensaurem Baryt mit Kohle bereiten; die geglühte Masse mußte dann ausgelaugt und die Lösung zur Trockne verdampft werden. Jetzt aber macht man ganz einfach ein Gemisch von Kreide oder Kalk mit natürlichem oder künstlichem kohlensaurem Baryt, und erhält zuletzt ein poröses Gemenge von Aetzkalk, getränkt mit Barythydrat, welches sich unter den günstigsten Bedingungen befindet, um eine höhere Oxydation zu erleiden, ohne daß man nöthig hätte das Gefäß zu wechseln und das Barythydrat vorher auszuziehen.

Die eben erwähnten Arbeiten sind so einfach, daß sie der Ausgangspunkt zur Bereitung des reinen Baryts für die Industrie werden können.

Ich muß noch hinzufügen, daß die Carbonate von Lithion und Strontian sich gegen den überhitzten Wasserdampf ebenso verhalten, wie die des Kalks und Baryts, was für die Anwendung von Strontiansalzen zur Feuerwerkskunst von einigem Nutzen seyn kann.

———————

[42] Nämlich zur Gewinnung reinen Sauerstoffgases aus der atmosphärischen Luft, um zu technischen Zwecken hohe Temperaturen hervorbringen zu können, polytechn. Journal Bd. CXX S. 120 und 416.

Schließlich gebe ich einige Andeutungen für die Ausführung meines Verfahrens im Großen.

Die Bereitung des Baryts würde in feuerfesten Thonretorten, von der Form und Größe der Gasretorten, vorzunehmen seyn. Die Mischung des kohlensauren Baryts mit Kreide oder Kalk und ihr Befeuchten ließe sich in einer Tonne ausführen, welche um eine horizontale Achse bewegt würde. Die Füllung und Entleerung der Retorte geschähe nach gewöhnlicher Art.

Man könnte die Wärme benutzen, welche das Gemisch nach der Entfernung aus der Retorte erlangt hat, ebenso wie die, welche sich bei der chemischen Einwirkung des Wassers auf die Mischung entwickelt, um unmittelbar das Wasser zu erhitzen, welches nach gewöhnlicher Art des Auslaugens den ganzen Baryt ausziehen und gehörig concentrirte Lösungen liefern soll.

Der Dampf darf sich nicht mit Heftigkeit erzeugen, sondern muß vielmehr frei aus dem Behälter ausströmen, und langsam über das schwach rothglühende Gemenge der Carbonate streichen.

Es würde daher genügen, in die Nähe des Ofens einen Siedekessel zu stellen, welcher mit dem Deckel einer jeden Retorte durch weite Röhren in Verbindung steht und alle Retorten mit Wasserdämpfen versieht.

Endlich könnte man die erzeugte Kohlensäure benutzen, wenn man sie in Wasser leitete, welches Zuckerbaryt vertheilt enthält. Ebenso könnte man das Kalkhydrat, aus welchem durch Auslaugen der Baryt vorher entfernt ist, mit dem kohlensauren Baryt mengen, welcher durch die Zersetzung des Zuckerbaryts mittelst Kohlensäure entstanden ist. Man würde so eine neue körnige Masse zur Füllung der Retorte erhalten, nachdem sie in der verloren gehenden Wärme des Mauerwerks der Oefen getrocknet worden wäre.

Diese Bemerkungen dürften den Ingenieuren und Fabrikanten genügen, welche neue Versuche über die Abscheidung des krystallisirbaren Zuckers (aus dem Rohr- und Rübensaft oder den Melassen) in Form von Zuckerbaryt nach Dubrunfaut's Methode [43] anstellen wollen.

Als geschichtlich interessant bemerke ich noch, daß J. Barruel schon im Moniteur vom 17. Januar 1812 unter anderen Verbesserun=

[43] Polytechn. Journal Bd. CXVII S. 142.

gen in der Rübenzuckerfabrication auch empfahl, den mit dem Zucker verbundenen überschüssigen Kalk, welchen der Rübensaft in Folge der Läuterung enthält, durch einen Strom von Kohlensäure abzuscheiden, welche er durch Verbrennung von Kohle erzeugte.

LX.

Ueber die Rolle des Mergels bei seiner Anwendung in der Agricultur; von V. A. Jacquelain.

Aus den Annales de Chimie et de Physique, Juni 1851, S. 212.

Ich habe durch sorgfältig angestellte Versuche nachgewiesen, daß die Carbonate der Erden und Metalloxyde bei 80° und selbst 20° Reaumur, sowohl bei gewöhnlichem Drucke als im Vacuum, unter dem Einflusse eines Stromes von Wasserdampf oder von feuchter Luft, Kohlensäure von sich geben. Diese Eigenschaft der Carbonate dürfte uns als ein zur Entwickelung der Pflanzen nothwendiges Factum erscheinen.

Da der künstliche kohlensaure Kalk dem des sogenannten kreidigen Bodens, und des kalkhaltigen Thones oder des Mergels analog ist, so entfernt man sich sicher nicht von der Wahrheit, wenn man annimmt, daß die Mergel, welche so wohlthätig auf den Ackerbau einwirken, unter der Einwirkung der Sonnenstrahlen, bei Gegenwart der atmosphärischen Luft sich wie bei den erwähnten Versuchen zuerst erhitzen, dann eine gewisse Menge Wasser, und endlich Kohlensäure abgeben, welche durch den Wasserdampf mit fortgerissen wird.

Wir haben in dieser Zersetzung eine neue und reichliche Quelle von Kohlensäure, deren Kohlenstoff die Pflanzen aufnehmen können. Dieser fortwährende Verlust von Kohlensäure aus der Kreide muß mit der Temperatur und folglich auch mit dem hygrometrischen Zustande der Luft zunehmen, besonders wenn der Atmosphärendruck sich vermindert. Diese Erscheinung ist unter den Tropen deutlicher zu bemerken, als in den gemäßigten Klimaten; sie muß auffallender zu einer Zeit hervortreten, in welcher die Oberfläche unseres Planeten die höchste Temperatur hat; sie muß am intensivstem in den tieferen Schichten unseres Erdkörpers seyn, wenn diese Schichten einen Theil des in ihnen enthaltenen Wassers als Wasserdampf abgeben; die Kohlensäureströme der Vulcane, und selbst diejenigen gewisser Keller zu Paris welche längere Zeit verschlossen geblieben waren, müssen auf diese Ursache zurückgeführt werden.

Bei der Temperatur des Gefrierpunktes und in Folge dessen im Winter, müssen die verschiedenen, in der warmen Jahreszeit etwas basisch gewordenen Carbonate aus der Luft und aus dem atmosphärischen Wasser wieder Kohlensäure aufnehmen; sie werden auf diese Weise gewissermaßen die Vorrathskammern eines Körpers, der seinen gasförmigen Zustand bei Gegenwart von Wasserdampf, welcher durch die Sonnenstrahlen erwärmt worden ist, wieder annimmt.

Es versteht sich von selbst, daß dieses Alterniren in seiner Dauer durch die Menge des kohlensauren Salzes bedingt ist, welches die Ernten in dem Boden zurücklassen.

So sind also die Respiration der Thiere, welche im Wasser und auf dem Lande leben, die Verbrennung organischer zur Beleuchtung und zur Heizung dienenden Substanzen, die vulcanischen Eruptionen, die langsamen Verbrennungen aller leblosen vegetabilischen und animalischen Substanzen, welche einer freiwilligen Zersetzung unter der Mitwirkung der Wärme, der Luft und der Feuchtigkeit ausgesetzt sind, die nächtliche Erhalation der Vegetabilien, die Fortpflanzung der unzähligen grünen und rothen Körperchen, welche in süßen und stehenden Gewässern und im Meerwasser vegetiren, reichliche Quellen von Kohlensäure, zu deren wohlthätigem Einfluß auf die Vegetation noch die langsame Zersetzung der Kreide und des Mergels unter der Mitwirkung des durch die Sonnenstrahlen concentrirten Wasserdampfes zu rechnen ist.

Der Mergel würde demnach zu gleicher Zeit wirken als Verbesserungsmittel, weil er die Eigenschaften des Bodens verändert, ihn weniger compact und poröser macht, und als wesentliches Princip der Ernten durch die stickstoffhaltigen Substanzen, den Kalk und die Kohlensäure, die er zu liefern im Stande ist.

LXI.

Ueber die Bereitung von Fettsäuren und Kerzen in der Fabrik der HHrn. Masse und Tribouillet zu Neuilly bei Paris.

Im polytechn. Journal Bd. CXIX S. 126 wurde die Beschreibung der Fabrication der Fettsäuren vermittelst Destillation, zur Gewinnung wohlfeiler Kerzen, aus Payen's Précis de Chimie industrielle mitgetheilt; als Nachtrag entnehmen wir folgendes dem Bericht, welchen Hr. Gautier de Clauby der Société d'Encouragement über den neuen Industriezweig erstattet hat, welcher in deren Bulletin, Juliheft 1851, S. 392 veröffentlicht wurde.

„Die Fettsäuren, welche man durch Verseifung der Fettstoffe mittelst Schwefelsäure (anstatt mittelst Alkalien oder Kalk) erhält, ließen sich erst dann mit Vortheil durch Destillation reinigen, als man zu derselben den überhitzten Wasserdampf benutzte. Wenn man nämlich den bei gewöhnlichem oder einem sehr niederen Druck erzeugten Dampf in einem gußeisernen Schlangenrohr überhitzt, so wirkt derselbe dann als heißer, nicht mehr als feuchter Körper; leitet man solchen überhitzten Wasserdampf durch eine Fettsäuren-Masse, welche in einer im Sandbade befindlichen Destillirblase erhitzt wird, so dient er nicht nur zur Unterhaltung der hohen Temperatur, sondern auf seinem Wege durch die Masse reißt er auch alle diejenigen Verbindungen in dem Maaße als sie sich bilden, mit sich fort, welche bei andauernder Einwirkung der Hitze sich in verschiedene Producte, z. B. Akrolein, zersetzen würden.

Die HHrn. Tribouillet und Masse haben die Destillation mittelst überhitzten Wasserdampfs zuerst bei den Fettsäuren angewandt welche sie ihrer Fabrik zu Turcoing in großer Menge (täglich 1200 bis 1400 Kil.) aus dem Seifenwasser vom Reinigen der Wolle gewinnen; die einzig praktische Methode um die Fettsäuren aus diesem Seifenwasser abzuscheiden, besteht darin, es mit 1 Procent Schwefelsäure zu zersetzen und die so erhaltene weiche Masse in der Wärme (mit Beihülfe von Dampf) auszupressen.

Die Verseifung mit Schwefelsäure und nachherige Destillation mit Dampf bilden das vortheilhafteste Verfahren um die thierischen

Fette in Producte zur Kerzenfabrication umzuwandeln, weil man in
dieſem Falle Margarinſäure erhält, ſelbſt mit den Rohſtoffen
welche Stearin enthalten und bei der Behandlung mit Alkalien Stearin=
ſäure liefern würden. Ich will nun den neuen Induſtriezweig im
Weſentlichen beſchreiben, indem ich als Beiſpiel das jetzt überall im
Handel vorkommende Palmöl wähle.

Das Palmöl wird zuerſt mit Waſſer gewaſchen, um ihm einige
Unreinigkeiten zu entziehen und kommt dann in Keſſel, worin es mit
Schwefelſäure durch lange genug fortgeſetztes mechaniſches Umrühren
verſeift wird. Da ſich bei dieſer Behandlung ſchwefligſaures Gas ent
bindet, ſo ſind die Keſſel in einem mit Klappen verſehenen hölzernen
Gehäuſe eingeſchloſſen, damit ſich das Gas nicht in den Arbeitsraum
verbreiten kann. Nach beendigter Wirkung bringt man das Product
in Behälter, worin es gewaſchen wird, um die Schwefelſäure abzuſon=
dern (welche man ſpäter zur Zerſetzung von Seifenwaſſer verwendet).
Hierauf kommt das fette Product in die Blaſe zur Deſtillation; man
leitet einen reichlichen Strom überhitzten Waſſerdampfs, wel=
cher in einem beſonderen Apparat erzeugt wird, durch die auf 200
bis 250° C. (160 bis 200° R.) erhitzte Maſſe; die zuſammen abzie=
henden Waſſer= und Fettſäuren=Dämpfe werden in einem Kühlrohr
verdichtet und in geeigneten Gefäßen geſammelt.

Das Rohproduct läßt ſich ſehr vortheilhaft zur Anfertigung von Ker=
zen mittlerer Qualität benutzen, welche bei ungefähr 46° C. (37° R.)
ſchmelzen, alſo einer Temperatur unter dem Schmelzpunkt der heißge=
preßten Fettſäuren, daher ſie einen Ueberzug erfordern, mittelſt deſſen
man die Nachtheile beſeitigt, welche dieſer Rohſtoff veranlaſſen würde,
wenn ſeine Oberfläche frei wäre; ich brauche die Ausführung dieſer
Arbeit nicht näher zu beſchreiben, [44] und begnüge mich zu bemerken,
daß die zum Ueberzug dienenden Fettſäuren kalt und heiß gepreßt wor=
den ſeyn müſſen, in welchem Falle ſie erſt bei ungefähr 54° C. (43° R.)
ſchmelzbar ſind.

In der Fabrik der HHrn. Maſſe und Tribouillet befinden
ſich vier Apparate, deren jeder täglich 1500 Kilogr. deſtillirter Pro=
ducte liefert. Das kalte Preſſen geſchieht mittelſt gewöhnlicher hydrau=
liſchen Preſſen; zum heißen Preſſen dienen horizontale Preſſen, welche
mit Dampfbehältern verſehen ſind. Der zur Deſtillation erforderliche

---

[44] Sie iſt in der erwähnten Abhandlung von Payen S. 135 beſchrieben.

Wasserdampf wird in einem großen Kessel erzeugt und in einem Röhrensystem **überhitzt**, dessen Temperatur man durch einen Pyrometer regulirt.

Ueber das Gießen der Kerzen habe ich nichts zu sagen; mit Interesse habe ich aber das Verfahren bemerkt, welches man zum Herausbringen der Kerzen aus den Formen anwendet; man spritzt nämlich über die erkalteten Formen warmes Wasser, wodurch sich die Kerzen leicht von denselben trennen und wobei man viel weniger Abgang erhält als nach der gewöhnlichen Methode die Kerzen herauszuziehen. — Das Poliren und Gleichschneiden der Kerzen geschieht mittelst eines sehr einfachen Mechanismus.

Das Gießen der Fettsäuren in Kuchen, um sie dem kalten Pressen zu unterziehen, ist nicht ohne Nachtheile wenn man metallene Formen anwendet; auch die Theile der Pressen, welche mit den Fettsäuren in Berührung kommen, werden schnell angegriffen.   Die HHrn. Masse und Tribouillet wenden jetzt mit Vortheil das mit Glasfluß emaillirte Eisen des Hrn. Paris [45] zu Bercy an.

Wenn man zur Fabrication der Fettsäuren als Rohmaterial Fette von guter Qualität benutzt, so gewährt die Verseifung derselben mit Schwefelsäure und Destillation unter dem Einfluß einer großen Menge von Wasserdampf, nur hinsichtlich der Einfachheit der Operationen wirkliche Vortheile im Vergleiche mit der gewöhnlichen Verseifung durch Alkalien (Kalk); dagegen erhält man aus sehr geringen und unreinen Fettstoffen, z. B. den Abgängen in verschiedenen Industriezweigen, durch die Verseifung mit Schwefelsäure und Destillation mit Dampf, eben so schöne Producte als die Fettstoffe bester Qualität liefern würden, während die Verseifung mit Alkalien nur viel geringere Producte geben könnte.

Die Oelsäure welche man beim Verseifen der Fette mit Kalk erhält, eignet sich nicht zum Brennen in Lampen; sie liefert nur weiche Seifen, und die Anwendung welche die HHrn. Alcan und Peligot von ihr zum Schmalzen der Wolle gemacht haben, [46] gestattet den Stearinkerzenfabriken nur einen geringen Theil ihrer Oelsäure mit Vortheil abzusetzen.

---

[45] Beschrieben im polytechn. Journal Bd. CXIII S. 391 und Bd. CXVI S. 360.

[46] Polytechn. Journal Bd LXXVIII S. 69.

Wenn man die Oelsäure unter dem Einfluß des überhitzten Wasser-dampfs destillirt, erhält man sie beinahe farblos und sie liefert mit Soda harte Seifen, welche leicht verkäuflich sind.

Da das aus dem Talg durch bloßes Pressen abgeschiedene Olein viel mehr Werth hat als die Oelsäure, so trennen es die HHrn. Masse und Tribouillet aus dem Talg und dem ordinären Fett durch Kry-stallisation und Pressen, und erhalten so einerseits ein Olein welches eine vorzügliche Maschinenschmiere bildet, und andererseits Stearin welches sehr feste Fettsäuren liefert. Diejenigen Fettsäuren welche nicht krystallisirt sind, verwandelt man unmittelbar in Kerzen ohne sie vor-her zu pressen; diejenigen welche krystallisiren, preßt man kalt, bevor man sie gießt; heiß gepreßt werden nur diejenigen Fettsäuren, welche man als Ueberzug für die Kerzen verwendet.

Wenn man ein größeres Verhältniß von Schwefelsäure anwendet und bei niedriger Temperatur verseift, so erhält man mit dem Palmöl weniger Abgang und ein farbloses saures Wasser welches keine Fett-säuren zurückhält; auch werden bei diesem Verfahren die Kessel nicht angegriffen.

Von den Stockfischen und Häringen, welche jährlich in ungeheurer Menge gefangen werden, fanden die Eingeweide bisher keine Verwen-dung; durch Behandlung derselben nach dem beschriebenen Verfahren er-hält man aber sehr schöne Producte.

Man hat längst gesucht die unter der Benennung „vegetabilisches Wachs" bekannten Substanzen zu benutzen, wovon der Handel sehr be-trächtliche Quantitäten liefern kann; beim Bleichen derselben mit Chlor erhielt man nur schlechte Producte, welche mit einer röthlichen Flamme mit grünem Saum brennen; durch die Verseifung mit Schwefelsäure und Destillation mittelst Dampfes liefern sie hingegen Fettsäuren, welche den mit dem besten Talg gewonnenen nicht nachstehen.

Alle diese destillirten Producte zeigen dieselben Eigenschaften wie die analogen Producte, welche man durch Verseifung mit Alkalien (Kalk) erhält; sie sind sehr schön weiß und dabei undurchsichtig wie das Bienenwachs.

Der Wallrath, dessen Preis in Frankreich zu hoch ist, als daß er mit den Fettsäuren concurriren könnte, liefert durchscheinende Kerzen, welche bisher durch kein anderes Material ersetzt werden konnten.

Das Paraffin, welches Reichenbach im Holztheer entdeckte, wird gegenwärtig durch Destillation gewisser Schiefer und verschiedener Torfe in so beträchtlicher Menge gewonnen, daß es sich zur Fabrica-

tion .von Handelsproducten eignet. [47]   Die HHrn. Masse und Tri=
bouillet bereiten damit nach dem beschriebenen Verfahren sehr schöne
durchscheinende Kerzen.

Bei dem neuen Verfahren kann man die ordinärsten, gefärbtesten
und übelriechendsten Fette verwenden, welche man wohlfeil kauft; man
erhält mit dem Palmöl und dem ordinären Talg Producte welche ohne
Auspressen verwendbar sind, oder nur ein kaltes Pressen erfordern.
Die Fettstoffe guter Qualität liefern verhältnißmäßig viel mehr Material
zur Kerzenfabrication als die Verseifung mit Kalk geben würde, und
in allen Fällen ist die Oelsäure sehr wenig gefärbt und kann weiße
Seifen liefern die sich sehr vortheilhaft absetzen lassen.

Schließlich will ich noch einige Resultate angeben, welche das neue
Verfahren liefert.

Das Palmöl schmilzt bei 30⁰ Celsius (24⁰ R.).   Nach der Be=
handlung mit Schwefelsäure steigt der Schmelzpunkt des Products auf
38⁰ C.; durch das Waschen mit Wasser steigt er auf 44,5⁰ und nach
der Destillation schmilzt das durchschnittliche Product bei 46⁰ C. Die
ersten Destillationsproducte schmelzen erst bei 54,5⁰ C.; aber der
Schmelzpunkt sinkt allmählich, und die Destillationsproducte werden zu=
nehmend krystallisirbar.

Durch das heiße Pressen erhält man Fettsäuren welche bei 54,5⁰
C. (43,5⁰ R.) schmelzbar sind, wie diejenigen welche am Anfang der
Operation überdestilliren.

Die gemengten Fette schmelzen von 22 bis 25⁰ C.; durch die Be=
handlung mit Schwefelsäure steigt ihr Schmelzpunkt auf 36,5⁰ C.;
durch das darauf folgende Waschen auf 38,5⁰ C.; die Destillation bringt
ihn auf 42,5⁰ C. Im Gegensatz mit dem Vorgang beim Palmöl wird
der Schmelzpunkt lange Zeit immer höher in dem Maaße als die De=
stillation fortschrei.et; die ersten Destillationsproducte schmelzen bei un=
gefähr 41⁰; bis .fünf Sechstel überdestillirt sind, steigt der Schmelz=
punkt auf 45⁰, worauf er bis 41⁰ fällt.“

---

[47] In England wird es bereits häufig als Maschinenschmiere verwendet.
                                                                A. d. Red.

LXII.

Ueber die Anwendbarkeit des Benzins zum Ausbringen von Flecken auf Stoffen aller Art; von Hrn. Buffy.

Aus dem Bulletin de la Société d'Encouragement, Juli 1851. S. 387.

Hr. Collas, Apotheker in Paris (rue Dauphine No. 8), bereitet eine Substanz, welche zum Fleckenausbringen aus Stoffen aller Art das Terpenthinöl, Citronenöl und ähnliche ätherische Oele mit Vortheil ersetzen kann. Es ist dieß der in der Chemie unter dem Namen Benzin (Benzol) bekannte Kohlenwasserstoff; dasselbe ist flüssig, vollkommen farblos; es verdunstet leicht, ohne einen merklichen Rückstand zu hinterlassen; an der Luft färbt es sich weder, noch verharzt es sich.

Hr. Collas gewinnt das Benzin durch ein eigenthümliches Verfahren aus dem Steinkohlentheer, welcher aus den Gasanstalten leicht zu erhalten ist. Der Preis dieses Rohmaterials und die Kosten seiner Verarbeitung auf Benzin sind so gering, daß letzteres in Zukunft sowohl zum Reinigen der Zeuge, als zu andern technischen Zwecken verwendet werden kann. [48]

Aus dem Benzin wird das Nitrobenzid bereitet, dessen Geruch an den der bitteren Mandeln erinnert und welches heutzutage in der Parfümerie, vorzüglich zur Bereitung der sogenannten Bittermandelseife, starke Anwendung findet.

Hinsichtlich des Fleckenausbringens muß ich bemerken, daß das Benzin alle Fettstoffe, Harze, das Wachs ꝛc. vollkommen gut auflöst. Da nun die meisten Flecken auf Möbeln, Tapeten und Kleidern Fettstoffe zur Grundlage haben, so begreift man, daß das Benzin, zweckmäßig angewandt, indem es diese Substanzen auflöst, die durch sie hervorgebrachten Flecken verschwinden macht.

Zwar könnte jede andere Substanz, welche wie das Benzin die Eigenschaft besitzt die Fette aufzulösen, ebensogut zu diesem Zwecke die-

---

[48] Nach dem von Mansfield beschriebenen Verfahren (polytechn. Journal Bd. CXII S. 308) läßt sich das Benzin leicht und wohlfeil aus dem Steinkohlentheer darstellen. A. d. Red.

20 *

nen; allein der Vorzug des Benzins besteht darin, daß es sich an der Luft nicht, wie die meisten ätherischen Pflanzenöle verharzt; es hinterläßt keine sichtbare Spur auf dem damit getränkten Zeuge, kocht bei 86° C. (69° R.), verflüchtigt sich schneller als das Terpenthin- und Citronenöl und hinterläßt keinen so anhaltenden und unangenehmen Geruch wie letztere; es verbreitet sich weniger und ist minder flüchtig als der Aether, der schon bei 36° C. (29° R.) siedet und sich fast augenblicklich verflüchtigt.

Dieser Umstand gestattet seine Anwendung zu regeln und die vom Benzin aufgelösten Fettsubstanzen durch Aufsaugen mittelst Löschpapiers oder anderer absorbirender Körper leichter zu entfernen. Ich ließ selbst Talg-, Wachs-, Wagenschmier-, Oelanstrich- und Siegellackflecken auf verschiedenen Zeugen, auf Handschuhen, Papier ꝛc. durch ungeübte Personen mit dem besten Erfolg ausbringen. Die Flecken verschwanden, bis auf die darin enthaltenen Mineralsubstanzen.

LXIII.

Ueber den Fleischzwieback oder das Fleischbiscuit (meat-biscuit); von Hrn. Jomard.

Aus dem Bulletin de la Société d'Encouragement, August 1851, S. 483.

Hr. Gail Borden hat zu Galveston in Texas eine Fabrik von Fleischbiscuit errichtet, welches neue Nahrungsmittel in zahlreichen Fällen, z. B. zur See, auf weiten Reisen, in Spitälern, bei Armeen, Flotten ꝛc., große Dienste zu leisten verspricht. Das Verdienst dieser Erfindung ist, daß in einem gegebenen Gewicht so viel nahrhafte Substanz concentrirt wird, als das fünffache Gewicht frischen Fleisches enthält. Dieß wird durch die innige Verbindung des Fleischsaftes mit Getreidemehl erreicht. Die tägliche Consumtion von vier Unzen reicht hin, um einen Mann vollkommen bei Kräften und gesund zu erhalten; jedes andere Nahrungsmittel wird neben diesem Biscuit entbehrlich; wenn demselben etwas Salz und Pfeffer zugesetzt wird, werden selbst Thee und Kaffee entbehrlich. Ein weiterer Vorzug dieser Substanz ist, daß sie sich lange Zeit aufbewahren läßt, ohne zu verderben.

Nach dem Zeugniß des Oberwundarztes der amerikanischen Armee, Hrn. Wright, befand sich diese Substanz nach 16 Monaten noch in demselben Zustand wie nach ihrer Bereitung. Eben so günstig ist das Zeugniß des Hrn. Ashbel-Smith, frühern texanischen Gesandten zu London und Paris; derselbe hat sich ihrer öfters bedient und nach ihm besitzt eine mit dem Biscuit bereitete Suppe einen angenehmen, durchaus nicht faden Geschmack, und ist den Suppen, die man gewöhnlich einschifft und welche bei feuchtem Wetter oder großer Hitze bald verderben, weit vorzuziehen. In zehn Minuten kann man aus diesem Biscuit eine vortreffliche Suppe bereiten; man braucht dazu nur Feuer und Wasser, und hat dann, wie gesagt, etwas Salz und Pfeffer zuzusetzen. 10 Pfund dieses Zwiebacks, welche ein Fußreisender leicht tragen kann, reichen zu seiner Erhaltung einen Monat lang hin.

Das neue Nahrungsmittel wird folgendermaßen bereitet. Man nimmt die nahrhaften Theile von Rindfleisch oder einem andern Fleisch, läßt sie, sogleich nachdem das Thier getödtet ist, lange Zeit kochen, um sie von den Knochen und den fibrösen und knorpeligen Substanzen zu trennen; man dampft hierauf das Wasser, welches die Substanzen aufgelöst enthält, ab, bis es einen sehr beträchtlichen Grad von Dicke erreicht hat, wo es dann mit sehr feinem Weizenmehl innig vermengt und zu einem Teige gemacht wird. Der Teig wird gerollt, in Zwiebackform geschnitten und im Backofen bei mäßiger Hitze gebacken. Man erhält so einen Kuchen (Platz), der das Aussehen des besten Schiffszwiebacks hat, auch eben so trocken und leicht zerbrechlich ist.

Der Fleischzwieback conservirt sich in allen Klimaten; man hat ihn bei der amerikanischen Armee, an der Süd- und Südostgränze der Vereinigten Staaten eingeführt. Er läßt sich als Suppe oder als Pudding zubereiten; auch kann man ihn mit Gemüsen, Erbsen, Bohnen, oder auch mit Reis verspeisen.

Die Kunst das Rindfleisch in Form eines Saftes oder eines Teiges zu concentriren, kennt man schon lange; aber Hr. G. Borden hatte zuerst die Idee, es mit feinem Mehl zu Brod zu verbinden. Was die Gallerte betrifft, so hat die Chemie bewiesen, daß sie für sich allein zur Ernährung nicht hinreicht; der neue Zwieback kann aber zur Unterhaltung des Lebens genügen, weil er alle nahrhaften Bestandtheile des frischen Fleisches enthält.

Hr. Borden wählte Texas zu seiner Fabrication, weil dort sehr gutes Vieh zu billigem Preis zu kaufen ist.

Der Fleischzwieback conservirt sich lange Zeit — die Erfahrung geht bis zu 18 Monaten; er wurde über das Cap Horn und durch die

Ebenen bis nach Californien, auch bis nach China versendet und kam gut erhalten wieder zurück; der Grund davon ist wohl, daß er vom Fett befreit ist, welches gewöhnlich die Ursache des Schimmelns, des Fleischproviants ist, der nie ganz frei von Fett ist.   Beim Borden'schen Verfahren werden die Fettsubstanzen durch das Kochen und Backen abgesondert.

Zum Fleischzwiehack kommt kein Zusatz, welcher chemisch wirkt, weßhalb er wohl alle Eigenschaften des frisch getödteten Fleisches beibehält. Er ist ferner zu gleicher Zeit Fleisch und Brod, hat also doppelte Nahrhaftigkeit. Man hofft, daß sein Gebrauch zur See den Scorbut verhüten werde.

In dem Etablissement zu Texas wird jetzt sehr im Großen gearbeitet und nur das Fleisch des besten Viehes verwendet. Das Kriegsdepartement der Vereinigten Staaten hat dort große Bestellungen gemacht. Die Sache ist also kein bloßer Versuch mehr, sondern eine im besten Betrieb befindliche und der größten Ausdehnung fähige Unternehmung.

LXIV.

Ueber Vermehrung der Blutegel; von Hrn. Lamasse, Apotheker zu Colmar.

Aus dem Bulletin de la Société industrielle de Mulhouse 1851, Nr. 113.

Wir entnehmen dieser Abhandlung bloß das noch nicht Bekannte.

Eine Reihe von Jahren hindurch, sagt der Verf., hatte ich Gelegenheit zu beobachten, daß die Blutegel im Monat Juli, wenn die Hitze recht groß ist, sich lebhafter bewegen und sich am Rand der Sümpfe in die Würzelchen der Pflanzen und unter die in den Reservoirs gelegten Bretter verschlüpfen, wo sie nisten und in Sicherheit ihre Eier in Hüllen oder Cocons legen können. Diese Cocons enthalten 3 bis 8 kleine Blutegel und befinden sich einzeln oder zu 3, 5, 6 in keinen Zellen.

Die jungen Blutegel kriechen gerne die Stengel der im Behälter befindlichen Pflanzen hinauf; kommen aber da, durch die Sonnenhitze vertrocknend, um. Ich setzte in mein Reservoir Wasserlinsen (Lenticula minor L.) ein, welche Pflanze sich sehr rasch vermehrt, so daß in 2 bis

3 Wochen die Oberfläche des Wassers ganz damit überzogen war. Sie gewährt zwei Vortheile, erstens daß sie das Wasser durch Absorption der Gase, namentlich des Kohlenwasserstoffgases und der Kohlensäure, gesund macht, und dann daß sie die jungen und ältern Blutegel gegen die Sonne schützt; ferner dienen ihnen die Würzelchen als Stütze, wenn das Bedürfniß der Hautrespiration sie an die Oberfläche des Wassers oder vielmehr in die obern, luftreichern Schichten desselben treibt.

Ich hatte früher einmal Schilfrohr und Binsen, unter andern auch Butomus umbellatus, in die Reservoirs pflanzen lassen; ich machte aber die Beobachtung, daß jede Pflanze, deren Stengel sich über das Wasser erhebt, vermieden werden muß, weil die Blutegel daran hinaufkriechen und aus obiger Ursache umkommen.

In meinem Reservoir errichtete ich ein Inselchen von 3 Fuß Durchmesser aus Letten, welcher gut geschlagen und mit Rasenstücken belegt wurde, die viele Würzelchen enthielten; auf denselben wurde eine Scheibe aus Tannenbrettern gelegt. Als letztere im Monat August abgehoben wurde, fand sich zwischen den Wurzeln des Rasens eine große Menge von ihren Jungen entleerter Cocons.

Meine Versuche beweisen, daß das befolgte Verfahren sich sehr gut eigne, um die (aus Ungarn bezogenen) Blutegel auch im Elsaß und in andern Gegenden zu ziehen. Viele Sümpfe und Teiche könnten zu Reservoirs umgeschaffen werden, in welchen Inselchen anzubringen wären, die zur Zeit des Eierlegens mit Brettern belegt würden. Vielleicht würden Strohmatten eben so gut oder noch besser seyn, worüber ich aber noch keine Erfahrung habe.

Den von Soubeiran beobachteten Feind des Blutegels, die Süßwasserassel (Asellus vulgaris) [49] hatte ich als solchen noch nicht zu beobachten Gelegenheit.

Schließlich bemerke ich, daß wo die Blutegelzucht im Großen getrieben werden soll, die Reservoirs entweder durch Einplankung oder durch andere Sicherheitsmaßregeln vor Dieben geschützt werden müssen.

Nachtrag.

Hinsichtlich der Entleerung der Blutegel mit der Hand, erklärt Hr. Granal, Militärapotheker zu Constantine, welcher der Abhandlung

---

[49] Polytechn. Journal Bd. CXIX S. 150.

des Hrn. Fermond über die Blutegelzucht (polyt. Journal Bd. CXXI S. 449) in allen andern Stücken hohe Anerkennung zollt, nicht mit demselben übereinzustimmen. Derselbe wendete in den Jahren 1844 und 1845 alle künstlichen Entleerungsmittel an, wie Kleie, ausgewaschene Asche, schwach gesalzenes Wasser, die Entleerung mit der Hand, Ipecacuannha; sie erschienen ihm aber alle gleich gefährlich; die Blutegel werden durch dieselben sehr angestrengt und es gehen dadurch von ihnen wenigstens $\frac{6}{10}$ verloren. Hr. Fermond konnte im besten Falle nur 50 von 100 Blutegeln wieder anwenden; die übrigen, meint er, sollen beseitigt werden, weil sie schon von der Aufnahme des Bluts erkrankten. Nach Hrn. Granal's Erachten ist der Verlust aber eher der Entleerungsweise zuzuschreiben; ihm scheint die natürliche Entleerung den Vorzug zu verdienen. Er ließ für Versuche in dieser Hinsicht, nach Soubeiran's Vorschrift einen Blutegelteich im Departement der Niederpyrenäen anlegen; die vollgesogenen Blutegel wurden in hölzerne Zuber gebracht, auf deren Boden etwas Letten und Wasser kam, welches letztere alle 48 Stunden erneuert wurde, und 8 Tage darauf wurden die Blutegel im besten Wohlseyn in den Teich gebracht. Der Teich wurde im Mai besetzt; im Juli wurden Cocons gefunden; im November kamen die Blutegel, weche das durch ihre erste Anwendung eingesogene Blut vollkommen verdaut zu haben schienen, in Anwendung, und vom November bis zum April waren 450 Blutegel aus dem Teich gezogen worden; 400 Blutegel hinterließ er (bei seinem Abgang nach Afrika) seinem Nachfolger zur weitern Anwendung. 1000 Blutegel waren in den Teich gesetzt und in einem Jahr 850 herausgenommen worden, ohne der Vermehrung zu schaden.

In Afrika lieferte ihm das gleiche Verfahren einen gleich guten Erfolg. (Journal de Pharmacie, Sept. 1851, S. 184.)

Miscellen.

Verzeichniß der vom 29. Juli bis 25. Sept. 1851 in England ertheilten Patente.

Dem Peter Drummond in Perth: auf Verbesserungen am Butterfaß. Dd. 29. Juli 1851.

Dem Charles Barlow, im Chancery-lane, London: auf ihm mitgetheilte Verbesserungen an Sägen. Dd. 31. Juli 1851.

Dem John Workman am Stamford=hill, Grafschaft Middlefer: auf Verbeffe=
rungen in der Fabrication von Mauer= und Dachziegeln. Dd. 31. Juli 1851.

Dem Victor Lemoign aus Frankreich: auf Verbefferungen an rotirenden
Dampfmaschinen. Dd. 31. Juli 1851.

Dem James Whitelaw, Ingenieur in Johnstone, Grafschaft Renfrew, North
Britain: auf Verbefferungen an Dampfmaschinen. Dd. 31. Juli 1851.

Dem Charles Cowper in Southampton-buildings, Chancery=lane Grafschaft
Middlefer: auf Verbefferungen an Locomotiven und Eisenbahnwagen. Dd. 31. Juli
1851.

Dem Joseph Mansell im Red Lion=square, Grafschaft Middlefer: auf Ver=
befferungen im Verzieren von Papier und anderen Fabricaten. Dd. 31. Juli 1851.

Dem Charles Perley, Mechaniker in New=York, Nordamerika: auf Verbeffe=
rungen in der Construction der Kabeftane. Dd. 31. Juli 1851.

Dem Edward de Mornay im Mark=lane, City von London: auf Verbeffe=
rungen an der Zuckermühle und den Abdampfapparaten für Syrupe. Dd. 5. August
1851.

Dem Levi Biffell in New=York, Nordamerika: auf eine verbefferte Methode
die Reifekutfchen und andere Wagen aufzuhängen. Dd. 5. August 1851.

Dem Edwin Deeley und Richard Mountford, Glasfabrikanten zu Andnam
Bank, Staffordshire: auf eine verbefferte Construction der Oefen zur Glasfabri=
cation. Dd. 6. August 1851.

Dem Robert Greg in Manchefter und David Bowlas in Reddifh, Lanca=
shire: auf ihnen mitgetheilte Verbefferungen an der Maschinerie zur Verfertigung
der Webergeschirre. Dd. 7. August 1851.

Dem Alphonse Rene le Mire de Normandy in Judd=ftreet, und Richard
Fell, Ingenieur in City=road, Middlefer: auf verbefferte Methoden frisches Waffer
aus Salzwaffer zu gewinnen und die Schwefelfäure zu concentriren. Dd. 7. August
1851.

Dem Jonathan Grindrod, Ingenieur in Birkenhead, Grafschaft Chefter: auf
eine verbefferte Vorrichtung um die Bewegung von Dampfmaschinen und fonftigen
Motoren mitzutheilen, ferner in der Construction der Ruder für Schiffe. Dd. 14.
August 1851.

Dem Amie Nicolas Derode in Paris: auf eine Methode um Gußeifen mit
Gußeifen und anderen Metallen zu verbinden. Dd. 14. August 1851.

Dem Henry Glynn in Bruton=ftreet, Berkely=square, und Rudolph Appel,
anaftatischer Drucker in Gerrard=ftreet, Soho, Middlefer: auf eine Behandlung
des Papiers, welche verhindert, daß man von der Schrift oder dem Druck Copien
oder einen Ueberdruck machen kann. Dd. 14. August 1851.

Dem Thomas Skinner in Sheffield: auf fein Verfahren verzierte Oberflächen
auf Metall und anderen Materialien hervorzubringen. Dd. 14. August 1851.

Dem John Plant in Manchefter: auf Verbefferungen in der Fabrication von
gewebten Waaren. Dd. 14. August 1851.

Dem Joseph Blundell in New Croff=road, Grafschaft Kent: auf verbefferte
Maschinen zum Kehren und Reinigen der Straßen. Dd. 14. August 1851.

Dem Stephen Moulton, Kautschuk=Fabrikant in Bradford, Grafschaft Wilts:
auf Verbefferungen im Zubereiten und Verarbeiten der Gutta=percha und des Kaut=
schuks. Dd. 14. August 1851.

Dem Lot Falkner, Mechaniker in Cheable, Grafschaft Chefter: auf eine Me=
thode Triebkraft zu gewinnen und anzuwenden. Dd. 21. August 1851.

Dem John Walters, Fabrikant in Sheffield: auf Verbefferungen an Meffern
und Gabeln. Dd. 21. August 1851.

Dem James Robertson, Chemiker in Manchefter: auf verbefferte Methoden
Druckfarben zu erzeugen oder darzuftellen. Dd. 21. August 1851.

Dem John Jeffree, Ingenieur in Blackwall, Grafschaft Middlefer: auf einen
Apparat um die vollkommene Verbrennung des Brennmaterials zu erleichtern und
dadurch die hohen Schornfteine entbehrlich zu machen. Dd. 21. August 1851.

Dem James Palmer, Künftler in Paddington, Grafschaft Middlefer: auf
Verbefferungen im Zeichnen von Gegenftänden, und an dem Apparat und den Ma=
terialien dazu. Dd 23. August 1851.

Dem Edward Shephard in Duke=street, City von Westminster: auf eine ihm mitgetheilte Methode Triebkraft zu gewinnen und anzuwenden. Dd. 28. August 1851.

Dem Thomas Jordan, Ingenieur in Lambeth, Grafschaft Surrey: auf eine verbesserte Maschinerie zum Schneiden und Verarbeiten des Schiefers. Dd. 28. August 1851.

Dem James Mac Connell, Ingenieur in Wolverton, Grafschaft Buckingham: auf Verbesserungen an den Locomotiven und an den Achsen der Eisenbahnwagen. Dd. 28. August 1851.

Dem William Johnson in Millbank, City von Westminster: auf eine verbesserte Methode das Gewicht von Waaren zu bestimmen. Dd. 28. August 1851.

Dem Pierre le Comte de Fontainemoreau in South=street, Finsbury, Grafschaft Middlesex: auf ihm mitgetheilte Verbesserungen an den Apparaten zur Gasbeleuchtung. Dd. 28. August 1851

Dem Baron Karl Wetterstedt in Grosvenor=street, Commercial=road, Grafschaft Middlesex: auf Verbesserungen im Conserviren thierischer und vegetabilischer Substanzen. Dd. 4. Sept. 1851.

Dem Dominique Julian zu Sorgues in Frankreich: auf eine verbesserte Methode dem Krapp den Farbstoff zu entziehen und das beim Färben benutzte Wasser nützlich zu verwenden. Dd. 4. Sept. 1851.

Dem Timothy Kenrick, Eisengießer in der Pfarrei Edgbiston, Warwickshire: auf Verbesserungen in der Fabrication schmiedeiserner Röhren. Dd. 4. Sept. 1851.

Dem Benjamin Hallewell in Leeds: auf eine verbesserte Methode das Malz zu darren. Dd. 4. Septbr. 1851.

Dem John Drake in St. Austell, Grafschaft Cornwall: auf Verbesserungen im Construiren und Forttreiben der Schiffe. Dd. 4. Septbr. 1851.

Dem William Imray in Liverpool: auf ihm mitgetheilte Verbesserungen in der Fabrication von Mauerziegeln. Dd. 4. Sept. 1851.

Dem John Duncan in Grove End=road, Grafschaft Middlesex: auf verbesserte Mechanismen um die Kraft von Dampfmaschinen und anderen Motoren zu übertragen. Dd. 4. Sept. 1851.

Dem Pierre le Comte de Fontainemoreau in South=street, Finsbury: auf eine ihm mitgetheilte Composition zum Conserviren thierischer Substanzen. Dd. 4. Sept. 1851.

Den Ingenieuren Henry Jowett in Sawley, Derbyshire, und John Kirkman in Peckham, Grafschaft Surrey: auf Verbesserungen an hydraulischen Telegraphen. Dd. 4. Sept. 1851.

Dem Gail Borden in Galveston, Texas, Amerika: auf eine Behandlung thierischer und vegetabilischer Substanzen, um sie zum Gebrauch als Nahrungsmittel geeigneter zu machen und damit sie sich besser conserviren. Dd. 5. Sept. 1851.

Dem John Crook in Birmingham: auf Verbesserungen an Hüten, Kappen und Mützen. Dd. 11. Sept. 1851.

Dem David Main, Ingenieur im Beaumont=square, Grafschaft Middlesex: auf Verbesserungen an Dampfmaschinen und ihren Oefen. Dd. 11. Sept. 1851.

Dem John Blair in Irvine, Grafschaft Ayr: auf Verbesserungen an Bettstellen, Ruhebetten ic. Dd. 11. Sept. 1851.

Dem William Barillat, Chemiker in Rouen, Frankreich: auf sein Verfahren die färbenden, gerbenden und zuckerigen Substanzen aus verschiedenen Vegetabilien auszuziehen. Dd. 11. Sept. 1851.

Dem George Phillips, Chemiker in Islington, Grafschaft Middlesex: auf sein Verfahren die nachtheiligen Folgen des Tabakrauchens zu verhüten. Dd. 18. Sept. 1851.

Dem John Wormald in Manchester: auf Verbesserungen an den Maschinen zum Spinnen und Dupliren der Baumwolle und anderer Faserstoffe. Dd. 18. Sept. 1851.

Dem John Leake, Fabrikant in Whitehall Salt Works, Grafschaft Chester: auf Verbesserungen an den Verfahrungsarten und Apparaten zur Salzfabrication. Dd. 18. Sept. 1851.

Dem John Livesey in New Lenton, Grafschaft Nottingham: auf Verbesserungen in der Fabrication gewobener Fabricate. Dd. 18. Sept. 1851.

Dem Robert Roberts in Dolgelly, Grafschaft Merioneth: auf eine verbesserte Methode gewisse Mineralsubstanzen zu brechen. Dd. 25. Sept. 1851.

Dem Charles Watt, Chemiker in Kennington, Grafschaft Surrey: auf sein Verfahren salzige Substanzen zu zersetzen und ihre Bestandtheile von einander zu trennen; ferner Metalle von einander zu trennen und zu reinigen. Dd. 25. Sept. 1851.

Dem James Garforth, Ingenieur in Dukinfield, Grafschaft Chester: auf Verbesserungen an den Locomotivmaschinen. Dd. 25. Sept. 1851.

Dem David Brown in Old Kent=road, Grafschaft Surrey: auf ein verbessertes landwirthschaftliches Geräth. Dd. 25. Sept. 1851.

Dem Alexander Parkes, Chemiker in Birmingham: auf Verbesserungen in der Fabrication von Kupfer und in der Trennung einiger anderen Metalle von demselben, ferner in der Erzeugung von Legirungen gewisser Metalle. Dd. 25. Sept. 1851.

Dem Frederick Thomson in Berners=street, und George Foord in Wardour=street, Grafschaft Middlesex: auf Verbesserungen im Strecken und Kühlen des Glases. Dd. 25. Sept. 1851.

Dem Charles Green in Birmingham: auf Verbesserungen in der Fabrication messingener Röhren. Dd. 25. Sept. 1851.

Dem Richard Brooman in Fleet=street, City von London: auf Verbesserungen an Pressen. Dd. 25. Sept. 1851.

(Aus dem Repertory of Patent-Inventions, September und October 1851.)

Ueber das Aneroïdbarometer.

Lovering hat den Gang des Aneroïdbarometers (welches im polytechnischen Journal Bd. CXI. S. 107 beschrieben wurde) im Vergleich mit dem des Quecksilberbarometers einer ausführlichen Untersuchung unterworfen, um den Grad der Zuverlässigkeit des ersteren kennen zu lernen und seine Versuche in Silliman's Journal, Bd. IX S. 249 veröffentlicht. — Zunächst wurde der Gang beider Instrumente bei Verdünnung und Verdichtung der Luft unter der Glocke der Luftpumpe verglichen. Der Zeiger des Aneroïdbarometers hatte einen Spielraum, welcher dem von 20 bis zu 31 Zoll des Quecksilberbarometers entsprach; er ging bei Verdünnung der Luft rascher wie das Quecksilberbarometer, mit veränderlicher Differenz beider Instrumente, welche von 0,1 bis 0,5 Zoll schwankte. Erst in der Nähe der Gränze des Spielraumes nahmen die Differenzen wieder ab, wechselten ihr Zeichen und das Aneroïdbarometer hörte von da an auf brauchbar zu seyn. Die Vergleichung beider Instrumente bei den gewöhnlichen atmosphärischen Schwankungen gab den Stand des Aneroïdbarometers immer etwas zu niedrig, auch war derselbe nicht ganz unabhängig von der Temperatur. Die Correction für 1° C. betrug 0,0021 Zoll. — Lovering überzeugte sich ferner, daß der Zeiger des Aneroïdbarometers, wenn die Luft unter der Glocke der Luftpumpe verdünnt und dann wieder auf die frühere Dichte zurückgebracht wurde, nicht genau wieder auf den vorigen Stand zurückkehrte, sondern bis zu 0,1 Zoll Barometerdruck davon abwich. — Der genannte Physiker glaubt hiernach daß das Aneroïdbarometer dem Seemann recht gut dienen könne, um große Störungen im Zustand der Atmosphäre, welche den Stürmen vorangehen, zu erkennen; daß aber weder für meteorologische Beobachtungen noch für Höhenmessungen jenes Instrument eine hinreichende Zuverlässigkeit biete. (Jahresbericht über die Fortschritte der Chemie, Physik ꝛc. von Liebig und Kopp. Gießen 1851.)

Ueber die Theorie des Höhenmessers mit dem Barometer; von Crelle.

In einer der Berliner Akademie der Wissenschaften am 27. März d. J. vorgetragenen Abhandlung entwickelte der Genannte zunächst die gewöhnliche Theorie der Barometermessung, und ließ hierauf eine Aufzählung und Erwägung der verschiedenen Voraussetzungen und Annahmen bei der Aufstellung der gewöhnlichen Formeln folgen. Es sind ihrer fünf. Wenigstens die vierte aber, nämlich die, nach welcher man statt der verschiedenen Wärmegrade der Luftschichten in der Luftsäule, deren Höhe mit dem Barometer gemessen werden soll, eine mittlere Wärme in Rechnung bringt, läßt sich vermeiden. Dieses geschieht dann durch Aufstellung einer neuen Formel, in welcher zugleich, nächst der Abnahme der Schwerkraft von den Polen nach dem Aequator hin, diejenige vom Meeresspiegel nach oben, und zwar nicht bloß näherungsweise, wie es z. B. Biot thut, sondern um wenigstens das Ergebniß zu erfahren, strenge in Rechnung gebracht wird. Die sich ergebende vollständige Formel ist sehr verwickelt und für die Anwendung nicht wohl geeignet; auch schon die Biot'sche Formel ist weitläufig; allein die neue verwickelte Form wird sehr einfach, wenn man die Abnahme der Schwerkraft von unten nach der Höhe hin, die auch das Ergebniß fast nur unmerklich ändert, außer Acht läßt. Sie ist dann, obwohl von der gewöhnlichen Formel, bei welcher jene Abnahme der Schwerkraft ebenfalls nicht in Rechnung kommt, wesentlich verschieden, fast ebenso einfach, als diese.

Beträgt nämlich die Wärme der Luft in z und y preußische Fuß Höhe über dem Meere ω_1 und ω_2 hunderttheilige Grade; die Wärme des Quecksilbers in den Barometern in eben diesen Höhen μ_1 und μ_2 solcher Grade; nω die Zunahme der einer 1 Fuß hohen, 0 Grad warmen Luftsäule in ω Graden Wärme; mμ das Aehnliche für das Quecksilber; sind ferner b_1 und b_2 Fuß die in den $\frac{1}{s}$ z und y Fuß über dem Meere beobachteten Barometerhöhen und ist enblich $\frac{1}{s}$ der Factor, welcher die Abnahme der Schwerkraft von den Polen nach dem Aequator hin auf die gewöhnliche Weise in Rechnung bringt; ε log 10, das heißt der natürliche Logarithme der Zahl 10 und A ein unveränderlicher Factor, der gewöhnlich für preußisches Maß $= 58604$ seyn wird, so ist die Formel für die zu messende Höhe z — y $=$ h, welche die wirkliche Wärme der verschiedenen Luftschichten in Rechnung bringt, folgende:

$$h = \frac{n\,A\,(\omega_2 - \omega_1)}{\varepsilon\,s} \cdot \frac{\overset{10}{\log} \frac{b_2}{1 + m\,\mu_2} - \overset{10}{\log} \frac{b_1}{1 + m\,\mu_1}}{\overset{10}{\log}\,(1 + n\,\omega_2) - \overset{10}{\log}\,(1 + n\,\omega_1)}$$

Die gewöhnliche Formel, welche eine mittlere Wärme der Luftschichten annimmt, ist:

$$= \frac{A}{s} \left\{ 1 + \tfrac{1}{2}\,n\,(\omega_1 + \omega_2) \right\} \overset{10}{\log} \left\{ \frac{b_2}{1 + m\,\mu_2} - \overset{10}{\log} \frac{b_1}{1 + m\,\mu_1} \right\}.$$

Beide Formeln erfordern ungefähr gleich viel Rechnung; auch für Tafeln, wenn man dergleichen zur Erleichterung der Rechnung aufstellen will; aber die erste Formel ist sicherer, weil sie eine der Voraussetzungen weniger in Anspruch nimmt und zwar gerade die erspart, welche völlig willkürlich ist. (Monatsbericht der k. preuß. Akademie der Wissenschaften, März 1851, S. 196.)

Schlösser's Fensterthermometer.

Die bisher üblichen und jetzt so häufig angewendeten Thermometer zur Ermittelung der Lufttemperatur werden außerhalb des Fensters durch bügelförmige Arme im Abstande weniger Zolle von jenem befestigt. Hierdurch entstehen mehrfache Uebel-

stände, von denen wir nur einzelne hervorheben. Durch Rückwerfung der Wärme-
strahlen und Erwärmung der Scala werden die Angaben dieser Thermometer unrichtig, namentlich zeigen sie im Sommer bei Sonnenschein stets eine, oft um mehrere Grade, zu hohe Temperatur, während die Angaben im Winter durch den Einfluß der Stubenwärme meist zu niedrig sind. — Ueberdieß werden bei Schneegestöber
oder bei eisbedeckten Fenstern die Beobachtungen schwierig, wenn nicht unmöglich.

Diesen Uebelständen entgeht Hr. Schlösser, Optikus und Mechanikus in Königs-
berg, indem er die Thermometerröhre unterhalb der Scala knieförmig umbiegt und
das untere Ende mit der Kugel durch ein Loch im Rahmen des Fensters ins Freie
bringt, während die Scala sich im Zimmer befindet. Gegen das Zerbrechen kann
das herausragende Ende der Röhre leicht durch ein weiteres, sie umschließendes Rohr
oder Gitter gesichert werden. Hr. Schlösser fertigt diese Instrumente meist in
Form der gewöhnlichen Badethermometer an, bei welchen Röhre und Scala durch
ein weiteres, unten an die Kugel angeschmolzenes, oben zugeblasenes Rohr um-
schlossen sind. Beide Röhren sind auf etwa $1/3$ vom untern Ende knieförmig gebogen; die äußere paßt genau in ein mit Kork oder Leder gefüttertes Loch im Mittel-
stück des Fensters, welches, wenn das Thermometer herausgenommen, durch einen
Stöpsel geschlossen wird. — Es läßt sich demnach ein solches Thermometer aufs leich-
teste für verschiedene Zwecke verwenden. (Gewerbevereinsblatt der Provinz Preußen,
5ter Jahrg., Lief. 12.)

Evrard's Verfahrungsarten um die positiven Lichtbilder chemisch zu färben.

Man erhält diese Farben, wenn man in ein Bad, welches aus einem Theil
unterschwefligsaurem Natron auf sechs Theile Wasser zusammengesetzt ist, hinein-
gießt entweder: erstens, einige Tropfen Ammoniak, welches das Bad alkalisch
macht und einen röthlichen Sepiaton hervorbringt; oder zweitens einige Tropfen
Essigsäure, welche die Auflösung sauer macht und durch die violetten Farben in
ein schönes Schwarz übergeht. Ein etwas ähnlicher Effect wird durch den Zusatz
von ein wenig Salpetersäure oder Schwefelsäure hervorgebracht, aber die Lichter des
Bildes können dabei leicht Flecken bekommen; wenn man jedoch in diesem Falle ganz
wenig essigsalpetersaures Silber zusetzt, so werden die Töne sehr geschwärzt und der
Effect ist ein sehr guter. Aus diesem Grunde sind alte Auflösungen von unterschwefligsaurem Natron, die also mit Silbersalzen imprägnirt sind, den frischen bei
der Darstellung der Lichtbilder vorzuziehen. Die erste Wirkung alter Bäder besteht
darin, daß sie den Farben Festigkeit geben, die Nachwirkung ist, daß sie dieselben
verdünnen. Wenn die Wirkung über diese Gränze hinaus fortdauert, so entsteht ein
gelber Ton, wie mit alten sauren Bädern. Durch Anwendung verschiedener Bäder
kann man also das Bild auf einen gewünschten Ton bringen; ist es zu dunkel, so
bringt man es in ein alkalisches Bad, ist es hingegen zu hell, in ein saures Bad;
die Anwendung dieser Bäder erfordert jedoch einige Erfahrung, und man darf niemals das Bild aus einem alkalischen Bad in ein saures, oder umgekehrt, bringen,
ohne daß man es vorher neutral gemacht hat, nämlich durch Waschen und nachheri-
ges Eintauchen in eine neutrale Auflösung von unterschwefligsaurem Natron während einer bis zwei Minuten. Wenn man in das unterschwefligsaure Bad einige
Krystalle von essigsaurem Zink gibt, so erhält man einen eigenthümlichen röthlich-
violetten Ton. In diesem Falle muß man das Bild in die Auflösung von neu-
tralem unterschwefligsaurem Natron bringen und dann durch das eben erwähnte Bad
nehmen, also das saure oder alkalische Bad vermeiden. Wenn man das Bild hernach in ein saures Bad bringt, erhält es einen dunkelvioletten Ton, aber die eigenthümliche Wirkung des essigsauren Zinks geht dabei verloren. Die genügende Wirkung dieser Bäder hängt sehr von dem Zustand des Bildes ab; ist dasselbe schwach,
so verliert es durch die entfärbende Wirkung der Bäder bald alle Kraft; wenn das
Bild hingegen sehr kräftig ist, so wird es das Bad ganz gut aushalten und durch
dasselbe verbessert werden, indem die weißen Stellen immer klarer werden. Wenn

man daher ein Bild in einem solchen Bade behandeln will (wobei vorausgesetzt wird, daß vorher das gewöhnliche unterschwefligsaure Bad angewandt wurde), so muß es eher zu kräftig als zu schwach dargestellt worden seyn. (Practical Mechanics' Magazine, Nov. 1851, S. 191)

Ueber Zeugverfeinerung.

Im polytechn. Journal Bd. CXXI S. 438 ist ein am 21. October 1850 an Mercer in England ertheiltes Patent mitgetheilt, betreffend ein Verfahren, baumwollene, leinene und halbwollene (?) Gewebe feiner und dichter zu machen. Wir würden darüber nichts erwähnen, da fast alle deutschen Erfindungen, theils gleich, theils einige Jahre später in England patentirt werden, wenn nicht auch die von Faraday, Dumas und andern ertheilten Gutachten diese Erfindung als eine englische darstellten. Sie ist aber in allen ihren Theilen eine deutsche, uns bereits 1845 von Professor Thomas Leykauf in Nürnberg mitgetheilt und in der polytechnischen Zeitung vom 28. Januar 1847 ausgeboten, in welchem Jahre auch die bedeutendsten Fabrikanten in England, Frankreich und Deutschland darauf aufmerksam gemacht wurden. Es fand sich aber Niemand der sie ausüben wollte, und viele erklärten sie deßhalb für werthlos, weil, in dem Maaße als die Zeuge dichter werden, sie auch kürzer werden, folglich am Längen= und Breitenmaaß verloren gehe.

Nürnberg, 20. Novbr. 1851.

C. Leuchs und Comp.

Als Beleg des Obigen theilen wir die betreffende Anzeige in Nr. 4 der polytechnischen Zeitung vom Jahr 1847 hier mit:

"Verfeinerung der Baumwollen= und Leinenzeuge. Nach einer so eben gemachten Erfindung ist man im Stande die Baumwollen= und Leinenzeuge durch eine nur wenig Minuten dauernde und wenig Auslagen machende Behandlung so zu verfeinern, daß ihr Werth um 30 Proc. vermehrt wird und sie zugleich die Eigenschaft erhalten, alle Farben ungleich besser aufzunehmen, und sich gesättigter und tiefer zu färben, was das Färben und Drucken nicht nur erleichtert und beschleunigt, sondern die aufgesetzten Farben auch haltbarer und schöner macht.

Es ist zwar bekannt, daß das gewöhnliche Bleichen, d. h. das bei demselben stattfindende Auskochen mit Laugen, das Waschen, Walken die Zeuge feiner macht, jedoch geschieht dieß in keinem Vergleich, denn Versuche zeigten, daß wenn man auch diese Behandlung noch so oft wiederholt, z. B. Tage lang in Lauge kocht, die Verfeinerung doch nur einen kleinen Grad erreicht, während sie bei der oben erwähnten Behandlung binnen einer Minute und in höherem Maaße stattfindet.

Außerdem werden die Zeuge zugleich haltbarer und bedürfen, wenn sie ungebleicht waren, um gebleicht zu werden, nur eine kurze Behandlung mit Chlor. Bei vergleichungsweise angestellten Versuchen wurde Baumwollenzeug durch diese Behandlung

1) um 20 Proc. verbessert, d. h. es war dem Ansehen nach und nach dem Fadenzähler um 20 Proc. höher verkäuflich;
2) es färbt sich bei gleich viel Zügen in der Küpe tief dunkelblau, während das nicht behandelte Zeug nur mittelblau wird;
3) es färbt sich in Krappbad um wenigstens 60 Proc. dunkler als das nicht behandelte.

In Nürnberg wird in diesem Augenblick eine Verfeinerungsanstalt nach diesem Verfahren errichtet, und Personen, welche sich von der Wirkung desselben überzeugen wollen, können Stücke an C. Leuchs und Comp. daselbst senden, und dann nach gemachter Behandlung sie wieder zurückerhalten, um sich selbst von der stattgefundenen Vermehrung der Güte und des Vermögens sich zu färben, zu überzeugen."

Die Redaction d. p. J.

Notiz zu dem Geheimverfahren das Kochen der Baumwollgarne bei dem Bleichen oder Färben zu ersparen. Von Prof. Bolley.

Wegen des Brennmaterialverbrauchs und Zeitaufwandes muß das, dem Behandeln mit Lauge und Säure und Chlorkalk bei der Baumwollgarnbleicherei vorangehende Auskochen der Waare als eine der kostbarsten Manipulationen des ganzen Bleichprocesses angesehen werden. Bekanntlich werden schriftliche und gedruckte Anerbietungen gemacht, um gegen Honorare sich das Geheimniß zu verschaffen, wie das Kochen ganz unnöthig gemacht werde. Ob und mit welchem Erfolg das Recept angewendet worden, ist dem Verfasser eben so wenig bekannt, als worin es besteht. Ohne sagen zu wollen, daß die nachfolgend anzuführenden Betrachtungen und Versuche des Verfassers vor der Hand praktischen Werth haben, erscheinen sie ihm doch als geeignet, zur Fortsetzung im Großen und mit Modificationen aufzufordern.

Man gibt als Grund für die Nothwendigkeit des Auskochens der Garne an, daß die Poren der Faser dadurch geöffnet und diese für das Eindringen der bleichenden Flüssigkeiten dadurch geeigneter würde. Vielleicht aber besteht die langdauernde Wirkung heißen Wassers auf die Faser einfach darin, daß sie leichter benetzbar wird. Eine Baumwollflocke schwimmt auf kaltem Wasser, ohne daß mehr als ganz wenige Fäserchen naß werden. Ein Strang Garn sinkt nicht unter, bis man ihn im Wasser eine Zeit lang gleichsam geknetet hat. Ob es ein organischer Ueberzug über der Faser ist, der ihr das rasche Vollsaugen mit Wasser wehrt, oder eine sehr dünne Luftschicht, die zwischen ihr und dem Wasser sich nicht leicht vertreiben läßt, ist noch unentschieden. Daß eine Luftschicht durch Kochen allmählich entfernt werden könne, ist ebenso denkbar, als daß ein auf der Faser haftender fester Ueberzug dadurch gelöst werde. Es ist begreiflich, daß die Benetzbarkeit der Faser die Grundbedingung des Angreifens der Bleichflüssigkeiten ist und somit leicht zuzugestehen, daß das Kochen vielleicht nur diese Bedingung erfülle.

Flockbaumwolle oder ein Strang Garn sinkt in Essigsäure fast augenblicklich unter, indem die Baumwolle sich mit der Flüssigkeit vollsaugt. In dem Maaße, als die Säure verdünnter ist, erfolgt das Sinken langsamer. Mikroskopisch konnte der Verfasser zwischen der im Wasser gewaltsam und der in Essigsäure von sich selbst untergesenkten Faser keinen anderen Unterschied bemerken, als daß es schien, die anhängenden Luftbläschen seyen kleiner und näher beisammen bei der letztern, als bei ersterer.

Ein aus der Essigsäure oder gewöhnlichem Essig herausgenommener und ins Wasser geworfener Baumwollengarnstrang sinkt darin schnell unter und das Wasser wird auch, wenn der Strang vorher ausgewunden worden, deutlich sauer, während das Garn selbst nur sehr wenig Säure zurückhält. Die Säure würde sich also aus dem Garn wieder ausziehen lassen, falls man eine Anwendung von diesem Verhalten machen wollte.

Andere verdünnte organische oder unorganische Säuren zeigten kein ähnliches Verhalten, wohl aber Weingeist. Es wäre zu versuchen, ob nicht saures Kleienwasser, also wohl die wohlfeilste Essigsäure, den genannten Zweck auch erfüllen würde. Baumwollzeuge, in welchen beim Einweichen in gewöhnlicher Temperatur die Schlichte sauer wird, zeigen sich bald durchweg naß; es ist also nicht unwahrscheinlich, daß solches Sauerwasser auch bei Garnen Dienste thue. Es bleibt ferner zu untersuchen, wie viel, falls man Essig nähme, sich auf oben angedeutete Art wieder gewinnen ließe und wie sich die Oekonomie dieses Verfahrens etwa herausstellte, und drittens käme es auf Proben an, wie solche Garne sich im Vergleich zu gekochten und gebäuchten u. s. w. gegen Chlorkalklösung in Bezug auf die nöthigen Quantitäten der letzteren verhielten. (Schweizerisches Gewerbeblatt, 1851, Nr. 4.)

Gegengift für Kupfersalze.

Hr. Roucher hat in der Gazette médicale de Strasbourg Beobachtungen veröffentlicht, woraus sich ergibt: 1) daß die gebrannte Magnesia die Symptome der Vergiftung mit Kupfervitriol gänzlich aufhebt, wenn sie nicht zu spät nach dem Einnehmen des Giftes verordnet wird; 2) daß die Dosis der erforderlichen Magnesia um die Wirkungen des Kupfersalzes zu neutralisiren, wenigstens 8 Gran Gegengift auf 1 Gran Kupfervitriol beträgt; 3) daß die Magnesia sehr wahrscheinlich als Gegengift für alle Kupfersalze dienen kann, indem sie dieselben zersetzt und unauflöslich macht. (Journal de Pharmacie, Novbr. 1851, S. 376.)

Verbesserung in der Bereitung der Butter; von Hrn. Chalambel.

Wenn die Butter nur die Fetttheile der Milch enthielte, so würde sie sich in Berührung mit der Luft nur sehr langsam verändern; allein sie hält eine gewisse Menge des im Rahm befindlichen Käsestoffs (Caseins) zurück; dieser verwandelt sich in ein Ferment und erzeugt Buttersäure, von welcher der unangenehme Geschmack der ranzigen Butter herrührt. Das Auswaschen der Butter vermag sie nur sehr unvollkommen von dieser Ursache des Verderbens zu befreien, weil das Wasser die Butter nicht benetzt und den Käsestoff nicht auflösen kann, welcher unter dem Einfluß der in dem Rahm sich entwickelnden Säuren unauflöslich geworden ist. Eine vollkommenere Reinigung ließe sich durch Sättigen der Säuren erreichen, wodurch der Käsestoff wieder auflöslich würde; die Butter würde folglich nur noch sehr kleine Mengen von demselben zurückhalten, welche durch das Waschen mit Wasser fast ganz entfernt werden könnten.

Es wäre demnach so zu verfahren:

Nachdem man den Rahm in das Butterfaß gebracht, schüttet man in kleinen Portionen und unter Umrühren so viel Kalkmilch hinzu, als hinreicht, um die Säuerlichkeit ganz aufzuheben. Hierauf schlägt man den Rahm bis zur Abscheidung der Butter, wartet aber nicht wie gewöhnlich ab, daß sie sich in Klumpen sammle; man gießt die Buttermilch ab, ersetzt sie durch frisches Wasser, und schlägt dann fort, bis die Butter sich genug vereinigt hat, nimmt sie aus dem Faß und bringt sie wie gewöhnlich in Ballen. Ich habe auf diese Weise stets ein besseres Product erhalten, welches sich viel länger frisch erhielt, als die auf gewöhnliche Weise bereitete Butter. Die Buttermilch hatte ihren scharfen Geschmack ganz verloren, wurde von Menschen und Vieh gern getrunken und wirkte nicht mehr abführend. — Auch Butter, welche schon so weit verdorben war, daß sie nur durch Zerlassen noch brauchbar geworden wäre, wurde durch Waschen mit Kalkwasser wiederhergestellt. Statt des Kalkwassers könnte man auch jede andere alkalische Lauge anwenden. (Comptes rendus, Octbr. 1851, Nr. 16.)

Augsburg, Buchdruckerei der J. G. Cotta'schen Buchhandlung

Polytechnisches Journal.

Zweiunddreißigster Jahrgang.

Dreiundzwanzigstes Heft.

LXV.

Bemerkungen über Schiffs=Dampfkessel= und Dampfmaschinen=Construction in England.

Aus den Annales des Travaux publics de Belgique, t. IX, p. 376.

Die belgische Regierung sandte im Sommer 1850 mehrere Marine=Ingenieure nach England, um in den Seearsenalen zu Woolwich, Deptford, Greenwich, Chatham, Cherneß, Plymouth den neuesten Stand des Schiffsbaues, sowie in den Werkstätten der HHrn. Miller und Ravenhill, Dichburn und Marc, Rennie, Penn, Maudslay und Field neue Dampfkessel= und Dampfmaschinen=Constructionen für Schiffe kennen zu lernen.

Wir entnehmen das Nachstehende dem Berichte, welchen der Ingenieur Saboine zu Ostende seiner Regierung erstattet hat, beschränken uns jedoch auf Dampfkessel und Dampfmaschinen, da der Schiffsbau zu wenig in den Bereich dieser Blätter gehört.

Dampfkessel.

Ueberall, in den Werkstätten sowohl als auf Schiffen, fanden die belgischen Ingenieure Röhrenkessel mit innerer Flamme. — Kessel mit rückkehrender Flamme benutzt man nur, wenn die Höhe nicht beschränkt ist.

Bei den Röhrenkesseln erhebt sich die aus dem Herde strömende Flamme senkrecht, geht durch eine Reihe von Röhren, welche über dem Herde parallel mit seiner Länge angebracht sind, und von dort unmittelbar in die Esse, die sich am Vordertheile des Kessels befindet.

Wenn aber der Schiffsraum nicht hoch genug ist, oder wenn die ganze Maschine unter dem Wasser liegen muß, wie bei den Kriegs=

schiffen, so folgen die Röhren auf den Herd, parallel mit seiner Länge. Es strömt daher die Flamme, wenn sie aus dem Herde kommt, in die Röhren und aus diesen in die Esse, welche am hintern Theile des Kessels angebracht ist. Man nennt diese Apparate Kessel mit directer Flamme.

Das erstere System ist dann vorzuziehen, wenn der Raum für die Maschine und die Kessel sehr beschränkt ist.

Den wesentlichsten Theil dieser Kessel bilden die Röhren. Einige Constructeure, sowie das Arsenal zu Woolwich, wenden kupferne, und noch häufiger messingene Röhren an, und sie behaupten, daß bei gleicher Oberfläche dieses Metall um so mehr Dampf erzeugt, je dünner es ist. In andern Fabriken, wie bei Miller und Ravenhill, Maudslay und Field, sowie bei Penn, werden nur eiserne Röhren benutzt. Man macht in diesen Werkstätten den messingenen Röhren den Vorwurf, daß sie durch die Berührung mit dem Eisen eine zerstörende galvanische Einwirkung veranlassen; der wesentlichste Vorzug der eisernen Röhren besteht aber in ihrer größeren Wohlfeilheit und Dauerhaftigkeit im Verhältniß zu den kupfernen. In der Fabrik von Penn verfertigt man oft neue Kessel mit alten, vorher ausgeglühten Röhren.

Maudslay hatte Versuche mit galvanisirten (verzinkten) eisernen Röhren angestellt. Er suchte dadurch den Rost zu vermeiden, und wenn die Kesselsteinbildung auch nicht gänzlich zu verhindern ist, so läßt sich der Stein doch leichter wegschaffen, da der Rost des bloßen Eisens das feste Anhaften des Steins begünstigt.

Obgleich man seit langer Zeit erkannt hat, daß die Heizoberflächen um so bedeutender seyn müssen, je geringer der Durchmesser der Röhren ist, und daß der Zug und die Verbrennung in weitern Röhren eher vor sich gehen als in engern, so haben wir doch überall höchstens 2½ Zoll weite Röhren gesehen, besonders bei den Kesseln mit directer Flamme. Der Vorzug der engen Röhren vor den weiten besteht darin, daß sie von einer geringern Wassermenge umgeben sind, und es ist möglich, daß dieser Vortheil den andern überwiegt. Penn hat die Länge der Röhren bei 2½ Zoll Durchmesser bis auf 7 Fuß gesteigert.

Die Eisenstärke der Röhren beträgt ⅛ Zoll. Man behauptet, daß sie noch länger dauern als die Kessel.

Das Blech beziehen die Maschinenbau=Anstalten von Low Moor in Staffordshire und von Bowling in Yorkshire und zwar in so großen Tafeln, daß die Rahmen, welche als Support für die Röhren dienen, aus einem einzigen Stück bestehen. Diese Bleche sind ganz vorzüglich, haben gar keine Schiefern und verarbeiten sich sehr gut.

Die Vernietung geschieht soviel wie möglich warm mittelst Niet-maschinen.

Die Kessel mit rückgängiger Flamme haben fast alle dieselbe Ge-stalt, nur bestehen manche Kessel aus zwei Stücken, die sich in einer ebenen Fläche berühren; andere hingegen nur aus einem Stück. Zwei über einander gestellte Parallelepipeda, von denen das eine den Herd und die Wasserröhren, das andere kleinere den Dampf enthält, geben einen Begriff von der Form eines aus einem Stück bestehenden Kessels. Diese beiden Körper, deren Schwerpunkte in derselben senkrechten Linie liegen, durch eine Ebene in zwei Theile getheilt, welche durch diese Schwerpunkte geht, geben die Formen der aus zwei Theilen bestehenden Kessel. Rundet man die Ecken des großen Parallelepipedums und die durch beide gebildete Kante ab, so erhält man die vollkommene äußere Gestalt dieser Kessel. Von der Seite gesehen ist die Form nicht diejenige eines Parallelogramms. Die eine Fläche ist etwas nach unten ge-krümmt, und zwar so, daß die gekrümmte Oberfläche als Feuerbrücke dient. Andererseits ist die vordere Seite des Kessels im allgemeinen von dem Feuerkasten ausgehend nach oben zu geneigt. Eine solche Ein-richtung ist zweckmäßig für den Zug. Die aus den Röhren strömende Flamme trifft eine geneigte Fläche, welche sie zur Esse führt.

Die geringe Wassermenge, welche in den Röhrenkesseln enthalten ist, hauptsächlich aber die Concentrirung der Heizoberfläche, welche den Zweck hat, den zur Abscheidung des entstehenden Dampfes gelassenen Raum zu beschränken, veranlassen gewöhnlich ein sehr starkes Aufkochen an der Oberfläche des Wassers im Innern des Kessels; man erhält daher nie trockenen Dampf und alle bis jetzt in England construirten Röhrenkessel haben den Fehler, Dampf zu entwickeln der mit Wasser gemengt ist, welches alsdann in die Cylinder kommt.

Man hat verschiedene Mittel zur Verbesserung dieses Fehlers an-gewendet, man hat die Dampfbehälter größer gemacht, am Ende der Dampfröhre eine Gießkannenbrause angebracht 2c., aber den Zweck durchaus nicht erreicht.

Wir glauben bei dem Kessel des Dampfboots „die Eisenbahn", welches neuerlich erbaut wurde, diesen Fehler dadurch vermieden zu haben, daß wir den Röhren eine weit stärkere Neigung gaben, als es in England üblich ist. Das Wasser, welches sich vorher zwischen den obern Theilen des Herdes und den Röhren befand, steht jetzt zum Theil über letzteren. Wenn die Wasserschicht am hintern Theil 1 Fuß stark ist, so hat sie vorn eine Stärke von 6 Zoll; nun findet sich hinten die größte Wärme. Diese Wasserschicht ist aber hinreichend, um den sich bildenden Dampf, ehe er in den Behälter gelangt, abzukühlen. Es ist wahr, daß der Raum zwischen den Röhren und dem untern Theil des Herdes sehr vermindert worden ist, und daß er wenigstens weit genug seyn sollte, um gereinigt werden zu können. Dieß hat aber gar keine Schwierigkeiten, denn man braucht nur über jeder Kuhl des Herdes zwei Röhren wegzunehmen, um den Raum zu bekommen, der in den englischen Kesseln mit horizontalen Röhren vorhanden ist. Diese beiden Röhren sind auch von geringer Wichtigkeit, da sie zum Ausströmen der aus dem Herde kommenden Flamme sehr schlecht gelegen sind. — Diese geneigten Röhren haben auch noch den Vortheil, daß sie den Zug verstärken.

Es gibt noch ein anderes Mittel das Aufwallen des Wassers in dem Kessel zu vermeiden, indem man vor dem Anfeuern durch die Mannslöcher der Dampfbehälter eine gewisse Menge geschmolzenen Talg eingießt, welcher in Folge seines specifischen Gewichts auf der Oberfläche des Wassers schwimmt. Dieß ist aber ein kostspieliges Aushülfsmittel; dennoch wenden wir es an, aber auf andere Weise und wegen eines andern Zweckes. Alle 14 Tage überziehen wir alle inneren Flächen des Dampfbehälters mit einer Schicht geschmolzenen Talges, welche erstarrt, aber wenigstens etwas in die Poren des Metalles bringt, denn wir haben sichere Beweise, daß die corrosive Wirkung des aus Meerwasser entwickelten Dampfes auf das Metall dadurch vermindert wird. Sowie nun der Kessel gefeuert wird, schmilzt der Talg-Ueberzug und schwimmt auf der Oberfläche des Wassers.

Die Röhrenkessel, welche direct von der Flamme durchströmt werden, sind entweder cylindrisch oder länglich-viereckig. Die erstern bieten nichts Neues dar, wogegen die zweiten, wegen der Art und Weise wie sie am Bord der großen Kriegsschiffe angebracht werden, bemerkenswerth sind.

Zwei Kesselkörper stehen mit ihren Enden dicht aneinander, und zwar so, daß beide nur einen Rauchkasten, eine Esse, dagegen aber zwei Feuerkasten haben, von denen der eine nach dem vordern, der andere nach dem hintern Ende des Schiffes zu liegt. Durch diese Einrichtung geht viel Platz verloren, nämlich derjenige unter den Röhren und unter den Rauchkasten.

Man machte zu Woolwich Versuche an einer Dampffregatte mit Rädern, dem „Tiger", mit zwei Systemen von ähnlichen Kesselpaaren, von denen das eine am Steuerbord, das andere am Backbord angebracht

war. Das Fahrzeug hatte daher zwei Essen, die in derselben Quer=
ebene des Schiffes lagen. Zwischen beiden Kesselsystemen ist ein Durch=
gang von 2 Fuß Breite, um von der hintern auf die vordere Seite
und zur Maschine zu gelangen.

Die bei diesen Kesseln angewendeten Röhren bestehen aus Messing,
haben einen äußern Durchmesser von bloß 2 Zoll und sind mit eisernen
Ringen in den blechernen Wänden befestigt. Diese messingenen Röhren
haben daher auch noch den Nachtheil, den Querschnitt für das Ein=
und Ausströmen der Flamme zu vermindern. Aber diese Ringe sind
durchaus nothwendig, indem die ungleiche Ausdehnung des Eisens und
des Messings die Fugen undicht macht.

Der „Terrible", eine Dampffregatte der englischen Marine, hat
auch doppelte Kessel, aber mit rückgängiger Flamme. Es sind dieß zwei
einfache Kessel, welche so aneinander gelegt sind, daß sich ihre Roste
berühren. Der erste Rauchkasten ist gemeinschaftlich und nur eine Esse
vorhanden, die sich gabelt und den Rauch von den beiden eisernen
Rauchkasten aufnimmt. Dieses System erfordert wenig Platz, allein
wir bezweifeln, daß es einen guten Zug hat, um so mehr, da diese
Kessel der Quere nach stehen, und die Feuerthüren nach den Schiffs=
wänden zu angebracht sind.

Die kupfernen Kessel scheint man aufgegeben zu haben; wir sahen
nur einen in den Werkstätten zu Woolwich.

Bei einigen neuen Kesseln hat man sehr nützliche Einrichtungen
angebracht. Ueber den Kuhlen der Herde sind zwei oder drei Röhren
aus der ersten Reihe weggelassen, um den Raum zu vergrößern, durch
welchen ein Mann die Kessel reinigen muß. Ebenso hat man an der
Seite des Kessels und gegenüber dem Bleche, welches die Röhren trägt,
eine länglich=viereckige Oeffnung angebracht, durch welche man eine
Kratze einführen und den Kesselstein von dem Blech entfernen kann.

Es sollte aber auch eine Oeffnung unter der vorhergehenden in
der Höhe der Roste angebracht werden, um die sogenannte Kuhle,
d. h. den Raum reinigen zu können, welcher von einer der Seiten=
flächen des Herdes in der Seitenwand des Ofens gebildet wird und
der sich nur sehr schwer rein halten läßt.

Wir haben diese Einrichtung der Kessel bei dem Paketboot „Eisen=
bahn" angewandt und damit den Zweck vollkommen erreicht.

Obgleich man in England annimmt, daß ein Kessel für See=
dampfschiffe, nachdem er zwei bis drei Jahre im Betriebe war, nicht
mehr benutzt werden kann, so sucht man doch die Kesselsteinbildung zu
vermeiden, denn diese salzigen Niederschläge, welche an dem Blech so

feſt hängen, verhindern, daß es unmittelbar von dem Waſſer berührt
wird.   Wenn ein Keſſel ſechs Monate auf dem Meer im Betrieb war,
und man hat nicht die größte Sorgfalt angewendet, ſo verbrennt die
blecherne Wand, in welcher die Röhren befeſtigt ſind, in Folge der
ſtarken Niederſchläge von Keſſelſtein, und die Röhren werden dann loſe;
dieſe Röhrenwände ſind nämlich der unmittelbaren Einwirkung der Flamme
ausgeſetzt.

Alle chemiſchen Mittel haben die Keſſelſteinbildung an dieſem Theile
der Röhrenkeſſel weder aufhalten noch verhüten können.

In der letzten Zeit haben wir die Wirkung der Wärme auf
das Eiſen und das Salz benutzt, um die Niederſchläge von denjenigen
Theilen des Keſſels, auf welche das Feuer unmittelbar einwirkt und die
ſich nur ſehr unvollkommen abkratzen laſſen, zu entfernen.   Durch die
Wärme dehnt ſich das Eiſen aus, während dieß bei dem Seeſalz nicht
der Fall iſt, welches daher abſpringt.   Zu dem Zweck wird das Waſſer
aus dem Keſſel abgelaſſen, worauf man die Mannslöcher und die übri=
gen Oeffnungen 24 Stunden oder ſo lang offen erhält bis der Keſſel
erkaltet und gut abgetrocknet iſt, und dann Reißbündel auf dem Herd
verbrennt, bis die Röhren an ihren hintern Enden braunroth werden.
Letztere Operation dauert etwa $\frac{1}{4}$ Stunde, und währenddem löſt ſich
der Keſſelſtein mit Detonationen ab.   Es zeigt ſich, daß die Röhren=
wände und die Röhren ſelbſt incruſtirt ſind.   Für den Keſſel iſt die
Operation durchaus nicht nachtheilig, da das Blech bloß ausgeglüht
wird.

Wir haben alle Röhren über den Dorn gehen laſſen, und es hat
keine einzige einen Riß gezeigt, und wenn der Keſſel vor dem Aus=
glühen undicht war, ſo hat er nach demſelben ſeine vollſtändige Dicht=
heit wieder erlangt.

Wir haben ſchon alle unſere Keſſel auf dieſe Weiſe behandelt, und
ſtets haben wir vollkommen unſern Zweck erreicht.   Es iſt jedenfalls ein
ſicheres und wohlfeiles Mittel, um den Keſſelſtein von denjenigen Punkten
des Keſſels wegzuſchaffen, auf welche das Feuer unmittelbar einwirkt.
Einige engliſche Poſt=Paketboote haben das Verfahren abgeändert; nachdem
ſie in dem Hafen angekommen ſind, und ehe alles Feuer von dem Roſte
entfernt worden iſt, öffnet man die Entleerungshähne, und wenn als=
dann gar kein Waſſer mehr im Keſſel iſt, wirft man einige Schaufeln
Kohlen auf den Herd, um wieder Flamme hervorzubringen; dadurch iſt
freilich das Mittel zur Fortſchaffung des Keſſelſteins ſo wohlfeil als
möglich gemacht; jedoch muß man zweifeln, daß auf dieſe Art der Zweck

vollkommen erreicht wird, denn wenn der Kessel noch feucht und aus=
gedehnt ist, so kann die Wärme nur eine Verdampfung der noch vor=
handenen Feuchtigkeit, aber durchaus keine Ausdehnung veranlassen.

Wir glauben versichern zu dürfen, daß die Kosten der Wegschaffung
des Kesselsteins auf die von uns angegebene Weise für ein Paketboot
jährlich nicht mehr als 60 Franken betragen.

Essen.

Bei Schiffen welche eine große Geschwindigkeit haben müssen, wen=
det man in England gern hohe Essen an; dennoch ist bei den Kriegs=
fahrzeugen diese Höhe sehr vermindert. So hat die oben erwähnte
Dampffregatte „Tiger" Essen, die zu gleicher Zeit durch ihre Höhe den
Bedingungen eines guten Zuges und der erforderlichen Kürze bei Kampf
und bei Stürmen entsprechen; es sind dieß die sogenannten Teleskop=
Essen, bei denen sich der obere Theil in dem unteren Theil mittelst im
Innern befindlicher Takelage bewegt. Der einzige Vorwurf welchen
man diesen Essen machen kann, besteht in ihrem weniger guten Ansehen.

Wir haben Essen gefunden, welche für gekuppelte Kessel eingerich=
tet und deßhalb durch einen blechernen Scheider der Länge nach getheilt
sind. Diese Einrichtung welche zur Erleichterung des Zuges gemacht
worden ist, kann nach unserer Meinung den Erwartungen nicht entspre=
chen; denn es wird dadurch einerseits die Reibung der Gase vermehrt
und andererseits das Gewicht der Esse bedeutend vergrößert.

Einige Maschinenbauer haben die Reibung der gasförmigen Ver=
brennungsproducte in der Esse vermindert; sie haben nämlich den Masten
und folglich auch den Essen der Dampfschiffe eine Neigung nach hinten
gegeben. Nun steigen freilich die Gase in Folge der Schwere senkrecht
in die Höhe, allein wenn das Schiff eine gewisse Geschwindigkeit hat,
so nimmt auch jedes Theilchen dieser Gase an der Schwere und an der
Geschwindigkeit des Schiffs Theil, und es folgt daraus, daß die Bahn
dieser Theilchen eine nach dem hintern Ende des Fahrzeugs geneigte
Linie ist, und daß daher die zweckmäßig nach hinten zu geneigten Essen
für den Zug sehr vortheilhaft sind.

Maschinen.

Die Maschinen mit schwingenden Cylindern scheinen in England
am meisten angewendet zu werden, bei Penn, Rennie, Miller
und Ravenhill, und in den Arsenälen von Woolwich haben wir

nur dieses System gesehen.   Maudslay und Field halten sich an das
System mit doppelten Cylindern, und haben dagegen dasjenige mit ringförmigen Cylindern aufgegeben, weil es in der praktischen Ausführung
zu schwierig ist.   Wir sahen jedoch bei letztern Maschinenbauern sowie
bei Rennie Maschinen mit horizontalen Cylindern für Schraubendampfschiffe.

Wir gehen nun auf einige besondere Einrichtungen über, welche
uns bei diesen bekannten Systemen aufgefallen sind.

Wir machten die Bemerkung, daß bei den neuern von den erwähnten englischen Maschinen keine rechtwinkelige Verbindung stattfindet,
weil unter diesen Umständen das Gleichgewicht nicht vollkommen seyn
würde.   Die Maschinen mit ringförmigen oder mit vier Cylindern von
Maudslay und Field haben eine schlecht angebrachte Luftpumpe, und
können daher, um zweckmäßige Schwingungen zu machen, nicht unter
90° zu einander gestellt werden.

Die kleinen Maschinen mit schwingenden Cylindern von Penn,
welche nur eine einzige äußere Luftpumpe haben, sind unter Winkeln
von 100°, 110° oder 115° gegeneinander gestellt, je nachdem das Gleichgewicht der Maschinen es erfordert.   Dagegen sind die größeren schwingenden Maschinen mit zwei Luftpumpen, die ebenfalls zu der Radwelle
geneigt sind, unter rechten Winkeln mit einander verbunden.

Bei Maudslay sahen wir horizontale Dampfmaschinen für das
Schraubendampfschiff „Edinburgh" welche eine gegenseitige Stellung von
140° zu einander hatten.   Hr. Maudslay bemerkte uns, daß das
Gleichgewicht der Maschinen dieß erfordere.

Die Regulirung der Dampfschieber wird zuerst nach den
vorgeschriebenen Regeln gemacht, dann aber solange corrigirt, bis der
Watt'sche Indicator genügende Resultate angibt.   Man ist in dieser
Beziehung bei der englischen Admiralität sehr streng; jeder Maschinist
muß täglich die Druckcurven, welche man durch das Instrument erlangt,
angeben, so daß man eine Uebersicht von dem Dampfdruck aller im
Besitz des Staats befindlichen Dampfschiffe erlangt.   Die Resultate
müssen zu gewissen Zeiten an die Admiralität eingesandt werden, welche
also die Leistungen der Maschinen vollkommen kennt.

Die aus dem Meerwasser entwickelten Dämpfe greifen die Schie-
berstangen, die Schieber und die Rahmen, auf denen sich dieselben bewegen, so an, daß wir den Theil der Stange welcher mit dem Dampf
in Berührung kommt, mit einer Hülse von Kupferblech und die Schieber sowie deren Rahmen mit ½ Zoll dicken Bronzeplatten füttern

mußten. Daburch vermieden wir die Dampfverluste zwischen Cylinder und Condensator, welche sonst häufig stattfanden. Wir freuten uns dieselbe Einrichtung in der Fabrik von M a u d s l a y zu sehen. Damit wollen wir aber nicht gesagt haben, daß Kupfer oder Bronze von dem Meerwasser nicht angegriffen werde.

Die Kolbenstangen bestehen gänzlich aus Gußstahl, oder sie haben einen eisernen Kern, während die äußere Oberfläche aus einer 1 Zoll dicken Stahllage besteht.

Die Luftpumpenklappen sowie alle Klappenventile überhaupt bestehen aus Bronze und ihre Rahmen aus demselben Material oder aus Guß= eisen mit einem kupfernen Futter.

Die Luftpumpenkolben sind eine Zeitlang ein Hinderniß großer Ge= schwindigkeit der Maschinen gewesen. Man hat bann den Lauf der Luftpumpenkolben verkürzt und die Klappe auf mehrfache Weise ver= ändert. Das zuletzt vorgeschlagene System, welches man bereits bei Dampfschiffen von 300 Pferdekräften angewendet hat, ist folgendes: Eine durchbrochene, b. h. mit quadratischen Löchern versehene Platte von Bronze, ist oben mit einer ebenfalls bronzenen kugelförmigen Kappe versehen, welche kreisrunde Löcher von ½ Zoll Durchmesser hat. Zwi= schen der Platte und der Kappe befindet sich eine Kautschukscheibe [50] von ⅜ Zoll Dicke. Wenn der Kolben steigt und saugt, so liegt diese elastische Scheibe auf der metallenen Platte; wenn er dagegen nieder= wärts geht, so liegt die elastische Scheibe an der kugelförmigen Kappe und gestattet dem angesaugten Wasser einen freien Durchgang.

Diese Art von Luftpumpenkolben wurde zuerst von Hrn. R e n n i e angewendet, der sie jetzt bei allen seinen Maschinen benutzt. M i l l e r und R a v e n h i l l haben diese Vorrichtung sechs Monate hindurch bei sich selbst versucht, und sie dann bei einem Marine=Dampfboot von 300 Pferdekräften benutzt.

Die Gerüste werden jetzt aus starkem Eisenblech gemacht und die einzelnen Theile durch Bolzen verbunden. Man legt nämlich zwei Tafeln von gleicher Form parallel neben einander, hält sie durch guß= eiserne Scheiben auseinander und schraubt sie durch Schraubenbolzen zusammen. Die bronzenen Zapfenlager liegen in ebenfalls bronzenen Halbcylindern, welche zwischen den beiden Blechtafeln angebracht sind.

---

[50] Kautschuk in ⅝ Zoll starken Scheiben oder Platten kostet per Pfd. in Eng= land nur 6 Pence.

Die Zapfenlager, besonders diejenigen welche einer starken Reibung ausgesetzt sind, erhalten ein 1/4 Zoll starkes Futter von einer Legirung aus Zinn und Wismuth. Diese Legirung ist weniger porös als die Bronze und vermindert daher die Reibung.

Die Auslaßröhren der Luftpumpen liegen zuweilen über der Wassertrachtlinie der Schiffe. Dieß ist eine sehr zweckmäßige Neuerung, denn wenn sie unter dem Wasser liegen und die Scheider auch noch so gut verschlossen sind, so geht, während der Stillstände der Maschinen, das Wasser doch stets in den Trog zurück, bringt in die Luftpumpe und in den Condensator, und greift die Schieberventile an.

Schaufelräder.

Alle Schiffe welche mit großer Geschwindigkeit gehen sollen, haben Schaufelräder. Die Unterhaltungskosten dieses Radsystems sind jedoch so bedeutend, daß man bei den See- und Kauffahrteischiffen darauf verzichten muß. Die eisernen Radschaufeln hat man ganz aufgegeben. Bei Maschinen welche nicht gut im Gleichgewicht standen, wirkten sie freilich als Schwungräder, allein durch ihr bedeutendes Gewicht nützten sie die Gelenke an dem Mechanismus der beweglichen Räder so ab, daß die Unterhaltungskosten wenigstens die doppelten von denen der Räder mit hölzernen Schaufeln waren. Andererseits war es sehr gefährlich, diese Schaufeln auf dem Meere auseinander zu nehmen.

Um Unfälle zu verhüten, welche daraus entstehen könnten, daß man Menschen in die Räder schickt, um sie umzudrehen, bringt man auf der äußern Peripherie der Räder Zähne an, in welche ein Getriebe greift, so daß einige Mann, die an einer Kurbel auf der Brücke stehen, das Drehen des Rades bewirken können.

Schrauben.

Es gibt jetzt viele Schraubendampfschiffe in England, und es würde deren noch weit mehr geben, wenn die Schraube ein so wirksames Fortschaffungsmittel wäre wie die Schaufelräder. Man bemüht sich daher sehr, die Schraube so zu verbessern, daß sie mit den Schaufelrädern in die Schranke treten kann.

Die Schrauben bestehen aus Eisen oder Bronze, je nachdem man sie bei eisernen oder hölzernen mit Kupfer beschlagenen Fahrzeugen anwendet. Die eisernen werden auf einer gußeisernen Schablone, welche als Ambos dient, geschmiedet. Wir bewunderten zu Woolwich eine solche Schraube, welche 18 Fuß im Durchschnitt hat. Die bronzenen sind gegossen, und wir sahen mehrere zu Woolwich und andere bei Miller und Ravenhill von gleichen Dimensionen wie die eisernen. Die bronzenen Schrauben liegen in einem ebenfalls bronzenen Gerüst, dessen senkrechte Arme äußerlich die Form von Schraubengewinden haben, so daß der ganze Apparat mittelst endloser Schrauben aus dem Wasser gezogen werden kann.

Zu Woolwich befinden sich mehr als 30 Schrauben von gleichen Dimensionen, alle mit zwei Flügeln, welche man zu Versuchen über die beste Neigung der Flügel auf der Drehungsachse benutzt hat. Der Winkel von 53⁰ scheint als der beste erkannt worden zu seyn.

— — — —

LXVI.
Crampton's neue Locomotive.
Aus der Eisenbahnzeitung, 1851, Nr. 43.
Mit einer Abbildung auf Tab. V.

Der XIX. Band der Annales des mines, dritte Lieferung, 1851, enthält einen Bericht von Hrn. Couche, Professor an der Bergwerksschule in Frankreich, über eine zur Londoner Industrie-Ausstellung gelieferte Locomotive, den wir seinem ganzen Inhalte nach hier mittheilen.

Unter den Locomotiven, welche die Londoner Industrie-Ausstellung aufwies, erregte keine die Aufmerksamkeit der Ingenieure in so hohem Grade, wie die nach der Angabe Hrn. Crampton's in der Werkstätte R. Stephenson's in Newcastle gebaute und für den Eildienst auf der South-Eastern Eisenbahn in Correspondenz mit der Nordbahn bestimmte Locomotive „Folkstone." Der Erfinder, bereits bekannt durch eine von ihm angegebene Construction von Locomotiven für große Geschwindigkeiten, hat sich die Aufgabe gestellt, die seinen Namen führenden Locomotiven weiter zu vervollkommnen, indem er ihre Stabilität vermehrte und hat diesen Zweck vollkommen erreicht. [51] Seine neue

―――――――――

[51] Hinsichtlich der früheren Construction der Crampton'schen Locomotiven beziehen wir uns auf das polytechn. Journal Bd CIV S. 392 und Bd. CVI

Locomotive wurde in Gegenwart mehrerer erfahrener Ingenieure zahlreichen Proben unterworfen, wobei sich ergab, daß die vollkommene Regelmäßigkeit ihres Ganges und ihre feste Haltung auf der Bahn bei
Geschwindigkeiten bis zu 120 Kilometer in der Stunde, sich um nichts
verminderte. Einige Worte über die Eigenthümlichkeiten dieser Locomotive dürften daher nicht ohne Interesse seyn.

Wirft man einen Ueberblick über die auf den englischen Eisenbahnen gegenwärtig im Gange befindlichen Locomotiven, so wird man durch
eine Thatsache betroffen, nämlich durch die fast allenthalben beliebte
Rückkehr zu den innenliegenden Cylindern. In Verbindung mit außenliegenden Rahmen und der Stellung der hinteren Achse hinter dem
Feuerkasten charakterisirte diese Anordnung die Mehrzahl der in neuerer Zeit für den Passagierdienst gebauten Locomotiven. Nur auf der
Eastern Countiesbahn findet man noch fast ausschließlich den auch in
Frankreich allgemein verbreiteten Typus der Passagier-Locomotiven, nämlich außenliegende Cylinder, innenliegende Rahmen, und in Frankreich
freitragende Feuerkasten. Bei der Mehrzahl der Locomotiven der Eastern
Countiesbahn ist der Rahmen in Beziehung auf die hintere jenseits der
Feuerbüchse angebrachte Achse außenliegend, wodurch es möglich wird,
die Weite der Feuerbüchse zu vermehren und für die Stellung der Federn
einen größeren Raum zu erhalten.

Crampton's neue Locomotive hat innenliegende Cylinder, und
in Beziehung auf die Trageräder außenliegende Rahmen, und die hintere
Achse ist jenseits des Feuerkastens angebracht. Außerdem sind, wie in
seinem ersten Modell, die hinteren Räder Treibräder. Außenliegende
Cylinder und eine Treibachse hinter dem Feuerkasten scheinen sich aus-
zuschließen; auch bedingte die Combination dieser beiden Constructionen
ein Zwischenglied, nämlich eine gekröpfte Blindachse, welche die Kolben-
stöße aufnimmt und mittelst zweier außenliegenden Kurbeln, welche mit
den Enden der Blindachse und mit den Naben der Treibräder verkeilt
sind, auf die letztere überträgt, und eine Kurbelstange mit paralleler
Bewegung, ähnlich den Kuppelstangen. Die Disposition kommt daher
in dieser Hinsicht der einer Locomotive gleich, deren hintere Räder ge-
kuppelt sind und deren Treibräder man weggenommen hat, ohne deren
Achse zu entfernen. Es ist auf den ersten Anblick schwierig, sich eines

S. 409; hinsichtlich der neuen Locomotive auf das Patent in Bd. CXVI S. 409. Die
beigegebene Abbildung der Locomotive „Folkstone" (Fig. 1) ist dem Official descriptive and illustrated Catalogue of the great Exhibition, Vol. I ent-
nommen.					Die Redaction des polytechn. Journals.

gewiſſen Vorurtheils gegen dieſe offenbar verwickelte Anordnung zu erwehren, allein man ſöhnt ſich in dem Maaße mit derſelben aus, in
welchem man die Elemente der Stabilität und Sicherheit erkennt, welche
dieſelbe in ſich ſchließt: weit abſtehende und ſtark belaſtete äußere
Achſen; — Entfernung jeder Belaſtung von der gekröpften Achſe, deren
Bruch eben dadurch beinahe unmöglich, wenn er aber gleichwohl eintreten ſollte, gefahrlos gemacht wird, — jederzeit ausreichende Abhäſion; — Beſeitigung der übertriebenen Länge der Kurbelſtangen, während gleichwohl die Cylinder weit von den Treibrädern abſtehen; —
ſämmtliche Theile des Mechanismus unmittelbar balancirt durch die
äußeren Kurbelſtangen und die Transmiſſionsſtangen; — endlich und
hauptſächlich die Stellung der Treibachſe zu den Cylindern unabhängig
von den Schwankungen des Keſſels, mit einem Worte, eben ſo unwan-
delbar wie bei einer ſtehenden Maſchine; — dieß ſind die Vorzüge,
welche die beſchriebene Dispoſition beſitzt, und auf deren Vereinigung
man, wo immer die Trace der Bahn es geſtattet, gewiß großen Werth
zu legen hat. Ueber alles dieſes trotzt aber der unerſchütterlich ruhige
Gang der Maſchine, ſelbſt bei weit größerer Geſchwindigkeit als die gewöhnliche, jeder Kritik.

Auch das Syſtem der Aufhängung der Crampton'ſchen Locomotive verdient bemerkt zu werden. Wenn es einerſeits im Intereſſe der
Stabilität der Maſchine von Wichtigkeit iſt, daß das durch die Lage
der äußerſten Stützpunkte über den Schienen gebildete Rechteck eine
möglichſt große Länge beſitze, und im Intereſſe der Erhaltung des Oberbaues, daß das Gewicht der Maſchine auf eine hinreichende Anzahl
von Stützpunkten vertheilt werde, ſo unterliegt es andererſeits keinem
Zweifel, daß die Maſchine von den Unregelmäßigkeiten des Oberbaues
um ſo weniger leiden wird, je geringer die Zahl der Federn iſt, welche
zwiſchen den Achſen und dem Rahmen angebracht werden, und wenn
die Zahl dieſer Federn, mit andern Worten, die Stützpunkte des Rahmens auf ein Minimum reducirt wird, nämlich auf drei, ſo wird die
Vertheilung der Laſt auf dieſe drei Stützpunkte, mithin auf die denſelben entſprechenden ſechs Achſenbüchſen, vollkommen unabhängig von
den Unebenheiten der Bahn. Hr. Crampton reducirt demgemäß ſein
ganzes Syſtem der Aufhängung auf drei Federn. Die beiden vorderen
Längenfedern ſind ſeitswärts zur Rechten und Linken des Keſſels über
dem Rahmen angebracht, welcher an dem Band der Feder hängt, deren
Enden mittelſt zweier die Langbalken des Rahmens durchdringender
Stützen auf den Achſenbüchſen zweier hinter einander ſtehender Räder
ruhen. Nach hinten ſtützt ſich der Rahmen mittelſt eines ſtarken Quer-

riegels auf die Mitte der dritten Feder, einer Querfeder, welche mit ihren beiden Enden auf der Achsenbüchse der Treibräder ruht. Der Kessel, auf diese Art gleichsam in ein Gehäuse eingeschlossen, bleibt von den verticalen Schwankungen sichtlich unberührt.

Die Art der Aufhängung an beiden vorderen Räderpaaren findet sich auch bei mehreren anderen Locomotivensystemen, z. B. bei den achträderigen Passagierlocomotiven der Great-Westernbahn; bei denen, welche Bury für die London-North-Westernbahn nach dem ersten Crampton'schem System baute; R. und W. Hawthorn habe diese Art der Aufhängung sogar bei den drei Achsen der Locomotive mit Außencylindern, innenliegenden Rahmen und zwischenliegenden, unabhängigen Treibrädern angewendet, mit welcher sie die Ausstellung beschickten. [52]

Bei dieser Anordnung der Federn ist allerdings nicht, wie bei den gewöhnlichen sechsräderigen Locomotiven die Möglichkeit gegeben, die Belastungen der drei Achsen innerhalb der Gränzen, welche durch ihre Stellung zu dem Schwerpunkte des aufgehängten Gewichtes bestimmt sind, variiren zu lassen, allein diese Möglichkeit erscheint den Garantien gegenüber, welche die Stellung der Treibachse und das System der Aufhängung gegen den Mangel an Adhäsion, gegen eine zufällige Ueberbelastung der Achsenenden und der Schienen, und gegen die bei dem gewöhnlichen System durch die Bewegung der Maschine bewirkten unaufhörlichen Störungen in der Vertheilnng der Last bieten, ohne Werth. [53] Bei den Maschinen mit sechs unabhängigen Rädern, wo

---

[52] An dieser Maschine stützt jeder der Längenbalken des Rahmens auf die Mitten zweier Längenfedern, deren Bänder an einem doppelten Querriegel befestigt sind. Das eine Ende dieses Querriegels ruht auf der Schmierbüchse des Tragrades, während das andere an der Schmierbüchse des Treibrades hängt.

[53] Es ist kaum nothwendig zu bemerken, daß es sich hier nur um diejenigen Veränderungen handelt, welche von der Unregelmäßigkeit des Oberbaues herrühren, und welche die Elasticität der Feder vermindert, nicht aber aufhebt. Was diejenigen Veränderungen betrifft, welche dem zeitenweise ungleichen Druck der Kolben auf die Leitschienen entsprechen, so ist klar, daß diese fortbestehen; indessen kann, ohne bei einem so einfachen Gegenstande allzulange zu verweilen, bemerkt werden, daß die Blindachse diese Veränderungen wesentlich vermindert, ja sogar ganz aufheben kann. Im allgemeinen erleidet die Vertheilung des Gewichtes auf die Achsen im Augenblick der Ingangsetzung der Maschine oder richtiger, im Augenblick des Eintrittes des Dampfes in die Cylinder, eine Veränderung   Die verticale Componente der durch jede der Kurbelstangen übertragenen Kraft (Zug oder Druck) vermehrt die Belastung der Treibachse und vermindert eben dadurch die der Tragachsen. An der Crampton'schen Maschine wirkt diese Componente auf die Blindachse und wird durch den Rahmen auf dessen drei Stützpunkte, auf die Federn und sofort auf die drei Achsen vertheilt. Die Vertheilung des Gesammtgewichtes auf die Achsen erleidet daher durch den Dampfeintritt sehr kleine Veränderungen und würde gar keine erleiden, wenn der Schwerpunkt ihres Gewichtes genau der Stellung der Blindachse entspräche.

die Treibachse in der Mitte liegt, erscheinen zwei gleich wichtige Be=
dingungen gewissermaßen unvereinbar, nämlich die Stabilität, welche
eine bedeutende Belastung der Vorderachse erfordert, und die Abhäsion,
welche nicht zuläßt daß der Antheil der Mittelachse an dem Gewichte
der Maschine unterhalb einer gewissen, immer noch hohen Gränze ver=
mindert werde. Hier ist daher die Anwendung einer eigenen Feder für
jedes Achsenende vollkommen gerechtfertigt, weil sie es möglich macht,
die Vertheilung der Last je nach den in unserem Klima so veränderli=
chen atmosphärischen Verhältnissen zu reguliren, das für die Abhäsion
wirksame Gewicht zu vermehren, sobald der Reibungscoefficient in Folge
des Zustandes der Schienen kleiner wird, und wenn gegentheils dieser
Coefficient sein Maximum erreicht, jenes Gewicht zu vermindern, um
eine unnöthige Ueberbelastung der Schienen, sowie den schädlichen Ein=
fluß zu vermeiden, welchen eine sehr große Belastung der Mittelachse
auf die Stabilität der Maschine ausübt, mit einem Wort, weil sie es
möglich macht, zwei sich widersprechende Anforderungen bis auf einen
gewissen Grad zu vermitteln. Man hat zu diesem Zweck auf der Nord=
bahn für die Regulirung der Federn zweierlei Normen adoptirt: die
eine für den Sommer, die andere für den Winter. Bringt man aber
die Treibachse hinten an, so vereinigt man natürlicherweise die Be=
dingung der Stabilität mit der der Abhäsion, und eine unveränderliche
Vertheilung der Last auf die drei Achsen ist alsdann mit keinerlei Nach=
theil verbunden, zumal bei der Crampton'schen Art der Aufhängung,
weche jene Vertheilung von den Unregelmäßigkeiten des Oberbaues
unabhängig macht. [54]

---

[54] Eine Wirkung dieser Anordnung ist, daß einerseits die beiden Treibräder,
andererseits die beiden Tragräder einer und derselben Seite vollkommen gleich bela=
stet werden. Der erste dieser beiden Punkte (überhaupt die gleiche Belastung zweier
verbundenen Räder, seyen sie nun Treibräder oder nicht) ist offenbar von entschiede=
nem Vortheil, der zweite Punkt aber von untergeordneter Bedeutung. Es liegt in
der That wenig daran, ob die beiden Paare der Treibräder gleich belastet sind, gut
ist es aber wenn ihre respective Belastungen constant sind. Gleichheit der Belastung
ist im Gegentheil bei gekuppelten Rädern von Nutzen, und man hat sie in diesem
Fall längst durch Anbringung einer einzigen Feder auf jeder Seite für je zwei Achsen
zu erzielen gewußt. Nur gestattet, wenn es sich um Verkuppelung eines hinteren
Rades bei einer Maschine mit inneliegendem Rahmen handelt, der geringe Abstand
des Rades von dem Feuerkasten nicht, die Feder oberhalb des Rahmens anzubringen.
Man bringt sie deßhalb in diesem Falle unterhalb an, und hängt sie mittelst eines
den Rahmen umfassenden Bügels in der Mitte eines eisernen über demselben ange=
brachten Waagbalkens, welcher an beiden Enden von dem Achsenhalter getragen wird,
auf. Diese im übrigen sehr bekannte Anordnung findet sich an der schönen amerika=
nischen Maschine Besbrethal, welche von dem Etablissement in Seraing zur
Ausstellung geliefert wurde.

Der Mechanismus der Dampfvertheilung in der neuen Cramp=
ton'schen Locomotive bietet nichts besonders bemerkenswerthes dar. [55]

Die Pumpenstangen werden von zwei besonderen Excentriken in
Bewegung gesetzt, welche wie die für die Dampfvertheilung auf die
Blindachse aufgekeilt sind, jedoch außerhalb der innenliegenden Längen=
balken.

Hr. Crampton hat, wie die meisten englischen Constructeure, ge=
sucht, die directe Heizfläche mittelst eines in der Heizkammer angebrach=
ten Sieders zu vergrößern. Derselbe ist der Länge nach disponirt und
mit dem Röhrenschild in der Weise verankert, daß sie die Mündungen der
Siederöhren, deren Zahl durch den Sieder nicht vermindert werden
darf, frei läßt. Die Heizkammer hat zwei Thüren, welche zu beiden
Seiten der durch den Sieder gebildeten Scheidewand symmetrisch ange=
bracht sind. Man vermeidet so die Uebelstände, welche ein quer lie=
gender Sieder für die Führung des Feuers mit sich bringt. Hr. Bru=
nel hat übrigens bei den mächtigen Maschinen der Great=Western Eisen=
bahn diese letzte Disposition beibehalten, welche in Frankreich längst

---

[55] An mehreren englischen Maschinen (unter andern die der Great=Western=
bahn, Tendermaschinen mit vier gekuppelten Rädern von Wilson und Comp. in
Leeds) findet sich eine von Hrn. Bousson, Ingenieur der Loirebahn herrührende Mo=
dification. Wenigstens ist sicher, daß er dieselbe im Jahr 1845 beschrieben und
seither an mehreren Maschinen dieser Bahn angewendet hat. Da diese Modification
indessen in Frankreich wenig bekannt ist, so bestimmt mich der Vorzug, den ihr heut=
zutage die HH. Brunel, Gooch und einige andere Ingenieure einräumen, sie
genauer anzugeben. Man weiß, daß der Stephenson'sche Schlitten in seiner ge=
wöhnlichen Gestalt bei Anwendung der veränderlichen Expansion den Uebelstand mit
sich führt, die ursprüngliche Stellung des Schiebers zu alteriren. Hr. Bousson
hat sich nun zur Aufgabe gemacht, diese Unvollkommenheit zu beseitigen, ohne gleich=
wohl auf die besondere Eigenschaft der Führung zu verzichten. Er machte den Mit=
telpunkt des Spiels der schwebenden Kurbelstange, welche der Schlitten trägt, fest,
verlegt den Mittelpunkt des Schlittens von hinten nach vornen und überträgt die
Bewegung auf den Schieber mittelst einer gegliederten Stange, deren Länge gleich ist
dem Halbmesser des Schlittens. Nun wird das Spiel des Schiebers und mit dem=
selben die Expansion mittelst Verrückung jener gegliederten Stange verändert. Weil
aber der Mittelpunkt des Schlittens, sobald die Kurbel horizontal steht, mit dem
Gliederungspunkt der Excentrikstange und der Schieberstange zusammenfällt, so ist
die ursprüngliche Stellung des Schiebers unabhängig von dem Winkel, unter wel=
chem der Vertheilungshebel steht. Diese sinnreiche Combination erfüllt den Zweck,
den der Erfinder im Auge hatte, gewährt aber nebenbei noch einen Vortheil, daß
man nämlich anstatt eines ganzen Systems von Excentrik= und Schlittenstangen, nur
eine einfache Stange zu verrücken und mithin zu balanciren hat; allein sie bedingt
große Achsenentfernungen, woferne nicht entweder die Stangen oder der Halbmesser
des Schlittens unverhältnißmäßig verkürzt werden sollen. Die Unveränderlichkeit der
ursprünglichen Schieberstellung ist im übrigen ein sehr kleiner Gewinn in Betracht
der hauptsächlichen Unvollkommenheit in der Veränderung der Expansion, welche durch
eine Veränderung im Spiel der Schieber oder deren theilweise Verschließung der
Dampfeintrittsöffnungen bewirkt wird.

aufgegeben ist und nur von Hrn. Clarke auf der Eisenbahn nach Orleans noch beharrlich angewendet wird.

Die Räder der „Folkstone" bestehen ganz aus Schmiedeisen. Die englischen Ingenieure stimmten übrigens in neuerer Zeit darin überein, daß die gußeisernen Naben nicht allein an den Locomotiven, sondern auch an den Wagenrädern, wenn sie nämlich ganz aus Schmiedeisen bestehen, zu beseitigen seyen. [56]

LXVII.

Ueber den Widerstand, welchen der gebrauchte Dampf der Bewegung der Kolben einer Locomotive entgegensetzt und ein Mittel, den hieraus hervorgehenden Kraftverlust zu verringern; von Cadiat d. ält. in Paris.

Aus dem Bulletin du Musée de l'Industrie, Juli 1851, durch das polytechn. Centralblatt, 1851 Lief. 20.

Einer der wichtigsten passiven Widerstände, welche die Kolben einer Locomotive zu überwinden haben, besteht in dem Gegendrucke des abgenutzten, abziehenden Dampfes. Dieser Gegendruck ist um so bedeutender, als jene Dämpfe noch beim Austritte eine ziemlich hohe Spannung besitzen. Bekanntlich aber ist eine so hohe Spannung erforderlich, um den Zug im Schornsteine zu erzeugen. Der Einfluß dieser Spannung jedoch ist noch nicht hinreichend untersucht und begriffen worden, und Cadiat zeigt nun, daß durch eine rationellere Anordnung der Blasrohre die Arbeit des Gegendruckes des gebrauchten Dampfes auf die Kolben bedeutend verringert werden könne. Bisher nahmen die Mechaniker gewöhnlich an, daß die beiden Cylinder einer Locomotive

---

[56] Die Verminderung der Kosten, welche mit der Erneuerung der Radreife verbunden sind, ist jetzt eine der Tagesfragen in England. Bei den Locomotivenrädern, bei welchen große Steifigkeit unentbehrlich scheint, sucht man größere Dauer der Reife durch die Wahl des Eisens und vervollkommnete Fabrication zu erreichen. Was aber die Wagenräder betrifft, so ist bei denselben eine gewisse Nachgiebigkeit des Mittelpunktes einerseits mit keinerlei Nachtheil verbunden, andererseits ganz geeignet, die Abnützung der Reife und mithin auch der Schienen zu vermindern. Die englischen Ingenieure beschäftigen sich viel mit diesem Princip und haben es in neuester Zeit unter den verschiedensten Formen zur Anwendung gebracht.

gänzlich unabhängig von einander seyen, und, ungeachtet das Blasrohr beide verbindet, waren sie der Ansicht, daß der Dampf, welcher von einem der Kolben fortgestoßen wird, direct in die Atmosphäre austrete und keinesweges hinderlich auf den andern Kolben zurückwirke und dessen Bewegung entgegentrete. Diese letzte Voraussetzung würde wahr seyn, wenn das beiden Cylindern gemeinschaftliche Blasrohr dem Dampfe einen ganz leichten ungehinderten Austritt gestattete, und wenn die Weite desselben so groß wäre, daß der Dampf keinen sehr erheblichen Ueberdruck mehr besäße. Dem ist jedoch nicht so; da der abziehende Dampf noch den Zug im Ofen erzeugen, also eine große Masse Luft in schnelle Bewegung versetzen muß, so muß derselbe bis zur Zeit des Austrittes noch einen bedeutenden Ueberdruck besitzen. Indem nun der Dampf durch das Blasrohr aus dem einen Cylinder austritt, muß derselbe nothwendigerweise auch auf den Kolben des andern Cylinders reagiren, und es entsteht also nicht allein ein Gegendruck auf die Rückseite des Kolbens, vor dem der Dampf entweicht, sondern auch auf die Rückseite des andern Kolbens. Da hierbei der Dampf erst aus dem einen Cylinder in den andern übertreten muß, so wird natürlich auch die Spannung vor dem Kolben des ersten Cylinders etwas größer seyn, als vor dem Kolben des zweiten. Diese Differenz ist jedoch keinesweges so groß, als daß sie die Reaction des Dampfes, welcher in den zweiten Cylinder übertritt, annulirte. Dieß vorausgesetzt, zeigt Cabiat nun, daß, wenn die Pressungen des austretenden Dampfes vor beiden Kolben wenig differiren, die durch diese Pressungen erzeugte Widerstandsarbeit viel beträchtlicher ist in Bezug auf den Kolben, vor den der Dampf aus dem ersten Cylinder übertritt, als in Bezug auf den Kolben, vor welchem er abfließt.

Bezeichnen wir die beiden Cylinder einer Locomotive mit A und B, die sich darin bewegenden Kolben mit a und b; während a am Ende seines Hubes angekommen ist, befindet sich b in der Mitte des Kolbenweges; die Cylinderabtheilungen e und f vor beiden Kolben stehen eben in Communication mit dem Blasrohre und demzufolge mit einander. Beginnt der Kolben seinen Rückgang mit einem Minimum von Geschwindigkeit, so bewegt sich der Kolben b eben mit der Maximalgeschwindigkeit. Der aus dem Cylinder A austretende Dampf findet im Blasrohre so viel Widerstand, daß er auch nach dem Cylinder B überfließt und der Bewegung des Kolbens b hindernd entgegentritt.

Derselbe Dampf wird vom Kolben a gewissermaßen auch fortge=
schoben und übt auf diesen Kolben beim Abfluß einen Druck aus, welcher
in Folge des Voreilens des Schiebers beim Austritt, theils im
Sinne der Bewegung des Kolbens, theils in dem ent=
gegengesetzten Sinne wirkt. So lange als gegen das Ende des
Kolbenhubes der Druck im Sinne der Kolbenbewegung wirkt, vermehrt
die vom ausströmenden Dampfe an diesen Kolben abgegebene mecha=
nische Arbeit die Nutzleistung; das Umgekehrte dagegen findet statt, so=
bald der Kolben seinen Rückgang beginnt. Kurz, das Voreilen des
Schiebers beim Abfluß bewirkt, daß der austretende Dampf aus dem
Kolben a einen nützlichen Druck ausübt, bis derselbe am Ende seines
Hubes ankommt; während derselben Zeit aber tritt bereits der ab=
fließende Dampf auch in den Cylinder B vor den Kolben b und er=
zeugt hier lediglich einen Widerstand. Da sich ferner der Kolben b
eben mit seiner Marimalgeschwindigkeit, der Kolben a dagegen beim
Rückgange mit einem Minimum von Geschwindigkeit bewegt, so folgt
hieraus fernerweit, daß die Widerstandsarbeit, welche der Kolben b in
Folge des Gegendruckes des gebrauchten Dampfes zu überwinden hat,
größer ist, als diejenige bei a.

Hierauf berechnet Cabiat die Arbeit des Gegendruckes des ge=
brauchten Dampfes auf beide Kolben; eine directe Bestimmung derselben
ist nicht gut thunlich, da hierzu mehrere Angaben fehlen, welche sich
nur durch viele und schwierige Versuche bestimmen lassen. Aus diesem
Grunde bestimmt Cabiat jene Widerstandsleistung aus der mechani=
schen Arbeit, weche der entweichende Dampf an den Rauch abgibt, um
den Zug zu erzeugen. Hierbei legt Cabiat Werthe zu Grunde, welche
er im Annuaire de 1850 p. 92 veröffentlicht hat. Wir wollen hier nur
kurz die Resultate seiner Rechnung anführen. Bei einer Fahrgeschwin=
digkeit von 20 Meter pro Secunde findet Cabiat die vom ausbla=
senden Dampfe verrichtete Arbeit 6000 Kilogramm=Meter, die Aus=
strömungsgeschwindigkeit des Dampfes aus dem Abzugscanal 329 Meter.
Beim Abfluß des Dampfes in die Atmosphäre entspricht dieser Geschwin=
digkeit ein Ueberdruck von 0,45 Atmosphären oder 4650 Kilogramme pro
Quadratmeter. Dieser Ueberdruck ist in allen Theilen des Blasrohres
als herrschend anzunehmen; dieß ist jedoch nur ein Mittelwerth, welcher
nur dann bloß 4650 Kilogr. betragen könnte, wenn die Pressung wäh=
rend der ganzen Dauer des Kolbenhubes dieselbe bliebe.

Nimmt man den Kolbendurchmesser zu 0,4 Meter, die Geschwin=
digkeit der Kolben $= \frac{1}{6}$ der Fahrgeschwindigkeit $= \frac{1}{6} \cdot 20 = 3,333$

Meter an, so betrüge die mechanische Arbeit des Gegendruckes des aus=
tretenden Dampfes vor beiden Kolben = 3889 Kilogr.=Meter = 51
Pferdekräfte. Dieses Arbeitsquantum ist jedoch auch nur ein Mittel=
werth, welcher für den Fall gilt, wo der Ueberdruck von 4650 Kilogr.
pro Quadratmeter während des ganzen Kolbenhubes herrschte. In
Wirklichkeit jedoch hält die hohe Spannung des austretenden Dampfes
vor den Kolben nur eine kürzere Zeit an, ist demzufolge aber auch
größer als 4650 Kilogr. Ueberdruck. Um nun den Theil der Wider=
standsleistung, welcher auf jeden der beiden Kolben für sich während
der Abflußzeit ausgeübt wird, getrennt zu bestimmen, sucht Cabiat
zunächst: 1) den Dampfdruck während der Dauer des Abflusses; 2)
die betreffenden Stellungen der Kolben; und 3) den während dieser
Zeit durchlaufenen Weg jedes der beiden Kolben.

Das Voreilen der Schieber beim Austritt betrage 20 Grad, d. h.
die Kurbeln drehen sich noch um einen Winkel von 20 Grad von dem
Augenblicke an, wo der Dampfcanal eben anfängt sich zu öffnen, bis
zu der Zeit, wo der betreffende Kolben am Ende seines Hubes an=
kommt; es betrage ferner der Flächeninhalt der Oeffnung des Dampf=
canales beim Abfluß = ⅛ einer Kolbenfläche = $\dfrac{0,1256}{8}$ = 0,0157
Quadratmeter. Das von den beiden Kolben in einer Secunde beschrie=
bene Volumen ist = 3,33 . 2 . 0,1256 = 0,8365 Kubikmeter. Bei
einer Dampfconsumtion von 1 Kilogramm pro Secunde würde dieses
Kilogramm demzufolge einen Raum von 0,8365 Kubikmeter einnehmen;
diesem Gewicht und Volumen würde eine absolute Dampfspannung von
2,22 Atmosphären entsprechen.

Schnitte man den Zufluß des frischen Dampfes bei 0,5 oder 0,7
des Kolbenhubes ab, so müßte hiernach der frisch eintretende Dampf
eine Spannung von 4,5 oder respective 3,1 Atmosphären haben.

In dem Augenblicke nun, wo der Abfluß beginnt, ist fast der ganze
Cylinder mit einem Dampfvolumen von 2,22 Atmosphären Spannung
erfüllt, welches in ein Medium von 1,45 Atmosphären Spannung, das
Blasrohr, abfließen soll durch eine Oeffnung, deren Flächeninhalt durch=
schnittlich = $\dfrac{0,0157}{2}$ = 0,00785 Quadratmeter beträgt. Mit Rücksicht
darauf, daß hier ein Abfluß unter abnehmendem Drucke stattfindet, er=
gibt sich die Geschwindigkeit, mit welcher der Dampf in das Blasrohr
tritt = 354 Meter. Den Contractionscoefficienten = 0,65 angenom=
men, fließt daher bei dieser Geschwindigkeit pro Secunde 1,81 Kubik=

meter ab und zur Entleerung eines Cylinders von 0,069 Kubikmeter Rauminhalt sind demnach 0,038 Secunden erforderlich. Bei 3,33 Meter Kolbengeschwindigkeit und 0,55 Meter Hub durchlaufen die Kurbeln während dieser Zeit einen Winkelweg von 40 Grad. Da also einem Dampfabfluß eine Kurbeldrehung von 40 Grad entspricht und bei jeder vollen Umdrehung der Kurbelachse der Dampfabfluß sich viermal wiederholt, so folgt daraus, daß die Dauer sämmtlicher Dampfabflußzeiten sich zur Dauer einer vollen Kurbelachsenumdrehung wie 160⁰ zu 360⁰ verhält, und daß ferner die Widerstandsleistung des austretenden Dampfes sich auf eine kürzere Zeit als die Dauer eines Kolbenhubes concentrirt. Der Ueberdruck des gebrauchten Dampfes pro Quadratmeter wird also auch nicht bloß 4630 Kilogr., sondern vielmehr $4630 \cdot \frac{360}{160} = 10462$ Kilogr. betragen. Uebrigens ist auch dieser Werth nur als Mittelwerth für die ganze Zeit des Dampfabflusses zu betrachten.

Um nun die Widerstandsleistung des Gegendruckes für jeden Kolben zu bestimmen mit Zugrundlegung des gefundenen Werthes, ist zunächst zu untersuchen, welchen Weg jeder Kolben durchläuft während der Dauer des Dampfabflusses. — Das Voreilen der Schieber beim Dampfaustritte war zu 20⁰ angenommen worden, der Kolben a wird also seinen Hub vollenden, während die Kurbeln sich um 20⁰ drehen; nachdem sie sich abermals um 20⁰ gedreht haben, ist der Kolben in seinen anfänglichen Stand zurückgekehrt und der Dampfabfluß vollendet. Während dieser Zeit hat der Kolben einen Weg $= 2 \cdot \frac{0,55 \text{ Met.}}{2} \cos. \text{vers.} 20⁰ = 0,033$ Meter zurückgelegt. Während der Kolben a die den Kurbelwinkeln von — 20⁰ und + 20⁰ entsprechenden Stellungen durchläuft, durchläuft der zweite Kolben die zwischen den Winkeln — 20⁰ + 90⁰ = 70⁰ und + 20⁰ + 90⁰ = 110⁰ liegenden Stellungen und somit im Ganzen einen Weg $= \frac{0,55 \text{ Met.}}{2} (\cos 70⁰ + \cos 110⁰) = 0,188$ Meter.

Die Widerstandsleistung des Gegendruckes des abziehenden Dampfes ergibt sich daher für jeden der beiden Kolben folgendermaßen: 1) sie beträgt für ein einfaches Spiel des Kolbens a = 10462 Kil. . 0,1256 Quadratmeter . 0,033 Meter = 43,36 Kilogramm = Meter und pro Secunde (für 6,04 einfache Spiele) = 262 Kilogramm = Meter = 3,5 Pferdekräfte.

Bei dem Kolben b dagegen beträgt sie pro einfaches Spiel: 10462 Kilogr. . 0,1256 Quadratmeter . 0,188 Meter = 247 Kiogr.-Meter, und pro Secunde (6,04 einfache Spiele) = 1492 Kilogramm-Meter = 20 Pferdekräfte, also 16,5 Pferdekräfte mehr als bei dem Kolben a, vor dem eben der den Gegendruck bewirkende Dampf abfließt.

Während hierbei die Widerstandsleistung des Gegendruckes des abfließenden Dampfes in Summa sich zu 23,5 Pferdekräften ergibt, könnte man durch Verhinderung des Zurückfließens des gebrauchten Dampfes aus dem Blaserohre vor dem Kolben b diese Widerstandsleistung auf 3,5 Pferdekräfte, für das hier durchgeführte Zahlenbeispiel also auf $\frac{3,5}{23,5}$ oder circa ein Siebentel reduciren. Mit Rücksicht auf einige Unzuverlässigkeit der als bekannt vorausgesetzten Werthe kann man doch wenigstens auf eine Verminderung um ³⁄₄ rechnen.

Durch Wiederholung der vorstehenden Rechnungen für verschiedene Fahrgeschwindigkeiten findet man, daß die Widerstandsleistung des Gegendruckes auf die Kolben nahezu wie die dritte Potenz der Fahrgeschwindigkeit wächst. Dieß stimmt übrigens überein mit der Progression der Werthe für die mechanische Arbeit, welche zur Erzeugung des Zuges bei verschiedenen Fahrgeschwindigkeiten erforderlich ist.

Wenn auch die oben gefundenen Resultate nicht auf vollkommene Genauigkeit und stricte Beweiskraft Anspruch machen können, so zeigten sie doch jedenfalls: 1) daß ein Uebertritt des gebrauchten Dampfes aus einem Cylinder einer Locomotive in den andern durch das Blasrohr wirklich stattfinde und auf den Kolben des zweiten Cylinders im Mittel des Hubes wirke, während der erste Kolben eben den seinigen beginnt; 2) daß die Widerstandsleistung im Verhältniß der Ungleichheit der Geschwindigkeiten beider Kolben viel beträchtlicher bei dem Kolben ist, auf welchen der Dampf zurückfließt, als bei dem Kolben, vor welchem der abfließende Dampf eben gewirkt hat; 3) daß alle Communication zwischen den beiden Cylindern beim Dampfaustritt nachtheilig ist und die Widerstände nutzlos vermehrt; 4) daß man die Widerstandsleistung des Gegendruckes des gebrauchten Dampfes um mindestens drei Viertheile vermindern kann, wenn man für jeden Cylinder ein besonderes Blasrohr und eine getrennte Dampfaustrittsöffnung anbringt. Um die beiden Ausblasöffnungen möglichst in die Achse des Schornsteins zu bringen, kann man die Wände beider Blasrohre unmittelbar aneinander ſtoßen laſſen; natürlich ſind auf jedem Blasrohr zwei Klappen zur Vergröſſeruug und Verkleinerung der Dampfaustrittsöffnungen anzubringen, ſo daß man dann im Ganzen vier Klappen hat.

LXVIII.

Neue Wagenwinden.

Aus dem Official descriptive and illustrated Catologue of the Great Exhibition, Vol I p. 236.

Mit Abbildungen auf Tab. V.

Dieſe ſehr zweckmäßig eingerichteten Wagenwinden, von denen die Figuren 2 und 3 Abbildungen geben, waren auf der Londoner Induſtrie-Ausſtellung, nebſt mehreren andern Gegenſtänden von J. Thornton und Söhnen zu Birmingham, ausgeſtellt.

Fig. 2 iſt eine hydrauliſche Wagenwinde zum Heben von Locomotiven, Eiſenbahnwagen und andern ſchweren Laſten; eine einzige Perſon vermag damit ohne Anſtrengung 15 bis 20 Tonnen, allerdings langſam, zu heben. a iſt ein hohles Gefäß, welches den Fuß der Winde und auch einen Waſſerbehälter bildet; b der Cylinder; c der Kolben, welcher zum Heben emporgetrieben wird; d die Pumpe; e der Pumpenkolben; f der Schieber; g der Pumpenhebel, abgebrochen dargeſtellt; h Kegelventil; i kleine Oeffnung zum Entweichen der Luft.

Fig. 3 iſt eine ſehr zweckmäßig eingerichtete Schrauben - Wagenwinde zum ſchnellen Heben bedeutender Laſten.

LXIX.

Einachſige Mönchkolben=, Hub= und Druckpumpen für ſandiges Waſſer, insbeſondere zum Abteuſen von Schachten; von P. Rittinger.

Aus dem Jahrbuch der k. k. geologiſchen Reichsanſtalt für 1850, durch die berg= und hüttenmänniſche Zeitung 1851 Nr. 39.

Mit Abbildungen auf Tab. V.

Die Pumpen mit Mönch = oder Bramah'ſchen Kolben haben unſtreitig den Vorzug vor den übrigen Pumpen mit gegliederten Kolben; denn

1) der Mönchkolben geſtattet die beſtändige Anwendung von Schmiere, während die gegliederten Kolben meiſt unzugänglich ſind, und wegen Mangels an Schmiere beim guten Schluß einen bedeutend größeren Reibungswiderſtand verurſachen, und daher auch das Kolben=rohr ſehr angreifen.

2) Beim Mönchkolben bemerkt man ſogleich deſſen Waſſerläſſigkeit und kann dieſelbe durch das Anziehen der Stopfbüchſe bald be=ſeitigen.

3) Dabei braucht man die Packung in der Stopfbüchſe einer Mönchpumpe nur ſo ſtark zuſammenzupreſſen, als es der waſſerdichte Schluß fordert, wodurch die Mönchkolben=Lieferung der hydroſtatiſchen ſich ſehr nähert.

Die Ausführung der Mönchkolbenpumpe hat das Bequeme, daß es ſich dabei um das genaue Abdrehen eines Cylinders handelt, was immer leichter und ſicherer gelingt, als das Ausbohren eines Cylinders, wie ihn die Pumpen mit gegliederten Kolben vorausſetzen.

Trotz dieſer Vortheile haben doch die Mönchkolbenpumpen beim Abteuſen von Schachten bisher keine Anwendung finden können, und zwar:

1) weil ſie meiſtens ſchwerfällig ſind, und daher ſich zu den ſtets wiederholenden Senkungen nicht gut eignen;

2) wegen der ſeitwärtigen Lage des Pumpencylinders von der Achſe der Steigröhre nehmen dieſe Pumpen auch viel Raum ein;

3) weil die Verbindung der Pumpe einerſeits mit dem Schacht=geſtänge, andererſeits mit den Steigröhren eine Genauigkeit voraus=

setzt, zu der man beim schnellen Senken während des Abteufens nicht immer Zeit genug hat;

4) Mönchkolbenpumpen wirken größtentheils drückend, d. h. der Mönchkolben hebt das Wasser während seiner Bewegung von oben nach unten. Diese Wirkungsweise hat manche Schwierigkeiten bei Uebertragung der Bewegung von der Maschine auf die Pumpe mittelst Schachtstangen. Für diese Art Transmission paßt besser die ziehende Kraftäußerung, und weil im letzteren Falle die Stopfbüchse der Mönch= kolbenpumpe am untern Ende des Pumpencylinders angebracht seyn muß, so setzt sich über derselben alsbald Sand um den Mönchkolben an, der allmählich zwischen die Packung gelangt, sodann den Mönch= kolben stark angreift und darin Furchen einreißt. Dieser Uebelstand zeigt sich vorzüglich beim sandigen Wasser und namentlich beim Ab= teufen von Schächten in Kohlensandstein.

Die so eben berührten Hindernisse sind nun durch die in den Fi= guren 11 bis 17 dargestellte neue Mönchkolbenpumpe gänzlich beseitigt, und die Anwendung derselben in zwei Exemplaren seit Februar und April 1849 bei den k. k. Steinkohlenschürfungen nächst Schlan hat deren praktische Brauchbarkeit hinlänglich erprobt.

Die im größern Maaßstabe ausgeführten Zeichnungen werden nur wenige Erläuterungen brauchen, um die Construction und Wirkungsart dieser Pumpe zu begreifen.

Die Figuren sind nachstehende:

Fig. 11 Seitenansicht.
Fig. 12 Längendurchschnitt.
Fig. 13 Ventil=Kästchen.
Fig. 14 Kolbenrohr im Längen= und Querschnitt.
Fig. 15 Gestängplatte in der Längenansicht und im Querschnitt.
Fig. 16 Ventilsitz.
Fig. 17 Senkbügel.

Ihre Haupttheile sind:

1) der Pumpencylinder A mit dem Saugrohre a, dem Saugventile b und einer Stopfbüchse c am obern Ende.

2) Das unterste Steigrohrstück B, welches von außen cylindrisch abgedreht ist, und woran sich die übrigen Steigröhren nach aufwärts anschließen.

3) Das Kolbenrohr C mit einem Ventile d am untern und einer Stopfbüchse e am obern Ende; dasselbe ist gleichfalls von außen cy=

linbrisch abgedreht und bildet den beweglichen Theil der Pumpe oder den Mönch (Piston). Dieses Kolbenrohr steht mit dem Schachtge- stänge D in fester Verbindung durch die Stange f; diese ist einerseits durch das Ohr g am Kolbenrohr, andererseits durch das Ohr h am Schachtgestänge durchgesteckt, und erhält ihre Unverrückbarkeit mittelst der Kränzchen i und der Schraubenmutter k. Das Kolbenrohr C be- wegt sich demnach über dem untersten Steigröhrenstücke B und gleich- zeitig innerhalb des Pumpencylinders A und zwar beiderseits mit wasserdichtem Schluß.

Eine genaue Betrachtung der Wirkungsart dieser Pumpe wird auf das Eigenthümliche derselben führen: daß sowohl beim Hinauf- als beim Herabgehen des Kolbenrohrs Wasser zum obersten Ende des Steig- rohrs ausgeschüttet werden muß; denn befindet sich das Kolbenrohr in der tiefsten Stellung und denkt man sich die ganze Pumpe mit Wasser bereits angefüllt, so wird beim Aufsteigen des Kolbenrohrs dieses saugend, und das Wasser aus dem Sumpfe wird den vom Mönch- kolben verlassenen Raum des Pumpencylinders einnehmen. Gleichzeitig aber muß beim obersten Steigrohrende Wasser austreten, weil die ganze Wassersäule, welche über dem Ventil d ruht, um die Hubhöhe verkürzt wurde.

Die ausfließende Wassermenge entspricht dem Rauminhalte eines Cylinders, welcher die äußere Lichte des Steigrohr-Endstückes B zum Durchmesser und den Kolbenlauf zur Höhe hat.

Beim Herabgehen des Kolbenrohres schließt sich das Saug- ventil b, dagegen öffnet sich das obere Kolbenventil d und dasjenige Wasser, welches zwischen den beiden Cylindern B und C in dem ring- förmigen Raume I eingeschlossen sich befindet, und dann jenes, welches die Wände des Mönchs verdrängen, wird offenbar hinaufgedrückt.

Man sieht demnach, daß diese Pumpe hebend und zugleich drückend das Wasser auf einen höheren Horizont fördere und daß sie daher mit einem beständigen Wasserausflusse arbeite. Ebenso wird man es nicht sehr schwer finden zu bewirken, daß die in den betrachteten zwei Pe- rioden gehobenen Wassermengen sich gleich seyen, denn zu diesem Ende braucht man bloß den Flächeninhalt des äußeren Kreises des Steig- rohres B dem halben äußern Querschnitte des Kolbenrohres C gleich zu machen. Bezeichnet daher D den äußeren Durchmesser des Kolben- rohres und d den äußern Durchmesser des Steigrohrs, so muß für den gleichförmigen Ausfluß seyn

$$\frac{d^2\pi}{4} = \frac{D^2\pi}{2{,}4} \text{ also } d^2 = \frac{D^2}{2} \text{ und } d = \frac{D}{\sqrt{2}} = 0{,}707\,D.$$

Mißt D wie im vorliegenden Falle 12″, so ist d = 0,707 . 12 = 8,48 oder nahe 8½ Zoll, als äußere Lichte des Steigrohrs: Man sieht hieraus daß diese Pumpe die Anwendung verhältnißmäßig enger Steigröhren gestattet.

Einige sonstige Eigenthümlichkeiten in der Construction dieser Pumpe dürften noch einer kurzen Erwähnung bedürfen:

Die beiden Ventile b und d sind Stengelventile mit unterlegten Lederscheiben, weil aufgeschliffene Ventile beim sandigen Wasser sich bald ausschlagen und Wasser fallen laffen.

Der untere Ventilsitz b ist mittelst zweier Schrauben an den breiten Rand des obersten Saugrohrstückes a befestigt; der obere d wird gegen den äußersten Rand des Kolbenrohres C mittelst einer durchgesteckten Schraube m angezogen, welche mit ihrem Kopfe auf dem Stege n ruht. Letzteren gießt man entweder mit dem Kolbenrohr in Einem, oder man läßt an dessen inneren Wänden Nasen, an welche sich dann ein schmiedeiserner Steg auflegt; der äußere Durchmesser der Ventile und der innere des Ventilsitzes ist so gewählt, daß sich dem durchströmenden Wasser überall gleiche Querschnitte darbieten, so daß die Aenderungen in der Geschwindigkeit auf das Minimum beschränkt bleiben.

Den Zutritt zu den beiden Ventilen gestattet das Kästchen E; dieses ist mit einer mit Rippen versehenen Deckplatte E′ geschlossen, welche mit einem mit Hanf umwundenen und sodann in Theer eingetauchten viereckigen Blechring unterlegt, und sodann gegen die inneren Ränder des Kästchens mittelst vier Schrauben angezogen wird. Von außen ist die Deckplatte mit zwei Handhaben versehen. Soll das Kolbenventil d herausgenommen werden, um etwa dessen Lederscheibe auszuwechseln, so läßt man das Kolbenrohr in seine tiefste Stellung herab, und löst sodann, nachdem die Platte E abgenommen wurde, die Schraubenmutter m los. Damit dieses Ventil sich leicht abnehmen lasse, darf der Ventilsitz nicht zu streng in den Piston passen, was auch ohnedieß nicht nothwendig ist, weil der wasserdichte Schluß mit Hülfe eines zwischengelegten Kittringes hervorgebracht wird. Um früher das Wasser aus dem Kolbenrohre zu entfernen, dient der Hahn p unterhalb der obern Stopfbüchse.

Einen zweiten Hahn an dem Kästchen E, etwa bei q angebracht, öffnet man für den Fall, als man es bloß mit dem Saugventile zu thun hat. Letzteres läßt sich schnell herausnehmen, sobald man die Schraubenmutter o abschraubt.

Der Pumpencylinder hat unterhalb der Stopfbüchse zwei Tatzen r, mit denen er auf den Tragstempeln F ruht. Durch die Rippen dieser beiden Tatzen sind Löcher gebohrt, welche dazu dienen, um dadurch die Bolzen der Senkbügel s durchzustecken. In diese Bügel werden Ketten eingehängt, welche am unteren Ende des Senkseiles befestigt sind. Das Senken erfolgt sodann einfach dadurch, daß man vorher das Steig= rohr B von den übrigen Steigröhren ablöst, dann auch die Zugstange f mit dem Kolbenrohr außer Verbindung bringt, und sodann die beiden Röhren B und C perspectivartig in den Pumpencylinder A hineinsinken läßt. Ist auch das Saugrohr G abgenommen, so hebt man mittelst des Krahns, welcher entweder zu Tag steht, oder an einer schicklichen Stelle im Schacht aufgestellt ist, zuerst ein wenig die ganze Pumpe, um die Tragstempel F entfernen zu können, und schreitet sodann zum Herab= lassen derselben in so lange, bis der Pumpencylinder die neu aufge= legten Tragstempel mit seinen Tatzen erreicht. Das Absenkeln und Verticalstellen der ganzen zusammengeschobenen Pumpe geht dann schnell von statten, und hierauf kommt die Reihe an das Einschalten der neuen Steigröhren, an die sodann zuletzt das Steigrohr=Endstück B ange= schraubt wird. Endlich schraubt man auch das Ohr h tiefer an das Schachtgestänge, und dessen Verbindung mit jenem g mittelst der Stange f beschließt die ganze Arbeit.

Die Ermittelung der richtigen Stelle für die neuen Tragstempel und für das Zugrohr am Gestänge muß mit Genauigkeit vorgenommen werden, damit sodann Alles gut zusammenpaßt. Weil die Pumpe mit den obern firen Steigröhren in verschieblicher Verbindung steht, so kann auch zwischen beiden keine Spannung eintreten.

Der empfindlichste Theil der ganzen Verbindung ist das Rohr h, welches an der Gestängplatte H angegossen ist. Es ist nothwendig, die= ser Platte eine gehörige Stärke zu geben, und sie überdieß noch mit Rippen zu versehen.

Weil es zu umständlich wäre, diese Platte durch Schrauben zu befestigen, welche durch die Schachtstangen gehen, so ist es zweckmäßi= ger, der Platte nach außen die Vorsprünge t zu geben, und durch diese die Befestigungsschrauben durchgehen zu lassen, die sodann das Schacht= gestänge umgeben. An der Gegenseite werden diese Schrauben durch schmiedeiserne Unterlagplatten u durchgesteckt, gegen welche sich die Schraubenmuttern stemmen. Damit die Platte H nicht leicht verscho= ben werde, bekommt sie an ihrer inneren Seite zwei dreikantige nur wenig vorspringende Rippen, denen sodann ähnliche Einschnitte in der Schachtstange entsprechen.

Das untersté Steigrohr B wie das Kolbenrohr C müssen stets in guter Schmiere gehalten werden. Ein Gemenge aus zwei Theilen Unschlitt und drei Theilen Rüböl leistet gute Dienste. Bei einem zwölfzölligen Piston mit 3 Fuß Hub (nach Zeichnung) beträgt der Verbrauch an Schmiere zu einer Pumpe binnen 24 Stunden circa 20 Loth. Um nicht öfter die Schmiere auftragen zu müssen, legt man in die rinnenförmigen Vertiefungen der Stopfbüchsenränder wulstförmige Leinwanlappen, auf welche diese Schmiere aufgetragen wird. Es ist sorgfältig zu vermeiden, daß die Pumpe längere Zeit ungeschmiert umgehe; denn dann steigert sich die Reibung ungemein, und kann einen so hohen Grad erreichen, daß sie selbst Brüche nach sich zieht. In solchen Fällen zittert die ganze Pumpe und es bricht meistens die Gestängplatte H, oder aber es reißt die Zugstange f. So lange noch wenige Steigröhren iu Anwendung stehen, muß man dafür Sorge tragen, daß die Pumpe nicht gehoben werde, was gleichfalls in Folge des unterlassenen Schmierens geschehen kann. Zu diesem Ende thut man gut, die Pumpe nach abwärts abzuspreizen.

Zur Packung der Stopfbüchsen wird in Fett getränkter Hanf angewendet. Es ist vortheilhaft beim Einbauen einer neuen Pumpe die Packung über Tage vorzunehmen, und sodann einen jeden Cylinder mit der daran geschobenen und gepackten Stopfbüchse einzeln einzulassen. Die Packung muß öfters erneuert werden; in der Regel hält eine ungefähr 4 — 5 Wochen aus. Ein noch so sandiges Wasser greift die Cylinder gar nicht an; wenigstens ist an den beiden Pumpen, die schon über acht Monate ununterbrochen arbeiten, nicht die geringste Abnützung der Cylinder zu bemerken. Der Grund hiervon liegt darin, daß die Stopfbüchsen nach oben gekehrt sind, und daher keine Ansammlung von Sand über denselben zulassen.

Während des Senkens kann das betreffende Schachtgestänge ungehindert umgehen, und die tiefer oder höher aufgestellten Pumpen bewegen. Dieß ist auch in dem Falle zulässig, wenn im Schachte 2 sich das Gleichgewicht haltende Schachtgestänge eingehängt sind, wie dieß bei rotirenden Motoren zu geschehen pflegt; denn eine Ungleichheit der Belastung kann hier nicht eintreten, weil jedes Schachtgestänge sowohl beim Hinauf- als beim Hinabgehen zufolge der Construction der neuen Pumpe eine gleiche Arbeit verrichtet. Nur in dem Augenblicke, wo die bereits aufgestellte Pumpe mit dem Schachtgestänge in Verbindung gesetzt werden soll, muß das Schachtgestänge auf kurze Zeit zum Stillstand gebracht werden. In diesem Falle läßt man das Schachtgeſtänge die tiefſte Stellung einnehmen · und preßt ſohann an daſſelbe die Geſtängplatte mit den vier Schrauben an.

Das Senken der beſchriebenen einachſigen Pumpe von ihrem Ein-ſtellen auf ihrem alten Plaße bis zum Wiederanlaſſen in der um drei Klafter tieferen Stellung dauert 6 — 7 Stunden, was immerhin als ein ſehr kurzer Zeitraum bezeichnet werden muß.

Bei größerem Waſſerandrang wäre man troßdem nicht im Stande, dieſe Pumpe im Sumpfe aufzuſtellen ohne ausgetränkt zu werden. Es iſt daher nothwendig, mindeſtens zwei derlei Pumpen im Sumpfe bis-ponibel zu haben, von denen die eine in etwas ſchärferen Umgang ge-ſeßt wird, während man mit dem Senken der andern beſchäftigt iſt. Sonſt können auch beide zugleich beim langſamen Umgang des Ge-ſtänges arbeiten. Zwei Pumpen im Sumpfe ſind ſchon ohnehin aus dem Grunde nothwendig, um mit der Waſſerhebung nicht in Verlegen-heit zu kommen, wenn an einer Pumpe etwas mangelhaft wird.

Die beiden ausgeführten Exemplare der einachſigen Pumpe mit zwölfzölligen Piſtons machen 6 — 7 dreiſchuhige Doppelhube per Mi-nute und jede hebt während dieſer Zeit ungefähr 14 Kubikfuß Waſſer. Die Förderhöhe derſelben wurde allmählich mit dem Abteufen geſteigert, und es hat ſich gezeigt, daß bei 16 Klaftern die Pumpe noch ſehr leicht und gut arbeitet, und daß man ſelbſt bis 20 Klafter damit die Waſſerhebung ohne Anſtand vornehmen könne. Wollte man das Waſſer mit einer Pumpe noch höher heben, ſo müßten mehrere Beſtandtheile derſelben unter den beſtehenden Verhältniſſen ſtärker gemacht werden; namentlich wäre dieß bei der Geſtängplatte und der Zugſtange noth-wendig.

Der Umſtand, daß dieſe Pumpe ſo ſelten einer Nachbeſſerung be-darf, alſo ununterbrochen fortarbeiten kann, dann daß der große und koſt-ſpielige Lederverbrauch bei Scheibenkolben, die faſt ausſchließend zum Abteufen angewendet werden, ganz wegfällt ; daß ferner ein noch ſo ſandiges Waſſer ihr gar nichts ſchadet; endlich daß ſie vermöge ihres einachſigen Baues einen engen Raum einnimmt, daß ſie ſich ſehr leicht handhaben läßt, und daß die Steigröhren in einer beliebigen Richtung geleitet werden können, und dazu verhältnißmäßig einen geringen Durchmeſſer haben, empfiehlt ſie insbeſondere zum Gebrauche beim Ab-teufen von Schachten.

Aus diesem Grunde wurden in einem zweiten Schachte bei Klabno neuerdings zwei neue derlei Pumpen mit zwölfzölligen Piftons und mit 4 Fuß Hubhöhe eingebaut uud befinden sich auch bereits im Umtriebe. Auch bei den Nachbargewerken findet diese neue Pumpe Nachahmung.

LXX.

Die Brückenwaage des Sectionsraths v. Steinheil in Wien.

Mit Abbildungen auf Tab. V.

Der Sectionsrath v. Steinheil überreichte der Akademie der Wiffenschaften in Wien das Modell einer in der neuesten Zeit von ihm conftruirten Brückenwaage nebft nachfolgender Beschreibung derselben.

Es laffen sich in der gewählten Construction Vortheile vereinigen, welche keine der bisherigen bekannten Brückenwaagen befitzt. Bei der wichtigen Rolle, welche das qualitative Merkmal der Gravitation in allen Lebensverhältniffen spielt, erscheint eine Vereinfachung des Meffungsmittels von praktischem Belang, weil oft nur des Meffungsmittels wegen weniger zuverläffige Merkmale als Maaß gewählt werden, und daher die Möglichkeit gute Merkmale leicht anwenden zu können, willkommen seyn muß.

Die Brückenwaage beruht, wie die Waage von Weber in Göttingen, im Princip auf Anwendung von Federn oder Bändern 2c. ftatt Schneiden. Bei Waagen, welche für technische Zwecke jedoch bequem seyn sollen, ist es erforderlich, daß die Waagschale in derselben Ebene bleibe, welches auch die Lage des zu wägenden Körpers auf derselben sey.

Es ist ferner erforderlich, daß die Laft ohne Auflegen oder Verftellen von Gewichten direct angegeben werde. Zu diesen Anforderungen kommen noch die weitern, daß die Waage unveränderlich und dauerhaft, zugleich aber wohlfeil herzuftellen sey. Diesen von der Technik geftellten Anforderungen entspricht die neue Brückenwaage.

An der Decke des Zimmers 2c. seyen an Bändern zwei parallele Seitenwände aufgehängt. (Fig. 4.) Die Seitenwände tragen an ihren

unteren Enden eine horizontale Brücke, ebenfalls an Bändern aufgehängt. Da die oberen und unteren Anhängepunkte in zwei parallelen
Verticalebenen liegen, so ist klar, daß, welche Last auch auf die Brücke
gebracht werden mag, diese Ebenen doch stets vertical bleiben müssen,
weil ihre Schwere in die unteren Aufhängepunkte der Brücke verlegt
ist. Aus demselben Grunde wird es aber auch gleichgültig, welche Lage
die Last auf der Brücke einnimmt.

Vermöge der Steifigkeit der Seitenwände wird dieses System nur
in einer auf die Seitenwände senkrechten Ebene schwingen können.

Befestigen wir nun in der Schwingungsebene ein constantes Gewicht an der Seitenwand und zwar so, daß sein Schwerpunkt außerhalb der Aufhängepunkte liegt, so werden die Seitenwände aus der
Verticalebene weichen. Der Winkel der Ablenkung von der Verticalen
ist aber Function von Lage und Größe des constanten Gewichts und
von dem Gesammtgewicht der Waage. Seine Aenderungen dienen daher
als Maaß der Unterschiede der aufgelegten Lasten, und wenn die Scala
empirisch mittelst Auflegen bekannter Gewichte entworfen ist, ebenso zur
Bestimmung des absoluten Gewichts irgend eines Körpers.

Während das constante Gewicht die Ablenkung der Seitenwände
bewirkt und dabei um ein gewisses Maaß sinkt, wird die Brücke mit
der aufgelegten Last um einen aliquoten kleinen Theil dieses Maaßes
gehoben. Hier verhalten sich bekannter Weise die Lasten umgekehrt,
wie die senkrechten Projectionen der Bewegungen des constanten Gewichts und der Brücke. Hieraus ließe sich leicht ausrechnend die Scala
der Gewichtsangaben dieser Waage bestimmen oder auf ein gegebenes
Maaß bringen, was sich nach den Anforderungen an die Waage regeln läßt.

In sehr vielen Fällen kommt es nur darauf an, 1 Procent der
Last zu kennen. Selbst für zehnmal größere Genauigkeit reicht eine
Theilung aus, an welcher das constante Gewicht gleich den Zeiger
bildet. Man kann aber, da die Waage absolut keinen todten Gang
besitzt und weder durch Nässe noch Temperaturänderung in ihren Angaben variirt, durch Vermehrung der Genauigkeit der Ablesung selbst
sehr große Genauigkeit in die Gewichtsbestimmungen bringen. Für die
meisten Fälle wird eine Theilung auf dem Gegengewichte, wie bei dem
vorgelegten Modelle, genügen. Es versteht sich übrigens von selbst, daß
die Theilung ebenso gut an dem Träger des Inder und letzterer an
dem Gegengewichte angebracht werden kann. Fig. 5. In manchen
Fällen wird es selbst noch bequemer seyn, die Theilung auf dem Fuß-
boden, den Inder auf der Brücke so anzubringen, daß sich der Inder

mit der Brücke längs der Theilung hin bewegt. Von der Präcision wird es abhängen, welcher aliquote Theil der aufgelegten Last noch abgelesen werden kann. Allein, wollte man einen Spiegel mit seiner Reflexionsebene auf einer der Seitenwände befestigen, und sich des Gauß'schen Princips der Ablesung bedienen, so ließe sich jede in der Praxis vorkommende Genauigkeit der Gewichtsbestimmung erzielen.

Jede Schneide einer Brückenwaage ist der Abnützung durch den Gebrauch und in Nässe dem Rosten ausgesetzt. Ein Band von Hanf oder Seide kann, ohne Aenderungen zu erleiden, Jahre lang benutzt und dann fast ohne Kosten erneuert werden.

Alle Hebel der Brückenwaagen müssen von Eisen seyn. An dieser Waage ist keine einzige Achse, keine Schneide, kein Metall als die Nägel oder Schrauben, mit welchen die Bänder befestigt werden.

Die Brückenwaage kann nur durch einen Mechaniker, diese Waage aber von jedem Landmann selbst angefertigt werden. Die Decimal- und Brückenwaage fordert bei jeder Wägung das Auflegen und Abdiren der Gewichte. Diese Waage zeigt sogleich und direct die Last des gewogenen Gegenstandes an der Scala, was viel weniger Zeit fordert und weniger Irrungen unterliegt.

Die Richtigkeit dieser Waage kann jeden Augenblick nachgewiesen werden durch Auflegen von Gewichten, deren Zahl die Scala entsprechen muß. Die Prüfung einer Brückenwaage kann nicht ebenso anschaulich für jedermann gemacht werden.

Diese Waage ist keinerlei Veränderungen durch den Gebrauch ausgesetzt. Es kommt einzig und allein darauf an, daß die Abstände der oberen und unteren Aufhängepunkte genau gleich und parallel seyen; aber dieß läßt sich sehr leicht ausführen, weil die Brücke und die obere Decke mit einander stets in zweierlei Lagen abgehobelt (zugestoßen) werden können und auf diese zugestoßenen Endflächen des Längenholzes dann bloß die Bänder ꝛc. aufgenagelt oder überhaupt befestigt werden. Selbst die Temperaturänderungen und die verschiedenen hygroskopischen Zustände der Waage können dieses Element und somit den richtigen Gang der Waage nicht ändern u. s. f. (Aus den Sitzungsberichten der kaiserlichen Akademie der Wissenschaften, mathematisch-naturwissenschaftliche Classe. Jahrg. 1850. S. 398.)

LXXI.

Verbesserungen an elektromagnetischen und magnetelektrischen Apparaten, welche sich William Millward, Plattirer zu Birmigham, am 28. Febr. 1851 patentiren ließ.

Aus dem Repertory of Patent-Inventions, Oct. 1851, S. 199.

Mit Abbildungen auf Tab. V.

Meine Erfindung besteht:

1) in einer neuen Methode, eiserne oder stählerne Stangen zu magnetisiren, um sie als permanente Magnete oder Elektromagnete benützen zu können; 2) in der Construction magnetelektrischer Maschinen von neuer Form.

Meine auf den ersten Theil der Erfindung bezüglichen Verbesserungen werden durch die Anwendung eines Elektromagneten bewerkstelligt, welcher durch den Strom einer magnetelektrischen Maschine erzeugt wurde, anstatt durch den Strom einer Volta'schen Batterie, wie dieses seither gebräuchlich war. Ich habe die Anwendung solcher Elektromagnete sehr vortheilhaft gefunden, wenn es sich darum handelt große Stahlstäbe zu magnetisiren oder sehr kräftige Magnete zu erzeugen.

Jeder magnetelektrische Apparat eignet sich zur Verwandlung eines Eisenstabes in einen Elektromagneten; doch gebe ich einem aus vier, acht oder einer andern Anzahl permanenter Magnete zusammengesetzten, der mit der doppelten Anzahl von Armaturen versehen und mit einem starken ungefähr 60 Fuß langen Draht umwickelt ist, den Vorzug. Die Stahlmagnete bestehen aus acht hufeisenförmigen Platten, deren jede ungefähr 30 Pfund wiegt.

Im Ganzen sind es acht solcher zusammengesetzter Magnete, deren Nordpole nach der einen und deren Südpole nach der andern Seite der Maschine gerichtet sind. Die Armaturen bestehen aus weichem Eisen, wiegen ungefähr 15 Pfund, und sind mit etwa 60 Fuß isolirtem Kupferdraht von Nro. 4. des engl. Drahtmaaßes umwickelt. Diese Armaturen rotiren in einem messingenen Rade und gehen so nahe wie möglich an den Polen der Magnete vorüber. Der Commutator wirkt auf sämmtliche acht Magnete gleichzeitig, so daß der elektrische Strom stets nach einerlei Richtung geht, und die Flächen sämmtlicher 64 Stahl-

platten gleichzeitig mit einander verbunden sind.   Die weiche Eisen=
stange des Elektromagneten wiegt ungefähr 500 Pfund und ist mit
Bündeln, jedes zu etwa 30 Kupferdrähten von Nr. 16 und ungefähr
60 Fuß Länge umwickelt.

Meine Verbesserungen beziehen sich ferner auf die in Fig. 6 und
7 dargestellte Construction.   a, a, a, a sind acht Stahlstäbe, anstatt deren
man auch guß= oder schmiedeiserne permanent magnetisirte Eisenstäbe
anwenden kann; bedient man sich des weichen Eisens, so nimmt man
in Verbindung mit ihnen permanent magnetisirte Stahlstäbe.   b, b, b, b
sind permanente Stahlmagnete, welche sich außerhalb des Einflusses der
rotirenden Armaturen c, c, c befinden.   Die Pole a, a, a kommen den
zwischen ihnen rotirenden Armaturen möglichst nahe.

Die Figuren 8 und 9 stellen eine andere Form der Maschine dar.
Hier ist A der permanente Magnet; B, B sind die umwickelten Arma=
turen; C die Rolle, welche mittelst eines Riemens in Umdrehung ge=
setzt wird; D, D der Fig. 10 abgesondert dargestellte Commutator; der
Theil D¹ desselben ist aus Messing und D aus weichem Eisen.   Die
Verbesserung besteht hier darin, daß sowohl Magnete als auch Arma=
turen unbeweglich sind, während der Commutator rotirt. [57]

LXXII.

Verbesserungen an den Oefen zum Schmelzen von Messing, Glockenmetall und anderen Legirungen, welche sich George Frederick Munz zu Birmingham, am 18. Jan. 1851 patentiren ließ.

Aus dem Repertory of Patent-Inventions, Sept. 1851, S. 135.

Mit Abbildungen auf Tab. V.

Meine Erfindung besteht in der Construction eines Schmelzofens,
bei welchem der das Metall enthaltende Theil, während dasselbe ge=

---

[57] Bekanntlich werden seit einigen Jahren in Birmingham die magnetelektri=
schen Rotationsmaschinen statt der galvanischen Batterien zum Versilbern und Ver=
golden der verschiedensten Artikel aus Argentan angewandt (man vergl. polytechn
Journal Bd. CVII S. 55).   A. d. R.

mischt oder durcheinander gerührt wird, in eine geschlossene Kammer · verwandelt werden kann. Diese Einrichtung hat den Zweck, den Verlust, welcher seither beim Mischen durch die Verflüchtigung des Metalls entstand, großentheils zu vermeiden.

Mein Schmelzofen ist mit Dämpfern oder beweglichen Scheidewänden versehen, wovon der eine in der Brücke angebracht ist, um die Communication zwischen dem Feuer und dem Metall abzusperren oder zu öffnen, der andere zwischen dem Metall und dem Schornstein. Außerdem construire ich noch einen mit einem Dämpfer versehenen Canal, welcher das Feuer mit dem Schornstein in Verbindung setzt. Der Dämpfer A Fig. 30, in diesem Canal und der Dämpfer B in der Brücke werden mit Hülfe eines Hebels bewegt; sie sind so angeordnet, daß sie sich gegenseitig balanciren.   Der andere Dämpfer C, Fig. 30 und 31, läßt sich in dem vorderen Feuercanal in einer Rinne horizontal hin- und herschieben.   Wenn das Metall geschmolzen und zum Mischen oder Gießen heiß genug ist, so zieht der Arbeiter vermittelst der Stange E den Hebel D nieder, schließt dadurch den Dämpfer B und mit diesem die Communication zwischen dem Feuer und dem Metall, während der Dämpfer A in die Höhe geht und dadurch die Verbindung zwischen dem Feuer und dem Schornstein herstellt, so daß nun Rauch und Hitze durch den Hülfscanal entweichen, ohne mit dem Metall in Berührung zu kommen.

Unmittelbar darauf muß der Dämpfer C, Fig. 31, längs der Rinne D geschoben werden, bis der Canal E geschlossen ist.   Derjenige Theil des Ofens, welcher das Metall enthält, ist somit geschlossen, und der Arbeiter kann nun die Thür F öffnen, und den Inhalt nach Gutdünken durcheinander arbeiten, wobei ein viel geringerer Verlust in Folge der Verflüchtigung des Metalles stattfinden wird, als bei einem gewöhnlichen Ofen.   Sobald das Metall aus dem Ofen herausgenommen ist, müssen die Dämpfer wieder in ihre ursprüngliche Lage zurückgebracht werden.   Der einzige Unterschied zwischen meinem Ofen und dem allgemein gebräuchlichen Flammofen besteht in der Hinzufügung der drei Dämpfer oder beweglichen Scheidewände, und des Hülfscanals, welcher das Feuer mit dem Schornstein in Communication setzt, ohne daß es über den Herd zieht.

Am schwierigsten ist es, den Dämpfer an der Brücke, welcher Fig. 34 abgesondert dargestellt ist, in gutem Stande zu erhalten, und zwar wegen der großen Hitze, welcher er nothwendig ausgesetzt werden muß. Dieser Dämpfer besteht aus einem gußeisernen Gestell, in welches große

Feuerziegel, ungefähr 18 Zoll lang, 9 Zoll breit und 4 Zoll dick, zwischen den senkrechten Theilen A, A befestigt sind.

Nachdem B und C befestigt worden sind, wird eine schmiedeeiserne Stange in eine oben in der Mitte von B angebrachte Rinne gelegt, durch geeignete Löcher in A geschoben und an jedem Ende festgenietet; dieses sollte in rothglühendem Zustande geschehen, damit die bei der Abkühlung stattfindende Zusammenziehung die senkrechten Theile fest gegen die Ziegel andrückt. Nachher können die Ziegel D mit einigem Thonkitt dicht befestigt werden. Das gußeiserne Gestell sollte bis E aus einem Stück bestehen; bei E sind schmiedeeiserne Stangen befestigt, welche es mit der Querstange F verbinden, die durch die Stange G mit dem oben erwähnten Hebel verbunden ist.

Fig. 33 ist ein Durchschnitt des Ofens durch die Rinne in der Brücke, in welcher der Dämpfer sich bewegt. A ist die Passage von der Feuerstelle nach der Schmelzstelle; B die Rinne des Dämpfers; C die Vertiefung in der Brücke, in welche der Dämpfer hinabgelassen wird, wenn die Passage geöffnet werden soll; D sind die Löcher, durch welche die den Dämpfer hebenden Stangen gehen; E (siehe auch K Fig. 36) Ziegelgemäuer, welches quer über Rinne und Versenkung geht, um die Hitze von den Hebestangen abzuhalten, wenn der Dämpfer herabgelassen ist. F ist ein Gemäuer, welches durch die eiserne Krampe G zusammengehalten wird. Das Mauerwerk des Dämpfers an der Brücke muß bis über das gußeiserne Gestell reichen, damit die Hitze das Eisen nicht beschädige.

Man muß sich ferner in Acht nehmen, diesen Dämpfer beim Aufziehen nicht zu hart gegen die Decke zu stoßen, weil sonst zu befürchten wäre, daß er stecken bliebe und die Ziegel D, Fig. 34, herabfielen. Der größeren Vorsicht wegen sind an den Ofen die Aufhälter F, F, Fig. 30, befestigt, welche der Aufwärtsbewegung der Querstange G, Fig. 30, oder A Fig. 35, ein Ziel setzen. Die oberen Enden der Kammern D, D, Fig. 33 und 36, worin sich die Zugstangen H, H, Fig. 34, des Dämpfers bewegen, sind mit eisernen Platten bedeckt, in welchen für diese Stangen Löcher angebracht sind. Um einen dichten Anschluß der Dämpfer zu bewerkstelligen, gibt man ihrer Rinne eine Neigung von 1 Zoll auf 36 Zoll gegen den Rost hin. Der Dämpfer des von dem Rost nach dem Schornstein führenden Hülfscanals ist ebenso eingerichtet wie der Brückendämpfer.

Fig. 32 stellt den Ofen im senkrechten Längendurchschnitt, Fig. 36 im Horizontaldurchschnitt dar. G ist die Feuerstelle; F der nach dem Schornstein führende Hülfscanal; E die Versenkung für den Dämpfer

C, Fig. 36, die Kammern für die Zugstangen des Dämpfers; H, Fig. 32 und Fig. 36, die Brücke; I der Schmelzherd; J die Oeffnung durch die Brücke, welche jedoch mit dem Innern des Ofens in keiner Verbindung steht und dazu dient, die allzustarke Erhitzung der Brücke zu verhüten.

Der Dämpfer oder Schieber zwischen dem Herd und dem Schornstein Fig. 37 und 38 besteht aus einer ¾ Zoll dicken gußeisernen Platte, an welche Rippen gegossen sind, damit er sich nicht verziehe. Die Rinne, in der er läuft, besteht aus Mauerziegeln und sollte weit tiefer als der Dämpfer selbst seyn, damit die etwa herabfließende Schlacke leicht beseitigt werden kann; auch sollte sie so lang seyn, daß der Dämpfer ungefähr 3 Fuß von dem Schornstein zurückgezogen werden kann, damit er, wenn er außer Gebrauch ist, sich gehörig abkühlt, und nicht etwa beim Hineinschieben abschmilzt. Das Ende der Rinne ist mit einer eisernen Platte bedeckt, in welcher sich zum Durchlassen der Schieberstange ein Loch befindet. Das andere Ende der Rinne ist durch Ziegel K, welche mittelst einer eisernen Krampe zusammengehalten werden, zugestopft; das Eisen ist mit einer Handhabe versehen, um die Ziegel bis zum Schornstein hineinschieben zu können sobald der eiserne Schieber zurückgezogen wird, weil sonst der Zug des Ofens gestört würde. Sobald aber der Schornstein durch den Schieber geschlossen wird, müssen die Ziegel K zurückgezogen werden, weil sonst die Hitze der letzteren das Eisen beschädigen würde. Die Thür, durch welche das Metall gemischt wird, sollte so klein als möglich seyn, damit die atmosphärische Luft thunlichst abgehalten wird, indem diese sonst eine Verflüchtigung des Metalls veranlassen würde.

LXXIII.

Verfahren Minenhöhlen in kalkigem Gestein zu bilden und Marmorstücke oder Kalksteine mittelst Salzsäure zu bearbeiten; von J. C. v. Liebhaber.

Aus dem Repertory of Patent-Inventions, Juli 1851, S. 15.

Mit Abbildungen auf Tab. V.

Im polytechn. Journal Bd. XCIV S. 433 wurde das Verfahren von Courberaisse mitgetheilt, um bei Sprengungen in Marmor ober Kalkstein die Bohrlöcher durch Einbringen von Salzsäure am untern Ende der Minenhöhlen auszuweiten, und in Bd. XCIX S. 111 der Apparat beschrieben, welchen sich Baron v. Liebhaber zur Ausführung dieses Verfahrens für England patentiren ließ. Das neueste Patent desselben vom 14 Nov. 1850 betrifft Verbesserungen dieses Apparates.

Fig. 18 zeigt eine Anordnung des Apparats zum Einbringen der Säure und Entweichen der Producte. Das Bohrloch ist als am unteren Ende bereits durch die Salzsäure zu einer keinen Höhle ausgeweitet dargestellt. c ist das Gefäß welches die Salzsäure enthält; dasselbe kann wie die davon ausgehenden Röhren aus Gutta-percha gemacht seyn. Man läßt die Säure durch das Heberrohr b in die Höhlung e gelangen. Die Kohlensäure, welche durch die Einwirkung der Salzsäure aus dem Kalkstein frei wird, entweicht durch den Zwischenraum zwischen der Röhre c und der sie einschließenden Röhre a, aus welcher letztern sie oben seitwärts entweicht, wobei die als Schaum mit fortgerissene Flüssigkeit wieder in das Gefäß c gelangt.

Bei der Vorrichtung Fig. 19 wird kein Heberrohr angewandt, sondern die Röhre b, durch welche die Säure in die Höhlung fließt, geht von dem unteren Theile des Säurebehälters aus, und ist bei b' mit einem Hahn versehen, so daß man beliebig keine Portionen der Säure einlassen kann, was namentlich dann nöthig ist, wenn die Wand der Höhlung Risse hat. Die Kohlensäure und der Schaum entweichen hier ebenfalls durch eine äußere Röhre a.

Fig. 20 zeigt eine Anordnung, wobei die Säure aus ihrem Behälter c durch eine keine Oeffnung in das äußere Rohr ausläuft und die Producte durch das innere Rohr hinaufgetrieben werden. Das Herausschaffen der Producte läßt sich dadurch erleichtern, daß man mit dem Säurebehälter (welcher in diesem Falle geschlossen seyn muß) eine Kammer verbindet, welche Kalkmilch enthält, damit durch die Absorption der Kohlensäure ein theilweises Vacuum im ganzen System erzeugt wird.

Anstatt der Kammer mit Kalkmilch kann man auch eine Luftpumpe anwenden, wie Fig. 21 zeigt; d ist das zur Luftpumpe führende Rohr.

Um die Größe der durch die Salzsäure gebildeten Minenhöhle zu finden, empfiehlt der Patentträger dieselbe mit einer Mischung von 10 Th. Schießpulver und 90 Th. Sägespänen zu füllen, welche man vor dem Hineinbringen abgemessen hat. Um die Mischung wieder herauszuschaffen, wird das Schießpulver, welches sie enthält, bei offenem Bohrloch zur Entzündung gebracht, worauf durch die entwickelten Gase die Masse wieder herausgeworfen wird.

Ein anderer patentirter Gegenstand ist die Anwendung von Salz= säure, um solche Steine, welche wie Marmor, Kalkstein ꝛc. durch die= selbe aufgelöst werden, an der Oberfläche zu ebnen, und also das Schleifen, welches sonst auf die Zurichtung im Rohen folgen würde, dadurch zu ersetzen. Um z. B. einem derartigen Stein eine ebene Fläche zu geben, wird derselbe, diese Fläche nach abwärts gekehrt, über einem Gefäß mit verdünnter Salzsäure aufgehängt und dann so weit nieder= gelassen, daß er mit der Säure in Berührung kommt, worauf diese zunächst die am meisten vorspringenden Theile auflöst. Nachdem da= durch im Ganzen genommen eine ebene Fläche erzielt ist, wird dieselbe dadurch mehr geglättet, daß man sie in gleicher Weise mit einer immer mehr verdünnten Säure in Berührung bringt. — Soll bloß auf einen Theil der Oberfläche des Steins gewirkt werden, so werden die übri= gen Theile derselben mit einem die Säure abhaltenden Ueberzug ver= sehen. In solcher Art können z. B. Inschriften oder verzierte Ober= flächen hergestellt werden, welche der Patentträger auch auf die Weise entstehen läßt, daß er die Inschrift oder Verzierung aus Cement, welches ebenfalls von der Säure aufgelöst wird, auf der Oberfläche des Steins erhaben anbringt, und dann die Säure einwirken läßt. Diese löst nun sowohl das Cement, als die nicht mit Cement bedeckten Stellen des Steines auf, vertieft also die letzteren, während an den ursprünglich mit Cement bedeckten Stellen die Inschrift oder Verzierung in Stein= masse erhaben stehen bleibt.

Um die bei derartigen Arbeiten benutzte Salzsäure wieder zu ge= winnen, vermischt der Patentträger die entstandene Flüssigkeit (welche eine neutrale Auflösung von salzsaurem Kalk ist) mit Schwefelsäure, wodurch der Kalk in Form von Gyps ausgeschieden wird, den er dann abfiltrirt. Der zur Verarbeitung der Flüssigkeit dienende Apparat ist in Fig. 23 in der Seitenansicht, in Fig. 22 im Grundriß und in Fig. 24 im Durchschnitt nach der Linie **AB** dargestellt. Die Flüssigkeit kommt nämlich in das cylindrische Gefäß C, welches mit Blei gefuttert ist; der untere Theil desselben ist conisch, und am Boden ist ein Filter an= gebracht, mit Sand als Filtrirmaterial, welches zwischen zwei durch= löcherten Platten h, h eingeschlossen ist. **D** ist eine Oeffnung um das Filter repariren zu können, wenn dieß nöthig ist. G ist der Deckel des Cylinders; d ein Sicherheitsventil daran. E ist ein selbstthätiges Ventil zum Einführen der Flüssigkeit. e ist ein Gefäß, welches Salzsäure ent=

hält, und f ein mit Kalksteinstücken gefüllter durchlöcherter Cylinder an einer Stange g, welche durch eine Stopfbüchse geht; je tiefer man den durchlöcherten Cylinder in das Gefäß e einsenkt, desto mehr Kohlensäure entwickelt sich, und man kann also leicht denjenigen Druck erzeugen, welcher die Flüssigkeit schnell durch das Sandfilter hindurch preßt. Dieser Druck wird durch das Manometer K angezeigt.

Der Apparat wird folgendermaßen angewandt: man gibt die aus salzsaurem Kalk bestehende Flüssigkeit in das Gefäß, nachdem man die Oeffnung D zuvor verschlossen hat, und gießt dann soviel Schwefelsäure hinein, als zur Zersetzung des Kalksalzes erforderlich ist; hierauf senkt man den durchlöcherten mit Kalkstein gefüllten Cylinder in die Salzsäure, worauf die freiwerdende Kohlensäure in C übergeht, auf die Oberfläche der Flüssigkeit drückt und reine Salzsäure durch das Filter treibt. Wenn keine Flüssigkeit mehr durch das Filter läuft, zieht man den durchbrochenen Cylinder f aus dem Gefäß e und öffnet das Sicherheitsventil. Hierauf bringt man Wasser in den Behälter C und erzeugt wieder eine Quantität kohlensauren Gases, welches jetzt auf das Wasser drücken und dieses durch das Filter pressen wird, wobei es alle zurückgebliebene Säure mit sich nimmt. Der Rückstand im Behälter C besteht dann aus Gyps, welchen man herausnehmen, trocknen und verkaufen kann.

LXXIV.

Apparat zum Färben der Wolle in Strähnen, welchen sich V. E. Warmont zu Neuilly in Frankreich, am 2. Nov. 1850 für England patentiren ließ.

Aus dem Repertory of Patent-Inventions, Sept. 1851, S. 143

Mit Abbildungen auf Tab. V.

Mein Apparat um Wolle oder andere Faserstoffe in Strähnen verschiedenfarbig zu färben, besteht aus schmalen Schienen von Kiefernholz mit vier Flächen, deren Breite von der Ausdehnung der Farbe abhängt, die man durch jede Schiene erlangen will. An der Vorderseite der Schienen sind Tuch- oder Filzstücke befestigt.

Die so vorbereiteten Schienen werden mit Hülfe durchgesteckter Stangen mit einander verbunden, welche so angeordnet sind, daß ein

Zwischenraum zwischen ihnen bleibt. Die Anordnung und Größe dieser Zwischenräume kann, wie die Figuren 26 und 27 zeigen, nach Bedürfniß abgeändert werden. Die solchergestalt mit einander verbundenen Schienen bilden eine Reihe von Flächen, welche in bestimmten Abständen von einander angeordnet sind. Auf die so vorbereiteten Schienen kommt der Farbstoff; dann wird die zu färbende Strähne, nachdem sie vorher angefeuchtet worden ist, darüber gespannt; über die Strähne wird, wie der Durchschnitt Fig. 28 zeigt, ein zweites dem ersteren gleiches und mit einer Lage derselben Farbe versehenes Schienengestell gedeckt, so daß beide Flächen der Schienen, und die zwischen ihnen befindlichen Zwischenräume zusammenfallen. Bei Anwendung dieses einfachen Apparates befinden sich diejenigen Theile der Wolle, welche die Farbe des Bades, in das der Apparat getaucht wird, aufnehmen sollen, in den Zwischenräumen zwischen den Schienen, während die zwischen den oberen und unteren Schienen eingeklemmten Theile die auf den Schienen aufgetragene Farbe annehmen.

Auf diese beiden Schienengestelle kann man eine beliebige Anzahl solcher Gestelle legen, wenn es sich darum handelt, eine größere Anzahl von Strähnen auf einmal zu färben. In diesem Falle müssen aber die Gestelle mit gehöriger Sorgfalt zusammengepreßt werden. Zu diesem Zweck bringe ich in ein anderes Gestell E, Fig. 29, eine Reihe Gestelle, über denen in keinen Abständen von einander keine Stücke C von hartem Holz angebracht sind. Diese Holzstücke sind mit Löchern versehen, durch welche die Stangen D treten und werden mit Hülfe von Muttern mit gehöriger Stärke gegen einander geschraubt, so daß eine Verschiebung der verschiedenen Theile unmöglich ist. Zur größeren Sicherheit bringe ich noch andere Holzstücke B, B an. In diesem Zustande taucht man die zusammengeschraubten Schienengestelle mit den zwischengeklemmten Strähnen in das Bad, und läßt sie je nach dem Grade der Firirung der Farben eine halbe Stunde oder länger darin. Dann nimmt man den Apparat heraus, wendet ihn, und schüttet kaltes Wasser über das Ganze. Ist dieses geschehen, so nimmt man die Schienengestelle aus einander, nimmt die Strähnen heraus, wäscht sie in Wasser und läßt sie trocknen. Zuletzt werden sie aufgewickelt, und wenn das Garn beim Aufwickeln zusammenhängt, so setze ich die Strähne während dieser Operation der Einwirkung von Dämpfen aus.

LXXV.

Alkoholometrisches Thermometer von Lerebours und Secretan, zur Bestimmung des Alkoholgehalts der Weine.

Aus dem Journal de Pharmacie, Nov. 1851, S. 333.

Mit einer Abbildung auf Tab. V.

Die Aräometer für Branntwein und Weingeist, unter welchen Gay=Lussac's Centesimal=Alkoholometer das genaueste ist, sind zum Probiren der Weine nicht anwendbar, weil diese außer dem Alkohol und Wasser auch Farbstoffe und Salze enthalten. Man kann sich zwar dadurch helfen, daß man aus dem Wein den Alkohol abdestillirt, aber diese Operation erfordert ziemlich viel Zeit und einige Geschicklichkeit; man wünschte daher längst einen einfachen und bequemen Apparat zu besitzen, womit sich der Alkoholgehalt der Weine direct bestimmen läßt.

Hr. Dr. Louis Jabarié in Montpellier hatte zuerst die Idee ein Instrument zu construiren, welches auf die verschiedenen Temperaturgrade, wobei die geistigen Flüssigkeiten kochen, gegründet ist. Er berücksichtigte auch den Einfluß des verschiedenen Barometerstandes auf den Siedepunkt und gab hierzu seinem Centesimal=Denometer Correctionstabellen bei.

Auf dasselbe Princip gründet sich das Thermometer mit Zifferblatt, welches der Abbé Brossard=Vidal zu Toulon im J. 1842 construirte und éboullioscope - alcoométrique nannte [58]; aber die mechanischen Mängel seines Systems rechtfertigen vollkommen die wenig günstige Aufnahme, welche sein Apparat fand.

Das von Conaty verbesserte alkoholometrische Thermometer (thermomètre-alcoométrique), wie es von den HHrn. Lerebours und Secretan (opticiens de l'Observatoire, place du Pont-neuf, in Paris) angefertigt wird, gründet sich ebenfalls auf den verschiedenen Siedepunkt der geistigen Flüssigkeiten. Bekanntlich kommt das Wasser (unter dem Luftdruck von 760 Millimetern) bei 100° Celsius ins Kochen. Es ist klar, daß eine Mischung von Wasser und Alkohol bei einer Temperatur zwischen 100° und 78° C. ins Sieden kommen muß, und daß der Siedepunkt 100° um so näher seyn wird, je mehr Wasser die Mischung enthält. Es war zu befürchten, daß die fremdartigen Körper,

---

[58] Polytechn. Journal Bd. XCVIII S. 376.

welche die Weine und geistigen Flüssigkeiten gewöhnlich enthalten, z. B.
Zucker, ätherische Oele, Farbstoffe 2c., den Siedepunkt verändern; durch
Versuche ist jedoch die merkwürdige Thatsache vollkommen erwiesen, daß
der Siedepunkt der geistigen Flüssigkeiten von den fremdartigen Stoffen,
welche sie enthalten können, unabhängig ist.   Dieß ist zwar nicht ab=
solut richtig, aber der Einfluß dieser Substanzen verändert den Siede=
punkt so wenig, daß der Unterschied beim Probiren der im Handel vor=
kommenden Weine und geistigen Flüssigkeiten unberücksichtigt bleiben
kann.   Wir wollen als Beispiel den Zucker wählen, welcher am häufig=
sten angewandt wird, um den Gehalt der geistigen Flüssigkeiten zu mas=
kiren; löst man Zucker in Weingeist auf, so absorbirt er eine gewisse
Menge Wasser, macht dadurch den Alkohol stärker und erniedrigt folglich
dessen Siedepunkt; andererseits wirkt aber dieser Zucker als Salz und
verzögert das Sieden (bekanntlich kocht das mit Salz gesättigte Wasser
erst bei 110° C.).   Diese zwei entgegengesetzten Wirkungen compensiren
sich zwar nicht ganz genau, aber annähernd genug für die alkoholo=
metrischen Proben.

Der neue Apparat Fig. 39 besteht aus einem kupfernen Kochgefäß,
in welches man eine feine Quantität von der zu prüfenden Flüssigkeit
gibt.   Eine Weingeistlampe erhitzt die Flüssigkeit und bringt sie in fünf
Minuten zum Sieden; ein Quecksilber=Thermometer, welches nach Ver=
suchen graduirt ist, hat die Alkoholgrade, welche den Centesimalgraden
des Gay=Lussac'schen Alkoholometers entsprechen, auf einer beweg=
lichen Scala.   Dieses Thermometer taucht man in das Siedegefäß in
dem Maaße als die Flüssigkeit sich erhitzt; die Quecksilbersäule steigt
und bleibt im Augenblick des vollen Siedens lange genug stehen, um
den wahren Grad der Flüssigkeit gut ablesen zu können.   Zahlreiche
Versuche haben die Genauigkeit dieses Instruments erwiesen, weßhalb
sein Gebrauch bei den Octrois von Paris, den bürgerlichen Spitälern
der Seine und bei mehreren anderen Zweigen der öffentlichen Verwal=
tung amtlich vorgeschrieben wurde.

Aus demjenigen, was wir oben gesagt haben, ist leicht ersichtlich,
daß das Instrument bei dem Barometerstand von 760 Millimetern genau
seyn muß.   Ist dieß aber auch bei dem so veränderlichen Druck unserer
Atmosphäre der Fall?   Keineswegs, aber man hat diesen Fall vorge=
sehen und das Problem auf eine sinnreiche Weise gelöst.   Man wählte
den Siedepunkt des Wassers als Basis und bewerkstelligt die Correction
folgendermaßen.   Wenn man das Thermometer in kochendes Wasser taucht,
so zeigt es eine Temperatur an, welche vom Gewicht der Atmosphäre

abhängt; die Temperatur ist höher, wenn der Luftdruck stärker ist, sie ist niedriger, wenn er geringer ist. Jeden Tag macht man einen vorläufigen Versuch, indem man Wasser kochen läßt, und da die graduirte Scala, worauf sich die Abtheilungen befinden, an der Thermometerröhre verschiebbar ist, so führt man die 0 der Scala (welche den Siedepunkt des reinen Wassers repräsentirt) vor den Scheitel der Quecksilbersäule. Auf diese Weise ist das Instrument regulirt und gibt für die folgenden Proben Resultate, welche keiner Correction bedürfen.

Mittelst dieses einfachen und tragbaren keinen Apparats läßt sich der Alkoholgehalt von Weinen, Bieren, Aepfelweinen und geistigen Getränken genau bestimmen, wozu man dieselben bisher der Destillation unterziehen mußte.

LXXVI.

Verfahren das Ammoniak aus der bei der Kohlengasbereitung erhaltenen ammoniakalischen Flüssigkeit abzudestilliren; von Peter Spence, Chemiker in Pendleton bei Manchester.

Aus dem Repertory of Patent-Inventions, Juli 1851, S. 28.

Mit einer Abbildung auf Tab. V.

Zum Destilliren des Gaswassers benütze ich Hochdruckdampf, welchen ich in einem Dampfkessel erzeuge, und bringe die Flüssigkeit in cylindrische gußeiserne Behälter von gleicher Größe, Fig. 25, welche so gelegt und mit einander verbunden sind, daß man die ammoniakalische Flüssigkeit durch die ganze Reihe der Behälter laufen lassen kann; nämlich von dem Behälter (Kessel) A in B, von B in C, von C in D, aus welchem letzten Behälter ich die Flüssigkeit abziehe und sie dann als werthlos weglaufen lasse. Wenn der Apparat in regelmäßigem Gang war, lasse ich durch den Hahn P den ganzen Inhalt des Behälters D ablaufen und sperre dann diesen Hahn. Hierauf lasse ich durch den Hahn R den ganzen Inhalt des Behälters C in D auslaufen, worauf ich den Hahn R sperre. Nun öffne ich den Hahn O und lasse den Inhalt von B in den Behälter C laufen, worauf ich durch den Hahn K den Inhalt von A in B leite und dann den Behälter A durch das Rohr E mit frischem Gaswasser beschicke.

Ich öffne nun den Hahn G am Rohr S, welches den Dampf aus dem Dampfkessel zuführt; dieses Rohr erstreckt sich längs des Bodens des Behälters D und ist mit zahlreichen kleinen Löchern versehen, durch welche der Hochdruckdampf in die ammoniakalische Flüssigkeit antreten kann. Die Flüssigkeit in D kommt bald zum Sieden, und der mit Ammoniak geschwängerte Wasserdampf zieht durch das Rohr X in den Behälter C ab. Sobald dieser zum Sieden kommt, zieht der noch mehr mit Ammoniak beladene Wasserdampf durch das Rohr T in den Behälter B ab; wenn letzterer kocht, geht der noch mehr mit Ammoniak beladene Wasserdampf durch das Rohr Z in den Behälter A, wo er sich aus dem frischen Gaswasser vollkommen mit Ammoniakdampf beladet und durch das Rohr X in Schwefelsäure oder Salzsäure geleitet wird, je nach dem Ammoniaksalz, welches man zu erhalten beabsichtigt.

Nachdem das Kochen etwa den vierten Theil derjenigen Zeit gedauert hat, welche erforderlich wäre um Gaswasser in einer einzigen Blase abzudestilliren, sperrt man den Hochdruckdampf ab, entleert den niedrigsten Behälter und läßt die Flüssigkeit, wie es beschrieben wurde, nach einander von einem Behälter in den anderen hinablaufen, worauf man A frisch beschickt und die Operation von neuem beginnt.

Die Vortheile dieses Verfahrens sind, daß bedeutend an Brennmaterial erspart wird, auch das Gaswasser vollständiger erschöpft wird ehe man es bei D ablaufen läßt, und daß der durch das Rohr X abziehende Wasserdampf stets im höchsten Grade mit Ammoniak geschwängert ist.

Uebrigens könnte man auch einen constanten Strom frischen Gaswassers durch das Rohr E in den Behälter A laufen lassen, indem man alle Hähne theilweise offen erhält, so daß es durch die ganze Reihe von Behältern in dem Maaße lauft als das Rohr E gespeist wird.

Das Gaswasser enthält in der Regel einen kleinen Antheil fixer Ammoniaksalze; um dieselben zu zersetzen und ihr Ammoniak frei zu machen, gibt man in den niedrigsten Behälter D die erforderliche Menge Kalkhydrat.

LXXVII.

Ueber die Rolle des Joddampfs beim Copiren von Kupfer=
stichen ꝛc. nach Niepce's Verfahren; von Hrn. Benard.

Aus den Comptes rendus, Juli 1851, Nr. 2.

Hr. Niepce sagt in einer Abhandlung über die eigenthümlichen
Eigenschaften mehrerer chemischen Agentien und insbesondere des Jod=
dampfs: „er habe zuerst entdeckt, daß das Jod die Eigenschaft besitze
sich an den dunkeln Stellen eines Kupferstichs, einer Schrift ꝛc. anzu=
legen und die weißen Stellen frei zu lassen." Eine derartige Wahlver=
wandtschaft des Joddampfs war mir nicht wahrscheinlich, und ich stellte
daher Versuche an, um zu erforschen ob sich die fragliche Erscheinung
nicht nach dem allgemeinen Gesetz der chemischen Verwandtschaften er=
klären lasse, was sich auch herausstellte.

Auf einem Kupferstich, we cher nach dem von Hrn. Niepce an=
gegebenen Verfahren vorbereitet worden war [59], verbreitete ich eine
gewisse Menge Jod als feines Pulver; nach Verlauf von einer oder
zwei Secunden beseitigte ich das Jod und schüttelte den Kupferstich
schwach, um das nicht an ihm haftende Jod zu entfernen. Der so be=
handelte Kupferstich wurde auf ein mit Stärke imprägnirtes Papier
gelegt und angedrückt; er lieferte mir ein Bild, ganz so wie es Hr.
Niepce beschreibt. Offenbar kann hier die Gegenwart des Jods auf
den weißen Stellen nicht bestritten werden.

Man könnte jedoch noch sagen: weil das Jod eine größere Ver=
wandtschaft zu dem Schwarz habe, hätten es beim Schütteln des Kupfer=
stichs bloß die schwarzen Stellen zurückgehalten, worauf die Reproduction des
Bildes beruhe. Um die Gewißheit zu erhalten, daß auf der ganzen
Oberfläche des Papiers eine Jodschicht gleichförmig zurückblieb, habe ich
folgendes Verfahren angewandt: ohne jede vorhergehende Vorbereitung
verbreitete ich Jod auf einem gewöhnlichen Kupferstich, brachte ihn
dann auf stärkehaltiges Papier, und das Resultat war keines, d. h.
alles, Schatten und Lichter, fand sich verwischt. Ich wiederholte die=
selbe Operation, aber diesesmal brachte ich auf den Kupferstich ein nicht
geleimtes, mit alkalischem Wasser getränktes Papier, und das Bild

---

[59] Polytechn. Journal Bd. CVII S. 58 und 111.

reprobucirte sich vollkommen. Es war nun klar, daß man die Abbildungen der Kupferstiche der Zubereitung des Papiers zuschreiben muß,
und nicht einer eigenthümlichen Eigenschaft des Jobdampfs.

Nach diesem Versuch, welchen ich öfters unter abgeänderten Umständen wiederholte, war ich überzeugt, daß man unmöglich annehmen
kann, das Job sey bloß auf den schwarzen Stellen vorhanden. Wir wollen
nun sehen, wie die Reproduction der Bilder stattfindet.

Man kann auf zweierlei Art operiren, indem man nämlich den
Kupferstich entweder vorbereitet [60] oder nicht.

Macht man die Operation mit einem **nicht vorbereiteten**
Kupferstich, so müssen sich die ersten Theile von Jobdampf weche auf
die weißen Stellen gelangen, mit dem Papier oder mit dem Leim des
Papiers verbinden, denn sonst könnte offenbar keine Abbildung erfolgen.
In der That färben sich auch die weißen Stellen bei längerer Behandlung des Kupferstichs mit Jobdampf, und man erhält nur dann gute
Copien, wenn dieser Ueberschuß von Job vermieden wird. Wollte man
meine Meinung bestreiten, so könnte ich fragen, welches die Gränze der
Zuneigung des Jobs zum Schwarz ist, weil ein Zeitpunkt eintritt, wo
es sich auf die weißen Stellen wirft. Für mich tritt diese Gränze ein,
wenn das Job sich nicht mehr mit dem Papier verbindet; aller dann
noch zuströmende Jobdampf bleibt frei.

Wenn man die Entwicklung des Jobdampfs in dem rechten Zeitpunkt aufhält, wo das Papier kein Job mehr absorbirt und gebunden
zurückhält, so findet die Reproduction statt, weil in diesem Falle die
weißen Stellen das Job zurückhalten werden. Läßt man diesen Zeitpunkt verstreichen, so findet die Reproduction, wie Hr. Niepce bemerkt,
erst nach mehrmaligem aufeinanderfolgenden Andrücken an das stärke-
haltige Papier statt, wegen der Ungleichförmigkeit der Jobschicht, weche
Ungleichförmigkeit ich auch zugebe, aber durch die Verbindung der ersten
Jobtheilchen mit dem Weißen des Papiers erkläre; alsbann tritt nämlich ein Zeitpunkt ein, wo noch Job auf den schwarzen Stellen zurückbleibt, während es auf den weißen Stellen allerdings auch vorkommt,
aber in gebundenem Zustand.

Wir wollen nun sehen, wie der Jobdampf auf einen **präparirten** Kupferstich wirken wird. Dieß geht aus dem was ich gesagt

---

[60] Man legt ihn nämlich einige Minuten lang in schwach ammoniakalisches
Wasser, zieht ihn dann durch Wasser welches mit Schwefelsäure angesäuert ist, und
läßt ihn trocknen.

habe, schon hervor: nach der Natur der Körper, auf welche er trifft, wird er verschieden wirken. Der Joddampf gelangt sowohl auf die weißen als auf die schwarzen Stellen. Mit dem Weiß, welches mit Ammoniak gesättigt ist, bildet er ein fires Jodür, welches durch Stärke nicht zersetzbar ist (das Alkali entzieht im Gegentheil der Jodstärke das Jod). Auf dem Schwarz hingegen wird sich das Jod entweder ablagern und im Zustand der Freiheit bleiben (in diesem Falle begreift man daß es sich mit der Stärke verbindet), oder es wird sich eine wenig beständige Verbindung bilden, welche zerstört werden muß wenn man den Kupferstich auf das stärkmehlhaltige Papier andrückt, nämlich durch die freie Säure, womit dieses Papier behufs der Operation getränkt wurde. Die Reproduction auf Metall erklärt sich auf dieselbe Weise.

LXXVIII.

Ueber die im Handel vorkommenden Theesorten; von R. Warrington.

Aus dem Edinburgh new philosophical Journal, April — Oct. 1851, S. 240.

In meiner ersten Mittheilung [61] suchte ich nachzuweisen, daß es zweierlei Sorten grünen Thees gibt, welche im Handel unter dem Namen glasirter und unglasirter Thee bekannt sind; daß der erstere von den Chinesen mit einem Gemenge von Berlinerblau und Gyps gefärbt wird, welchem manchmal noch ein gelber vegetabilischer Farbstoff zugesetzt wird, während die letztern Sorten nur mit einer keinen Menge Gyps bestäubt werden; daß bei dem sogenannten Canton'schen Schießpulverthee dieses Glasiren oder Ueberziehen am weitesten getrieben wird. Auch erwähnte ich, daß mir nie ein grüner Thee vorkam, welchem der blaue Ton mittelst Indigo ertheilt war. Seit Veröffentlichung jener Abhandlung machte ich die Bekanntschaft mehrerer in diesem Artikel sehr erfahrener Personen, von welchen ich viele weitere Aufschlüsse erhielt, welche, nebst den Resultaten der von mir angestellten Untersuchungen, den Gegenstand dieser Abhandlung bilden.

---

[61] Polytechn. Journal Bd. XCIII S. 272.

Daß dem grünen Thee die blaue Farbe durch Berlinerblau ertheilt werde, hat man von mehreren Seiten in Zweifel gezogen. So sagt Hr. Bruce [62]: „die Chinesen nennen den erstern (den Indigo) Toungtin, den letztern (den schwefelsauren Kalk, Gyps) Acco." Hr. Reeves, dessen Urtheil hierüber sehr competent ist, glaubt hingegen, daß der Indigo zum Färben des Thees niemals angewandt wird, und daß die von Hrn. Bruce erwähnte Benennung „Toungtin" heißen sollte „Yong-teen", frembes Blau, wie die Chinesen das Berlinerblau gegenüber dem Too-teen, inländisches Blau oder Indigo, benennen. Hr. Bruce befand sich sonach im Irrthum.

Andererseits sagt Hr. Fortune in seinem Werk über China [63] wo er von den zum Färben des grünen Thees im nördlichen China für die fremden Märkte dienenden Ingredienzien spricht: „Eine Pflanzenfarbe, die man von Isatis indigotica erhält, wird in den nördlichen Districten häufig angewandt, und da man sie Tein-ching nennt, wahrscheinlich zum Färben des grünen Thees für den englischen und amerikanischen Markt benutzt." Jetzt ist aber diese Frage befriedigend gelöst und durch Versuche erwiesen, daß Berlinerblau von mehr oder weniger dunkelm Ton dazu dient. Hr. Fortune hat nämlich aus dem nördlichen China Proben dieser Materialien zur Londoner Industrie-Ausstellung geschickt, welche nach ihrem Aussehen nichts anderes seyn können, als (gebrannter) faseriger Gyps, Curcumäwurzel und Berlinerblau, letzteres von blasser glänzender Farbe, wahrscheinlich in Folge einer Beimischung von Thon oder Porzellanerde, welcher Zusatz den in meiner frühern Abhandlung angegebenen Gehalt von Thon und Kieselerde erklärt, welchen ich damals der Benützung von Kaolin oder Agalmatolith zuschrieb.

Daß erwähnte Färbematerialien aus Berlinerblau, faserigem Gyps und Curcumäwurzel bestehen, hatte Hr. Reeves bereits in einem Brief an Hrn. Thomson vom 1. Juli 1844 als gewiß bestätigt. „Ich bin indessen überzeugt, sagt derselbe, daß diese Färbung nicht in der Absicht zu verfälschen geschieht; sie wird dem capriciösen Geschmack der fremden Käufer zu Gefallen vorgenommen, welche einen als Getränke dienenden Artikel mittelst des Auges statt des

---

[62] Report on the Manufacture of Teas etc. By C. A. Bruce, August 1839.

[63] Three Years Wandering in the Northern Provinces of China, by Robert Fortune.

Gaumens beurtheilen. Es ist Ihnen ja bekannt, wie wenig den Londoner Kaufleuten, auch jetzt noch, das gelbliche Aussehen des ungefärbten grünen Thees gefällt; die Amerikaner trieben seit ein paar Jahren ihre Abneigung dagegen noch weiter als die Engländer, weßhalb die chinesischen Kaufleute wenig Aussicht hatten ihren Thee zu verkaufen, wenn sie ihm nicht ein dem Geschmack derselben entsprechendes Aussehen gaben. Die geringe Menge des färbenden Zusatzes schließt übrigens die Annahme eines des Vortheils wegen vorgenommenen Fälschung aus." „Zur Zeit der ostindischen Compagnie, sagt ferner Hr. Reeves, kam bisweilen Gyps und Berlinerblau an den Haysanthee, indem Tien Hing erstern an seinen blassen, glänzenden Haysan, Lumhing letzteres an seine dunkeln, glänzenden Blätter that; doch geschah dieß nur in sehr keinen, zur Erzielung eines gleichartigen Ansehens, gerade hinreichenden Quantitäten."

Interessant ist ferner die Frage, ob der Gyps im gebrannten Zustande nicht etwa den Zweck habe, die letzten Antheile von Feuchtigkeit an sich zu ziehen, damit der Thee der Feuchtigkeit auf dem Transport zur See besser widersteht. Seit meiner letzten Mittheilung habe ich durch Dr. Royle ein Muster von grünem Thee aus dem Kemaon-District in den Himelayas erhalten, welcher ganz frei von allem Ueberzug ist, wie dieß auch die grünen Theesorten von Java sind, deren ich viele zu untersuchen Gelegenheit hatte, wobei sie sich als ganz rein und ächt erwiesen.

Ueber den schwarzen und grünen Thee.

Obgleich die Bereitung des grünen und des schwarzen Thees aus den respectiven Pflanzen, der Thea viridis und der Thea Bohea, von vielen Botanikern warm verfochten wurde, nimmt man jetzt doch allgemein an, daß beide Sorten, der grüne und der schwarze Thee, ohne Unterschied aus demselben Blatt einer und derselben Pflanzenspecies gemacht werden können und auch gemacht werden. Ferner weiß jedermann, daß die Aufgüsse dieser Theesorten in Farbe und Geruch (Geschmack) merklich verschieden sind, und die Wirkungen des grünen Thees auf einige Constitutionen, z. B. nervöse Reizbarkeit, Schlaflosigkeit ꝛc., sich von den Wirkungen des schwarzen Thees sehr unterscheiden. Die charakteristischen physischen Merkmale dieser Theesorten sind so bekannt, daß ich sie übergehen kann; dieselben besitzen aber auch chemische Eigenschaften, welche wir hier etwas näher betrachten wollen, und die von

den Chemikern immer der Einwirkung großer Hitze bei ihrer Bereitung
zugeschrieben wurden.

Es fragt sich also: woher rühren die unterscheidenden Eigenthümlichkeiten beider Theesorten und welchem Umstand sind sie zuzuschreiben?
In dieser Hinsicht dürften nach meiner Ansicht folgende Beobachtungen
beim Trocknen von Arzneigewächsen[64], größtentheils stickstoffhaltigen
Pflanzen, wie Atropa Belladonna, Hyoscyamus niger, Conium ma-
culatum ꝛc. einen Anhaltspunkt geben.   Diese Pflanzen werden von
den Bauern oder Sammlern, in Bündel zusammengebunden, vom Lande
hereingebracht und trocknen, wenn sie frisch und kühl ankommen, mit
lebhaft grüner Farbe aus; wenn sie hingegen lange auf dem Wege
bleiben, oder zu lange Zeit zusammengebunden bleiben, so erhitzen sie
sich in Folge einer Art freiwilliger Gährung, geben dann, aufgebunden
und ausgebreitet, Dämpfe von sich und fühlen sich mit der Hand ziemlich
warm an; werden nun solche Pflanzen getrocknet, so findet man die
grüne Farbe ganz zerstört und in eine rothbraune, manchmal
schwärzlichbraune verwandelt.   Ich beobachtete auch, daß ein klarer
Aufguß solcher Blätter, sorgfältig zur Trockne abgedampft, sich im
Wasser nicht mehr ganz auflöst, sondern eine Quantität braunen
oxydirten Extractivstoffs zurückläßt, welchen einige Chemiker
Apothema nennen; ein ähnliches Resultat erhält man beim Abdampfen
eines Aufgusses von schwarzem Thee.   Dieselbe Wirkung zeigt sich, wenn
man die Aufgüsse vieler Pflanzenstoffe dem oxydirenden Einflusse der
Atmosphäre aussetzt; sie werden zuerst auf der Oberfläche dunkler, dann
allmählich durch die ganze Flüssigkeit hindurch, und beim Abdampfen
bleibt derselbe oxydirte, im Wasser unauflösliche Extractivstoff zurück. Ich
habe ferner beobachtet, daß die grünen Theesorten, wenn man sie befeuchtet und beim Zutritt der Luft wieder trocknet, fast eben so dunkel
an Farbe werden, wie der gewöhnliche schwarze Thee.   Aus allen diesen
Beobachtungen folgerte ich, daß der eigenthümliche Charakter und die
chemischen Verschiedenheiten, welche den schwarzen Thee vom grünen
unterscheiden, einer Art von Erhitzung oder Gährung mit gleichzeitiger
Oxydation durch die Luft, und keineswegs einer angewandten höheren
Temperatur beim Trocknen zuzuschreiben ist, wie man allgemein glaubte.
Meine Ansicht wurde zum Theil durch Personen bestätigt, welche mit
der chinesischen Fabrication vertraut sind, die mir versicherten, daß man
die zu schwarzem Thee bestimmten Blätter immer in Masse einige Zeit

---

64 Der Verfasser ist Vorstand der Apothekerhalle in London.

der Luft aussetzt, ehe man sie röstet (trocknet). Hr. Ball beschrieb in seinem Werke [65] das Verfahren der Theebereitung mit allen Details, wodurch meine Ansichten endlich vollkommen bestätigt wurden. Das Material zu diesem Werk wurde aus Interesse für die Sache gesammelt, ohne die Absicht es der Oeffentlichkeit zu übergeben, wozu sich Ball erst entschloß, als im Jahr 1844 ein ähnliches Werk über den Theebau in Java von Jacobson in holländischer Sprache erschien. [66] Folgendes ist ein Auszug aus Ball's Beschreibung des Verfahrens.

Die Verfahrungsweisen den schwarzen Thee zu bereiten, heißen Leang-Ching, To-Ching und Co-Ching; sie bestehen in gut überwachten und regulirten Processen freiwilliger Erhitzung oder langsamer Gährung der Blätter, bis sich ein gewisser Grad von Wohlgeruch entwickelt. Die Blätter, sagt man nun, welken und lassen nach, und werden weich und geschmeidig. Zur gehörigen Leitung dieser Processe ist die größte Sorgfalt, praktische Geschicklichkeit und Erfahrung erforderlich; wenn der richtige Punkt eingetreten ist, werden die Blätter sogleich in den Kuo oder die Röstpfanne gebracht. Nachdem sie geröstet und zwei- bis dreimal gerollt sind, werden sie getrocknet, nämlich in dem Poey-long, einem Cylinder von Korbflechtwerk, der an beiden Enden offen und außen mit Papier überzogen ist; derselbe ist 2½ Fuß hoch und 1½ Fuß weit, in der Mitte aber, wie ein Würfelbecher, enger, nämlich 1¼ Fuß weit. Dieser Cylinder steht über einem kleinen Holzkohlenfeuer und ist 14 Zoll über dem Feuer mit Querstangen versehen, auf weche ein, den Thee enthaltendes, offenes Sieb gelegt wird; in die Mitte des Thees wird mit der Hand eine kleine, etwa 1½ Zoll weite Oeffnung gemacht, so daß ein aufsteigender Luftstrom und die Verbrennungsproducte durch und über den im Sieb enthaltenen Thee ziehen. Eine kreisrunde, flache Bambus-Scheibe wird theilweise über die Mündung dieses Cylinders gelegt und dient höchst wahrscheinlich um die Geschwindigkeit des aufsteigenden Luftstroms zu reguliren, den Zutritt der kalten Luft zu den Blättern zu verhindern, und zu gleicher Zeit den erzeugten Wasserdämpfen und Verbrennungsproducten einen genügenden Ausgang zu verschaffen. Am Anfange dieser Operation sind die feuchten Blätter noch grün und haben noch ihr vegetabilisches Ansehen; nachdem das Trocknen etwa eine halbe Stunde

---

[65] An account of the Cultivation and Manufacture of Tea in China. By Sam. Ball, Esq.

[66] Handbock v. d. Kull en Fabrik v. Thee.

gedauert hat, werden die Blätter umgewendet und noch eine weitere halbe Stunde der Wärme ausgesetzt; dann werden sie herausgenommen, gerieben und gedreht und, nachdem der feine Staub abgesiebt ist, wieder auf das Sieb und in den Trockencylinder gebracht. Dieses Sieb ist sehr nothwendig, um allen kleinen oder Staubthee zu entfernen, welcher sonst durch die Maschen des Siebs in das Feuer fallen könnte, wo dann seine Verbrennungsproducte den Geruch des Thees verderben würden. Die Blätter haben nun begonnen ihre schwarze Farbe anzunehmen; das Feuer wird jetzt vermindert oder durch Asche erstickt, und das Rollen, Drehen und Sieben zwei = oder dreimal wiederholt, bis sie ganz schwarz von Farbe, gut gedreht und vollkommen trocken und mürbe sind. Sie werden dann ausgelesen, geschwungen und in großer Menge etwa zwei Stunden lang über ein sehr gelindes Feuer gesetzt bei verschlossenem Cylinder.

Daß nun diese schwarze Farbe nicht dem Feuer zuzuschreiben ist, leuchtet ein; denn in den von Hrn. Ball angeführten Fällen, wo die Blätter an der Sonne getrocknet wurden, entstand dieselbe Farbe; und andererseits wird eine Art grünen Thees erzeugt, wenn man die Blätter, ohne den Proceß der Gährung vorzunehmen, sogleich röstet und sie dann im Poey=long vollendet.

Bei der Fabrication des grünen Thees hingegen werden die frisch = gepflückten Blätter ohne Verzug sogleich bei hoher Temperatur in dem Kuo geröstet, gerollt und zu wiederholtenmalen geröstet, zuweilen mit Zufächern von Wind, um die Feuchtigkeit zu verjagen, wobei man be = ständig fleißig umrührt, bis das Trocknen vollständig bewirkt ist.

Die bezeichneten Unterschiede in der Bereitungsweise des schwarzen und des grünen Thees werden nach dem Gesagten die erwähnten Ver = schiedenheiten in ihren physischen und chemischen Eigenschaften hin = reichend erklären.

Verfälschung der Theeforten.

Seitdem ich meine vorige Abhandlung schrieb, kamen mir mehrere Theesorten vor, welche hierher gehören. Zuerst habe ich einer Verfäl = schung zu erwähnen, welche in England ziemlich weit getrieben wurde und darin besteht, dem eingeführten schwarzen Thee das Aussehen von grünem Thee zu geben. Dazu benutzt man einen Thee, den man scented caper nennt; es ist ein kleiner, festgerollter, schwarzer Thee, von der Größe des kleinen Schießpulverthees, unter dessen Na =

men er, nachdem er gefärbt wurde, verkauft wird; der Unterschied im
Preise zwischen dem scented caper und diesem falschen Schießpulverthee
beträgt ein Shilling per Pfd., eine hinreichende Differenz, um zu dem
Betrug zu verleiten. Diese Fabrication wurde, wie ich höre, in Manchester unternommen und möglichst geheim gehalten; erst nach vieler
Mühe gelang es einigen meiner Freunde mir zwei Muster zu verschaffen, von denen ich überzeugt seyn konnte, daß sie aus dieser Fabrik
herrührten. Er scheint in der Regel mit anderm Thee vermischt zu
werden, um seine Prüfung zu erschweren. Wie diese Verfälschung vorgenommen wird, kann ich nicht sagen; aber ein Kupferpräparat muß
dabei angewandt worden seyn, weil dieses Metall in den Proben leicht
zu entdecken ist. Doch glaube ich, hat diese Verfälschung wieder aufgehört.

Eine andere, sehr arge Verfälschung, ist folgende. Vor kurzem
gab mir ein Kaufmann zwei Muster von Thee, schwarzen und grünen,
zur Untersuchung, mit der Erlaubniß das Resultat bekannt zu machen.
Der schwarze Thee war scented caper, der grüne war Schießpulverthee
benannt; wie ich vernehme, werden sie in England gewöhnlich in kleinen
Kistchen, den sogenannten catty packages, eingeführt. Das Aussehen
dieser Theesorten ist merkwürdig; sie zeigen sich sehr festgerollt und sind
sehr schwer, was sich aus dem unten Folgenden genügend erklärt. Sie
besitzen einen sehr angenehmen Geruch. Der schwarze Thee besteht aus
festen schrotähnlichen Körnern von verschiedener Größe, von schönem
starken Glanz und sehr schwarzer Farbe. Der grüne Thee ist ebenfalls körnig und compact, von lebhaft blaßbläulichem Aussehen
mit einem Stich in Grün, und so stark glasirt, daß der Ueberzug beim
Umrühren oder Ueberschütten von einem Gefäß in ein anderes, in
Staubwolken davonfliegt; der Staub überzieht sogar das Gefäß oder
Papier, in welches man ihn schüttet. Beim Untersuchen dieser Proben nach dem in meiner Abhandlung beschriebenen Verfahren fiel mir
beim Entfernen des Ueberzugs die Zähigkeit auf, womit er der Oberfläche anhing; man mußte diesen Thee einige Zeit in Wasser einweichen, um seinen Ueberzug loszumachen, wodurch er jedoch größtentheils
entfernt wurde. Derselbe erwies sich beim grünen Thee als bestehend
aus blassem Berlinerblau, einem gelben Pflanzenpigment, von dem wir
jetzt wissen daß es Curcuma ist, und einer großen Menge Gyps. Der
Ueberzug des schwarzen Thees war ganz schwarz von Farbe und
bestand in erdigem Graphit oder Reißblei. Beim längern Einweichen
dieser Theesorten zeigten sich beide nicht geneigt sich aufzurollen oder
auszubreiten, wovon der Grund sogleich einleuchten wird. Eine der

Proben wurde mit heißem Wasser behandelt, ohne daß jedoch irgend ein Theil eines Blattes sichtbar geworden wäre. Sie nahm an Volum unbedeutend zu und zerfiel, worauf sich eine große Menge Sand und Schmutz absetzte, welche durch Abgießen der Flüssigkeit gesammelt wurden und 1,5 Gran von 10 Gran des Musters, also 15 Procent betrugen. Offenbar waren aber beim Decantiren viele leichtere Theilchen verloren gegangen. Eine abgewogene Menge des Musters wurde daher sorgfältig calcinirt, bis die Asche ganz weiß erschien und aller Kohlenstoff verbrannt war; der Rückstand entsprach 37,5 Procent. Auch während dieser Operation war kein Ausbreiten oder Aufgehen eines Blattes, wie dieß beim Erhitzen von ächtem Thee zu beobachten ist, zu sehen. In der That konnte sich kein Blatt aufwickeln, da der ganze Thee in Staubform war. Es frug sich nun, wie diese Stoffe zusammengehalten wurden, was sich bald aufklärte; als ich nämlich das Infusum vom Einweichen des Musters untersuchte, fand ich darin eine beträchtliche Menge Gummi.

Das grüne Theemuster war von ganz gleicher Art wie das schwarze; es gab 4,55 Gran Asche ꝛc. von 10 Gr., oder 45 Procent. Eine Probe von Java-Schießpulverthee gab 5 Proc. Asche, so daß wir beim verfälschten Thee 40,5 Proc. Schmutz und Sand außer dem Gewicht der beim Einäschern eines ächten Thees erhaltenen Asche haben.

Diese Proben sind also ein Gemenge von Theestaub mit Schmutz und Sand, welches mit einer gummigen Substanz, wahrscheinlich aus Reismehl bereitet, zu einer Masse vereinigt, in Körner von beliebiger Größe geformt, dann getrocknet und nach Bedarf gefärbt wird, und zwar für schwarzen Thee mit Graphit, und für grünen Thee mit Berlinerblau, Gyps und Curcumä.

Seit dieser Untersuchung erhielt ich durch einen Freund ein anderes Muster grünen Thees von ganz anderem Ansehen; derselbe war nämlich besser verfertigt oder geeigneter den Consumenten zu täuschen, indem er einen unglasirten Thee nachahmte. Er ist von gelblichgrüner Farbe, gekörnt wie der vorige und nicht stark bestäubt; er lieferte 34 Procent Asche, Sand und Schmutz.

Durch Nachforschungen erfuhr ich, daß in den letzten 18 Monaten etwa 750,000 Pfd. von diesen Theesorten in England eingeführt wurden und ihre Einfuhr bloß der neuern Zeit angehört; man versuchte sie als fabricirte Waare und nicht als Thee zu verzollen — ein Titel, welchen sie gewiß verdienen, obwohl insofern eine Defraudation stattfände, als der Consument sie vom Detailhändler als Thee kaufen müßte.

Die Chinesen wollen solche Waare, wie es scheint, nicht anders benn als Thee verkaufen, sind aber so aufrichtig, sie als falschen Thee (lie teas) zu declariren, und stellen bei Gemengen einen Schein über das Verhältniß des mit den ächten Blättern gemengten falschen Thees aus. Von den in Rede stehenden Theesorten nennen die Chinesen den schwarzen: lie flower caper, den grünen: lie gunpowder; der durchschnittliche Preis derselben ist 8 Pence bis 1 Shill. per Pfund. Die Mäkler haben den seltsamen Namen Gum and dust (Gummi und Staub) für diese falschen Theesorten und ihre Gemenge angenommen.

Ich theile schließlich die Resultate einer sorgfältigen Einäscherung mehrerer Theesorten mit, da ihre Vergleichung Interesse bietet und zeigt, in welchem Verhältniß die erwähnte Vermengung dieser falschen Theesorten mit den ächten stattfindet. [67]

Schießpulverthee aus Java gab Asche von 100 Theilen .	5,0	Theile
Schießpulverthee, während des Privilegiums der ostindischen Compagnie	6,5	„
Kemaon Haysan	5,0	„
Assam Haysan	6,0	„
Falscher (lie) Schießpulverthee, Nr. 1 . . .	45,5	„
„ „ Nr. 2		
Scented Caper	5,5	„
Lie-flower Caper	37,5	„
Gemenge mit diesen falschen Theesorten, Nr. 1 . .	22,5	„
„ „ „ Nr. 2 . .	11,0	„

[67] Denjenigen, welche sich für den Thee in naturgeschichtlicher und industrieller Beziehung interessiren, empfehlen wir den schätzbaren „Report on the Government Tea Plantations in Kumaon and Gurwahl — containing an account of the process of manufacture of black and green teas; method of treating the teaplant; and a short description of the implements used in the manufacture; by William J a m e s o n, Esq., Superintendent of the Botanical Gardens, North West Provinces, India, in Vol. VI. part. II des Journal of the Agricultural and Horticultural Society of India, Calcutta 1848."

LXXIX.

Ueber das Ausschmelzen des Talgs; von A. Faißt.

Aus dem württembergischen Gewerbeblatt, 1851, Nr. 333.

Der rohe Talg so wie er unmittelbar von den Thieren erhalten wird, enthält das Fett in einem sehr dünnhäutigen Zellgewebe eingeschlossen. Die Abscheidung des eigentlichen Fettes aus den Zellen wird durch das sogenannte Auslassen oder Ausschmelzen des Talgs bezweckt. Die ältere — und früher wohl ausschließlich hiefür angewandte Methode — bestand darin, daß der rohe Talg zuerst durch Zerhacken und Zerschneiden möglichst zerkleinert würde, um schon hieburch größtentheils die Zellen, welche das Fett eingeschlossen enthalten, zu öffnen; das so vorbereitete Fett wurde dann in Pfannen oder Kesseln bei gelindem Feuer unter fortwährendem Umrühren geschmolzen, indem hiebei theils durch die Ausdehnung des Fettes in Folge erhöhter Temperatur, theils dadurch, daß die Zellen unter Abgabe von Wasser sich zusammenziehen, die Zellenwandungen zerreißen und das geschmolzene Fett ausfließt.

Aus dem Rückstand — den Grieben — kann durch Auspressen noch das zurückgebliebene Fett gewonnen werden, welches aber nicht mehr ganz weiß, sondern gelblich gefärbt ist — durch dieses Auspressen der Grieben können noch 10 bis 15 Procent Fett gewonnen werden — man erhält im Ganzen bei diesem Verfahren 80 bis 82 Procent Fett. Diese ältere Methode bietet mehrere Uebelstände, welche theilweise darin bestehen, daß dadurch das Fett nicht vollständig aus den Zellen erhalten werden kann, und daß stets ein großer Theil des aus dem rohen Talg gewonnenen Fettes nicht weiß, sondern gefärbt ist. Um diese Uebelstände zu heben, wurden theils schon früher, besonders aber in neuerer Zeit verschiedene Methoden, das Fett auszuschmelzen, beschrieben. Darcet und Lefebvre haben dazu die Anwendung von verdünnten Säuren vorgeschlagen. [68] Nach Darcet bringt man 100 Theile Talg mit $\frac{1}{2}$ Theil Schwefelsäure, mit 20 Theilen Wasser vermischt, zusammen und erhitzt die Masse in verschlossenem kupfernem Kessel mittelst

---

[68] Polytechn. Journal Bd. XXXI S. 37, Bd. XXXV S. 371 und Bd. LXXVIII S. 318.

Dampf auf 105 bis 110° C. während 2½ Stunden; unter diesen Umständen wirkt die Schwefelsäure zersetzend auf das Zellgewebe, so daß das Fett mit Leichtigkeit und ohne einen festen Rückstand von Grieben zu hinterlassen, ausschmelzen kann. Nach der angegebenen Zeit wird das geschmolzene Fett abgelassen und mit 1/10 bis 2/10 Theilen Alaun, in zwei Theilen Wasser gelöst, gemengt, und 8 bis 10 Stunden stehen gelassen, worauf das klare Fett abgenommen werden kann; man erhält nach diesem Verfahren 83 bis 85 Procent ausgelassenen Talg.

Nach Lefebvre's Methode, welche auf dasselbe Princip gegründet ist, hat das eben beschriebene Verfahren einige Aenderungen erlitten. Lefebvre hat durch vergleichende Versuche mit Salzsäure, Salpetersäure und Schwefelsäure gefunden, daß die Salzsäure zu diesem Zweck nicht anwendbar sey, indem sie dem Talg eine unangenehme Farbe und üblen Geruch ertheilt. Das beste Resultat erhielt er mit Salpetersäure und fast ebenso zweckmäßig fand er die Anwendung der Schwefelsäure. Nach Lefebvre's Verfahren werden 100 Theile roher Talg — gehörig verkleinert — in einer Bütte mit 1 Theil Schwefelsäure, Salzsäure oder Salpetersäure, durch 30 Theile Wasser verdünnt, übergossen, so daß der Talg überall vollständig eingetaucht ist. Nach 3 bis 4 Tagen wird das überflüssige Wasser vom Talg abgegossen und der Talg mit 25 bis 30 Pfund reinem Wasser in dem Kessel zum Ausschmelzen gebracht — nach allmählichem Anwärmen wird die Masse unter fleißigem Umrühren 15 bis 20 Minuten im Sieden erhalten. Wenn der Talg ausgeschmolzen ist, so sind fast alle die kleinen, weichen und schwammigen Theile aus der Flüssigkeit verschwunden, und um das Fett herauszunehmen, taucht man einen feinen Durchschlag in den Kessel und schöpft mit einer Kelle das geschmolzene Fett in ein anderes Gefäß zum Absetzen aus.

Bei Versuchen, welche ich angestellt habe, um das eben beschriebene Verfahren von Lefebvre zu erproben, bin ich ganz, wie oben angegeben, verfahren. Zu meinen Versuchen benutzte ich gewöhnlichen Hammelstalg und es wurden hieraus erhalten: bei Anwendung von Schwefelsäure 92 Procent rein weißes Fett, der Rückstand ist sehr unbedeutend.

Bei Anwendung von Salpetersäure wurden 91,5 Procent Fett erhalten, welches schwach gelblich gefärbt war; der hierbei gebildete Rückstand aus den Fettzellen ist fast gleich Null.

Die Anwendung der Salzsäure zeigte sich weniger zweckmäßig, indem dabei nur 87 Procent Fett mit einem schwachen Stich ins Gelbe erhalten wurden, aber auch hierbei war der Rückstand sehr unbedeutend.

Ein anderes Verfahren, Talg auszuschmelzen, wurde in neuerer Zeit von Evrard in Paris angegeben;[69] es ist darin begründet, daß ehr verdünnte kaustische Alkalien auflösend auf die Häute der Fettzellen wirken, ohne das Fett merklich anzugreifen. Nach Evrard wird auf folgende Weise verfahren: In einem cylindrischen Kessel, welcher mit einem durchlöcherten, doppelten Boden versehen ist, bringt man etwa 300 Pfund rohen Talg — andererseits wird 1 Pfund calcinirte Soda mit Kalk ätzend gemacht, und diese Aetzlauge dann, mit 200 Pfund Wasser verdünnt, dem Talg zugesetzt und zum Sieden gebracht, mittelst eines Dampfstroms, welchen man unter den doppelten Boden leitet; hiebei schwillt das Fettgewebe bedeutend auf, das Fett scheidet sich an der Oberfläche ab und kann abgenommen werden. Man braucht es dann nur mit warmem Wasser abzuwaschen und 6 bis 8 Stunden flüssig zu erhalten, wobei es ganz klar wird.

Bei Versuchen, welche ich nach obigen Angaben von Evrard angestellt habe, erhielt ich bei der Behandlung von Hammelstalg mit einer im angegebenen Verhältniß verdünnten Natronlauge eine trübe milchige Flüssigkeit, in welcher nur eine höchst geringe Menge einer faserigen fleischigen Masse abgeschieden war, und auf welcher sich das Fett vollkommen rein und mit dem schönsten Weiß abgeschieden hatte; nach dem Erkalten wurde das abgeschiedene Fett wiederholt mit heißem Wasser gewaschen und hierbei über 88 Procent vollkommen geruchloses und sehr reines Fett erhalten.

Die trübe milchige Flüssigkeit versetzte ich mit überschüssiger Schwefelsäure, wobei sich ein Fett abschied, welches nach wiederholtem Abwaschen 8 Procent des angewandten rohen Talgs betragen hatte. Dieses Fett war schwach gelblich gefärbt und hatte einen eigenthümlichen, jedoch nicht sehr starken Geruch.

Hiernach betrug die Gesammtausbeute an ausgeschmolzenem Talg gegen 96 Proc., und zwar zum großen Theil (88 Procent) von einer Reinheit, besonders in Farbe, wie es nach einer andern der angegebe-

---

[69] Beschrieben im polytechn. Journal Bd. CXX S. 204.

nen Methoden wohl kaum möglich ist, und es dürfte nach den Resultaten, welche ich bei meinen Versuchen über diesen Gegenstand erhalten habe, die Methode des Talgausschmelzens mittelst Anwendung von verdünnter Lauge nach Evrard der Methode von Lefebvre mit Anwendung verdünnter Säuren vorzuziehen seyn. Jedenfalls aber bieten diese beiden Verfahrungsweisen gegen die ältere Methode mehrere sehr wesentliche Vorzüge; so in Hinsicht auf die Gesundheit, indem nach den Methoden von Lefebvre und Evrard der Talg ohne alle Belästigung für die Nachbarschaft ausgeschmolzen wird, während bei dem älteren Verfahren die ganze Nachbarschaft mit einem höchst widrigen und unangenehmen Geruch erfüllt wird. Ein weiterer Vorzug der neueren Verfahrungsweisen besteht aber, hauptsächlich noch darin, daß dabei eine größere Ausbeute und ein reineres Fett erhalten wird.

LXXX.

Ueber mikroskopische Vegetationen, welche den festen Zucker angreifen; von Professor Payen.

Im Auszug aus den Comptes rendus, October 1851, Nr. 15.

Während des Sommers 1843 zeigte sich in mehreren Pariser Zuckerraffinerien an dem krystallisirten Zucker, sowohl dem rohen als raffinirten, eine eigenthümliche Veränderung, nämlich eine röthliche Färbung und kleine, in unregelmäßigen Längenstreifen zerstreute Höhlungen, welche das äußere Aussehen der weißen Zuckerhüte veränderten und sie unverkäuflich machten.

Die Ursache dieser Beschädigung der Zucker erkannte ich in einem kryptogamischen Gewächs, dessen äußerst zarte Keimkörner einen Durchmesser von höchstens 1 bis 2 Tausendstel eines Millimeter hatten. (Zwei Abbildungen desselben befinden sich auf der colorirten Tafel Nro. 1 der Abhandlung, welche von mir und Hrn. v. Mirbel im Febr. 1845 der französischen Akademie der Wissenschaften eingereicht wurde und in Bd. XX ihrer Memoiren abgedruckt ist.)

Im heurigen Jahre wurde von Hrn. Bayvet zur selben Jahreszeit in seiner Raffinerie eine ähnliche Veränderung, jedoch ohne röthliche

Färbung, beobachtet. Die Zuckerhüte, an welchen bis dahin kaum etwas graue Punkte zu bemerken waren, hatten nämlich einige Tage, nachdem sie aus der Trockenstube gekommen, statt einer glatten, krystallinischen, weißen und glänzenden Oberfläche, ein mattes Ansehen und eine runzelige Oberfläche; hie und da hatten sich kleine unregelmäßige (aber nicht in Streifen geordnete) Höhlungen von 1,4 bis zu 2 Millimeter Tiefe gebildet.

Hr. Bayvet schickte mir zwei Proben dieser Zuckerhüte; deren eine vom untern Theil, die andere von der kegelförmigen Spitze abgeschlagen war; indem ich einige, am Boden der kleinen Höhlungen gesammelte Stückchen der zerfallenen Krystalle unter das Mikroskop brachte, überzeugte ich mich, daß an allen angegriffenen Theilen der Oberfläche dieses Zuckers eine kryptogamische Pflanze vorkommt, jener vom Jahr 1843 ähnlich, mit Ausnahme der rothen Farbe, welche hier durch eine sehr blasse graue Färbung ersetzt ist; die Dimensionen mehrerer Keimkörner und Fäserchen sind jedoch diesesmal stärker.

Noch eine Eigenthümlichkeit beobachtete ich, welche ich im Jahr 1845 anzugeben unterließ und die doch bemerkt zu werden verdient; es hatte sich nämlich an den Wänden der Höhlungen ein äußerst dünnes, membranähnliches Häutchen gebildet, welches den Verzweigungen der Fäserchen als Stütze diente; ihrer Farbe und ihrem Verhalten nach schien diese Membran zur Entwickelung des Gewächses selbst zu gehören, indem sie, wie dieses, von wässeriger Jodlösung orangegelb gefärbt wurde, denselben Reagentien (Ammoniak, Essigsäure, verdünnten Mineralsäuren) widerstand und ebenso durch concentrirte Schwefelsäure ihren Zusammenhang verlor.

Behufs ihrer botanischen Bestimmung übergab ich die Pflanze Hrn. Dr. Montagne, der in ihr eine neue Gattung erkannte, welche er (ihres Sitzes wegen) Glycyphila benannte. Von dem Gedanken sie unter die Algen zu ordnen, ist er abgekommen, weil ein Hauptcharakter dieser Algen (Mycophyceen) der ist, sich in einer Flüssigkeit zu entwickeln, was hier nicht der Fall ist. Der Gattungscharakter dieser neuen, der Familie der Schimmelpilze sich anreihenden Schmarotzerpflanze ist folgender:

Glycyphila, Montagne. — Fila arachnoidea, hyalina, ramosissima, membranula anhista (ut videtur) religata, septata, hologonimica. Rami dichotomi, attenuati, sporas (?) seriatas includentes. Sporae mox liberatae, globosae, coloratae, tandem conglomeratae, juniores limbo gelatinoso cinctae.

Die im Jahr 1843 beobachtete, rothe und die neuerdings beobachtete graulice Species dieser Pflanze beschreibt Dr. Montagne im Wesentlichen wie folgt:

1. — G. erythrospora M. — filis dichotomis, sporis rubris primitus inclusis, tandem medio conglomeratis.

2. — G. elaeospora M. — filo primario prorátione crasso subnodoso, ramis dichotomis varie versis intricatisque, sporis ex umbrino olivaceis secundum ramos sparsis aut conglobatis.

Aus meiner Untersuchung ergeben sich folgende Thatsachen:

1) Ein kryptogamisches Gewächs, welches durch seine Keimkörner fortgepflanzt wird, die in der Luft herbeigeführt und ungleich ausgestreut werden, greift den Zucker an.

2) Diese Körperchen fallen in unwägbarer Menge auf die glatte Oberfläche des weißen, festen, krystallisirten Zuckers, welcher bald davon angegriffen und dann stellenweise in Wasser und Kohlensäure umgesetzt wird.

3) Der consumirte Zucker dient der unmerklichen Vegetation zur Nahrung; ohne Zweifel bemächtigt sie sich auch der zwischen den Krystallen eingeschlossenen Spuren stickstoffhaltiger Substanzen, welche zur Entwickelung der Pflanze in keinem Fall entbehrlich sind.

Wir haben hier ein neues Beispiel der unermeßlichen Zerstörungskraft sich in Unzahl vermehrender mikroskopischer Gewächse. Die manchmal schwieriger, als es hier der Fall ist, nachzuweisende Wirkung dieser Geschöpfe niederster Gattung kann unter gewissen natürlichen Umständen in einem Grade eintreten, wo sie für den Landwirth ein wahres Unglück werden.

Zusatz.

In obiger Abhandlung ist des den Zucker heimsuchenden Schmarotzerpilzes in botanischer Hinsicht auf das Ausführlichste gedacht; aber keineswegs der Ursache des Verderbens der Zucker und der Mittel es zu bekämpfen. Ich hatte öfters Gelegenheit, Beobachtungen über diese Krankheit anzustellen, und fand häufig $1/5$, $1/4$ bis $1/3$ einer Scheibe, namentlich an der Spitze des Huts dadurch verdorben. Die Ursache davon liegt keineswegs im Zucker selbst und ebensowenig in den Operationen, welche man beim Raffiniren mit ihm vornimmt; vielmehr glaubte ich sie in den Formen suchen zu müssen als Folge eines in deren Poren eingeschlossenen Ferments. Ist dieses der Fall, so kann dieses Ferment erst dann wirken, wenn die Circulation des Syrups oder des Klärsels in den Zwischenräumen der Krystalle unterbrochen wird, und das ist der Fall zu der Zeit, wo der letzte Decksyrup abtröpfelt. Dieser sogenannte Nalop lauft bekanntlich nicht in großer Menge und nur langsam ab, und geht wegen seiner verhältnißmäßig geringeren Dichtigkeit leicht in Gährung über, eine allen Raffineurs bekannte Thatsache.

Ich ließ daher alle Formen, welche verdorbene Zuckerhüte geliefert hatten, zusammenstellen und suchte das in ihren Poren vermuthete Ferment zu zerstören. Ich setzte sie zu diesem Behufe fünf Minuten lang der Einwirkung directen Dampfes aus, um allen gegohrnen Zucker, welchen sie zu enthalten pflegen und den man mit Wasser nicht herauswachen kann, zu verkohlen, worauf sie in heißem Wasser gespült und wieder mit Zucker gefüllt wurden.

Ich brachte nämlich die Hälfte eines Suds in solche mit Dampf gereinigte Formen, und die andere Hälfte in Formen, welche auf gewöhnliche Weise gewaschen waren. Meine Erwartung ging ganz in Erfüllung. Die aus den ersten Formen hervorgegangenen Hüte (Brode) waren vollkommen rein, während die andern mit dem bekannten kryptogamischen Gewächs überzogen waren. Somit war die Ursache des Uebels und das Mittel dagegen gefunden. Wiederholte Versuche, auch an andern Orten, z. B. in Amerika, lieferten dieselben Resultate.

Die sogenannte Krankheit des Zuckers ist mithin nichts anderes, als ein sehr natürliches Verderbniß desselben, veranlaßt durch das ansteckende Ferment, mit welchem die Formen getränkt sind, und womit er also in Berührung kommt; man kann sich davon leicht überzeugen, wenn man die, einige Zeit sich selbst überlassenen Formen besichtigt, wo man dann an ihren Innenwänden eine röthliche, streifige Vegetation von derselben Art, wie die des erkrankten Zuckers, bemerkt. B. Dureau. (Moniteur industriel, 1851, Nr. 1600.)

LXXXI.

Ueber die Krankheit des Weinstocks.

Aus einer Reihe von Artikeln über die Traubenkrankheit, ihr Wesen und die dagegen anzuwendenden Mittel, theilen wir im Folgenden das Wesentliche und für die Praxis Beachtenswerthe mit.

A. Ueber die durch die Schmarotzerpflanze Oïdium Tuckeri verursachte Krankheit des Weinstocks; von Hrn. Bouchardat.

Nach vielfachen Erkundigungen welche ich einzog, beschränkten sich im Jahr 1850 die Verheerungen des Oïdium Tuckeri am Weinstock (in Frankreich) auf Treibhäuser und Rebengeländer in Paris und seiner Umgebung. Leider scheint diese Schmarotzerpflanze in diesem Jahr (1851) größere Verbreitung gewonnen zu haben. Dieß geht auch aus einem Schreiben des Botanikers Benjamin Bouchardat hervor, wornach die Krankheit in Grenoble ebenso verlief wie im Isère-Departement und in Paris. Ihre erste Entwickelung nimmt sie offenbar bei der künstlichen Cultur, sonst müßte sie da, wo die Weincultur schon sehr alt und allgemein ist, am ersten Platz greifen, was aber z. B. im Burgund'schen nicht der Fall war.

In England und Belgien wurde das Oïdium Tuckeri zum erstenmal in Treibhäusern beobachtet; wahrscheinlich zeigte es sich schon vor 1845, wo es erst die Aufmerksamkeit des Gärtners Tucker zu Margate auf sich zog. In Belgien scheint es sich gezeigt zu haben, sobald man anfing Frühtrauben in Treibhäusern zu ziehen; seine Verheerungen nahmen sehr überhand als die gros coulard in den Treibhäusern eingeführt wurde. Alle in Frankreich im J. 1850 und vorher gemachten Erfahrungen ergeben, daß das Uebel immer zuerst in Treibhäusern und überhaupt bei künstlicher Cultur ausbricht.

Gegen das bereits vorhandene Uebel wurden mehrerlei Waschungen und Besprengungen angerühmt. Hrn. Tucker leistete die besten Dienste eine Mischung von 1 Theil Schwefel, 1 Theil Kalk und 100 Theilen Wasser. Zu Versailles und an andern Orten wurde der Kalk weggelassen und nur mit Wasser, worin Schwefelblumen suspendirt waren, besprengt. Auch Theerwasser wurde empfohlen; ich versuchte Kalkmilch mit einer kleinen Menge Terpenthinöls, auch eine Lösung von einem Tausendtheil Schwefelkalk in Wasser. In der Regel hält man sich aber gegenwärtig an obiges Wasser mit Schwefelblumen.

Diese Besprengungen nützen jedoch nur am Anfang der Verbreitung des Schimmelpilzes und sind zwar im Kleinen bei mit Trauben behangenen Rebengeländern anwendbar, würden aber in Weinbergen sehr beschwerlich seyn, da sie, wenn sie Erfolg haben sollen, sehr rasch geschehen müssen; auch fragt es sich noch, ob Waschungen mit bloßem Wasser nicht denselben Dienst thun würden. Um gewissen Heilmitteln nicht einen höhern Werth zuzuschreiben, als sie besitzen, muß man wissen, daß das Befallenwerden vom Oïdium Tuckeri weit weniger zu fürchten ist, wenn die Traube der Reife nahe ist. Wenn das Wachsthum der Rebe dasjenige des Pilzes überwältigt und der Zucker sich in der Beere ansammelt, so sind die Umstände dem Pilze minder günstig; es tritt dann gewöhnlich von selbst Heilung ein. Diese Möglichkeit freiwilliger Heilung muß man wohl in Betracht ziehen, wenn man irgend ein Mittel prüfen will, weil man diesem sonst ein Verdienst zuschreiben könnte, welches ihm nicht zukömmt; auch müssen alle solche Versuche, um einen Werth zu haben, unter möglichst gleichen Umständen angestellt werden.

Was nun die Verhütung der Wiederkehr und Verbreitung dieser Krankheit betrifft, so hoffe ich, auf Beobachtungen gestützt, daß die Lebenskraft der Keimkörnchen durch andauernde Kälte, und besonders durch Schnee, welcher die Erde mehrere Tage bedeckt, zerstört werde.

Mehrere Personen empfahlen, als sie das Holz selbst vom Schimmelpilze angegriffen sahen, den Stock am Boden wegzuschneiden. Ich möchte aber dieß nicht anrathen, erstens, weil einige von Landwirthen angestellte Versuche nicht gut ausfielen, indem die vom unterirdischen Stock ausgehenden jungen Schößlinge wie die Rebenstämmchen, welche nicht abgeschnitten worden waren, vom Pilz befallen wurden; zudem ist dieses Verfahren auf große Weinberge ohne Nachtheil nicht anwendbar. Ueberhaupt kann man das Wegschneiden des Weinstocks am Boden nur in seltenen Ausnahmsfällen und nur bei solchen Rebensorten, welche nicht leicht ausarten, vornehmen, weil sonst leicht eine Degeneration eintritt. Obgleich ich das Abschneiden am Stocke verwerfe, so muß man doch manchmal eine Ausnahme davon machen; wenn z. B. in einer Gegend das Uebel sich auf ein paar Reben beschränkt, so zaudere man nicht, diese zu opfern.

Ist die Krankheit in einem großen Weinberg verbreitet, so beschneide man im Herbst und wasche die befallenen Reben vor und nöthigenfalls auch nach dem Winter. Namentlich ist dieß in südlichen Gegenden zu empfehlen, wo der Winter nicht streng ist und die Wein=stöcke selten mit Schnee bedeckt sind.

Die nothwendigste und wirksamste Maßregel scheint mir die zu seyn, die Cultur des Weinstocks in Treibhäusern in der Nähe großer Wein=berge zu verbieten. (Comptes rendus, August 1851, Nr. 6.)

B. Ueber einen dem Weinstock schädlichen Schimmelpilz der Gattung Oïdium; von Guérin-Mèneville.

Schon im September 1850 überreichte ich der Akademie der Wissen=schaften eine Notiz, worin ich bemerkte, daß ich auf Esparsette=Feldern im mittäglichen Frankreich ein Oïdium verbreitet gefunden habe, welches diesen künstlichen Wiesen ein weißes Ansehen gab, als wären sie mit Mehl bestreut. Das Oïdium war demjenigen des Weinstocks sehr ähnlich. Diese Felder waren mit einer doppelten Reihe von Weinstöcken eingefaßt, welche kein Symptom dieser Krankheit zeigten. — Auch in diesem Jahre war die Esparsette davon befallen, sowohl dort wo auch der Weinstock damit behaftet war, als wo er es nicht war. Professor Balsamo=Crivelli in Mailand fand diesen Pilz auch am Verbascum, Ranunculus acris und mehreren wild wachsenden Pflanzen. Auch an Weiden und am Kreuzkraut wurde das Oïdium beobachtet. (Comptes rendus, Septbr. 1851, Nr. 11.)

C. Ueber die Traubenkrankheit und ihre Ursachen; vom Apotheker Bonjean zu Chambery.

Diese Krankheit zeigte sich in Savoyen nach dem schlechten Wetter in den letzten Junitagen. Die Schweiz, Italien, Frankreich blieben nicht davon verschont. Beruhigend ist, daß sie sich bis jetzt nur an Rebengeländern und Spalieren zeigte; die tief liegenden Reben bleiben in der Regel frei davon. Die erkrankten Trauben sind gewöhnlich von Laub bedeckt; die der Luft und dem Licht ausgesetzt bleiben fast alle verschont.

Der Schmarotzerpilz umgibt die Beere wie ein dichtes Netz und verhindert sie dadurch am Ein= und Ausathmen der Luft; da sie dann nur einen sauren, vertrockneten Saft enthält, so erleidet sie eine Asphyrie, ähnlich jener, wie sie bei Thieren mittelst undurchdringlicher Ueberzüge der Haut künstlich hervorgebracht werden kann. Als Mittel dagegen empfiehlt sich daher Waschen und Begießen der Pflanze, sobald sich die Krankheit zeigt. (Comptes rendus, Septbr. 1851, Nr. 11.)

D. Ueber die Krankheit des Weinstocks; von Robineau-Desvoidy.

Die neuesten Beobachter schreiben die Traubenkrankheit gänzlich dem Schimmelpilze Oïdium Tuckeri zu. Indem man diesem als dem vermeintlichen Wesen der Krankheit alles Studium zuwendet, hält man sich an die Wirkung statt an die Ursache. Ich erkannte nämlich an den kranken Stengeln, Blättern und Trauben dieselben Veränderungen, welche ich kurz vorher an den Blättern der Ulme, Weißbuche, Eiche und des Ahorns beobachtet hatte, und erkläre sie thierischen Ursprungs und zwar als die Stiche einer Milbenspecies (d'un Acaridien). Das Thierchen ist mit freiem Auge allerdings kaum zu erkennen, wohl aber mit der Loupe. In den Monaten August und September, bis wohin diese Milben Zeit hatten auszukriechen, zu wachsen und sich zu vermehren, greifen sie Stengel und Blätter des Weinstocks an und machen in die Rinde unzählige kleine Stiche, wodurch die Flüssigkeiten der Pflanze verdorben werden, so daß nun eine Art Gift an alle Theile der Pflanze gelangt. Der Stengel wird dunkler, zuletzt braun und stirbt endlich ab. Werden auch die Blattnerven so verstochen, so erleiden diese dieselbe Veränderung, trocknen aus und die Zellen schrumpfen ein. Die Milbe ist am Stengel da zu suchen, wo die Blätter eingesetzt sind (woselbst sie in Gesellschaft lebt und beständig in ihrem Werk der Zerstörung begriffen ist); wo die Theile schon geschwärzt sind, findet man sie nicht, denn diese sind zu ihrem Unterhalt nicht mehr geeignet; deßwegen steigt sie immer an höhere Knoten hinauf. Da wo zwei Blattnerven sich begegnen, findet man oft eine Menge weißer Körperchen, die Rückstände ihrer Häutungen. Linné hat diese Milbenspecies, als auf Pflanzen lebend, welche in Treibhäusern gezogen werden, die oft durch sie zu Grunde gehen, schon gekannt; sie ist eine der kleinsten Species, welche er wie folgt kurz und deutlich beschreibt: Acarus rubicundo-hyalinus, abdomine utrinque maculâ fuscâ. Eine Milbe, welche im Pflanzengarten zu Orleans auf mehreren erotischen Pflanzen beobachtet wurde, ist ohne Zweifel dieselbe, wie die unsern Weinstock heimsuchende. Ehe das Thierchen seine volle Entwickelung hat, ist es weißlich und erst allmählich, nachdem es mehrere Häutungen durchgemacht, erhält es seine rothe Farbe. Die Rückstände dieser Häutungen bilden einen weißen flockigen Staub, durch welchen das Thierchen dann schwer zu erkennen ist.

E. Ueber die Traubenkrankheit; von Ormancey.

Diese Krankheit zerfällt in drei Perioden; in der ersten sieht die Traube weiß aus; in der zweiten wird sie schwärzlich; in der dritten springt sie auf und fault. Diese drei Perioden sind nichts als die Phasen des Wachsthums des Schmarotzerpilzes: Oïdium Tuckeri. Die Krankheit, welche jedoch von den Blättern und nicht von den Früchten ausgeht, hängt großentheils von den atmosphärischen Zuständen ab, welche seit einigen Jahren bei uns obwalten. Wenn aber Feuchtigkeit und Wärme unerläßlich sind, um die Entwickelung der Schmarotzer=pflanze, deren Keim vom Wind hergeführt wird, zu befördern, so trägt ein dritter Umstand nicht minder dazu bei, nämlich die Gegenwart von Chlorophyll; auf den Blättern nämlich dient das Chlorophyll allein dem Pilze als Anhaltspunkt; die von ihm befallenen jungen Triebe verlieren ihr Chlorophyll, woher die Verschiedenheit der Farben, welche am jungen Holze zu beobachten ist.

Die Krankheit tritt je nach den Traubensorten verschieden auf; so bekommen der Gutedel von Fontainebleau und ähnliche, welche reich an Chlorophyll und dünnhäutig sind, große, braune kryptogamische Flecken, welche mittelst ihrer Fasern zusammenhängen; diese Flecken tödten die Traube, indem sie sie aufsprengen. Bei der Malagatraube, welche dick=häutiger ist und weniger Chlorophyll enthält, sind die Flecken kleiner, aber zahlreicher; der Pilz ist nicht so häufig vorhanden, auch dünner und hinfälliger; nur wo er ist, fällt die Beere ein und vertrocknet; da=gegen scheinen die jungen Triebe stärker angegriffen zu werden, als bei der andern Species. (Comptes rendus, Septbr. 1851, Nr. 12.)

F. Ueber die Traubenkrankheit und die Mittel dagegen; von Prangé.

Das Oïdium ist wahrscheinlich eine erst in Folge der Krankheit in einem gewissen Stadium derselben auftretende Erscheinung. Die Krankheit zeigte sich im J. 1851 schon von der Blüthe an, nahm rasch zu und widersetzte sich jeder Entwickelung der Frucht, namentlich bei der Gutedelsorte, die an vielen Orten nicht die Größe des Hanfs erreichte.

Die zuletzt noch in die Frucht gelangenden Säfte zersprengen die nicht elastische Hülle, und die Beere berstet; die Vegetation dauert fort, die Traube stirbt nicht ab, ist aber matt, abzehrend.

Die Triebe und Zweige des Jahrgangs, die Blattstiele und die obere Seite der Blätter haben oft sämmtlich diesen krankhaften Ueberzug; nur die Spitzen der Ranken bleiben davon verschont. Die pulverige Substanz, welche diesen Theilen das krankhafte Aussehen gibt, fühlt sich zart und schmierig an. Nur die oberste Rindenschichte scheint angegriffen zu seyn, und obgleich die Krankheit nicht bloß die Frucht, sondern die ganze Pflanze ergreift, so scheint sie sich dennoch dem Wachsthum der Zweige nicht zu widersetzen. Auf dem alten Holze kann man mit bloßem Auge nichts entdecken.

Was die Mittel gegen die Krankheit betrifft, so haben sich alle chemischen Waschungen und Anblasungen (mit Schwefelblumen) als unwirksam erwiesen. Das Abschneiden des Weinstocks am Boden hatte keinen bessern Erfolg.

Ich schlage ein anderes Mittel vor, das darin besteht, die Reben in die Erde umzulegen. Im verflossenen Jahr wurde das Rebengeländer eines am Montmartre gelegenen Gärtchens von der Krankheit befallen. Da es ein alter Weinstock war, wurde er im März 1851 umgelegt. Gegenwärtig, wo die Krankheit alle Rebengeländer in der Umgebung befallen hat, befindet sich der umgelegte Weinstock gesund. Er trug zwar, wie alle jungen Stöcke, wenig Trauben, sie sind aber vollkommen entwickelt und haben in gar nichts gelitten. Durch die genaueste Untersuchung konnte in der ganzen Reihe nicht die geringste Spur von dem Pilze entdeckt werden. (Comptes rendus, September 1851, Nr. 10.)

G. Ueber die Traubenkrankheit und die Mittel ihr entgegenzutreten; von Pigeaur in Batignolles.

Da nicht alle Weingärten in derselben Gegend zu gleicher Zeit und in gleichem Maaße von der Krankheit befallen werden, so ist dadurch Gelegenheit gegeben, den Ursachen dieser Verschiedenheiten nachzuforschen und die richtigen Mittel dagegen aufzufinden.

Die dem Ost- und Nordwind ganz ausgesetzten Spaliere erkranken zuerst; dann kommen die Gegenspaliere dieser Lagen. Die aus warmen Ländern stammenden Traubensorten erkranken stärker als die andern; die dunkeln Trauben viel weniger; je stärker der Boden eines Weinstocks gedüngt ist, je feuchter sein Erdreich ist, desto leichter bemächtigt sich die Krankheit der Schößlinge. Dasselbe ist der Fall, wenn die Rebe ihre Zweige am Boden ausbreitet. Wenn ein und derselbe Weinstock einen

Zweig ganz nach Süden und den andern ganz nach Osten richtet, so zeigt sich ein sehr großer Unterschied im Grade der Krankheit.

Ueberall, wo der Nordostwind, welcher in den letzten Jahren so häufig stattfand, zukann, erreicht die Krankheit ihre höchste Intensität; gegen Norden hingegen tritt sie selten ein, schon weil dieser Wind in der guten Jahrszeit selten geht. Zwar kann die Krankheit sich nach allen Lagen ausbreiten, allein nur durch Ansteckung, wo dann ihr Einfluß sehr beschränkt ist.

Für uns sind sonach der Nordostwind, die Kälte und Feuchtigkeit, gleichviel ob vom Boden oder aus der Luft kommend, die Hauptursache der Krankheit des Weinstocks. Dieser Satz hat sich durch den Erfolg bestätigt, den ich erzielte, als ich gewisse Theile meines Weingartens künstlich schützte, wo dann die Trauben sich ohne die geringste Beschädigung entwickelten.

Das von Hrn. Prangé (im vorhergehenden Artikel) empfohlene sogenannte Cultur-Verfahren, nämlich den Weinstock umzulegen, erscheint mir daher nicht nur unnütz, sondern steigert, wie ich mich an mehr als 20 Stöcken überzeugte, die Krankheit. Auch im südlichen Frankreich bewährte es sich bei den damit angestellten Proben nicht, während die Empfehlung desselben sich nur auf einen einzigen Versuch stützte. Auch das Anblasen mit Schwefelblüthe oder Besprengen mit Eisenvitriollösung unterlasse man, weil dadurch eher der Weinstock abstürbe, als die Schimmelpilze.

Hingegen schneide man im nächsten Jahr seinen Weinstock spät und lang, mache seinen Boden dadurch gesund, daß man ihn gar nicht düngt, baue nichts anderes darauf an, und aller Wahrscheinlichkeit nach wird, wenn das Wetter gelinder wird und der Nordostwind nicht so andauert, die Traubenkrankheit nachlassen und ganz aufhören.

Diese rein zufällige, aber in Folge schlechter Cultur und ungünstiger Witterung endemische Krankheit des Weinstocks ist also im Wesentlichen dieselbe, welche unter gleichen Umständen die Kartoffeln, Melonen, Gurken 2c. befällt.

LXXXII.

Ueber die Kartoffelkrankheit; von Robineau=Desvoidy.

Aus den Comptes rendus, Sept. 1851, Nr. 12.

Um zu untersuchen, ob die Kartoffelkrankheit ebenso, wie nach meinen Beobachtungen die Traubenkrankheit (S. 388 der vorhergehenden Abhandlung) von einer Milbe veranlaßt werde, hatte ich in der Gartenanlage des Hrn. Dauverse die beste Gelegenheit. Die hier befindlichen Kartoffelsorten befanden sich nicht alle im gleichen Stadium der Krankheit.

An den schon gänzlich verdorbenen Sorten konnte ich keine Milbe finden. An den Sorten aber, wo das Uebel stark um sich zu greifen anfing, fand ich bald auf der Rückseite der erkrankten Blätter Tausende von Milben von verschiedenem Lebensalter. Auf den Stengeln befinden sich beinahe keine. Die matten, welken Blätter sind mit einem weißlichen byssusartigen Gewebe überzogen, höchst wahrscheinlich demselben Oïdium, welches beim Weinstock vorkommt. Der kranke Stengel zeigt dieselben Flecken, wie derjenige des Weinstocks. Die Zerstörung scheint bei der Kartoffel schneller vor sich zu gehen; denn ich sah ganze Felder, wo diese Pflanze an drei Tagen ihr ganz unterlegen war, was durch die Unzahl der Milben und ihre rasche Vermehrung leicht zu erklären ist. Die Blüthe entwickelt unter diesem Einfluß ihre Befruchtungstheile nicht vollkommen und fällt bald ab. Ebenso kann die in der Entwickelung begriffene Frucht sich nicht weiter bilden und fällt ab. Die auf den Knollen übergegangene Krankheit kündigt sich daselbst durch einen weicheren Punkt an, der an der Luft bald braun wird. Es ist ein kalter Brand, eine wahre faule Zersetzung, welche mit jedem Tage zunimmt und mit der völligen Auflösung des Individuums endigt. Es werden aber nur die organischen oder Zellgewebe von der Krankheit betroffen, das Stärkmehl bleibt bekanntlich gesund.

Im August zeigt diese Krankheit ihre ersten Verheerungen; im August und September hat sich auch die Milbe am meisten vermehrt.

Vielleicht wäre rasche Wegnahme der Kartoffelstengel, sobald sich die Krankheit zeigt, ein Mittel, um die Knollen zu retten. Darüber kann aber nur die Erfahrung entscheiden.

Ich finde diese Milbe von der Lindenmilbe und andern verschieden und nenne sie Acarus Solanorum; dieselbe ist jedoch auf den Convolvulus- und Ipomoea-Arten ebenfalls zu finden.

***

LXXXIII.

Neues Verfahren die Runkelrüben einzuernten; von Felix Midy.

Aus dem Moniteur industriel, 1851, Nr. 1599.

Mit den Runkelrüben wird beim Einernten meistens so schonungslos und roh umgegangen, daß von ihrem Zuckergehalt viel verloren gehen muß. Ich empfehle dazu folgendes Verfahren, welches sich auf die Physiologie der (wie alle Pflanzen mit vielen und großen Blättern) stark ausdünstenden Runkelrübe gründet.

Nachdem die Runkelrüben vorsichtig und mit Beibehaltung ihres Pfahls und sämmtlicher Blätter aus dem Boden gezogen sind, legt man sie in einem Kreis herum, den Pfahl nach innen gerichtet, ohne sich um die ihnen anhängende Erde zu kümmern, so daß sie sich alle am Hals berühren und die Blätter sich außerhalb des von ihnen beschriebenen Kreises befinden, dessen Durchmesser zweimal so groß ist, als die mittlere Länge der Wurzeln.

Ueber diese erste Kreisschichte kömmt eine zweite, ein wenig eingezogene; auf diese eine dritte u. s. f. in der Art, daß die verschiedenen Reihen an Zahl der Rüben und im Umfreis immer abnehmen und die letzte Stufe von einer großen Runkelrübe gebildet wird, welche als Schlußstein des Gewölbes dient, so daß der fertige Haufe wie eine Kuppel von Laubwerk aussieht, welches von den Sonnenstrahlen und dem Regen nicht durchdrungen wird.

Die aus dem Boden gezogenen und noch mit ihren Blättern versehenen Runkelrüben verhalten sich offenbar wie die in einem dürren Boden vegetirenden; da die Verdunstung auf der Oberfläche der Blätter fortdauert, so werden die Wurzelkeime anfangs der Erde, welche den Wurzeln anhängt, alle von derselben zurückgehaltene Feuchtigkeit entziehen; und nachdem diese Erde vollkommen ausgetrocknet ist, wird die Verdunstung durch die Blätter stattfinden, auf Kosten des überflüssigen Wassers welches die Runkelrübe enthält; man bewirkt also in letzterer eine wahrhafte Concentration des Safts, ohne Aufwand von Brennmaterial und ohne daß sich Melasse bilden kann, kurz jede Runkelrübe wird wie ein Abdampfapparat mit Vacuum wirken.

In dem Maaße als das überflüssige Wasser durch die Transspiration entweicht, vermindert sich auch das Volum der Wurzel; die Erde welche die Wurzel umhüllte, hängt ihr nach dem Austrocknen nicht mehr an und fällt von selbst ab.

Aber nicht bloß als Verdunstungs=Apparat wirken die Blätter, sondern sie absorbiren auch Kohlensäure aus der Luft, wodurch der Zuckergehalt der Rübe erhöht werden muß; denn nach Boussingault's Versuchen behalten die Blätter dieses Vermögen selbst nach ihrer Trennung vom Stengel. Die endlich dürren und unnützen Blätter werden abgeschnitten und die Rüben in die Silos geschafft.

Die Vortheile, welche aus dieser Behandlung entspringen, sind folgende:

1) Sind zur Aufbewahrung derselben Menge von Runkelrüben weniger Silos erforderlich; 2) conserviren sich diese vollkommen gesunden und unverletzten Wurzeln viel länger, als die durch rohe Behandlung, oft auch durch Muthwillen verstümmelten Rüben; jeder Fabrikant wird die Beobachtung gemacht haben, daß die Runkelrüben für den Samen, bei welchen der Hals nicht abgeschnitten wird, sich viel länger halten als die andern. Auch kann man, statt schon im Februar die Fabrication beschließen zu müssen, weil man zu dieser Zeit schon 50 Procent des in der Rübe enthaltenen Zuckers verliert, bis zum Mai damit fortfahren, welche Verlängerung der Arbeitszeit die Gestehungskosten des Zuckers bedeutend vermindert; 3) da die Runkelrüben ein geringeres Gewicht haben, so kostet auch ihre Fortschaffung vom Silo in das Arbeitslocal weniger; 4) die Rüben sind sehr rein und brauchen nicht gewaschen zu werden; 5) da der Saft sich in der Rübe schon concentrirt hat, so erspart der Fabrikant bedeutend an Brennmaterial; 6) da das Abdampfen eines an Zucker reichen Saftes nicht so lange dauert als bei einem schwachen Saft, so wird sich während der Läuterung auch weniger Melasse bilden.

Man könnte gegen dieses Verfahren einwenden, daß das grüne Futter dabei verloren gehe; dieß ist aber kein unbedingter Verlust; denn auch die trocknen Blätter können dem Vieh als Winterfutter gegeben werden; jedenfalls findet aber der Fabrikant in dem größeren Werth seines Products einen reichen Ersatz für diesen geringen Schaden.

Miscellen.

Ueber den Dampfregulator; eine mir patentirte Vorrichtung zum Regeln der Spannung von Dämpfen, um vor dem Betriebe der Maschine damit Kochungen verrichten zu können.

Will man bei Kochungen mittelst Dampf, d. h. solchen, wo man den Dampf nicht unmittelbar in die Flüssigkeit einströmen lassen darf, mit nicht zu sehr complicirten, nicht zu schwer zu reinigenden, also möglichst einfachen Gefäßen — Apparaten — rasch arbeiten, so sind dazu hochgespannte Dämpfe und ein fortwährendes Erneuern derselben erforderlich.

Das Letztere ist nur dadurch zu erreichen, daß man den Dampf durch die Röhren, doppelten Böden 2c. ununterbrochen durchströmen läßt, damit er den durch Abkühlung und Niederschlagung zu Wasser gewordenen Theil — in folgender Abgabe der Wärme an die zu kochende Flüssigkeit — hinaustreibe, um dem nachfolgen müssenden Platz zu machen.

Bei dem so nothwendigen Durchstreichenlassen ist es nicht zu vermeiden, daß ein Theil des verwendeten Dampfes für den Zweck des Kochens verloren geht, da es eine Unmöglichkeit ist, das rechte Maaß inne zu halten. Hat man jedoch Wärme zum Beheizen von Fabrik- oder andern Räumen nöthig, so kann man diesen abgehenden Dampf allerdings noch dazu verwenden. Ist nun aber in dem Etablissement auch Betriebskraft erforderlich, so wird für dieselbe ebenfalls Dampf verbraucht, und wendet man dazu Hochdruckmaschinen an, so reicht in den meisten Fällen der von diesen wieder abgehende — gewirkt habende — Dampf meistens mehr als zu, um die Heizung der Räume noch damit zu bewirken.

Um nun in Ersparung an Dampf, resp. Brennmaterial, Vortheile zu gewinnen, sind viele Techniker bemüht gewesen Constructionen zu erfinden, den Dampf mehrfach wirkend zu benutzen, und hat dieses unter andern für Zuckersiedereien bereits den Apparat des Hrn. Rillieux — für Preußen dem Civil-Ingenieur Hrn. Tischbein in Buckau patentirt — hervorgerufen. Mit dieser mehrfachen Benutzung desselben Dampfes muß die Ersparung eines nicht unbedeutenden Theils an Brennmaterial verbunden seyn. Bekanntlich wird bei diesen Apparaten der zur Erzeugung der Betriebskraft gediente Dampf noch zum Kochen 2c. verwendet. Da nun aber bei dieser Einrichtung der Dampf, wenn er die Maschine verläßt, sich frei ausdehnen kann, so wird er sofort auf eine Temperatur von nahe 80° R. herabsinken, und dann die weitere Verwendung zum Kochen nur mit dem Dampfe und der Flüssigkeit sehr viel Oberfläche bietender Apparate, und fast nur im luftverdünnten Raume eine geeignete Wirksamkeit, zu erzielen seyn.

Demselben Ziele nachstrebend, d. h. die Consumtion des Dampfes zu vermindern, so ist es mir gelungen, einen Dampfregulator zu construiren, mit welchem es möglich ist, Dampf in irgend einem Gefäße auf einer niedrigeren Temperatur, resp. Spannung, constant zu erhalten, als diejenige Temperatur oder Spannung ist, mit welcher man gewöhnlich den Dampf in Fabriken zum Kochen verwendet, oder für die Anwendung meines Principes herstellt. Mit der Differenz zwischen der Spannung, welche man in den Dampfentwicklern unterhält — etwa zwei oder mehr Atmosphären — und derjenigen, welche man in einem Sammelgefäße durch meinen Regulator herstellt, will ich die Kochungen bewirken, dann von diesem Gefäße — Sammler — aus die Betriebskraft erzeugen, d. h. die Maschinen betreiben, und nun noch die event. Räume-Beheizungen, mit den von den Maschinen abgehenden Dämpfen besorgen. Es ist so möglich, daß aller erzeugte Dampf zu dreimaliger Wirkung gebracht wird. Diese Anordnung ist daher eine umgekehrte von der oben erwähnten, und benutzt man so die höhere Temperatur zuerst zum Kochen, Verdampfen ꝛc., was eine größere Einfachheit in den Apparaten, ein Kochen in offenen Gefäßen, mit Präcision und Sicherheit in der Behandlung, zuläßt.

Die von den Koch- ꝛc. Gefäßen noch abgehenden Dämpfe vereinigen sich in dem Sammelgefäße, aus welchem die bis dahin zu Wasser gewordenen Dämpfe zu weiterer Verwendung — Speisung der Kessel ꝛc. sicher sich abscheiden, und in welchem der etwa zu weiterer Benutzung fehlende Dampf durch den Regulator, nach Bedürfniß, eingelassen wird, so daß die regelmäßige Speisung der Maschinen jederzeit gesichert ist. Es ist durch den Regulator dann fast ganz unmöglich gemacht, daß die bei den Apparaten angestellten Arbeiter, was in der Regel in hohem Maaße statt hat, nicht mehr Dampf durch dieselben streichen lassen können, als durch den Regulator bestimmt ist. Natürlich kann zu letzterem Zwecke der Regulator auch für sich allein angewendet werden.

Dieser Regulator hat eine einfache Construction und kostet wenig, so wie denn bei seiner Anwendung alle schon vorhandenen Apparate und Maschinen in der Regel ohne weiteres beibehalten werden können.

In Bezug auf die Anwendung der dreimaligen Wirksamkeit des Dampfes in der angegebenen Reihenfolge des Kochens, des Maschinenbetriebes und Heizens, bemerke ich nur, wie ich in vielen Zuckerfabriken beobachtet habe, daß der beim Kochen ꝛc. durchgelassene Dampf mehr war, als zu dem Maschinenbetriebe nöthig gewesen wäre. Da aber, wo man durch große Aufmerksamkeit die Consumtion des Dampfes unter diesen Fall vermindert hat, oder wo dieselbe von Anfang aus geringer ist, kömmt jedenfalls all der noch abgehende Dampf mit zur Wirkung bei Erzeugung der Betriebskraft, denn der Regulator ersetzt nur das Fehlende. Natürlich kann der Regulator auch in Brennereien und Färbereien angewandt werden.

Seit Mitte September d. J. ist der Regulator im Gange, und zwar ohne alle Nachhülfe von Anfang an. Das Letztere ließ sich erwarten, da dieser Regulator ungemein einfach ist, und weder einen Hahn, noch ein Ventil oder dgl. hat. Der von den Apparaten durchgehende Dampf reicht aus, die Maschine zu betreiben, so daß ganz selten der Regulator dazu Dampf hinzuzugeben nöthig hat. Ganz besonders — und zwar günstig — zeigt sich die regulirte Rückspannung auf die Apparate wirksam.

Das Wasser, welches sich (ohne Ventil oder Hahn ꝛc.) ganz regelmäßig von dem Dampfe schied, ist siedend und wird ohne Anstoß — durch die Pumpen — in die Kessel gefördert.

Welches Quantum von Brennmaterial dadurch erspart wird, läßt sich mit Sicherheit erst am Ende der Campagne sagen.

Auf frankirte Anfragen wird weitere Auskunft gern gegeben.

Schöttler sen. in Magdeburg.

Reife ohne Schweißung für die Räder der Locomotiven und Eisenbahnwagen; von den HHrn. Petin und Gaudet, Eisenhüttenbesitzer zu Rive-de-Gier.

Die HHrn. Petin und Gaudet, welche schon mehrere glückliche Verbesserungen in der Ausführung großer Stücke aus geschweißtem Eisen für mächtige Maschinen, z. B. Locomotiven, Achsen, Wellen, Kurbeln, Kolben- und Bläuelstangen der Dampfschiffe ꝛc. gemacht haben, sind neulich dahin gelangt, Wagenreife in vollkommenen Ringen ohne Schweißung darzustellen, welche eben so sauber als fest sind.

Bekanntlich wird das Reifeisen von den Hütten an die Maschinen-Bauwerkstätten in geraden Stäben von verlangter Länge abgeliefert. Das Biegen, Zusammenschweißen und Auflegen auf die Radkränze geschieht mit Hülfe eigenthümlicher Oefen und Werkzeuge. Jetzt liefern die HHrn. Petin und Gaudet diese Kränze als Reifen oder Ringe von verlangtem Durchmesser, wodurch man eine Reihe schwieriger Arbeiten vermeidet, die einerseits nicht einmal vollständige Sicherheit gewähren, besonders was die Schweißung betrifft, und wobei andererseits ein bedeutender Abfall stattfindet, während überdieß die Arbeitslöhne und das Brennmaterial bedeutende Kosten verursachen. Die genannten Fabrikanten sind sogar dahin gelangt, diese Reifen so genau zu liefern, daß sie nicht abgedreht zu werden brauchen.

Die Eisenbahn-Ingenieure, die Fabrikanten von Locomotiven und Waggons, so wie die Eisenbahn-Gesellschaften werden diese Reifen um so lieber kaufen, da sie nicht allein aus tadellosem Eisen tadellos angefertigt sind, sondern auch eine sehr wesentliche Ersparniß veranlassen, wovon man sich durch nachstehende Resultate überzeugen kann.

Ein gerader Reifstab für Eisenbahnwagenräder von den zweckmäßigen Dimensionen und für einen Raddurchmesser von etwa 1 Meter wiegt 160 Kilogr.; er wird den Eisenbahnen zum Preis von 63 Fr. per 100 Kilogr. überlassen, so daß ein solcher Reif zu stehen kommt auf . . . . 100,80 Fr.
Die Arbeiten des Biegens und Schweißens kosten mit Einschluß des
    Brennmaterials . . . . 30,00 Fr.
Der Verlust an Eisen bei diesen Arbeiten beläuft sich auf 12 Klgr. à 63 Fr. 7,55 Fr.
Ein solcher Reif kostet daher . . . . 138,35 Fr.

Und da ein solcher Reif nach seiner Bearbeitung nur 148 Klgr. wiegt, so sieht man daß 1 Klgr. verarbeitetes Reifeneisen 138,35 ÷ 148 = 0,935 Fr. kostet; d. h. 100 Klgr. kosten 93,50 Fr. Die gebogenen Reifen ohne Schweißung von gleicher Stärke und von gleichem Durchmesser, welche die HHrn. Petin und Gaudet liefern, und die ebenfalls 148 Klgr. wiegen, kosten per 100 Klgr. nur 65 Fr.; daher das Stück den Eisenbahnen 96,20 Fr., d. h. 42,15 Fr. weniger als die in Stäben gelieferten Reife kostet.

Aber die in Stäben gelieferten Reife müssen nach dem Biegen und Zusammenschweißen noch auf die Drehbank kommen, um an allen ihren Theilen, sowohl im Innern als Aeußern, abgedreht zu werden, wodurch neue Arbeitslöhne und neuer Abgang veranlaßt werden.

Es kostet ein Radreif, nachdem er gebogen und geschweißt ist, nach der
    obigen Angabe . . . . 138,35 Fr.
Das Abdrehen und Ausbohren der Reife kostet noch . . 6 60 Fr.
Der Abgang beträgt etwa 10 Klgr. à 93,50 Fr. per 100 Klgr. . 9.35 Fr
                                    Summa 154,30 Fr.
Davon sind abzuziehen . . . . 1,20 Fr.
weil der Abgang à 12 Fr. per 100 Klgr. verkauft wird.
Ein fertiger Reif kostet daher . . . . 153,10 Fr.
und da er nach allen diesen Bearbeitungen nur noch 138 Klgr. wiegt, so kostet 1 Klgr.
$$153,10 \div 138 = 1,11 \text{ Fr.}$$
Die Reife aus der Fabrik der HHrn. Petin und Gaudet, welche sogleich auf die Räder gelegt werden können, und vorher weder ausgebohrt noch abgedreht zu werden brauchen, kosten bei gleichem Gewicht von 138 Klgr. à 65 Fr. per 100 Klgr.
$$\frac{138 \times 65}{100} = 89,70 \text{ Fr.}$$
folglich beträgt die Ersparung gegen die gewöhnlichen Reife, welche in Stäben von der Hütte geliefert werden, für einen Reif von gleicher Stärke, gleichem Raddurchmesser und gleichem Gewicht
$$153,10 \text{ Fr.} - 89,70 \text{ Fr.} = 64,40 \text{ Fr.}$$
Bei solchen Vortheilen müssen die nach dem neuen System angefertigten Radreife eine sehr große Verbreitung auf allen Eisenbahnen erhalten, da sie einen wesentlichen Punkt bei den Betriebskosten bilden.

Das Verfahren bei dem Ausschmieden des Eisens ist Gegenstand eines Patentes, welches die HHrn. Petin und Gaudet nicht nur in Frankreich, sondern auch in

England, Belgien, Deutschland ꝛc. erhalten haben. (Publication industrielle de Mr. 'Armengaud, Bd. VII S. 494.)

___

Ueber die Zufälle, welchen die Arbeiter bei der Bereitung von chrom= saurem Kali ausgesetzt sind.

Die das saure chromsaure Kali bereitenden Arbeiter sind nach Becourt's und Chevallier's Untersuchungen, wenn sie nicht Tabak schnupfen, eigenthümlichen Benachtheiligungen ausgesetzt; es wird insbesondere die Nasenschleimhaut zerstört Schnupfer bleiben davon verschont. Stellen, wo die Haut der Arbeiter bloßliegt, werden, wenn die Lösung dieses Salzes damit in Berührung kommt, ebenfalls stark angegriffen, weßhalb sie sich davor zu hüten haben. Auch durch zu leichte Kleidung können sich solche Arbeiter Uebel zuziehen. Denselben Uebeln sind auch Thiere aus= gesetzt. Die genannten Chemiker setzen ihre Untersuchungen fort. (Comptes rendus, October 1851, Nr. 14.)

___

Reade's Eisencyanjobid oder auflösliches Berlinerblau.

Auf der Londoner Industrie=Ausstellung befanden sich Proben von dieser Ver= bindung, welche der ehrenwerthe J. B. Reade entdeckte und sich patentiren ließ. Man erhält dieses Product, wenn man zu gelbem blausaurem Kali die geeignete Menge Jodeisen mit überschüssigem Jod gibt. Berlinerblau bleibt auf dem Filter und ist nach dem Auswaschen und Trocknen vollkommen auflöslich; dampft man die farblose filtrirte Flüssigkeit ab, so erhält man als Rückstand reines Jodkalium.

Aequivalent des Eisencyanjobids:

Eisen	7	196	30,8
Cyan	9	234	36,8
Kalium	2	80	12,6
Jod	1	126	19,8
Eisencyanjobid	1	636	100,0.

Wenn wir daher nehmen:

		Gran.
Blutlaugensalz		145,0
Jod 126 } Eisen 28 } um Jodeisen zu bilden		154,0
überschüssiges Jod, um es im Jodeisen aufzulösen		37,2
		336,2

so haben wir im Ganzen folgende Elemente und Endproducte:

	Elemente.	Producte, nämlich Berlinerblau, von	Jodkalium von
Eisen	50.	50	. . .
Cyan	61	61	. . .
Kalium	62	20,4	41,6
Jod	163,2	32,2	131,0
	336,2	163,6	172,6

Das Eisen und Cyan bilden also mit einem Theil des Kaliums und Jods, Berlinerblau von intensiver Farbe, welches vollkommen auflöslich ist; das übrige Kalium und Jod bilden Jodkalium, dessen Auflösung auf Curcumapapier gar nicht alkalisch reagirt.

Die Eigenschaften dieses neuen Berlinerblaues machen es als Schreibflüssigkeit und Malerfarbe schätzbar; das Jodkalium, welches man bei diesem Processe erhält, besitzt Vortheile zur Bereitung des Kalotyppapiers.

Bei dem beschriebenen Versuch wird das Wasser nicht zersetzt und es bildet sich keine Jodwasserstoffsäure; das Jod scheint aber die Rolle des Sauerstoffs zu spielen, und ertheilt dem Berlinerblau dieselbe satte Farbe, welche das mit einem Eisenoxydsalz bereitete besitzt. Ohne einen Ueberschuß von Jod fällt der Niederschlag beinahe weiß aus, er absorbirt aber schnell Sauerstoff aus der Luft, und ist auflöslich. (Official descriptive and illustrated Catalogue of the great Exhibition, 1851, Vol. I p. 185.)

Chloroform bei mikrographischen Untersuchungen angewandt.

Die Schwierigkeiten, Thiere unter dem Gesichtsfeld des Mikroskops ruhig zu erhalten, überwand Hr. B. Lecoeur mittelst Chloroforms, das er an einem Stückchen Schwamm oder Papier auf das Glas legt, auf welchem diese Thierchen untersucht werden sollen. Infusorien, welche bei einer gewöhnlichen Vergrößerung (von 200 Durchmessern) ungefähr 6 Centimeter lang und 4 Centim. breit erscheinen — wahrscheinlich Schnellthierchen (Vorticellae) — ändern unter dem Einfluß des Chloroforms ihre Bewegung vollkommen, kommen wohl auch ganz zur Ruhe, nahmen aber, sobald das Chloroform entfernt wurde, ihren früheren Zustand wieder an. (Comptes rendus, Octbr. 1851, Nr. 14.)

Reagens um den Zucker in den thierischen Flüssigkeiten zu entdecken.

Ein englischer Arzt, Dr. Donaldson, hat folgendes einfache Mittel angegeben, um das Vorkommen des Zuckers im Blut, Urin, der Leber zu entdecken. Man nimmt:

krystallisirtes kohlensaures Natron	5 Gramme
Aetzkali	5 —
Weinstein	6 —
krystallisirten Kupfervitriol	4 —
destillirtes Wasser	32 —

läßt das Ganze kochen und filtrirt.

Man braucht nur einige Tropfen dieser Auflösung in den Urin oder irgend eine Flüssigkeit worin man Zucker vermuthet, zu gießen, und das Ganze über der Lampe zu erhitzen, um die geringste Menge Zucker zu entdecken. Die Flüssigkeit färbt sich, nachdem sie einige Minuten erwärmt worden ist, zuerst grünlichgelb, und wird um so mehr röthlichgelb, je größer ihr Zuckergehalt ist. (Journal de Chimie médicale, Novbr. 1851, S. 641.)

Ueber ein orientalisches Verfahren die Trauben aufzubewahren; von Hrn. Landerer.

Um die Trauben einige Monate, und zwar fast bis zum April, zu conserviren, bedient man sich im Orient, hauptsächlich in Konstantinopel, folgenden Verfahrens: Man höhlt 20—30 Fuß tiefe und 8—10 Fuß breite Gruben, ziemlich oval, aus, und bringt, wenn man sich von ihrer Festigkeit überzeugt hat, die Trauben hinein, indem man dieselben so aufhängt, daß sie in der Mitte eines Rondells bleiben; hierauf wirft man durch die Oeffnung angezündetes Stroh in solcher Menge in die Grube, daß das Feuer eine Zeit lang unterhalten bleibt, bis das Loch ganz von

Rauch erfüllt ist, und damit dieser nicht heraustrete, verschließt man die Oeffnung so gut als möglich, so daß weder Luft noch Wasser eindringen kann. Wenn nach einigen Monaten die Grube wieder geöffnet wird, findet man die Trauben recht gut erhalten, und wenn man dieselben dann eine Zeit lang in kaltem Wasser läßt, so nehmen sie ihre natürliche Frische wieder an. Ohne Zweifel ist die Conservirung dieser Früchte der Kohlensäure und dem Kohlenoxyd zuzuschreiben, womit diese Höhlen ganz erfüllt werden. (Journal de Pharmacie, October 1851, S. 289.)

Ueber die Bereitung des Rosenöls im Orient; von Landerer.

Die Pharmakognosten unterscheiden zweierlei Sorten Rosenöls, arabisch Giel Sejin oder Atar, das indische und das levantische. Beide werden aus verschiedenen Rosenarten bereitet, vorzüglich aus der Rosa damascena, R. moschata, R. sempervirens und R. centifolia. Die Bereitungsart ist ebenfalls verschieden. In Indien werden die frischen Rosenblätter mit Wasser übergossen und das Gemenge der Sonnenhitze ausgesetzt. Das in Folge einer Gährung sich ausscheidende Oel schwimmt auf der Oberfläche, wird mittelst Baumwolle vom Wasser abgenommen und die Baumwolle ausgedrückt. Auch durch Destillation mit Wasser wird es gewonnen, wo dann das mit dem Oel gesättigte Wasser einige Nächte hindurch in weiten Schüsseln an einen kühlen Ort gestellt wird, worauf sich das Oel abscheidet und, wie angegeben, abgenommen wird.

In China werden die frischen Rosenblätter mit den ölreichen Samen einer Digitalis-Art, D. Sisama, geschichtet und nach mehrtägiger Maceration scharf ausgepreßt. Das Rosenöl wird alsdann durch Destillation vom fetten Oel getrennt.

Diesen Bereitungsmethoden füge ich noch folgende bei, welche vorzüglich in Damaskus üblich seyn soll, und mir von einem Manne erzählt wurde, der sich daselbst und in andern Theilen Kleinasiens Jahre lang mit der Darstellung von Rosenöl und Rosenwasser beschäftigt hat. Um nämlich das Oel, nicht wie bei der gewöhnlichen Destillation in Form eines Stearoptens in kleinen weißen Blättchen, sondern flüssig, klar und durchsichtig zu erhalten, wie es im Handel vorkommt, werden die des Morgens vor Sonnenaufgang gesammelten, von ihren Kelchen und andern grünen Theilen befreiten Rosenknospen einer Art trockener Destillation unterworfen, und zwar auf die Weise, daß man große Kolben mit aufsitzenden Helmen, welche gegen 30 bis 50 Pfd. Rosenknospen fassen (und aus den Glasfabriken von Konstantinopel oder Alexandria kommen) damit anfüllt, in ein Salzbad stellt und vollkommen in wollene Tücher einwickelt, um die Hitze so sehr als möglich zu steigern, wobei jedoch kein Anbrennen stattfinden kann. Die Destillation wird so lange fortgesetzt, als noch Flüssigkeit übergeht, oder bis diese eine braune Farbe zeigt. Das größtentheils aus Rosenöl bestehende Destillat wird von der sehr gefärbten wässerigen Flüssigkeit geschieden, mit Salzwasser zu wiederholtenmalen zusammengeschüttelt, wodurch es eine hellere Farbe erhalten soll; davon durch Abgießen getrennt und in die für den Verkauf bestimmten, mit Gold verzierten Gläser gefüllt, welche man noch in weißblechene Büchsen steckt und unter dem Namen Giel Jaghi nach Konstantinopel und auf die Bazars des Orients schickt.

In Griechenland wird das Rosenwasser (und Aq. Naphae) größtentheils aus Chios bezogen, wo es eine Menge Destillateurs gibt. In einem aus Smyrna bezogenen Rosenöl, welches dem Wasser nicht den gehörigen Geruch mittheilte, und das ich deßwegen für verfälscht hielt, fand ich bei der Untersuchung wirklich Wallrath. (Aus Buchner's Repertor. der Pharmacie, 3te Reihe Bd. IX und Journal de Pharmacie, Octbr. 1851.)

Augsburg, Buchdruckerei der J. G. Cotta'schen Buchhandlung.

Polytechnisches Journal.

Zweiunddreißigster Jahrgang.

Vierundzwanzigstes Heft.

LXXXIV.

Die Dampfmaschinen auf der Londoner Industrie=Ausstellung.

Der Charakter der größeren englischen und schottischen Dampf=maschinen, welche zum Fabrikbetrieb benuzt werden, ist noch immer Niederdruckdampf und Mangel der Expansion. Die Ursache dieser Be=harrlichkeit bei dem Alten liegt theils in der noch immer vorherrschen=den Verehrung für den großen Erfinder James Watt, theils in der Wohlfeilheit des Brennmaterials, sodann aber auch in dem Umstande, daß Niederdruckmaschinen ohne Expansion sich vorzüglich zur Hervor=bringung der gleichmäßigen Bewegung eignen, welche zum Betriebe von Spinnmaschinen und überhaupt für die Bearbeitung der Faserstoffe un=umgänglich nothwendig ist. Man ist, und zwar mit Recht, in dieser Hinsicht so weit gegangen, daß eine Anzahl von Spinnereien statt Einer Maschine, sich schon zweier an einer und derselben Welle arbeitenden Dampfmaschinen bedienen. Die Krummzapfen sind dann, wie bei den meisten Schiffsdampfmaschinen, unter rechten Winkeln gegen einander gestellt; in neuester Zeit haben indessen einige Maschinenbauer, z. B. Hall in Dartford, Easton und Amos und J. und G. Rennie in London, Hick und Sohn in Bolton und Mac Naught in Glasgow, angefangen Hochdruckmaschinen mit Expansion und Condensation in die Fabriken einzuführen. Diese Ingenieure bedienen sich dabei eines klei=neren Hochdruck= und eines größeren Niederdruckcylinders nach Woolf's Princip, weil die Expansion in zwei Cylindern, obgleich eine größere Abkühlung des Dampfes und größere Friction bedingend, die Kraft=äußerung während jedes einfachen Hubs der Maschine weniger ungleich=mäßig macht.

Von diesen größeren Fabrikdampfmaschinen oder stationären Ma=schinen, wie sie zum Unterschiede von Schiffsmaschinen und Locomotiven

genannt werden, ist auf der Ausstellung keine vorhanden. Sie steht
in dieser Hinsicht unbedingt hinter der Berliner zurück, wo wir doch
mehrere Maschinen von 16 bis 20 Pferdekräften sahen, welche sich in
Hinsicht der Construction und Ausführung recht wohl mit den engli=
schen messen konnten. Dagegen finden wir eine Unzahl kleiner Hoch=
druckmaschinen von 1 bis 6 oder 8 Pferdekräften, von denen viele
im Gange sind und zum Betriebe der ausgestellten Arbeitsmaschinen
dienen. Den Dampf liefern drei in einem besondern Kesselhause auf=
gestellte Hochdruckkessel von nicht besonders merkwürdiger Construction.

Die Zwecke, welche die Erbauer dieser kleinen Maschinen augen=
scheinlich zu erreichen strebten, sind Einfachheit, Beschränkung auf einen
geringen Raum und Wohlfeilheit. Man hat demgemäß den Balancier
vermieden und die Maschinen direct wirkend gemacht, so daß entweder
die Bläuelstangen geradezu auf den über oder unter dem Cylinder lie=
genden Krummzapfen wirken, oder daß vermittelst oscillirender Cylinder
auch die Bläuelstangen beiseite gelegt sind, und die Kolbenstange un=
mittelbar mit dem Krummzapfen verbunden ist. Liegende Cylinder er=
innere ich mich nur bei einer besonderen Classe gesehen zu haben. Eben=
sowenig kann ich sagen, daß alle diese kleinen Maschinen vor denen
gleicher Art, welche in Deutschland üblich sind, den geringsten Vorzug
verdienen. Man hat sich hier wie dort keine Mühe gegeben, das todte
Gewicht des Kolbens, der Kolbenstange, der Bläuelstange und des
Krummzapfens, welches bei dem Hinaufgehen des Kolbens sich der Be=
wegung entgegensetzt und sie bei dem Hinabgehen desselben fördert, auf
irgend eine andere Weise als etwa durch ein schwereres Gewicht oder
schnelleren Umlauf des Schwungrades auszugleichen. Ferner fehlt eine
Vorrichtung, den Dampf expandirend zu benutzen, mit einer oder zwei
Ausnahmen überall, und sodann ist nicht einmal der Versuch gemacht,
das Speisewasser vorzuwärmen, und noch weniger, mit der Erwärmung
des Speisewassers zugleich eine wenigstens theilweise Condensation des
Dampfes zu verbinden. Und doch hätten die Engländer mit Hülfe einer
eben so sinnreichen als nützlichen Erfindung unseres Landsmanns J. W.
Siemens von den London works, Birmingham, ihren kleinen Hoch=
druckmaschinen diesen Vortheil vollständig und ohne alle eigene Mühe
aneignen können. Siemens' patent regenerative Condenser, so ge=
nannt, weil er einen Theil der in dem gebrauchten Dampfe noch ent=
haltenen Wärme während der Condensation desselben wiedergewinnt,
hat folgende Einrichtung: das Rohr, weches den gebrauchten Dampf
aus der Maschine abführt, mündet in einen gußeisernen Kasten, der in
seinem oberen Theile viereckig und rechtwinkelig, im untern aber cylin=

brisch ist. Der an dem obersten Ende des Kastens befindliche Mündung des Abströmungsrohrs gerade gegenüber befindet sich eine gewöhnliche hangende Auslaßklappe und hinter dieser ein Warmwasserkasten. Der Raum zwischen dem Ende des Ausströmungsrohrs und der Auslaßklappe ist frei. Unterhalb dieses Raumes ist der viereckige Theil des Condensors mit $1/12$ Zoll starken, senkrechten, und $1/16$ Zoll von einander abstehenden Kupferplatten ausgefüllt. Die Kupferplatten werden durch einige dünne Bolzen und zwischengelegte kleine Scheiben, welche die Zwischenräume so wenig als möglich verengen, in den verlangten Abständen zusammengehalten. Unmittelbar unterhalb der Platten mündet das Injectionsrohr, welches dem Condensor das nöthige kalte Wasser zuführt. In dem cylindrischen Theile des Condensors befindet sich ein metallener Kolben ohne Verpackung, dessen Kolbenstange nach unten durch den Boden des Condensors geht, und welcher für jeden einfachen Hub der Maschine einen Doppelhub machen muß. Der Condensorkolben muß so mit einem der sich bewegenden Theile der Maschine verbunden seyn, daß er kurz vor dem Ende jedes einfachen Hubs der Maschine seinen höchsten Standpunkt eingenommen hat und eben die niedergehende Bewegung antritt. In dem Augenblicke nun, wo der gebrauchte Dampf aus der Maschine abzuströmen beginnt, hat der Condensorkolben das durch das Injectionsrohr eingelassene Wasser in die Zwischenräume der Platten hinaufgedrängt, und ein Theil desselben steht sogar über den Platten. Der Dampf findet also nur einen geringen Raum im Condensor, er entweicht großentheils, indem er die Auslaßklappe öffnet, und wirft zugleich das über den Platten stehende Wasser in den Warmwasserkasten. Inzwischen beginnt der Condensorkolben seine niedergehende Bewegung; das Wasser tritt aus den Zwischenräumen der Platten zurück, und der nicht entwichene Dampf verdichtet sich an den kälteren Oberflächen der Platten, indem er seine latente oder gebundene Wärme an dieselben abgibt. Der obere Theil der Platten wird dadurch auf die Temperatur von 78 oder 79° R. gebracht. Da nun vermöge der Bewegung des Condensorkolbens das Wasser immer mehr aus den Zwischenräumen der Platten zurückweicht, der noch vorhandene Dampf also immer kältere Flächen findet, an denen er sich verdichten kann, so sinkt sein Druck schnell beträchtlich unter den Druck der Atmosphäre hinab, letztere und das eigene Gewicht schließen die Auslaßklappe, und es entsteht im Condensor ein Vacuum, welches nicht bloß frisches Injectionswasser herbeizieht, sondern auch der Arbeit des Maschinenkolbens wesentlich zu Hülfe kommt. Während der zweiten Hälfte des einfachen Hubs der Maschine geht der Condensorkolben

wieder hinauf, und stellt so den zuerst beschriebenen Zustand im Condensor wieder her.   Der Sachverständige sieht leicht, daß das Vacuum, welches dieser Condensor bildet, besonders einer mit Erpan-
sion in einem Cylinder arbeitenden Maschine sehr nützlich seyn muß.
Ein Theil des ausgeworfenen, nahe zum Siedepunkte erhitzten Wassers
dient als Speisewasser für den Kessel und spart somit Brennmaterial,
der übrige kann zu andern Zwecken verwandt werden.   Der Condensorkolben nimmt keinen Kraftaufwand für seine Bewegung in Anspruch.
Da dieser Apparat auch in Preußen patentirt ist, so werden deutsche
Maschinenbauer Werkzeichnungen desselben leicht aus Berlin beziehen
können.   Die geringen Beschaffungskosten sollten der Anwendung einer
so nützlichen Erfindung nicht im Wege stehen.

Ueberhaupt muß ich mich gegen den Grundsatz, nur wohlfeil zu
bauen, welchem, wie die Ausstellung zeigt, viele englische Verfertiger
von Dampfmaschinen nicht weniger nachhängen, als ein großer Theil
der Deutschen, auf das Entschiedenste erklären.   Nicht bloß bei großen,
sondern selbst bei der kleinsten Dampfmaschine ist zu große Sparsamkeit
in den Anlagekosten reine Verschwendung.   Man brängt die Maschine,
unbekümmert um die richtigen Verhältnisse der einzelnen Theile, in so
kleine Räume zusammen, als wünschte man sie gelegentlich in die Tasche
stecken zu können, oder wenigstens, als wäre sie nicht werth, überhaupt
einen Platz in der Fabrik einzunehmen, deren belebendes Princip sie doch
seyn soll; und man handelt bei dem Ankaufe um einige Thaler weniger
für die Pferdekraft, obgleich man selbst vollkommen überzeugt ist, daß
man, was man am Preise abgedungen, binnen wenigen Monaten durch
Mehrverbrauch an Brennmaterial und durch Stillstände und Reparaturen doppelt und breifach werde einbüßen müssen.   Dieß ist sicherlich
verkehrte Welt, und diejenigen, welche sich die Thorheit in den Kopf
gesetzt haben, sind eben so tadelnswerth als diejenigen, welche gegen
besseres Wissen zu ihrer Ausübung die Hand reichen.

Da es verlangt werden könnte, so will ich wenigstens einige der
besseren zur Ausstellung gebrachten kleineren Dampfmaschinen nennen.
Zuerst die von Hick und Sohn in Bolton, welche die von Hibbert,
Platt und Söhnen ausgestellten Spinnmaschinen treibt.   Eine acht-
pferdige direct wirkende von Fairbairn in Manchester, Cylinder und
Bläuelstange in einer die Krummzapfenwelle tragenden durchbrochenen
Säule; in der zweiten Ausgabe von Tredgold abgebildet.   Eine
Doppelcylinder-Expansionsmaschine von Mac Naught in Glasgow,
mit Seitenbalanciers, wie eine Schiffsmaschine, der Kolben des kleineren

Cylinders nach dem Patent des Ausſtellers auf die Mitte der hinteren Hebel=
arme der Balanciers wirkend. Dieſe Conſtruction hat den Vortheil, den
Druck auf den Balancier beſſer zu vertheilen, ſo daß derſelbe und ſeine
Zapfenlager nicht ganz ſo ſtark zu ſeyn brauchen, als wenn die Kolben=
ſtangen beider Cylinder auf dem nämlichen Hebelarm angreifen. Eine
Hochdruckmaſchine mit Expanſion und Condenſation von Crabbock,
Ranelaghworks, Pimliko. Eine kleine Hochdruckmaſchine, welche die
ſchönen Werkzeugmaſchinen von Whitworth und Comp. treibt, von
Ranſome und May nach Penn's Patent ausgeführt, hat das Ei=
genthümliche, daß ſtatt der Kolbenſtange eine mittelſt Stopfbüchſen
durch beide Cylinderböden gehende oben und unten offene Röhre ange=
wandt iſt. Die Bläuelſtange umfaßt mit ihrem oberen Auge einen in
der Mitte der Röhre befeſtigten horizontalen Zapfen und wirkt nach
unten auf den Krummzapfen. Man ſpart auf dieſe Weiſe die Gerade=
führung der Kolbenſtange, welche durch die Stopfbüchſen beſorgt wird,
und gewinnt beliebig entweder eine etwas längere Kolbenſtange, oder
geringere Höhe der Maſchine. Daß die nach unten gehende Stopf=
büchſe Waſſer oder Dampf durchlaſſen müſſe, wie man gewöhnlich glaubt,
iſt, wie längſt erwieſen, nicht der Fall, aber die hohle Röhre, welche
ſich mit ihren Enden aus dem Cylinder hinausſchiebt, vermehrt auf
eine hier, wo es nicht an Raum gebricht, ganz unnöthige Weiſe die
den Dampf abkühlenden Flächen.

Unter den ausgeſtellten kleinen oscillirenden Maſchinen
wird der deutſche Ingenieur=Mechaniker durchſchnittlich nur alte Be=
kannte wiederfinden, ob auch mit beſonderer Freude begrüßen, ſteht
freilich dahin. Die berühmte Butterlei=Compagnie hat eine dergleichen
ausgeſtellt; ich glaubte diejenige Maſchine zu ſehen, welche Hoppe im
Jahre 1845 auf die Berliner Ausſtellung gebracht hatte, denn die An=
ordnung der Theile und die Steuerung ſind ganz die nämliche, aber das
Geſtell iſt beſſer verbunden. Diejenige oscillirende Maſchine, welche
Robinſon und Ruſſell in Verbindung mit ihrer patentirten großen
Zuckermühle ausgeſtellt haben, kann unter den Abbildungen in Dr. Al=
ban's Werk über Hochdruckmaſchinen nachgeſehen werden, und eine
Alban'ſche Pendelmaſchine haben Joyce und Comp. in Greenwich
geliefert. Bei beiden ausgeſtellten Maſchinen iſt aber der Rahmen,
welcher bei Alban am Cylinder befeſtigt iſt, und auf deſſen Zapfen
dieſer ſchwingt, weggelaſſen, und der Cylinder bewegt ſich auf den
hohlen Ein= und Ausſtrömungszapfen: eine Vereinfachung allerdings,
aber für Hochdruckmaſchinen eine ſehr zweifelhafte Verbeſſerung. Ueber=
haupt hat Dr. Alban's Buch, von dem in England eine Ueberſetzung

erschienen ist, den dortigen Maschinenbauern Veranlassung zu mancherlei Studien gegeben; obgleich die Ausfälle des Verfassers gegen
seine englischen Fachgenossen nicht besonders demüthig hingenommen
worden sind.

Es sind auf der Ausstellung eine Menge von kleinen Hochdruckmaschinen vorhanden, welche speciell zum Gebrauche der Landwirthschaft bestimmt sind. Da die englischen Landwirthe nicht wie die
unsrigen neben dem Ackerbau und der Viehzucht noch Brennereien,
Brauereien, Stärke- und Zuckerfabriken betreiben, so können diese Maschinen auf den Gehöften nur zum Betriebe von Dreschmaschinen, Stroh-
und Rübenschneidern, oder zum Schroten des Futterkornes dienen, und
für diese Zwecke könnten sie unbedenklich an einem bestimmten Orte fest
aufgestellt werden. Man hat aber seit einiger Zeit Vortheil darin
gefunden, flüssigen Dünger zu bereiten, und denselben durch Pumpwerke
und Schläuche von Gutta-percha auf die Aecker zu vertheilen. Damit
nun die Dampfmaschine, wenn sie auf dem Gehöft nichts zu thun hat,
auch diese für Menschenkräfte beschwerliche Arbeit verrichten könne, haben
die Erbauer es zweckmäßig gefunden, sie nach Art kleiner Locomotiven
einzurichten, nur natürlich mit dem Unterschiede, daß die Maschine nicht
sich selbst fortbewegt, sondern durch Pferde an den Ort ihrer jedes-
maligen Bestimmung gebracht werden muß. Sie ruht deßhalb auf einem
hölzernen, mit vier Rädern versehenen Wagengestell, und das Brennmaterial und Speisewasser muß ihr auf einem Karren nachgefahren werden.
Diese Maschinen, es sind ihrer wohl ein Dutzend vorhanden, sind alle
nach dem nämlichen Zuschnitt gebaut, und können etwa vier, höchstens
sechs Pferdekräfte ausüben, was auch für ihre beschränkten Zwecke völlig
ausreichend ist. Der Kessel ist bei allen ein kleiner Locomotivkessel, mit
Feuerbüchse, Feuerröhren und niedrigem Schornstein. Der Cylinder
liegt horizontal, entweder gerade auf dem Kessel, oder mehr längs der
rechten Seite desselben, völlig frei und der Abkühlung und der Nässe
völlig ausgesetzt; ebenso das Gestänge, welches die Bewegung auf den
Krummzapfen überträgt. Die Schwungradwelle liegt quer über dem
Kessel in Lagern, welche auf diesem letzteren befestigt sind, und sie trägt
ihrerseits ein oder zwei kleine Schwungräder, deren abgedrehte Außen-
flächen die Treibriemen aufnehmen. Die Maschinen sind nicht schlecht
gearbeitet und mit lebhaften Farben angestrichen. Wie lange sie bei
dem Gebrauch unter freiem Himmel und in den Händen der ländlichen
Bevölkerung ihre Feierkleider tragen werden, ist leicht zu ermessen. Inzwischen bin ich weit entfernt, von dem Gebrauch der Dampfkraft auf
Aeckern und Wiesen abzurathen. Ich glaube vielmehr, daß eine Zeit

kommen muß, wo der Landwirth die Bewässerung für ebenso noth=
wendig und unentbehrlich halten wird, wie die Entwässerung; und es
ist klar, daß er die erstere an vielen Stellen nur mittelst der Dampf=
maschine wird bewirken können.

Eigentliche Wasserhaltungsdampfmaschinen, wie sie z. B.
in größter Vollkommenheit in den Bergwerken von Cornwall gebraucht
werden, sind auf der Ausstellung leider nicht einmal im Modell vor=
handen. Die berühmten Ingenieur=Mechaniker von Cornwall, Männer
wie Harvey und West und Simms haben es verschmäht, ihre schö=
nen Werke anderswo als an dem Orte ihrer Kraftäußerung zu zeigen.
Es ist dieß ein höchst fühlbarer Mangel an der Vollständigkeit der Aus=
stellung, und dem fremden Ingenieur entgeht dadurch eine der besten
Gelegenheiten der Belehrung. Glücklicherweise ist indessen eine in Corn=
wall gebaute Hochdruckmaschine mit 80zölligem Cylinder an dem der
Ausstellung entgegengesetzten Ende von London vorhanden. Sie betreibt
die East London waterworks zu Old Ford, und ihr Ingenieur, Hr.
Wicksteed, ist nicht bloß freundlich genug, sie dem Fremden zu zeigen,
sondern hat sie auch in einem besondern Werke ausführlich beschrieben
und gezeichnet. Der Dampf für die Cornwallmaschine wird jetzt mei=
stentheils in cylindrischen, 7 Fuß weiten und 36 Fuß langen, mit zwei
dreifüßigen Feuerröhren und inneren Feuerungen versehenen Kesseln er=
zeugt, und im Cylinder mittelst vier= bis achtfacher Expansion benutzt.
Auf die Vermeidung der Abkühlung des Kessels und der Dampfleitungs=
röhren sowie auf die Erhaltung des Dampfes bei seiner ursprünglichen
Temperatur, während er durch Expansion im Cylinder wirkt, ist die
größte Sorgfalt verwendet. Die Steuerungsventile öffnen und schließen
sich leicht und schnell, und ein besonderer Wasserregulator, Cataract ge=
nannt, hat den Zweck, die Bewegungen der Maschine mit der Menge
des zu hebenden Wassers in vollkommener Uebereinstimmung zu erhalten.
Durch diese Einrichtungen ist man dahin gelangt, daß die besten Ma=
schinen dieser Art nicht etwa bloß bei einzelnen Versuchen, sondern
Wochen und Monate lang für jedes Pfund verbrauchter Steinkohlen
eine Million Pfund Wasser einen Fuß hoch heben, oder mit andern
Worten, daß sie nicht mehr als 2 Pfd. Steinkohlen für jede während
einer Stunde wirklich und nutzbar ausgeübte Pferdekraft gebrauchen.
Wenn also auch die auf der Ausstellung befindlichen stationären Ma=
schinen keine wesentlichen Vorzüge vor den unsrigen beanspruchen können,
so werden doch unsere Maschinenbauer wohlthun, sich stets daran zu
erinnern, wie weit sie noch den Ingenieuren von Cornwall nachstehen.

Der Wunsch, dem Dampfe eine unmittelbar umdrehende Bewegung abzugewinnen, liegt so nahe, und die Mittel, diesen Zweck zu erreichen, sind dem ersten Anscheine nach so einfach, daß es sich gewissermaßen von selbst versteht, daß sich viele Mechaniker mit der Lösung dieses Problems beschäftigt haben müssen. In der That ist auch der erste Entwurf einer Dampfmaschine, welchen die Geschichte uns aufbewahrt hat, derjenige nämlich, welchen Hero von Alexandrien 250 Jahre vor Christi Geburt machte, eine solche rotirende Maschine. Hero's Maschine, wesentlich ganz wie ein Segner'sches Wasserrad gebaut, ist kein bloßes Spielzeug, wie einige Schriftsteller meinen, sondern es läßt sich nach diesem Princip eine wirklich brauchbare Maschine von beliebiger Kraftäußerung herstellen, noch mehr, es sind dergleichen in Amerika durch Avery von New-York und in England gebaut und in Anwendung gebracht worden. Ihr Hauptfehler ist nur, daß sie ungeheuer schnell umlaufen müssen, und daß sie im Verhältniß zu ihren Leistungen zu viel Dampf verbrauchen. Die auf der Ausstellung befindlichen rotirenden Maschinen sind von anderer Art.

Die erste Art rotirender Maschinen, welche mit Einschluß der Modelle in drei oder vier Exemplaren vertreten ist, besteht wesentlich aus folgenden Theilen: einem an beiden Enden mit Deckeln und Stopfbüchsen versehenen Cylinder; einer Welle oder Hauptachse, welche durch die Stopfbüchse der Cylinderdeckel hindurchreicht; einem Flügel, welcher mit einer Seite an der Welle befestigt ist, mit der entgegenstehenden die Cylinderwand, und mit den beiden anderen Seiten die Cylinderdeckel im Innern berührt und an den Berührungsstellen mittelst einer Verpackung von Hanf oder Metall dampfdicht gemacht ist; aus einem Schieber, welcher in einem Schlitz liegt, sich in demselben senkrecht gegen die Längenachse der Welle hin- und zurückbewegt, den innern Raum des Cylinders in zwei Hälften theilt und dem Dampfe, welcher den Flügel und die Welle umdrehen soll, als Stützpunkt dient und dessen dampfdichter Verschluß gegen die Mitte des Cylinders hin gewöhnlich durch einen über die Welle gesteckten excentrischen Ring vermittelt wird; endlich aus einem außerhalb des Cylinders befindlichen über den Dampfpforten liegenden Schieber, welcher die Einströmung und den Abfluß des Dampfes regulirt. Viele Mechaniker, welche sich mit dieser Art von Maschinen beschäftigten, waren und sind noch heute der Meinung, daß durch die unmittelbar umdrehende Bewegung eine größere Nutzwirkung von dem Dampfe zu erlangen sey; andere, und unter ihnen Tredgold, durch den schlechten Erfolg aller rotirenden Maschinen abgeschreckt, suchten das gerade Gegentheil mathematisch zu beweisen. Jene Hoffnungen und diese Beweise sind natürlicherweise gleich unbegründet und falsch. Die gesunde Vernunft lehrt, daß abgesehen von größerer oder geringerer Friction, Erschütterungen u. dgl., ein mechanisches Werkzeug die auf dasselbe ausgeübte und ihm doch nur zur Fortpflanzung und Anwendung übergebene Kraft eben so wenig aus sich selbst heraus vermehren, als in sich selbst vermindern, verschlucken und tödten könne. Der Fehler der rotirenden Maschinen liegt einfach darin, daß sie weit mehr und unter weit ungünstigeren Umständen dampfdicht zu machende und zu erhaltende Flächen besitzen als die gewöhnlichen Cylindermaschinen. Letztere verlangen den dampfdichten Verschluß des Kolbens, der Stopfbüchse und der Steuerungsventile, erstere fordern die nämliche Eigenschaft von dem Flügel an drei Seiten, an dem eben so großen als Stützpunkt für den Dampf dienenden Schieber an drei Seiten, von dem ercentrischen Ringe an seinen beiden Endflächen, von zwei Stopfbüchsen, endlich von dem Vertheilungsschieber. Schon hieraus ergibt sich, daß Reibung, Dampfverlust und Abnutzung viel größer seyn müssen. Nun ist es aber eine praktische Unmöglichkeit, die Seitenkanten des Flügels und die Endflächen des ercentrischen Ringes, welche sich an den inneren Flächen der Cylinderdeckel reiben, auf die Dauer vor ungleichmäßiger Abnutzung zu bewahren. Ich kenne manchen sonst tüchtigen Mechaniker, der durch das Bestreben, die rotirenden Maschinen zu verbessern, Zeit und Geld verschwendet hat. Wer von der Hoffnungslosigkeit solcher Versuche sich nur durch den Augenschein überführen lassen will, der verschaffe sich zwei mit aller möglichen Sorgfalt auf einander geschliffene Platten, befestige sie drehbar in ihrem Mittelpunkte auf einander, drücke sie durch aufgelegte Gewichte stark zusammen, bringe Wasser zwischen die sich berührenden Flächen, und drehe die obere Platte einen Monat lang täglich zehn bis zwölf Stunden auf der unteren herum. Wenn er am Ende des Experiments noch findet, daß die Platten genau auf einander passen, möge er mit dem Bau der rotirenden Maschine fortfahren, zugleich aber wohl bedenken, daß er bei diesem Versuche noch lange nicht alle Ursachen des Mißlingens seiner Maschine erschöpft, z. B. nicht die Platten stark erhitzt hat.

Von der beschriebenen wesentlich abweichend ist die sogenannte Scheibenmaschine, disc engine, 1837 von Henry Davies erfunden, dann von Bishopp, und im vorigen Jahre von Farey und Bryan Donkin verbessert. Es sind zwei Exemplare davon vorhanden, das eine von Pennie, nach Bishopp, im Modell, das andere von Donkin, der zugleich eine eben so gebaute Wasserpumpe ausgestellt hat. Hier bewegt sich eine Scheibe schaukelnd und rollend in einer Kugelzone, beren Enden burch Kegel, welche mit ihren Spitzen nach innen weisen, geschlossen sind. Zwischen den ausgehöhlten Spitzen der Kegel und zugleich im Mittelpunkte der Scheibe befestigt, liegt eine Kugel, durch welche die Betriebswelle hindurchgeht. Da die Scheibe stets schief auf den Aequator der Kugelzone steht, so beschreibt das Ende der durch die im Mittelpunkte des Systems liegenden Kugel gehenden Welle einen Kreis, der um so größer wird, je weiter das Ende der Welle von der Kugel entfernt ist. Dieses Ende der Welle nun greift in das äußere Auge einer Kurbel, deren Welle die Bewegung weiter fortleitet. Die Maschine, welche im Gange einen höchst fremdartigen Anblick barbietet, hat etwas weniger Friction als die gewöhnlichen rotirenden Maschinen, sie ist aber sowie diese letzteren nicht ohne einen todten Punkt, verlangt also ein kleines Schwungrad und ist ungemein schwierig herzustellen. (Gewerbevereinsblatt der Provinz Preußen, 1851 Lief. 4.)

LXXXV.
Barrett's Kippkarren.
Aus dem Civil Engineer and Architect's Journal, Septbr. 1851, S. 505.
Mit einer Abbildung auf Tab. VI.

Dieser Fig. 15 in perspectivischer Ansicht dargestellte Karren besitzt einen wasserdichten Behälter, welcher aus zusammengenieteten und durch Winkeleisen verstärkten Eisenblechplatten besteht. Er ist mit einer gußeisernen Winde nebst Räderwerk versehen, um den Behälter mittelst einer Kette kippen, seines Inhaltes entledigen und wieder aufrichten zu können. Außer Gebrauch kann man den Behälter ganz umkehren, um das Rosten in Folge der zurückbleibenden Flüssigkeit zu verhüten. Der Vortheil, welchen die tiefe Lage des Behälters gewährt, ist einleuchtend. Der Karren eignet sich zur Aufnahme von flüssigen und halbflüssigen Substanzen, zur Entfernung des Straßenkehrichts und andern Unrathes in Städten, sowie zum Transport von Erde, Kalk und sonstigen Materialien. Der Preis eines zur Aufnahme von 170 Gallons eingerichteten Karrens mit Ausflußröhre, Deckel und 5 Fuß im Durchmesser haltenden Rädern ist 21 Pfd. Sterl.

LXXXVI.

M. Bick's verbessertes Kummet.

Aus dem Practical Mechanic's Journal, Juni 1851, S. 64.

Mit einer Abbildung auf Tab. VI.

Fig. 26 stellt ein Paar Kummete mit ausgespannten Zugsträngen in der Frontansicht dar. Die Schiene A des Kummets ist mit einer Reihe von Löchern versehen; der Zugring B läßt sich daher mit Hülfe der an den Enden C der Gabel angebrachten Schrauben auf jede beliebige Höhe adjustiren. Auf diese Weise ist der Bediente im Stande, die Zuglinie höher oder niedriger anzuordnen und ihr die vortheilhafteste Richtung zu geben.

LXXXVII.

Steuerruderhebel, welcher verlängert und verkürzt werden kann; von W. Simons, Schiffsbaumeister in Greenock.

Aus dem Practical Mechanic's Journal, April 1850, S. 15.

Mit Abbildungen auf Tab. VI.

Der Zweck dieser Verbesserung, von welcher wir zwei Ansichten in Anwendung an einem gewöhnlichen Schiffe geben, ist der, das so nachtheilige Schlaffwerden der Radkette mit dem daraus hervorgehenden nicht plötzlichen Ansprechen des Steuerruders zu vermeiden, und die vollständige Bewegung des Steuerruderrades direct auf das Ruder zu übertragen, wobei durch Flaschenzüge die Kraft noch vergrößert werden kann.

Fig. 16 ist ein Aufriß des Steuerungsapparates, und

Fig. 17 der dazu gehörige Grundriß.

Der Steuerruderhebel besteht aus zwei gesonderten Stücken A und B. Der an den aufrechten Steuerruderbaum C befestigte Theil A ist röhrenförmig, wie dieß durch die punktirten Linien angedeutet ist, und so aus-

gebohrt, daß die maffive Stange B gerade hineinpaßt, an beren äußerem
Ende sich die Steuerruderflasche D befindet.   Der Zapfen E, welcher die
Verbindung zwischen Flasche und Ruberhebel herstellt, steht unter der
Flasche vor, und reicht in ein mit einer Nuth versehenes horizontales
Führungsstück F hinein, so daß beim Steuern die Ruberflasche mit der
Kette sich immer in einer genau geraden Linie von einer Seite zur an=
bern bewegt.   G und H sind die gewöhnlichen Ständer für die Ruber=
ketten.   Ein Ende derselben ist bei H festgemacht, während die Kette
in der Richtung der Pfeile um eine der Rollen in der Fasche D geht,
dann um die Rolle am Ständer H, und von da aus über die Trommel I.
Sie schlingt sich nun über die Rolle G, ist über die zweite Rolle in
der Flasche D geschlagen, und ihr Ende wird dann in den Haken J
eingehängt, der mit einer Mutter versehen ist, um die Kette spannen
zu können.   In der Zeichnung ist das Steuerruder so weit als möglich
seitwärts gelenkt.   Wird es in entgegengesetzter Richtung bewegt, so
geht die Steuerruderflasche in gerader Linie, und der Hebel B schiebt
sich selbst in das hohle Stück A, bis er in der Richtung des Schiffes
steht, und zieht sich nun selbst wieder aus A, wenn das Ruder nach der
entgegengesetzten Seite hin geneigt wird.

    Die Vortheile dieser Anordnung sind augenfällig.   Das so nach=
theilige Schlaffwerden der Kette, welches bei der kreisförmigen Bewe=
gung des gewöhnlichen Steuerruderhebels unvermeidlich ist, ist durch
das einfache Ineinanderschieben der beiden Hebeltheile gänzlich beseitigt,
und jede Veränderung in der Lage des Steuerrades, welche der Steuer=
mann mit der Hand hervorbringt, ist augenblicklich dem Ruder mit=
getheilt, ohne daß vorher durch einen gewissen Theil einer Rad=
umbrehung erst die schlaffe Kette gespannt werden muß.   Der durch
eine Schraubenmutter anziehbare Haken J ist noch eine passende Zu=
gabe, durch welche die Kette nach Belieben gespannt werden kann.

LXXXVIII.

Verbesserungen an Steuerrudern, welche sich John Fayrer, Commodore in der englischen Marine, am 11. Januar 1850 patentiren ließ.

Aus dem London Journal of arts, August 1850, S. 25.

Mit einer Abbildung auf Tab. VI.

Den Gegenstand des Patents bildet die Anordnung eines Apparates in Verbindung mit dem Steuerruder eines Schiffs, wornach der Steuermann mit seinem Fuße eine Bremsvorrichtung in Thätigkeit bringt, mit deren Hülfe er das Ruder in jeder Lage festhalten kann.

Fig. 25 stellt das Steuerrad mit dem Bremsapparate in der Frontansicht dar. An der Achse des Steuerrades a ist eine Rolle b befestigt, gegen welche die Bremsvorrichtung c wirkt. Diese besteht aus einem Metallband, welches das Rad b beinahe ganz umschließt und mit Holzklötzen bekleidet ist, die gegen den Umfang der Rolle b drücken, wenn die Bremsvorrichtung in Thätigkeit ist. Das Metallband ist mit dem einen Ende an den senkrechten Arm d¹ des Hebels d befestigt, während sein anderes Ende vermittelst eines abjustirbaren Gelenkes e mit dem Hebel d unterhalb seines Drehungspunktes verbunden ist. Wenn nun das äußerste Ende des Hebels durch den Fuß des Steuermanns hinabgedrückt wird, so zieht sich das Band zusammen, und die Holzklötze werden dadurch mit der Peripherie des Rades b in hemmende Berührung gebracht. Der horizontale Arm d² des Hebels d ist durch ein Gelenk mit einem andern Hebel f verbunden, so daß, wenn zwei Steuerleute an dem Rade sich befinden, jeder derselben, durch Niederdrücken des äußeren Endes des Hebels d oder f mit dem Fuße, die Bremsvorrichtung in Thätigkeit setzen kann. Sobald der Druck nachläßt, drückt das Gegengewicht g die kürzeren Enden der Hebel d, f herab und befreit das Rad b von dem Druck der Bremsklötze, so daß das Steuerruder sich wieder frei bewegen kann.

LXXXIX.

Rotirende Stiefel= und Schuh=Putzmaschine; von C. F. T. Young.

Aus dem Practical Mechanic's Journal, April 1851, S. 13.

Mit Abbildungen auf Tab. VI.

Es wurde schon öfters der Wunsch ausgesprochen, daß die ge=
wöhnliche Handarbeit beim Reinigen der Fußbekleidung durch einen
mechanischen Apparat möge ausgeführt werden können. Hr. Young
machte sich über diesen Gegenstand, und lieferte einen mechanischen
Apparat, von welchem Fig. 29 eine Seitenansicht und Fig. 30 eine
entsprechende Vorderansicht ist. Diese Stiefel=Putzmaschine besteht aus
zwei leichten eisernen Seitengestellen, zwischen welchen eine Achse mit
großer Schnurscheibe und Trittbrett untergebracht ist, gerade so wie
dieß bei der gewöhnlichen Fußdrehbank der Fall ist. A, B sind zwei
cylindrische Bürsten, welche auf einer horizontalen Achse befestigt sind,
die oben in den Seitengestellen in Lagern liegt und ihre Bewegung
durch einen leichten endlosen Riemen erhält, der über eine kleine
Treibrolle läuft. Die eine steifere Bürste dient dazu, den Schmutz zu
entfernen, die andere weichere dagegen den Glanz hervorzubringen.
In einer kleinen Schublade C können Pinsel, Wichsschachteln ꝛc. auf=
gehoben werden. In großen Gasthöfen, Instituten ꝛc. wird eine solche
Maschine sehr praktisch seyn, weil das Dienstpersonal mittelst derselben
eine sonst sehr lästige Arbeit in sehr kurzer Zeit verrichten kann.

XC.

Verbesserungen im Mahlen und Reinigen des Korns, welche sich George Royce, Müller zu Fletland in Lincoln=shire, am 12. Dec. 1850 patentiren ließ.

Aus dem Repertory of Patent-Inventions, Aug. 1851, S. 85.

Mit Abbildungen auf Tab. VI.

Fig. 18 stellt ein Paar Mühlsteine, an welchen meine Verbesse=
rungen angebracht sind, im Grundriß, Fig. 19 im Durchschnitte dar.

a ist der Läufer, b der Bodenstein. Das Korn wird auf die gewöhnliche Weise durch das Läuferauge zugeführt. c ist eine den Bodenstein umgebende ringförmige Platte, welche auf mehreren Rädern d ruht, die sich auf einer ringförmigen Eisenbahn e bewegen. Diese Platte besitzt an ihrer inneren Kante eine Flansche f und in der Nähe der äußeren Kante eine Rinne, in welche die äußere Leitschiene g tritt. h ist die innere Leitschiene, welche die von den Steinen kommenden Producte nach der Platte leiten. Die letztere erhält ihre Bewegung durch ein Getriebe i, welches in eine unter der Platte angebrachte kreisförmige Verzahnung greift. j ist eine quer über die bewegliche Platte geneigte feste Platte.

In Folge dieser Anordnung gelangen die zwischen den Steinen hervorkommenden gemahlenen Producte auf die bewegliche Platte, und diese führt sie gegen die feste Platte j, welche sie nach der Oeffnung k und der Röhre l hinleitet.

Die zweite Abtheilung des Patents bezieht sich auf einen Apparat, welcher das Getreide der Reinigungsmaschine zuführt, ferner auf eine Verbesserung an Windflügeln zum Behuf der Getreidereinigung.

Fig. 20 stellt den unteren Theil eines Behälters oder Rumpfs zur Zuführung des zu reinigenden Getreides im Durchschnitte dar. Der vordere Theil l ist um Scharniere m beweglich und erhält durch die belasteten Arme n ein beständiges Bestreben geschlossen zu werden. An jedem dieser Arme ist eine Stellschraube angebracht, um die bewegliche Wand zu adjustiren und ihrer Bewegung eine Gränze zu setzen. o ist eine Walze, welche in Zwischenräumen von ungefähr 2 Zoll mit Stiften besetzt ist. In dem unteren Theile des Rumpfes bei p befinden sich Einschnitte, welche den Stiften den Durchgang gestatten. Durch diese Anordnung wird eine sichere Zuführung des Getreides erzielt, wenn auch einzelne Strohhalme und andere Substanzen mit hinabgeführt werden sollten.

Fig. 21 stellt einen Ventilator im Grundriß, Fig. 22 in der Endansicht dar. q, q sind Ringsegmente, welche in der Nähe der äußeren Enden des Ventilators befestigt sind. Diese Ringe dienen zur Verstärkung des Ventilators, und veranlassen einen gleichmäßigen Luftstrom.

XCI.

Burrell's patentirte transportable Dresch= und Reinigungsmaschine, ausgestellt auf der Londoner Industrieausstellung.

Aus bem Civil Engineer and Architect's Journal, Sept. 1851, S. 511.

Mit Abbildungen auf Tab. **VI.**

Diese Maschine bient zum Dreschen und Reinigen des Korns in einer Operation, und kann durch Dampf oder irgend eine andere Kraft in Bewegung gesetzt werden. Sie drischt 5 bis 6 Quarters Korn per Stunde, ohne das Korn oder Stroh zu beschädigen, und liefert Korn, Spreu, und Stroh jedes an seine besondere Stelle, wobei 8 bis 10 Hände erspart werden. Da die Maschine auf vier Rädern ruht und nur 30 Centner wiegt, so kann sie leicht durch ein oder zwei Pferde fortbewegt werden. Zur Transmission bienen durchgängig end= lose Riemen.

Fig. 8 stellt die vollständige Maschine im Längenburchschnitt, Fig. 9 im Querburchschnitt, Fig. 10 ben Reinigungsapparat im Querburch= schnitt dar. In sämmtlichen Figuren bienen gleiche Buchstaben zur Be= zeichnung gleicher Theile. Die Richtung, in welcher die einzelnen Theile rotiren, ist durch Pfeile angebeutet. Der Arbeiter übergibt der Ma= schine das zu dreschende Getreide bei A. B sind die Schläger. Das Stroh wird durch die Rechen C und D vorwärts geführt und tritt bei E aus der Maschine, während das Korn auf das Gewebe F fällt und nach G zurückgeführt und dort durch den Hebeapparat H in ein Sieb L gehoben wird. Ein kleiner rotirenber Rechen beförbert die Operation des Siebens. Die Windflügel O trennen endlich das Korn von der Spreu.

XCII.

Maschine zum Appretiren des Garns, welche sich Edward D'Orville, Kaufmann zu Manchester, und John Partington, Bleicher zu Wicken Hall, am 19. Dec. 1850 patentiren ließen.

Aus dem Repertory of Patent-Inventions, Sept. 1851, S. 147.

Mit Abbildungen auf Tab. VI.

Die Erfindung betrifft eine Maschine, durch welche das Garn in feuchtem Zustande ausgespannt und in dem Zustande der Spannung getrocknet wird, wodurch es einen höheren Grad der Vollendung erhält als durch die gewöhnliche Procedur. Fig. 12 stellt die Maschine in der Endansicht, Fig. 13 in der Seitenansicht und Fig. 14 im Grundrisse dar. Die Maschine ist doppelt, d. h. das Garn erhält auf beiden Seiten die gehörige Appretur.

A bezeichnet die feste und lose Rolle, welche durch den Riemen a in Rotation gesetzt werden. An der Achse dieser Rolle befindet sich das Stirnrad B, und dieses greift in das Rad b, welches die beiden einander gegenüber liegenden Stirnräder c,c in Umbrehung setzt. Die Achsen d,d dieser Räder erstrecken sich durch die ganze Länge der Maschine und sind in Trägern des Maschinengestells gelagert. An beiden Enden der Achsen d sind die Metallwalzen D festgekeilt, und senkrecht unter diesen befinden sich ähnliche Walzen E an den Achsen e, welche mit den Zahnstangen F verbunden sind. An das untere Ende dieser Zahnstangen ist die Platte f^1 befestigt, welche mit den Zahnstangen der Achse e und den Walzen E in verticalen Schlitzen f auf und nieder beweglich sind. Die Rolle G, Fig. 13, setzt den nunmehr zu beschreibenden Mechanismus in Bewegung, welcher sich auf das Ausspannen des Garns während der Bewegung bezieht. Die Rolle G, die Achse g^1 und die Rolle R werden mit Hülfe des Riemens g in Bewegung gesetzt. Um die Rolle R und über die lose um die Achse r^4 sich drehenden Rollen r^1 und r^3 laufen zwei Riemen. Der um die Rolle r^1 geschlagene Riemen ist gerade, der um die Rolle r^3 geschlagene ist gekreuzt. Die Rolle r^2 sitzt fest an der Achse r^4, und es ist somit einleuchtend, daß man durch Herüberschieben des geraden oder des gekreuzten Riemens diese Rolle nach der einen oder der andern Richtung in Umbrehung setzen kann. An dem Ende der Achse r⁴ ist das Winkelrad **J** befestigt, welches in das Winkelrad j greift. Das letztere sitzt an dem unteren Ende der senkrechten Welle k¹, deren oberes Ende eine Schraube l¹ enthält, welche in das an der Achse H befindliche Schraubenrad h greift. Die Achse H enthält zwei Getriebe I, I, welche in die Zahnstangen F greifen. Die Handhaben o und p dienen zur Verschiebung der beiden Riemen auf die Rolle R. In Folge dieser Bewegung werden die Rollen E auf folgende Weise gehoben oder niedergelassen. Nachdem der Riemen g auf die feste Rolle G geschoben worden ist, setzt man die Achse g¹ und die Rolle R in Bewegung, wodurch vermittelst der beiden oben erwähnten Riemen die losen Rollen r¹ und r³ nach entgegengesetzter Richtung in Rotation gesetzt werden. Mit Hülfe der Handhaben o oder p wird der eine oder der andere dieser Riemen auf die feste Rolle r² geschoben, welche sofort die Achse r⁴, die Winkelräder J und j, die Achse k¹ und die Schraube l¹ in Bewegung setzt. Die Schraube setzt das Schraubenrad h, die Achse H und die Getriebe I in Umdrehung, und diese bewegen die Zahnstangen F auf= oder abwärts. Da nun die Achsen e und die Walzen E mit den Zahnstangen F in Verbindung stehen, so werden auch diese nach Willkür des Arbeiters gehoben oder niedergelassen.

Nachdem wir denjenigen Theil der Maschine, welcher sich auf die Bewegung und das Ausspannen des Garns bezieht, beschrieben haben, gehen wir zu der Beschreibung des Apparates zum Trocknen desselben über. **K** ist ein Kohlsofen, welcher durch die Thür i, Fig. 12, beschickt wird; L die Ofenröhre, durch welche der Rauch und die Gase abziehen; q ein Drosselventil zur Regulirung des Zuges. Die Handhabe N steht durch eine Stange q¹ mit dem Ofen in Verbindung, und dieser steht mittelst Rädern auf einer krummen Eisenbahn **M.** Durch Vor= oder Rückwärtsbewegung der Handhabe N läßt sich demnach der Ofen K den Walzen D und E nähern oder von denselben entfernen. Um diese Bewegung des Ofens zu gestatten, bietet die Ofenröhre bei t eine bewegliche Verbindung dar.

Wir wollen nun das Verfahren beschreiben, wie mit dem Apparat gearbeitet wird, um dem Garn die verlangte Vollendung zu geben. Angenommen der Ofen sey geheizt, so setzt der Arbeiter die Maschine in Bewegung, indem er die Riemen a und g auf die festen Rollen A und G schiebt, und schlägt einen oder mehrere Stränge Garns in angefeuchtetem Zustande um jedes der Walzenpaare D und E; nachdem die unteren Walzen E durch Herüberschiebung des gekreuzten Riemens auf

die feste Rolle r² vorher bis in die Nähe ·der Walzen D gehoben wor=
den ·sind. Darauf schiebt er den graden Riemen auf die Rolle r² und
bewegt dadurch die unteren Walzen E herab. Wenn die Walzen E sich
so weit von den Walzen D entfernt haben, daß das ·Garn straff an=
gespannt ist, ·so wirkt dieses wie ·ein Treibriemen und setzt die Walzen E
in eben so geschwinde Rotation als die Walzen D. Während die con=
tinuirliche Bewegung des ausgespannten Garns vor sich geht, bringt
der Arbeiter mit Hülfe der Handhabe N den heißen Ofen dicht an die
Walzen ·D und E, und trocknet auf diese Weise das Garn. Wenn dieses
nachher von den Walzen abgenommen ·wird, so zeigt es eine viel bessere
Appretur, als wenn es auf die gewöhnliche Weise behandelt worden
wäre.

XCIII.

Verbesserungen an Centrifugalapparaten, um Flüssigkeiten von andern Substanzen zu trennen, welche sich Thomas Rotch, einer Mittheilung zufolge, am 18. Februar 1851 für England patentiren ließ.

Aus dem Repertory of Patent-Inventions, Oct. 1851, S. 201.

Mit einer Abbildung auf Tab VI.

Die erste Abtheilung meiner Erfindung ·bildet die Aufhängung der
Achsen an Centrifugalapparaten in kugelförmigen Hülsen, sowie ·die
Anordnung die Treibriemen auf kugelförmige Rollen wirken zu·lassen,
so daß, wenn auch die Achsen der Centrifugalmaschinen in ihren Lagern
oscilliren sollten,· dennoch die Treibriemen stets ihre richtige Lage ·be=
haupten. Die kugelförmig gewölbte Treibrolle ist nämlich ·zu ·dem
Achsenlager concentrisch, weßhalb der Umfang der Trommel an ·der
Stelle, wo der Treibriemen wirksam ist, stets den gleichen ·Durchmesser
darbietet.

Fig. 28 stellt den oberen Theil der Achse einer Centrifugalmaschine
mit ihrem Kugelhülsenlager· und· der sphärischen Treibrolle im Vertical=
durchschnitte dar. Die Achse des Apparates hängt dergestalt ·von ·dem
Lager herab, daß sie während ihrer·Rotation ·oscilliren und rücksichtlich

·27 *

der Verticallinie eine geneigte Lage annehmen kann. a ist die Achse, an welcher die Kugel b befestigt ist, die in der Hülse c spielt; letztere ist mit dem Maschinengestell fest verbunden. d ist die sphärische Rolle, um welche der endlose Treibriemen geschlagen ist. Es erhellt aus dieser Einrichtung, daß der Treibriemen stets die richtige Lage behauptet, wenn auch die Achse a eine geneigte Stellung annehmen sollte.

Meine Erfindung besteht zweitens darin, daß man die Peripherie der metallenen Trommel oder des Behälters, welcher die zu trennenden Substanzen enthält, wellenförmig ausführt und dadurch zugleich verhütet, daß das Drahtgewebe an allen Stellen mit der Peripherie in Berührung kommt. Man wird finden, daß durch den Gebrauch wellenförmigen Metalls bei einer gegebenen Metallbicke größere Steifheit erzielt wird. Bedient man sich einer glatten Metallfläche, so kann man das Drahtgewebe dadurch im gehörigen Abstande von dem Umfang der Trommel halten, daß man zwischen dem Umfang und dem Drahtgewebe einen starken Draht wickelt.

<hr>

XCIV.

John Sang's Planometer.

Aus dem Civil Engineer and Architect's Journal, Sept. 1851, S. 505.

Mit einer Abbildung auf Tab. VI.

Dieses Instrument dient zum Ausmessen des Flächeninhaltes auf dem Papier gezogener Figuren. Die Operation geht auf eine genaue und sehr rasche Weise vor sich, indem man nur einen Stift um die Conturen der Figur, so unregelmäßig auch diese seyn mag, herumzuführen braucht, das Instrument mißt jede Figur; sein Hauptvortheil liegt jedoch in der Bestimmung des Flächeninhaltes unregelmäßiger Figuren, deren Ausmessung und Berechnung auf die gewöhnliche Weise eine mühevolle Arbeit ist; die wegen der möglicherweise zu begehenden arithmetischen Fehler wiederholt werden muß. Es eignet sich zum Gebrauch für Geometer und Ingenieure, ferner für solche, welche die physikalische Geographie, die Geologie und Statistik zum Gegenstand ihres Studiums machen.

Beim Gebrauch wird das Planometer dergestalt auf die Figur gelegt, daß der Stift rings um die Umrisse der Figur geführt werden

kann. Man hält die Handhabe wie eine Schreibfeder, bringt den
Stift auf den Umriß der Figur und drückt ihn leicht auf das Papier,
so daß ein kleiner Eindruck entsteht. Nachdem man den Stand des
Zeigers beobachtet hat, führt man den Stift längs der Umrisse hin,
bis man wieder bei dem kleinen Eindruck anlangt, worauf der Zeiger
wieder beobachtet wird. Der Unterschied zwischen den beiden abgelesenen Zeigerständen bezeichnet den Flächeninhalt der Figur in Quadratzollen bis zu $\frac{1}{100}$ Quadratzoll. Kommen in der Figur gerade Linien
vor, so wird die Operation durch Anlegen eines geraden Lineals längs
dieser Linien befördert. Die auf der silbernen Scale gravirten Zahlen
geben Quadratzolle an, welche durch Linien wieder in $\frac{1}{10}$ getheilt sind
und mittelst eines Nonius bis auf $\frac{1}{100}$ abgelesen werden können. Das
Instrument mißt jede Figur, deren Dimensionen $4\frac{1}{2}$ Zoll in der Breite
und 22 Zoll in der Länge nicht übersteigen. Sind die Dimensionen
der Figur größer, so theilt man sie durch Bleistiftlinien in mehrere
Theile, die man einzeln nach einander ausmißt. Es ist zu bemerken,
daß der silberne Index bis zu 20, der messingene bis zu 100 Quadratzoll geht.

Wenn das Instrument aus seinem Kasten herausgenommen worden ist, so besteht die einzige erforderliche Adjustirung darin, daß man
beide Indere gleichzeitig auf Null stellt, was leicht dadurch zu bewerkstelligen ist, daß man den messingenen in die Höhe hebt und ein
wenig vor- oder rückwärts dreht. Wird der Stift in der Richtung
des Zeigers einer Uhr um die Figur herumgeführt, so ist die erste Ablesung kleiner als die letzte; erfolgt aber die Bewegung nach der entgegengesetzten Richtung, so ist die erste Ablesung die größere.

Das Spiel des Apparates ist ganz einfach. Die Walzen A, A,
Fig. 11, sind an die nämliche Achse befestigt, an welcher sich auch ein
Kegel befindet, der mit ihnen rotirt. Sie sind genau von gleicher
Größe, so daß, wenn sie sich auf dem Papier auf- und abbewegen,
die Achse des Kegels stets der nämlichen Linie parallel ist. Die vier
Frictionsrollen, wovon drei B, B, B in der Abbildung sichtbar sind, führen ein Gestell mit dem Ziehstift nach der rechten oder linken Seite
parallel derjenigen Linie, welche sich auf der Oberfläche des Kegels parallel zum Papier ziehen läßt.

An dieses Gestell ist das Inderrad I befestigt, dessen Rand den
Kegel in dieser Linie berührt, und welches dadurch in Rotation gesetzt
wird. Die rotirende Bewegung des Inderrades ist folglich proportio-
nal der Auf- und Niederbewegung des Ziehstiftes auf dem Papier,

multiplicirt mit dem rechten und linken Abstand des Rades von der Spitze des Kegels.   Wenn daher der Ziehstift den vollständigen Umfang der Figur beschreibt, so stellt die Rotation des Innerrades die algebraische Summe der Producte der Ordinaten sämmtlicher Punkte im Umfange multiplicirt mit dem Zuwachs ihrer Coordinaten (Abscissen), d. h. den Flächeninhalt des eingeschlossenen Raumes dar.

Es ist einleuchtend, daß, während diese mechanische Anordnung, der Theorie gemäß, das Product aus den Ordinaten und dem Zuwachs ihrer Coordinaten (Abscissen) angeben sollte, das Resultat mechanischer Unvollkommenheiten gleichfalls ein Product ist, so daß auf die Construction des Instrumentes sehr große Sorgfalt und Genauigkeit verwendet werden muß.

Vorliegendes Instrument ist das erste, welches aus den Händen des Erfinders hervorgegangen ist; dennoch verrichtet es seine Arbeit sehr genau.   Der Flächeninhalt eines Dreiecks oder Vierecks wird zwar durch gewöhnliche Messung und Ausrechnung ein wenig genauer als durch das Instrument gefunden, dagegen kann man mit dem letzteren eine unregelmäßige oder krummlinige Figur genauer und mit unendlich geringerer Mühe bestimmen, als auf dem Wege geometrischer Messung. A, A sind die Walzen; C der Kegel; B, B, B Frictionsrollen; H die Handhabe; P die Ziehspitze; I der Inder; R eine Loupe zum Ablesen; F die Figur, deren Flächeninhalt gemessen werden soll.

XCV.

Stevenson's metallene Holophotal-Reflectoren für Leuchtthürme.

Aus dem Civil Engineer and Architect's Journal, Sept. 1851, S. 505.

Mit Abbildungen auf Tab. VI.

Der große Lichtverlust in Folge der natürlichen Divergenz bei parabolischen Reflectoren, und die Trennung der Lichtstrahlen bei Fresnel's rotirendem dioptrischem Apparate in eben so viele Theile als das Gestell Linsen enthält, veranlaßten vor einigen Jahren Hrn. Stevenson zu untersuchen, ob es nicht möglich sey, die Intensität des Lichtes durch Aenderungen der optischen Anordnungen zu vermehren.

Die Aufgabe, welche er sich dabei stellte, war folgende. Ein Kasten, worin sich eine Lampe befindet, besitze in einer seiner Seiten nur eine Oeffnung von gegebenen Dimensionen, und der Beleuchtungsapparat soll so eingerichtet werden, daß unter Vermeidung jeder unnöthigen Brechung oder Zurückwerfung der Lichtstrahlen der ganze von der Flamme aus divergirende Strahlenbüschel zuletzt in Gestalt eines parallelen Büschels durch die erwähnte Oeffnung gehen muß. Ein solches Licht nennt Stevenson „holophotal" oder das Licht der größtmöglichen Intensität.

Dieser Effect wird hervorgebracht durch die Combination einer ringförmigen Linse L, Fig. 23 und 24, mit einem an seinem Parameter abgestumpften parabolischen Conoid a und einem halbkugelförmigen Hohlspiegel b. Wenn sich die Linse in der geeigneten Focaldistanz von der Flamme befindet, so treffen die Gränzstrahlen gerade die äußere Kante des Paraboloides. Der halbkugelförmige Reflector vertritt die Stelle des hinter dem Parameter abgeschnittenen parabolischen Conoides. Die Flamme befindet sich zugleich in dem Mittelpunkte des halbkugelförmigen Spiegels und in dem gemeinschaftlichen Brennpunkte der Linse und des Paraboloides. Die Hälfte sämmtlicher von der Flamme ausgehenden Lichtstrahlen fällt auf den halbkugelförmigen Spiegel, während die andere Hälfte zum Theil durch die Linse und zum Theil durch den parabolischen Spiegel aufgefangen und parallel gerichtet wird. Die auf den halbkugelförmigen Spiegel fallende hintere Strahlenhälfte wird in sich selbst reflectirt, und in den Brennpunkt zurückkehrend theils durch die Linse gebrochen, theils durch das Paraboloid reflectirt, so daß die ganze hintere Strahlenhälfte mit der vorderen in paralleler Richtung vereinigt wird. Es erfüllt demnach dieses Instrument die oben ausgesprochene Bedingung vollständig, indem es die ganze Sphäre divergirender Strahlen in einen parallelen Büschel vereinigt.

Das erste nach diesem Princip construirte Instrument war für den Hafen von Peterhead bestimmt und ist daselbst seit August 1849 in Gebrauch. Außerdem lieferte Hr. Stevenson ein großes Instrument dieser Art für den Hoy Sound Leuchtthurm. Der parabolische Reflector hat an seiner Mündung 45 Zoll Durchmesser; der Durchmesser der Linse beträgt 11½ Zoll, und das Licht wird durch einen Brenner mit doppeltem Docht erzeugt.

Vor Kurzem wurden zu Gullan Hill vergleichende Versuche mit einem nach obigem Princip construirten messingenen Reflector und einem ausgezeichneten silbernen Reflector gewöhnlicher Construction angestellt.

Beide Instrumente hatten an der weiten Mündung 25 Zoll im Durchmesser.   Die Lichter waren eine Woche lang jede Nacht auf eine
Strecke von 7 bis 12 engl. Meilen sichtbar.   Der Versuch fiel in jeder
Hinsicht zu Gunsten des nach dem holophotalen Princip cônstruirten
Reflectors aus, obgleich er nur halb so viel als der andere kostete.
Einmal bei trüber Atmosphäre konnte in gewisser Entfernung nur noch
das Licht des holophotalen messingenen Reflectors gesehen werden.   Da
bei grünen, rothen und andern farbigen Lichtern der enorme Verlust
durch Absorption ein großer Uebelstand ist, so scheint sich die holopho-
tale Construction für alle durch gefärbte Medien gehenden Lichter ganz
besonders zu eignen.

XCVI.

Die Fabrication des Zinkweißes; beschrieben von Professor Payen.

Aus dessen Précis de Chimie industrielle.   Paris 1851.

Mit Abbildungen auf Tab. VI

1. Fabrication des Zinkweißes. — Obwohl die bei der
Bereitung des Bleiweißes in der neuern Zeit eingeführten Verbesserungen [70] die Schädlichkeit der Operationen sehr vermindert haben, so blieben doch noch einige Ursachen der Ungesundheit, namentlich bei der
Anwendung und dem Abkratzen der Farben.   Guyton de Morveau
war einer der ersten, welche vorschlugen, statt des kohlensauren Bleies
das Zinkoryd anzuwenden, und es wurden sogar mit letzterem Versuche
mit gutem Erfolg gemacht; die Gründung des neuen Industriezweiges
der Fabrication des Zinkweißes und der Farben, deren Grundlage dieses Oryd ist, verdankt man jedoch Hrn. Leclaire. [71]

Dieser neue Industriezweig ist sowohl wegen seiner großen Bedeut-
samkeit als wegen seiner außerordentlichen Einfachheit merkwürdig.   Den
Rohstoff bildet das Zink in Blöcken; man braucht dieses Metall nur

---

[70] Man vergleiche darüber polytechn. Journal Bd. CXVI S. 138.

[71] Ueber die Verfahrungsarten desselben wurde im polytechn. Journal Bd. CXII
S. 266 berichtet.

so stark zu erhitzen, daß es sich verflüchtigt, und dann seinen Dampf zu entzünden, um in dem Luftstrom einen feinen Staub von weißem Oxyd zu erhalten, welcher das gewünschte Product bildet.

In den Figuren 1 bis 7 sind die Apparate und Oefen abgebildet, mittelst welcher diese Operationen ausgeführt werden.

Die Destillirgefäße oder Muffeln zum Verdampfen des Zinks Fig. 1 und 2 sind ähnlich den Gasretorten, nämlich gedrückte Cylinder aus Glashäfenmasse, deren Gestalt Fig. 1 im senkrechten Längendurch= schnitt und Fig. 2 in einer Endansicht zeigt; sie sind ungefähr 70 Cen= timeter lang, 25 Centimeter breit, 16 Centimeter hoch, und ihre Wände 6 Cent. dick; durch ihre 10 Centimeter breite und 5 Cent. hohe Mün= dung b werden die Zinkblöcke oder Stäbe eingeschoben und entweichen auch die Zinkoxyddämpfe.

Solcher Retorten werden acht oder zehn in zwei Reihen neben ein= ander in einem Flammofen (Fig. 3, 4 und 5) angebracht. Dieser Ofen wird durch einen Herd C geheizt, von welchem aus die Flamme bei C, c′ über den Retorten und zwischen den beiden Retortenreihen hin= streicht, worauf sie durch die Canäle e, e, e unter dieselben nach f, f, g gelangt und zuletzt durch die Esse in den Hauptkamin h, h′ entweicht.[72] Wenn die Hitze bis zum Weißglühen gesteigert ist, werden in jede Re= torte 1 — 2 Zinkblöcke gebracht; das Metall schmilzt, kömmt bald ins Kochen und wird nach und nach und nach in Dampf verwandelt, wel= cher durch die Mündung b der Retorten austritt.

Ein in gußeisernen Röhren (durch die verlorene Wärme) auf etwa 300⁰ C. (240⁰ R.) erhitzter Luftstrom tritt unterhalb dieser Mündungen heraus und bewirkt die Verbrennung des Zinkdampfs zu Zinkoxyd oder Zinkweiß.

Das gebildete Oxyd wird durch den Luftstrom in die über den Mündungen befindlichen Röhren K, K′ geführt und setzt sich darin in den Kammern L ab, welche es vermittelst der Oeffnungen l, wodurch sie miteinander in Verbindung stehen, nacheinander durchstreicht. Die Fi= guren 6 und 7 zeigen die Anordnung: A ist der Ofen mit acht Re= torten, B sind die zu den Kammern führenden Röhren. Die letzte Oeffnung M jeder Reihe ist mit einem, über einen eisernen Rahmen gespannten Drahtgewebe bedeckt, welches weit genug ist, um die Gase hindurchzulassen, jedoch das Oxyd zurückhält; man kann in den Canä=

---

[72] Diese Retorten könnten auch wie die Steinkohlengasretorten erhitzt werden.

len G, G, welche die Luft in die Esse H abführen, noch zwei ähnliche Drahtgewebe anbringen, wo man dann jedem gegenüber ein Fensterchen anbringt, um sich von Zeit zu Zeit überzeugen zu können, ob die Maschen des Drahtgewebes sich nicht mit Oxydtheilchen verstopften, worauf man sie reinigen und nöthigenfalls mit neuen vertauschen müßte.

Wenn das angewandte Zink nur Spuren fremder Metalle enthält, so ist das Zinkweiß in allen Kammern von schöner Farbe. Nur in den ersten Recipienten o (Fig. 3), unmittelbar unter den Retortenmündungen ist es von geringerer Qualität, weil es fremdartige Oxyde enthält, sowie auch Zinktheile welche der Verbrennung entgingen; dieses Product muß daher durch ein Sieb geschlagen und zu ordinären Anstrichen verwendet werden.

Da das Zinkoxyd feuerbeständig ist, so kann es nur mechanisch durch den Luftstrom mitgerissen werden; es leuchtet daher ein, daß die dem Rande der Retortenmündungen durch Berührung anhängenden Theilchen auch noch andere zurückhalten und in verschiedenen unregelmäßigen, manchmal röhrenförmigen Gestalten, bald den Durchgang verstopfen müßten, wenn die Mündungen nicht mittelst einer eisernen Stange von Zeit zu Zeit wieder frei gemacht würden.

Das in den andern Theilen des Apparats sich ablagernde Zinkoxyd ist leicht aufzusammeln, indem man nur unter die den Boden der Kammer bildenden Trichter Fäßchen zu stellen und dann den Schieber zu öffnen braucht, damit der Recipient sich sogleich anfüllt; man thut gut, vorher einen Schlauch aus dicht gewebtem Zeug mit seinem untern weitern Ende über die Mündung des Fasses und mit seinem oberen engeren Ende über die Mündung m zu schieben, damit kein Oxydstaub davonfliegen und sich in der Luft verbreiten kann.

Wenn das Oxyd aufgesammelt ist, muß es zusammengedrückt werden, um sein Volum und dadurch die Verpackungs- und Versendungskosten zu vermindern; dieß ist leicht dadurch zu bewerkstelligen, daß man ein offenes Faß unter eine eiserne Schraubenpresse bringt, mittelst deren, nachdem eine Portion Zinkweiß eingefüllt ist, ein Stempel von nur wenig geringerem Durchmesser wie der des Fasses, in dasselbe eingetrieben und so fortgefahren wird.

Drei Oefen, deren jeder acht Retorten enthält, können täglich (jeder 60 Kil.) also 60 × 24 oder 144 Kil. Zinkoxyd erzeugen; würde nichts verloren gehen, so müßten 100 Kil. Zink (im Verhältniß von 33 zu

41 den Aequivalenten des Metalls und des Oryds) 124,2 Zinkweiß liefern; man erhält aber nur ungefähr 112 Kil.

2. Bereitung der Zinkweißfarben. — Wie bekannt, sind zur gewöhnlichen Bereitung der Anstrichfarben trocknende Oele erforderlich, und man bedient sich zu weißen Farben des Mohnöls, für mehr oder weniger dunkle Farben aber des Leinöls; diese Oele müssen mit Bleiglätte gekocht werden, damit der Anstrich in drei Tagen trocknet; im Winter müßte also mehr Bleioryd darin aufgelöst werden, weil in dieser Jahreszeit die Trocknung langsamer stattfindet.

Natürlich würde aber die Anwendung der mit Bleiglätte gekochten Oele den Farben einigermaßen die schädliche Wirkung auf die Gesundheit mittheilen, welche den Bleioryden eigen ist, und außerdem den Uebelstand verursachen, daß die Anstriche durch schwefelwasserstoffhaltige Dünste (Leuchtgas, Abtrittdünste) geschwärzt werden. Es blieb also noch die Aufgabe, die Oele für das Zinkweiß trocknend zu machen, ohne ihnen Bleioryd zuzusetzen.

Courtois und Guyton de Morveau dachten nicht an diese Schwierigkeit, H. Leclaire aber erkannte und besiegte sie. Er macht die Oele dadurch trocknend, daß er sie acht Stunden lang mit 5 Gewichts-Procenten feingepulverten Braunsteins kochen läßt; zur Winterszeit nimmt man etwas mehr Braunstein, im Sommer etwas weniger; im Vergleich mit der Anwendung der Bleiglätte werden durchschnittlich 5 Procent an Kosten erspart. [73]

Orangegelb wird durch Anreiben der Oele mit Schwefelantimon erhalten; Citronengelb bereitet man mit chromsaurem Zinkoryd; Grün mit chromsaurem Zinkoryd in Verbindung mit einigen Procenten Kobaltoryd (Rinmanns-Grün); Eisenoryde, Manganoryde, Kobaltblau, Ultramarin, Kienruß und noch mehrere andere Farben, welche kein

---

[73] Chevreul hat vor Kurzem durch Versuche dargethan, daß die Oele, dünn ausgebreitet der Sonne ausgesetzt, sich entfärben und trocknend werden; daß acht Stunden lang in Berührung mit 5 Proc. Braunstein bei + 70° C. (56° R.) erhaltenes Oel sehr trocknend wird; daß drei Stunden langes Kochen des Oels in Berührung mit 15 Proc. Bleiglätte ihm die Eigenschaft zu trocknen im höchsten Grade verleiht; daß beim Zinkweiß das kohlensaure Zink als Trocknenmittel dienen kann; daß endlich, wenn man 2 Theile trocknendes Oel mit 1 Theil nicht trocknendem Oel vermischt, dem letzteren dadurch die Eigenschaft zu trocknen mitgetheilt wird und es dann Sauerstoff aus der Luft bis zu 2 Proc. absorbirt.

Blei enthalten, lassen sich zu Wasserfarben sowohl als Oelfarben mit dem Zinkoxyd anwenden. [74]

3. Vergleichung der Gestehungskosten der Anstrich-farben mit Zinkweiß und Bleiweiß. Um die Kosten dieser Farben vergleichen zu können, müssen in Rechnung gezogen werden: 1) die gegenwärtigen Preise, 2) das Verhältniß des Oels, 3) die da-mit bedeckten Oberflächen.

Bleiweiß . . . 100 Kil. zu 72 Frc. = 72 Frc.
Oel . . . . 30 „ „ 140 „ = 42 „
_____
130 Kil. kosten   114 Frc.; sonach 100 Kil. 87 Frc. 67 Cent.

Zinkweiß . . 100 Kil.   72
Oel . . . . 60 Kil. zu 140 Frc. = 84
_____
160 Kil. kosten   156 Frc.; sonach 100 Kil. 97 Frc. 50 Cent.

Ein gleiches Gewicht der Zinkweißfarbe kommt also höher zu stehen, allein diese Farbe deckt mehr: 100 Kil. decken eine ebenso große Fläche wie 130 Kil. Bleiweißfarbe; um folglich eine ebenso große Fläche zu decken, wie bei Anwendung von 100 Kil. Zinkweißfarbe, welche $97\frac{1}{2}$ Frc. kosten, sind 130 Kil. Bleiweißfarbe erforderlich, die (100 Kil. zu 87 Fr. 67 Cent. gerechnet) 113 Fr. 97 Cent. kosten würden.

Die Zinkweißfarbe käme mithin etwas wohlfeiler zu stehen; es ist aber zu erwarten, daß die Concurrenz dieses neuen Products den Preis des Bleiweißes herabdrücken und die Preise der beiden Farben sich bald gleichstellen werden; vielleicht steigt auch der Preis des Zinkweißes wegen der Schwierigkeit sich hinreichend reines Zink wohlfeil genug zu verschaffen. Nun wollen wir sehen, weche Vortheile die neue Farbe bei gleichen Preisen gewährt. [75]

_____

[74] Hr. Sorel macht das Zinkoxyd dadurch trocknend, daß er ihm ein Hundertfünfzigstel Harz-Bleioxyd in Pulverform beimischt; er bereitet dieses harz-saure Salz durch Erhitzen von basisch-essigsaurem Blei mit Harz, bis das Aufbrau-sen aufhört.

[75] Es ließen sich übrigens wohlfeilere Verfahrungsweisen zur Fabrication des Zinkoxyds auffinden; wahrscheinlich würde, wenn man geschmolzenes Zink in dünnen Strahlen auf einen glühenden, mit trockner Steinkohle gefeuerten Herd hinabfallen ließe, die überschüssige Luft bei der hohen Temperatur das Metall verbrennen und das Oxyd durch den Luftstrom in die Kammern ge-führt werden; man könnte dabei den Kohlenverbrauch sehr verringern, indem man die Verbrennung mittelst zum lebhaften Glühen erhitzter Luft bewirkt. So hat Sorel schon einen sehr ökonomischen Apparat construirt, welcher aus drei den Gasretorten ähnlichen Retorten besteht, die so in einem Ofen angebracht sind, daß die Feuerluft sie nach einander umspielt; das vorher auf einer Platte geschmolzene und bis 500°C. (400° R.) erhitzte Zink gelangt in die erste Retorte, es fließt von dieser in die zweite, worin seine Temperatur immer höher steigt, und gelangt alsdann in die dritte Re-

4. Einfluß des Zinkweißes auf die Gesundheit der Arbeiter. — Ein Hauptvortheil der Ersetzung des Bleiweißes durch das Zinkweiß, besteht in der Gesundheit der Luft in den Fabriken, wo das neue Product erzeugt, und in den Gebäuden, wo es von den Malern verbraucht wird. Wenigstens wäre sehr viel Zinkoryd erforlich, um eine nachtheilige Wirkung auf die Gesundheit hervorzubringen.

Allerdings ist die Bleivergiftung lange nicht mehr von so großer Bedeutung, seitdem man in den Bleiweißfabriken geschlossene Apparate eingeführt hat, welche die Arbeiter vor dem Bleistaub schützen; immer noch sind jedoch in Folge Mangels gehöriger Sorgfalt und Aufsicht Unglücksfälle möglich; die Maler können sich nicht leicht vor jeder Berührung des Bleiweißes hüten, und endlich lassen mit Bleiweiß überzogene Gegenstände, welche man häufig gebraucht, z. B. glasirte Karten, Cartonnagen, immer noch zufällige Vergiftungen befürchten, besonders in Händen von Kindern.

5. Anwendungen. — Das Zinkweiß wird, wie man es aus den mit Trichter versehenen Kammern erhält, ohne vorheriges Auswaschen oder Zerreiben mit Oel und Terpenthingeist angerührt. Diese Farbe wird für sich allein, oder mit verschiedenen Oryden oder sonstigen Farbstoffen gemischt, auf Holz, Malerleinwand rc. aufgetragen; auch bedient man sich dieses Oryds, ohne Oelzusatz, zur Bereitung eines Kitts, welchen man auf Pappendeckel aufgetragen zwischen die Fugen der Röhrenleitungen von Dampfkesseln rc. bringt.

Das Zinkweiß wird auch, mit Leim oder Kleister angemacht, zum Ueberziehen glasirter Karten und in den Tapetenfabriken als Grund für feine Farben angewandt; ferner zum Tuschen und Malen mit Was-

---

torte, welche unmittelbar über der Feuerung liegt. Sorel erhitzt übrigens das Zink nicht so stark daß es sich verflüchtigt, sondern er entflammt das Metall und unterhält dessen Verbrennung, indem er einen Luftstrom dazuleitet, der in einem Rohr mittelst der abziehenden Feuerluft auf 250° C. (200° R.) erhitzt wurde; eine mechanische Rührvorrichtung, ein eiserner Rechen, erneuert die Oberfläche, schäumt das Metall ab und beschleunigt die Verbrennung. Ein Theil des Oryds (etwa 50 Proc.) wird durch den Gasstrom in die Kammern geführt, worin es sich absetzt; das in der Retorte gebliebene und mittelst des Rechens herausgezogene Oryd fällt in einen besondern Behälter. Sorel hat bemerkt, daß die zuerst gebildete Portion des Zinkoryds minder weiß und schön ist, als die folgenden Portionen, und daß man durch getrenntes Aufsammeln der letzteren ein schöneres Product erhält; er zieht daher das Verarbeiten getrennter Portionen von Zink dem continuirlichen Zufließenlassen desselben vor.

ferfarben; endlich bereitet man damit weiße Paſten zum Appretiren von
Spitzen ꝛc.

6. **Dauerhaftigkeit der Zinkweiß-Anſtriche.** — Die
Anſtriche mit Zinkweiß, welche bisher in mehr als 2000 Häuſern und
Gebäuden gemacht wurden, worunter mehrere ſchon vor ſechs Jahren,
halten ſich ſehr gut; in gewiſſen Fällen müſſen ſie unfehlbar über die
Bleiweißfarben den Sieg davontragen, z. B. in Laboratorien, Amphi-
theatern, Häuſern mit Schwefelbädern, Zimmern oder Wohnungen
welche dem zufälligen Austritt von Steinkohlengas oder zeitweiſen Aus-
dünſtungen der Abtritte ausgeſetzt ſind; in allen dieſen Fällen können
Bleiweißanſtriche ſchnell und gänzlich verdorben werden, weil die weiße
Bleiverbindung ſich in ſchwärzes, undurchſichtiges Schwefelblei verwandelt, während unter denſelben Umſtänden die Zinkweiß-Anſtriche aushalten und ihre ganze Weiße oder urſprüngliche Farbe behalten, indem
ſchwefelhaltige Gaſe oder Dünſte auf dieſelben keinen Einfluß haben.

Miscellen.

Neue Tender-Locomotive, conſtruirt von Edmund Heuſinger von Waldegg.

Der Maſchinenmeiſter der Taunuseiſenbahn, Herausgeber des Organs für die
Fortſchritte des Eiſenbahnweſens in techniſcher Beziehung (Wiesbaden bei C. W.
Kreidel), gibt im 4. Heft des Jahrgangs 1851 dieſer Zeitſchrift die Beſchreibung
einer von ihm eigenthümlich conſtruirten und auf ſeine Rechnung ausgeführten kleinen
Locomotive, welche er zur Probe auf der Taunusbahn in Gang ſetzte. Wir theilen
dieſe Beſchreibung in Folgendem mit:
„Wie bei der Sharp'ſchen im 5. Bande des Organs beſchriebenen Tender-
maſchine, iſt der ſonſt übliche beſondere Tender ganz beſeitigt, indem das Waſſer-
reſervoir unter dem Keſſel der Maſchine ſich befindet und der Kohlenbehälter unmittelbar hinter dem Standort des Locomotivführers, ſowie die Bremſe zur Seite deſſelben an den Triebrädern angebracht iſt. Durch dieſe Anordnung iſt die Maſchine
weſentlich vereinfacht, und erlangt durch den tiefer liegenden Schwerpunkt einen bei
weitem ruhigern Gang, alsdann wird auch die bisherige todte Laſt des Tenders, die
gezogen werden mußte und die Zugkraft von ein Paar Wagen in Anſpruch nahm,
zur Nutzlaſt, indem ſie zur Belaſtung der Triebräder dient, ebenſo wird auch der
Luftwiderſtand dadurch bedeutend vermindert.
Der Keſſel beſteht aus zwei horizontalen, über einander liegenden Cylindern,
wovon der obere bloß Dampfraum iſt und zwei zierliche Schornſteine vorn und hinten
trägt; der untere Dampfentwicklungs-Keſſel iſt ganz mit Heizröhren gefüllt. Die
Flamme durchzieht dieſe und geht nochmals durch den obern Keſſel zurück, um voll-
ſtändiger benutzt zu werden und den Dampf trockner und wirkſamer zur Verwendung
zu bringen; dabei iſt die gewählte cylindriſche Form für alle Keſſeltheile, ſowie die

eigenthümliche Zusammensetzung der Feuerbüchse unzweifelhaft solider als die bisherige. Die Triebräder liegen hinter der Feuerbüchse und die Cylinder in der Mitte außerhalb des Rahmens; um die Abkühlung des einströmenden Dampfes in die Cylinder zu verhindern, ist die Dampfeingangsröhre von der Ausgangsröhre umgeben. Die Steuerung ist ganz originell und bereits patentirt; sie ist eine veränderliche Expansionssteuerung mit einem Schieber, aber ohne excentrische Scheiben, und die Expansion fast so vollkommen, als mit doppelten Schiebern nur möglich ist. Da man ohne Zeichnungen sich kein klares Bild von dieser Steuerung wird machen können, will ich die genauere Beschreibung derselben noch so lange unterlassen, bis ich die Abbildungen liefern kann, und nur noch bemerken, daß die ganze Steuerung, nebst den Pumpen, außerhalb des Rahmens und der Räder angebracht sind, so daß man zu allen Theilen sehr bequem zukommen und dieselben, selbst während der Fahrt, genau beobachten kann.

Da diese Maschine nur ein Gewicht von 146 Cntr. hat, so waren vier Räder als Stützpunkte ausreichend, und da diese beiden Räderpaare in einer Entfernung von nur 8 Fuß 4 Zoll engl. stehen, ist dadurch die Möglichkeit gegeben mit dieser Maschine die stärksten auf Eisenbahnen vorkommenden Curven, ohne bewegliches Gestell, mit Leichtigkeit zu befahren; sie bietet übrigens dieselbe Sicherheit, wie eine sechsräderige Maschine, indem zwischen den vier Trag-, resp. Triebrädern in der Mitte noch ein drittes kleines Räderpaar, aber frei von den Schienen, aufgehängt ist, auf das sich die Maschine stützt, sobald ein Unfall an einem der andern Räder und Achsen vorkommen sollte. Alsdann ist meine Maschine, sowohl am hintern wie vordern Ende, mit Bahnräumern, Buffern, Zughaken und Signallaternen versehen, und kann mit derselben Sicherheit rückwärts wie vorwärts gefahren werden, weßhalb das Drehen der Maschine ganz überflüssig erscheint und die kostspieligen Drehscheiben bei neuen Bahnanlagen entbehrlich werden. Ich beabsichtigte Anfangs dieses Maschinchen auf die Londoner Industrie-Ausstellung zu bringen, bin aber leider nicht rechtzeitig damit fertig geworden; alle Theile sind indeß auf das Sorgfältigste und Solideste ausgearbeitet, und bin ich überzeugt, daß ich mich dieser Arbeit nicht hätte dort zu schämen brauchen. Sie ist zwar nur als Modell gebaut, um das neue System zu erproben, jedoch so groß, daß sie zum Dienste auf allen Bahnen von der gewöhnlichen Spurweite verwendbar ist und vier bis fünf belastete Wagen mit der gewöhnlichen Geschwindigkeit fortschafft. Demnach ist sie für kleine Local- und Zweigbahnen besonders vortheilhaft, wobei sehr häufig zur Fortschaffung von nur drei bis vier Wagen große Maschinen, mit besondern Tendern, verwendet werden, und sowohl die ersten Anschaffungs- als Betriebskosten fast um das Dreifache höher, als bei meiner kleinen Locomotive zu stehen kommen. Außerdem eignet sich dieselbe auch für größere Bahnstrecken zur Inspicirung der Bahnlinie und zum Postdienst, zu welchem Zweck auch noch sechs bequeme Sitzplätze und davor eine Gallerie an beiden Seiten des Rahmens, sowie geräumige verschließbare Kasten zur Aufnahme von Briefschaften und Werkzeugen angebracht sind. Ferner lasse ich im Augenblick noch für das öfters vorkommende unerwartete Anordnen von kleinen Extrazügen eine entsprechende Einrichtung treffen, indem ich eine metallene Schlauchverbindung mit Kugelgelenken anfertigen lasse, durch welche der Dampfkessel der kleinen Maschine mit demjenigen einer im Dienste befindlichen größern Maschine in Verbindung gesetzt werden kann, und unbeschadet der Dienstfähigkeit dieser letztern soviel heißes Wasser und Dampf in die kleine Maschine übergelassen werden kann, daß bei gleichzeitigem Anheizen in dem Zeitraum von einer Viertelstunde die Maschine zur Fortschaffung des kleinen Extrazuges mit dem nöthigen Dampf versehen und vollständig zur Fahrt ausgerüstet seyn wird.

Berücksichtigt man ferner, daß bei Anwendung so leichter und compendiöser Locomotiven auch leichtere Schienen verwendet und eine Menge anderer Betriebseinrichtungen der Bahnen leichter und einfacher hergestellt werden können, wonach sich die Kosten des Bahnbaues von Nebenlinien bedeutend billiger als früher belaufen werden, so kann es nicht fehlen, daß das neue System bald Aufnahme finden und eine Menge Zweigbahnen hervorrufen wird, an die man bisher, wegen zu großer Kostspieligkeit der Anlage und des Betriebes, nicht denken konnte. Dadurch werden auch kleinere, bisher vom belebenden Verkehr ausgeschlossene Städte in das Eisenbahnnetz aufgenommen und die Eisenbahnen erst allgemein nutzenbringend. Ebenso können durch die Einführung dieser leichtern und um die Hälfte billigern Locomotiven die meiſten unſerer beſtehenden kleinen Bahnen, deren Betriebskoſten zu ihrer Frequenz bisher in gar keinem Verhältniß ſtanden und die faſt ſämmtlich nicht rentiren, beſſere Geſchäfte machen." (Eiſenbahn-Zeitung, 1851, Nr. 50.)

Ueber Muſchel-Cameen.

Die Fabrication der Cameen der Muſcheln nimmt in bedeutendem Maße zu, ſo wie dieſe Nachahmung der ächten Cameen beliebter wird. Mehrere Muſchelarten bieten die erforderliche Farbenverſchiedenheit dar, und ſind einerſeits weich genug, um leicht bearbeitet werden zu können, und andererſeits hart genug, um der Abnutzung zu widerſtehen. Die Muſcheln ſind von den fleiſchfreſſenden Einſchaligen, welche aus drei, oft verſchiedenfarbigen Schichten beſtehen; am beſten ſcheinen ſich hierzu zu eignen: das Stiermaul (Bulls mouth), der ſchwarze Seehelm, der gehörnte Seehelm und die Königsmuſchel; die beiden erſten ſind die beſten. — Vor 40 Jahren beſchränkte ſich, nach einer Mittheilung des Herrn Gray in der Society of arts, die Kunſt der Verfertigung dieſer Cameen auf Rom, vor 20 Jahren noch auf Italien; ſeitdem fing aber ein Italiener an ſie in Paris zu machen, wo jetzt 300 Arbeiter durch dieſen Induſtriezweig beſchäftigt ſind. Die Anzahl der Muſcheln, welche vor 30 Jahren jährlich verwendet wurde, betrug nur etwa 300, die alle von England kamen; eine Muſchel koſtete in Rom 30 Shilling. Im Jahre 1846 war der Bedarf derſelben in Paris folgender:

Stiermaul	80,000	Stück
ſchwarzer Seehelm . . .	8000	"
gehörnter Seehelm . . .	500	"
Königinmuſchel . . .	12,000	"
	100,500	Stück,

die im Durchſchnitt eine Summe von 8000 Pfd. St. betragen. Der Durchſchnitts-preis der in Paris verfertigten großen Cameen iſt 6 Fr. pro Stück, was 32,000 Pfd. St. beträgt; die kleinen betragen 8000 Pfd. St. In England befaſſen ſich nur 6 Perſonen mit dieſem Handelszweig. — Bei Anfertigung der Cameen werden aus der Muſchel zuerſt die paſſenden Stücke herausgeſägt, wobei man den Schnitt ſtets naß erhält, dann die unreine Kruſte theils durch Schleifen, theils durch Feilen und meißelartige Inſtrumente entfernt und die Flächen geebnet. Es liegt ein großer Vor-theil in der Auswahl der Stelle in der Muſchel, damit man nicht allein die nöthigen farbigen Schichten erhalte, ſondern auch nicht zu viel in den Abgang verſchneide. Die ſo bereitete Platte wird nun auf einen Kittſtock befeſtigt und mit Bolz-, Flach- und anderen Sticheln, wie ſie der Petſchirſtecher braucht, gravirt, theils auch mit Schneiderädchen geſchnitten und zuletzt mit Bimsſtein und anderen Polirmitteln bis zum höchſten Glanz geſchliffen. Auch läßt ſich in manchen Fällen das Aetzen mit Säure anwenden, welche den kohlenſauren Kalk auflöſt, das Faſergewebe aber unan-gegriffen läßt, welches hierauf leicht entfernt werden kann. Je kunſtentſprechender Zeichnung und Vollendung iſt, deſto theurer wird die Camee bezahlt; gemeiniglich dienen Antiken zu Vorbildern. Eine Färbung des Grundes oder des Reliefs iſt nicht gut möglich, weil jedes ätzende Mittel die Textur angreift; ſie würde auch den Werth der Camee ſelbſt herabſetzen. (Mittheilungen des Naſſauer Gewerbvereins, 1851, Nr. 3.)

Notiz über das Elfenbeinpapier.

Was unter dem Namen Ivory-Papers aus England kommt, iſt nichts als eine ſehr glatte, aus mehrern Velinpapierbogen mit Stärkekleiſter zuſammengeklebte Pappe ohne Gypsüberzug, nicht weſentlich verſchieden von dem ebenfalls im Handel vorkom-menden Iſabeypapier oder Briſtolpapier. Einsle in London hat indeß eine Methode angegeben, um zum Erſatz des Elfenbeins für Miniaturmaler Papier zu bereiten, welches vermöge eines ſehr feinen und glatten Gypsüberzugs eine wirklich elfenbein-ähnliche Oberfläche hat, und die Vorzüge beſitzt, daß die Farben ſehr leicht darauf haften. sich fast noch besser als vom Elfenbein wegwaschen lassen; daß es sogar einige Male das Abschaben der Farben mit der Messerspitze an derselben Stelle unter Anwendung gehöriger Vorsicht verträgt und mit der Zeit nicht gelb wird. Seine Verfertigung (die jedoch nach einer neuen Notiz nicht überall gehörig geglückt ist) geschieht, wie folgt: Man läßt ¼ Wien. Pfund Pergamentschnitzel mit 1½ Wien. Maaß Wasser 4 bis 5 Stunden in einer Pfanne unter bisweiligem Ersatz des verdunstenden Wassers langsam kochen und seiht die Abkochung durch Leinwand. Der so erhaltene Leim heiße Nr. 1. Der im Seihetuche gebliebene Rückstand wird mit der nämlichen Wassermenge und eben so lange als das erste Mal ausgekocht, wodurch man einen schwächern Leim Nr. 2 erhält. Man benetzt nun 3 Bogen Velinzeichenpapier (Ausschuß kann eben so gut dazu dienen, als gute Bogen) auf beiden Seiten mit einem in Wasser getauchten Schwamme, klebt sie mittelst des Leims Nr. 2 auf einander, breitet sie, noch feucht, auf einem glatten Tische aus, legt eine Schieferschreibtafel von etwas geringerer Größe darauf, leimt die Ränder des Papiers, welche man umbiegt, auf der Hinterseite der Tafel fest, und läßt das Ganze sehr langsam trocknen, wobei die Porosität des Schiefers die Verdunstung der Feuchtigkeit gestattet und das Verziehen des Papiers gehindert ist. Drei andere Bogen Zeichenpapier werden ferner auf die angegebene Weise benetzt, nach einander über die erstern geleimt, und nach dem Umfange der Schiefertafel mit einem Federmesser beschnitten. Nach vollkommnem Trocknen ebnet man die Oberfläche durch Reiben mit Sand- oder Glaspapier (d. i. Schreibpapier welches mit Leimwasser bestrichen und dann mit feinem gesiebtem Sande oder mit Glaspulver bestreut ist), in welches man ein kleines Stück einer Schieferplatte eingewickelt hat, klebt noch einen Papierbogen darauf, welcher aber sehr glatt, völlig frei von Runzeln, Knoten und Löchern seyn muß, und glättet auch diesen auf die vorige Art, doch mit sehr feinem Glaspapier. Man läßt nun ⁵⁄₁₆ Maaß des Leims Nr. 1. in mäßiger Wärme zergehen, setzt ihm 3 Eßlöffel voll fein gemahlenen, gesiebten Gypses zu und breitet diese Mischung schnell und gleichförmig mittelst eines weichen, feucht gemachten Schwammes über die Oberfläche des Papiers aus. Nach dem Trocknen wird dieser Gypsaufguß durch Reiben mit feinem Papiere geglättet; zuletzt aber gibt man ihm noch einen Firniß, welcher aus 4 Theilen des Leims Nr 1 und 3 Theilen Wasser mit Hülfe gelinder Wärme bereitet wird. Diese Flüssigkeit wird etwas abgekühlt, dreimal nach einander aufgeschüttet und mittelst eines feuchten Schwammes verbreitet, wobei man Sorge tragen muß, jeden Anstrich erst völlig abtrocknen zu lassen bevor man einen neuen gibt. Endlich überfährt man noch die Oberfläche mit sehr feinem Papier und schneidet das Ganze von der Schiefertafel los. Die so erzeugte Gypsdecke ist vollkommen weiß. Zinkoryd dem Gypse (ungefähr zu gleichen Theilen) beigemischt, erzeugt eine etwas gelbliche, der des Elfenbeins vollkommen ähnliche Farbe. (A. d. Leipz. polyt. Centralhalle Nr. 15. S. 238.)

Backprobe.

Es wird allgemein angenommen, daß 3 Pfd. Mehl 4 Pfd. Brod geben. Dieses ist aber nicht unter allen Umständen wahr. Mehl von schwerem Getreide gibt mehr Brod als solches von leichtem, altes mehr als neues. Man erhält weniger Brod, wenn man bei dem Einmengen des Wassers zu warmen oder alten Sauerteig nimmt. Bei kleinen Broden von ½ bis 1 Pfd. Schwere geben beim Ausbacken 3 — 6 Loth verloren, bei größeren kaum 2 — 2½ Loth auf das Pfund. Das Verhältniß des Teiges zum Brode ist folgendes: Es werden erfordert

	zu 1	Pfd. Brod	1	Pfd.	10	Loth	Teig
,	2	,	2	"	14	"	"
,	3	"	3	"	18	"	"
,	4	,	4	"	20	"	"
"	5	,	5	"	24	"	"

Frisch aus dem Ofen kommendes Brod wiegt schwerer, als wenn dieß einige Stunden gelegen hat. Gesalzenes Brod verliert weniger an Gewicht als ungesalzenes Brod, von festem Teig weniger als von lockerem. Weizen und Roggen geben nach

Abzug der Kleie, des Milters und des Verstäubens, zu kleiner Waare verbacken, so viel Brod als das Getreide wiegt, zu großen Broden verbacken auf 20 Pfd. ein Pfund mehr. (Leuchs' polytechnische Zeitung.)

Quantitative Bestimmung des Eisens mittelst einer Probeflüssigkeit.

Penny (Report of the twentieth meeting of the British Association, London 1851) schlägt zur Bestimmung des Eisens in Eisenerzen u. s. w. folgendes Verfahren vor, welches sich auf das von Margueritte zuerst benutzte Princip (polytechn. Journal Bd. C S. 380) gründet, in der Ausführung aber Vorzüge vor der von Margueritte angewandten Methode zu besitzen scheint.

Statt des übermangansauren Kalis wendet er doppelt-chromsaures Kali an. Die titrirte Flüssigkeit wird bereitet, indem man in ein gewöhnliches Alkalimeter 44,4 Gram. doppelt-chromsaures Kali bringt, und dieses in so viel Wasser löst, daß das Alkalimeter bis 0 gefüllt wird. 100 Gram. Eisenerz werden in Salzsäure gelöst, das Eisenoxyd wird durch eine hinreichende Menge von schwefligsaurem Natron zu Oxydul reducirt, der Ueberschuß von schwefliger Säure durch Sieden ausgetrieben und dann die titrirte Flüssigkeit zugegossen, bis die Lösung mit rothem Blutlaugensalz keinen blauen Niederschlag mehr gibt. Die Anzahl von Theilungen des Alkalimeters, deren Inhalt verbraucht worden ist, dividirt durch 2, gibt die Procente von metallischem Eisen im Erze.

Bei Versuchen mit reinem metallischen Eisen und Eisenoxydul, um die einem gewissen Gewichte Eisen genau entsprechende Menge von doppelt-chromsaurem Kali zu finden, wurden im Mittel 88,7 des Salzes auf 100 Eisen erfordert. (Journal für praktische Chemie, 1851, Nr. 18.)

Ueber die Verflüchtigung der Phosphorsäure beim Abdampfen saurer Auflösungen; von J. B. Bunce.

Prof. H. Rose hat zuerst die Beobachtung gemacht, daß die Phosphorsäure sich mit dem Wasserdampf verflüchtigt, wenn man sie als saure Auflösung abdampft. Die folgenden Versuche hatten den Zweck, den Verlust zu bestimmen, welcher bei Analysen in Folge dieser Flüchtigkeit stattfinden kann. Dazu wurden 0,544 Gramme phosphorsaures Natron in 4 Unzen Wasser aufgelöst, dann Salzsäure zugesetzt, und das Ganze in einem Wasserbad zur Trockne abgedampft, worauf man den Rückstand noch gelinde erhitzte, um alle überschüssige Salzsäure auszutreiben. Der Rückstand wurde hierauf mit starker Schwefelsäure behandelt und einige Stunden stehen gelassen, um das pyrophosphorsaure Natron in das gewöhnliche drittel-phosphorsaure Salz zu verwandeln. Dann verdünnte man ihn sorgfältig, neutralisirte mit Ammoniak und fällte die Lösung als phosphorsaure Ammoniak-Bittererde; das Gewicht dieses Salzes nach dem Glühen war 0,070 Gramme, gleich 0,045 Phosphorsäure. Der Verlust an Phosphorsäure betrug bei diesem Versuche also 58,6 Procent.

Nun wurden 0,2 Gramme phosphorsaure Ammoniak-Bittererde in Salzsäure aufgelöst, auf beiläufig vier Unzenmaaße verdünnt und dann das Ganze wie vorher abgedampft; nach dem Fällen und Glühen wog der Rückstand 0,1316 Gram, entsprechend 41,69 Proc. Phosphorsäure. Der Gehalt der phosphorsauren Ammoniak-Bittererde an Phosphorsäure, durch Glühen bestimmt, war 48,37 Procent. Folglich betrug der Verlust an Phosphorsäure 6,67 Procent.

Ein anderer Versuch wurde in derselben Weise ausgeführt, mit der Ausnahme, daß die phosphorsaure Bittererde durch Schmelzen mit kohlensaurem Natron in drittel-phosphorsaures Salz verwandelt wurde; man erhielt 8,35 Proc. als Verlust.

Wenn die Auflösung mit Schwefelsäure anstatt Salzsäure angesäuert wurde, war der Verlust an Phosphorsäure größer, wahrscheinlich wegen der höheren Temperatur,

welche zum Verflüchtigen der Schwefelsäure angewandt werden mußte. Die Salpeter=
säure verhielt sich der Salzsäure ähnlich. — Phosphorsaures Natron wurde durch
dreimaliges Abdampfen mit Schwefelsäure und Wasser vollständig in schwefelsaures
Natron umgewandelt. Die Phosphate von Thonerde, Eisen, Kalk und Bittererde
wurden selbst durch zwölfmal wiederholtes Abdampfen nicht vollständig in schwefel=
saure Salze umgeändert. — Mit den Weingeistdämpfen scheint sich die Phosphorsäure
nicht besser zu verflüchtigen als mit den Wasserdämpfen.

Diese Versuche zeigen, daß die gewöhnlichen Methoden nicht zum Analysiren
solcher phosphorsauren Salze anwendbar sind, welche mit Beihülfe der Wärme in
Säure aufgelöst werden müssen. Bei dem gewöhnlichen Abdampfen, um die Kiesel=
erde abzuscheiden und unauflöslich zu machen, entsteht ein beträchlicher Verlust an
Phosphorsäure. Wahrscheinlich ist daher der Gehalt an Phosphorsäure in Aschen ꝛc.
bei vielen Analysen zu niedrig gefunden worden, und ein großer Theil derselben
dürfte in dieser Hinsicht als werthlos zu betrachten seyn. (Silliman's Journal,
Mai 1851, S. 405.)

Untersuchung fetter, nicht trocknender Oele auf ihre etwaige Verfälschung mit trocknenden Oelen; von A. Wimmer.

Alle fetten Oele lassen sich zunächst als ein Gemenge von mehreren einfachen
Fettarten ansehen, von welchen die in den Oelen häufigst vorkommenden das Stearin,
Margarin, Olëin und Olin sind. Die verschiedenen quantitativen Verhältnisse dieser
Fette bedingen die physikalischen und chemischen Eigenschaften der Oele. Manche
fette Oele verdicken sich wenn sie lange der Luft ausgesetzt bleiben, werden schmierig
und klebend, wie z. B. Mandelöl, Olivenöl, Rapsöl ꝛc., — andere hingegen trocknen
unter gleichen Umständen zu festen, zähen Mäßen, und in dünner Schicht aufge=
strichen, zu firnißartigen Ueberzügen ein, z. B. das Leinöl, Mohnöl, Hanföl. Man
nennt deßwegen die ersteren nicht trocknende und letztere trocknende Oele.
Der Grund dieser Eigenschaften liegt darin, daß erstere, nämlich die nicht trocknenden
Oele, Olëin enthalten, welches an der Luft unter Sauerstoffaufnahme und Kohlen=
säureabgabe sich verdickt, und somit das Ranzig= und Dickwerden dieser Oele verur=
sacht. Letztere hingegen, die trocknenden Oele, enthalten kein Olëin, sondern eine andere
Fettart, das Olin, welches an der Luft zu einer firnißartigen Masse eintrocknet, und
so das Austrocknen dieser Oele bewirkt.

Da es nun nicht selten vorkömmt, daß nicht trocknende Oele, z. B. Mandelöl,
Olivenöl ꝛc. mit billigern trocknenden Oelen, z. B. dem Mohnöle, verfälscht werden,
so dürfte es nicht ohne Interesse seyn, ein Mittel kennen zu lernen, um eine derartige
Verfälschung mit Bestimmtheit aufzufinden. — Dieses Mittel gibt uns die sal=
petrige Säure an die Hand. Die trocknenden Oele lassen sich nämlich von den
nicht trocknenden unterscheiden, wenn man das zu prüfende Oel mit rother, rauchen=
der Salpetersäure mischt, oder, was, weit besser ist, wenn man salpetrige Säure in
selbe hineinleitet. Die nicht trocknenden Oele erstarren nämlich dadurch nach kurzer
Zeit, die trocknenden dagegen nicht, und zwar deßwegen, weil das darin enthaltene
Olëin durch Einwirkung der salpetrigen Säure in krystallisirbares Elaïdin übergeführt
wird, während das Olin der trocknenden Oele kein Elaïdin gibt.

Ist also z. B. in dem zu untersuchenden Mandel= oder Olivenöle eine mehr oder
minder große Quantität Mohnöl enthalten, so wird alles was Mandelöl oder Olivenöl
war, zu einer krystallinischen Masse erstarren, während das Mohnöl in Tropfen oben=
auf schwimmen wird. Daß man auf diese Weise auch trocknende Oele auf eine
Verfälschung mit nicht trocknenden Oelen untersuchen kann, wird wohl Jedermann
einleuchten.

Die Untersuchung selbst wird auf folgende Weise ausgeführt. In einen gewöhn=
lichen Glaskolben bringt man etwas Eisenfeilspäne oder eiserne Nägel und schüttet
darauf etwas Scheidewasser, d. i. verdünnte Salpetersäure. Es wird sich dann ein
rothgelber Dampf, die salpetrige Säure, entwickeln, welche man durch eine Gasleitungs=
röhre in das Glas leitet, worin sich das zu untersuchende Oel mit etwas Wasser be=

findet. Die Gasleitungsröhre muß so tief unter das Oel eingetaucht seyn, daß sie das unter dem Oele befindliche Wasser erreicht. Durch die Eisenfeilspäne wird nämlich der zugesetzten Salpetersäure Sauerstoff entzogen, wodurch diese in salpetrige Säure umgewandelt wird. Will die Gasentwicklung nicht rasch genug erfolgen, so braucht man bloß den Glaskolben allmählich zu erwärmen.

Ich habe schon mehreremale Gelegenheit gehabt, mich von der Vortrefflichkeit dieser Untersuchungsmethode zu überzeugen, so daß ich mich verpflichtet fühle, dieselbe der allgemeinen Anwendung zu empfehlen. (Kunst= und Gewerbeblatt für Bayern, Decbr. 1851, S. 754.

Ueber die Entdeckung des Schwefels, besonders in organischen Substanzen; von I. W. Bailey.

Dr. Playfair empfiehlt das von ihm entdeckte Nitroprussidnatrium mit Recht als das empfindlichste Reagens auf Schwefelalkalien. Es ist aber klar, daß es sich nicht bloß als directes Reagens auf Schwefelalkalien, sondern auf als indirectes für Schwefel in irgend einer seiner Verbindungen anwenden läßt. Alle Substanzen, welche Schwefel enthalten, liefern nämlich ein Schwefelalkali, wenn man sie mit kohlensaurem Natron glüht, mit oder ohne Zusatz von Holzkohlenpulver, je nachdem eine Desoxydation erforderlich ist oder nicht. Wenn man die geschmolzene Masse auslaugt und die erhaltene Flüssigkeit mit einem Tropfen Nitroprussidnatrium versetzt, so wird sie eine schöne Purpurfarbe annehmen, wenn sie Schwefel enthält. Um in den kleinsten Theilchen von geronnenem Eiweiß, Horn, Federn, Senfsamen ꝛc. einen Schwefelgehalt zu entdecken, schmilzt man sie vor dem Löthrohr auf Platinblech mit Soda; es gelang mir so die charakteristische Purpurfarbe zu erhalten, indem ich zu dieser Probe ein einziges Haar von kaum einem Zoll Länge anwandte. (Silliman's Journal, Mai 1851.)

Man bereitet das Nitroprussidnatrium am leichtesten durch Zerlegung des Nitroprussidkupfers mit ätzendem Natron unter Vermeidung eines Ueberschusses des letztern Man übergießt nämlich 2 Aeq. gepulvertes gelbes Blutlaugensalz auf einmal mit 5 Aeq. käuflicher Salpetersäure, die vorher mit dem gleichen Volum Wasser vermischt wurde. Das Blutlaugensalz löst sich mit kaffeebrauner Farbe unter Entwickelung gasförmiger Producte (Cyangas, Blausäure, Stickgas und Kohlensäure); die Lösung enthält Ferridcyankalium, Nitroprussidkalium und salpetersaures Kali. Sie wird im Wasserbade digerirt, bis Eisenorydulsalze nicht mehr blau, sondern schieferfarbig gefällt werden. Beim Abkühlen schießt viel Salpeter und (bei weniger Salpetersäure) auch Oxamid an. Die Mutterlauge wird in der Kälte mit kohlensaurem Natron neutralisirt, zum Sieden erhitzt, der entstandene grüne oder braune Niederschlag abfiltrirt und die rothe Flüssigkeit mit Kupfervitriol gefällt; der Niederschlag wird ausgewaschen und mit (nicht überschüssigem) Aetznatron digerirt; dann das Filtrat zur Krystallisation verdampft Das Nitroprussidnatrium bildet rubinrothe, dem Ferridcyankalium ähnliche Krystalle des rhombischen Systems.

Die Redact.

Namen- und Sachregister

des

hundertundneunzehnten, hundertundzwanzigsten, hundertundeinund=
zwanzigsten und hundertundzweiundzwanzigsten Bandes des polytech=
nischen Journals.

A.

Mergel, über seine Rolle in der Agricul=
tur CXXII. 300.

Merritts Malerpinfel CXX 328.

Messer, Newtons Composition für Messer=
griffe CXXII. 240.

— Tischmesser mit unsichtbarer Befesti=
gung des Griffes CXXI. 94.

— Vorschrift zu einer Streichriemen=
salbe CXXII. 79.

Messing, Muntzs Ofen zum Schmelzen
von Messing CXXII. 355.

— über die Analyse der Legirungen von
Kupfer und Zink CXXII. 143.

— über ungewöhnlich große Messing=
waaren CXXI. 462.

— Verfahren Messingwaaren grün zu
bronziren CXIX. 465.

Messingblech, siehe Blechlehre.

Metalle, siehe sphäroidischer Zustand.

Metallfitt. Gersheims CXXII. 234.

Meugy, über das Zerspringen gewisser
Dampfapparate CXXII. 22.

Meyers Dampfkessel CXX. 259.

Meyrac, über das Regenwasser und
Schneewasser CXXI. 159.

Michaelis, über die Zusammensetzung des
Rübensaftes CXXII. 239.

Michaelsons Apparat zum Gießen der
Stearinkerzen CXXI. 419.

Midy, über ein Verfahren die Runkel=
rüben einzuernten CXX. 393.

Mikroskop, Anwendung des Chloroforms
bei mikrographischen Untersuchungen
CXXII. 399.

Milch, über den Milchertrag im Verhält=
niß zum Futter der Kühe CXXI. 399.

— Verfahren sie für Seereisen zuzubereiten
CXIX. 467.

— siehe auch Butter.

Milligan, Patent CXX. 317.

Millon, über den Wassergehalt des Wei=
zens CXIX. 312.

Millwards magnetelektrische Apparate
CXXII. 354.

— Patent CXX. 315.

Milner, Patent CXX. 315.

Milns, Patent CXX. 151.

Minton, Patente CXX. 316. 317.

Mirrlees, Patent CXXI. 313.

Modelstechmaschine, Wrights CXIX. 104.

Mörtel (hydraulische), Schafhäutl über
das Portland= und Roman=Cement,
über die Theorie der Erstarrung der
Mörtel und über den glänzenden
Stucco der Alten CXXII. 186. 267.

Mohr, Bericht über die Handelswaagen
auf der Londoner Ausstellung CXXII.
161.

Mohr, über Thonwaaren zu chemischen
Zwecken CXX. 127.

Mohls Eisenbahnsystem CXXII. 241.

Molybdänsäure, siehe Druckerei.

Monatis, Patent CXX. 154.

Morand, Patent CXX. 152.

Morés Platten zum Aufbewahren ana=
tomischer Präparate in Alkohol CXXI.
160.

Morewood, Patent CXIX. 396.

Morey, Patent CXXI. 74.

Mornay, Patent CXXII. 313.

Morphium, seine Bereitung aus Mohn=
kuchen CXXII. 79.

Morrell, Patent CXIX. 393.

Mortimer, Patent CXIX. 396.

Mortons Schmierbüchse CXXI. 331.

Moschusratte, künstlich veränderte Felle
derselben CXX. 400.

Motor, Mechanismus zum Verwandeln
einer kreisförmigen Bewegung in eine
geradlinige CXXI. 401.

— siehe auch Dampfmaschinen und Wasser=
räder.

Motte, Patent CXX. 316.

Moulton, Patent CXXII. 313.

Mountford, Patent CXXII. 313.

Mowbray, Patent CXX. 316.

Mühlen, Debaunes Vorrichtung zum
schnellen Abkühlen des Mahlgutes und
zum Anfeuchten des zu vermahlenden
Getreides CXXI. 412.

— Mackenzies Reib= und Mischmaschine
für Farben ꝛc. CXXI. 93.

— Royces Apparate zum Mahlen und
Reinigen des Korns CXXII. 414.

— Smiths Regulator für Mühltrichter
CXX. 189.

— Spillers Getreidemühle CXIX. 21.

— Turners Walzenmühle für Leinsamen,
Knochen ꝛc. CXX. 181.

— Westrups Apparate zum Reinigen
und Mahlen des Getreides CXXI.
408.

— siehe auch Getreide.

Müller, über den Einfluß einer Durch=
löcherung der Kupfercylinder in der
Daniell'schen Batterie CXX. 355.

Mullins Faschinenpresse CXX. 36.

Mumienbereitung, Verfahren der alten
Aegypter CXXI. 319.

Muntzs Ofen zum Schmelzen von Messing,
Glockenmetall ꝛc. CXXII. 355.

— Patent CXX. 152.

Murdoch, Patent CXX. 152.

Murrays Wasserfilter CXXI. 333.

— Patent CXX. 315.

Muschel=Cameen CXXII. 432.

Schlickeysens transportable Kochmaschinen CXXI. 95.

Schlössers Fensterthermometer CXXII. 316.

Schloß, Sicherheitsklammer für Geldbeutelschlösser CXIX. 404.

— über eine Sicherheitsvorrichtnng an Schlössern CXX. 188.

Schlumberger, dessen Kämmmaschinen für Wolle, Baumwolle ꝛc. CXXI. 22.

— über die Rolle des Salmiaks beim Orydiren der Farbstoffe durch Kupfersalze CXIX. 368.

Schmerber, über ein Verfahren die Erschütterungen an den Röhren der Wasserpumpen zu vermeiden CXX. 93.

Schmidt, über die Analyse des Galmei CXXI. 238.

Schmiere, Nasmyths Verfahren die Oele zum Schmieren von Uhren ꝛc. zu probiren CXIX. 73.

— Olmsteds Maschinenschmiere CXX. 320.

— über eine Schmiere für hölzerne Zahnräder CXIX. 154.

Schmiervorrichtungen, Hurreys für Maschinen CXX. 267.

— Mortons Schmierbüchse CXXI. 331.

Schneidmaschine, siehe Holz und Steine.

Schneitler, über transportable Kochmaschinen CXX. 95.

Schöttlers Dampfregulator CXXII. 395.

Schornstein, Tindalls Kaminaufsatz CXX. 38.

Schrauben, Hunters Differenzschraube für Copirpressen CXIX. 94.

Schrauben=Treibapparat, siehe Dampfschiffe.

Schraubenschlüssel, Youngs abjustirbarer CXXI. 330.

Schreibtinte, siehe Tinte.

Schroder, Patent CXX. 317.

Schubert, über die Aufbewahrung der Eier CXXI. 159.

Schuhe, siehe Stiefel.

Schulze, Verfahren das specifische Gewicht der Kartoffeln zu bestimmen CXIX. 308.

Schwefel, Verfahren zur Entdeckung desselben, besonders in organischen Substanzen CXXII. 436.

Schwefelkohlenstoff, seine Bereitung im Großen CXX. 191.

Scott, Patent CXIX. 393.

Scoullers Nebelsignal CXX. 326.

Sculpturen, Verfahren sie mittelst Papier abzuformen CXXI. 390.

Secretans alkoholometrisches Thermometer CXXII. 363.

Segelleinwand, Verfahren sie wasserdicht zu machen CXIX. 468.

Seidenwürmer, über die Muscardine-Krankheit derselben CXXI. 80.

Seife, Rotchs Verfahren bei der Seifenfabrication CXX. 453.

— über Darstellung der Eiergelb=Toilettesseife CXXI. 144.

— Verfahren Harzseife mit rohem Terpenthin zu bereiten CXXII. 240.

— siehe auch Talg.

Seyrigs Centrifugalapparat CXIX. 187.

Sharps Apparat zum Aufheben der Säcke CXIX. 403.

Shaw, Patent CXX. 153.

Shephard, Patent CXXII. 314.

Shepherd, Patent CXIX. 395.

Shiers, Patent CXIX. 395.

Shiptons Dampfmaschine CXIX. 15.

— Gebläseventilator CXX. 3.

Shore, Patent CXIX. 394.

Sicherheitspapier, siehe Papier.

Siemens, dessen Condensator für Hochdruckdampfmaschinen CXXII. 402.

— über Aufbewahrung des Eises für Bierbrauer CXXI. 378.

— über die Fortschritte der Rübenzuckerfabrication CXIX. 372.

— über unterirdische Telegraphenleitungen CXXII. 76.

Sievier, Patente CXX. 152. CXXI. 312.

Signale, siehe Dampfschiffe und Laterne.

Silber, Gurlts Verfahren das Silber aus den Erzen zu gewinnen CXX. 433.

— neues Verfahren Glas zu versilbern CXIX. 362.

— Pateras Versuche über Ertraction des Silbers aus seinen Erzen auf nassem Wege CXXII. 209.

— über die Silberprobe auf nassem Wege CXIX. 52.

— Verfahren Abgüsse von Pflanzenzweigen, Käfern ꝛc. zu Gußarbeiten in Silber zu machen CXIX. 400.

— Verfahren das Silber vom Blei, mittelst Zinks abzuscheiden CXIX. 466.

— Verfahren es in den Affinerien mittelst Zucker zu reduciren CXX. 300.

Silos, siehe Getreide.

Silvesters Apparat zum Geraderichten des gehärteten Stahls CXXII. 102.

Simons Steuerruderhebel CXXII. 411.

Simpson, Patent CXIX. 395.

Sirene, Instrument um Töne unter Wasser hervorzubringen CXIX. 192.

Sir, Patent CXX. 316.

Steinkohlengruben, über den Struve'-
schen Wettersauger CXXI. 352.
— Vorschlag eines Schutzmittels gegen
schlagende Wetter CXXI. 318.
— siehe auch Bergwerke.
Steinzeug, siehe Thonwaaren.
Stenhouse, über Bildung der Essigsäure
aus Seealgen CXX. 72
Stephens, Patent CXX. 153.
Stereoskop von Brewster CXX. 159.
Steuerruder, siehe Dampfschiffe und
-schiffe.
Stevensons metallene Reflectoren für
Leuchtthürme CXXII 422.
Stewarts Kernwagen für den Röhrenguß
CXIX. 99.
Sticken, neues Verfahren dabei CXIX.
467.
Stickstoff, Maumenes Verfahren ihn zu
bereiten CXXII. 157.
Stiefel, rottrende Maschine zum Putzen
der Stiefel und Schuhe CXXII 414.
Stirlings schmiedeisen und Eisenlegirun-
gen CXXI 274.
— Patent CXX 153
Stocks Absperrbahn XXI. 332.
Stöckhardt, über Prüfung des Guanos
CXXI 445.
Stöhrers telegraphische Apparate CXIX.
30
Stones Sicherheitspapier CXXII. 238.
— Patente CXX. 154. 317.
Streichriemensalbe CXXII. 79.
Stucco, siehe Mörtel.
Suckow, über Aufbewahrungsgefäße für
Stoffe welche vom Licht zersetzt werden
CXXI. 394.
Swindells Verfahren chromsaures Natron
zu bereiten CXXII. 239.
— Patent CXIX. 394.
Syrup, siehe Zucker.

T.

Talbot, über die augenblicklichen Licht-
bilder CXXI. 158.
— Patent CXXI. 312.
Talbotypie, siehe Photographie.
Talg, Evrards Verfahren den rohen Talg
auszulassen CXX. 204. CXXII 378.
— über den Stearingehalt des Fetts ver-
schiedener Thiere CXXI. 383.
Tapeten, siehe Papiertapeten.
Tate, Patent CXXI. 74.
Tatham, Patent CXIX. 393.
Taucherapparat von Cavé CXXI. 315.
Taurines, Patent CXX. 152.

Taylors Sicherheitsfeder für Brustnadeln
ꝛc. CXIX. 405.
— Sicherheitsklammer für Geldbeutel-
schließer CXIX. 404.
— Patente CXIX 397 CXX. 316.
Telegraphen, die erste Idee zum elektrischen Telegraphen CXIX. 463.
— ein Taschentelegraph zur Verhütung
von Eisenbahn-Unfällen CXX. 318.
— elektrochemischer Telegraph von West-
brook und Rogers CXIX. 76.
— Froments elektrischer Telegraph mit
Claviatur CXXII. 36.
— Gersheim über die Anwendung der
vulcanisirten Gutta-percha zum Isoliren der Kupferdrähte CXX. 463.
— Hightons elektrische Telegraphen CXIX.
253.
— Hipps Buchstaben-Schreibtelegraph
CXXII. 41.
— Kramers Telegraphen-Schreibappa-
rate CXIX. 234.
— Siemens über die unterirdischen Telegraphenleitungen CXXII. 76.
— Stöhrers telegraphische Apparate
CXIX. 30.
— über Bakewells elektrischen Copirtele-
graph CXIX. 75. 315. CXX. 103.
CXXI 234.
— über den unterseeischen Telegraph und
sein neues Tau CXIX. 75. CXXI.
392.
Teleskop, Nasmyths Spiegelteleskop CXIX.
27
— Reiseteleskop von Grötais CXX.
160.
Terpenthinöl, Mableys Verfahren es zu
gewinnen CXXII 240.
— siehe auch Camphin.
Thee, Warrington über die im Handel
vorkommenden Theesorten CXXII.
369.
Thermometer, alkoholometrisches zur Bestimmung des Alkoholgehalts der Weine
ꝛc. CXXII. 363.
— Schlossers Fensterthermometer CXXII.
316.
Thoma, über Stabeisenfabrication mittelst
brennbarer Gase CXX. 272. 338.
CXXI. 76.
Thomas, dessen Präparirwalzwerk CXX.
329.
— Patent CXX. 153.
Thomson, über den Einfluß des Luftdrucks
auf den Gefrierpunkt des Wassers CXIX.
37.
— Patent CXXII. 315.
Thonerde, schwefelsaure, Analyse einer
käuflichen CXIX. 316.

Y.

Z.

Lightning Source UK Ltd.
Milton Keynes UK
UKHW050701170219
337291UK00006BA/391/P